JN327561

教皇
ベネディクトゥス一六世

「キリスト教的ヨーロッパ」の逆襲

Benedictus PP. XVI

Renovatio Europae Christianae

今野 元

東京大学出版会

Benedictus PP. XVI:

Renovatio Europae Christianae

Hajime KONNO

University of Tokyo Press, 2015

ISBN 978-4-13-021081-2

まえがき――二十年後に読む「文明の衝突」論

一　一斉批判という特異現象

「文明の衝突」論はどうして憎まれるのか?――これは学生の頃から、筆者が懐いていた疑問であった。サミュエル・ハンティントンが、『フォーリン・アフェアーズ』誌に論考「文明の衝突?」を掲載したのは一九九三年のことである。当時は東西ドイツ統一(一九九〇年)、ソヴィエト連邦崩壊(一九九一年)の後で、世界がどうなるのかを巡って大いに議論があり、フランシス・フクヤマの「歴史の終焉」論[1]への対案として、ハンティントンの「文明の衝突」論が人口に膾炙していた。学生だった筆者は、時折教師たちがこのテーゼに触れる機会に遭遇したが、その反応がいつも批判一辺倒で、嫌悪感剝き出しなのに驚いた。彼等は消滅した社会主義圏への共感や未練から、左右「全体主義」への自由主義圏の勝利を謳い上げるフクヤマの傲岸不遜にも立腹していたが、ハンティントンの議論にはそれ以上の拒絶反応を示していたのである。当時の筆者は、「文明の衝突」論に対してどうしてそこまで感情的になるのか、本音を教師たちに聞いてみたいと考えていたが、学生時代には漠然たる思いを適切に表現できずに長い時を過ごした。

「文明の衝突」論はアメリカ合衆国への戦術指南の書である。その趣旨は、「諸文明の衝突は世界平和の最大の脅威であり、諸文明を基盤とする国際秩序が世界戦争を防ぐ最も確実な安全装置だ」というものである。その背景には、「文化と文化的アイデンティティ、それらは最も包括的なレベルでは文明のアイデンティティということになるが、それが冷戦後の結合、解体、紛争のパターンを形作っている」という状況認識がある[2]。ハンティントンの議論は以下の五つの命題に要約される。

第一命題:冷戦後世界の多文明化の現実「歴史上初めて世界政治が多極化し、且つ多文明化している。近代化というのは西欧化することではなく、近代化によって何らかの意味で一つの普遍的な文明が生み出される訳ではないし、非西欧諸社会が西欧化する訳でもない。」。

第二命題：優位の儘弱体化する西欧文明「文明間の勢力均衡は変容の途上にある。相対的影響力でいうと、西欧は衰えつつある。アジアの諸文明は経済的、軍事的、政治的な力を拡大しつつある。イスラム圏は人口が爆発的に増え、その結果イスラム諸国とその近隣諸国は不安定になっている。そして非西欧の諸文明は全般的に自分たち自身の文化の価値を再確認しつつある。」。

第三命題：各文明内での団結という実態「文明に根差した世界秩序が現れつつある。文化的類似性を共有する諸社会同士は互いに協力し合う。社会を或る文明から別の文明へと移行させようとする努力はうまくいかない。そして国々は自分たちの文明の指導者、つまり中核となる国家を中心に纏まっていく。」。

第四命題：西欧文明の普遍主義的使命感と中華文明・イスラム文明との衝突「西欧はその普遍主義的な衒いの為、益々他の諸文明と衝突するようになり、特にイスラム圏や中国との衝突は極めて深刻である。地域レベルでは、文明の断層線が主としてイスラム系と非イスラム系との間で戦争を惹起し、「類似する国々の結集」を齎し、それがより広い範囲でエスカレートする虞もあるし、それ故にこうした戦争を喰い止めようとして、中核となる諸国家が苦心することになるだろう。」。

第五命題：西欧文明の団結と自制の呼び掛け「西欧が生き残れるかどうかは、アメリカ人が自分たちの西欧的アイデンティティを再確認し、西欧人が自分たちの文明は特異であり、普遍的なものではないということを認容し、非西欧社会からの挑戦に備えて、自分たちの文明を復興し、維持していけるかどうかに懸っている。また諸文明間の世界戦争を避けられるかどうかは、世界政治が多文明に依拠した性格を有していることを認容し、協力してそれを維持していけるかどうかに懸っている(3)。」。

ハンティントンの「文明の衝突」論の発表から二十年が過ぎたが、筆者の見るところ、そこには一九九〇年代の知識人を苛立たせる二つの要因があったと考えている。

第一の要因は、「文明」「文化」という概念で、生身の人間が拘束されている生活様式の違い、つまり政治以前の文化的基礎を論じたことである。それは西欧近代の政治的価値観で世界を統一しようとする普遍主義的秩序構想に対する異議申立であった。

普遍主義者は、自由、平等、民主主義、人権といった近代的政治理念が、時空を越えて人類に妥当すると信じている。この近代的政治理念とは、完結した過去の産物ではなく、永続的過程としての啓蒙の成果であり、今尚ヴァージョンアップを続けて止まない秩序構想である。普遍主義者は、それが人類の共通諒解となることで、世界の平和、人類の幸福が達成されると信じている。今日の政治対立は、そうした秩序構想を推進する「進歩派」(左派)と、反対する「保守派」(右派)との間で行われているのであり、この闘争は是が非でも前者の後者に対する完全勝利で終わらなければならない。「保守派」「反動勢力」「支配層」「右翼」が守ろうとする生活様式、生活領域、価値観は、無知蒙昧、因循姑息に過ぎず、その存在を容認してしまうと、それ自体が一つの道義的怠慢になってしまう。国内的文脈だけでなく、国際的文脈でも同様なのであって、「保守的」な諸国家、諸地域、諸勢力に対しては、マスメディアによる言論攻撃、国際機関やNGOによる監視、時には経済制裁や軍事介入と、硬軟両様の圧力でその解体を進めようとする。武力介入で「悪の枢軸」を粉砕しようとするブッシュら「新保守主義者」も、国際世論の盛り上げで体制変革を促そうとするハーバーマスやデリダら「リベラル」言論人も、実は手段の違いこそあれ、近代的政治理念の普遍主義的使命を確信する点では変わりない。普遍主義者は、近代的政治理念は「正しい」ものであり、その「正しさ」はやがては誰にでも、どの地域ででも理解される筈だと信じている。成程「文化」は多元的な儘でよいが、それは非政治的領域に限定してのことであって、政治的価値は普遍妥当的であるべきだというのである。(4)

一九九〇年代の学界が「文明の衝突」論に興奮したのは、こうした普遍主義者の観念世界を相対化してみせたからだろう。『第三の波』の著者でもあるハンティントンは、個人的には近代的政治理念の信奉者であり、それが「西欧文明」内では完全に妥当していると見たがるが、全人類が自分たちと当然同じ価値観を持つだろう、いや持つべきだと信じて疑わない普遍主義者の態度は無邪気だと考えた。彼は政治に於いて、政治以前の文化的基盤が果たす役割を認め、西欧起源の理念が西欧以外で受容され難い構造があると考えた。これは普遍主義者には不愉快な指摘である。勿論普遍主義者も、近代的政治理念に世界中で様々な抵抗があることは知っているが、それを排除すべき夾雑（きょうざつ）物、啓蒙により除かれるべき虚妄としてしか認識しないので、無意識のうちに軽視することになる。ハンティントンはそうした軽視が危険だと述べたのである。

筆者もこういう普遍主義者の態度に疑問を懐いてきた。筆者も勿論彼等に信念を貫いて頂きたいとは思っているが、自分たちの規範意識を全人類の標準とすることで、経験的学問の道を外れることはないのかと首を傾げることがある。ハンティントンは「文明の衝突」を煽る危険な論者、「西欧文明」の唯一普遍性、優越性を誇る傲岸不遜な人物と見られることがあるが[5]、そうした解釈は適当だろうか。寧ろ彼は、自分たち「西欧」世界の力の限界を説き、各「文明」の指導国間の協力の必要性を説いて、普遍主義者の「衒い」（英 pretension）を戒めているのではないか。

普遍主義者はハンティントンを論破しようと、いつも「構築主義」という論法を持ち出す。「民族」「国民」「国家」「人種」と同じく、「文明」などというものは、ハンティントンという一人の観察者が、自分の利害関心から「構築」した観念的産物に過ぎず、従って政治に於いては問題にならない、いや問題にしてはならない「虚構」である、ハンティントンは、「文明」が「実体」であると思い込み、それが確固たる主体として世界政治を動かしているかのような愚昧な議論（「文化本質主義」）をしている、そういった状況認識は「指導的文化」の担い手を自負する「マジョリティ」の都合によるものであり、「マイノリティ」を脇に押し遣るものだというのである。実際ハンティントンは、アメリカ合衆国での多文化主義の擡頭を批判し、クリントン政権の多様性推奨政策は、アメリカ社会の不安定化に繋がると危惧していた[6]。

筆者はハンティントンが語る「文明」「文化」について、その固定性を検証してみることは、学問的に意味があると考えている。ハンティントンの「文明」論は、要するに印象論の域を出ないのであって、どれ程「実体」があるのかは一度疑ってみる必要がある。「文明」の区分けも議論の余地があるし、「文明」も時期によって変化するし、「文明」内部の相克も考慮しなければならないだろう。また人間のアイデンティティは常に多層的で、アイデンティティ間の相克も抱えているので、ハンティントンのいう「文明」が、いつでも人々の心を捉えているとは到底言えないだろう。

だが筆者は、「構築」の産物は「虚構」だというのは論理の飛躍であり、一種の詭弁だと思っている。「構築主義」の論者たちは、「文明」や「文化」、「ヨーロッパ」「ドイツ」「日本」といった纏まりは「実体ではない」と繰り返すが、彼等は建前ではなく本心からそう思っているのだろうか。「国家権力には抵抗するべき」「マイノリティは尊重されるべき」というような政治的規範意識から、そういった纏まりの存在を認めるべきではないと思っているのではないだろうか。筆者はこれまで世界各地を訪れてきたが、夫々の社会内の多様性は認識しつつも、やはり「ヨーロッパ」「ドイツ」「日本」「ベルリン」「バイエルン」「東京」「名古屋」といった地域による風土の違いを実感することは多かった。成程その析出は難しいし、「境界」は曖昧だが、それでも或る種の地域性は存在すると考えている。元々は政治家や国民的知識人の「構築」した、当初は珍奇に見えるアイデンティティでも、繰り返し語られるうちに浸透し、政治に於いて無視できない「実体」となるとは考えられないだろうか。「〇〇人」意識がない世界市民から見れば愚昧な「構築」の産物であっても、少なからざる人々が、一時の激情からでもそれに心を寄せる現実があれば、それは十分政治に於ける「実体」として考えなければならないのではないだろうか。

加えて興醒めなのが「構築主義」論者の御都合主義である。「構築主義」の論理でいけば、人間社会の単位は一切合切「脱構築」されそうなものだが、実際には論者の都合次第で「脱構築」されたり「実体」視されたりしている。つまり「文明」「文化」「国家」「国民」「民族」「人種」「ジェンダー」は「虚構」視されるが、「人民」「階級」「市民」「個人」は「実体」視される、「日本人」「イギリス人」「スペイン人」は「虚構」視されるが、「アイヌ」「スコットランド人」「カタルーニャ人」は「実体」視されるといった有様である。御都合主義と言えば、西洋中心主義を批判する余り、一方的にキリスト教側を非難し、イスラム教など非キリスト教側を称揚するという「オクシデンタリズム」も同様の問題を抱えている。批判的議論は学問では常に必要だが、判断が公平でなければ説得力を失うことになる。

ハンティントンが嫌われた第二の要因は、政治に於ける「闘争」の局面を正面から論じたことである。「政治」が人間の共同行為一般を意味するとすれば、そこに「共生」だけでなく「闘争」もあることを、ハンティントンは赤裸々に述べたのである。これは冷戦終焉の高揚感に冷水を浴びせるかのような、誠に不都合な指摘であった。

我々は西洋政治思想史を概観する時、そこに二様の人間観が常に対抗し合い乍ら登場するのに気付く。第一の潮流は、性悪説から出発し、人間の共同生活には強制力を伴った統治が必要だと主張するものである。この主張によれば、人間関係の本質はやはり闘争であり、人々に秩序を強制する暴力や権威、人々が暗黙のうちに従う伝統や習慣は、秩序形成に不可欠だということになる。第二の潮流は、性善説から出発し、人間が「政治的動物」としての共生本能を有していると信じるが故に、暴力や権威に依存せず、伝統や習慣にも寄りかからない、支配なき人間関係が可能だと考えるものである。政治を巡る議論の場では、いつもこの二つの流派が水と油の関係にあり、学問的にも政治的にも相手を認めようとしない。

筆者は、政治には「共生」の要素もあり、「闘争」のみが本質だとは考えていないが、「共生」の強調に躍起になる余り、「闘争」の要素を指摘する者を敵視するような論者には、いつも疑問を懐いてきた。そうした態度の問題性は、血湧き肉躍る政治闘争の渦中に居たマックス・ヴェーバーを、世界を達観した書斎人のように描いてしまう「政治嫌い」の弊害にも端的に現れている。「闘争」は論者が目を背けることで消滅する訳ではなく、「共生」を謳い上げるだけで平和が構築できる訳でもない。「対話」や「コミュニケーション」は必要だが、それは打ち出の小槌ではないので、紛争解決に役立つこともあるし、逆効果のこともある。政治を研究する者が率先して「政治嫌い」を標榜し、内輪で意気投合するというのは、些か病理的な事態だろう。

ハンティントンが「文明の闘争」論を打ち出した頃、多くの大学人は米ソ冷戦後の世界をもっと楽観的に見ていた。フクヤマの「歴史の終焉」論のような勝ち誇った反共主義には顔を顰めつつも、近代的政治理念による温和な世界統一を夢見ていた普遍主義者は多かった。「世界政府」（独 Weltregierung）なき「世界内政」（独 Weltinnenpolitik）、「国家による世界」（独 Staatenwelt）から「社会による世界」（独 Gesellschaftswelt）へといった美辞麗句が溢れ、また「民主国」による「平和構築」を謳う『パクス・デモクラティア』という本が出版されたことも、まだ記憶に新しい[7]。こうした時代にハンティントンが唱えた新たな闘争論は、平和共存の潮流に水を差す不謹慎なものであり、まるで人々を新たな戦争へと誘っているかのようにすら思えたのだった。けれどもその後、超大国の「瓶の蓋」が取れつつある世界で、武力紛争やテロリズムが徐々に大規模化しつつある。危機は世界中で昂進しつつあり、解決の糸口は見えない。

二　新たな観点からの批判

以上見てきたように、筆者は従来のハンティントン「文明の衝突」論批判には共有し難い点があると考えているが、従来の批判とは別な観点から、この「文明の衝突」論に二つの点で違和感を懐いてきたので、次にそれを見ていきたい。

第一の批判は、近代的政治理念の持つ権力政治的意義を、ハンティントンが過小評価している点である。常に西欧「文明」の側に立つハンティントンの「文明の衝突」論は、非西欧「文明」世界の脅威を強調していた。「文明の衝突」論は「西欧文明」世界の団結を訴える政治戦略なので、非西欧「文明」世界の脅威を印象付ける必要があった。確かに非西欧「文明」世界の「民主化」論は楽観的だったが、非西欧「文明」世界に西欧起源の近代的政治理念に対抗できる秩序構想が、今のところ全くないという点も忘れてはならない。例えば日本は二〇世紀、経済大国として世界に雄飛したが、知的な領域では何ら独自の提案が出来ない儘、経済力の低下に伴い早くも「主要国」間で影が薄くなってきた。国際会議の写真撮影で日本の代表が脇に押し遣られるといういつもの光景は、日本の知的存在感の薄弱さを象徴している。昨今の中華人民共和国やイスラム圏にしても、経済や軍事ばかりが突出していて、知的に注目されることは日本以上に稀である。近年では大学人まで「新興国」ブームで舞い上がっているが、政治理念の上で独自の発信力がない限り、そうした「新興国」が欧米に代わる世界の政治的中心となることはない。嘗てソヴィエト連邦が社会主義圏の総本山たり得たのは、マルクス主義という秩序構想、更にその背景にある「平等」という理念（それも近代的政治理念の一種である）が強い説得力を有したからであって、ロシヤ一国の腕力の問題ではなかった。どれだけ不平不満を述べる者が居ても、西欧起源の近代的政治理念は、現代世界では唯一普遍的妥当性を実態の上で主張し得るものなのであり、それを人類の共通基盤にしようとする普遍主義者の願望にもそれなりの理がある。

近代的政治理念は間違いなく西欧諸国の歴史的産物であり、異なる歴史的軌跡を歩んできた地域で受容しようとしても、先行する文化的基礎と衝突する部分があるので、砂に水が滲みるようにはいかない。日本の高名な普遍主義者も、日本に外来の理念の浸透を図っても順調にはいかないことを認めている(8)。パキスタンの「マララ事件」（二〇一二年）もそうだが、イスラム圏に介入した西欧諸国が政教分離、信仰の自由、男女平等などの近代的政治理念を強引に移植しようとして、現地で猛反発を買う事例は珍しくない。旧体制からの人間の解放を謳い上げる近代的政治理念が、却って自らを新しい基準として人間や人間集団を序列化し、新たな紛争の種を作る現象を、筆者はこれまで「知性主義の逆説」と呼んできた。(9)

近代的政治理念は今尚「普遍的妥当性」を主張し得るが故に、その揺籃の地である西欧諸国の貴重な権力資源になってきた。英米仏を中核とする西欧世界は、いつも非西欧世界が近代的政治理念の受容に問題を抱えているという発想から出発し、ありとあらゆる場で絶えず問題を指摘してくる。紛争を暴力でなく議論で解決しようとする現代世界では、近代的政治理念は国際紛争の重要な武器である。ＥＵは普遍主義の観点からイスラム圏の、中華人民共和国の、ロシヤの、時には日本やアメリカの「人権状況」を批判して政治的優位に立とうとし、またトルコのＥＵ加盟も阻止し続けている。いや政治だけではない。実際にはそれに連動して学問でも、宗教でも、服装でも、食事でも、芸術でも、文化のあらゆる領域で、「西欧的なもの」は常にエリート社会の標準とされ、それに積極的に順応しない者は「保守的」だとして道を塞がれるというのが、近代以降の世界の現実である。今日では何と反西欧中心主義まで西欧諸国から発信されている。というのも、それを西欧人が唱えると「進歩的」に響くが、非西欧人が唱えると「保守的」に聞こえるからである。冷戦終焉後のＮＡＴＯやＥＵは光輝なる「西欧」の東方拡大を進め、東欧に於けるロシヤの既得権益を容赦なく蚕食してきた。西欧諸国は外部の国々が世界を主導するのを、その知的首位性を発揮して妨ごうとしている。とはいえ軍事的・経済的背景を失いつつある西欧諸国が、近代的政治理念の旗振り役として迫力不足になってきたこともまた否めない。二〇一四年のウクライナ政変を契機にプーチン露大統領が反転攻勢に出たのも、そうした弱体ぶりを見透かした結果だろう。

尚武器としての近代的政治理念は、西欧諸国しか利用できない訳ではない。近代的政治理念を受容したか否かではなく、どの程度受容したように見えるかの印象が問われるので、その度合を巡って国際社会に上下秩序が生まれてくる。戦後の日本にとって、自由民主主義体制を実現したと自称できることは、外交上極めて重要な意味を持つ。経済しか突出していない日本が「先進国首脳会議」の創立会員になれたのは、「日本国憲法」を受容していたからである。然し日本が「先進国」中で対等な地位を有しているとは言えまい。ドイツに住んでみると、西洋人が依然として日本をオリエンタリズムの視線で見ていることを実感させられる。それを具体的に知りたければ、ドイツの代表的政治雑誌『シュピーゲル』の日本関連の記事を一つ一つ見てみるがよい。他の「先進国」からの冷笑的視線に晒されている日本は、より問題のある国々の状況を国際社会で積極的に話題にしようとする。「憲法改正」を標榜する自由民主党の内閣総理大臣が、中華人民共和国やロシヤ連邦と対決する時に、「価値観外交」を提唱して西欧諸国との連帯を謳い上げようとするのはこの為である。これは国際政治を舞台とした「抑圧の移譲による精神的均衡の保持」なのであって、西欧派ドイツ・ナショナリストであったヴェーバーにも通じる行動様式である。[10]

近代的政治理念の序列化作用については、最近の日本では屡々論じられるようになってきた。例えば九・一一同時多発テロ以降、日本の言論人が警戒したのは、急進的イスラム教徒のテロリズムよりも、それと対決しようとする「デモクラシーの帝国」アメリカ合衆国の「正戦」の方だった。嘗て反ヴェトナム戦争で燃えた左派反米主義世代が、昔取った杵柄(きねづか)を再び握る好機をここに見出したのである。[11]また革命の母国フランスについては、政府が国民に近代的政治理念の普遍的意義を説く余り、「マグレブ」「ブラック・アフリカ」「東南アジア」といったイスラム系移民のアイデンティティを危機に晒しているとして、普遍主義の緩和と「積極的格差是正措置」とを求める議論が展開されている。[12]然し近代的政治理念による階層形成は世界史的現象であり、従来も繰り返されてきたことである。普遍主義が圧迫してきたのはイスラム教徒だけではない。同じ運命を近代の日本も、ドイツも、ロシヤも、本論で扱うローマ＝カトリック教会も辿ってきたのだということを度外視する訳にはいかないだろう。また善良な普遍主義と悪辣な普遍主義、進歩と抑圧とが截然と分けられるという発想も甘い。

筆者による第二の批判は、ハンティントンが「西欧文明」の名の下に正教圏を除く西洋世界を一括して扱い、近代的政治理念をその共通諒解として語る認識の誤りについてである。我々は「西洋政治思想史」というと、古代ギリシアから始まった民主政の理念が、モンテスキュー、ロック、ルソーへと受け継がれ、今日の自由民主主義思想に至るという定番の筋書きを期待するが、これは一つの描き方に過ぎない。「西洋政治思想史」が「西洋という特定地域で生まれた政治思想の史的概観」であるとすれば、王権神授説、教皇不可謬論、人種主義、反ユダヤ主義、ナショナリズム、ファシズムも、間違いなく「西洋政治思想史」の構成要素である。近代的政治理念が西洋人全員の共通諒解だった時代はないし、今後もないだろう。にも拘らず近代的政治理念を西洋の共通諒解であるかのように論じるということは広く行われており、例えばハンティントン打倒に燃える平和学者ディーター・ゼングハースなどもあっさり同意している。政治史家ハインリヒ・アウグスト・ヴィンクラーの『西欧の歴史』も然りである。(13) だがそれは飽くまで戦略的な物言いなのであって、事実認識としては正確ではない。

現代西洋でも近代的政治理念は依然として論争点であって、「歴史の終焉」は見えない。成程政治家や知識人の次元ではそれが建前として通用しているかに見えるが、それは社会全体から見たら氷山の一角である。例えば「ヨーロッパ憲法条約」案の策定に際しては、キリスト教をヨーロッパ共通の基盤に据えたい勢力と、「世俗主義」を徹底したい勢力との対立が噴出した。「自由」や「平等」といっても、何をどの程度、どういう形態でという点は争われているし、孰れにしろ社会の隅々まで、個々の民間団体や家庭の中まで徹底されている訳ではない。だからこそ西洋諸国には、今でも右派政党があるし、国によっては君主制も、貴族制も、国教会も残っているのである。

前近代の「旧体制」の残滓があるヨーロッパ諸国と、それがないアメリカ合衆国との間にも、到底無視できない歴史的相違がある。近現代ヨーロッパ政治思想では、近代的政治理念に抗い「旧体制」（の残滓）を擁護する「右派」と、近代的政治理念を称揚し「旧体制」（の残滓）を攻撃する「左派」とが対立し、「右派」の保守主義と、「左派」内部の自由主義、平等主義の三つ巴の争いが展開されてきた。勿論保守主義は過去二百年で追い込まれ、最早明瞭な形態では残っていないが、決して消滅した訳ではない。ところが「旧体制」の歴史がないアメリカでは、自由主義、平等主義の二つ巴の戦いが主流であり、両者が「保守」「リベラル」と呼ばれている（この用語法はアメリカ外にも波及し、自由主義を「保守」思想と呼ぶ平等主義者も居る）。ハンティントンが近代的政治理念を米欧の共通諒解として論じた背景には、（ヨーロッパ的な意味での）保守主義の存在を軽視するアメリカ人ならではの感覚があったものと推測される。(14)

思うに政治史研究とは法医学のようなものである。法医学は既に人生を終えた人間の遺体を物体として突き放し、務めて客観的に分析することで、当該人物の尊厳と社会の秩序とに奉仕する。政治史研究も既に完結した政治過程を解析し、務めて多角的に出来事の因果関係を読み解くことで、人類の知見の増大に貢献し、政治の実務に当たる人々に思考の材料を提供する。曲学阿世に陥ることなく、同時代の感覚に照らして不謹慎なこと、都合の悪いことでも、敢えて指摘するのが、学者の責務だろうと信じる。

目次

主要略語一覧

Aus meinem Leben: Joseph Ratzinger, Aus meinem Leben, München, 1998.

FAZ: Frankfurter Allgemeine Zeitung.

GAR: Max Weber, Gesammelte Aufsätze zur Religionssoziologie.

Gott und die Welt: Joseph Ratzinger, Gott und die Welt, München, 2005.

„Ich werde mal Kardinal“: Gemeinde Rimsting (Hrsg.), „Ich werde mal Kardinal“, 2013.

JRGS: Joseph Ratzinger Gesammelte Schriften.

Licht der Welt: Joseph Ratzinger, Licht der Welt, Freiburg(Br.), 2010.

LThK: Lexikon für Theologie und Kirche.

Mein Bruder, der Papst: Georg Ratziger, Mein Bruder, der Papst, München, 2011.

MWG: Max Weber-Gesamtausgabe.

ok.: Ordinariats-Korrespondenz (Erzbistum München und Freising).

Pfister (Hrsg.), Erzbistum München-Freising: Peter Pfister (Hrsg.), Joseph Ratzinger und Erzbistum München und Freising, Regensburg 2006.

Salz der Erde: Joseph Ratzinger, Salz der Erde, 6. Aufl., München, 2005.

SZ: Süddeutsche Zeitung.

UAT: Universitätsarchiv Tübingen

Zur Lage des Glaubens: Joseph Ratzinger, Zur Lage des Glaubens, Freiburg (Br.), 2007.

凡　例

一．地名表記は原則としてその地域のその時点での官庁語の発音に従って表記する。従って「オーストリア」、ドイツ語系「スイス」は、本書では「エステルライヒ」「シュヴァイツ」とドイツ語表記する。但し慣用されている地名表記に従ったものもある（「ドイツ」「モスクワ」など）。

二．教皇名は古典ラテン語の発音に従って表記する。例えばベネディクトゥス一六世（カトリック中央協議会では「ベネディクト十六世」）、ヨアンネス・パウルス二世（ヨハネ・パウロ二世）、フランキスクス（フランシスコ）、ピウス一二世（ピオ十二世）などである。

三．教会用語は、『新カトリック大事典』の見解も一部参考にし乍ら、原語及び歴史的経緯を尊重したものを独自の判断で採用した。例えば「使徒宮殿」（カトリック中央協議会では「教皇公邸」）、「宮内長官」（「教皇公邸管理部室長」）、「教皇登位」（「教皇就任」）、「枢機卿団長」（「首席枢機卿」）、「司教会議」（「司教協議会」）、「アンゲルス」（「お告げの祈り」）、「レギナ・カエリ」（「アレルヤの祈り」）などである。

四．暦の表記は西暦によるが、日本語書籍の刊行年は年号とする。

五．ラッツィンガーの教皇登位以降の発言は、カトリック中央協議会及び教皇庁の公式サイトでほぼ公開されている。本書もこれを利用したが、その際サイトの場所を逐一示すのは煩雑なので、出所は文末註ではなく文中に表題を記した。文面を引用する際には、カトリック中央協議会の邦訳を、教皇庁公式サイトの原語（イタリア語、ラテン語など）版、ドイツ語版を用いて修正した。

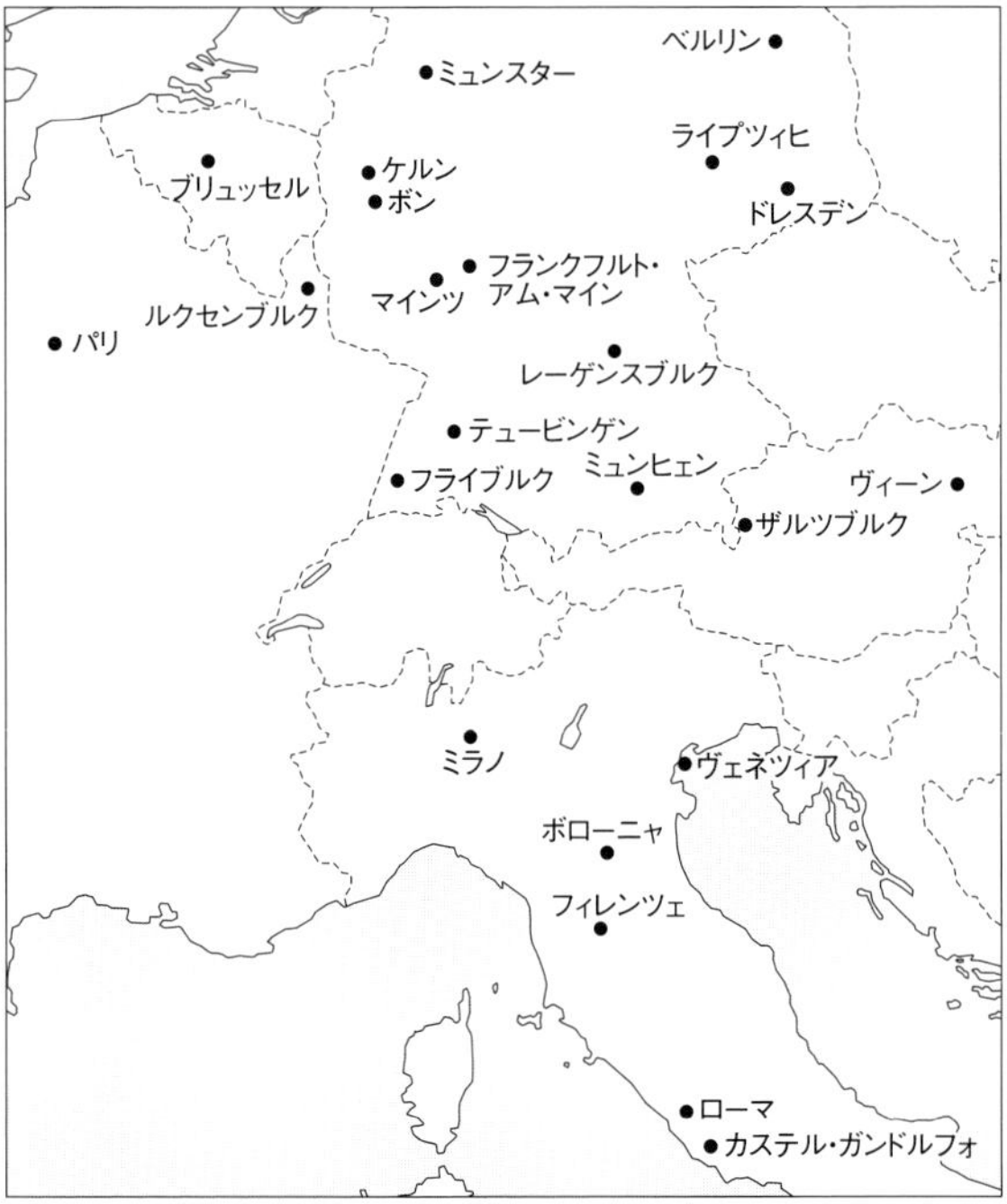

Putzger Historischer Weltatlas, Berlin : Cornelsen, S. 1870 を基に作成

南ドイツ・北イタリアとその周辺

Peter Pfister (Hrsg.), Geliebte Heimat, S. 10 f. を基に作成

オーバーバイエルン

序　章　「キリスト教的ヨーロッパ」の再発見

第一節　政教不分離の国ドイツ

一　キリスト教共同体としての西洋

「政教分離」は近代国家の前提ではない。戦後日本では、「天皇制」や「国家神道」への批判を込めて、「政教分離」は近代国家の普遍的原理だ、政治権力と宗教権力との「結託」「癒着」を避けるのが「西欧社会がたどり着いた一つの実際的な解決法の所産」だと説かれてきた。そこで念頭に置かれた「政教分離」とは以下の要素からなっている。（一）国家権力は個人の生き方に関わる内面の事柄に介入しない。（二）布教者は国家権力を利用しない。（三）政治が神秘主義や呪術から解放され理性的に行われる。[15]だが「政教分離」をこう理解するのであれば、近代国家の原型を作った西洋諸国で、それは励行されてこなかったと断ぜざるを得ない。その理由は、どの国家も歴史的に宗教と深く結合してきた為に、政治的にも文化的にも宗教との完全な分離が困難だったからである。最近の政治学では「政教分離」後も公共空間で諸宗教の影響が残る「ポスト世俗社会」の出現が指摘されているが、[16]歴史に忠実に言うならば、抑「政教分離」は十分に行われてこなかったのである。

ヨーロッパの君主制諸国は古くからキリスト教会と一体化してきた。君侯の冠婚葬祭は現在もキリスト教形式で行われており、世界の人々がテレビで見守る一大文化行事となっている。「グレートブリテン及び北アイルランド連合王国」では、キリスト教と結び付いた君主は国家の顔といっても過言ではない。国王を首長とする「英国教会」（イングランド教会・スコットランド教会）は、幾多の流血の歴史にも拘らず、今日尚維持されている。主教には貴族院の議席が与えられ、教会会議の決定には国王の裁可が必要とされる。連合王国の国章には、「神と我が法」（Dieu et mon droit）とフランス語の標語が掲げられている。更にスウェーデン王国、デンマーク王国、ノルウェイ王国といった北欧の君主国にも「国教会」や「国民教会」が設けられ、君主を首長としたり、君主がその信徒であることを義務付けたりしている。[17]

ヨーロッパの共和制諸国でもキリスト教会は特別の地位を認められている。大統領や戦歿兵士の公的葬儀はキリスト教形式で行われることが多く、現職公人の参列は普通である。ギリシア共和国では、憲法（一九七五年制定・最終改訂二〇〇八年）が「同質にして一体なる至聖三者の名に於いて」という言葉で始まり、憲法第三条第一項で東方正教会が「支配的宗教」と規定され、大統領は就任時に「至聖三者」（父・子・聖神）に宣誓しなければならず、祝日も正教会の祭日に準拠している。[18] 今日ギリシアの市井を歩いてみると、家々に小さな聖像画（イコン）が祀られ、自動車道の道端に無数の厨子が点在し、夕方に蠟燭が揺らめく光景が見られ、正教信仰の風習が深く根付いているのが見て取れる。

「世俗主義（ライシテ）」の急先鋒とされるフランスでも、「政教分離」は徹底されていない。抑々フランスでは、革命後も君主制の復活で国家によるカトリック教会管理体制の再構築が目指された。第三共和制になると、君主制と親和的だったカトリック教会に対する共和主義者の反教権主義闘争が強まり、一九〇四年にフランスと教皇庁との外交関係が断絶し、一九〇五年に「政教分離法」が成立した。反教権主義運動の高揚は、ドレフュス事件（一八九四年）で反ドレフュスに加担したカトリック勢力への反転攻勢という側面も有していた。だが第一次世界戦争で国家と教会とは再び接近し始め、一九二一年にフランスと教皇庁との外交関係が復活した。第二次世界戦争後には、フランスで常設従軍司牧制度が復活し、国営放送でも宗教団体の時間が取られるようになった。更に教会建設債に対する国家保証や、教会への寄付に対する税制上の優遇も回復した。国家元首の葬儀が、パリのノートルダム大聖堂で行われることもある。フランス国家の祝日には、今でもカトリック教会の祭日が数多く採用されている。カトリック教会の司教任命にはフランス政府との協議が必要とされており、キリスト教系私立学校への公費助成及び監督も行われている。尚現在はフランス領内だが、旧ドイツ帝国領エルザス＝ロートリンゲンに当たるオ＝ラン、バ＝ラン、モーゼルの三県では、抑々「世俗主義」が断行されたことがない。[19]

戦後日本に模範を提供したアメリカ合衆国では、流石に「政教分離」が進んでいるが、それでも日本で考えられている程ではない。確かに独立時、本国イギリスへの反撥として、アメリカ十三邦では国教会制度を徐々に廃止し、「アメリカ合衆国憲法」（一七八七年）では国教が禁止され、「神」も出てこない。世界に先駆けて「多文化化」したアメリカでは、国家と教会との分離という点も数々の判例で確認されてきた。だが「政教分離」が「世俗化」を意味しないのが、アメリカ社会の重要な特徴である。創成期アメリカがキリスト教と深く結び付いてきた記憶は消えず、アメリカ政治には今でもキリスト教の話題が付き物である。独立前のアメリカ各州では、メリーランドを除いてプロテスタント教徒の移民が多く、北部では清教徒、南部では国教徒が優勢で、マサチューセッツではカルヴァンのジュネーヴに匹敵する神政政治が行われ、異端迫害も見られた。一七七六年の「独立宣言」にも、「創造主」が人間を平等に作った、「神の摂理」を信頼するといった文言が見られる。「合衆国憲法」に署名したジョージ・ワシントンは、「我等が主の一七七八年」と記した。大統領就任式では『聖書』に手を置いて宣誓する慣行があり、連邦議会、州議会、軍隊、刑務所などには「専属牧師」が居り、国旗への宣誓文には「神の下での一つの国」という表現があり、現行のドル紙幣にも「我等は神を信頼して」（In God we trust）との標語が大書されている。マッカーサー元帥の後押しで占領下の日本に国際基督教大学が作られたように、アメリカにはキリスト教、特にプロテスタンティズムの浸透を文明度、「民主化」度合を測る一指標とする考え方がある。大統領選挙でも、候補者のキリスト教信仰の有無は毎回話題になるし、同性婚や堕胎の是非は論争点であり続けている。[20]

旧社会主義圏のヨーロッパ諸国でも、再びキリスト教は特別扱いされつつある。嘗てそれらの国々では「無神論」が事実上の国是とされ、厳しい教会弾圧が行われていた為、戦後日本の「政教分離」論者には追い風であった。だがその指導国だったソヴィエト連邦は崩壊し、ロシヤ連邦では一転してロシヤ正教会が事実上の国教会となっている。既に崩壊前の一九九〇年、ソヴィエト連邦では教会財産の返還、信仰の自由の規定、教会の法人格復活、降誕祭の祝日化が行われた。一九九七年のロシヤ連邦の「良心の自由」法では、キリスト教、イスラム教、ユダヤ教、仏教の伝統宗教の尊重が謳われつつも、正教に特別の意義を認めた。この法律に基づき行われた新たな宗教団体登録では、ロシヤ正教会が意図的に登録第一号とされ、国防軍の礼拝堂では国家予算を用いた宗教活動が行われている。新聞の「影響力のある政治家」アンケートでも常にモスクワ総主教が上位に上げられており、再建されたモスクワの「救世主ハリストス大聖堂」で行われる重要な奉神礼には、ヴラディーミル・プーチン大統領らが参列するのが通例である(21)。

要するに「国家神道」批判者が近代国家の前提条件のように説く「政教分離」とは、西洋政治思想の一つの理念に過ぎないのであり、それを西洋諸国の政治の実態と混同するのは深刻な誤りである。従って我々がヨーロッパ諸国の政教関係を論じる際には、こういった「戦後日本」的な通念とは切り離して考察しなければならない。

二　キリスト教国としてのドイツ連邦共和国

ドイツ連邦共和国もヨーロッパの政教不分離国家の一つである。ドイツは一九一八年の革命で帝国及び諸領邦の君主制を失い、「玉座と祭壇の同盟」を解消したが、ヴァイマール共和国はフランスやソヴィエト・ロシヤとは違って、新しい政教協力関係を構築した。「ドイツ連邦共和国基本法」は、一方で信仰・良心の自由、宗教・世界観を告白する自由の不可侵性（第四条第一項）、宗教的活動の自由（第四条第二項）を認めつつも、他方で「神と人間に対する責任の自覚」を明記し（前文）、国教会制度を否定した上で従軍司牧、教会税など政教協力関係を規定したヴァイマール共和国憲法の諸条項を引き継ぎ（第一四〇条）、更に州政府の管轄下で（無宗派学校を除く）公立学校が宗教の授業を「正規の授業科目」として行うことを規定した（第七条）。

「教会税」（独 Kirchensteuer）とは、カトリック教会或いはプロテスタント教会に属するドイツ国民が、所得税の八乃至一〇％に当たる金額を税務署に納付し、州政府がこれを夫々の宗派教会に引き渡すというものである。この「教会税」制度は、フランス革命期に「世俗化」の代償として国家が保証したことに始まるもので、教会の財政基盤の安定に貢献してきた。カトリック教会、プロテスタント教会は「公法上の社団」と呼ばれ、公権力の一部として扱われている（但し「公法上の社団」にはユダヤ教会も加えられる場合がある）。

ドイツ各州（独 Land）の公立学校で行われる初等・中等教育では、（通常は宗派別に、一部では宗派合同で）「宗教」（独 Religion）の授業が設けられ、大抵の場合はキリスト教が教授されている（但しこの授業は生徒又は両親の希望で受講しないことも出来る）。その内容は、キリスト教に纏わる歌を習ったり、聖書の逸話を学んだり、蠟燭を囲んで瞑想したりするもので、カトリック系授業では聖人伝なども紹介される。このような内容だが、成績評価も為されるので、進学にも関わってくる見過ごせない科目である。

ドイツの大学は大半が国立（州立）だが、その多くにカトリック神学部、プロテスタント神学部が設置され、聖職者養成などの神学教育を担っている。アイヒシュテット＝インゴルシュタット大学のような教会経営の大学もあるが、ドイツでは私学は例外的である。ドイツの国立（州立）大学神学部では、特にカトリック系の場合は、地元の司教が不都合と思われる人物の教職着任を阻止することもある。

ドイツ連邦軍には「従軍司牧」（独 Militärseelsorge）があり、「従軍司祭」「従軍牧師」が同行する。これは兵士たちの為に、兵営や戦場で礼拝司式や告解聴聞を行い、死者を弔い、士気を高める為の制度で、「兵士法」（一九五六年）第三六条及び聖座、「ドイツ福音主義教会」との協定に基づくものである。従軍司牧の責任者として、カトリック教会では「従軍司教」（独 Militärbischof）が、プロテスタント教会では「従軍監督」（独 Militärbischof）が任命される。

以上のような項目を取り決める為に、ドイツ連邦共和国及び各州がカトリック教会、プロテスタント教会と結ぶ協定を「国家教会協約」（独 Staatskirchenvertrag）と総称する。正教会やユダヤ教祭祀共同体とも類似の協約を結ぶことがあるが、業務の規模からして西方キリスト教の両宗派に重きが置かれていることは言うまでもない。カトリック教会の場合、聖座と連邦或いは各州との間で「政教条約」（独 Konkordat）など各種協約が結ばれ、更に各州と各司教区との間にも各種協約が結ばれることがある。政教条約を連邦と各州とが夫々聖座と並行して結ぶのは、ドイツ連邦共和国が連邦と各州とで主権を分有する連邦制国家だからである（例えば連邦軍将兵の司牧は連邦政府の、大学教官の任命は州政府の管轄領域）。連邦政府はアドルフ・ヒトラー内閣が一九三三年に締結した「帝国政教条約」（独 Reichskonkordat）を、各州はヴァイマール共和国時代に締結したもの（「バイエルン政教条約」「プロイセン政教条約」など）を修正しつつ継承している（その際「プロイセン政教条約」は概ね「プロイセン自由国」の旧領域で通用するので、今日の州境とはずれが生じる）[22]。

以上のことだけでもドイツ連邦共和国は「キリスト教国」だと呼び得るが、キリスト教の影響は国制に留まるものでは

2012年6月7日：筆者撮影
ミュンヒェンの聖体祭

ない。ドイツ各州が設置する祝日には、今尚キリスト教の祭日が多く採用されている。具体的には「聖三王祭」（公現祭）、「復活祭」関連の祝日、「聖霊降臨祭」関連の祝日、「聖体祭」関連の休日（カトリック地域）、「マリア被昇天祭」（カトリック地域）、「宗教改革記念日」（プロテスタント地域）、「万聖節」（カトリック地域）、「降誕祭」関連の祝日である。またドイツの都市にはアメリカやアジアのように高層ビルが林立することが少なく、旧市街の風情が重視されるので、今でも大聖堂（独 Dom）が都市のランドマークとなり、その鐘の音が生活に浸み込み、宗教的な年中行事が町の風物詩として定着している。経済最優先の日本では、京都や奈良ですら歴史的建造物を一定地域に限定して残し、残りは破壊して跡地の開発を進めることが多いが、ヨーロッパでは宗教施設を含む旧市街が生活の場であり乍ら、同時に文化財にもなっている。ドイツでも、ケルンの大聖堂、マインツの大聖堂、ウルムの大聖堂、ドレスデンの聖母教会、ベルリンの大聖堂やマリーエン教会、ライプツィヒのトーマス教会やニコライ教会は、時代の変遷を越えて町の雰囲気を大きく規定してきた。殊に本書の舞台となるバイエルンを思い浮かべてみるとよい。二つの葱坊主を頂くミュンヒェン聖母大聖堂、黄金の聖母子像、響く鐘の音、長大な聖体行列、輝く聖体顕示台、立ち昇る香煙、街中に響く聖歌、聖体通過の鈴の音に跪く人々、修道士や修道女の姿、道行くマリア講の蝋燭行列、道端にも公共施設にも掲げられた十字架——そうした風景は、旧来の住民にも外来の人々にも、キリスト教徒にも非キリスト教徒にも、言葉では十分言い表せない視覚的・聴覚的・嗅覚的印象を与えるものである。ドイツはまた、「神聖ローマ帝国」の中核を担い西方キリスト教世界の盟主を自認した国であり、プロテスタンティズム揺籃の地でもある。キリスト教と共に歩んだ千数百年の記憶は、ドイツにとって拭い去れないものとして残っている。

確かにドイツ連邦共和国でも「世俗化」「多文化化」は進行中で、従来はその側面のみが声高に論じられてきた嫌いがあるが[23]、その一面的な強調は適切ではない。実際教会に通う人々の数は減り、聖職者の成り手も十分でなく、無神論者やイスラム教徒、仏教徒なども増えている。然し「世俗化」は最近始まった現象ではなく、過去数百年にも幾度となく潮の満ち引きがあった。また「多文化化」とは言っても、キリスト教を一掃するような巨大な勢力、例えばコンスタンティノポリスやヴィーンを包囲したイスラム教勢力や、キリスト教を敵視した社会主義勢力や国民社会主義勢力のような何かが、ヨーロッパに襲来した訳でもない。孰れにしてもドイツ国制に於けるキリスト教会の役割はその儘である。目下連邦議会第一党の「ドイツ・キリスト教民主同盟」（ＣＤＵ）、「バイエルン・キリスト教社会同盟」（ＣＳＵ）は、名前ほど宗教的性格の強い政党ではないが、今のところ緑の党や海賊党が掲げる「世俗主義」要求を却下するには十分な勢力を有している。抑々「世俗化」「多文化化」が語られるのは、それだけキリスト教会の支配的地位が意識されてきたことの裏返しなのであって、元々存在感がない勢力なら、退潮しても話題にすらならないだろう。

第二節　保守派ドイツ人の教皇選出

一　新たな文化闘争の展開

社会全般で重要な位置を占めているからこそ、キリスト教会はドイツ連邦共和国で常に論争点の一つになってきた。日本でも大嘗祭や宮中祭祀が憲法論争を巻き起こし、式年遷宮が文化行事として紹介されることはあるが、神道界や仏教界の指導者たちが政治的に注目されることはないし、現在の伊勢神宮大宮司、天台座主、東大寺別当がどういう人物なのかも広く知られてはいない。靖国神社の問題も、最近では政教分離より歴史認識の観点から話題となっている。だがドイツ連邦共和国では、教皇が復活祭や降誕祭にどのような言葉を発するかは、常に大きな関心事である。また「ドイツ司教会議」議長ラインハルト・マルクス（ミュンヒェン＝フライジング大司教）や元議長カール・レーマン（マインツ司教）などは、日々のニュースでお馴染みの教会指導者である。「ドイツ連邦共和国一般公共放送連盟」（ＡＲＤ）や「第二ドイツ・テレビ」（ＺＤＦ）といったドイツの諸公共放送は、毎週日曜日の礼拝を何処かの教会から生中継する。特にＡＲＤ系列の地域公共放送「バイエルン放送」（ＢＲ）は、土地柄を反映してヴァティカンや教皇を話題にすることが多く、重要な宗教儀礼をローマやバイエルン各地から生中継する。「ドイツ統一の日」式典（一〇月三日）など重要な国家式典は「宗派共同礼拝」（独 ökumenischer Gottesdienst）で始まる。元連邦大統領リヒャルト＝カール・フォン・ヴァイツゼッカー男爵は、プロテスタント信徒団体の議長であったし、元ラインラント＝プファルツ州、元テューリンゲン州首相ベルンハルト・フォーゲルはカトリック信徒団体の議長であった。連邦大統領ヨアヒム・ガウクも、元ブランデンブルク州首相マンフレート・シュトルペも、東独時代にはプロテスタント牧師であった。連邦宰相アンゲラ・メルケルは、東独のプロテスタント牧師の娘である。

だがドイツの言論界でキリスト教会が話題になる時、それは批判的文脈でのことが多く、矛先は大抵カトリック教会に向けられている。現代ドイツのプロテスタント教会は、カトリック教会よりも現代社会に順応しているが故に、却って存在感の薄い存在になっており、教会脱退もより深刻である。現代ドイツに於いてカトリック教会は、自由、民主主義、男女平等といった近代的政治理念に、今でも場合によっては公然と異論を提起する最後の、然し巨大な勢力である。近現代史に於いて保守主義を標榜する諸勢力は、常に劣勢に立たされてきた。ドイツ現代政治で「キリスト教民主同盟」（ＣＤＵ）、「キリスト教社会同盟」（ＣＳＵ）は保守政党とされてきたが、正面から「保守政治」を掲げることは難しく、前者はメルケル政権下で保守主義色を弱めている。こうした中で個人主義を批判し、民主主義の暴走を危惧し、「家族」の価値を重視して同性愛や離婚を問題視し、君主制の記憶を守り、ヨーロッパのキリスト教共同体としての性格を強調し、聖変化を伴う神秘的儀式を行うカトリック教会は、進歩派勢力の強い反撥を浴びており、その活動家が教会行事を妨害し、聖職者に危害を加える事件も起きている。マスメディアが「現代化」を求める教会内異論派を応援し、保守派聖職者にバッシングを展開する有様は、正しく「現代の文化闘争」と呼ぶに相応しい。その殺気に満ちた雰囲気を、教理省長官ゲルハルト・ルートヴィヒ・ミュラーは「ポグロム」に譬えている。(24)

世界中に展開するカトリック教会は国毎に異なる事情を抱えている為、日本ではこうしたドイツの政教事情が十分理解されていない。抑々日本では、キリスト教勢力そのものが小規模に留まっている為、正教会以外の各宗派は教会の垣根を下げ、学校経営や結婚式のサービスなどを通じてキリスト教への興味を喚起しようと必死になってきた。また戦後世代のキリスト教知識人は、「国家神道」という「魔術の園」に抵抗する「開明派」を自認することが多い。カトリック知識人も「上智大学事件」(一九三二年)などを引きつつ、天皇とカトリック教会との対決の歴史を、時には正親町天皇の禁教令(一五六五年)にまで遡って力説している。(25)元長崎市長の本島等、「九条の会」発起人の井上ひさしなどはカトリック教徒であり、加藤周一も死去一箇月前にカトリック教会で受洗している。(26)勿論日本のカトリック知識人も一枚岩ではなく、ローマ的伝統や厳格な戒律を重視する人々も声を上げてはいるが、(27)カトリック系メディアは進歩派の論調が支配している。「カトリック中央協議会」の公式サイトには、「常任司教委、「特定秘密保護法」成立に抗議」(二〇一三年一二月七日)、「正平協、安倍首相の靖国参拝に対し抗議声明」(二〇一三年一二月二七日)といった項目が並び、平和主義、反「国家神道」、多文化主義、フェミニズムへの加担が明示されている。(28)第二ヴァティカン公会議の紹介では常に「現代化」した部分が誇張され、ヨアンネス二三世が称讃され、ピウス一二世が揶揄されている。ポーランド人教皇ヨアンネス・パウルス二世についても、人間的な親しみ易さや冷戦終焉、平和構築への貢献が強調されるものの、彼が保守的だとしてヨーロッパ言論界で激烈な批判に晒されてきた経緯が十分に説明されていないことが多い。(29)回勅「レールム・ノウァールム」などカトリシズムの社会問題への取り組みが強調され、教会から教職辞令を撤回されたハンス・キュング、ウータ・ランケ＝ハイネマンや、カトリック教会から問題視された「解放の神学」「フェミニズム神学」が熱心に輸入されている。(30)教皇庁で移住・移動者司牧評議会議長を務めた濱尾文郎枢機卿(一九三〇年―二〇〇七年)は、更なる教会改革を求めて「第三ヴァティカン公会議」を要求し、教区教会の現地化、教皇庁の脱欧米化の立場から、司教候補者のヨーロッパ留学重視や、教皇庁主流派のラテン語強化策に強硬に反対した。(31)ベネディクトゥス一六世の関心事、例えば教会の政治介入の懸念、快楽主義の批判、出生前生命の保護、性の混同の問題視、科学技術の暴走への疑問、正教会との連携の模索、プロテスタント教会への懐疑、「現地化」による教会分裂の危惧などは、日本のカトリック教会の主要な話題ではなく、教会用語も「謁見」「回勅」「大勅書」「在位」「枢機卿」「親任」といった表現がまだあるものの、原語（ラテン語、イタリア語）や歴史的経緯に拘らない脱君主制的、脱位階制的、日常的な訳語が大胆に導入されつつあり、日本独自の判断での「現代化」が進められている。教皇名は今日でもラテン語だが、日本では（特に第二ヴァティカン公会議以降の教皇に関して）「ヨハネ・パウロ」「ベネディクト」「フランシスコ」のように通俗的な表記が用いられ、遂には「パパ様」という表現まで現れた。こうした「戦後日本カトリシズム」の影響なのか、歴史学の学会でもヨーロッパ近代史に於けるカトリック教会の保守的役柄について指摘すると、「カトリシズムが保守的だなどということは決してない！」という抗議の声に遮られることがある。[32]だが近現代西洋のカトリック教会、殊に教皇庁に関する歴史研究に、そうした「戦後日本」的感覚を投影するのは不適切であると、ここで明確に申し述べて置きたい。

二　カトリック神学者ヨーゼフ・ラッツィンガーの擡頭

ドイツのカトリック教会には、過去半世紀に亙って言論界の批判を延々と浴び続けてきた一人の神学者が居る。その名をヨーゼフ・アロイジウス・ラッツィンガー（一九二七年―　）という。彼は見事な白髪の神学教授で、余り感情の起伏を見せず、立て板に水を流すような話し振りには、どこか威圧的で取り付く島のない印象がある。彼は快活に笑うことが稀で、眼光が鷲のように鋭く、表情は概して堅い。決然としてはいるが、いつも控え目なその態度は、時として慇懃無礼な印象も与える。ラッツィンガーはカトリック聖職者であるが、司牧経験は少なく、生来の研究者である。彼の本領は『聖書』や聖伝を咀嚼した教義学だが、その筆は更に典礼や教会芸術、民衆信仰のあり方にまで及んでいる。彼は時流に合わせた信仰を説くことを嫌い、逆に信仰の立場から時流を診断しようとする。彼は孤独に書斎で研究し、ピアノを弾き、モーツァルトを愛好する。教皇選出前のラッツィンガーの単著書は百三十五冊、単著論文千三百七十五本で、これ以外に共著作品があり、更に夫々の作品が各国語に翻訳されていて、「神学の神童」と呼ばれている。[33]彼は現代西洋を代表する思想家の一人だが、彼が思いを馳せるのは故郷バイエルンの聖体行列とバロック教会である。この特筆すべき人物に反感を懐いて、挑みかかる者は数知れないが、彼は反論をいつもにべもなく撥ね退けて、その学者としての名声を高め、同時に更なる憎悪を買うのだった。

国民社会主義政権の統治、ドイツの敗戦、マルクス主義の擡頭と時代が変遷する中で、ラッツィンガーはカトリック教会の論客として頭角を現した。第二ヴァティカン公会議の頃、まだ三十代のボン大学教授だったラッツィンガーは、ケルン大司教ヨーゼフ・フリングス枢機卿の顧問として活躍し、進歩派の観点から公会議の展開と意義を西ドイツ社会に解説した。だが一九六〇年代後半以降、彼の社会に於ける役柄は徐々に変容する。カトリック教会の将来に関する彼の見立ては、楽観主義から悲観主義へと急速に変化し、彼はマスメディアで保守派神学者として批判されるようになった。語る言葉がその儘印刷できる程完成度が高いと噂される比類なき雄弁さは[34]、反対派にはいつも不遜な印象を与えた。

言論界でのバッシングとは裏腹に、ラッツィンガーはカトリック教会の内部で次々と昇進していった。レーゲンスブルク大学教授であり、骨の髄まで研究者だった彼は、一九七七年に西ドイツで最重要の司教職の一つであるミュンヒェン＝フライジング大司教に任命される。一九八二年には、彼はドイツ人としては異例の抜擢を受け、教皇庁の教理省長官に就任した。ラッツィンガー長官は持ち前の押しの強さで有名になり、教皇ヨアンネス・パウルス二世すら恐れを懐く「大審問官」「神の番犬」「甲冑枢機卿」だと噂された。同時に彼は、フランス倫理学政治学アカデミーの外国人連携会員にも採用された。そして冷戦終焉を挟んで、更に二十年余りの年月が過ぎた。

二〇〇五年四月一九日、既に七十八歳を迎えて引退を願い出ていたラッツィンガー枢機卿団長は、教皇選挙でローマ教皇に選出され、「ベネディクトゥス一六世」を称した。過去三十年以上彼を批判し続けてきたドイツの言論人たちは、ラッツィンガーの教皇選出に絶句した。そして彼の「過去」、特に国民社会主義政権期の言動を暴露しようと意気込むジャーナリストたちが、バイエルンの文書館に押し寄せた。だがドイツの一般社会、特に彼の出身地バイエルンでは、ドイツの偉人、バイエルンの誇りとして、彼の教皇選出を歓迎する運動も起きた。彼の著作が次々と再版され、「教皇ベネディクトゥス一六世研究所」（レーゲンスブルク）により著作集の編集・刊行が開始され、政界・学界・宗教界の指導者たちが讃辞を述べ、各地にその足跡を記憶して記念碑が建立された。ベネディクトゥス一六世の三度のドイツ訪問は、ドイツの一大イベントとなり、彼の発言は大いに論議を呼び起こした。八年間に亙り、彼は様々な意味でドイツ政治或いはヨーロッパ政治の大きな話題の一つであり続けた。だが二〇一三年二月二八日、彼は異例の生前退位によって人々の前から姿を消した。

三　ラッツィンガーの三つの顔

本書はこのヨーゼフ・ラッツィンガーの生涯を描く試みである。ラッツィンガーとは如何なる人物で、どのような思想の持ち主なのだろうか、彼はどこからやってきて、カトリック教会をどこへ導こうとしたのだろうか。彼はどうしてそれ程憎まれるのだろうか。彼の試みはどのような結果を齎したのだろうか。筆者が意図するのは、ヨーロッパ＝ドイツ政治史に於いてカトリック教会の置かれた立場を把握した上で、カトリック教会内でラッツィンガーの果たした役割を分析することである。

ラッツィンガーに関してはこれまで三つのイメージがあった。第一は、悪魔的な大審問官としてのラッツィンガー像である。近代的政治理念による世界統一を目指す普遍主義者は、カトリック教会がこの潮流に屢々従順でなかったことを問題視し、第二ヴァティカン公会議をカトリック教会の「現代化」として歓迎した。カトリック教会内部でも、こうした教会の転換を歓迎し、更に推進するべきだと考える勢力が現れた。普遍主義者から見れば、ラッツィンガーはカトリック教会の改革を阻む狭量で陰険な大審問官でしかなかった。彼の同年代のライバルである進歩派神学者ハンス・キュングによって流布されたこのイメージは、『シュピーゲル』などマスメディアのラッツィンガー評価を決定付けた。キュングは、公会議で進歩派の旗手であったラッツィンガーが、テュービンゲン大学教授時代に学生運動の衝撃で一転硬化し、教皇庁から顕職を提示されて、名誉慾に駆られて教皇庁の走狗と化したのだと主張した。キュングの助手だったヘルマン・ヘーリング、元ラッツィンガー門下生のクリスティアン・フェルトマンらがこの議論を盛り上げている。更にアラン・ポーゼナーは、教皇ベネディクトゥス一六世が意図的に近代世界を攻撃する「十字軍」を起こしたと主張した。アメリカのカトリック教徒の目でラッツィンガーの伝記を書いたジョン・アレンも、概ねこの転換説に依拠して叙述している。ラッツィンガーと近いハインツ＝ヨアヒム・フィッシャーも、学生運動で転換したという説には依拠している[35]。第二は、謙虚な進歩派神学者としてのラッツィンガー像である。ラッツィンガー本人に直接触れた門下生、協力者、伝記作家らは、キュング派の中傷に憤慨して、ラッツィンガーは控え目で対話を重視する人物だとし、進歩派神学者としての本質にも変化がないと説いている。曰く「教皇ベネディクトゥス一六世はその親切さ、誠実さ、人間味に於いて波間の巌であり、その心からの神学に於いて多くの人に拠り所と方向性とを与えるものである。」（ザルツブルク大学教授アルフレート・レップレ[36]）「彼は一つの権威（独 eine Autorität）ではあるが、権威主義的（独 autoritär）ではない。」（国務長官タルチジオ・ベルトーネ枢機卿[37]）。イタリア人ジャーナリストのジアンニ・ヴァレンテは、ラッツィンガーの転向説を否定し、ドイツ人ジャーナリストのペーター・ゼーヴァルトは、ラッツィンガーではなく周囲が変わったのだと主張する。日本人門下生の里野泰昭は、ラッツィンガーが「解放の神学」を批判したというのも、二〇〇六年レーゲンスブルクでイスラム教を批判したというのも、全て曲解だと説明する[38]。第三は、ドイツ人或いはカトリック教徒の解放者としてのラッツィンガー像である。近代世界に於いてドイツ人は、そして特にカトリック教徒は、長いこと否定的な先入観で見られ、劣等感に苛まれてきた。また多文化主義の擡頭で、彼等はヨーロッパ人としても、自分たちの文化がキリスト教に根差している点を指摘することすら難しくなった。だがドイツ人ラッツィンガーが教皇に選出され、臆することなくカトリック教会の立場を主張する姿を見せたことで、彼等が自虐的思考から脱却し、差別的待遇に抗議する勇気を得たのだという。群衆が教皇に喝采する際の掛け声「ベネデット！」に因んで、マルティン・ローマンはこの変容を「ベネデット的転換」（独 Die Benedettinische Wende）と呼んだ。カトリック系言論人マティアス・マトゥセクも、ヨアンネス・パウルス二世がポーランドを勇気付けたように、ベネディクトゥス一六世もドイツを勇気付けることが出来るとした[39]。この論者たちは、ラッツィンガーの人と思想を分析するというより、教皇となった彼が社会心理に与えた影響に注目している。ラッツィンガーに関する事実認識では、彼等はレップレらよりもキュングらに近いが、価値基準が異なるので評価が逆になるのである。

筆者はこの三つのラッツィンガー像が、細かい誤解や誇張を孕みつつも、どれもこの人物の一面を捉えており、相互に補完し合うものだと考えている。三者は問題関心が異なる為に、異なったイメージを提出しているが、その儘ではどれも一面的である。従って以下の叙述では、三者の主張に配慮しながら、ヨーロッパ＝ドイツ史の文脈の中でより精密なラッツィンガーの描写に努めたいと思っている。

第一章　ヨーロッパ内のオリエント

第一節　ローマ＝カトリック教会の形成

一　キリスト教の体制宗教化と東西教会の分離

ユダヤ教の一分派として出発したキリスト教は、パウロによって普遍宗教へと脱皮し、ローマ帝国内に拡大した。ローマ帝国は宗教には寛容だったが、市民に帝国祭祀としての多神教信仰に参加することは求めた。ギリシアから引き継いだローマの多神教信仰は、森羅万象を神々に準え、国家統合の役割を果たす点で、日本の神道と類似した面がある。この帝国祭祀に参加し、犠牲を捧げることを一神教のキリスト教徒が拒んだ為に、彼等は反社会勢力と看做されるに至った。ローマ帝国がペルシア帝国やゲルマン人諸部族との抗争に明け暮れるようになると、皇帝は帝国祭祀による国家の統合強化を図った。一般的にはデキウス帝、ウァレリアヌス帝により迫害が本格化し、四世紀初頭のディオクレティアヌス帝により最後で最大の迫害が行われたと理解されている。ただ皇帝たちはこれらの迫害でキリスト教会を破壊しようとしたのではなく、キリスト教徒にもローマの神々に供犠をさせることで国家の権威を明確にし、寧ろ彼等を非キリスト教徒の攻撃から守ろうとしたのだとの説もある。いずれにしろキリスト教の拡大に抗しきれなくなったローマ帝国は、やがてそれを公認する道を選んだのである。(40)

迫害を生き延びたキリスト教は、公認されると逆に他宗教を迫害する側に回った。コンスタンティヌス一世（大帝）は、母ヘレナがキリスト教徒で、西の正帝であった三一三年、東の正帝リキニウス帝と共同で出したメディオラーヌム（伊ミラノ）勅令で、キリスト教を含めた諸宗教への寛容を宣言し、三三七年の崩御直前には自ら洗礼も受けた。コンスタンティヌス大帝は帝国と教会とを統率する為、三二五年にニカイアで第一回全地公会（公会議）を開催した。ここでアレイオス派を排除し、アタナシオス派を正統として確認した教義は、のちにコンスタンティノポリスでの第二回全地公会（公会議）で微修正され、「ニカイア＝コンスタンティノポリス信経」（信条）として今日でも各宗派で（一部が変形されつつも）礼拝の際に唱えられている。コンスタンティヌス朝は、身内で殺戮を繰り返しつつ、隣人愛を説くキリスト教を優遇していった。同王朝最後のユリアヌス帝は、追放先のギリシアで教養を積み、キリスト教優遇を改めて、嘗て国教だった多神教（キリスト教徒のいう「異教」（独 Heidentum））の復活を狙ったが、在位僅か一年で対ペルシア戦争で非業の死を遂げた。続くウァレンティニアヌス朝はキリスト教国教化政策を進めていく。メディオラーヌム司教アンブロシウスの影響下で、テオドシウス一世は三八五年にアタナシオス派キリスト教の国教化及び他宗教の禁止を断行した。元老院の勝利の女神ウィクトリア像は撤去と復活とを繰り返した揚句、三九四年に最終的に撤去され、皇帝が「大神祇官」（羅 Pontifex Maximus）の称号を帯びるのも止めた。ローマ建国以来の燈火を守る「ウェスタの処女」制度も、ギリシアでのオリンピア競技会も廃止された[41]。

「ニカイア＝コンスタンティノポリス信経」から出発するキリスト教会は、その後の政治的・文化的・神学的経緯から、大きく三つの「宗派」に分裂した（エフェソス全地公会（公会議）で分離したネストリウス派、カルケドン全地公会（公会議）で分離した非カルケドン派諸宗派は除く）。（一）ギリシア正教——イエスの活動地パレスティナを含む東ローマ帝国の領域で、新帝国首都コンスタンティノポリスを中心に発達した宗派。ギリシア語文化圏を中心とし、当初ギリシア語を儀式用語にしたことからギリシア正教と呼ばれるが[42]、アフリカ、中近東にも残存し、バルカン半島やロシヤに拡大したことから「東方正教」とも呼ばれる。古来の「正しい教義」「正しい崇拝」を維持していると主張しており、東ローマ宮廷の華麗な儀礼を引き継ぎ、黄金の聖像画（イコン）や宝冠（ミトラ）、錦の祭服、黄金や極彩色の葱坊主屋根、神品（聖職者）の長い髪と髭、楽器を用いない聖歌のアカペラ合唱、薄暗い聖堂に揺らめく炎といった密教的な雰囲気が特徴である。旧都ローマを中心とする西方教会とは徐々に疎遠になり、教義や儀式の差異が拡大したが、西方教会がカトリック教会とプロテスタント教会（新教）とに分裂した為に、日本ではギリシア正教とローマ公教とを共に「旧教」と呼ぶことがある。ギリシア正教は「教皇」という全教会を束ねる一人の首長を認めず、コンスタンティノポリス、イェルサレム、アレクサンドリア、アンティオキア、モスクワなど複数箇所に「総主教」という首長を置いている。総主教相互は対等だが、コンスタンティノポリスが「同輩者中の首席」として「全地総主教」を名乗っている。但し東ローマ帝国の領域はその後イスラム化が進んだ為、コンスタンティノポリス全地総主教の権威は名目化し、今日では正教圏の最強国家ロシヤのモスクワ総主教の動向が最も注目されている。（二）ローマ公教（ローマ・カトリシズム）――西ローマ帝国の領域で発達した宗派。ラテン語文化圏を中心とし、旧帝国首都でペトロ、パウロの殉教地であるローマを本拠地としたことから、ローマ＝カトリック教会と呼ばれている。「カトリック」とは「普遍的」「一般的」という意味で、従って「公教」の訳語が与えられることもある。カトリック教会は西部ヨーロッパから全世界へと拡大したが、十字軍など西方キリスト教世界の膨張に伴う「帰一運動」で教皇統治下に組み込まれた東方諸教会、或いは英国教会からの改宗者が、独自の風習の維持を許されたのを除いては、二〇世紀半ばまで世界中で同じラテン語での「典礼」（礼拝の儀式）を行っていた。このラテン語典礼はゲルマン人布教などの過程で確立したもので、画像に加えて彫像を用い、司教冠は菱形の布製で（教皇は宝冠の一種である「三重冠」も用いた）、複雑で華麗な儀式形態を生み出した。カトリック教会はまた西欧芸術の庇護者であり、バジリカ様式、ロマネスク様式、ゴシック様式、ルネサンス様式、バロック様式、ロココ様式といった数々の建築様式、ミケランジェロ、ラファエロらの絵画・造形芸術、グレゴリウス聖歌から現代に至る教会音楽を育んできた。カトリック聖職者は長髪にはせず、嘗ては一部剃髪し、髭も蓄えない。ローマ＝カトリック教会では「教皇」という一人の首長が全世界に及ぶ組織を束ねており、同時に教皇は主権国家である教皇領、今日の「ヴァティカン市国」の専制君主でも

2014年3月13日：著者撮影
イドラ島（ギリシア）の正教会

2012年12月9日：著者撮影
ニコライ教会（ライプツィヒ）の日曜礼拝

ある。この教皇制度などを対立点として、ギリシア正教の世界とは一〇五四年に相互破門で分裂した。スペイン、ポルトガルなどの世界進出に伴い、ローマ＝カトリック教会も全世界へと拡大した。（三）プロテスタンティズム——一六世紀ドイツに端を発する「宗教改革」の結果、ローマ・カトリシズムから分離した宗派。プロテスタンティズムは、旧教で一般的な聖職者の位階制、荘厳な儀礼や教会堂を批判し、旧教が使徒に由来する、或いは歴史的に形成された「聖伝」（羅 traditiones／独 Überlieferungen）の意義を説くのに対し、『聖書』のみに依拠した信仰を主張する。プロテスタンティズムはカトリック教会との抗争の中で各地域の政治権力と連携し、君侯を首長と仰ぐ「国教会」「領邦教会」を作り上げたが、これに与さない「自由教会」も数多く生まれていった。プロテスタンティズムも英米などの世界進出に伴い全世界へと広まり、特に超大国アメリカ合衆国の覇権的支配を文化面で支えてきたが、内部での分派形成が著しく、ローマ＝カトリック教会のような統一組織を有していない。

二　教皇制と位階制

カトリック教会の聖職者制度は、「位階制」（羅 hierarchia）と呼ばれている。これは教皇、枢機卿、首都大司教、大司教、司教、司祭、助祭という階層からなっている（第二ヴァティカン公会議以前には、その下に副助祭、侍祭、祓魔師、読師、守門の職があり、祭壇上で直接奉仕する副助祭以上の「上級聖品」と、それ以外の「下級聖品」とが区別されていた）[43]。また救済はこれらの聖職者を通じてのみ得られるとされている。正教会の聖職者は「神品」と呼ばれ、総主教、府主教、大主教、主教、司祭、輔祭という序列がある。プロテスタント教会の内、カトリック教会に近い「英国教会」では、国王（女王）

が教会の首長となり、その下に大主教、主教、司祭の職がある。その他のプロテスタント教会には、監督（主教）、牧師などがある。こう見ると、各教会で相当の差異があるようにも思われるが、実は「司教」「主教」「監督」は、原語は同じ（羅 episcopus／独 Bischof／露 епископ）であり、異なる日本語訳によって相違が誇張されている面もある。尚位階制とは別に、カトリック聖職者には「師」（独 Prälat）と呼び掛けられる「名誉高僧」（独 Ehrenprälat）、「卿」（独 Monsignore）と呼び掛けられる「教皇台下の助任司祭」（独 Kaplan Seiner Heiligkeit）、更には「聖界顧問官」（独 Geistlicher Rat）など名誉称号が多数あり、功績ありとされた者に授与されてきた。更に俗人向けには「キリスト勲章」「黄金拍車勲章」「ピウス勲章」などの勲章が多数設けられている。(44)

教皇庁や大学神学部などに勤務する場合を除き、カトリック聖職者は一般信徒の司牧に当たっている。個々のカトリック教徒は「小教区」（羅 parochia／独 Pfarrei）に属しているが、彼等を直接指導するのが「主任司祭」（羅 parochus／独 Pfarrer）であり、これは「助任司祭」（羅 capellanus／独 Kaplan）により支援を受ける。洗礼、説教、婚姻、埋葬など、日常的業務は主任司祭、助任司祭の仕事である。小教区は「教区」（羅 dioecesis／独 Diözese）に属している。教区の裁治権を有するのが司教で、彼が小教区の主任司祭、助任司祭を任命し、堅信礼などで小教区を巡回する。教区は「教会管区」（羅 provincia ecclesiastica／独 Kirchenprovinz）に属し、教会管区の頂点に立つ司教が「大司教」（羅 archiepiscopus／独 Erzbischof）である。尚世界各地の大司教、司教たちは、五年に一度聖都ローマを訪問し、聖ペトロ、聖パウロの霊廟に詣でて（羅 ad limina Apostolorum）、教皇に謁見し、教区の状況を報告するという制度があり、これを「アド・リミナ訪問」という。

カトリック聖職者は「男子独身制」を特徴としている。独身制は古来のものではない。パウロは聖職者が独身で居ることを推奨しつつも、これを義務化することはなかった。古代から中世中期に掛けて、聖職者に純潔を求める意見と、それを無理とする意見とが激しく対立し、妻帯聖職者は妻を男女関係なしで保持するという妥協策が提案されたこともあった。妻帯聖職者が列聖されたこともあったが、妻帯者聖職者の子弟の聖職への縁故採用や教会財産の相続が問題にされることもあった。こうした中で、一一世紀のグレゴリウス七世の頃には聖職者独身制が確立するに至った。尚聖職者独身制の確立と聖母マリア信仰の高揚とは並行した現象であった。[45] 正教会には「白僧」（在俗司祭）と「黒僧」（修道司祭）とが居り、白僧のみ妻帯可能だが、主教に昇進する為には黒僧でなければならない。尚カトリック教会も正教会も聖職者は男性に限定されているが、プロテスタント教会の聖職は今日では基本的に男女共に就任可能であり、結婚も許されている。

カトリック教会の頂点に立つのが「教皇」（羅 Papa）である。この「教皇」という称号は、実は通称である。二〇〇九年版『教皇年鑑』（イタリア語）によると、正式な称号は「ローマ司教、イエス・キリストの代理人、使徒の第一人者の後継者、普遍教会の最高祭司、イタリア首座大司教、ローマ管区首都大司教、ヴァティカン市国主権者」となっており、「教皇」の文字はない。[46] 修道院長や主教などに用いられてきた愛称 Papa（羅）が、ローマ司教専用になったのは五／六世紀頃だと言われる（尚「大修道院長」を指す abbas（羅）も、父を意味するアラム語 abba から派生している）。[47]「教皇」は「聖父」（独 Heiliger Vater）とも呼ばれ、全信徒を包み込む慈愛の父として観念されている。これ以外にも教皇は、多神教時代のローマ皇帝から「大神祇官」の称号も継承した。更に教皇は、「神の奴隷の奴隷」（羅 Servus servorum Dei）、「最高祭司」（羅 Summus Pontifex）とも自称する。極端な謙譲表現と尊大な自敬表現とが混在しているところが興味深い。

カトリック教会に於ける教皇の権威には特別のものがある。その権威を確立するべく一九世紀になって確定された原則が「教皇不可謬性」（羅 Infalibilitas）で、教皇が聖座から宣布する教義に誤謬はないという考え方である。教皇が「不可謬性」を発揮して確定した教義として、「聖母マリアの無原罪の御宿り」（一八五四年）、「聖母マリアの被昇天」（一九五〇年）がある。但し教皇制度を認めない正教会やプロテスタント教会は、特定の聖職者が「不可謬」ということはあり得ないと考えている。教皇の権威は、教皇掩祝「ウルビ・エト・オルビ」（羅 urbi et orbi：都市ローマと全世界への祝福）にも現れている。これは教皇の生の声で与えられる祝福であり、これを敬虔に受ける信徒はラジオ越しであっても全免償を受けられるという。[48]

元来コンスタンティノポリス、アンティオキア、イェルサレム、アレクサンドリアと並ぶローマ帝国の五人の総主教（ペンタルキア）の一人に過ぎなかったローマ総主教（ローマ司教）が、自ら全キリスト教会の首長であるという「首位性」を主張するようになったのは、複雑な政治過程の結果である。コンスタンティノポリスに首都が移転した後のローマでは、ローマ総主教が旧首都ローマの統治を委任され、またローマ帝国が対峙していたゲルマン民族の布教を担うに至ったことで、「教皇」と呼ばれるまでに西部ヨーロッパに於ける権威を築いていった。西ローマ帝国が崩壊すると、教皇は東ローマ皇帝の庇護下に入るが、教皇ゲラシウス一世（四九二年―四九六年）は皇帝権と教皇権とを世界を支配する二つの権力として描く「両剣論」を提示した[49]。教皇レオ三世（七五〇年頃―八一六年）は西部ヨーロッパの実力者フランク王カール（カール大帝）の（西）ローマ皇帝戴冠を実現し（八〇〇年）、彼を庇護者として、東ローマ皇帝から距離を置いた。カール大帝の死後、カロリング朝フランク王国は分裂し、東フランク王国を基盤とする神聖ローマ帝国は存続するが、ザリエル朝期に皇帝権が地盤沈下していく中で、教皇は嘗ての庇護者であった（西ローマ）皇帝に対する対等性、更には優位性の要求を強めていった。その象徴的な事件が、グレゴリウス七世がローマ皇帝ハインリヒ四世を屈服させた「カノッサの屈辱」事件（一〇七七年）、そして「ヴォルムス協約」（一一二二年）締結である。

　教皇領はこの教皇が支配する君主制国家である。教皇領は、サン・ピエトロ大聖堂への寄進地として徐々に形成されたが、フランク王ピピン三世がラヴェンナをランゴバルド王国から奪って教皇に寄進した「ピピンの寄進」で確立した（但し当初は皇帝の上級支配権の下に置かれていた）。中世になると「コンスタンティヌス帝の寄進状」が登場し、コンスタンティヌス大帝が病気克服の返礼にローマ及び西方の支配を教皇に委ね、コンスタンティノポリスに退去したのだと主張されるようになった（ただ中世末以来この文書は擬作とされるようになる）[50]。教皇領は度々危機に瀕し、教皇庁が一時フランス王の意向で南仏アヴィニョンに移転させられたり、フランス革命の影響で一旦廃止されたり、イタリア統一戦争、独仏戦争でイタリア王国に併合されたりした。その後教皇領は、一九二九年に世界最小の国家「ヴァティカン市国」として復活した。ヴァティカン市国は近代的政治理念に即した憲法を持たず、その「主権者」たる教皇は立法、執行、司法の三権を掌握する専制君主として統治している（聖座空位の期間は、その統治権を枢機卿団が代行する）[51]。

　カトリック教会の公的礼拝は一般に「典礼」（羅 liturgia）と呼ばれ、「礼拝」（独 Gottesdienst）という呼称もある。この「典礼」のうち、「聖体拝領」を伴うものを「ミサ」（羅 missa 弥撒）と言い、現在では「開祭の儀」＋「言葉の礼拝」（独 Wortgottesdienst）＋「感謝の祭儀」（独 Eucharistiefeier）＋「閉祭の儀」という構成になっている。「開祭の儀」では、オルガン伴奏の下で十字架、香爐、蠟燭を先頭に聖職者、侍者、朗読者などの行列が入場し、信徒が起立して迎える。聖職者の「父と子と聖霊の御名に於いて」の言葉で一同が十字を切り、聖職者の「主が爾等と共にあれ」という言葉に、信徒が「爾の心とも共にあれ」と応答する。「キリエ」「グローリア」が歌われ、「当日の祈禱」が行われる。「言葉の礼拝」では、まず『旧新約聖書』の一節が二回朗読され、次いで『福音書』が朗読されるが、『福音書』朗読の際は一同が起立し、香爐が振られて『聖書』に敬意が表され、棒読みではなく朗詠されることも多い。続いて聖職者の説教、信仰告白、代願がある。「感謝の祭儀」では「聖体拜領」（羅 communio）が中心となる。聖職者が祈禱文を読み上げ、信徒が「サンクトゥス」を歌い、「ホスティア」（無発酵パン）と葡萄酒はイエスの「聖体」と「聖血」へと「聖変化」を遂げる。「主禱文」のあと、信徒は和解の印に握手を交わし、「アグヌス・デイ」が歌われ、聖職者はホスティアを葡萄酒に浸して食する。続いて信徒が聖職者より、通常は聖体のみ拝領する（正教会の「聖体礼儀」では発酵パンと葡萄酒とを共に「領聖」する）が、手で受け取るか、直接口に入れて貰うかは議論が分かれる点である。「閉祭の儀」では、祈禱、祝福などを経て、聖職者などの退出を信徒が起立して見送る[52]。

カトリック教会の最重要の秘儀を「秘蹟」（羅 sacramentum）と呼び、「洗礼」「堅信」「告解」「聖餐」「叙階」「婚姻」「塗油」の七つを想定している。正教会では「機密」と言い、夫々「洗礼機密」「傅膏機密」「痛悔機密」「聖体機密」「神品機密」「婚配機密」「聖傅機密」と呼んでいる。プロテスタント教会では「聖礼典」などと呼ばれ、「洗礼」と「聖餐」とに限定されているが、クウェイカー教徒や無教会主義はその二つも認めない[53]。

カトリック教会の習慣に聖母マリアや聖人への崇敬がある。これはイエスのみならず優れたキリスト教徒を特別な存在とし、神への「執り成し」を願う信徒の気持ちの表現である。カトリック教会では、聖母マリアは穢れなく、生き乍ら天に上げられた女性であるとされ、崇敬の対象となっている。カトリック教徒のマリア崇敬は、その情熱に於いて神たるイエスの崇拝を上回るのではと言われることがある。聖人は模範的とされるキリスト教徒が死後に認定されるもので、候補者が殉教者でない場合は、神の側からの認証を示すものとして「奇蹟」の認定が必要とされている。カトリック教会の列聖は、二〇世紀に入って減るどころか、それ以前より大幅に増え、ヨーロッパ以外や一般信徒にも及び、手続中の候補は四千人を越えるという[54]。尚正教会も、「聖母被昇天」を認めないなどの違いこそあれ、「至聖、至潔にして至りて讃美たる我等の光栄の女宰、生神女、永貞童女マリヤと諸聖人」を崇敬するが、プロテスタント教会では聖人崇敬は否定されている。宗教社会学者マックス・ヴェーバー（プロテスタント教徒）は、聖人崇敬を伴うカトリック信仰を「多神教」と断じた[55]。

カトリック教会では、イエス、マリア、聖人の姿を描写した画像、彫像が多く用いられている。元来ユダヤ教では偶像崇拝を禁止しており、イスラム教にも厳格に引き継がれているが、キリスト教では旧教を中心に盛んに聖像が用いられてきた。正教会は聖像を聖像画（イコン）に限定し、立体的な聖像は用いない。これに対しカトリック教会は、平面・立体を問わず聖像を盛んに用い、独自の教会芸術を発展させた。聖像を用いる教会は、聖像自体ではなく、そこに表現された神が崇拝対象であるから、偶像崇拝には当たらないと説明するが、所謂「奇蹟のイコン」の類は聖像自体の崇拝ではないかと思われる面もある。例えばポーランド・カトリック教会の一大巡礼地チェンストホヴァのヤスナ・グーラ修道院にある「黒きマドンナ」がそれに当たる。この聖母マリアの聖像画は、一四三〇年に盗賊が修道院に侵入し、この聖像画を盗み出そうとした時、急に重くなって運び出せなくなり、怒った盗賊が切り付けた時の刀傷を頬に残している。また一六五五年にスウェーデン軍がポーランドに侵攻した際、この修道院が遂に陥落しなかったのは、「黒きマドンナ」の加護だったと解釈されている（尤もスウェーデン軍来襲時、「黒きマドンナ」は修道院の外に避難していたのだが）。この為ポーランドのカトリック教徒は、今日でも大挙してこのチェンストホヴァに押し寄せ、豪華な銀製のオクラードを被せたイコンに向かって一心に祈っている[56]。こうした聖像使用は、プロテスタント教会やイスラム教からは偶像崇拝だとして批判されており、東ローマ帝国では一時「聖像破壊運動」が起きている。

カトリック教会の習慣にはもう一つ、「聖遺物」（羅 reliquiae）崇敬がある。聖遺物とはイエス、マリア、聖人の遺物で、仏教での「仏舎利」、神道での「草薙剣」（熱田神宮）や「逆鉾」（高千穂峰）などに対応するものである。聖人の場合は骨やミイラなど遺体が崇敬されるのに対し、生きた儘昇天したイエス、マリアには遺体がない為、イエスが刑場まで着ていた服（トリール大聖堂の「聖上衣」）、イエスの遺骸を包んだ布（トリノ大聖堂の「聖骸布」）など、ゆかりの品が珍重される[57]。

ドイツには更にアーヘン大聖堂の「マリア聖櫃」、ケルン大聖堂の「三王聖櫃」、「聖山」アンデクス修道院の「聖三聖体」など、有名な聖遺物が多数ある。カトリック教会では聖体拝領式を行う祭壇の下に聖遺物が安置されることとされ、フルダやクロスターノイブルクなどでは金銀や宝石で装飾された聖人の頭蓋骨を見ることが出来る。正教会にも聖人の遺体を「不朽体」と呼んで崇敬する習慣があるが、プロテスタント教会は聖遺物崇敬を迷信として否定しており、ユダヤ教にもそうした習慣はない(58)。

三　カトリック世界の膨張

西部ヨーロッパ世界が膨張し世界を支配していく中で、カトリック教会も他文明、他宗教との接触を経験し、逸早く多文化共生の問題に直面していた。

カトリック教会の最大の対決相手はイスラム教勢力である。イスラム教徒は正教圏を次々と征服したが、聖地イェルサレムを奪還しようと開始されたカトリック教徒の十字軍も、多くのイスラム教徒を虐殺したことで知られる。イスラム教勢力が西ゴート王国を征服したイベリア半島では、一旦北部に追い詰められたキリスト教勢力による「再征服」(レコンキスタ)が行われ、セビリャやコルドバのモスクはカトリック大聖堂に改装された。逆に中近東で勢い付いたオスマン゠トルコ帝国は、東ローマ帝国などキリスト教諸国を征服し、抵抗した場合は教会を襲撃し、祭具や聖像画(イコン)を破壊した。メフメト二世も驚く大掠奪が行われたコンスタンティノポリスでは、正教の総本山だったハギア・ソフィア大聖堂が、祈禱する人々を殺害、捕獲した上で接収され、モスクに改装された。教皇ニコラウス五世はメフメト二世を「悪魔・地獄・死の息子」と呼び、東の帝都奪還の十字軍を呼び掛けたが、実現しなかった。オスマン゠トルコ帝国は教会の破壊と掠奪を繰り返しつつも、国内のキリスト教信仰を認め、スルタンは自らビザンツ皇帝の代役として総主教を任命した。だがこれは貢納や不利益待遇を伴うもので、「信仰の自由」とは異質である。またオスマン゠トルコ帝国は、ローマ皇帝が居るヴィーンを二度に亙って包囲し、西方キリスト教世界の征服も試みた他、コンスタンティノポリス総主教を二度も処刑したり、キリスト教徒の男子を挑発してイェニチェリ軍団を結成したり、征服に際してキリスト教徒の迫害、暴行、強姦を

繰り返したりしたので、西洋世界にイスラム教徒の野蛮性を印象付けた。(59)

カトリック教会は正教会とも衝突した。一〇五四年、ローマ教皇とコンスタンティノポリス総主教とは相互に破門し合い、東西教会は分裂する。主要な対立点は、ローマ教皇の首位性を認めるかどうか、カトリック教会が「ニカイア＝コンスタンティノポリス信経」の文面に行った（聖霊が父から）「そして子からも［filioque］」（下る）という付加を認めるかどうかであった。正教会の基盤である東ローマ帝国が衰退し始めると、カトリック教会は正教圏をローマ教皇の傘下に収めようと試みた。一二〇四年に第四回十字軍は、本来の目的であったイスラム教徒との対決を取り止めにして、矛先を正教圏の総本山コンスタンティノポリスに向け、これを占領して一時「ラテン帝国」を建国した。この為、正教会の教会堂は掠奪に遭い、東ローマ帝国は衰退を速めた。カトリック勢力の再征服を避ける為に、皇帝ミカエル八世は教皇に教会合同の可能性を示唆し、一二七四年の第二リヨン公会議で実際に教会合同が成立した。だが一二八二年の「シチリアの晩禱」事件でシチリア王カルロ一世（シャルル・ダンジュー）の脅威が遠のくと、この「リヨンの教会合同」は一二八三年に反故にされた。一五世紀、オスマン＝トルコ帝国のバルカン半島征服で孤立した東ローマ帝国は、カトリック教会優位の屈

2011年5月6日：著者撮影
モスクから改装されたコルドバ大聖堂

2010年3月13日：著者撮影
モスクへ改装されたハギア・ソフィア大聖堂

辱的な条件でも甘受して東西教会の「教会合同」を実現し、その代償に援軍を呼び入れようとした。在モスクワのキエフ府主教イシドロスが推進して、フェッラーラ・フィレンツェ公会議（一四三八年―一四三九年）で合同交渉が行われ、一四五二年に最後の東ローマ皇帝コンスタンティノス一一世が教会合同を宣言したが、期待した援軍が来ない儘コンスタンティノポリスは陥落し、合同も曖昧になった。東ローマ帝国が崩壊すると、カトリック教会はポーランドなどカトリック教国の支配下に入った東欧の正教会を、その儀式形態や風習を「東方典礼」の名で許容しつつ、組織的には教皇の傘下に組み込んだ。有名なのは一五九五年の「ブジェシチ合同」である。衰亡する正教会側に優越感を懐くカトリック教会は、「東方典礼」も軽蔑してラテン典礼に置き換えようとした。これら「合同教会」は、カトリック教会の立場から「帰一教会」と呼ばれることもあり、今日まで正教会との対立の契機となっている(60)。

カトリック教会はヨーロッパ各地で教勢を拡大しようと、様々な異分子と闘った。カトリック教会はケルト人、ゲルマン人に布教する際、その風習を一部取り込みつつも、その伝来の民俗宗教を圧倒した。今日これらキリスト教以前の宗教の痕跡は、イギリスのストーン・ヘンジ、ドイツのブロッケン山やリューゲン島などに残されている。またカトリック教会の騎士修道会であるドイツ騎士団は、東欧に残っていた異教徒のプルシ人（プロイセン人）、リトアニア人を征伐し、独自の国家を構築した。

第二節　反近代主義への道

一　宗教改革の勃発

中世まで西部ヨーロッパの文化的基盤を形成していたカトリック教会は、近世に入って徐々に追い詰められていった。宗教改革、啓蒙思想、市民革命、産業革命と新しい潮流が到来する中で、カトリック教会は西部ヨーロッパ社会で保守派の牙城という役柄を担わされる羽目になる。近代の反教権主義運動を比較したマヌエル・ボルッタは、サイードの「オリエンタリズム」概念をヨーロッパ内のカトリック教会に応用して、ヨーロッパ内の「オリエント」と呼んでいる。つまり近代西洋人は、中近東に対するのと同様に、ヨーロッパ内のカトリック教会に対しても、後進的で、愚昧で、静的で、性的で、野蛮なものとして否定的に見る先入観を強め、各国で激しい攻撃を展開するようになっていったのである。[61]

中世にもローマ＝カトリック教会内部には様々な改革運動が起きた。前述の「聖職者独身制」も改革教皇グレゴリウス七世の綱紀粛正の産物であった。アッシジの聖フランチェスコ（一一八二年―一二二六年）を開祖とするフランチェスコ会、聖ドミニコ（一一七〇年―一二二一年）を開祖とするドミニコ会は、清貧を旨とする修道会で、居住する家を持たず施し物で生活することから「托鉢修道会」と呼ばれている。オクスフォード大学教授ジョン・ウィクリフ（一三三〇年頃―一三八四年）は聖書至上主義を提唱し、このウィクリフの説を導入したプラーク大学学長ヤン・フス（一三六九年頃―一四一五年）はコンスタンツ公会議で火刑となった。教皇がアヴィニョンに移されて教皇庁が動揺すると、皇帝派の論客であったオッカムのウィリアムやパドヴァのマルシリウスらは公会議主義を提唱して教皇首位説を牽制し、ルネサンス期にはロッテルダムのエラスムスらキリスト教人文主義者たちが古典ギリシア語研究を進めてラテン語『聖書』「ウルガタ」の権威に挑戦した。メディチ家追放後フィレンツェ市政を握ったドミニコ会士ジローラモ・サヴォナローラ（一四五二年―一四九八年）は、ボルジア家出身の教皇アレクサンデル六世の腐敗に挑戦して公会議開催を要求したが、教皇に破門されて求心力を失い、一四九八年に火刑となった。[62] 様々な動きはあったが、どれもカトリック教会全体を揺るがすものとはならなかった。

マルティン・ルターは「托鉢修道会」のアウグスティヌス会から出発した。アイスレーベンの農民の子ルターは、サン・ピエトロ大聖堂建立の為に販売されていた贖宥状に関して、信徒が教会への献金などの「善行」によって救済資格を「購入」できるという発想を疑問視した。ヨハン・エックとの「ライプツィヒ討論」（一五一九年）で追い詰められたルターは、次々とカトリック教会批判を打ち出すようになる。ルターは、信徒が理解し難いラテン語で典礼を行うカトリック教会を批判し、ドイツ語訳の『聖書』、ドイツ語の「讃美歌」整備を進め、ドイツ語での説教を重視した。また彼は聖職者による救済の仲介を批判し、万人司祭主義を唱えた。その延長線上で、彼は教皇を頂点とする位階制を批判し、教皇も公会議も不可謬ではないとした。また彼は、一部のカトリック聖職者が独身を建前としつつ内縁の妻を有していることを偽善とし、聖職者独身制を否定して自ら元修道女カタリーナ・フォン・ボーラと結婚した。そして彼は、聖遺物崇拝、聖像画崇拝を否定し、教会の簡素化を訴えた。一五二一年ルターは教皇レオ一〇世から破門され、同年開催された神聖ローマ帝国のヴォルムス帝国議会で「帝国追放」を宣告された。

孤立した闘士ルターは、フスやサヴォナローラの二の舞を避ける為に、教皇に不満を持つドイツ諸侯と連携した。幸いヴィッテンベルクを統治するザクセン選帝侯フリードリヒ三世（賢公）は帝国政治の有力者で、誘拐事件を装って密かにルターをヴァルトブルク城に匿い、彼が『聖書』をドイツ語訳する時間を与えた。ドイツ諸侯に救われたルターは、教会に於ける聖職者の支配は疑問視したものの、世俗に於ける諸侯の支配は疑問視しなかった（二王国論）。宗教改革派の信仰はプロテスタンティズムと呼ばれたが、当初ルターの呼び掛けに共鳴した人々は、徐々にルターに満足できなくなっていく。ウルリヒ・ツヴィングリ、トーマス・ミュンツァー、ジャン・カルヴァンは、世俗社会も宗教的理念に従って改革されるべきと考えた。特にミュンツァーは農民戦争を起こして斬首となり、カルヴァンはジュネーヴで祭政一致の支配を展開して、反対派を処刑するなど強硬策に出た。

宗教改革は西部ヨーロッパ中に宗教戦争を齎した。ドイツ国民の神聖ローマ帝国では、シュマルカルデン戦争の結果、アウクスブルクの宗教平和令が出され、ルーテル派領邦の存在が確認されると同時に、「君主の宗教が領邦の宗教」という原則が採用された。だがこれは一時休止に過ぎず、再び対立が火を噴いた三十年戦争では長い流血が続いたが、結局カトリシズムとプロテスタンティズムとの対立に決着は付かず、ヴェストファーレンの講和ではカルヴァン派領邦の存在も認められた。宗派対立はドイツから英仏にも飛び火している。ルーテル派を批判して教皇から「信仰の擁護者」の称号を賜っていたイングランド王ヘンリー八世は、スペイン出身の王妃との離婚問題で教皇庁と対立し、一転して自らを首長とする「英国教会」を樹立し、教会財産を整理した。この措置に反対した大法官トーマス・モアは断頭台に送られ、のちにカトリック教会により列聖された。「英国教会」はプロテスタンティズムに分類されるが、カトリック的習慣も多く残している。ヘンリー八世の娘である女王メアリー一世はスペイン王フェリペ二世と結婚してイングランドのカトリック教会への復帰を狙い、国教徒を弾圧して「血みどろメアリー」と呼ばれた。「英国教会」体制は、メアリーの異母妹であるエリザベス一世の下で確立するが、カトリック復帰問題は名誉革命後まで尾を引くことになる。フランスでも宗派対立は、サン・バルテルミの虐殺（一五七二年）のような流血の事態を招いた。プロテスタント教徒の首領だったナヴァル王アンリがカトリシズムに改宗してフランス王アンリ四世となり、「ナント勅令」（一五九八年）で信仰の自由を規定したことで、フランスの宗派対立は一旦収束する。だが一六八五年にこの勅令が廃止された為、ユグノー（カルヴァン派信徒）は流出して産業の衰退を招いた。フランスのカトリック教会は教皇庁から距離を置き、王権と結合する「ガリカニスム」体制を築いた。

イギリスでは一七世紀になると、急進派プロテスタント教徒が君主を打倒する事件が起きた。「清教徒」の首領オリヴァー・クロムウェルは護国卿を名乗り、カトリック系のアイルランドを征服した。王太子チャールズはフランスに亡命し、王政復古後のスチュアート朝はカトリック教会への復帰を考えて、国内のプロテスタント教徒と軋轢を起こすようになる。結局ジェイムズ二世が追放されて、カトリック教会復帰は実現せず、国内では一九世紀までカトリック教徒への差別的待遇が続いた。

カトリック教会は宗教改革に衝撃を受けた。ルターは世俗社会の身分制度を承認していたが、『ルーテル派の大阿呆』の著者トーマス・ムルナーは、ルターこそが社会不安を掻き立てていると見ていた。「ああ、彼等がボーデン湖に沈んでくれれば。ああ、彼らをお祓いで痛めつけることが出来れば。そうしたら私はもっと安らかに眠れるのに。いや私だけでなく実に全ての者が。眠れない最大の責任は彼等にある。」(63)。プロテスタンティズムに理論的に対抗し、奪われた信徒と領域とを奪還するべく、カトリック勢力の反攻が始まった。トリエント公会議ではカトリック教会のアイデンティティが確認され、ローマ典礼、ラテン語『聖書』「ウルガタ」再確認など中央集権化・規格化、贖宥状や聖人、聖遺物、聖像画(イコン)崇敬の再定義が進められた。教皇庁は更に『禁書目録』も作成した(64)。パリで結成されたイエズス会は、バイエルン選帝侯国などの大学教授職を得て宣伝を強めた。三十年戦争ではヴァレンシュタインやティリーがカトリック軍司令官として活躍したが、プロテスタント教徒を神聖ローマ帝国から放逐することは出来なかった。更にカトリック教会は芸術面でも攻勢に出た。サン・ピエトロ大聖堂が代表するように、教会建築はルネサンス様式からバロック様式へと移り、神の世界を豪壮華麗に描き出した。またハイドン、モーツァルト、ベートホーフェンなどカトリック系の作曲家たちは、荘厳なミサ曲を多数生み出した。

カトリック勢力は「大航海時代」にプロテスタント勢力に先駆けて世界で布教を行い、西洋の普遍主義の担い手となった。スペイン、ポルトガルの進出により、中南米は広大なカトリック圏となった。カトリック教会はインカ帝国、アステカ帝国など先住民国家を排除した征服者たちに同行し、「偶像崇拝」撲滅に乗り出した。教会はキリスト教化により性的頽廃、麻薬使用、生贄などの風習を止めさせることを目指した。ラス・カサスのように、征服者側の残虐行為を告発して教皇や皇帝に注目された聖職者も居た(65)。アジアでは、カトリック教会はインドを拠点に明、日本、フィリピンなどに進出したが、日本からは禁教令により締め出された。

果敢な世界進出に伴い、カトリック教会はその教会堂、服装、儀式が多様化し始め、現地宗教との混合も生じた為、逸早く「多文化共生」の問題に直面することになった。カトリック教会がその教義を維持しつつ現地の文化的形態に順応することを、「文化的受肉」(独 Inkulturation)という。教会内では、柔軟に現地化して教勢拡大を狙う考えと、ローマ或いはヨーロッパの様式をカトリック教会の標準として重視する考えとが常に対立してきた。日本では、イエズス会が現地化戦略で教勢を拡大した。先駆者フランシスコ・シャビエル(ザビエル)は、仏僧の袈裟を身に纏い、神(羅 Deus)を「大日」と呼んで宣教した。巡察師アレッサンドロ・ヴァリニャーノは日本人を評価し、またヨーロッパ人の日本語習得を困難と考えた為、日本人の能力を極めて低く見ていた布教長フランシスコ・カブラルを罷免し、日本語で説教できる日本人司祭の養成を急いだ。インドではイエズス会のロベルト・デ・ノビリが、ヒンドゥー教のグル(導師)の装いをした。明、清ではイエズス会のマッテオ・リッチ、アダム・シャル・フォン・ベルらが、科学技術を武器に宮廷に出入りし、「利瑪竇」、「湯若望」を名乗って漢人服、満人服を身に纏い、祖先崇拝を柔軟に取り入れて教勢を拡大したが、これに異を唱えるドミニコ会、フランチェスコ会との間で「典礼論争」になり、教皇クレメンス一一世、ベネディクトゥス一四世が後者に軍配を上げた結果、教勢の衰退を招いた(66)。

二　市民革命と政教関係の変容

カトリック攻撃の第二波は啓蒙思想であった。イギリス経験主義から出発し、フランスのサロンで鍛えられた啓蒙思想は、形而上的なもの、超越的なものを否定する観点から、理神論を経由して無神論へと傾斜し、超自然的な「神」なるものの権威を振りかざす教会、特にカトリック教会への反感を募らせていった[67]。ディドロ、ダランベールの『百科全書』では、カトリック関係者が啓蒙の主要な妨害者として繰り返し揶揄されている[68]。カントはその著作『啓蒙とは何か』（一七八四年）で、「啓蒙とは、人間が自分の未成年状態から抜け出ることである。ところでこの状態は、人間が自ら招いたものであるから、彼自身にその責めがある」と述べているが、この高圧的な表現には「未成年状態」の人々に対する知識人カントの優越感が現れている。カントも啓蒙を妨害する勢力として、軍人、官吏と並んで聖職者を挙げたのだった[69]。

一八世紀の知的流行であった啓蒙思想は、その攻撃対象だったカトリック世界の指導者にも影響を及ぼした。オランダのイープル司教だったコルネリウス・ヤンセン（一五八五年―一六三八年）は、その遺作『アウグスティヌス』（一六四〇年）で、人間が善行を積むことで救済を得られるというカトリック教会の「自由意思説」を批判し、カルヴィニズムの予定説に近接した（ヤンセン主義）[70]。ヤンセン主義者は合理的な行政制度の確立、国家による教会の浄化も考え、一時はフランス王ルイ一四世の庇護を受け、ガリカニスムの発展に影響を与えたこともある[71]。ドイツではトリール補佐司教ヨハン・ニコラウス・フォン・ホントハイム（筆名フェブロニウス）の著作を契機に、教皇の不可謬論や政治介入を批判し、ローマ教皇庁の影響を脱して「ドイツ国民教会」を樹立しようとする運動が起きた。更に啓蒙専制君主として知られるローマ皇帝ヨーゼフ二世もエステルライヒ領国経営を進め、カトリック教会領の整理や他宗教の自由化を断行した。啓蒙派聖界諸侯が庇護したヴュルツブルク大学、マインツ大学なども興隆し、啓蒙思想の拠点ともなった[72]。

フランス革命ではカトリック教会が王侯貴族と共に革命派の攻撃対象となった。自ら封建領主であり、君主制と結び付き、罪人の謙譲を説くカトリック教会は、革命派にとって旧体制の象徴であった。革命前のフランス王国が敬虔なカトリック教国だった訳ではないにしても、フランス社会の基本的秩序はカトリック教会が決めていたのであり、革命による変化は劇的であった。一七八九年八月四日に「十分の一税」が廃止され、一一月二日には財政赤字補填の為と称して「教会財産国有化令」が出された。これはヘンリー八世やヨーゼフ二世の政策に続くものだが、今回は君主主導ではなく革命派主導で行われたのである。こうした中で、絞り機で懲らしめられる肥太った聖職者、情婦と「お楽しみ中」の生臭坊主、悪魔の仲間として燃やされる教皇人形の諷刺画が配布された。フランス各地では、カトリック教会の祭具、聖像、十字架、典礼書を破壊し、聖職者に還俗・結婚を強要するなどの騒動が起きた。こうした反教会暴動は革命家が煽ることも、彼等の意図を越えて現場の民衆たちが起こすこともあった。またカトリック聖職者の中にも、革命に抵抗する者も居れば、オータン司教シャルル＝モーリス・ドゥ・タレイランのように自ら革命に加担する者も居た。革命派は当初、カトリック教会を国家の統制下に入れることを目指し、一七九〇年七月一二日に聖職者にフランス憲法への宣誓を要求する「聖職者民事基本法」が制定された。これは革命の一過程であると同時に、従来のガリカニスムの延長線上の出来事でもあるが、変革はそれに留まらなかった。やがて国王夫妻を処刑し急進化した革命派は、宗教自体を無知蒙昧として排斥する運動を起こす。一七九三年にジャック・ルネ・エベールらが実施した「理性の崇拝」は、接収されたパリのノートルダム大聖堂を「理性の殿堂」に、女優を「理性の女神」に見立てて行われ、宗教関係の用具が焼却された。一七九四年には、更にテュイルリー広場でマクシミリアン・ドゥ・ロベスピエールらにより「最高存在の崇拝」が行われ、キリスト教に代わる共和主義的新宗教の創造が試みられた[73]。このような革命派のカトリック教会弾圧の痕跡は、今日のパリ市内にも残されている。ノートルダム大聖堂の鐘は破壊され、完全に復元されたのは漸く二〇一三年のことであった[74]。また今日パリのリヴォリ通沿いにひっそりと立っている「サン・ジャック塔」は、革命で破壊された嘗ての教会堂の一部である。

教皇ピウス六世はフランス革命の勃発に為す術がなかった。一七七五年に登位した彼は、既に革命前にもガリカニスムに続くフェブロニウス主義、ヨーゼフ主義の攻勢に対処を迫られていた。フランス革命が勃発すると、カトリック教会は圧迫に晒され、教皇領アヴィニョンも奪われた。フランス共和国に派遣した教皇使節が殺害されると、教皇庁とフランス共和国との関係は悪化し、ナポレオン・ボナパルト将軍の率いるフランス共和国軍がローマに侵攻し、教皇領を廃止して「ローマ共和国」を樹立した。ピウス六世はフランスへ連行され、ローマに戻れぬ儘失意のうちに歿した[75]。

ナポレオンは権力を握るとカトリック教会との和解を試み、これを利用しようとした。第一統領ナポレオンの下で、フランス共和国は一八〇一年に教皇ピウス七世と政教条約を結び、教皇庁との関係を修復した。一八〇四年には、嘗てドイツ王にローマで帝冠を授けた教皇が、今度はパリに呼びつけられて、ノートルダム大聖堂で「フランス人の皇帝」ナポレオン一世に帝冠を授ける役を命じられた。しかもピウス七世は、戴冠時になって教皇から帝冠を奪い、それを自分で頭上に乗せるというナポレオンの振舞を、ただ茫然と見ている他はなかったのである。固よりナポレオンにカトリック教会を尊重する意図などなく、やがて教皇領は再び占領され、ピウス七世は一八一四年までローマに帰還できなかった。(76)

フランス革命の影響はドイツにも及んでいく。「ドイツ国民の神聖ローマ帝国」（独 Heiliges Römisches Reich Deutscher Nation）は、世俗諸侯と聖界諸侯とが共に「帝国等族」（独 Reichsstände）として支える法的共同体であり、その頂点に立つ「ローマ皇帝」（独 Römischer Kaiser）は教皇と教会との庇護を誓約する存在であった。聖界諸侯は司教、修道院長などからなり、群小勢力乍ら帝国自由都市と並んで帝国の支柱であった。帝国等族たちはフランス王国が侵略、占領していた帝国領エルザス、ロートリンゲンに封建的権利を有していたが、フランスで「封建的特権の廃止」が決定されると、彼等のフランス支配地域での権利も賠償なく没収され、特に聖界諸侯が強く反発した。(77)またフランスからは貴族や富裕層が亡命し、彼等「エミグレ」はドイツ貴族たちに救援を要請した。更にハプスブルク家出身のマリー・アントワネット王妃は、予てからフランスで「エステルライヒ女」として外国人排斥の声に晒されていたが、(78)革命で益々窮地に立たされ、夫のフランス・ナヴァル王ルイ一六世と共に祖国エステルライヒに亡命する試みも、国境の町ヴァレンヌで挫折した。この事態を重く見た実兄のローマ皇帝レオポルト二世は、一七九一年八月二七日にプロイセン王フリードリヒ・ヴィルヘルム二世とピルニッツで会談し、ヨーロッパ各国君主が参加するという条件で、対仏干渉戦争を宣言した。これを契機にエステルライヒ・プロイセン連合軍とフランス革命軍との間で戦闘が始まる。当初はドイツ連合軍が優勢であったが、一七九二年九月二〇日ヴァルミーの戦いでフランス軍が攻勢に転じると、ベルギーやライン左岸は侵攻したフランス軍の手に落ちた。帝国大宰相のマインツ大司教はフランス軍に本拠地を追われ、「ドイツ・ジャコバン派」の傀儡政権が成立した。

ナポレオンは神聖ローマ帝国に止めを刺した。ナポレオンのドイツ政策を形成していたのは、彼個人の権力利害と、フランス革命の影響との、双方の要素である。ナポレオンはライン川左岸をフランスに併合し、残部の神聖ローマ帝国に国制改革を強要した。一八〇三年「帝国代表者会議主要決議」が出され、帝国国制の大改革が断行された。それによると、帝国内に数多く存在した聖界諸侯領（全てカトリック勢力）は全て廃止され（世俗化）、帝国大宰相のマインツ大司教だけがレーゲンスブルクに代替地を貰うこととなった。また侯領、伯領、騎士領など中小世俗領邦は、大規模領邦に編入された（陪臣化）。一八〇四年、ナポレオンはフランス革命の成果を踏まえつつ、自ら新しいフランスの君主となったが、その際彼は「フランス王」の称号を用いずに「フランス人の皇帝」を名乗り、古代からの西ローマ皇帝位を引き継いできた「ドイツ国民の神聖ローマ帝国」の権威に挑戦した。皇帝ナポレオン一世は、バイエルン選帝侯国、バーデン辺境伯領などドイツの親仏領邦を支援し、それらが「バイエルン王国」「バーデン大公国」に昇格するのを援助した。一八〇六年、ナポレオンは勢力下のドイツ諸領邦に「ドイツ国民の神聖ローマ帝国」から脱退させ、自分を庇護者とする「ライン同盟」を結成させた。これに伴いナポレオンはハプスブルク家のローマ皇帝フランツ二世に、ローマ皇帝位の断念を強要した。こののち「ドイツ国民の神聖ローマ帝国」は、エステルライヒ帝国、プロイセン王国、ライン同盟に別れ、孰れも多かれ少なかれナポレオンの影響下に入ることになる。ライン同盟ではマインツ大司教からレーゲンスブルク大司教に転じた最後の帝国大宰相カール・テオドル・フォン・ダールベルク男爵（一七四四年―一八一七年）が「首座司教侯」の称号と世俗支配を維持したが、一八一〇年にはこのレーゲンスブルク大司教領もバイエルン王国に併合され、ダールベルクが「フランクフルト大公」に転身したので、遂にドイツのカトリック教会領は消滅した。

ナポレオンのモスクワ遠征は、ロシヤ正教会にとって試練であった。ナポレオンはクレムリンを占領すると、ロシヤ皇帝の戴冠式などが行われる「生神女就寝聖堂」を掠奪して聖像画（イコン）を薪にし、「イヴァン雷帝の鐘楼」の爆破も試みた。だが彼は広大なロシヤ帝国を屈服させることが出来ず、敗走して多くの将兵を失った。ロシヤ帝国ではこの戦争を「祖国戦争」と名付け、ニコライ一世は侵略者への勝利と自国民の犠牲とを記憶して、モスクワに壮大な「救世主ハリストス大聖堂」を建立した。またチャイコフスキーは、「大序曲一八一二年」を作曲してこの戦争を記憶した。

フランス革命に反撥した人々は「保守主義」の思想を提起したが、彼等は屢々カトリック信仰に拠り所を求めた。アメリカ独立戦争に参加し乍ら、フランス革命の残虐性に衝撃を受けて反革命軍に加わったフランソワ＝ルネ・ドゥ・シャトーブリアン子爵（一七六八年―一八四八年）は、『キリスト教精髄』を著して保守主義の基盤を築いた。フランス革命軍に征服されたサヴォイア公国の外交官で、ロシヤ帝国に亡命したジョゼフ・マリー・ドゥ・メーストル伯爵（一七五三年―一八二一年）は、アウグスティヌスの原罪論の影響を受け、『教皇論』などを著して革命批判を展開し、加えて教皇の全権化、各国の絶対君主制の制限、国家と教会との一体化を要求した。プロテスタント教徒の保守主義者だったフリードリヒ・シュレーゲル（一七七二年―一八二九年）やアダム・ミュラー（一七七九年―一八二九年）らは、続々とカトリシズムに改宗した。ノヴァーリスは『キリスト教世界或いはヨーロッパ』を著し、カトリック教会が西部ヨーロッパを統一していた中世に憧憬した。ドイツ・ロマン主義の画家たちも、中世のキリスト教世界への思いを絵画で表現した。英国教会の高教会派の中には、教会への近代国家の介入に反撥し、伝統的な典礼を求める「オクスフォード運動」が起き、一部はカトリシズムに改宗した(79)。

三　反近代主義と反教権主義

ナポレオン戦争が終わっても、カトリック教会に対する近代主義の圧力は止まなかった。近代国家形成を進めるプロイセン王国は、ヴィーン会議で獲得したライン州でカトリック教会と衝突した。混宗婚で生まれた子供のカトリック洗礼に固執するカトリック教会とプロイセン国家とが対立し、ケルン大司教クレメンス・アウグスト・フォン・ドロステ・ツー・フィシェリング男爵が拘禁されるに至った。嘗てフランス革命に熱狂したヨーゼフ・ゲレス（一七七六年―一八四八年）は、今度は『アタナジウス』を著して、プロイセン国家の近代化政策を教会抑圧として告発した。ドイツ連邦ではプロテスタント主導のプロイセン王国が近代化を進めたのに対し、議長国でカトリック主導のエステルライヒ帝国は徐々に勢力を弱めていった。

追い詰められた教皇庁は、近代主義的潮流に毅然と立ち向かう道を選んだ。教皇庁は近代主義の暴風雨により窮地に立たされたが、或る意味ではそれによって立場を強化することが出来た。というのもヤンセン主義者などカトリック教会内の改革派が失墜し、神聖ローマ帝国の聖界諸侯が世俗支配を失って弱体化したことで、教皇庁がカトリック教会内での指導性を却って強めることが出来たからである。ヴィーン会議では国務長官エルコーレ・コンサルヴィ枢機卿の尽力で、教皇領は復活することとなり、アヴィニョンなどは喪失したものの、イタリア中部の領土を概ね回復することが出来た。教皇庁は近代の潮流を極力無視する方針をとり、ミュンヒェン大学教授イグナッツ・フォン・デリンガー（一七九九年―一八九〇年）などは、教皇制の権威上昇と共に最も後進的なイタリア人の神学が支配的地位に就いたと批判するようになった。『モンテ・クリスト伯』に描かれた腐敗した教皇庁、マルクスが宗教は阿片だと述べた教会は、この時期のカトリック教会を表現している[80]。

超保守的なレオ一二世、進歩的なピウス八世、超保守的なグレゴリウス一六世と変遷したところで、一八四六年に登位したのが五十四歳の教皇ピウス九世であった。グレゴリウス一六世が鉄道敷設を忌避し、天然痘の予防接種を拒否する程の強硬派だったのに対し、ピウス九世は当初穏健だと見られていたが、立憲的民主国家の信奉者ではないことが徐々に明らかになる。二年後の一八四八年革命でローマから追放された経験を経て、ピウス九世は次第に硬化していった。ピウス九世は一八五四年に「聖母無原罪の御宿り」を教義化し、一八六四年には「誤謬表」を発布して、反近代主義を定式化した。「誤謬表」は、近代主義の過ちとされるものを八十箇条に纏めたものである。「プロテスタンティズムもカトリシズムと同様にキリスト教である」「カトリック教会は学問の自由を妨げる」「教皇の権威から分離した国民教会を設立することは可能である」「東方教会と西方教会との分離は教皇に責任がある」「教会法と各国の民法とが対立した場合は民法が優先する」――こういった発想は、ピウス九世によって誤りだと宣言されたのである。一八七〇年、ピウス九世はトリエント公会議以来、四百年ぶりに公会議を開催した（第一ヴァティカン公会議）。この公会議で最も話題になったのが、「教皇不可謬」原則の決議である。この教義には元来異論が多く、反対派は採決に際して公会議を去っていた。特に反対派が多かったドイツでは、一部神学者が「古カトリック教会」を設立して対抗した。その理論的指導者だったデリンガーは、教皇から破門された。英国教会からカトリシズムに改宗していたジョン・ヘンリー・ニューマン神父（のち枢機卿）、古いイギリスのカトリック家庭出身でデリンガーに学んだジョン・ダルバーグ＝アクトン（のち男爵）らも、「教皇不可謬性」には反対であった。「絶対的な権力は絶対的に腐敗する」というアクトンの言葉は有名である[81]。

一八七〇年、遂に教皇ピウス九世は教皇領の完全喪失という事態に直面する。一九世紀半ばよりイタリア諸領邦を統合してイタリア国民国家を建設しようという運動（リソルジメント）が高揚し、教皇領はその標的となった。一八四八年に「ローマ共和国」が建設されて一旦消滅した教皇領は、フランスやスペインの介入で翌年再建された。ピウス九世は、中世以来ローマ皇帝として共に西部ヨーロッパ世界に君臨してきたハプスブルク家を頼ったが、一八六〇年のイタリア統一戦争でエステルライヒ帝国がフランス帝国、サルデーニャ王国に敗北すると、フランスが保障するローマ周辺のラティウム地方以外の領土を断念せざるを得なくなった。教皇が頼みとしていたエステルライヒ帝国は、一八六六年のドイツ戦争（普墺戦争）でドイツ政治の枠組から追い出され、大国としての凋落が決定的となる。更に一八七〇年に独仏戦争（普仏戦争）が勃発すると、教皇領を守護していたフランス軍が撤退し、これを好機と見たイタリア軍が、九月二〇日残部の教皇領にも侵攻して、これを全て併合した。イタリア軍侵攻に激怒したピウス九世は、「ヴァティカンの囚人」を自称して引き籠り、世界に救援を訴えた。まだ途中だった第一ヴァティカン公会議は、その儘散会となった[82]。

教皇の反近代主義的攻勢は、カトリック教会こそ人類の進歩の敵であるという近代主義側からの批判を浴び、西部ヨーロッパ各国で「反教権主義」の嵐を呼んだ。

一八七一年に誕生した「ドイツ帝国」は、教皇庁から見て二つの点で問題であった。第一に、ドイツ帝国はドイツのプロテスタント諸領邦を指導してきたプロイセン王国が主導し、カトリック諸領邦を指導してきたドイツの伝統的盟主エステルライヒを排除して誕生した国家であり、国内ではカトリック教徒が少数派となっていた。カトリック教徒は階層を越えて「中央党」に団結した。第二に、ドイツ帝国は強力に近代化を推進する国家であり、どの宗教・宗派であれ国家内国家としての地位を認めず、全てを国家の一元的管理の下に置こうとする面があった。「中央党」にはルートヴィヒ・フォン・ゲルラッハのようなプロテスタント保守派も参画し、宗派を超えてキリスト教的秩序を守る覚悟を示していた。帝国宰相ビスマルクは、カトリック教会を人間の「文化」の敵、ドイツ国民国家の敵と見る国民自由党と連携して、「文化闘争」（独 Culturkampf）を敢行する。民事婚の導入（戸籍の国家管理化）、イエズス会の禁止は、カトリック側の強い反対運動を呼び起こし、多くの聖職者が逮捕された。ビスマルクは次代の教皇レオ一三世と妥協して事態を収束させるが、文化闘争で導入された近代化政策はその儘残った[83]。

一八六六年のドイツ戦争（普墺戦争）でプロイセン王国に敗れ、多民族帝国として存続することになったエステルライヒも、教皇庁とは必ずしも蜜月関係ではなかった。一八七〇年、エステルライヒは高まる自由主義の流れを受けて政教条約を一方的に破棄した[84]。一九〇三年、レオ一三世薨去に伴い行われた教皇選挙（コンクラーヴェ）で、ローマ皇帝の系譜を継ぐエステルライヒ皇帝・ハンガリー王フランツ・ヨーゼフ一世は、有力候補だった国務長官マリアーノ・ランポッラ・デル・ティンダーロ枢機卿の教皇選出に、異例の拒否権を行使した。この「使徒的陛下」は自国から参加していたクラクフ侯爵大司教に、選挙の席上でランポッラ拒否の声明を代読させたのである。この介入でランポッラは当選に必要な票数が取れなくなり、代替候補のヴェネツィア総大司教ジュゼッペ・サルトが選出され、教皇ピウス一〇世を名乗った[85]。

ドイツ帝国やエステルライヒ帝国が教皇庁と紛争を抱え乍らも、それでも政教協力体制自体は維持したのに対し、フランス共和国ではより急進的な反教権主義運動が展開された。フランス革命後もブルボン朝、オルレアン朝、第二帝政と君主制の時代が続いたフランスでは、君主制支持派とカトリック教会とが密接に結び付いていた。そこで第三共和政を支持する政治勢力は、「カトリック教会の長女」ではなく、フランス革命こそ新生フランスの精神的支柱だとする立場で、公共の場からカトリック教会を排除し、共和国に対する抵抗を封じようとしたのである。一八八二年法、一八八六年法で非宗教的なフランス公教育制度が設立され、一八八五年にフランスの国立大学神学部が廃止され、一九〇五年法によって政教条約が破棄されたのだった[86]。

プロテスタント教徒主導のドイツ帝国で孤立感を深めたカトリック勢力は、経済界、学界などエリート世界でのカトリック教徒の「対等性」を求める運動を起こした。一八七六年、カトリック勢力は「カトリック系学問振興ゲレス協会」を設立した。これに対してプロテスタント勢力は、カトリック教徒が社会進出できないのは保守頑迷、愚昧だからだとして、ここに「カトリック教徒の劣等性」論争が起こった。ゲオルク・フォン・ヘルトリング男爵やヘルマン・シェルなど、一九世紀末のカトリック系知識人たちは、カトリック教徒の自己改革が必要だと訴えた。カトリック勢力の代表的文芸・言論雑誌『ホッホラント』は一九〇三年に創刊された[87]。

この「カトリック教徒の劣等性」論争にも触発されたマックス・ヴェーバーのプロテスタンティズム研究は、カトリシズムに対する否定的先入観を見事に表現して、世界に普及せしめた。ヴェーバーは有名な著作「プロテスタンティズムの倫理と資本主義の「精神」」（一九〇四／〇五年）を始め数々の「宗教社会学」の論稿で、プロテスタンティズムとカトリシズムとの差異を描き出した。（一）カトリック信仰で一般信徒に要求される倫理は水準が低い。「世俗内禁慾」のプロテスタント教徒が日常生活でも緊張状態に居るのに対し、彼等はキリスト教の道徳を「命令」と「勧告」とに分類し、「世俗内禁慾」よりも修道士的禁慾を上に見る傾向がある。ロザリオ繰りのような形式趣味、告解の形式性・虚偽性も看過できない。背徳者に対する厳格な処分という面ではユダヤ教が（禁慾的）プロテスタンティズムに近接しており、カトリック教会、「英国教会」、ルーテル派と対置できる。[88]（二）カトリック信仰には魔術的な性格が残存している。カトリック教会の聖職者重視、儀式重視、無知蒙昧は、インドの宗教を描写する際に比較対象となる。これに対し禁慾的プロテスタンティズムは魔術からの解放を完結させ、クリスマスなどの行事を嫌い、埋葬すら儀式なしに済まそうとする。[89]（三）カトリック信仰には現世的利益を重視する面がある。彼等は聖像を敬うが、御利益のないものには唾を吐きかけることもある。カトリック信仰と経済的利害との結び付きも顕著で、修道院での醸造業はその例であり、フランチェスコ会を攻撃した教皇ヨアンネス二二世の財政家振りも目を惹くものがある。カトリック教理は、政治的に教会と密接に結び付いていたイタリア諸都市の金融勢力に妥協していた。[90]（四）プロテスタント圏では職業を神から与えられた使命という意味を込めてBerufと呼ぶが、カトリック教徒が優勢な国々にも古典古代にもそうした用語法が見られない。これは民族性のではなく『聖書』の翻訳法の違いに由来している。[91]（五）カトリック信仰とは、生まれ乍らに属する「教会」（独 Kirche）という大衆救済機関の指示を「盲信」（羅 fides implicita）するものである。彼等は、敬虔さと「教会」への恭順とを同視している。これに対し禁慾的プロテスタンティズムの「宗団」（独 Sekte）は、「宗教的卓越者」の自発的・排他的団体である。「教会」は、その教権制が給与・昇進・職業的義務・特殊な生活様式に関して規律を受けた、「世俗」から分離された特別の祭司身分を有し、家や部族などを超越した「普遍主義的」支配権を要求し、教義や儀式が合理化されて聖典に書き記され、論評され、体系的に教授され、これら全てのことがアンシュタルト的共同体の形で、つまり指令によって行われる時に成立する。[92]（六）カトリック信仰では基本的に、善行による神への働きかけが可能であり、更に秘蹟の恩恵により個々人に不足しているものを補充できると考えられている。プロテスタンティズムでは、絶対的な存在である神に人間側からの働きかけることは不可能とされ、不安から信徒は救いの確証を得ようと働き、意図せずして「資本主義の精神」、即ち合理化の精神を生み出すことになる。[93]（七）カトリック教会は、資本主義の擡頭に警戒し、その担い手である市民層の「厳格主義的な倫理」と対立したが、資本主義が確立するとこれを容認し、労働者階級の脅威に晒される市民層と結託した。[94]尚一九一七年になって、ヴェーバーは進行中だったザルツブルク大学再興計画を論じ、ザルツブルク大司教が非宗派的教職にまで影響を及ぼしていると批判した。[95]

カトリック系知識人の運動とは裏腹に、教皇庁は強硬な姿勢を崩さなかった。ピウス九世を継いだレオ一三世は穏健派で、近代主義との和解を図ったが、ピウス一〇世は一九一〇年に「反近代主義者宣誓」を導入し、上級聖品志望者に近代主義の拒否を宣誓する義務を負わせた（当初神学教授職志望者にも義務化しようとしたが撤回した）。[96]ピウス一〇世は一九五四年にピウス一二世によって列聖された。

第三節　世界戦争と国家総動員の時代

一　教皇庁の中立平和外交

第一次世界戦争開始直後の一九一四年九月に登位した教皇ベネディクトゥス一五世は、教皇庁の中立を宣言し、まだ国際法上の独立が確立していない乍ら、熱心に平和構築を試み、非人道的行為を非難した。特に一九一七年八月一日には、ベネディクトゥス一五世は全ての交戦国に和平提案を行い、法の道徳的権威の承認、軍備縮小、占領地の相互返還を求めた。だが各国のナショナリズムの勢いは圧倒的で、超国家的権威である教皇にも仲裁は出来なかった。また教皇の厳正中立原則も、交戦国に不信感を与えることになる。例えばフランスのジョルジュ・クレマンソーは、ベネディクトゥス一五世を「ドイツ野郎贔屓の教皇」（仏 le pape boche）と蔑んだ。協商国側の政治家や言論人は、この戦争を近代的政治理念の先進国（特に英仏）対後進国（特にドイツ帝国）の闘いと道義的に解釈することを好んだ。今日からすればこのような戦争の正当化は恣意的に見えるが、一九一七年のロシヤ帝国崩壊とアメリカ合衆国参戦で結果的に状況が整ったような面もあった。彼等はこの「正しい戦争」に加担しないなら、教皇庁であれ道徳的に非難されるべきだと考えたのである。逆にドイツ側も、中立を表明する教皇は実は「フランス贔屓の教皇」（独 der französische Papst）だとの印象を懐いていた。勝利した協商国が敗北した中欧列強に一方的に道義的責任と物質的賠償とを負わせたヴェルサイユ体制は、正しく教皇の意に反したものであった。尚ベネディクトゥス一五世は、中欧、東欧の飢餓に苦しむ人々、抑圧されるキリスト教徒の救済に尽力し、東方教会聖省、教皇立東方研究所を設置するなど、東方問題に熱心に取り組んだ(97)。

　第一次世界戦争でヨーロッパの君主制は次々と崩壊した。一九一七年の「ロシヤ二月革命」でロマノフ王朝が崩壊し、一九一八年一一月にはドイツ帝国及びその連邦諸国、次いでエステルライヒ帝国で君主制が崩壊した。ヨーロッパの君主制は、コンスタンティヌス大帝以来キリスト教会と一体不可分の存在であった。君主は長い歴史の中で常に教会の庇護者であった訳ではなく、時には厳しい対立もあったが、近代になって教会に厳しい態度を取る自由主義、社会主義の勢力が擡頭する中で、君主制は宗派を問わず教会にとって防波堤であった。君主制の崩壊で、教会は完全な政教分離の危機を覚悟しなければならなくなった。とはいえヴァイマール共和国は、フランス第三共和制の「世俗主義」にも、ソヴィエト・ロシヤの宗教弾圧にも与せず、教会を「公法上の社団」として引き続き国家と連携する存在とした為、変化は比較的穏やかなものに留まった。

©AFP/ROGER-VIOLLET

移動用聖座，移動用天蓋，聖扇を伴って入場する教皇ベネディクトゥス 15 世

二　社会主義革命の衝撃

ロシヤ革命は、或いはキリスト教勢力、全ての宗教勢力一般にとって、フランス革命の悪夢の再来であった。急進的変革による社会的・経済的平等化と国家総動員とを成し遂げようとする社会主義思想は、啓蒙思想の子孫であり、市民革命の理念を急進化させたものである。「科学的社会主義」の主唱者マルクスは『ヘーゲル法哲学批判序説』（一八四四年）で、現世の政治闘争からの逃避を促し、民衆の反権力的闘争心を奪う宗教を「阿片」と看做した。宗教とは幻想的幸福に過ぎず、そうした幻想を必要とする現状を打破することが肝心だというのである。[98]マルクスらの唯物史観にとって、宗教は「支配層」のイデオロギーに過ぎない。社会主義思想は当初急進的ユートピアニズムの域を出なかったが、一九一七年にロシヤで世界初の社会主義政権が誕生し、一九四五年以降に「社会主義圏」が構築されると、現実の問題となった。

一〇月革命後、ロシヤ帝制と深く結合していたロシヤ正教会はボリシェヴィキ政権の大弾圧を受けた。ロシヤ帝室の人々は次々と殺害されたが、特に皇帝ニコライ二世一家の銃殺及び死体遺棄（一九一八年）は有名である。ピョートル一世（大帝）の聖宗務院設立以来、世俗権力に管理されてきたロシヤ正教会は、帝制崩壊でモスクワ総主教座を復活させ、革命の渦中である一九一七年一一月にモスクワでチーホンを第一一代「モスクワ及び全ルーシ総主教」に選出したが、着座したチーホンはボリシェヴィキ政権の猛烈な宗教弾圧に遭遇した。それは教会施設・財産・聖器物の国有化に始まり、学校での宗教教育の禁止、宗教を信奉する或いはしない権利の規定、教会の法人格の剝脱、反宗教講演会の実施、反降誕祭・復活祭キャンペーン、聖職者の最下等身分化（公民権停止・食糧配給停止）、聖職者や信徒の投獄・処刑・暗殺、教会の掠奪などが続いた。チーホン総主教は当初反ボリシェヴィキの立場を明確にしていたが、度重なる教会弾圧と自身の逮捕とを踏まえ、一九二三年に自己批判を強要され、二年後に薨去した。後継総主教セルギイはソヴィエト政権への忠誠を宣言したが、ボリシェヴィキ政権の教会弾圧は止まなかった。「祖国戦争」勝利を記憶し、チーホンが総主教に選出されたモスクワの「救世主ハリストス大聖堂」は、一九三一年にスターリン政権により爆破され、跡地に巨大な温水プールが設けられたが、この爆破が旧体制の象徴を見せしめとして破壊するという「文化大革命」であったことは明らかである。[99]

七十年以上に及ぶソヴィエト政権の歴史の中で、ロシヤ正教会への対応には変遷もあった。独ソ戦勃発でソヴィエト政権が窮地に陥ると、救国の共通目標を掲げてソヴィエト政権とロシヤ正教会とが協力するという新しい状況が生まれ、政権による教会弾圧が停止された。然しフルシチョフ政権になると教会弾圧は再び激しくなる。例えば有名なのは、ポチャーエフ大修道院での暴行事件である。南ロシヤにあるこの大修道院には、普段から嫌がらせが絶えなかった。そうした中、三十三歳の修道志願の女巡礼マルファ・グジャフスカは、純潔の誓いを立て、この大修道院の一室に身を寄せて、毎日院内の聖堂で祈りを捧げていた。だが一九六四年六月一二日、「民警」（ソヴィエトの警察）が彼女を襲撃し、強姦の上、半死半生の状態で放置した。マルファは翌日近所の人々に発見され、病院に担ぎ込まれたが、そこで息を引き取った。病院は民警の命令でマルファの死因を「急性肺炎」として真相を隠し、新聞は事件をまるで修道士の仕業のように報道したのだった。[100]

こうした正教会の運命は、西方教会にとっても対岸の火事では済まされないことだった。ドイツ、フランスを始め、西部ヨーロッパの各国にもマルクス主義を信奉する政党は擡頭しつつあった。教皇庁はマルクス主義を峻拒する姿勢を打ち出し、教皇ピウス一一世は回勅「ディヴィニ・レデンプトーリス」で、信徒たちに共産主義に惑わされないように説いた。[101]

三　ファシズムとの関係

四年余りの総力戦とその後の戦後処理は、ヨーロッパに新たな紛争の種を蒔き散らし、国家総動員体制を各地に誕生させた。この体制は、国際権力闘争、とりわけ来るべき次の総力戦に向けて、国内の人員と資材とを例外なく動員しようとする急進的ナショナリズムにその特徴がある。国民を同質化し、総動員しようとする点では、目的こそ異なれ、ファシズム体制には社会主義政権と共通する面がある。このような体制は、ローマを中心に独自の国際的ネットワークを持つカトリック教会を、屢々敵視することになる。カトリック教会はこうしたファシズム体制を問題視したが、各国内のカトリック教会及び信徒を護る為に妥協的な態度を取ることもあった。

一九二二年二月に登位した教皇ピウス一一世は、ベニート・ムッソリーニのファシズム政権と交渉し、七年に亙る交渉を経てイタリア王国との七十年に及ぶ対立に終止符を打った。ピウス一一世は、ピウス九世が教皇領喪失以来中止していたサン・ピエトロ大聖堂のロッジア（バルコニー）からの教皇掩祝「ウルビ・エト・オルビ」を、登位直後から再開して、「ローマの囚人」体制脱却の意志を示していた。イタリア王国では一九二二年一〇月の「ローマ進軍」でムッソリーニのファシズム政権が誕生した。ムッソリーニ政権はカトリック教会との紛争に終止符を打つべく、教皇庁のエンリコ・ガスパッリ国務長官らと交渉して、一九二九年二月一一日に「ラテラーノ条約」を締結した。この条約により教皇庁は再び「ヴァティカン市国」の名で、微小ではあれ国際法上独立した教会国家を再建することが出来、更にラテラーノ大聖堂、サンタ・マリア・マッジョーレ大聖堂、教皇の夏の離宮ガンドルフォ城（カステル・ガンドルフォ）などの治外法権、または免税特権も認められた。それ以外にも教皇庁はイタリア王国政府から十億リラの国債及び七億五千万リラの通貨を委譲され、カトリシズムはイタリア王国の国教となった。教皇庁がこの条約から得たものは大きかったが、ムッソリーニもこの成功で権力基盤を強め、一九二九年五月の選挙で圧勝し、聖職者の中にもムッソリーニに同調するものが現れ始めた。因みにサン・ピエトロ大聖堂からテヴェレ川畔のサンタンジェロ城に至る大通「コンチリアツィオーネ通」は、この条約締結を記念して、古い街並を解体して整備したものである[102]。

©AFP/leemage/Costa
ドイツ国駐箚教皇大使エウジェニオ・パチェッリ卿（1927年）

その後ファシスト政権とカトリック教会との関係には変遷があった。ファシズム政権に敵対的なガスパッリ国務長官は一九三〇年に辞任し、後任にはドイツ国駐箚教皇大使エウジェニオ・パチェッリ（後の教皇ピウス一二世）が就任した。一九三一年にパチェッリ国務長官の下で、カトリック団体を事実上ファシズム組織と合体させる協定が結ばれた。これにより一九三七年まで、教皇庁とファシスト政権とは表面的には共存時代に入る。レオ一三世の回勅「レールム・ノウァールム」の四十周年記念に出されたピウス一一世の回勅「クウァドラゲシモ・アンノ」は有機体的国家観を披露した社会教説であり、一九三九年にムッソリーニ政権は政党政治を廃止して職能代表制を採用した新議会を発足させた。一九三六年のエチオピア戦争による愛国的雰囲気もファシスト政権と教会とを繋いだが、ファシスト政権がドイツ国民社会主義政権と連携を強め、人種主義的政策に傾斜すると、ピウス一一世は憂慮を深めた。一九三九年に登位したピウス一二世は、西欧諸国の対独宥和政策を危惧していたが、第二次世界戦争開始後はポーランド侵略を非難しつつも、基本的にはベネディクトゥス一五世の中立政策を踏襲し、新設した「ラジオ・ヴァティカーノ」から両陣営に和解を訴えた[103]。

ドイツでは一九三三年一月三〇日にアドルフ・ヒトラー政権が誕生し、カトリック教会を困難な状況に陥れた。人種主義を標榜し、キリスト教を淘汰の障害、ローマ的・ユダヤ的外来思想として忌避する国民社会主義ドイツ労働者党（NSDAP）は、カトリック教徒を糾合してきた中央党と対立し、カトリック系新聞『真直ぐな道』（独 Der gerade Weg）は、NSDAPを死神とする宣伝活動を展開していた。一九三一年二月一〇日にドイツ司教団は、NSDAP党員には秘蹟を授けない方針を示した。だが国民社会主義政権誕生は、カトリック勢力を危機に陥れた。同年三月二八日、ドイツのカトリック教会はNSDAP関連の禁止や警告を撤回し、翌日ドイツの司教たちが集まる「フルダ司教会議」がNSDAP党員への罰則を廃止し、信徒が同党の行事に参加することを許可した（同じ時期エステルライヒのリンツ司教はNSDAP拒否の原則を確認していた）。同年六月三日には、「新しい国家」「国民的蹶起」を歓迎し、ボルシェヴィズムへの徹底抗戦を謳うドイツ司教団の共同司牧書簡が出された[104]。

一九三三年四月七日、ヒトラー政権副宰相のフランツ・フォン・パーペンは、教皇庁に有利な「帝国政教条約」案を持参してローマを訪問した。教皇庁国務長官パチェッリは教皇ピウス一一世と相談の上、国民社会主義政権が飲めないような条件を付けて交渉を失敗させようとしたが、パーペン副宰相がそれらを全て飲んだ為に、条約を断れなくなった。教皇庁はまた、国民社会主義政権がドイツ連邦制を廃止した為に、バイエルン自由国（一九二四年）、プロイセン自由国（一九二九年）、バーデン共和国（一九三二年）といった分邦と個別に結んでいた政教条約が無意味になる可能性を考え、ドイツ全体国家との新たな政教条約に期待してもいた。結局教皇庁は、一九三三年七月二〇日に帝国政教条約に調印し、国民社会主義政権とカトリック教会との共存の道を探った（尚この帝国政教条約は、先行するバイエルン、プロイセン、バーデンの政教条約と並立するものとなった（第二条））。この条約で国民社会主義政権は教皇庁の承認を獲得すると同時に、ドイツ国内のカトリック教会の宗教活動を保障することになった。代わりに教皇庁は、予てから疑問視していた中央党の解散を諒承した(105)。

然し中央党が解体されたドイツで、ヒトラーはもはや帝国政教条約を遵守しようとは思わなかった。多くのカトリック聖職者やカトリック系知識人が逮捕、処刑され、『真直ぐな道』編集長フリッツ・ゲルリヒはダッハウ収容所で殺害された。ミュンヒェン＝フライジング大司教ミヒャエル・フォン・ファウルハーバーが起草した草稿を基に、教皇ピウス一一世は一九三七年三月一四日、異例のドイツ語回勅「ミット・ブレンネンダー・ゾルゲ」（大いなる憂慮を以って）を出して抗議したが、効果がなかった。ピウス一二世は、ピウス一一世がパーペンに授与していた「教皇侍従」の称号を更新しなかった（但しこの称号は一九五九年、パーペンの友人だった新教皇ヨアンネス二三世により再授与された。）。「フルダ司教会議」では、ベルリン司教コンラート・フォン・プライジング伯爵が、ドイツ司教団も明白な国民社会主義政権批判を出すべきだとしたが、議長アドルフ・ベルトラム枢機卿（ブラスラウ侯爵司教）は否定的だった(106)。

カトリック教徒の国民社会主義政権への態度は別れていた。一方でフリッツ・ゲルリヒやルペルト・マイヤーのような人々は、ＮＳＤＡＰに強く抵抗していた。ミュンスター司教クレメンス・アウグスト・フォン・ガーレン伯爵は障害者安楽死政策に反撥し、ミュンヒェン＝フライジング大司教ファウルハーバーはユダヤ人差別に憤慨して、共にヒトラー政権に対決姿勢を示したが、教会の大物であった為に逮捕されなかった。他方でドイツ人としての意識を以って国民社会主義政権に参画したカトリック教徒も少なくなかった。国法学者カール・シュミット、哲学者マルティン・ハイデッガーは、一時ヒトラー政権に積極的に関わり、その体制下での上昇を志したのだった。

ドイツではカトリック教会と国民社会主義政権とは激しく対立したが、カトリック教会とファシズム体制とが結び付いていた事例は多い。エステルライヒでは、キリスト教社会党のエンゲルベルト・ドルフス、クルト・シュシュニック両連邦宰相の下で、カトリック教会の後援を受けてＮＳＤＡＰ、社会民主党と対決する独自のファシズム体制が構築された。

キリスト教社会党は、プロイセン中心の北ドイツ国家とは違うより高尚な、つまりカトリック信仰を帯びた普遍性のある南ドイツ国家エステルライヒを目指したが、宗教的・倫理的反ユダヤ主義には深く関与しており、当初は否定していた人種論も徐々に混入していった。スペインでは、一九三一年に発足した共和国が反教会政策を打ち出し、政教分離を進めたのに対し、教皇ピウス一一世もカトリック政党「大衆行動党」の設立を認めた。一九三六年選挙で誕生した人民戦線内閣が新たな反教会政策を展開したあと、内戦を経て誕生した陸軍参謀総長フランシスコ・フランコが独裁政権を樹立すると、教皇庁との関係は改善し、一九五三年にはカトリシズムを国教と定め、教会に特権を与える政教条約が締結された。フランコ政権は、平信徒中心の急進的結社である「オプス・デイ」とも協力関係を築いた。ドイツと同盟したスロヴァキア共和国のように、アンドレイ・フリンカ神父（スロヴァキア人民党）やヨゼフ・ティソ神父（大統領）らカトリック聖職者が指導者となったファシズム国家もあった[107]。

第二章　ヒトラー・ドイツの神学校生　一九二七年―一九四五年

第一節　オーバーバイエルンでの出生

一　イン川とザルツァッハ川の三角地帯

マルクトゥル・アム・インはオーバーバイエルン県アルトエッティング郡の長閑な村である。バイエルンの首都ミュンヒェンから電車で東へ一時間ほど揺られ、ミュールドルフ駅で乗り換えてから三駅目がマルクトゥル駅になる。イン川が悠然と流れる農村地帯で、トラクターも行き交う広場には、教会堂、村役場、郷土博物館、パン屋など数軒の商店が軒を連ねている。独墺国境はもう間近で、最寄りの都市はザルツブルク（エステルライヒ領）、パッサウ（バイエルン領）である。マルクトゥルの西隣にあるのが、聖母マリアの巡礼地アルトエッティング（バイエルン領）であり、東隣にあるのが、アドルフ・ヒトラーの生地ブラウナウ・アム・イン（エステルライヒ領）である。

一九二七年四月一六日午前四時一五分、ヨーゼフ・ラッツィンガーはこのマルクトゥルの駐在所で生まれた。村の広場に面したこの家屋は、現在ではベネディクトゥス一六世の記念館になっている。彼の誕生日は復活祭前の聖土曜日に当たり、四月にも拘らずまだ雪が深かった。彼は当時聖土曜日の午前に行われていた復活祭の祝祭で聖別されたばかりの水で、同日午前八時三〇分に村の聖オスヴァルト教会で洗礼を受け、ヨーゼフ・アロイジウスという洗礼名を授けられた。だが彼の誕生後、ラッツィンガー家は一九二九年にザルツァッハ川沿いのティトモーニング（バイエルン領）に移り住んだ為、マルクトゥルには長居しなかった。小邑マルクトゥルと違い、ティトモーニングは大きな教会堂と長方形の広場とを有す

2007年8月15日：筆者撮影
マルクトゥル・アム・イン

2013年9月24日：筆者撮影
ヨーゼフ・ラッツィンガーの生家

る小都市であり、ラッツィンガーは広場に面した一家屋に居住した。更に一九三二年には、ラッツィンガー家はアシャウ・アム・インに転居した(108)。

ラッツィンガーは自分の故郷を「イン川とザルツァッハ川の三角地帯」と呼び、次のように描写している。「それは古いケルト文化の地で、のちにローマのラエティア州の一部になり、いつもこの二重の文化的根源に誇りを持ち続けてきた。発掘されるケルト人の埋蔵物は遠い昔を髣髴させ、我々をガリアやブリタニアのケルト世界に結び付ける。ローマ人の街道は断片的に今日でも残っており、少なからざる地が長い歴史を有する為に、自負心を以ってラテン語の旧地名を示すことが出来る。ローマ軍の兵士と共にキリスト教は或る程度コンスタンティヌス帝時代より前に入り込み、民族大移動の混乱で大きく動揺したとしても、やはり信仰の細い流れは暗い時代を越えて生き残ったのだった。その流れに糸口を見付けることが出来たのが宣教者たちで、彼等はガリア、アイルランド、イングランドから来ていた。それどころか多くの者は、ビザンツ帝国の影響も確認し得ると考えた程である。ザルツブルクは、ローマ時代はユウァーウムと言ったが、キリスト教の大都市になり、この土地の文化史をナポレオン時代に至るまで決定的に形成したのである(109)」。こうした叙述から、自分の生育環境をドイツにではなく、ローマ帝国、ヨーロッパ各国、カトリック教会に結び付けようとするラッツィンガーの論法が見えてくる。一九九五年のインタヴューで、彼はバイエルン史にはドイツ国民的・帝国志向の潮流と、バイエルン＝エステルライヒ的・親仏的＝カトリック的な潮流とがあり、ラッツィンガー家は後者の路線に属していて、前者の「国民至上主義的なものとは無縁」だったと述べている[110]。

二　熱心なカトリック家庭

マルクトゥル・アム・インはパッサウ司教区に属し[111]、その近辺はドイツでも特にカトリック教徒が多い地域として知られている。ラッツィンガーもこうしたカトリック的環境で自己形成をした。彼の両親の名前が「ヨーゼフ」「マリア」であるのも、郷土の宗教的雰囲気と無縁ではないだろう。

ラッツィンガーの父ヨーゼフ・ラッツィンガー（一八七七年―一九五九年）は、篤信のカトリック教徒であった。農民の子としてニーダーバイエルンのリーケリングに生まれた父ヨーゼフは、一八九七年以来パッサウのバイエルン王国軍第一六歩兵連隊に、次いで憲兵隊に入り、警察官として王国内各地で勤務した。彼はアルトエッティングの「マリア男性信心会」（独 Marianische Männerkongregation）の団員で、日曜日は午前六時から日に三度も参禱する程の信心深さだった。彼はプライスキルヒェンに駐在中の一九二〇年、結婚相手募集の新聞広告で知り合ったマリア・パイントナー（リーガー）と結婚し、その地で二児を儲けた後、マルクトゥルへ転任後に末子ヨーゼフを得た[112]。

母マリア・ラッツィンガー（一八八四年―一九六三年）も敬虔な女性であった。母マリアはエステルライヒ領だった南ティロルのミュールバッハ（伊　リオ・ディ・プステリア）で出生し、キームガウのリムスティングで育ったが、南ティロルには長く望郷の念を懐いていた。この母の言葉を受け継いだのか、ラッツィンガーのドイツ語は典型的なオーバーバイエルン方言というより、寧ろエステルライヒ方言ではないかと、対話者ペーター・ゼーヴァルトは述べている。母マリアも食器洗いをし乍ら聖母の聖歌を唄うなど、信心深い点では夫と同じだった[113]。母マリアは家庭環境が複雑で、リムスティングでパン屋を開業したイジドール・リーガーとマリア・パイントナーとの間の「嫡出子」とされているが、祖母マリアは母マリアを出産時にまだ祖父イジドールと婚姻関係になかった為、母マリアの姓はパイントナーであったり、リーガーであったりすることになった。母マリアは女中やホテルの手伝いを経て結婚し、質素な家庭の主婦として、石鹼まで自作する程の万能の働き振りを見せた[114]。

©AFP/DPA/Erzbistum

ラッツィンガー一家（後列右がヨーゼフ．左は兄ゲオルク．前列は妹と両親）

第一子の姉マリア・ラッツィンガー（一九二一年―一九九一年）は生涯独身で、弟ヨーゼフの家事を担当した。姉マリアは、教理省長官となった弟ヨーゼフに同行して、一九八二年にローマへ移住する際に、「奉仕することを断念することと理解するのではなく、有意義に人生を形成することと理解する」のを、母マリアから学んだと述べている[115]。とはいえ姉マリアは、バイエルンに深く根差した女性だった為、弟ヨーゼフの任地にうまく馴染めずに苦しむことが多かった。姉マリアは弟ヨーゼフにとって、助けにもなったが重荷にもなったと言われている[116]。

第二子の兄ゲオルク・ラッツィンガー（一九二四年―）は、弟ヨーゼフと共に司祭となり、音楽的天分を以って教会に奉仕し、特に一九六四年から三十年間、少年合唱団「ドーム・シュパッツェン」（大聖堂の雀たち）で有名なレーゲンスブルク大聖堂の楽長を務めた[117]。

バイエルン農村のカトリック世界で育ったラッツィンガー兄弟は、徐々に聖職者の道へと進んでいく。貧困家庭の子弟が聖職者を目指すのは、社会的上昇の手段としてよくあることである。ラッツィンガー家では、子供は玩具で典礼ごっこをして遊んでいたといい、ラッツィンガーは小学二年生でラテン語典礼書を与えられ、教会の音楽・装飾・絵画にも興味を広げていった。ラッツィンガーのカトリシズムとの出会いは、体験に基づく直観的なものだったと言える。教理省長官時代にも、彼は自分をバロック芸術に親しんできた人間だと述べている。また四歳だったラッツィンガーは、一九三一年に堅信礼でティトモーニングを訪れたファウルハーバー枢機卿の姿を見て、その紫の法衣から強い印象を受け、自分も枢機卿になりたいと述べるようになった。幼いラッツィンガーは、視角的印象から大人の仕事に興味を懐くことが多く、他にも左官屋や教師にも憧れていたというが、結局進んだのは聖職者の道であった[118]。

ミュンヒェン＝フライジング大司教ファウルハーバーは、ラッツィンガーにとってはバイエルンの毅然たる司牧者の模範となった人物である。一八六九年三月五日ウンターフランケンの農家兼パン屋に生まれたファウルハーバーは、バイエルン軍での一年志願兵時代を経て、ヴュルツブルク大学のヘルマン・シェルの指導下でカトリック神学論文懸賞を獲得した。一八九六年から一八九八年まで彼はローマに留学し、「ドイツ神学校サンタ・マリア・デッラニマ」(略称「アニマ」:ドイツ語圏からローマに来た聖職者、巡礼者の宿坊)に寄宿している。一八九八／九九年の教授資格取得を経て、ファウルハーバーは一九〇三年にシュトラスブルク大学教授(旧約聖書学)となった。彼は明晰な授業で多くの学生を集め、女子の修学も支援し、シュトラスブルクでの司牧活動にも熱心に関与した。一九一〇年にバイエルン王によりシュパイヤー司教に任命され、バイエルン王国の飛地ライン＝プファルツの司牧者になった彼は、「時の声は神の声」(羅 Vox temporis — Vox Dei)を標語とし、旧約聖書学者らしく司教紋にユダヤ教の「七支燭台」を描き込んだ。ファウルハーバー司教は教皇庁国務長官ラファエル・メリー・デル・ヴァルに抗して、「レールム・ノウァールム」に応じた宗派共同のキリスト教労働組合の必要性を説いた。一九一四年夏に第一次世界大戦が勃発すると、ファウルハーバーはバイ

Pfister (Hrsg.), Geliebte Heimat, S. 99.
©Archiv des Erzbistums München und Freising

M・v・ファウルハーバー枢機卿

2012年4月30日：筆者撮影
アルトエッティング

エルン王国軍の「従軍司牧官」（独Feldpropst：プロイセン軍の「従軍司教」に相当）「代行」として全司牧業務を牽引し、ドイツの戦争遂行が「正しい」ものであること、国内が一致団結するべきことを説教した。一九一七年九月三日、ファウルハーバーはミュンヒェン＝フライジング大司教、従軍司牧官に就任し、バイエルン貴族に列した。だが一九一八年のドイツ革命による君主制崩壊は、ファウルハーバーの世界観を根底から揺るがした。一九一九年のバイエルン革命に際しては、激しい極左暴力に晒されたミュンヒェンで、彼は民衆支配に不信感を募らせた。彼の革命や共和制国家への不信感は、一九二一年一一月の最後のバイエルン王ルートヴィヒ三世夫妻の葬儀や、一九二二年八月のカトリック信徒大会（於ミュンヒェン）に際して顕在化し、プロテスタント領邦プロイセン王国の崩壊を冷めた目で見るケルン市長コンラート・アデナウアー（信徒大会議長）と対峙した。ただファウルハーバーは「バイエルン自由国」が革命後に聖座とバイエルン政教条約（一八一七年にバイエルン王マクシミリアン一世ヨーゼフが締結）を改訂するに際し、実態に柔軟な対応するバイエルン人民党（BVP）と、これに不信感を懐くバイエルン駐箚教皇大使パチェッリ（のち教皇ピウス一二世）とを仲介し、一九二四年の条約締結を実現させてもいる。ファウルハーバーは一九二五年のフリードリヒ・エーベルト大統領の葬儀に際して、SPDの反宗教性などを理由に距離を置いたが、ヒンデンブルク大統領の傘寿（一九二七年）にも、祝典礼拝を行い教会の鐘を鳴らすことをしなかった。ファウルハーバーは反共和制的なだけでなく、反帝国（独Reich）的なバイエルン分離主義の代表的人物でもあった。更に彼は、国民社会主義思想を「キリスト教的世界観と両立不能」な「異端」とし、「階級憎悪及び人種憎悪は非キリスト教的で不吉」だと考えていた。彼はミュンヒェン一揆（一九二三年）直後の説教でも反ユダヤ主義を批判して、NSDAP党員からは一揆を失敗させた元兇の一人として警戒されていた[119]。

一九三四年五月二〇日、ラッツィンガー一家はバイエルンの聖母マリアの巡礼地として名高いアルトエッティングに参詣し、コンラート・フォン・パルツハムの列聖式に参列した。聖コンラートは同地の聖アンナ修道院で門番をしていたカプツィン会の修道士で、今日では「修道士コンラート教会」にコンラートの聖遺物が安置されている。弟ヨーゼフは、この日昼食時に目元を蜂に刺されてしまい、その結果一日中苦しんだというが、それでも聖コンラートの列聖式は、ラッツィンガー兄弟にとって幼い日々のよい思い出であった(120)。

ラッツィンガーは神学者として著名になっても、幼い時期を過ごしたバイエルンの田園風景に思いを致していた。ミュンヒェン＝フライジング大司教時代の彼は、少年時代の聖体祭を思い出してこう述べている。「私が今でも感じるのは、一面の花畑や青々とした白樺から立ち上る匂いです。それに加えて、あらゆる家々に付けられた装飾、そして旗や歌。私に今でも聞こえるのは、村の吹奏楽。この日は時折、敢えて本来出来る以上に演奏しました。そして私は祝砲の轟音を耳にしました。この祝砲で、若者たちはバロック的な生きる喜びを表現したのです。然しその際、彼等は道々や村で、やはりキリストを、国家元首のように歓迎していました。彼はいわば世界の長、世界の主なのです。キリストの永続的降臨はこの日、さながら国賓の来訪のように挙行されたのであり、この時キリストはどんな小さな村にも訪れたのです(121)」。

2012年6月24日：筆者撮影
アンデクス修道院の三聖体祭（聖体讃美式）

第二節　ゲオルク・ラッツィンガー神父

一　「帝国の敵」を自称する農民指導者

ヨーゼフ・ラッツィンガーの父方の祖父（第三子長男）の弟（第七子三男）に、ゲオルク・ラッツィンガー（一八四四年―一八九九年）という司祭がいた。

ラッツィンガー神父はニーダーバイエルンの農民の子に生まれ、幼少より聖職者を志望した。彼はパッサウのギムナジウム・レオポルディヌムに通学し、ミュンヒェン大学神学部、公爵立ゲオルギアヌム大神学校を経て、一八六七年にカトリック司祭となった。司祭としてのラッツィンガーは、ミュンヒェンのマクシミリアン・ギムナジウムの説教師（一八六八年―一八六九年）、ベルヒテスガーデンの助任司祭（一八六九年）、ランツフートの助任司祭（一八七二年―一八七三年）、バイエルン公カール・テオドルの宮廷助任司祭（一八八三年―一八八四年）、ギュンツルホーフェンの主任司祭（一八八五年―一八八八年）などを経験したが、孰れも断続的で短期のものに留まり、高位聖職者になることはなかった。[122]

ゲオルク・ラッツィンガー神父の本領は、司牧活動よりも言論活動で発揮された。既に一八六七年、ラッツィンガーは最初の政治論文を『カトリック系ドイツ歴史・政治広報』に発表し、以後晩年まで旺盛な言論活動を展開した。一八六八年、ラッツィンガーはミュンヒェン大学の高名な教授デリンガーの下で学び、受賞論文『教会の貧民救済の歴史』で神学博士となり、[123]更にその増補版を『倫理的基盤に於ける経済』（一八八一年）として刊行した。[124]ラッツィンガーは一八六八／六九年頃にはデリンガーの秘書も務めたが、自由主義的になっていくデリンガーと、教皇全権主義的なラッツィンガーとの関係は緊張したものとなった。ラッツィンガーは、デリンガーが拒否した教皇「不可謬」の教義を受け入れた為、デリンガーと共に教皇から破門されることはなく、「古カトリック教会」に参加することもなかった。一八八二年には、ラッツィンガーは教皇レオ一三世に謁見している。穏健自由主義的なバイエルン王国政府がプロイセン王国に接近し、一八七一年にドイツ帝国が発足すると、ラッツィンガーは公然と「帝国の敵」（独 Reichsfeind）を自称するようになり、教権主義的・大ドイツ的カトリック系新聞『ドイツ帝国新聞』（本社ボン）のミュンヒェン駐在員を務め、一八七三年―一八七五年には『人民の友』編集人になり、他にも数々のカトリック系新聞・雑誌の編集に従事した。この過程で出会ったルートヴィヒ・アルコ＝ツィンネベルク伯爵は、理想の農村作りに燃える反自由主義の地主貴族で、ラッツィンガーの生涯の庇護者となった。また社会政策学会で活躍したミュンヒェン大学教授ルヨ・ブレンターノとは、一時期農業問題に関して、カトリック知識人同士の交流があったが、やがて意見の違いから袂を分かつことになる。一八八四年、ラッツィンガーはミュンヒェン大学歴史学教授職を獲得しようとしたが、失敗している。[125]

言論活動の延長線上で、ゲオルク・ラッツィンガー神父は議員としても活躍した。一八七五年から二年間、ラッツィンガーはミュンヒェン南郊バート・テルツ選出のバイエルン領邦議会（代議院）議員となった（当初はバイエルン愛国党、のち無会派）。また一八七七年から二年間、彼はローゼンハイム選出の帝国議会議員となった（当初は中央党、のち無会派）。農民の子として農民の動員を考えた彼は、一八七七年にはバイエルン・カトリック人民党を旗揚げしようとし、一八九二・九三年にも同じことを試みたが、実現しなかった。一八九三年、ラッツィンガーはバイエルン農民同盟の支援で、デッゲンドルフ・レーゲン選挙区からバイエルン領邦議会（代議院）に返り咲き、議員となってからこれに加入した他、その議員団長にもなっている。ところが一八九四年には、彼は早くもそこから離党している。尚彼は党派の支援を受けずに、孰れもデッゲンドルフから、一八九三年、一八九八年に帝国議会選挙に、一八九九年にバイエルン領邦議会（代議院）に立候補したが、一八九三年には落選し、一八九八年、一八九九年には当選した。[126]

ゲオルク・ラッツィンガー神父の信条は社会保守主義であった。つまりそれは、保守主義の立場からの経済的自由主義、市場万能主義への批判である。ラッツィンガーは、ダーウィン「進化論」以来剝き出しの生存競争に陥った近代社会に嘆息し、個々人の自己中心主義が結果的には人間に進歩を齎すというアダム・スミス流の自由放任主義を否定する。だがラッツィンガーはマルクスの社会主義に同意する訳ではない。彼によれば、マルクスやラサールらの社会主義も、労働者階級に団結を呼び掛け、階級闘争という生存競争で勝ち抜くことを要求する点では、実はスミスらと同じダーウィニズム、自己中心主義に立脚していると見ていた。ラッツィンガーは、自由主義であれ社会主義であれ、我利我利盲者的な自己中心主義を抑制する為には、隣人愛を説くキリスト教倫理を復興するしかないと考えていた。カトリック知識人の間で、「カトリック教徒の劣等性」問題、つまりドイツ帝国に於けるカトリック教徒の社会的地位がプロテスタント教徒と比較して一般に低いという問題が議論された時、ラッツィンガーはシェル、ヘルトリングとは違って、そうした現象は何ら問題ではないという立場を取った。カトリック教徒の穏やかな生活様式は、古く心地良い習俗に基づくものだというのだった。[127]

ゲオルク・ラッツィンガー神父は経済的反ユダヤ主義者だった。プロテスタンティズムのベルリン宮廷・大聖堂説教師アドルフ・シュテッカー（一八三五年―一九〇九年）もそうだったように、社会保守主義は私利私慾に走る資本家、近代の象徴としてのユダヤ人への批判に繋がることがあったが、ラッツィンガーもまたユダヤ人に、容赦ない生存競争の悪辣な唱道者を見出していた。曰く「神への滅私奉公、現世的財貨の神への寄進、自発的な清貧と自己犠牲――こういった寛大なキリスト教精神の崇高な美徳は、ユダヤ人には理解不能なものである。[128]」。更に晩年になるとラッツィンガー神父は、「ロベルト・ヴァルハウゼン」「ゴットフリート・ヴォルフ」の偽名で、反ユダヤ主義に特化した著作も刊行している。尚ラッツィンガーは、人種主義的反ユダヤ主義を「卑俗な反ユダヤ主義」と呼び、これに距離を置いていたが、同時に彼は「ユダヤ人」を「人種」だとも考えていた。[129]

二　ゲオルク・ラッツィンガーとヨーゼフ・ラッツィンガー

教皇ベネディクトゥス一六世は、このゲオルク・ラッツィンガー神父について殆ど語らない。僅かにペーター・ゼーヴァルトとの対話『地の塩』に、以下のような言及がある程度である。「彼は大叔父、つまり父の叔父でした。彼は聖職者だった訳で、神学博士号を取っていました。領邦議会議員、帝国議会議員として、彼は本当に農民の、そして庶民一般の権利の為の先兵でした。私は議事録を読んだのですが、彼は児童労働に反対していました。それは当時まだ前例がなく、いわば厚かましいと考えられていたのです。彼は明らかに厳つい人でした。彼の業績や政治的名声の為もあって、我々は皆彼のことを誇りに思っていました。[130]」。ラッツィンガーがこのゲオルクについて明らかに興味を持ちつつも、公の場で余り語りたがらないのは、彼が現代の反ドイツ主義に敏感で、このゲオルクの反ユダヤ主義を意識しているのではないかと推測されるが、正確なところは分からない。

とはいえゲオルク・ラッツィンガーの生涯は、約百年後のヨーゼフ・ラッツィンガーのそれを先取りしているような面も多い。成績優秀で、幼少より志願して、農村から聖職者を志し、ミュンヒェン大学での受賞作品により神学博士となったという上昇形態も同じである。ドイツよりバイエルンに軸足を置いているのも、ヨーゼフと類似している。司牧活動よりも文筆活動に熱中した点も同じである。社会保守主義の立場を取り、文明の進展に懐疑的で、時流と対決するのも同じである。ただこの点については、信仰と理性との両立を強調したヨーゼフの方が、聊か「現代化」しているのかもしれない。また病気がちであったゲオルクが五十五歳で他界したのに対し、ヨーゼフが病気を抱えつつも八十六歳近くまで活動できた点も異なっている。

第三節　バイエルンと国民社会主義政権

一　バイエルンの微妙な政治情勢

ラッツィンガーの描く幼少時代は、米映画『サウンド・オヴ・ミュージック』でも描かれたトラップ一家の逸話を思わせるものがある。アルプス地方の豊かな自然、地域に根差したカトリック信仰、温和な人々の共同体――そこに北ドイツから「ナチス」が軍靴で乗り込んできて、人々の幸福を踏みにじっていく。実際のところ、トラップ男爵家の居たザルツブルク近郊と、ラッツィンガーの成育したイン川、ザルツァッハ川流域とはごく近所であり、状況認識が類似していても不思議ではない。

だが善良なカトリック系地元社会と悪辣な国民社会主義政権という二項対立図式は、鵜呑みには出来ない。確かにヒトラーはハプスブルク帝国を嫌悪してプロイセン主導のドイツ帝国に憧憬し、フリードリヒ大王、鉄血宰相ビスマルクの後継者たらんとした。然しヒトラーはラッツィンガー家やトラップ男爵家とほぼ同じ地域の出身で、カトリック教徒として幼児洗礼を受け、リンツ、ヴィーンを経由して、バイエルン軍に志願していた。またミュンヒェンは、「国民社会主義ドイツ労働者党」（ＮＳＤＡＰ）が旗揚げし、一旦武装蜂起を試みた地でもあった。国内で他の世界観を許容しない国民社会主義政権の下で、カトリック勢力は社会主義勢力、自由主義勢力と共に弾圧を受けたが、教会と信徒とを守る為に国民社会主義政権と帝国政教条約を結んで妥協した面もあった。反共産主義の心情から、戦後にＮＳＤＡＰ関係者を匿い南米に逃がしたとの批判も提起されている。[131] また国民社会主義政権は、前近代的権威を許容せずに「同質化」する点で「社会革命」の性格を有しており、[132] カトリック教会の抵抗運動は反近代主義的性格を帯びることがあった。後述のＮＳＤＡＰ党員ハンス・バリオンのミュンヒェン大学神学部赴任阻止と国民社会主義政権による同学部閉鎖も、被害者がカトリック教会なのかバリオンなのかは意見が分かれている。

ミュンヒェン＝フライジング大司教ファウルハーバーは一九二〇年代からNSDAPの人種主義を強く批判していたが、NSDAP独裁体制の成立で極めて困難な状況に陥った。彼は一九三三年以降も同趣旨の説教を繰り返し、その批判はやがて安楽死問題にも及ぶことになる。だが国内に多くの聖職者、信徒を抱え、次々と犠牲者が出ている状況で、教会はただ闇雲な反抗に訴える訳にはいかなかった。一九三六年一一月四日、ファウルハーバーは総統の山荘オーバーザルツベルクでヒトラーとの会見に臨み、「反ボルシェヴィズム」を共通項に国民社会主義政権と和解し、帝国政教条約の遵守を約束させようとした。ファウルハーバーは初対面のヒトラーに意外な好感を懐き、会談後には楽観的な見通しを報告していた。またファウルハーバーは国家元首への敬意を神の命じるものと考え、一九四四年七月二〇日のヒトラー暗殺未遂事件に際しても、『聖書』は国家元首の生命を保護しているとする宣言を起草した（但しこの宣言は、本当に暗殺未遂者の行為が死刑に値するか、正義の法に照らして審査せよとも記していた）。然しファウルハーバーの期待は裏切られ、国民社会主義政権のカトリック教会への圧迫は収まらなかった。一九三七年一月一二／一三日、ベルトラム（ブレスラウ）、ファウルハーバー（ミュンヒェン）、シュルテ（ケルン）各枢機卿、ガーレン（ミュンスター）、プライジング（ベルリン）各司教はローマで教皇ピウス一一世、パチェッリ国務長官と会談し、異例のドイツ語回勅「ミット・ブレンネンダー・ゾルゲ」の発布に至った。一九三八年一一月九日、「帝国水晶の夜」の反ユダヤ人暴動に際しては、ミュンヒェンの大司教宮殿にも群衆が押し寄せ、そのファサードを爆破し、「海千山千とダッハウに連れて行け、犬と一緒にぶち込んどけ」といった罵声が浴びせ掛けられた。一九四一年には大司教の腹心だった大聖堂参事会員ヨハンネス・ノイホイスラーがダッハウ収容所に収監され、大司教にも圧力が掛けられることとなった(133)。

二　オーバーバイエルンへの国民社会主義体制の浸透

ラッツィンガーが生まれた一九二〇年後半は、ヴァイマール共和国の「相対的安定期」に当たる。当時のドイツ国宰相はヴィルヘルム・マルクス（中央党）、ドイツ国大統領はパウル・フォン・ヒンデンブルクであった。近年この時代は「黄金の二〇年代」と呼ばれ理想化されているが、これは前衛芸術や大衆文化を称揚する都市の進歩派知識人の時代認識に過ぎない[134]。ラッツィンガーにとって幼年期は、失業率が高く、政治党派がいがみ合う殺伐とした時代で、友情や相互扶助、家族内の楽しい思い出によって漸く癒されるようなものであった[135]。

ラッツィンガーが二歳の時、一九二九年に「世界大恐慌」が勃発した。翌年一九三〇年九月一四日には、ＮＳＤＡＰがドイツ国会で議席を一気に約九倍に伸ばし、第二党へと躍進した。一九三二年三月一三日・四月一〇日の大統領選挙にはヒトラーも出馬し、現職ヒンデンブルクに敗れたものの、健闘して次点となった。一九三二年七月三一日のドイツ国会選挙で、ＮＳＤＡＰは遂に第一党となる。同年一九三二年一一月六日に再び行われたドイツ国会選挙では、ＮＳＤＡＰは得票数を減らすが、第一党の座は維持した。一九三三年一月三〇日、ヒトラーは遂にヒンデンブルク大統領によりドイツ国宰相に任命され、ＮＳＤＡＰ・ドイツ国民的人民党（ＤＮＶＰ）連立内閣を発足させる。各州政府はＮＳＤＡＰによって打倒され、最後に同年三月九日にバイエルン政府が打倒された。同年三月二一日には、ヒンデンブルク大統領を迎えての国会開会式がポツダムで開催された。同年三月二三日には、「全権委任法」が可決成立した。一九三三年七月二〇日、ヒトラー政権は教皇庁と帝国政教条約を締結し、国際社会からの認知も獲得した。

©AFP/DPA/PETER KNEFFEL
ティトモーニング遠景

ラッツィンガーはこうした年月を、自由と享楽の町ベルリンから遠く離れたオーバーバイエルンの農村で過ごしていたが、やがてそこにも時代の潮流は押し寄せた。父ヨーゼフは、政治党派的にはバイエルン人民党（ＢＶＰ）に傾斜し、国民社会主義党批判で知られるカトリック系雑誌『真直ぐな道』の愛読者であったが、子供が外でうっかり話してしまうのを恐れたのか、自宅では政治談議を余りしなかった。父ヨーゼフは、一九二九年にマルクトゥルからティトモーニングに転任したが、こ

2013年9月24日：筆者撮影
ティトモーニングのラッツィンガー邸

こで街頭でのNSDAPの暴力沙汰を取り締まる立場となり、身の危険を感じるようになっていった。父が一九三二年一二月に小邑アシャウに再び転任したのは、NSDAPとの対立が深まったので、ほとぼりを冷ます必要があったからである。ラッツィンガーの父母は、一九三二年にヒトラーが大統領選で落選したのに安堵していた。一九三三年一月にヒトラー政権が成立すると、アシャウ村にも俄かにNSDAP党員が姿を現すようになり、カトリック聖職者の「帝国敵対的」態度に目を光らすようになった[136]。

ラッツィンガーは時流に抗して聖職者を志望する中で、NSDAPと対決する為に「合理的」思考の訓練を積んでいったという。バイエルンのカトリック世界を守る為のこの理論武装が、民衆信仰の体験と並び彼をカトリシズムへと向かわせたもう一つの動機である。「甲冑枢機卿」と呼ばれる後年の押しの強い、頑な印象すらある論客ラッツィンガーの原点は、幼時の体験にあったのである[137]。

ドイツ政治が激変しつつあった頃、ラッツィンガーは学齢に達した。既にティトモーニング時代に、ラッツィンガーは大きなバロック様式の修道院教会に併設された幼稚園に通園していた。この幼稚園は当時「託児所」と名付けられていた。ラッツィンガーは当初、この幼稚園に馴染めず、自宅の母の下に留まりたがったという[138]。ラッツィンガーが小学校に通学し始めるのは、このアシャウに於いてである。ヒトラー政権が誕生すると、アシャウの小学校児童に歓迎行進をするよう命令が下った。やがて「ヒトラー・ユーゲント」「ドイツ少女聯盟」が結成された。新しい時流に対する村人の対応は様々であった。ラッツィンガー家では、父がNSDAP入党を拒否していたので、代わりに母がNSDAP婦人部に入会した。婦人部の指導者A夫人は信心深いカトリック教徒で、「ハイル・ヒトラー」の時もロザリオを持っており、婦人部での話題もヒトラーより料理に重心が置かれ、功名心から便乗しようとする者も居た。またアシャウの小学校の教室には、十字架上のイエス像と共にヒンデンブルク大統領とヒトラー宰相の肖像が掲げられていた。父ヨーゼフは長めの病気療養

©AFP/HO
アシャウの小学校にて（教室前に左からヒトラー像，ヒンデンブルク像，十字架上のイエス像が並ぶ．前から２番目，右から２番目がラッツィンガー）

休暇を取り、警官として国民社会主義体制に奉仕するのを出来るだけ回避しようとしていた。親子の世代間対立もなくはなかったが、厳しい状況下で寧ろ一家が団結し、良好な親子関係を維持していたという[139]。

新体制下でアシャウ村は徐々にその姿を変えていった。アシャウには当初、田舎の宗教的風習が残っていた。小学校教師は、依然として教会のオルガン奏者、合唱隊指揮者を兼任していた。学校での公教要理の授業は、司祭が担当していた。教会暦が一年の生活にリズムを与えていた。然し熱心な信仰者は多くはなく、人々の間には聖職者に対する反撥もあり、国民社会主義が入り込む隙間があるのを、ラッツィンガーも感じ取っていた。国民社会主義に心酔した若手教師は、バイエルンの各地に立つ「マイバウム」を、非ユダヤ的・非ローマ的なゲルマン人の文化として称揚した。子供たちは、マイバウムにぶら下げられたヴルスト（ソーセージ）を取るのに夢中だったという。後にラッツィンガーは、この若手教師の主張について、キリスト教は地域固有の非ヨーロッパ的な文化を破壊したのであり、ヨーロッパ的価値の押し付けだという、戦後の西洋中心主義批判と同じ論法だと評している。また付近に爆薬工場が秘密裡に建設された為、近隣のヴィンターブルクの山上にサーチライトが設置され、ラッツィンガーらを不安がらせた[140]。

一九三六年にこのアシャウで、ラッツィンガーはカトリック教徒としての「初聖体拝領」（独 Erstkommunion）を迎えた。カトリック教会の初聖体拝領は、プロテスタント教会の「堅信礼」（独 Konfirmation）と同様、信徒にとって大人になる通過儀礼である。一九八二年、教理省長官就任直前のラッツィンガーは、初聖体拝領や初告解が信仰生活の「決定的歩み」だと説明したが、恐らく自分の時のことも想起していたことだろう。一九三四年に父ヨーゼフは、初聖体拝領の準備期間に次男に『ショット』を与えた。『ショット』とはベネディクトゥス会士アンゼルム・ショット（一八四三年―一八九六年）が一八八四年に刊行した『神聖教会ミサ典礼書』のことで、ラテン語・ドイツ語対訳で信徒にミサの祈禱文を分かり易くした典礼書であった。この『ショット』こそが、やがて第二ヴァティカン公会議後の典礼改革に繋がる「典礼運動」に貢献した著作なのだった[141]。

2013年9月24日：筆者撮影

アシャウのラッツィンガー邸

やがてラッツィンガー家は混乱するアシャウを去っていった。一九三五年、既に教会に侍者（独 Ministrant）として出仕していた兄ゲオルクは、トラウンシュタインにあるミュンヒェン大司教立聖ミヒャエル小神学校に入った。姉マリアもアシャウ近郊の小邑アウ・アム・インにあるフランチェスコ会の女学校に入学した。末弟ヨーゼフは、のち一九三九年に兄と同じ小神学校に入ることになる。父ヨーゼフは、漸く一九三七年に憲兵を退職して業務から解放され、トラウンシュタイン郊外のフーフシュラークに一九三三年に購入していた田舎屋に家族と転居した[142]。トラウンシュタインはミュンヒェンからザルツブルクへの途上にあるキームガウ（キームゼー湖畔地域）の小都市で、フーフシュラーク駅はトラウンシュタイン駅から支線で一駅の所にある。ラッツィンガーの旧実家は、今日もフーフシュラーク駅から歩いて数分の所に、古い空き家として残っている。

アシャウの小学校（四年制）を卒業したラッツィンガーは、一九三七年にこのフーフシュラークにある実家から、トラウンシュタインのバイエルン自由国立「人文主義ギムナジウム」への通学を始めた。「人文主義ギムナジウム」（独 Humanistisches Gymnasium）とは今日もドイツに残る学校形態で、ルネサンスの「人文主義」の精神に基づき、古典語（ラテン語、ギリシア語、ヘブライ語）の教育を重視するギムナジウムのことである。尚「ギムナジウム」とは、大学進学を念頭に置いた中等教育学校で、職業を意識した「実科学校」（独 Realschule）、それ以外の「基幹学校」（独 Hauptschule）という他の中等教育学校とは異なるエリート・コースである。後年のラッツィンガーは、ギムナジウムでの古典語教育が「全体主義イデオロギーによる誘惑に抵抗する精神力を育成」したと述べている。第二ヴァティカン公会議で活躍し、教理省長官、教皇として退位表明に至るまでラテン語を駆使した彼の語学力の基礎は、まずはこのトラウンシュタイン時代に築かれた。

2013年1月3日：筆者撮影

フーフシュラークのラッツィンガー邸

だがラッツィンガー一家がやって来たトラウンシュタインは、一九三七年には既に大きな政治変革の渦中にあった。トラウンシュタインは、元来は中央政界からは遠く離れた田舎であった。一九二四年の市議会選挙では、非党派的な地域団体で市政にのみ登場する「経済ブロック」が三四・五九％で首位を占め、これにバイエルン政府の与党であるカトリック保守系の「バイエルン人民党」（ＢＶＰ：三二・二四％）が続き、「ドイツ社会民主党」（ＳＰＤ）は二三・一％を獲得していた。多くの問題で意見が一致する「経済ブロック」とＢＶＰとが三分の二を占め、教会に批判的なマルクス主義のＳＰＤに対峙する構図である。然しここにＮＳＤＡＰの影響が及んでくる。一九二九年の市議会選挙ではまだ一議席だった同党は、一九三二年七月三一日のドイツ国会選挙ではトラウンシュタインでも二三・三％を獲得した（全ドイツでは三七・八％を獲得し初の第一党（二百三十議席））。一九二九年に創刊されていた同党の新聞『キームガウアー・ボーテ』は、ヒトラーの宰相就任から六日目の一九三三年二月四日にこう宣言した。「敵対者たちに一つだけ言っておいてよいだろう。国民社会主義運動、その指導者とその政府を、皆が恥も外聞もなく罵倒し、誹謗し、嫌疑を向けた時代は、もう過ぎ去ったのである。」。だが同年三月五日のドイツ国会選挙では、NSDAPはバイエルンで四三・一%（全国平均は四三・九%）の票を獲得し、他の政党は軒並み票を減らしたものの、トラウンシュタインでは街頭での行進や他党への妨害にも拘らず、第一党の座を獲得できなかった（BVP一九〇九票、NSDAP一七五二票、SPD七六〇票、KPD五九三票など）。そこで同年三月九日、NSDAPミュンヒェン＝オーバーバイエルン管区長アドルフ・ヴァーグナー、突撃隊隊長エルンスト・レームがバイエルン自由国首相ハインリヒ・ヘルト（BVP）を辞職に追い込み、バイエルン・レーテ共和国の粉砕者でBVPからNSDAPに転向していたフランツ・クサーファー・リッター・フォン・エップがバイエルン帝国総監に、ヴァーグナーが臨時内務大臣に、親衛隊隊長ハインリヒ・ヒムラーがミュンヒェン警察署長に就任した。その僅か数時間後、トラウンシュタインでも突撃隊員百五十人が市庁舎、労働組合やカトリック教会関係の施設を占拠し、鉤十字の旗を掲げた。後日エップ総監はこうした突撃隊員の行動を「合法化」し、突撃隊は更に共産党員、社会民主党員の逮捕に動いた[143]。

トラウンシュタインのランドマークである聖オスヴァルト教会は、紛争の一つの舞台となった。一九二一年以来、この教会で教区の九千人余りの信徒を率いていたのが、主任司祭ヨーゼフ・シュテルツレ神父であった。シュテルツレは論争的な人物で、既に一九二〇年代から市上層部と対立を惹き起こしていた。シュテルツレによれば、官僚や自由主義的市民からなる市上層民は、表面上こそカトリック的で信心深そうだが、内心では「近代」主義的でカトリック的なものを嫌悪している、これに対し「善良」な下層民は意志が弱く、「平和」で居たいと望む事勿れ主義者なのだった。シュテルツレは新しいNSDAPにも軽蔑を隠さなかった。一九三三年一〇月一〇日の学校での宗教の授業で、シュテルツレは女子生徒たちに次のように述べたという。「私は、君たちが汚い手を洗ったことはもう分かっている。君たちの汚い手を挙げるのは止め給え。私にはこれまでいつもそうだったのと同じように挨拶してくれ。」。この頃バイエルンでは、従来の挨拶である「グリュース・ゴット」を用い続け、新たに導入された「ハイル・ヒトラー」を用いないことは、危険な行為になりつつあった。この発言ののち、何者かが司祭館の窓硝子を六枚割る事件が起きた。器物損壊の刑事事件として捜査が始まったが、数日で打ち切られた。更にシュテルツレは、一九三四年一月六日の聖三王祭（公現祭）の説教で、反ユダヤ的人種主義を厳しく批判した。「かの聖三王はユダヤ人の地の出身で、ユダヤ人の王に挨拶をしに、ユダヤ人の地にやって来たのである。このユダヤ人の王こそ、我等の主であり救世主なのである。キリストは全ての人間の為に生まれ、死んだのであって、それには白色人種も、黄色人種も、黒色人種も含まれる。だが今日この点を認めず、キリストをアーリア人であったかのように史実を偽造しようとする運動がある。」。シュテルツレは十五日間監獄に拘留され、解放後もトラウンシュタインを離れることを求められた。同年三月一八日には、シュテルツレに対しトラウンシュタインへの滞在を禁止する命令が出された。一部住民から司祭に連帯する運動などもあって、シュテルツレは同年四月一〇日に禁止令を無視して強引に司祭館に戻ったが、今度は四月二四日に何者かが司祭館に爆弾を投擲し、建物に著しい被害を与えた。刑事事件としての捜査は、またしても容疑者不明の儘打ち切られた。ミュンヒェン＝フライジング大司教ファウルハーバーは、シュテルツレに休暇を与えてトラウンシュタインから一時退避させると同時に、主任司祭の帰任までトラウンシュタインでは一切鐘やオルガンを鳴らさず、盛式ミサも一切しないというストライキで対抗した。大司教庁の許可を得て同年一〇月二一日にシュテルツレが再び強引に司祭館に戻ると、連帯する一部市民が集まって司祭を支持する示威運動を行ったので、シュテルツレも「保護拘禁」を免れた。だが同年一二月一六日から翌日に掛けての夜、今度は突撃隊員が威圧的に司祭館前で歩哨に立ち、翌日からNSDAP指導部がシュテルツレに猛烈に辞任を求めてきたのだった[144]。

司祭に対する攻撃と同時に、国民社会主義政権はカトリック教会の青少年教育に圧力を加えてきた。これは青少年教育こそが国家の将来の基盤を作るとの理解に基づくものである。一九三四年五月八日に地元警察署は、宗派系青年組織が制服を着たり、スポーツを行ったりすることを禁止し、制限の範囲は徐々に拡大していった。更に国民社会主義政権は学校教育に於ける宗教の役割を削減しようと試みた。宗派別学校は宗派共同学校に再編され、教師として務めていた修道士、修道女は教壇を追われた。一九四一年には、当時のバイエルン文部大臣アドルフ・ヴァーグナーが教室に於ける十字架の撤去を命じた。然しこれには住民の抗議行動が起き、ヴァーグナーはその方針を貫徹できなかった[145]。

国民社会主義政権の圧力は兄ゲオルクの居た聖ミヒャエル小神学校の周辺にも及んできた。小神学校の開設に伴い、それと連携するギムナジウムが予備的形態（独 Progymnasium）から完全な形態（独 Vollgymnasium）へと拡充されたのを記念して、一九三四年にトラウンシュタイン市は小神学校に隣接する道路を「枢機卿ファウルハーバー通」とすることを決めた。ところが一九三四年五月五日、「枢機卿ファウルハーバー通」と記された札が、落書きで「ルーデンドルフ通」とされるという事件が起きた。犯人は判明したが、警察は不起訴処分とした。同じ頃、小神学校に対しても落書きや通用門の鍵の破壊が行われた。一九三六年一二月二日には、「枢機卿ファウルハーバー通」の札が「ルドルフ・ヘス通」に交換される事件が起き、今度は修道院の庭の塀に掲げられることになった新しい「枢機卿ファウルハーバー通」の札も六日後に盗まれた。一九三七年に再度修道院の庭の塀に設置された「枢機卿ファウルハーバー通」の札は、今度は同年六月九日に落書きで「枢機卿ファウルハーバーは謀叛人だ」と書き換えられた。同じ頃、神学生を同性愛者として揶揄する落書きが行われた。結局一九三八年七月三一日、トラウンシュタイン市長の指示で「枢機卿ファウルハーバー通」は「ディートリヒ・エッカルト通」に変更されることになった[146]（ディートリヒ・エッカルトは国民社会主義の思想的先駆者）。

ラッツィンガーが通う人文主義ギムナジウムにも変革の波が押し寄せていた。一九三三年一月三〇日のヒトラー内閣成立時、このギムナジウムはBVPに近く、ミュンヒェンのマクシミリアン・ギムナジウムで教師の経験を積んだ校長マクシミリアン・ライトシュー博士の指導下にあった。一九三三年二月六日にNSDAP系の『キームガウアー・ボーテ』は、或る教師が授業でヒトラーのことを「強盗の指導者」と述べ、また或る別な「政治化した」教師が、ドイツとはミュンヒェンからヴィーンまでの地域だけだ（ミュンヒェン以北はドイツではない）と説明したと主張し、そうした教師は打倒されるべきだとの宣言を出した。ギムナジウム側は、「強盗の指導者」という表現は全く使用しておらず、嘗てバイエルンがミュンヒェンからヴィーンまで広がっていたことがあると教えただけで、生徒の誤った理解であるとして『キームガウアー・ボーテ』紙に訂正を求めたが、拒否されたので訴訟を起こし、地区裁判所が『キームガウアー・ボーテ』紙に罰金と訂正記事掲載とを科す事態に発展した。一九三三年三月一七日にフランツ・クサーファー・ゴルトベルガー（BVP・カトリック教徒）に代わり、バイエルン文部大臣に就任していたNSDAP党員ハンス・シェムは、バイエルン文部省の人事的刷新を進め、教会と結合した公立学校を教育行政改革の対象とした。同年一〇月五日には新校長にオスカル・シュヴァルツが任命された。シュヴァルツはNSDAP党員で、ギムナジウムでの思想統制を進めたが、同時に彼はNSDAP

系と非NSDAP系とで対立する教員たちの融和にも努め、聖ミヒャエル小神学校との緊密な関係にも配慮した。のちにNSDAP側は、シュヴァルツが実はイエズス会士から教育を受けていた、ヴィッテルスバッハ王家の王子の教育係を務めていたなどと誹謗を展開することになる。NSDAP系の生徒や両親などから、ギムナジウムでは国家敵対的な神学生が優遇され、ヒトラー・ユーゲント団員が不当に扱われていると苦情が寄せられるようになり、新任のバイエルン文部大臣ヴァーグナーにシュヴァルツが更迭された後、一九三七年夏に新校長に任命されたのはNSDAP党幹部の古典語学者ロベルト・ケルバー博士であり、小神学校生の特権的地位を認めない方針を明示した[147]。

ヴァーグナー文相は、一九三九／四〇年度にトラウンシュタインのギムナジウムと実科学校とを統合して「高等学校」（独 Oberschule）とし、新入生から新カリキュラムで授業する方針を打ち出した（ラッツィンガーは一九三七年入学なので旧カリキュラム生だったと推測される）。この「高等学校」では、ラテン語は単なる「第二外国語」でしかなく、「人文主義ギムナジウム」時代のような基幹科目ではなくなった。ヘブライ語の授業は既に一九三七年に禁止されていた。数学、物理、化学の授業も削減され、国語、歴史、地理が強化された（ラッツィンガーはギリシア語、宗教が廃止されて、英語、自然科学、体育が拡充されたと主張している）。この為神学生は聖職者養成に必要なラテン語、ギリシア語を全てギムナジウムで学ぶことが出来なくなった。一九四〇年四月一日には高等学校校長にNSDAP党員のヨーゼフ・シェーベルル博士が着任し、党やヒトラー・ユーゲントと連携して校内の思想統制を強めた[148]。

一九三九年四月一六日、ラッツィンガーは既に兄ゲオルクが入っていた聖ミヒャエル小神学校に入寮する。これは地元の司祭から、聖職者になる準備として勧められたからだという。この後ギムナジウムへは、フーフシュラークの実家から一人ではなく、兄と同じくこの小神学校から集団で通学することになった[149]。

聖ミヒャエル小神学校は聖職志望生の為の寄宿舎である。ミュンヒェン＝フライジング大司教庁は、聖職者養成施設が不十分な教区南部に新しい小神学校の建設を決め、一九二七年一〇月にトラウンシュタインを選定した。正式な開寮式は一九二九年九月であった。一八一七年に教皇庁がバイエルン王国と交わし、一九二四年にバイエルン自由国と更新した政教条約に則り、この小神学校の建設にはバイエルン文部省から補助金が出され、バイエルン自由国立であるトラウンシュタインの人文主義ギムナジウムは、この小神学校の寄宿生が生徒の大半を占めていた[150]。

聖ミヒャエル小神学校での共同生活は厳格なものであった。入寮を許可されるのは真剣に聖職者を志望する生徒のみで、神の召命を受けていないと判断されれば早い段階で退去させられ、また通学先の学校で落第した場合も特段の事情がなければ退校であった。生徒には神に対する敬虔な態度が求められ、毎日聖体拝領を受けることが望しいとされ、告解も毎週、少なくとも二週間に一度は行うこととされた。寮指導部への服従も求められており、書簡は寮長が検閲し、市街地へ行くのも特別許可を要し、市井からも距離を置くことを求められた。寄宿生相互では敬意ある態度が求められ、特定個人同士の友情は禁止され、廊下や共同寝室でも沈黙の義務があった[151]。

聖ミヒャエル小神学校での一日（夏季）は以下の通りである。五時二〇分起床。五時四五分朝の祈禱とミサ。六時三〇分勉強時間。七時朝食。七時二〇分ギムナジウムへ出発。七時四五分ギムナジウムでの授業開始。一二時五分―四五分小神学校に戻り昼食及び自由時間。一三時五分再びギムナジウムに出発。午後の授業後一時間スポーツなど自由時間。一六時三〇分コーヒー。一七時―一九時勉強時間。三十分間の夕食の後三十五分間の自由時間。二〇時五分から十五分間の祈禱など。二〇時二〇分夕べの祈禱。二〇時三〇分就寝。宗教教育と並んで音楽教育も行われており、小神学校教会での日曜日の祈禱で披露された。またスポーツも教育に取り入れられていた。厳格な生活規則の枠内で、年長者には一定のビール飲用、更に喫煙が認められていた[152]。

然し時代の波はこの聖ミヒャエル小神学校にも押し寄せてきた。バイエルン政教条約によれば、バイエルン政府は小神学校への資金援助を義務付けられていたが、金額は規定されていなかったので、バイエルンのNSDAP政府はその減額を試みた。だがこの試みは、国務長官パチェッリがベルリン外務省に抗議したことで失敗した。次の問題はヒトラー・ユーゲントである。一九三四年五月七日、パッサウ司教総代理フランツ・ゼラフィム・リーマーはバイエルン文部省に書簡を送り、ヒトラー・ユーゲントでの活動は神学生の生活と両立不可能であり、神学生がヒトラー・ユーゲント団員になっても名目上のものに留まること、ヒトラー・ユーゲントの指導者が宗教とは無関係に選出され、男女が明確に分離されていない点も問題であることを指摘した。パッサウ司教区がヒトラー・ユーゲントを公然と拒否する方針だったのに対し、ファウルハーバーはより慎重な路線を取り、神学生だけで構成されたヒトラー・ユーゲントの形成も考慮していた。孰れにしてもカトリック教会は、ヒトラー・ユーゲントへの加入で神学生教育の自律性が損なわれることを問題視したが、余り強硬に拒否して神学校自体が解散させられるのを恐れてもいたのだった[153]。

聖ミヒャエル小神学校には一九三九年春までヒトラー・ユーゲント団員は全く居らず、入寮時にユングフォルク団員だった者は二名居たことが分かっているが、彼等もヒトラー・ユーゲントには入団しなかった。寧ろこの小神学校には、NSDAPとの関係を禁止する無言の圧力があったのかもしれない。トラウンシュタインのギムナジウムでは、一九三五年の段階では非神学校生の生徒のうち六二・五％がヒトラー・ユーゲント団員だったが、一九三六年一二月一日の「ヒトラー・ユーゲントに関する法律」で「帝国領内の全てのドイツ青年」がヒトラー・ユーゲントに統合されると規定されると、その割合は九三・四％にまで上昇した。生徒の母親からも、ギムナジウムでヒトラー・ユーゲント団員が神学校生に対して不利な扱いを受けているとの苦情がバイエルン文部省に寄せられるようになり、生徒同士でも喧嘩が起きた。一九三七年三月二〇日に神学校生を含む数人の生徒がホテル「トラウンシュタイナー・ホーフ」で卒業祝いを催したが、そこに向かう途中ユングフォルク指導者たちに卒業生の帽子を、「身分的自惚れ」「反動的精神の象徴」として奪われるという事件が起きた。帽子を奪われた卒業生には神学校生のみならずヒトラー・ユーゲント団員も居り、この事件はギムナジウム生徒の特権意識への外部からの批判という性格も有していたが、「反動的精神の象徴」という言い方には教会への批判も込められていたのかもしれない。一九三八年八月九日、バイエルン文相ヴァーグナーはヒトラー・ユーゲント団員のみがギムナジウムでの授業料減免を受けられるとの命令を出した。小神学校は依然としてヒトラー・ユーゲント加入を拒否しつつ、授業料増大分は基本的に両親の負担とし、それが困難な場合には小神学校の授業料を減額するなどの措置で対応することにした[154]。

ヒトラー・ユーゲント加入を回避しようとする聖ミヒャエル小神学校の努力も、一九三九年三月に限界を迎えた。同年三月二五日に「ヒトラー・ユーゲントに関する法律」の施行に関する命令が二つ出され、十一歳から十四歳までの全ての子供が「ドイツ・ユングフォルク」に、十四歳から十八歳までの全ての子供が「ヒトラー・ユーゲント」に属するものと決められた。これに伴い、十四歳以上の神学校生もヒトラー・ユーゲントへ登録することになり、同年一一月に実施された。ヒトラー・ユーゲント団員となった神学校生たちは、団員としての活動に動員されるようになったが、一九三八年四月二一日までに加入していた「正団員」とそれ以外の「義務的団員」との区別が導入され、後者は少なくとも一年は前者になれず、学校授業料減免は前者に限定されていた為、すぐには恩恵に預かれなかった。カトリック教会に不信感を向ける国民社会主義体制の下で、神学校生が協力しても、不利益取扱を回避するのは困難であった[155]。

ヒトラー・ユーゲント加入が義務化されるにつれて、ラッツィンガー兄弟も加入を回避できなくなる。まず兄ゲオルクが強制加入させられることになった。ヨーゼフはしばらく未加入だったが、のちに小神学校ごと加入したという。だが小神学校が野戦病院になってヨーゼフが自宅からの通学になると、ヨーゼフはヒトラー・ユーゲントの会合に行かなくなった。当時ギムナジウムでは、ヒトラー・ユーゲントの会合への参加証明書を提示することが授業料減免の条件だったが、ラッツィンガー家は厳しい家計にも拘らず、この減免を断念し、NSDAP党員だったギムナジウムの数学教師もこれを見逃してくれたという[156]。

兄ゲオルクによると、反ユダヤ主義はラッツィンガー家でもその周囲でも話題にならなかった。ラッツィンガー家には、アシャウにもトラウンシュタインにもユダヤ人の知り合いはなく、大規模な迫害も目撃せず、学校の教科「国民社会主義思想」で反ユダヤ主義を聞いた程度だという。これに対しラッツィンガー家は、「安楽死」政策を間近で体験した。母方の従兄弟に精神障害者が一人居たが、「生きる価値なし」として収容され「安楽死」措置に遭ったという。また親交のあった或る子供のない老婦人が夫の死後に痴呆状態となり、「リンツ送り」(独 gelinzt)、つまりリンツの収容所に送られて死亡したという[157]。

教皇ピウス一二世が登位して半年後、一九三九年九月一日に第二次世界戦争が始まると、各地の神学校は次々に閉鎖され、国防軍やNSDAPの関連施設に転用された。これは反教会政策の一環でもあるが、同時に小神学校のような多数の人間を収容でき、運営職員なども揃っている施設が、傷病兵やドイツ人難民の収容に適している為でもあった。聖ミヒャエル小神学校も一九三九年九月に国防軍に接収された為、寮長ヨハン・エヴァンゲリスト・マイヤーは大半の神学校生たちを近辺の民家に分宿させ、或いは実家から通わせて、可能な限り小神学校の規律を守らせようとした[158]。

ラッツィンガーは開戦時、兄と同じ聖ミヒャエル小神学校に入寮して半年足らずのところであった。小神学校が野戦病院に転用されることになった為、ラッツィンガーは一旦兄と共に実家に戻り、そこから高等学校へ通学することになった。ラッツィンガーにとって、これは個人的に勿怪の幸いであった。というのもラッツィンガーにとって小神学校での集団生活は苦痛で、勉強が出来なくなり、体育の授業にも馴染めなかったからである。ところが実家に戻って喜んだのも束の間、寮長が代替施設を探し出したので、再び小神学校での集団生活が始まった。ただ今度の施設は運動場がなかった為、体育の授業に悩まされることはなくなり、ラッツィンガーは初めて小神学校に馴染むことが出来た[159]。

一九四三年、聖ミヒャエル小神学校の生徒が高射砲部隊補助員として徴用されることになった。ラッツィンガーはミュンヒェンのＢＭＷ工場の防衛などに従事することになった。彼はこの時代に、多くの酷い仕打ちを受けたとしている。彼の具体的任務は、砲撃部隊で高射砲を打つことではなく、測量部隊で射撃目標である敵機への距離を測定することであり、繰り返す夜の警報に嫌気が差していた。このミュンヒェン時代、彼はシュヴァービングのマクシミリアン・ギムナジウムで授業を受けていた。やがて一九四四年になると兄ゲオルクが出陣し、イタリア戦線で負傷した。ギムナジウム時代の友人にも戦死者が出るようになった[160]。

一九四四年、ラッツィンガーは帝国労働奉仕団に徴用され、墺ブルゲンラントに動員された。この時の上官は狂信的な古株のＮＳＤＡＰ党員であった。彼は「自由意思」で「武装親衛隊」へ志願するよう強要されそうになり、「司祭志望」だと言って逃れようとしたところ、嘲笑と罵声を浴びせられて外に追い出されたという。同じようなことが、同年一二月に国防軍に徴用された時にも起こった。彼は中隊長から、将来何になりたいかと問われて「司祭」と答えたところ、それなら志望を変更しろ、新しいドイツに司祭は要らないと言われたという[161]。

一九四五年四月末から五月初旬にかけて、ラッツィンガーは末期的状態だった国防軍から脱走した。彼はアメリカ軍の侵攻を期待していたが、その進度が遅いのに業を煮やして、勝手に戦線を離れてフーフシュラークの実家を目指したという。ただ脱走は、本来であれば即死刑だった。彼は途中兵士に見つかってしまったが、既に戦争は最終局面であり、負傷兵と看做されて見逃して貰った。ラッツィンガーは自宅に戻ったが、まだ安心は出来なかった。自宅にも親衛隊員や空軍曹長らが宿泊し、ラッツィンガーの姿を不信そうに見ていたが、脱走兵として逮捕されることはなかった[162]。

待望のアメリカ軍がバイエルンに侵攻してくると、彼等はラッツィンガーが家に隠し持っていた国防軍の制服を発見し、彼を俘虜として一九四五年五／六月にバイエルン西端のバート・アイブリング収容所で拘禁した。この収容所で、ラッツィンガーと一緒だったと主張しているのが、作家のギュンター・グラスである。二人はそこで知り合いとなり、共に「神と世界」について語ったという。二人は共に侍者を務めた経験があったが、信仰を失っていたグラスに対し、ラッツィンガーは依然として信仰に忠実だったと言われる。ラッツィンガーは収容所から釈放された後、キームガウ・ギムナジウムで大学入学資格を取得した[163]。

第三章　公会議の神学顧問　一九四五年―一九六六年

第一節　一九四五年ドイツ――「修正」か「破壊」か

一　「ドイツ零時」論の再検討

一九四五年五月初旬、大ドイツ帝国政府は壊滅した。ヒトラー、ゲッベルス、ヒムラーら指導部は自殺し、ゲーリングらは逮捕された。各国軍が四方八方からドイツ領内に侵攻し、国土は四分五裂した。ドイツ語圏の政治、経済、文化にとって歴史的に重要な地であったプロイセン、シュレジエンは、ソヴィエト連邦やポーランドの行政下に置かれ、数百年来居住していたドイツ系住民が追放され、数百万人の死亡者が出た。長年の係争地であったベーメン、エルザス、ロートリンゲン、南ティロルでは、もはやドイツ系住民の自己決定権は尊重されなくなった。長年の格闘の末に一九三八年にドイツへの統合を果たしていたエステルライヒは、以後ドイツ国家の一部となることが禁止された。残部ドイツも米英仏ソ四箇国によって分割占領され、後継総統デーニッツのドイツ政府は解体され、ドイツ全体国家は一旦完全に消滅した。アメリカが概ね単独で占領し、天皇も内閣も帝国議会も残った日本とは大きく異なっていた。

連合国のドイツ攻撃は苛烈を極め、占領後も暴力が横行していた。近年のドイツでは、「加害者としてのドイツ人」と並んで「被害者としてのドイツ人」が注目されることが多くなっている。赤軍兵士による掠奪、強姦、暴行、殺害、東部地方からの逃避行の悲惨というテーマは、冷戦期から好まれていた。「ヨーロッパ統合」を進める為には、ロシヤの「アジア的野蛮」の逸話は寧ろ好都合だったのかもしれない。然し近年では、英米仏の暴力性にも批判的視線が向けられつつある。例えばドレスデンを始めとするドイツ諸都市への猛爆撃は、今日その戦略上の必要性が疑問視されている。再建工事中のドレスデン聖母教会の頂点に設置する十字架は、二〇〇〇年に英国王室のケント公が持参して、独英和解を演出した。ドレスデン空爆を描いたテレビ映画『ドレスデン』（ZDF）は日本でも紹介された。また一九四五年四月にシュヴァルツヴァルトのフロイデンシュタットを占領したフランス軍は、五百件に及ぶ強姦事件を起こしたと言われる。戦後のドイツ人俘虜の扱いに関しても、ソヴィエトのみならずフランスの問題が指摘されるようになり、それ以外の各国の収容所の状況も悲惨で、俘虜の強制労働が行われたことが報告されている。尚敗戦後ドイツでは、占領軍だけでなくそれまでの強制労働から解放された「外国人労働者」（独 Fremdarbeiter）も窃盗、殺害、強姦を行っていたことが報告されている[164]。

物理的暴力より尾を引いたのは、戦勝国によるドイツへの道徳攻勢であった。戦勝国は第二次世界戦争を善なる連合国対悪なる枢軸国という図式で説明し、後者の犯罪的性格を強調する宣伝を展開した。戦勝国が自国本位の道徳論で戦争を正当化するという戦略は珍しくなく、第一次世界戦争でもドイツの開戦責任や戦争犯罪の強調が見られたが、ドイツ側からの反論も一定の支持を集めていた。然し今回は、ドイツの市民生活が完全に破壊され、ドイツ全体国家が消滅し、国民社会主義政権による未曾有の虐殺や暴行の実態が明るみに出た結果、ドイツ側からの反論が困難になった。戦勝国によりドイツ国家が一方的に断罪され、ドイツ人の「集団罪責」が語られ、ただドイツ人というだけで「ナチス」と蔑まれかねない時代が始まったのである。

二　「破壊による再出発」と「修正による再出発」

一九四五年を「零時」にする試み、つまりドイツの過去と完全に訣別して、新しい時代を始めようとする「破壊による再出発」の構想は確かに存在した。その代表的担い手はマルクス主義者である。ソヴィエト占領地区では、モスクワ亡命から戻ったヴァルター・ウルブリヒトらが「ドイツ共産党」（KPD）を再建し、ソヴィエト軍の支援を背景に「ドイツ社会民主党」（SPD）と合併して「ドイツ社会主義統一党」（SED）を結成した。NSDAP関係者は徹底して排除された。「プロイセン・ユンカー」への否定的先入観から大土地所有が解体され、キリスト教会は監視下に置かれた。ベルリン王宮、ポツダム衛戍教会のように旧体制を連想するものは、修復されずに爆破された。モスクワの救世主ハリストス大聖堂と同じ運命である。マルクス主義はソヴィエト占領地区を越え、米英仏占領地区、のちの西ドイツの人々にも一定の支持を得ており、教条的に信奉しなくとも、それを選択的に受容する言論人が多数登場した。アメリカ合衆国に亡命したユダヤ系知識人で、戦後帰国したマックス・ホルクハイマー、テオドル・アドルノや、アメリカに留まったヘルベルト・マルクーゼら「フランクフルト学派」は、西ドイツの言論界を席巻した。マルクス主義に加え、自由民主主義と西欧文化とを敗戦国に天下り的に注入する試みも存在した。アメリカの政治学者たちは、「政治文化」研究によってドイツ政治の後進性を数値で「客観化」しようとした。西欧諸国との比較に於けるドイツの歴史的歪みを指摘する評論が時流に乗って流行し、ヘルムート・プレスナー『遅れてきた国民』（一九三五年亡命先のオランダで別題で刊行）が一九五九年に緒言を付して再版された[165]。

ⒸAFP/leemage/Farabola
教皇ピウス 12 世

然し建国期の西ドイツ政治を牽引したのは、ドイツ史を良い要素と悪い要素とに分類し、後者を除いて前者を進めようという「修正による再出発」だった。抑〻国民社会主義体制が一種の「破壊による再出発」だったのだから、戦後に「修正による再出発」が求められたのも想像が付く。この潮流を体現したのが、「実験は御免だ」の合言葉で知られる初代連邦宰相コンラート・アデナウアー（ＣＤＵ）である。彼は一九三三年に更迭されたケルン市長で、一九四四年には抵抗運動への加担を疑われて収容所に入れられ、その過程で妻も失っていたが、戦後は元ＮＳＤＡＰ党員の社会復帰も認め、占領軍と協力しつつ対決も厭わなかった。アデナウアーはユダヤ人虐殺などドイツ史の負の側面を批判的に考察しつつも、ドイツ民族を全体として否定する意図は全くなく、その回顧録を「我が祖国に」捧げた。ボルシェヴィズム及び国民社会主義を共に「無神論的独裁」「物質主義的世界観」として峻拒するアデナウアーは、まだソヴィエト軍の手に落ちていない西部ドイツに「キリスト教的＝西洋的文化」（独 christlich-abendländische Kultur）に根差した新しい国を作ろうとした[166]。

ローマ＝カトリック教会はそうしたドイツの「修正としての再出発」を応援した。教皇ピウス一二世は一九四五年六月二日の枢機卿団への挨拶で、「朕が成熟した年齢の最上の年月を十二年に亙り過ごした」ドイツを思い、その時知った「かの民族の有する傑出した特性」を想起した。その上で教皇は、ドイツが「国民社会主義の悪魔的妖怪」を振り棄て、罪びとが償いを済ませた後に、新しい尊厳と生命とを獲得することを確信すると述べたのである。無類のドイツ贔屓で知られるピウス一二世は、家政婦も、秘書も、聴罪僧もドイツ人で、飼っているカナリアにまでハンス、グレートヒェンというドイツ名を付けていた。教皇は翌一九四六年、新たに枢機卿としてケルン大司教ヨーゼフ・フリングス、ミュンスター司教クレメンス・アウグスト・フォン・ガーレン伯爵、ベルリン司教コンラート・フォン・プライジング伯爵を任命すると発表した。ケルン大司教の枢機卿任命は通例だったが、ミュンスター司教、ベルリン司教のそれは異例であり、ドイツ教会のＮＳＤＡＰとの闘争を評価し、ドイツの復興を切望するという教皇の姿勢が表れていた。フリングスもガーレンも、戦勝国のドイツ集団罪責論には断固たる対決姿勢を表明した。まだ戦後ドイツ国家が誕生していなかった時期、教会は再建された地方行政府と並ぶ一種のドイツ側代表として、住民の生命と名誉とに関して占領軍と対峙していた。特にカトリック教会は、「第五の占領軍」（クルト・シューマッハーＳＰＤ党首）などと呼ばれていた。カトリック教会は瓦礫まみれの街中に誇り高く十字架行列を繰り出し、司教の言葉は人々を激励したのだった[167]。

ミュンヒェンのファウルハーバー大司教もアメリカ占領軍と連携し、住民への生活物資供給に尽力した。だがファウルハーバーの時代は終わりつつあった。ヴァイマール共和国及び国民社会主義政権に辟易した彼は、あらゆる政党に懐疑的になり、職能代表制を志向し、宗派別教育の原則に固執したが、貫徹できなかった。一九四九年一月八日、ミュンヒェン副市長カール・シャルナーグル（ＣＳＵ・元ＢＶＰ・元ミュンヒェン市長）が、八十歳の枢機卿に国民社会主義への抵抗者として名誉市民号を授与することを提案したところ、採択はされたものの、共産党（ＫＰＤ）、自由民主党（ＦＤＰ）、そして社会民主党（ＳＰＤ）の大半の市参事会員が棄権した（ＳＰＤは市長トーマス・ヴィンマー一人のみ賛成）。一九五二年六月一二日、ファウルハーバーは聖体行列の最中に薨去した[168]。

「修正による再出発」の雰囲気は、戦後流行した「故郷映画」（独 Heimatfilm）にも表現された。これは自然豊かなドイツ語圏南部を舞台に、人間の愛と友情を描くドイツ語映画の一範疇であり、戦争に疲れた人々に癒しを与えたものである。この「故郷映画」の大ヒット作が、ロミー・シュナイダーの出世作となったエステルライヒ映画『シシー』（Sissi：一九五五年）である。これはバイエルン王家の傍流に生まれ、シュタルンベルク湖畔の豊かな自然の中で天真爛漫に育った小公女エリザベート（シシー）が、姉の見合いに同行してエステルライヒ皇帝フランツ・ヨーゼフ一世と出会い、愛を育む物語である。美しい自然、壮麗なバロック教会、荘厳な典礼、ハイドン作曲の皇帝讃歌（ドイツ国歌と同一旋律）に彩られたこの映画は、過ぎ去った大ドイツ主義的、カトリック的、君主制的世界を再演し、戦争の惨禍を微塵も感じさせないものに仕上がった。とはいえ乗馬に熱中し、自由気儘に振舞い、姑のゾフィー大公妃に反抗するシシーの姿は、新しい時代の到来を感じさせるものでもある。『シシー』は結局三部作となったが、偉大なる神への畏敬の念が常に背景にあり、エンディングは三作ともカトリック教会の荘厳な典礼で締め括られて、文字通り「デウス・エクス・マキナ」による決着が図られている。

アデナウアーにも『シシー』にも共通して現れるのが、キリスト教を「ヨーロッパ的ドイツ」再生の出発点にするという発想である。戦後日本が「国家神道」を排除し、「政教分離」を掲げることによって再出発したのとは正反対に、西ドイツはキリスト教的基盤を再建し、基本法に政教協力を明記することで再出発を図ったのである。

西ドイツがキリスト教に固執したのは、東欧一円に拡大したボルシェヴィズムの脅威に対する応答でもあった。ハンガリー共和国（のち人民共和国）では、ハンガリー勤労者党の独裁政権と、エステルゴム大司教（ハンガリー首座）ミンゼンティ・ヨージェフ枢機卿の率いるカトリック勢力とが激突し、ミンゼンティは投獄の上終身刑を宣告されていた。ユーゴスラヴィア連邦人民共和国では、ザグレブ大司教アロイジエ・ステピナツがウスタシャ親独政権への加担を問われ、一九五二年に教皇庁が彼を枢機卿にした為にヴァティカンとの国交が断絶した。ポーランド人民共和国では、グニェズノ＝ワルシャワ大司教（ポーランド首座）ステファン・ヴィシンスキ枢機卿の率いるポーランド・カトリック教会が統一労働者党の独裁に抵抗し、一九五三年にヴィシンスキが投獄され、聖職者の逮捕も相次いだ。こうした状況下で、西ドイツでは自由を守る為にキリスト教を復興するという発想が生まれたのである。[169]

西ドイツでは、第二ヴァティカン公会議を待たずにカトリック信徒たちが組織化の動きを見せ始めた。一九世紀以来「カトリック信徒大会」（独 Katholikentag）を企画運営してきた「ドイツ・カトリック信徒大会準備中央委員会」は、国民社会主義体制下では大会を開催できなかったが、戦後は一九四八年（於マインツ）から開催した。同時に委員長アロイス・ツー・レーヴェンシュタイン＝ヴェルトハイム＝ローゼンベルク侯爵、フリングス枢機卿、ヴィルヘルム・ベーラーらの尽力で、同委員会は「ドイツ・カトリック信徒中央委員会」（独 Zentralkomitee deutscher Katholiken）への発展を果たし、持続的な信徒団体となったのだった。[170]

第二節 「神学の神童」――司祭叙品と神学研究

一 神学研究の端緒

国民社会主義政権の崩壊により、ラッツィンガーにもカトリック聖職者への道が開けてきた。彼が何時から本気で聖職者を目指すようになったのかは判然としない。自分が聖職者という道の選択するに当たっては、電撃的な閃きはなく徐々に決断した、自分の人生の基本的決定は連続的だったと、ラッツィンガーは回顧する。聖職者への道は兄ゲオルクと共に歩んだものであるから、兄の影響もあっただろう。ラッツィンガー兄弟は、よく「オルガンのラッツ」（兄）、「本のラッツ」（弟）と呼ばれていた。因みに後年、ヨアンネス・パウルス二世の青年時代の恋愛話に関連して、ゼーヴァルトが教理省長官ラッツィンガーに若い頃恋愛はなかったのかと問うた時、彼はこう答えている。「まあ一つの家族を持ちたいという直接の希望が、自分の計画にまで発展することは有りませんでした。ただ勿論、一般に友情の経験があったことは明らかです。」。この歯切れの悪い返答にも現れているが、後述のフュルステンリート時代には女子学生と一緒に過ごす時間が多く、独身制への悩みがあったという。[171]

ラッツィンガーがミュンヒェン大学神学部時代に交友関係にあった女子学生に、ウータ・ハイネマン（一九二七年――）

が居る。ハイネマンは後にＳＰＤから連邦大統領になるグスタフ・ハイネマンの長女で、プロテスタンティズムの家庭でブルトマンの薫陶を受けていたが、十三学期プロテスタント神学を学んだところで一九五三年にカトリシズムに改宗し、一九五四年にミュンヒェン大学神学部のシュマウスの許で神学博士号を取得した。ミュンヒェンでハイネマンは、一九五三年に神学博士号を取得していたラッツィンガーと知り合いになり、二人の交流は長く続いた。結婚してウータ・ランケ＝ハイネマンを名乗るようになった彼女は、一九六九年に神学教授資格を取得し、デュースブルク大学、エッセン大学で教授職を獲得したが、後述のように一九七〇年代からカトリック教会の教義を次々と批判して、遂に「教職辞令」（羅 Missio canonica）を撤回された。世界で初めて女性でカトリック神学博士となり、世界で初めて女性でカトリック神学教授資格を取り、世界で初めて女性でカトリック神学教授となったが、世界で初めて女性でその教職辞令を撤回された人物として紹介されるのが、彼女なのである。ハイネマンは当時のラッツィンガーについて、ミュンヒェンで傑出した知性の持ち主であり乍ら、傲慢でなく控え目だったと高く評価する。当時既にエッセンの学友ランケと婚約していたハイネマンだが、ラッツィンガーと出会って完全に自分のタイプだと感じ、結婚すら期待していたことを近年仄めかしている[172]。

©AFP/DPA/FRANZ-PETER TSCHAUNER
ウータ・ライケ＝ハイネマン（1985年）

一九四五年後半、ラッツィンガーは聖職者となるべく、まずフライジング大神学校で共同生活を始め、同時にフライジング哲学神学大学で二年間哲学を学んだ。授業は論理学、認識論、哲学史、一般史、生物学などが行われ、神学科目（教義学、倫理神学、旧約聖書学、新約聖書学など）はまだ入門的なものだった（フライジング大神学校で授業をし、哲学神学大学ではしないという教師も居た。）。フライジングは尚戦争の傷跡が深く、大神学校の多くの部屋は野戦病院となっており、大聖堂の窓も全て壊れていた為、礼拝は地下礼拝堂でするしかなかった。大神学校には農場があり、食糧事情が厳しいということはなかったが、書籍や文房具には事欠いていた。大神学校の校

2013年1月13日：筆者撮影
フライジング大聖堂

長ミヒャエル・ヘックは、ザクセンハウゼンやダッハウの強制収容所で五年も過ごし、アメリカ軍に解放されて着任していた。大神学校での共同生活は朝五時半の起床から夕方二〇時一五分の就寝まで厳格に規定されていたが、この時代に関してラッツィンガーは特に苦痛を訴えていない。軍隊生活なども経験して、共同生活にはもう慣れていたのだろう。ラッツィンガーはこのフライジングで、のちザルツブルク大学哲学部長となるアルフレート・レップレ（一九一五年―二〇一三年）や、ウクライナから亡命していた東方典礼カトリック教徒パヴロ・コフートに出会った。共同学習室の室長だったレップレは、戦争前にミュンヒェンの倫理学者テオドル・シュタインビューヒェルに学んだ経験を持ち、ニューマンに関する博士論文を準備していた。シュタインビューヒェルは、マルクスやドストエフスキイなど幅広い思想家と対決したカトリック神学者である。ラッツィンガーはレップレから多くの知的刺戟を得、一九四七年七月六日にパルテンキルヒェンで行われた彼の「初ミサ」にも侍者として参加している。ただラッツィンガーは、新しい環境を喜んでばかりではなかった。聖職志望者は四十歳から十九歳まで幅広い年齢層に亙っており、年長者にはラッツィンガーら年少者への優越感があった、言わば先輩風を吹かすところがあったと述べている[173]。

弟と共に学んだ兄ゲオルクは、戦争直後の時期を、窮乏にも拘らず幸福な時代だったと回顧する。ラッツィンガーも、貧困の中で人々が知的刺戟を求めていたと述べている。新世代の聖職志望者は、教会こそ国民社会主義への防波堤であり、新時代の救いであるという確信に燃えていた。ラッツィンガーは特にシュタインビューヒェルに傾倒し、『カトリック道徳教説の哲学的基礎付け』や『思想の大変革』を読んで哲学に触れた。更にラッツィンガーは、物理学出身のミュンヒェン大学教授アロイス・ヴェンツェルの『自由の哲学』を読み、自然科学では計算できない未知の領域があるとの確信を懐いた[174]。神学と哲学との関係については、ラッツィンガーはロマーノ・グァルディーニ、ヨーゼフ・ピーパー、ペーター・

ヴストを読んだ。これに対してラッツィンガーは「新スコラ神学」には強い違和感を示した。フライジングでその代表的教師だったアルノルト・ヴィルムゼンについて、ラッツィンガーはレップレに、彼の授業に出る時間が惜しい、レップレと散歩する方が遥かに有益だと述べていたという[175]。

一九四七年九月一日、ラッツィンガーはミュンヒェン大学神学部に入学した。同学部の歴史は、ミュンヒェン大学（一八二六年移転開学）の前身であるインゴルシュタット大学（一四七二年開学）、ランツフート大学（一八〇〇年移転開学）の時代に遡る。インゴルシュタット大学神学部は、ライプツィヒ討論でルターらと対決したヨハン・エックを擁し、またイエズス会士の聖ペトルス・カニシウスが在職し、ケルン大学と並んでドイツに於ける反宗教改革の牙城であった。尚ミュンヒェン大学には、一九六七年にプロテスタント神学部が併設され、現在では正教神学も学ぶことが出来る[176]。

2012年11月25日：筆者撮影
ミュンヒェン大学本館（左）と公爵立ゲオルギアヌム（右）

ミュンヒェン大学神学部に在学中、ラッツィンガーは大神学校「公爵立ゲオルギアヌム」に寄宿し、大学での神学教育と並行して聖職者となる為の追加的教育を受けた。「公爵立ゲオルギアヌム」は世界で二番目に古い神学校で、インゴルシュタットにバイエルン＝ランツフート公ゲオルク（ゲオルク富裕公）によって一四九四年に創立され、今日でもこの名称を維持している。「公爵立ゲオルギアヌム」は、大学の移転と共にランツフート、ミュンヒェンへと移転して今日に至っている[177]。

ミュンヒェン大学神学部も公爵立ゲオルギアヌムもルートヴィヒ通の校舎が戦災で使用不能だった為、一九四九年秋に校舎の再建が終わるまでは、ミュンヒェン＝フライジング大司教の所有だった市南方のフュルステンリート宮殿に間借りしていた。この城館はヴィッテルスバッハ家の狩猟館だったもので、正門からはミュンヒェン中心街へ真直ぐに道が延び、その遥か先に聖母大聖堂の二本の塔が見える配置になっている。現在は地下鉄で市内から一本

2013年9月21日：筆者撮影

フュルステンリート宮殿

2013年9月21日：筆者撮影

フュルステンリート宮殿の温室

で行けるが、当時は交通も不便であった。フュルステンリート宮殿は今でも教会の施設で、ラッツィンガーらが教室として使用した温室もその儘残っている。この狭い空間で教師と学生とは一緒に生活し、授業も行っていたのだった。一九四九年に新校舎が完成すると、彼等の生活も大きく変わった。「公爵立ゲオルギアヌム」は、ミュンヒェン大学本館の向かいで、マリーエン広場から徒歩十五分程のところにあり、ラッツィンガーらは屡々歌劇や芝居を鑑賞することが出来た[178]。

ミュンヒェン大学神学部の教授陣は各地から集まった学者たちで構成されていた。というのも一九三三年以来のＮＳＤＡＰ党員で、カール・シュミットの盟友である教会法学者ハンス・バリオン（ブラウンスベルク神学アカデミー教授）のミュンヒェン大学神学部教授としての採用を、ミュンヒェン＝フライジング大司教ファウルハーバーがバイエルン政教条約第三条に基づき拒否した為、学問以外の権威から干渉があるようでは学問の自由が保障されていないとして、一九三九年から一九四六年まで同学部が閉鎖されていたからである（尚バリオンはボン大学に就職した）[179]。この為戦後の教官は改めて集められた人々で構成されていた。ブレスラウ大学から移って来たミヒャエル・シュマウス教授は、新しい典礼形態による信仰の活性化を図った学者・聖職者である。彼は一九五一／五二年にミュンヒェン大学学長として復興を促進し、第二ヴァティカン公会議では「公会議神学者」（羅 Peritus）として活躍したが、同じ立場だった若手のラッツィンガーとキュングを「ティーネイジャー神学者」と軽蔑したことでも知られる[180]。新約聖書学を教えたのは、同じくブレスラウ大学から来たフリードリヒ・ヴィルヘルム・マイヤー、旧約聖書学を教えたのは、フリードリヒ・シュトゥンマーである。教会一致運動について教えていたのは、東プロイセンのブラウンスベルク神学アカデミーから移って来たゴットリープ・ゼーンゲンで、アウグスティヌスの伝統（カンタベリーのアンセルム、ボナヴェントゥーラ、ニューマン）に依拠しつつ、新スコラ学を救済史的方向に広げようとしていた[181]。彼の研究手法は、古典を徹底的に読み込むというものだったが、この原典主義はラッツィンガーにも強い影響を与えた。ゼーンゲンはケルン出身で、ラインラントに誇りを持っており、両親の宗派が異なっていた関係で、教会一致への関心が強かった[182]。

ラッツィンガーは新約聖書学者マイヤーから強い影響を受けた。シュトラスブルク大学で私講師となったマイヤーは、今日では受容されている「二史料説」を唱えたが、これを「近代主義」への降伏とする教皇庁から辞職勧告を受け、従軍司牧を経て漸く一九二四年にブレスラウ大学教授として教職に復帰することが出来た[183]。ミュンヒェンでのマイヤーは温室一杯に学生を集め、世紀末風の大弁舌を振るった。ラッツィンガーは当初マイヤーの名調子に感銘を受け、神学課程の六学期全てで彼の講義を聴講して自分のものとした。ラッツィンガーが『聖書』を常に研究の中心に置くようになったのは、マイヤーの御蔭だという。だがラッツィンガーはマイヤーを徐々に技巧的で大げさだと思うようになった。第一次世界戦争で人間の尊厳が未曾有の損害を受け、進歩への信頼が揺らぎ、アドルフ・フォン・ハルナックの楽天的な自由主義神学がカール・バルトらによって批判されたのに、マイヤーは自由主義神学から発展していないと評価するに至ったのである。ただそれから五十年を経て、ラッツィンガーは再びマイヤーを積極的に評価するようになった。自由主義神学が方法論的に恣意的なところがあったのに対し、マイヤーは教義とのバランスを取り、実りあるものを生み出したというのである[184]。

ラッツィンガーに典礼の意義を教えたのが、公爵立ゲオルギアヌム院長でもあった司牧神学者ヨーゼフ・パシャーであった。ラッツィンガーは『ショット』に触れて以来「典礼運動」に興味を懐きつつも、その支持者の独善性に違和感を懐いていたが、パシャーの授業で一転「典礼運動」の支持者になった。彼はここで、典礼こそ神学の生命の源であり、典礼なしには神学も枯渇すると感じたという。尤も後述のように、司祭になったラッツィンガーは新典礼の試みに距離を置いているので、当時の彼が実際どのようにパシャーの影響を受けたのかもよく分からない面がある[185]。

公会議を先取りするかのようなミュンヒェン大学神学部の新鮮な知的風土では、教皇庁に対する不信感も芽生えていた。教皇ピウス一二世は元来ドイツに縁の深い聖職者ではあったが、ラッツィンガーたちミュンヒェンの人々は、「下の方の連中」（地図で下の方、つまり南欧という意味）に不信感を懐いていたという。その際ラッツィンガーは、尊敬するマイヤー教授が教皇庁から辞職勧告を受けたことが、自分たちの反ローマ感情に影響していたかもしれないと述べている[186]。当時教皇は、「大聖年」たる一九五〇年に「マリア被昇天」論の教義化を敢行して物議を醸していた。ミュンヒェンの教授連は、この方針に強く反対を表明していた。当時ゼーンゲンは講義の初めに、「ヒエロニュムスは目が覚めて、「全世界がアレイオス派で一杯だ［独 arianisch］」と嘆いたが、私は目が覚めて、「全世界がマリア派で一杯だ［独 marianisch］」と嘆く」と述べて、ラッツィンガーを含む学生たちの笑いを取っていたという[187]。イタリアに頑迷保守の象徴を見るという傾向には、第一ヴァティカン公会議に対するドイツ人聖職者の態度を連想させるものがある。後述の通り教理省長官時代のラッツィンガーは、自分が「甲冑枢機卿」と呼ばれるのは、ドイツ人の堅実さに対する非ドイツ人の違和感を反映したものだと述べているが、彼も特にイタリア移住以前にはドイツ人として何がしかの知的優越心を持っていた節があり、それが第二ヴァティカン公会議の評価にも現れることになる。

二　神学博士号の取得

ミュンヒェン大学神学部で、ラッツィンガーはゼーンゲン教授と親密極まりない師弟関係を育んだ。ゼーンゲンはラッツィンガーの天分を深く信頼し、こののち教授資格取得に至るまで彼の庇護者となった。ゼーンゲンはレップレに述べたという。「彼こそ私の発想を受容し、それを発展させる弟子だ。私の弟子は、師である私よりも多くのことを見付けるだろう。」。ゼーンゲンは感激の余り、自分とラッツィンガーとの師弟関係を、アルベルトゥス・マグヌスとトーマス・アクィナスとの師弟関係に準えていたという。大学とは濃密な人間関係が支配する世界であり、人事や資金に影響力のある教授の愛顧を忝（かたじけな）くするか否かで、若手の将来は大きく左右される。威勢のいい「歴史家ツンフト」批判で知られる「ドイツ社会史派」の総帥ハンス＝ウルリヒ・ヴェーラーも、実は恩師テオドル・シーダーの温情に助けられて学界に残れたのである[188]。神学者ラッツィンガーの人生にも、ゼーンゲンの手厚い支援は不可欠なものだった。レップレは、ラッツィンガーがゼーンゲンに学問から芸術まで様々な領域で強く影響されていたと見ている。一九五〇年夏に神学部で懸賞論文の募集があった時、この年の出題者だったゼーンゲンはラッツィンガーに応募を勧め、自分自身の研究方針にも相応した「アウグスティヌスの教会論に於ける神の民と神の家」という論題を設定した。アウグスティヌスは、ラッツィンガーも出席していたゼーンゲンの演習のテーマでもあった。これは事実上、ラッツィンガーに受賞させたい、いや絶対受賞させるのだという出題者の「予定説」的託宣だった。実際ラッツィンガーに優れた才能があったにしても、これ程の師弟愛が背景にあるとなれば、他の学生には初めから受賞の機会などあったものではない(189)。

ラッツィンガーにもう一つ追い風となったのは、レップレが彼にフランスの神学者アンリ＝マリー＝ジョゼフ・ソニエ・ドゥ・リュバック（一八九六年—一九九一年）の主著『カトリシズム』（一九三八年）の、ハンス・ウルス・フォン・バルタザール（一九〇五年—一九八八年）によるドイツ語訳を送ってくれたことであった。リュバックはリヨンのイエズス会士で、ドイツ占領軍への抵抗運動家、無神論や仏教との対話者としても知られる。リュバックはフランス「新神学」（仏 Nouvelle théologie）の旗手とされ、近代主義を戒める回勅「フマーニ・ゲネリス」（一九五〇年八月一二日）の発布後、一九五八年まで教皇庁から教職辞令を撤回されていた。リュバックは第二ヴァティカン公会議に影響を与えた神学者の一人で、自身は一九八三年に枢機卿に登用されている(190)。ラッツィンガーはこのリュバックの著作を、フランスのカトリシズムの自由主義やマルクス主義に対する静かな闘争の書だと解釈した。ラッツィンガーの理解では、リュバックは読者を個人主義的、倫理主義的な信仰理解から解放し、社会的な「我々」から捉え直すことを求めていた。確かにリュバックの『カトリシズム』を読んでみると、後年のラッツィンガーの

©Archiv des Herzoglichen Georgianums（AHG）, Fotosammlung.
ゴットリープ・ゼーンゲン教授

神学との共通点が多いように見受けられる。リュバックの神学は『聖書』や教父の古典的作品との綿密な対話によって構築され、現代に於ける信仰の活性化を目指してはいるものの、時流に合わせて信仰を「合理主義的」に解釈するところがない。リュバックはキリスト教会の一致を目標と掲げるが、他宗派、他宗教に妥協するようなところがなく、教理の統一性を重んじている。リュバックは聖体拝領の意義を重視し、マルクス主義とは全く別な、信仰上の意味で個人が社会と一体になることを求めていて、その秘蹟論は神秘主義的である。ラッツィンガーは更にリュバックについての理解を深め、特に『コルプス・ミュスティクム』（一九四四年）を読んで、教会と聖体との関係について理解を深めた。リュバックの神学との出会いは、ラッツィンガーのアウグスティヌス研究に刺戟を与えたのである[191]。

ただアウグスティヌスはラッツィンガーが取り組んだ最初の大神学者ではなかった。ラッツィンガーはそれ以前に、レップレの勧めで、当時ドイツ語訳のなかったトーマス・アクィナスの「愛についての論題」をラテン語から翻訳し、レップレの添削を受けていた。この翻訳は公刊されず、ラッツィンガーの神学研究でも中核的なものとはならなかったが、教皇ベネディクトゥス一六世が最初の回勅を「デウス・カリタス・エスト」（神は愛なり）と題したので、この翻訳との関連を指摘されることもある[192]。

「アウグスティヌスの教会論に於ける神の民と神の家」はゼーンゲンから与えられたテーマだったが、それでも彼の博士論文は含蓄に富むラッツィンガーの処女作で、後年の神学的発展の様々な萌芽が現れている。例えば彼はアウグスティヌスが教会を多民族を束ねる一つの普遍的な「神の民」と見たことを指摘し、またアウグスティヌスが「神の家」の中核に「愛」（羅 caritas）を見たことを説いた。更に彼はアウグスティヌスと対比して、テルトゥリアヌスの「悲劇」を論じ、ヨアンネス・クリュソストモスのような東方教父にも言及していた。「聖体拝領」による信徒とイエスとの神秘的一体化という話題も既に登場していた[193]。

ラッツィンガーは一九五〇年七月から一〇月まで応募論文の執筆に専念したが、ここで困難が生じた。一〇月末にラッツィンガーは補佐司教ノイホイスラーによって「副助祭」（独 Subdiakon）から「助祭」（独 Diakon）に上げられた為、愈々「司祭」（独 Priester）への叙品に向けての本格的な準備期間（アルムナート）に入り、再びフライジングでの教育を受けることになったので、研究に専念できなくなったのである。然し哲学神学大学側の理解と、一緒に叙品する兄ゲオルクの援助とによって、ラッツィンガーはこの局面を乗り切った。姉マリアも論文をタイプライターで見事に清書してくれたので、ラッツィンガーは論文を規定の期間内に提出することが出来た[194]。

神学部の制度により、受賞した応募論文は、「最優等」（羅 Summa cum laude）の成績で神学博士論文として受理されることになっていた。ラッツィンガーの論文は受賞作品となったので、神学博士号取得の手続が、一九五一年の司祭叙品を挟んで進められた。当時は神学の八科目の夫々について口述試験（一時間）と筆記試験とがあり、一九五三年七月一一日の最後の公開討論には、旧約聖書学、新約聖書学、教会史学、基礎神学、教義学、倫理神学、教会法学、典礼・司牧学の全科目について、合計三十三ものテーゼを立てて臨まなければならなかった。ラッツィンガーがこれを終えた際には、両親はこれを大変喜んだと言われる[195]。

©AFP/HO
ラッツィンガー兄弟の「初ミサの祝福」

三　叙品式と最初の司牧活動

ヨーゼフ・ラッツィンガーは一九五一年六月二九日に、兄ゲオルクと共に「司祭品級」（独 Priesterweihe）の秘蹟を受けた。叙品式は、少年時代から憧れの的だったファウルハーバー枢機卿の司式により、一九五一年六月二九日にフライジング大聖堂で行われた。叙品候補者は、一人ひとり「我ここにあり」（羅 Adsum）と答えた。多くの花で装飾された中央祭壇に向かって、枢機卿以下聖職者一同が一斉に跪き、その後ろに司祭候補者（助祭）たち四十四人が俯（うつぶ）せになって、神への恭順を示した。やがて枢機卿は、跪いた候補者一人一人の頭に手を置く「按手」を行った。叙品の後、新司祭たちは一斉に信徒側を向き、両手を地面と水平に上げて祝福を行った。この日一緒に叙品を受けた新司祭のうち、フランツ・シュヴァルツェンベック、ハインリヒ・フォン・ゾーデン＝フラウンホーフェン伯爵は、のちに補佐司教としてミュンヒェン＝フライジング大司教となったラッツィンガーを支えることになる[196]。

叙品後の「初ミサ」（独 Primiz）は、兄ゲオルクと共に、一九五一年七月八日に実家に近いトラウンシュタインの聖オスヴァルト教会で行われた。この教会は、その十五年ほど前にカトリック教会とＮＳＤＡＰとの攻防戦が行われた場所である。そうした過去がなかったかのように、この日のトラウンシュタインは賑やかに飾られていた。花束を持った少女たち、多くの侍者の少年たちに囲まれて、ラッツィンガーたち新司祭は聖オスヴァルト教会に向かった。第二ヴァティカン公会議以前には「共同司式」は存在しなかったので、午前七時にヨーゼフが、午前九時にゲオルクが別々に初ミサを行い、二人は共に信徒たちに「初ミサの祝福」（独 Primizsegen）を与えた。午餐会は朝六時から準備が始まり、レーバー・シュペッツレ・ズッペ、牛ヒレ肉にクネーデルといったバイエルン料理が振舞われた。この後ラッツィンガー兄弟は、七月三〇日に母の育ったリムスティングでも「再度の初ミサ」（独 Nachprimiz）を行っている[197]。こうして同時に叙品した兄弟は、兄が音楽司祭として教会合唱団の指導に専念していったのに対し、弟は神学教授から高位聖職者へと昇進し、別な道を歩むことになる。

2013年1月2日：筆者撮影
聖マルティン教会（モーザッハ）

ヨーゼフ・ラッツィンガーは一九五一年八月から一年間、一般の小教区での司牧活動を経験した。彼はミュンヒェン北部モーザッハの聖マルティン教会で四週間勤務した後、同東部ボーゲンハウゼンの「聖血小教区」（独 Pfarrei des Heiligen Bluts）で、「助任司祭」として「主任司祭」マックス・ブルームシャイン神父を補佐する任に就いた。ボーゲンハウゼンは、ミュンヒェン中心街から東に向かいイザール川を渡ったところにある高級住宅地である。彼の赴任した小教区には芸

2013年1月2日：筆者撮影
聖血教会内部

2013年1月2日：筆者撮影
聖血教会（ボーゲンハウゼン）

術家や作家が多く住んでいたが、一般庶民の地域もあり、一九五六年段階で一万二千人が属していた。ラッツィンガーが勤務した教会は一九三四年の落成で、現存している。この「聖血教会」には僅か数年前に多くの殉教者を出した記憶があった。一九四四年九月一四日、助任司祭ヘルマン・ヨーゼフ・ヴェールレがベルリン＝プレッツェンゼーで処刑された。ヴェールレの処刑の原因は、この小教区に属する七月二〇日事件の活動家ルートヴィヒ・フォン・レオンロート男爵の「聴罪僧」（独 Beichtvater）として彼と親しかった為で、レオンロートも処刑されている。一九四五年二月二日には、クライザウ・クライスと関係があった近隣の聖ゲオルク教会のイエズス会士アルフレート・デルプが、やはりプレッツェンゼーで処刑された。小教区からは更に外交官フランツ・シュペルもクライザウ・クライスとの関係を問われて処刑されている。一九二五年からこの小教区を担当してきた主任司祭ブルームシャイン師は、その献身的司牧活動でラッツィンガーに感銘を与えた[198]。教皇ベネディクトゥス一六世は二〇一〇年にこう述べている。「私は若い司祭として一緒に奉仕職を果たした、最初の主任司祭のことを今でも思い出します。彼は私に司牧職への惜しみない献身の模範を残してくれました。彼は重病の人に最後の糧を持っていく途中で亡くなりました[199]」。

　ラッツィンガー神父の「聖血小教区」での日々は多忙であった。彼は洗礼や埋葬に追われるのみならず、初等・中等教育の宗教の授業を週十六時間、五つの別な学級で担当し、日曜日には三つの説教をした。信徒たちは戦時中のデルプの名説教をよく記憶していたので、新米のラッツィンガーも耳の肥えた彼等を満足させる必要があった。彼はスポーツ嫌いであるばかりか、組織や行政も苦手と考えていたので、助任司祭時代には青少年の指導、子供への授業、老人や病人への対応に悩んでいた。当時この小教区に居た青年で、後に司祭となったヘルマン・タイッシング卿によると、若きラッツィンガー神父は青少年の前では、控え目で消極的な態度だったという[200]。

ラッツィンガーはこの小教区での司牧活動を通じて、多くの子供の観念世界・生活世界が既にカトリック信仰から乖離してしまっている現実を知った。この時受けた衝撃は一九五八年の講演「新しい異教徒と教会」に纏められ、カトリック雑誌『ホッホラント』に刊行された。ラッツィンガーによれば、ヨーロッパとは統計上は今日尚キリスト教圏となっているが、実際にはその信徒の信仰は形骸化しているという。彼が「新しい異教徒」（独 Die neuen Heiden）と呼んだのは、マルクス主義者のような正面からの敵対者より、寧ろキリスト教徒の体裁をしつつ、信仰への確信を欠いている惰性的な信徒たちであった。後年とは異なり、当時のラッツィンガーにとって「キリスト教的ヨーロッパ」（独 das christliche Europa）とは、名ばかりで実体を伴っていないものという、批判的な意味で用いられる概念だった[201]。

ラッツィンガー神父が助任司祭をしていた頃、「聖血小教区」にロマーノ・グァルディーニが引っ越してきた。ミュンヒェン大学教授で有名なカトリック神学者、典礼運動の推進者であるグァルディーニは、この小教区で一九五二年の復活祭を新しい典礼様式で行う実験をし、自分で説教もした。グァルディーニは、自分は一九一九年からこうした新しい典礼様式を試みているのだと述べた。これに対し主任司祭のブルームシャインは、「素晴らしい、素晴らしいですね、教授」と世辞を口にしたが、自らは従来通りの典礼様式を厳格に遵守した。助任司祭のラッツィンガー神父も、新しい典礼を試みるようなことは一切なかったという。ブルームシャインは、有名な神学者グァルディーニが、「年を取ると信じることが容易になるどころか、困難になる」と述べたのにも呆れていた。尚一九八五年、ラッツィンガー枢機卿はグァルディーニ生誕百周年記念論文集で、典礼を通じて信仰を活性化しようとしたこの神学者を称讃してはいるが、心底共感を懐く人物ではなかったのかもしれない[202]。

四　教育活動の開始と教授資格取得時の波瀾

一九五二年一〇月一日、ラッツィンガーは「聖血小教区」を離れてフライジング大神学校で講師として授業を開始した。

これはミュンヒェン＝パージングの教育大学への転職が決まったレップレの後任で、彼がラッツィンガーをファウルハーバー大司教に推挙したのだという。神学研究を志望しつつあったラッツィンガーはこの招聘を喜んだが、小教区で経験を積むことが出来なくなり、豊かな人間関係を失ったことは残念に思った。ラッツィンガーは「聖血小教区」での任務を解かれても、時には自主的にそこを訪れて司牧の手伝いをした。フライジングでは、ラッツィンガーは最終学年の学生に対して、秘蹟による司牧活動についての講義を受け持つことになった[203]。

翌一九五三年夏には、ラッツィンガーは母校フライジング哲学神学大学から教授就任の打診を受けた。この職は従来オトフリート・ミュラー神父が占めてきた。ミュラーは教授職を務め乍ら、教授資格論文を準備していた。そこへドイツ民主共和国のエルフルト神学大学から、ミュラーに教義学の講師への招聘話があり、後任候補にラッツィンガーが挙げられたのである。然しドイツの大学で正規の教授職に就く為には、基本的に教授資格を取ることが必要であった。ラッツィンガーは着任を一九五四年冬学期とし、それまで教授資格論文に専念することにした。尚ラッツィンガーは一九五四年から翌年に掛けて、フライジング哲学神学大学の学生司牧を担当している[204]。

ラッツィンガーは教授資格論文もゼーンゲン教授の許で執筆した。ゼーンゲンはラッツィンガーに、ボナヴェントゥーラの啓示論というテーマを与えた。ゼーンゲンは、救済史的な概念がボナヴェントゥーラに存在するのか否かを、彼の課題と定めたのだった。一九五四年冬学期、二十七歳のラッツィンガーはフライジング哲学神学大学で教職代行に就任し、講義「三位一体の神の教義」に追われ乍ら[205]、教授資格論文の執筆に勤しんだ。偶々この頃、引退教授が死去してレルヒェンフェルト・ホーフの教官宿舎に空き部屋が出来たので、ラッツィンガーは年老いた両親をフーフシュラークから引き取り、同年一一月一七日から一緒に居住を始めた。のちには姉マリアもこれに合流した。教授資格論文は一九五五年夏学期の終わりに完成した。雇用したタイピストの仕事振りに一抹の不安を懐きつつも、ラッツィンガーは幸福感に浸って論文をミュンヒェン大学に提出したという[206]。

だがラッツィンガーの教授資格論文の審査は大荒れとなった。主査ゼーンゲン教授は提出されたラッツィンガーの論文に感激し、早くも講義で援用する有様だったが、その同僚である副査シュマウス教授が「学問的水準以下」と撥ね付けたのである。或る査読論文を一方の審査者が激賞し、他方の審査者が酷評するということは、大学では屢々発生する。研究者は夫々自分の研究経験を踏まえて審査基準を立てるので、人により評価に違いが出てくる。また研究の評価は事実上、審査者との人間関係に大きく左右されるので、恣意的判断も珍しくない。この手の紛争は概して論文執筆者の個性が強い場合に起きるもので、過ぎ去ってしまえば本人の武勇伝にもなるが、渦中の本人はそう冷静では居られない。鉄面皮の印象があるラッツィンガーも、流石にこの時ばかりは人生の危機に直面して頭を抱えてしまった。幸いシュマウスは、自分のボナヴェントゥーラ論の本質については批判していないと、ラッツィンガーは考えた。彼は差し戻された論文のうち、シュマウスの批判が少ない部分のみを再提出して、一九五七年二月一一日に神学部から受理された。十日後に行われた資格取得手続の最後に当たる公開授業では、副査シュマウスがラッツィンガーに、「貴殿の啓示を解釈する際の主観主義的な流儀に関する点は真にカトリック的ではない」と述べ、ラッツィンガーが応答しようとした時に、主査ゼーンゲンの猛反撥が始まり、主査と副査とが当事者のラッツィンガーを差し置いて口論する有様となった。そのうち学長が討論終了を宣言し、ラッツィンガーは合格と決まった。[207] こうした訳で、ラッツィンガーの教授資格論文は結局一部分しか刊行されず、全体が一括刊行されたのは教皇選出後のことであった。

この事件については、ラッツィンガーがその回顧録で、シュマウスが彼の論文の「近代主義」的性質を警戒したという説明をした為、保守派シュマウス対進歩派ラッツィンガーの対決、或いはシュマウスのゼーンゲンへの対抗心の為せる業という解釈が通用している。レップレは、「シュマウスは多くの引用句を集めるが、その意味はさっぱり分かっていない」というゼーンゲンの皮肉を紹介し、更にシュマウスにはＮＳＤＡＰに共感していた過去があって、戦後は一時休職状態だったことを指摘している。実際シュマウスには『カトリック系キリスト教と国民社会主義的世界観との出会い』のような著作があった。これは神学部長の依頼で行われた一九三三年七月一一日のミュンスター大学での講演で、ヒトラー政権とカトリック教会との接近を受けて、「自然」を破壊した個人主義及びマルクス主義との対決を掲げて、両者の架橋を試みている。シュマウスは「時の声は神の声」を掲げて、国民社会主義の受容を訴えていたのだった。[208] またベルガーは、シュマウスの周りにはいつも女子学生の取り巻きが群れていたなどとも述べている。だがこうしたシュマウスへの悪口はさて置き、我々はこの事件を一方的にシュマウス側の問題として解釈するのが適切なのかどうか、疑ってみる必要もあるだろう。ラッツィンガーはタイピストの不手際の所為にしているが、論文作成に際しての技巧的不備も多々あったといい、また彼とゼーンゲンとの親密すぎる関係に、シュマウスが不自然さを感じた可能性もある[209]。尚ハンス・キュングは、シュマウスが指摘したラッツィンガーの「啓示」概念の主観的理解には、教皇庁が聖書の記述を越えて自分たちの考えを「啓示」として信徒に押し付けてしまう危険性があると批判している[210]。

とはいえ先達の狭量や無能で後進の発展が阻害されるというのも、学界では一般に起り得る現象である。シュマウスは一九六五年にもラッツィンガーのミュンヒェン大学神学部への赴任を阻止しており、両者の齟齬はその後も残ったのだった。

2010年8月22日：筆者撮影
ボン大学

五　北西ドイツへの移住

一九五七年の教授資格取得後、ラッツィンガーはまずミュンヒェン大学神学部私講師になり、一九五八年一月一日にフライジング哲学神学大学員外教授（基礎神学・教義学担当）に就任した。実は既に一九五六年夏、彼は教授資格論文を巡る紛争の最中に、マインツ大学カトリック神学部からの打診を受けていたが、すぐに断っていた。年老いた両親への気遣いがあり、また紛争から逃げ出したくなかった為だという。レップレによれば、シュマウスらはラッツィンガーがフライジングから西ドイツの名門大学に転職するのを妨害しようと、彼がパージングの教育大学で教えることになったとの噂を流した。新たにミュンヒェン＝フライジング大司教になったヨーゼフ・ヴェンデル枢機卿も、折からの司祭不足の中で、ラッツィンガーが学界で昇進することを快く思わなかった[211]。

フライブルク哲学神学大学でのラッツィンガー教授は、まだ門下生を持っていた訳ではなかったが、早くも熱心な聴講生を集めていた。当時学生の一人だったエルマール・グルーバー神父は、ラッツィンガーの語るのは「素晴らしい、全く新しい言葉」だったと述べ、一字一句筆記して暗記したという。同じ時期に司祭に叙品され、同じ時期にフライジングで授業を担当したベルガーによると、ラッツィンガーは当時「進歩的」と見られ、彼の教義学講義はマイヤーの影響で『聖書』を重視し、殆ど一つの「啓示」だったと称えている。然しラッツィンガーは、当時の大神学校を支配していた信心深い雰囲気に染まっており、ベルガーらによる新しい典礼の試みには顔を見せなかったという。教皇となってトリエント・ミサを復権させたラッツィンガーが、新しい典礼の試みに距離を置いていたというのは、記憶に留めていくべき事実である。因みにベルガーによると、ラッツィンガーは父が国民社会主義政権との間で抱えていた紛争との関連で、政治的問題に関心が深く、国民社会主義体制を憎悪し、ドイツ人というよりバイエルン人と自己を認識し、フランスの影響が強かったという[212]。

一九五九年四月一五日、ラッツィンガーはボン大学カトリック神学部正教授（基礎神学担当）に就任した。ボン招聘の打診は一九五八年夏に来ていた。彼は、ミュンヒェン音楽大学を最優等で卒業し、トラウンシュタインで教会の音楽指導に当たることになっていた兄ゲオルクに相談し、両親を引き取ってもらうことにした。ラインラントの全く新しい環境はラッツィンガーを感激させた。ボン大学はケルン選帝侯の宮殿を転用したものであり、新生連邦共和国の首都ボンは尚戦争の傷跡を残してはいたが、西欧諸国からの刺戟で溢れていた。トリエント公会議の研究者フベルト・イェディン、古代史家テオドル・クラウザー、教義学者ヨハン・バプティスト・アウアー、インド学者パウル・ハッカーなど教授陣も素晴らしく、神学部内外にラッツィンガーの交友関係が広がった。ラッツィンガーの住居は当初コンヴィクト・アルベルティヌムで、後日バート・ゴーデスベルクに転居した。ボンでは、家事を同居の姉に委ねることになった。だがボン生活の初年に、彼等は父ヨーゼフの死を経験することになった[213]。

一九五九年六月二四日、ラッツィンガーはボン大学で教授就任講演「信仰の神と哲学者の神」を行った。彼は数学者・哲学者から宗教的瞑想に入ったパスカルを想起し、合理化できない体験である宗教と合理的な理論である哲学との関係がどう考えられてきたかを検討し、動もすると両立しない両者を、彼なりにキリスト教に於いて統一的に考えようとしている。この話題は、彼が一生論じ続けることになるものであった[214]。

まだ三十二歳の正教授は、ボンの学生たちの噂の的になった。当時の学生ホルスト・フェルディナントによれば、満員の第一一講義室に入ってきたラッツィンガー教授は、まだとても若々しかったので、都市の大きな小教区の第二、第三助任司祭程度にしか見えなかったという。のちミュンスター大学教授となるフィンツェンツ・プフニュルのように、フライジングからラッツィンガーを追って転学してきた熱狂的な学生もいた。学生たちを特に感激させたのはラッツィンガーの講義で、それは綿密に準備されており、自宅の台所で姉マリアを前に予行演習を済ませたものだった。学生が講義を筆記するのは、講義が順当だが意外性がない証拠だ、学生がペンを置いて教師を見詰める時こそ、講義は学生の心を捉えているのだ、というのが当時のラッツィンガーの口癖だった[215]。

ラッツィンガーはボンでプロテスタント神学の関係者とも交流を深めた。ラッツィンガーの授業には、当時では珍しくプロテスタント神学部の学生たちも訪れた。一九六〇年夏学期のラッツィンガーの演習では、「アウクスブルク信仰告白による教会・聖礼典・信仰」が扱われ、正面からルーテル派プロテスタンティズムが考察された。一九六二／六三年冬学期の研究演習では、「アウクスブルク信仰告白」の後編であるフィリップ・メランヒトンの「教皇の権能と首位性に関する文書」が論題となり、ルーテル派の教皇制批判が検討された（因みにラッツィンガーは、既にフライジング哲学神学大学でもボン赴任直前の一九五八／五九年の冬学期に「アウクスブルク信仰告白の批判的読解」という演習を行っていた）。これらの事実は、当時のラッツィンガーがプロテスタンティズムにも関心を払っていたことを意味するが、ルーテル派、メランヒトンというのは、多様化したプロテスタンティズムの中では、まだ比較的カトリシズムに近い部類だとも言える。この頃ラッツィンガーはプロテスタント系辞典『歴史と現代に於ける宗教辞典』に、「カトリック側から見たプロテスタンティズム」という項目を寄稿している。この項目でラッツィンガーは、カトリシズムがプロテスタンティズムを単に「異端」と呼ぶのは不十分で、「一つの実りあるキリスト教的権威」と見るべきだとした。彼はまた「教会」概念を柔軟に解釈し、ピウス一二世の文書を引きつつ、何らかの意味でプロテスタント教会を「教会」の一つと認める方策を探った。更に彼は、カトリック信仰が他のキリスト教信仰を対等な相手と認めたことはないとしつつも、積極的な両宗派間対話を重視する姿勢を示していた。更にプフニュルの誘いで、バーゼル大学でカール・バルトやカール・ヤスパースを聴いてボンに移ってきたプロテスタント神学生ペーター・クーンが、ラッツィンガーに魅力を感じるようになっていった。ラッツィンガーはまた、ボンでハインリヒ・シュリール（ウータ・ランケ＝ハイネマンの旧師）にも出会った。シュリールはブルトマンの弟子で、ボン大学のプロテスタント神学教授だったが、退官時にカトリシズムに改宗していたのである[216]。

ラッツィンガーはボン大学で多くの門下生を得た。プフニュル、クーンのことは既に紹介した。アメリカでの教育活動を経てフライブルク大学教授となったハンスユルゲン・フェルヴァイエン、その博士論文がラッツィンガーのミュンスター行きの原因の一つとなったヨハンネス・デルマンは、のちに恩師と対立関係になる。里野泰昭（のち千葉大学教授）は、ケルン大司教区と東京大司教区との友好関係からボン大学に赴き、一九六一年からラッツィンガーの指導を受け、レーゲンスブルクまで同行したといい、他にも数人の日本人留学生がラッツィンガーの下で学んだという（だが門下生会の会員や研究報告者に名前を連ねる日本人は一人も居らず、関係文献でも日本人の名前は全く見掛けない。）。プフニュルやローマン・アングランツァらバイエルン、エステルライヒ出身の神学学生たちは、日曜日にバート・ゴーデスベルクにあるラッツィンガーの私邸を訪れ、姉マリアの用意した昼食に与り、南ドイツ語での会話を楽しむ機会を得た[217]。

一九六〇年にラッツィンガー教授の最初の助手になったのが、ヴェルナー・ベッケンフェルデ神父である。一九二九年ミュンスター生まれの彼は、法学者エルンスト＝ヴォルフガング・ベッケンフェルデの実兄であり、教会を法律家、政治家の視点で観察した。彼はラッツィンガーには神学者として敬意を払っていたが、興味が異なる二人の間に親密な関係はなかった。興味深いことにベッケンフェルデは、ファウルハーバーがミュンヒェン大学への就職を阻止したバリオンに共感してその論文集を編纂しており、しかもその解説「正確な教会法学者」を九十五歳の誕生日を迎えたカール・シュミットに捧げている。更にベッケンフェルデは、特にバリオンの第二ヴァティカン公会議批判に注目し、ＮＳＤＡＰ党歴の為に彼が敬遠されてきた状況に抗議した。ラッツィンガーとは正反対に、ベッケンフェルデはバリオンのミュンヒェンでの就職阻止も、戦後の教職からの排除も、教会の横暴だと感じていた[218]。ベッケンフェルデはミュンスター大学でもラッツィンガーの助手を務めたが、テュービンゲン大学には同行しなかった。一九六九年ベッケンフェルデはリンブルク司教区の大聖堂参事会員となり、一九八一年から司教区を非位階制的に運営しようとして、教皇大使と対立した。一九八六年にアルトエッティングで行われたラッツィンガー門下生の集まりで、ベッケンフェルデは恩師を前に、敢えて挑発的に教理省改革を提案した。二〇〇二年の同じ集まりでは、彼は恩師に、教皇選出に必要な票数を単なる過半数ではなく、以前のように厳しくするべきだと進言した。ベッケンフェルデは二〇〇三年に死去したが[219]、彼の提案は二〇一三年に教皇ベネディクトゥス一六世が実現することになる。

一九六三年夏学期、ラッツィンガーはヴェストファーレンのミュンスター大学カトリック神学部正教授（教義学・教義史担当）に転職する（カトリック教会ではケルン教会管区内ミュンスター司教区・当時のミュンスター司教はヨーゼフ・ヘフナー）。折角就職したボン大学を、ラッツィンガーは僅か四年で去った。その背景には、ミュンスターの前任者でマインツ司教への任命が決まったヘルマン・フォルクの強い勧めもあったが[220]、実は同僚との衝突の方が決定的であった。ケルン大司教の寵愛を得て公会議に赴き、ローマの最新情勢を語るまだ三十五歳の、バイエルン出身の正教授に、名門ボン大学の先輩同僚たちは複雑な思いだった。門下生がラッツィンガーの敵対者として挙げるのが、旧約聖書学者ヨハンネス・ボッターヴェック学部長、新約聖書学者のテオドル・シェーファー教授である。ラッツィンガー教授の下には、ダマスキノス・パパンドレウ、スティリアノス・ハルキアナキスという二人のギリシア人正教徒が居た。二人は後年、共にコンスタンティノポリス総主教の下で、ハドリアノポリス府主教、オーストラリア大主教になる人物である。ラッツィンガーはこの二人の博士論文提出を許可するようカトリック神学部に申請したが、シューファーを中心に同僚たちは、二人の宗派が異なることを理由にこれを拒否した。更にデルマンが母権論者バッハオーフェンに依拠した進化論分析を博士論文として

2009年9月14日：筆者撮影
ミュンスター大学

提出し、主査ラッツィンガー、副査（宗教心理学者）アルフォンス・ボレイがそれを修正の上で受理する方針を出したが、学部はラッツィンガーのローマ滞在中に、この論文を神学研究とは認め難いとして拒否した。一九六二年に起きたこの三人の博士号拒否事件を契機に、ラッツィンガーは翌年にボン大学を去る決意をしたのである[221]。

ミュンスター大学はラッツィンガーに素晴らしい研究環境を提供した。同僚からも高い評価を受け、多くの学生が講義に詰めかけ、潤沢な研究費に恵まれ、あれ以上は望むべくもなかったと、ラッツィンガーは回顧する。ラッツィンガーは姉マリアとアンネッテ・フォン・ドロステ゠ヒュルスホーフ通の一軒家に入居し、副手となったプフニュル、アングランツァが二階に住んだ。ラッツィンガーは毎朝近隣の療養所附属の礼拝所でミサを行い、終了後プフニュルが調達した中古自転車で大学に向かった。ラッツィンガーはここでもバイエルン、エステルライヒ出身学生の会を続け、「天国亭」（独 Zum Himmelreich）に場所を定めた。尚ラッツィンガーはミュンスター在任中、ヨハン・バプティスト・メッツという人物を同大学基礎神学教授として推薦し、一九六三年に彼の招聘が実現した。カール・ラーナーの門下生であるこの人物は、しばしラッツィンガーの同僚となった。メッツとバルタザールとの討論を、ラッツィンガーが司会するようなこともあったという。だがメッツは、やがてラッツィンガーと厳しい対立関係に陥ることとなる。ミュンスターではまた、後に教皇庁で一緒になるヴァルター・カスパー（教義学正教授）とも同僚になった。このミュンスター時代に、母マリアが死去し（一九六三年）、兄ゲオルクはレーゲンスブルク大聖堂の楽長に就任した[222]（一九六四年）。

第三節　教皇ヨアンネス二三世と第二ヴァティカン公会議

一　公会議の開催

一九五八年一〇月九日に教皇ピウス一二世が薨去し、同年一〇月二八日にヴェネツィア総大司教アンジェロ・ジュゼッペ・ロンカッリ枢機卿が新教皇に選出され、教皇三重冠を戴いてヨアンネス二三世を名乗った。彼の選出に当たっては、「ローマよりローマ的な」ラザルス・アガジアニアン枢機卿（アルメニア・カトリック教会総大司教・公主教（カトリコス[223]））

©AFP/leemage/Archivio Felici
教皇三重冠を戴いた教皇ヨアンネス 23 世

との争いになり、投票は十一回にも及んだ。ヨアンネス二三世は第二ヴァティカン公会議を開始したことで、平民出身の進歩派教皇として称讃され、二〇〇〇年に列福、二〇一四年に列聖されたが、ピウス一二世への敬愛がまだ強かった頃は、新教皇に疑問符が付されることもあった。登位時に既に七十七歳であった彼は、場繋ぎの教皇と見られることがあり、実際五年程しか在位しなかった。ローマ貴族出身で痩身のピウス一二世に見慣れていた信徒が、ベルガモの小農家に生まれた短軀のヨアンネス二三世を見て、まずは外見に失望したという逸話はよく語られる[224]。

着座した教皇ヨアンネス二三世は、早速正教会との関係強化に乗り出した。元来ロンカッリは、信徒に接する司牧者としてより、寧ろ教皇庁の外交官として、特に正教会との交流の経験を積んだ人物である。彼は一九二五年、ピウス一一世から在ブルガリア教皇視察官に任命され、分離したキリスト教徒との一致を強く望むようになったと言われる。彼は更にトルコ、ギリシアに於ける教皇特使（イスタンブール駐在）、コンスタンティノポリス代牧長となって、正教会との関係を担当したのち、フランスに教皇大使として異動していた[225]。

一九五九年一月二五日、まだ登位後三箇月の新教皇は、教会一致の為の公会議を開催すると宣言した。この日は教会一致の祈禱週間の最終日で、「城壁外の聖パウロ大聖堂」でのミサを終え、隣のサン・パオロ・ベネディクトゥス会修道院を散歩している時に、教皇は十七人の枢機卿の前で公式にこの意思表示をしたのである。それは「予期しないところにふと訪れた春の木々の芽ばえのように生まれた」考えなのだという。同年五月一七日、国務長官ドメニコ・タルディーニ枢機卿を委員長とする「事前準備委員会」が発足した。同委員会は六月一八日、全世界の司教、修道会、カトリック大学に意見の送付を依頼した。この意見を踏まえて、一九六〇年六月五日に公会議の準備の為の十の委員会と三つの事務局が設置され、更にこれらの委員会を統括する中央準

©AFP
第二ヴァティカン公会議開会式

備委員会が置かれた。これら委員会の委員とその顧問は、一九六一年二月までに七百十人（委員三百九十三人、顧問三百十七人）に達し、その地理的構成はローマ三六・五％、それ以外のヨーロッパ各地三七・五％、南北アメリカ一四％、アジア七％、アフリカ三％、大洋州二％となっていた。(226) この顧問には、カール・ラーナー、イヴ・コンガール、アンリ・ドゥ・リュバックら改革派神学者が登用された。既にこの準備段階で、保守派とされる聖務聖省長官アルフレード・オッタヴィアーニ枢機卿、聖霊修道会総長マルセル・ルフェーヴル大司教らと、改革派とされるケルン大司教ヨーゼフ・フリングス枢機卿、ミュンヒェン＝フライジング大司教ユリウス・デプフナー枢機卿、アウグスティン・ベア枢機卿との対立が始まっていた。公会議ではドイツ人などライン川流域の六箇国民によるイタリアの「道徳的征服」という印象が語られ、「ラインの水はテヴェレに注ぐ」という言葉が生まれることになる。(227)

二　公会議の審議

一九六二年一〇月一一日、第二ヴァティカン公会議が開会された。開会式は伝統に則った荘厳なもので、

「移動用天蓋」や孔雀や駝鳥の羽根製の「聖扇」一対を伴い、駕輿丁たちの担ぐ「移動用聖座」に乗った教皇が入場して始まった。教皇の意向で、『聖書』はラテン語に加えギリシア語でも朗詠され、祈願はスラヴ語、アラビア語でも行われた[228]。教皇は開会の勅語で、信徒の一致、キリスト教徒の一致、世界と教会との一致を訴え、世界の誤謬を指弾するのではなく、慈悲をもって世界の問題に対処すべきと述べた。これ以後、公会議は四年に亙って開催され、毎年秋の二、三箇月ローマで討議が行われたが、それ以外の時期にも駆け引きが行われた[229]。

一九六二年一〇月一三日に公会議の第一会期が始まった。この日行われた第一回総会で、参加者たちは委員の選出を行う予定であったが、事務総長フェリチ大司教の指示にも拘らず、リール大司教アシル・リエナールが参加者相互の面識がないことを理由に即時選出に反対し、これにケルン大司教フリングス枢機卿、ベルナルド・アルフリンク枢機卿が賛同した為、選出が出来ず僅か二十分で散会した。この事件は、今回の公会議が教皇庁主導で速やかには進行しないことを印象付けることになった。教皇庁は当初イタリア人を百人選出しようと考えていたが、結局イタリア人二十人、アメリカ人十七人、フランス人十六人、ドイツ人十一人、カナダ人八人、スペイン人七人、ポーランド人五人、ベルギー人四人、イギリス人四人、オランダ人三人、エステルライヒ人三人、ユーゴスラヴィア人三人、アイルランド人一人、ポルトガル人一人、ルクセンブルク人一人、シュヴァイツ人一人、ラテンアメリカ人二十六人、アジア・大洋州十九人、アフリカ九人となった[230]。

一九六二年一一月二二日から一二月一四日まで、典礼に関する問題が議論され、保守派と進歩派との鍔迫り合いが行われた。保守派と言われたのは、パレルモ大司教エルネスト・ルッフィーニ枢機卿、聖務聖省長官オッタヴィアーニ枢機卿、ジェノヴァ大司教ジュゼッペ・シーリ枢機卿、アイルランド人ドミニコ会士マイケル・ブラウン枢機卿、事務局長フェリチ大司教、更にスペイン、北米、南米の教父たちで、改革派とされたのがメヘレン＝ブリュッセル大司教レオン＝ジョゼフ・シューネンス枢機卿、アルフリンク枢機卿、フリングス枢機卿、デプフナー枢機卿、リエナール枢機卿、ベア枢機卿、中欧系の教父、南アメリカの教父、少数の北イタリア、スヒレベークス、コンガール、ラーナー、更にローマ・グレゴリアーナ大学、教皇庁聖書研究所であった。北米の教父たちは信仰の自由の問題では改革派だったが、典礼の問題では保守派であったという。一一月三〇日、オッタヴィアーニが共同司式ミサとパンと葡萄酒両様の聖体拝領に反対して発言中、議長アルフリンクが持ち時間終了としてマイクを切ってしまうと、多数の教父たちが拍手するという出来事があった。一一月一四日、典礼草案は二千百六十二票対四十六票で承認された[231]。

一九六二年一一月一四日から一一月二一日まで、「啓示の源泉について」と呼ばれる議案が討議された。この議案は聖務聖省提案のもので、『聖書』と聖伝とを明確に区別する「二源泉説」を採用していたので、プロテスタント教会との紛争を呼び起こすとの懸念が提起された。初日からフリングス、リエナール、ヴィーン大司教ケーニヒ枢機卿、レジェー枢機卿が反対し、のちにデプフナーもこれに同調した。結局一一月二一日に教皇が介入し、議案は神学委員会などで再検討されることになった。続いて一一月二三日から二六日まで議論された議案「マスコミについて」「東方教会との一致について」も、やはり不十分として神学委員会への差し戻しとなった[232]。

一九六二年一二月一日に提出された議案「教会について」も激しい批判に晒された。その批判とは、キリストの神秘体とローマ教会の組織とを同一視している（リエナール）、「神の民」や司教団についての説明がない（デプフナー）、ギリシア・ラテン教父の思想の発露がない（フリングス）、勝利主義的、法律主義的色彩が強い（ド・スメット、ルップ）、貧者の教会という思想がない（ボローニャ大司教ジャコモ・レルカーロ）、キリストと教会との関係の説明が不十分（モンティーニ）、教会一致運動への配慮が不十分（メルキト派アンティオキア総大司教マクシモス四世）、現世に対する教会の使命の説明が不十分（シューネンス）といったものであった[233][234]。

一九六二年一二月五日、教皇は今後の議事進行の為の調整委員会を設置した。この委員会は教皇庁国務長官アムレロ・ジョヴァンニ・チコニャーニを委員長とし、デプフナー、リエナール、シューネンスら進歩派枢機卿が委員となった。この調整委員会は、第二会期までということで選出されたが、実際にはその後も積極的に活動し、中央委員会に出来なかった実質的な調整作業を行った[235]。

第一会期終了後、一九六三年六月三日に教皇ヨアンネス二三世が薨去した。これに伴い教皇選挙が行われ、六月二一日にミラノ大司教モンティーニ枢機卿が新教皇パウルス六世となり、翌日のラジオ演説で公会議の継続を宣言した。同年九月二九日の公会議第二会期開会の講話で、新教皇は四つの主要目標を打ち立てた。それは、(一) 教会の自己理解の深化、(二) 教会(教皇庁)の改革、(三) 別れた兄弟たちとの対話、(四) 現代世界との対話であった。パウルス六世はまた、宗教改革以来の教会分裂に関してカトリック教会にも責任があることを認め、神及び別れた兄弟たちに対し許しを乞うた。これは一五二二年のニュルンベルク帝国議会における教皇ハドリアヌス六世以来の行為であった。更にパウルス六世は、九月一二日のテッスラン枢機卿宛書簡で、(一) 一般信徒代表の「傍聴者」としての参加、(二) 非カトリック教徒オブザーヴァーの増加、(三) 議事円滑化の為の調停人(羅 moderatores) 四人の任命を指示した。この四人は、アガジアニアン、レルカーロ、デプフナー、シューネンスで、教皇庁付き枢機卿一人、進歩派の地方枢機卿三人という構成であった。九月二一日、教皇は公会議への敵対者が少なくない教皇庁関係者に講話を行い、教皇庁は公会議を歓迎すべきこと、教皇に服従すべきこと、教皇庁の行政を簡素化・分権化し、地方司教の協力制度を導入すべきことなどを訴えた。[236]

第二会期でまず話題となったのは、司教権及び司教団の性格に関わることである。一九六三年九月三〇日から一一月一日まで、「教会について」第二次草案が議論された。一一月五日から一八日まで、「司教と司教区行政」の草案が議論された。一〇月四日から一六日まで、助祭を永続的な聖職として再建するべきかという問題、教会の最高教導機関としての「司教団」を認めるかという問題が議論された。この話題では「司教団」は教皇または教皇庁の従属機関であるとする保守派と、「司教団」は教皇首位権と矛盾しないとする進歩派とが対立した。前者はルッフィーニ、シーリ、ウクライナのスリピ、スタッファ、聖務聖省のパレンテ、ドミニコ会総長フェルナンデス、セニ司教カルリ、サラゴサ司教モルシリョ、後者はリエナール、レルカーロ、バタッツィ、フリングス、レジェー、ド・スメットである。この討議は対立した儘打ち切られ、続いて「神の民」、信徒の地位に関する討議に入った。[237] 司教の問題については、各国の定住司教たちが評決での解決を希望し、教皇庁付き枢機卿たちがこれに反対したが、結局投票で決められるようになり、司教叙品の秘蹟性、司教の団体性、教会の最高教導機関としての司教団、司教権の神的起源、恒久的聖職身分としての助祭という五項目が三分の二以上の賛成を得て、草案に入れるよう要求されることとなった。[238]「神の母、人類の母たる聖処女マリアについて」についても議論が白熱し、これを独立した文書にしたいオッタヴィアーニ、デ・アッリッバ(スペイン)、サントス(フィリピン）ら保守派と、教会論の一部に格下げしたい議長団やフリングス、ケーニヒら進歩派との対立が激化したが、これも投票の末僅かな差で教会論の一部としての編入が決まった[239]。「司教と司教区行政」の草案の審議に際しては、マクシモス・サイグ大主教が司教団を教皇庁が道具化していると批判し、フリングスが神学委員会の独善性と教皇庁、特に聖務聖省の改革の必要を主張して、神学委員会のオッタヴィアーニやブラウンを憤慨させた。これに対しド・スーザ司教（インド）は、八五％の参加者が参加し、教皇も支持している案を神学委員会が否定するのは、公会議の侮辱だと息巻き、デプフナーは公会議の投票が聖霊の導きであるものであることを疑う者が居ると述べて、教皇庁側を脅迫した。この事件を契機に、神学委員会は公会議側の意向に大幅に沿って人員が増強されることになった[240]。一一月二二日、「典礼について」はほぼ全会一致で採択されたが、「マスコミについて」は一一月二五日の最終評決前に、草案が表面的だとして投票に反対する米仏の司教たちの批判があった。一二月三日、パウルス六世は教皇令「パストラーレ・ムヌス」で、従来教皇のみに許された司牧上の特権を司教団に与える方針を示したが、司教権の明確な定義はまだ為されていなかった。文書草案「教会一致運動について」では、ユダヤ教徒、信教の自由の扱いがまだ決められていなかった[241]。

一九六四年九月一九日、第三会期が始まった。開催前、調整委員会は議事の整理を行い、デプフナーは速やかな議事進行を目指したが、この動きを保守派は利用し、自分たちの信念に合わない決議を出させないよう、公会議の司教たちを急かした。七月二日の議事追加規則により、教父の発言は五日前に文書での提出が求められることとなり、一つの討論の終了後に尚発言を求めるものは、賛同者が七十人以上居なければ発言できなくなった。更に公会議議場であるサン・ピエトロ大聖堂内外での印刷物の配布が禁止された[242]。一九六四年九月一九日の開会式は、既に行われた典礼改革に従い、教皇及び二十四人の教父による共同司式ミサで始まった。教皇の開会講話は慎重な表現を取り、その改革意欲が揺らいでいるかにも見えたが、八月六日の回勅「エックレシアム・スアム」では、ヨアンネス二三世の遺志を継いで、司教団を強化する方針が示された。九月二一日にユーゴスラヴィアのフラニッチ司教と聖務聖省のバレンテ大司教との激しい討論が行われ、司教団に関する諸草案が圧倒的多数で可決された[243]。一〇月九日、事務総長フェリチ枢機卿は国務長官チコニャーニ枢機卿からの九月三〇日の指示に従い、教会一致事務局のベア枢機卿に二通の書簡を送った。そのうち一通は、教会一致事務局で行っている「信教の自由について」の宣言文改良作業は、今後は教皇の神学参議員コロンボ司教及び保守的な三人の教父（聖務聖省のブラウン、ドミニコ会総長フェルナンデス、聖霊修道会総長ルフェーヴル）で行うことを記し、もう一通は「ユダヤ教徒について」の宣言文を短縮し、「教会について」の宣言文に編入するべきことを記していた。このことを知った十七人の枢機卿たち（フリングス、デプフナー、ケーニヒ、シルバ・エンリケス、レルカーロ、シューネンス、リエナール、フェルタン、リショー、ルフェーヴル、アルフリンク、リッター、マイヤー、レジェー、リケッツ、クウィンテーロ、ルガンヴァ）が教皇に対して、フェリチの指示が多数派を無視し、公会議の自由を危殆に晒すものであると抗議した。この抗議文が渡る前にベアは教皇に謁見し、教皇自身がそのような指示に関与したことはなく、賛成でもないということが明らかになったので、フェリチは自分の書簡を撤回するという事態になった[244]。こののち「現代世界に於ける教会について」「司祭の任務と生活について」の草案審議も危ぶまれたが、多数派の教父たちは即決主義を止め、当初第三会期で終了の予定だった公会議を第四会期まで延長して議論することを決めた。一一月二一日の最終投票で、「カトリック東方教会について」「教会について」「教会一致運動について」がほぼ満場一致で可決されたが、投票に先立ちパウルス六世は、出来るだけ多くの参加者の賛同を得ようと、保守的少数派の要求項目の一部を「上意により」決議前に後二者の草案に受け入れた[245]。

第四会期は、一九六五年九月一四日から開始された。開会講話で教皇パウルス六世は、一九六三年以来言及してきた「世界代表司教会議」（羅 Synodus episcoporum）を設置すること、国際連合二十周年に際しニューヨークの国連本部を訪問する予定であることを発表した。翌一五日の総会では、この「世界代表司教会議」の設置を宣言する教皇令「アポストリカ・ソリキトゥード」が読み上げられた。一一月一九日から一二月六日までの間に、「信教の自由」「宣教」「司祭の養成」「現代社会に於ける教会」といった草案が次々可決され、一二月七日最終公開会議で発表された。審議は比較的順調に進行したが、「信教の自由」草案については長く審議された。一二月七日には、一〇五四年以来相互に破門し合っていたローマ教皇とコンスタンティノポリス総主教とが、相互に破門を撤回するという儀式が行われた。ローマでベア枢機卿がコンスタンティノポリス総主教に対する破門状撤回の決定文を読み上げた時、教皇は聖座を降りて同総主教から派遣されたメリトン府主教と抱擁した。同時にコンスタンティノポリスでは、ローマ教皇に対する破門状撤回が宣言された。またこの日出されたパウルス六世の自発教令「インテグラエ・セルウァンダエ」で、「聖務聖省」は「教理聖省」へと再編されることになった。公会議の閉会式は、一九六五年一二月八日（「聖母無原罪の御宿り」の祭日）、二千四百人の教父、百三十の外部参観者を集めて、サン・ピエトロ広場で挙行された[246]。

第二ヴァティカン公会議では、結局十六の決定が為され、四が「憲章」（羅 Constitutio）、九が「教令」（羅 Decretum）、三が宣言（羅 Declaratio）として公布された。

『現代世界に於ける教会に関する司牧憲章』（ガウディウム・エト・スペース）は、現代世界と対話し、キリスト教による全人類の働きかけが目指されている。現代世界に於ける諸問題、特に社会秩序の変容と富の不公平な分配が指摘され、教会の果たすべき役割が説かれている。人間は神の似姿とされ、人格の尊厳、知性の尊さが指摘されている。また敵に対する尊敬と愛とが説かれ、無神論者にも教会の教義を正しく説くことが求められている。人間の尊重の観点から、あらゆる種類の殺人、集団殺人、堕胎、安楽死、自殺、傷害、拷問、心理的強制、虐待、奴隷的酷使、売春、人身売買が創造主への侮辱と非難されている。婚姻と家庭とを尊重する観点から快楽主義が否定され、離婚の増大、不道徳な避妊、自由恋愛が非難され、夫婦の一体性が不解消であることを求めるとされている。政治共同体に於ける教会の役割が指摘されつつも、両者は混同されるべきではなく、独立しているべきことが求められている。戦争の悲惨さが説かれ、戦争の禁止、軍備縮小、国際自然法による諸国家の共存が求められている[247]。

『教会憲章』（ルーメン・ゲンティウム）は、従来のスコラ神学的本性論を避け、秘義、「神の国」、「神の民」、司教団、世の秘蹟としての教会、教会に於けるマリアを、終末論、救済史の流れの中で統一的に理解したものである。ここで注目されるのは、一方で「神の民」論による教会の共同性、カトリック教会の普遍的（超民族的・超国家的）性格、身分や性別を越えた信徒の平等が指摘されつつ、他方で教皇首位権の存続、教皇の不可謬性、教皇に対する従順、司教に対する敬意、聖母マリアの処女性と被昇天、聖母・元后マリアと諸聖人の崇敬、秘蹟の神秘、修道生活の偉大さなども説かれている点である[248]。

『啓示憲章』（デイ・ウェルブム）は、啓示と聖伝とを救済史の中の出来事、同時に秘蹟として理解し、『聖書』と聖伝との起源が同一であることを示して、「聖書のみ」を主張するプロテスタンティズムとカトリシズムとの差異を確認しつつ、同時に両者を架橋しようともしたものである。(249)

『典礼憲章』(サクロサンクトゥム・コンキリウム)、信仰に活力を与える典礼のあり方を説いた文書で、伝統の継承と現代への順応とを同時に説いている。ここでは典礼の統一性が求められると共に、地域の必要による変更が許容された。ラテン典礼様式の用語としてラテン語が基本とされ、同時に各国語での典礼にも道が開かれたが、国語使用が念頭に置かれたのは主に朗読、祈願、訓話、宣誓、聖歌などに関してで、信徒にはミサ通常文の信徒担当部分をラテン語で唱えられるようにすることが求められた。聖職者の聖務日課でも、例外は許容されつつも、原則としてラテン語使用が義務付けられた。更に典礼の共同性が強調され、「共同祈願」などが「復興」されたが、聖職者が信徒と共に中央祭壇を向く「対神型」(羅 versus Deum)を止めて、人民祭壇を設けて信徒側を向くという「対民型」(羅 versus populum)にするとは明記されなかった。聖母や聖人の崇敬、聖像使用に関しては伝統が維持された。グレゴリウス聖歌やオルガンなど、荘厳な典礼を盛り上げる教会音楽の重要性も強調され、低俗化、「みせかけの芸術」への警戒が説かれた。(250)

『教会一致に関する教令』(ウニターティス・レディンテグラティオ)は、ペトロに端を発するカトリック教会がキリスト教会の本流であることを確認し、カトリック教会から別れていった諸教会、諸教会的共同体に欠陥があるとの持論を踏襲しつつも、それらが救済上の意義を欠く訳ではないとし、忍耐を以って相手を尊重し、教会一致の可能性を探るべきことが示されている。その際正教会など東方諸教会に関しては、真の秘蹟による結び付きが意識され、その伝統を尊重しつつ和解を目指すことが示されている。これに対して西方の諸教会的共同体に関しては、秘蹟による結び付きを欠いており、著しい相違があることが確認されているが、にも拘らず対話の回復が必要だと説かれている。(251)

『司教の司牧任務に関する教令』(クリストゥス・ドミヌス)は、教会行政に於ける司教の役割を強化している。全教会について議論する「世界代表司教会議」や各国の「司教会議」の制度が設けられ、教皇庁に於ける省や評議会の制度、教区、小教区の統治方針が明記されている。また司教は教区の統治者と位置付けられ、その自教区内での品位や権威の維持が求められている。(252)

『宣教活動に関する教令』（アド・ゲンテス）は、イエスによって人々を闇と悪魔の権力とから救い出す神の計画が地域を越えて普遍的なものであることが確認され、宣教活動の必要性が説かれている。そこでは世界の二十億にも及ぶ人々が、福音を知ろうとせず、或いは神を否定し、攻撃していることが批判され、彼等をキリスト教に帰依させることが目指されている。その際宣教地に於ける順応（特に現地語使用）の必要性が説かれ、現地司教団の権限が強化されつつも、任務は共通であることが説かれている(253)。

『信徒使徒職教令』（アポストリカム・アクトゥオシターテム）は、「神の民」たる信徒の奉仕活動を教会に不可欠のものと位置付け、聖職者身分との役割の違いを明示しつつも、信徒の教会発展への多角的な「使徒的活動」を促している。また信仰生活に於ける家族の役割、青少年の重要性なども説かれている(254)。

『司祭の任務及び生活に関する教令』（プレスビテロールム・オルディニス）は、司祭の役割を論じている。そこでは、教授し、統治し、聖別する司祭の任務が明記されると共に、謙虚と服従、貞潔と独身が説かれ、司祭が特定のイデオロギーや党派に属することが戒められている。また司祭は、司教の中に最高牧者キリストの権威を尊重しなければならないとされ、位階制を前提とした両者の協力が説かれている(255)。

『修道生活の刷新・適応に関する教令』（ペルフェクタエ・カリターティス）は、神への奉仕に生涯を捧げる修道生活の歴史を説き、貞潔を教会及びキリストとの婚姻として、清貧をキリストの貧しさの共有として、従順を神の計画への奉仕として称揚し、修道者にキリストへの服従と使徒的熱意とを求めるものである。また現代の要請への適応も説かれ、修道服の再検討や衰退した隠修修道院の再編成が指示された(256)。

『カトリック東方教会に関する教令』（オリエンターリウム・エックレシアールム）では、カトリック教会内の東方典礼の伝統に極めて高い評価が為され、その維持が図られると同時に、西方教会、東方教会が共に教皇の統治下にあることが確認されている。東方教会では「総大司教」の教区内最高権威者としての役割が重視されている。また東方・西方のカトリック教徒は秘蹟の互換性があることが記されている(257)。

『司祭養成に関する教令』（オプタータム・トティウス）は、司祭養成を地域の事情に応じて行うべきことを示し、小神学校、大神学校の制度が説かれ、童貞性を維持することの意義を説いている。神学生学習課程では、前段の哲学課程で神の認識と現代哲学への配慮とが同時に求められるようになった[258]。

『広報機関に関する教令』(インテル・ミリフィカ)は、情報技術の革新を教会が適切に利用すべきことを説いた文書である。ここでは全ての人々、特に情報機関に属する者が道徳を弁えることが強く求められている。更に道徳に反する画像や出版物の流布が強く危惧され、両親が子供を低俗な情報から守るべきことが説かれている。同時に「高貴で古い伝統を持つ演劇」が、観覧者の文化と道徳水準の向上とに資するべきことが記されている[259]。

『キリスト教以外の諸宗教に関する宣言』(ノストラ・アエターテ)は、全ての民族は唯一の起源を持つ一つの共同体であり、神が全人類を地上の全面に住まわせたという世界観が展開され、カトリック教会にキリストの言葉を伝える使命があることを強調しつつも、カトリック教会は他宗教の中に見出される真実で尊いもの、例えばヒンドゥー教の神話、神秘、修行、瞑想、仏教の無常と解脱の思想なども否定しないとする。ただそれらがどうして肯定的評価に値するか、何を以って真実で尊いものと考えるのかは明確にされていない。唯一神の信仰を共有するイスラム教、ユダヤ教はキリスト教と共通の基盤に立脚する点が強調されており、特にキリストを殺した民族としてユダヤ教徒を非難する宗教的反ユダヤ主義が退けられている[260]。

『信教の自由に関する宣言』(ディグニターティス・フマーナエ)は、個人及び団体に権力の強制を免れて、自由意思で信仰する権利があることを主張し、それを「人格の尊厳に基づくもの」と宣言している。但し信教の自由は、個人的・社会的責任の道徳原理、いわば「共通善」に基づくものでなければならないとする。更に信教の自由を憲法で規定し乍ら、実際には人々を宗教から遠ざけようとし、宗教団体の営みを困難にする政府が存在することを指摘し、社会主義圏や反教権主義的自由主義諸国への対決姿勢が示唆されている[261]。

『キリスト教的教育に関する宣言』(グラウィッシムム・エドゥカティオーニス)は、カトリック学校での教育について、カトリック的理想を重視すると共に、時代の要請を意識するよう求め、非カトリック教徒の生徒を在学させることも評価している[262]。

蓋し「第二ヴァティカン公会議」とは玉虫色の出来事であった。政治的決定は常に妥協の産物であり、その時々の権力関係を反映している。例えば「大日本帝国憲法」も、「日本国憲法」と比較すれば君主の神聖性を規定した保守的国家基本法に見えるが、専制君主制を否定して内閣や議会を置き、立憲君主制を敷いたという点では、近代的政治理念の流れに掉さした進歩的なものだった。同様に「日本国憲法」も、「大日本帝国憲法」と比較すれば君主の役割を最低限に抑え、戦力不保持を宣言した進歩的なものに見えるが、依然として君主制の枠組を維持している点では、やはり保守的なのであり、共和制論者からすれば満足できるものではない。第二ヴァティカン公会議にもこれと同様の両義性がある。一方でこの公会議は、第一ヴァティカン公会議の反近代主義路線を抑制し、近代主義の発想を部分的にカトリック教会に取り入れた。他宗派・他宗教との和解が志向され、教皇の権威が削減され、儀式が民衆に近いものにされ、女性に一定の役割が与えられた。だが他方で、この公会議はカトリック教会の自主的解体を意図したものではなく、教皇首位権も、聖職者男子独身制も、ヴァティカン市国も、ラテン語使用も維持された。従って第二ヴァティカン公会議は、閉会後に教会内の進歩派、保守派の双方から援用されるようになる。教会内の進歩派は近代的政治理念がこの公会議の「精神」だと理解し、それを公会議の「文書」を越えて徹底し、場合によっては「第三ヴァティカン公会議」を開催して教会改革を加速するべきだと考えた。これに対し教会内の保守派は、この公会議の目標をカトリック教会自体の強化だと理解し、伝統を嘲笑、破壊するのはこの公会議の「文書」に反すると主張した。孰れもこの公会議の特定の側面を誇張したものだと言えるだろう。「第二ヴァティカン公会議」の錦の御旗を掲げる両派の争いは、ドイツ語圏ではラーナー、キュング、メッツらと、ヘフナー、ラッツィンガー、デューバ、マイスナーらとの対立に顕在化していく。

「第二ヴァティカン公会議」は今日偉業として称讃されることも多いが、当時のカトリック教徒の間では必ずしも歓迎された訳ではなかった。後述するルフェーヴルらは、典礼改革などに反撥して結集し、教皇を批判して破門されることになる。ボン大学を戦後追われていた教会法学者バリオンは、教皇庁と進歩派との対立を憂慮していた。彼は公会議で設置された諸機関を「反教皇庁機関」(独 Antikurie)と呼び、教区から教皇庁に進歩的・多元主義的改革を強要するものだと批判した。また進歩派が、ピウス一二世まで有効だった教義を単なる通過点だったと見ていることに憤慨した。バリオンは公会議が司牧活動上の混乱を呼び起こすことを予想していたのだった[263]。

第四節　公会議神学者としての分析

一　フリングス枢機卿の庇護

公会議の準備期間に、ボン大学教授ラッツィンガーはケルン大司教ヨーゼフ・リヒャルト・フリングス枢機卿の知遇を得た。一九六一年二月二五／二六日、ベルギッシュ・グラートバッハのベンスベルクにある「トーマス・モア・カトリック・アカデミー」での研究会「公会議と再統一」で、ラッツィンガーは講演「公会議の神学について」を行った。この講演でラッツィンガーは、教皇不可謬宣言後に公会議を開催する意義を疑問視する教会外の声を踏まえて、教皇不可謬性自体は否定せずに、教皇の主導性を相対化して見せた。正教会の見解も援用しつつ、彼は不可謬なのは寧ろ教会全体であり、教会と公会議とは同根だと説いた。この講演を臨席のフリングスが聴いていたのである。ラッツィンガーは、前述の経緯でミュンヒェンのヴェンデル大司教とは「問題がないとは言えない」関係だったが、新天地ボンで新たな庇護者を得た。フリングスとの間を仲介したのは、ミュンヒェン時代の学友でフリングスの秘書を務めていたフベルト・ルーテ（のちエッセン司教）であった（因みにフリングスは、ギュルツェニヒ・コンサートでラッツィンガーに出会ったと回顧している[264]）。

©AFP/DPA/Erzbistum
ケルン大司教フリングス枢機卿とボン大学教授ラッツィンガー

フリングス枢機卿はドイツの「修正による再出発」を体現する人物である。彼は一九四二年にケルン大司教に任命されたが、司牧書簡で繰り返し人種主義や障害者安楽死を批判し、秘密警察から綿密な監視体制を敷かれていた。フリングスは一九四六年大晦日の説教で、戦後の困窮時代には窃盗も止むを得ないという趣旨の発言をし、「窃盗する」を意味する「フリングゼン」（独 fringsen）という新語が生まれた。フリングスはまた「非ナチ化」で追放されたNSDAP関係者の復権に尽力し、ソヴィエト俘虜収容所のドイツ人将兵の解放、東部領域から追放されたドイツ人難民の統合にも奔走した。フリングスは更に、カトリック陣営が「キリスト教民主同盟」（CDU）と中央党残留組とに分裂したことを嘆きつつも、一九四八年一一月にキリスト教徒の広範な結集に期待して前者への入党を宣言したが、自由民主党（FDP）や社会民主党（SPD）から帝国政教条約第三二条の政党帰属禁止規定を指摘されて、一九四九年二月に脱退するという事件を起こした。因みにフリングスは日本とも関係が深く、ケルン大司教区の友好教区である東京大司教区を訪問し、イエズス会の上智大学に赴き、昭和天皇にも拝謁している[265]。

フリングス枢機卿の信頼を得たことで、ラッツィンガーの公会議への道が開かれた。フリングスはラッツィンガーにその講演原稿の執筆を依頼し、一箇所修正しただけで採用した。この講演「公会議と現代の思想世界」は、一九六一年一一月二〇日にジェノヴァで行われた。その原稿を読んで、デプフナー枢機卿は美しい将来像だが実現可能性がない「歴史上の文書」だと述べたが、教皇ヨアンネス二三世はわざわざフリングスを呼んで抱擁し、その流麗な叙述に謝意を表明したのだった。その後ラッツィンガーはフリングスの要請で、まだ未公開の公会議文書を秘密裡に検討する作業を行った[266]。

ラッツィンガーはルーテと共に、フリングス枢機卿の神学顧問としてローマに行くこととなり、第一期の終わりには正式に「公会議神学者」（Peritus）に任じられた。「公会議神学者」は総会に出席できるものの、求められた時に発言できるに過ぎない。とはいえ「公会議神学者」は、司教たちの顧問として重要な役割を果たしたのであり、また委員会議長の指示で草案の作成にも関わったのである。ラッツィンガーはフリングスと共に、ナヴォナ広場に近い宿坊「アニマ」に居住し、ドイツ語圏各国からの参加者と討論すると同時に、アンリ・ドゥ・リュバック、ジャン・ダニエルー、イヴ・コンガール、ジェラール・フィリップら他言語圏の神学者たちとも議論を重ねた[267]。

ラッツィンガーはこの時期、カール・ラーナーとの共同作業を経験した。ラーナーはヴィーン大司教フランツ・ケーニヒ枢機卿の神学顧問として公会議に臨んでいたが、ミュンヒェン＝フライジング大司教デプフナー枢機卿ととりわけ密接な関係にあった。ラッツィンガーとラーナーとは、ケーニヒシュタインで行われた一九五六年の教義学者の研究会で既に顔を合わせていた。ラッツィンガーはラーナーと共同で、「啓示」（一九六二年）及び「教皇首位性と司教の同僚性」（一九六三年）についてのラテン語の草案を作成したが、徐々に彼との神学的立場の違いを実感するようになった[268]。

ラッツィンガーは西ドイツに帰国するたびに、第二ヴァティカン公会議の模様を、各会期に一回ずつ、合計四回に亘って講演した。まだ三十代の少壮教授ラッツィンガーの公会議論は、フリングスも太鼓判を押した概観[269]で、彼の初期の立場を示すものとして貴重な史料である。ここではその講演録やその他の史料に基づき、彼の当時の状況認識を紹介してみたい。

二　基本的態度

第二ヴァティカン公会議に於けるラッツィンガーの態度は改革への意欲に満ちたもので、「楽天主義者」を以って自認していた。彼は公会議に先行する「反近代主義」の時代を否定的に描き、教会は静的で完結したものではなく、動的で生き生きとしたもの、常に変化の途上にあるものだと説いた。彼は「反」という消極的姿勢から脱却して、「キリスト教的に攻めに転じる」可能性を模索した。彼は第三会期以降、公会議での改革が一部で遅滞してくると、これに厳しい批判を加えるようになる。彼は教皇批判も辞さず、「ピウスを名乗る教皇たち」（独 Pius-Päpste）という軽蔑的な集合名詞を用いた。彼はトリエント公会議、第一ヴァティカン公会議を閉鎖志向のものとして否定的に扱い、開放志向の第二ヴァティカン公会議と対置した。とはいえ彼は、改革を過去との完全な断絶ではなく古き姿の復興と見たがる面もあり、古代や中世に現代の模範を求めようともした[270]。

ラッツィンガーは教義学者だが、この公会議による新しい「教義」（独 Dogmen）の設定には消極的だった。シュタインビューヒェルを意識してか、彼は同時代を「大きな精神的大変革の時代」と呼び、教会がこれに柔軟に対処することが必要だと考えた。だが新しい教義を立てれば、新しい可能性も広がるが、新しい限界も設定してしまう。教会を自由にしておく為に、教義で縛らないというのが、当時の彼の方針だった[271]。

ラッツィンガーはこの公会議にも垣間見える教会の旧態依然とした面を、苛立ちと軽蔑とを以って描いた。彼は公会議対教皇庁の諸省という対立構図を念頭に置いていた。彼は多すぎる文書、開会式の仰々しさと冗長さ、第一回総会で委員選出すら出来なかった不手際を批判的に紹介した。彼はラテン語を脱却しようとする進歩派が文法に適ったラテン語で明快に演説するのに、ラテン語に固執する保守派が苦手なラテン語で苦労し乍ら話す様子を冷笑した[272]。

ラッツィンガーは公会議を改革の端緒に過ぎないと考えていた。「我々は更に一歩進まなければならない。公会議で決議したこと全てはただの端緒でしかあり得ない。それは教会の日常の現実に移されて初めてその真の意味を獲得する。かくしてこの移す作業がどの程度成功するかという問いが、孰れにしても残っているのである[273]」。

三　歴史的文脈から見た公会議

ラッツィンガーは彼が代筆したフリングス講演「公会議と近代思想世界」で、第二ヴァティカン公会議を歴史的文脈の中に位置付けている[274]。

ラッツィンガーは、公会議の課題とはいつもその時代の提供する「精神的武器」を以って人々をキリストに帰依させることであり、ヨアンネス二三世が述べた教会の「現代化」（伊 aggiornamento）とは、正にその表現だとした。彼は公会議で「今日の精神世界」が慎重に吟味され、福音の燈明が古びた「桶」によって隠されてしまうことなく、現代の我々全員を照らすようにされなければならない（マタイ伝の表現）とした。

ラッツィンガーは、第一ヴァティカン公会議が直面した時代の潮流を「自由主義」（独 Liberalismus）だとした。当時自由主義は力強く興隆しつつあり、経済面では最初の大きな成功を収め、神学研究では「歴史主義」（独 Historismus）の「単独支配」が最初の勝利を祝っていた。この歴史主義は神学を「近代主義」（独 Modernismus）の危機に陥れることになった。神学やその基盤としての哲学を再生させようとする試みは、既に啓蒙思想による動揺の後で始まっていたが、「自由至上主義」（独 liberalistisch）の猛攻撃を受けて「合理主義」（独 Rationalismus）と「信仰墨守」（独 Fideismus）とに分裂し、フォイエルバッハやヘッケルの「物質主義」（独 Materialismus）の挑戦も始まっていた。第一次世界戦争は自由主義的世界の崩壊を齎し、代わって物質主義的なマルクス主義と「ロマン主義的なナショナリズム」（独 romantisierender Nationalismus）との擡頭を招いた。後にそれらの馬脚が現れると、一旦否定された自由主義が再評価されるようになり、現在に至っている。だが歴史が単純に過去へ回帰するということはなく、第二ヴァティカン公会議を取り巻く状況は第一ヴァティカン公会議のそれとは異なるのだという。

ラッツィンガーは百年前と異なるものとして「人類の統一の経験」を挙げる。世界は欧米的技術文明の下で統一化されつつある。カトリック教会はその名前通り、今や全世界の人々に対して責任を負うことになった。技術文明の勝利はヨーロッパ主義の勝利であるが、それは同時にヨーロッパ的なものの弱体化をも惹き起こした。五十年前にトレルチュはキリスト教が齎したヨーロッパ文化の優越性、キリスト教の他宗教に対する優越性を論じたが、これは二度の世界戦争の後ではもはや考えられないことである。所謂キリスト教諸民族の犯した残虐行為は、非キリスト教徒に懐疑の念を呼び起こしている。アジア人はキリスト教の歴史が流血と不寛容とで満ちていることを指摘する。こうした結果、世界は一方で技術文明による統一化が進みつつ、他方でラテンアメリカの「インディオ主義」、イスラム教、仏教、ヒンドゥー教の再活性化といった多様化の動きを見せている。西洋人もキリスト教の絶対性を疑うようになっている。相対主義は自己の絶対視を止め、本当に絶対的なものを見た目だけ絶対的なものから解放するという利点もあるが、信仰の否定に陥る危険性も孕んでいる。カトリック教会は多様化する人類に目を向けつつ、同時にそれを統一していかなければならない。典礼は「気持ちの籠った神の礼讃」になるように、統一性のある、然し夫々の地域的特性の適切な表現にならなければならないという。

ラッツィンガーは、技術の発達も百年前とは違うという。自然に依存していた人間は技術的進歩で自然を支配するようになった。神は居ないとする近代の思想は、工業労働者の技術的環境から広まったのである。「新しい異教徒」、つまり技術の発達で世俗化した人々が増加した。技術が無敵の進撃をする中で、「科学の盲信」（独 Wissenschaftsgläubigkeit）も広まった。然し人間は依然として、科学では割り切れない存在で在り続けている。本物の真理、真の進歩は神の真理と矛盾しないので、教会は科学から逃避する必要はない。

ラッツィンガーはマルクス主義、実存主義、新自由主義、更に「国民至上主義的神話」（独 der nationalistische Mythos）といった「イデオロギー」の流行に注目する。イデオロギーは世俗化し神が居なくなった世界から、信仰に代わる「代用宗教」（独 Ersatzreligion）として登場した。今日支配的なイデオロギーは、とりわけマルクス主義と新自由主義である。「国民至上主義的神話」はヨーロッパではファシズムの崩壊と共に失墜したが、植民地独立運動には引き継がれた観がある。欧米、ロシヤには脱イデオロギーの潮流も存在し、自由主義や社会主義の嘗ての活気が失われつつある。マルクス主義は希望のイデオロギーであり、キリスト教の救済論を世俗的に転用したものであるが、実存主義は希望がないというイデオロギーである。自由主義は全体主義への反撥としてあらゆる型を拒否するイデオロギーである。こういったイデオロギーに対して、カトリック教会は公会議によって再び人々が近付ける「父の家」とならなければならないという。

ラッツィンガーはカトリック教会内で活発な二大潮流として、ルルドやファティマで盛んなマリア運動と、仏、白、独のベネディクトゥス派修道院を中心とする「典礼運動」とを対置した。彼は両者をイエスの下で出来るだけ総合しようとした。

四　教会の統治構造

ラッツィンガーは教皇権の問題に、既に教授資格論文との関連で取り組んでいた。シュマウス還暦記念論文集への寄稿「首位論の発達への托鉢修道会紛争の影響について」（一九五七年）で、彼はフランチェスコ会の総長ボナヴェントゥーラが教皇権強化に貢献したことを論じた。彼によれば、ボナヴェントゥーラは托鉢修道会が貧者であり続ける為に、教皇への喜捨を必要と考えており、また遊行する托鉢修道会が各地の教区司教たちと対立する中で、自分たちの上に立つ教皇の首位性を強調するようになった。但しボナヴェントゥーラは教皇が絶対的権威であることは『新約聖書』に反するとし、「内なる限界」を設けていたという。このようにラッツィンガーは、反権威主義的に解釈されがちな托鉢修道会が、実は教皇首位性の主張者であったという逆説を論じ、同時に教皇の全能性批判にも目を向けたのである。(275)

公会議が始まると、ラッツィンガーは教皇に「改革」の牽引者を見た。彼は教皇ヨアンネス二三世を、保守派に対抗する公会議の応援者だと考えた。彼はまた、教皇が信仰告白に「カトリック教会の司教ヨアンネス」と質素に署名した点を好意的に評価していた。同様に新教皇パウルス六世にも、ラッツィンガーは公会議の庇護者を見ようとした。ラッツィンガーは新教皇と前教皇との親交の深さに触れ、方針の継承を印象付けようとした。またラッツィンガーは、新教皇が第二期開会の辞で徹底したキリスト中心主義を宣言したことに好感を懐いていた。だが第三期に、パウルス六世は公会議が議論の末に断念した筈の「教会の母」という称号を、閉会の辞で主の母マリアに奉った時には、ラッツィンガーは不信感を懐いた[276]。

ラッツィンガーは教皇と他の司教との勢力均衡を求め、「水平的カトリック性」（独 horizontale Katholizität）の充実を訴えた。ラッツィンガーの見るところ、司教たちはローマの教皇に直結し、横の連絡が限定されている為、公会議で委員の選出にも同僚を知らず苦労する有様であった。彼はコンガールを引きつつ、この「水平的カトリック性」を、教皇を中心とする垂直的な構造と並ぶ要素と位置付けた。つまり彼は、司教たちの連帯によって、教皇及び教皇庁を打倒することを考えていた訳ではなく、飽くまで生産的な緊張関係を望んだのである。この点は、公会議決定に対する教皇の裁可様式の評価にも表れている。教皇パウルス六世が「朕は教父たちと共同で」決定を裁可するとしたことを、ラッツィンガーは注目すべき変化として肯定したのである。公会議直前の一九六一年に刊行したラーナーとの共著『司教職と首位職』でも、ラッツィンガーは「ローマ＝カトリック」という名称に「ローマ」＝教皇と「カトリック」（普遍的）＝教区司教との協働性を見ようとしていた[277]。

ラッツィンガーは「司教の同僚性」（独 Kollegialität der Bischöfe）という観念を詳解し、重要な改革の動きとして評価した。つまり司教たちは十二使徒の後継者なのであって、互いに対等な仲間として教会運営に当たるという考え方である。一九六四年九月三〇日、第三期にこの点が可決された時には、ラッツィンガーは公会議が最高潮に達したと喜んだ。ただこの発想でいくと、ローマ司教たる教皇の特別視も否定されることになりそうだが、ラッツィンガーはそこで留保を置くのを忘れない。つまり十二使徒の中でもペトロは別格なのであり、その後継者たる教皇は、対等な「仲間団体」（独

Kollegium）である司教団から独立しているというのである。[278]

ラッツィンガーは、公会議の多数派が「反近代主義」からの脱却を願っていることを強調し、多数決による陋習の打破を常に好意的に描写した。当時の彼は、多数決による「改革」を肯定すべきこととして認識していたのである。だが彼は、司教たちが議会に於ける政党のように「会派」を形成することには消極的だった。彼にとって会派を形成しないことは、真理に対し責任を負うことであった。彼は会派の形成が、民族毎の分裂になることも危惧していた。彼は政治的概念の教会問題への転用には慎重で、公会議内の対立する両陣営を「左派」「右派」と仮に表現しつつ、本来は適切な表現ではないと釘を刺していた。同様に教皇首位制を君主制に準え、アリストテレス政治学の援用で「最善の統治形態」と論じることにも否定的であった。第四期には、彼は聖霊修道会総長マルセル・ルフェーヴルらが保守派教父グループ「国際教父同盟」（羅 Coetibus internationalis Patrum）を旗揚げし、「宗教の自由」や「他宗教との関係」に関する議論で活発に活動したことを批判的に紹介している。[279]

第二期から公会議に信徒が「傍聴者」として参加し、事実上審議の一端を担うようになったことも、ラッツィンガーは「改善」だとしている。因みに彼は、公会議に先立つ一九六〇年夏、ミュンヒェンで開催された「世界聖体拝領大会」に際しても、大規模ミサによる信徒の一体化を高く評価し、各種の批判を退けていた。彼は公会議中、「民主政」（独 Demokratie）概念を教会に用いることを退け、「聖別」に基づく教会職は「民主的代表」とは違うとしていたが、教会指導の基盤が広がるという意味では事実上「民主政」が教会でも作用すると述べていた。また彼は教皇に対する司教の権限のみを強化して信徒は除外するという考えを採らず、受洗者は皆「神の民」の正会員であり、教会統治に発言権を有すると述べていた。彼はそうした統治構造の改革に「危険」（独 Risiko）があることは認め、オッタヴィアーニをその代表的主張者として挙げつつも、明らかに当時は事態を楽観視していた。[280]

ラッツィンガーは、公会議から浮上した教会理解として、「彷徨える神の民としての教会」「貧者の教会」を挙げ、これを「バロック君主の教会」に対置した。前者に肯定的な、後者に否定的な意味合いが込められていることは明らかである。但し彼は、ロマンス系諸国から提起された「貧者の教会」論について、その本質は「健全」としつつも、「貧困への一種のロマン主義」があると皮肉も述べていた。[281]

五　典礼改革

ラッツィンガーは典礼改革を「元来のもの」への回帰として歓迎した。彼は中世後期にカトリック教会の典礼に外面的要素が大きくなり、ルターから「偶像崇拝」との批判を受けるようになったこと、トリエント公会議で典礼様式がローマから中央集権的、官僚的に管理されるようになったこと、バロック時代に典礼がオペラのように壮大になったことを指摘した。彼は、装飾過剰な典礼は精神性を欠いた空虚なものだ、カトリック教会を革新した聖人たちに典礼によって精神性を育んだ者は一人も居ないと言い切った。[282]

ラッツィンガーの典礼批判は公会議の開会式批判から始まっていた。彼はそこで、信徒たちは勿論、司教たちも黙って参加するだけで、精神的一体感がなかったと苦言を呈した。彼はより詳細な個々の批判もしているが、最も重視したのが参列者の積極的参加であった。彼は描写の最後に、閉会式がどう変化するかが、公会議の成否を示すだろうと述べた。そして公会議の締め括りに当たり、教皇パウルス六世が司教たちと「共同司式」を行って「同僚性」を表現し、ベア枢機卿がコンスタンティノポリス総主教への破門撤回を宣言するのに、ラッツィンガーは喜びを表明したのだった。[283]

信徒の活発な参加を重視したラッツィンガーは、「言葉の礼拝」を秘蹟と並ぶものとして重視する方針に賛成だった。この点から導き出されるのが、「典礼規定の脱中央集権化」、つまり各国の「司教会議」に教会法上の地位を与え、地域の実態にあった典礼様式を採用することである。ここで特に問題となるのが、典礼で用いる言語である。彼は、公会議の席上で「ラテン語は死語」と断定し、キリストや使徒らも当時の言葉で語ったことを指摘した、メルキト派総大司教マクシモスの演説を長大に引用している。[284]

六　教会一致運動

ラッツィンガーは、「教会一致的」（独 ökumenisch）という単語を極めて肯定的に用いていた。彼は、ökumenisch と

katholischとは起源が同じだと述べている。カトリック的とはローマに向かうだけではなく、隣人に目を向けることでもあるという。彼はマリア崇敬を除去し、プロテスタンティズムに同化していくことはないが、別れた兄弟たちの問いに答え、『聖書』を忘れた「思惑の神学」（独Spekulationstheologie）からは距離を置く必要があると述べた。[285]

但しラッツィンガーは、「教会一致的」とは「他者を怒らせないように真実について沈黙することではない」、飽くまで「他者を単なる敵と見るのを止めること」「他者を兄弟として認識するよう努めること」「他者の真理も尊重すること」であり、「教会一致運動」が他宗派との対話を進めつつも、カトリック教会の本道を蔑ろにするものではないとした。彼は第二ヴァティカン公会議に招待されていたプロテスタント神学者（ハイデルベルク大学教授）エドムント・シュリンクのように、どの教会も同じ正統性を有するという見地には立っていなかった。またラッツィンガーは、公会議によって分裂したキリスト教の再統一を成し遂げるのは無理があるとも述べ、過剰な楽観論には距離を置いていた。[286]

「教会一致運動」でのカトリック教会の対話の相手としてまずラッツィンガーが念頭に置いたのは、東方教会であった。マクシモス総大司教の発言に触発され、ラッツィンガーは東方典礼教会、つまり「合同教会」が果たす東方との懸け橋の役割を重視した。彼はまた、第二期開会の辞で教皇パウルス六世が締め括りにギリシア語、ロシヤ語を用いたことにも注意を喚起している。彼は更に、教皇首位性の誇張が東方教会との一致を妨げることも懸念し、その意味でも「司教の同僚性」を重視していた。[287]

ラッツィンガーは、聖伝を共有する東方教会とよりも、「聖書のみ」に固執するプロテスタント教会との一致の方が、カトリック教会にとって問題が大きいと明言していた。とはいえラッツィンガーは、プロテスタント教会との共通基盤が「聖書のみ」だとしても、それは共通基盤として決して小さくはないとも述べている。また福音主義連盟議長ヴォルフガング・ズッカーの「教皇はさっぱり公会議を必要としていないことが判明した」という辛辣な発言を援用して、パウルス六世を批判したりもしている。[288]

七　公会議後の混乱

だがラッツィンガーはローマから帰国すると、西ドイツで公会議が及ぼした波紋に不安を感じるようになっていった。神学への関心が高い西ドイツでは、教会や神学者の雰囲気に混乱が生じていたという。教会の中に確固たるものは何もない、全て修正されるべきという印象が強まり、公会議を議会のように何でも変えられる組織と考える流儀が広まっていた。彼によればこれは全くの誤解であった。教皇庁を革新と進歩の敵とする恨みがましい反感、公会議に於ける対立を政党間対立に譬える風潮、教会に於ける人民主権の実現を目指し、「下からの教会」「民の教会」「解放の神学」を唱える風潮を、ラッツィンガーは危険視した。神学者の役割が増大していく様子に、彼はルターの時代を想起した[289]。

回顧録によれば、ラッツィンガーはこの頃既に公会議後の動揺に警告を発するようになっていたという。彼はミュンスター大学での講演「教会に於ける真の改革と偽りの改革」で最初の警告を行ったが、衆目を集めることはなかった。次いで一九六六年、ラッツィンガーがバンベルク・カトリック信徒大会での講演「公会議後のカトリシズム」で懸念を表明すると、公会議を主導したミュンヒェンのデプフナー大司教は、これを「一抹の保守主義」だとして違和感を表明したという。ラッツィンガーはこの講演で、公会議後の当惑や熱狂の沈滞を指摘し、公会議で我々を喜ばせたものには「二つの顔がある」ことが分かってきたとした。彼は「旧体制の敵」を自負する進歩派の「危険な新しい勝利主義」を戒め、典礼が「初めの簡素さ」に回帰することは求めつつも、典礼が祝祭として荘厳な美しさを帯びることを当然とした。とはいえこの講演は、保守一色のものではなかった。彼は伝統や神秘性の愛好者が口にする典礼改革への不満を退けた。そこではラテン語が全教会の紐帯になるという後年の彼の持論も批判され、ラテン語も元来ローマの現地語だった筈と説明されていた[290]。

この頃カトリック教会の公会議後の動揺は話題となっていた。カトリック系出版社ヘルダー書店の情報誌『ヘルダー通信』は、第二ヴァティカン公会議終了直後の一九六六年には、「改革」へ

©AFP
教皇パウルス６世（コンスタンティノポリス総主教アテナゴラス１世と）

向けての動きを次々と報道していたが、早くも一九六八年六月号では、「改革」によるカトリック世界のアイデンティティ喪失状態を語るようになった。それはラッツィンガーが指摘した通り、これまでの基盤が否定されて、確固たるものが何もない、全てを変えなければならないと困惑するカトリック教徒たちの姿であった[291]。

改革の是非を巡るカトリック教会内の亀裂は、一九六八年七月二五日に発布されたパウルス六世の回勅「フマーナエ・ウィータエ」によって顕在化した。この回勅でパウルス六世は夫婦愛の大切さを説き、夫婦の性行為と新生命の産出との間には、神が定め人間が介入できない繋がりがあるとした。その上で教皇は、許されない産児制限として、堕胎（既に芽生えた生命の直接的中絶）、不妊手術、性行為中の避妊を挙げた（但し不妊期間を利用した産児数調整は正当な理由がある場合のみ可）。この回勅は、公会議後の性規範緩和を期待していた人々を落胆させると共に、教皇の任命した研究委員会の多数派意見に相応しない内容だったことが批判を呼んだ[292]。公会議後の「改革」ムードを一変させたこの回勅により、パウルス六世は「ピッレンパウル」の渾名で罵られるようになった。これに対し「ドイツ司教会議」は、一九六八年八月二九／三〇日に臨時総会を開き、教皇の回勅がドイツでの現状に照らして無理があることを、慎重な表現乍ら表明した。パウルス六世によって教会法上の地位を得た「ドイツ司教会議」が、逆に教皇に異を唱えたのである。その直後、パウルス六世は九月四日から八日までエッセンで行われたドイツ・カトリック信徒大会に挨拶文を寄せたが、ドイツ司教たちの声明と同じ日付になっており、声明に対する応答は含まれていなかった[293]。

第四章　時流に抗する大学教授　一九六六年―一九七七年

第一節　一九六〇年代ドイツ――「破壊」による「修正」の否定

一　「過去」全面否定の潮流と世代間対立

人間は近しい者を裁くのは困難だが、遠くの者を裁くのは容易い。近しい者については詳しい事情を知っており、配慮すべき人間関係があり、思い遣りの気持ちが湧いてくるのに対して、遠い者については平然と割り切って糾弾することが出来る。戦争直後のドイツ人には、ドイツを破滅させた国民社会主義体制に不満があるとしても、自分も共有した時代、複雑な経緯、錯綜した人間関係を総花的に否定することは出来なかった。そこで彼等は、良い要素と悪い要素とを分けるという論法を採ったのである。だが世代交代が進むと、事情が忘却され、単純な裁断が可能になる。しかもそれが世代間対立と連動すると、道徳論に便乗した新世代による旧世代への一方的非難が為されるようになる。一九一五年生まれのレップレはこう嘆息する。「自分の生きる時代、両親、母語、祖国を選べる者は誰も居ない。早く生まれたこと、遅く生まれたことへの慈悲はあるのだろうか？」[294]。

ドイツ連邦共和国の建国期を担った指導者たちは、ヴァイマール共和国以前に活躍していた人々であり、「修正による再出発」を目指したが、徐々に新世代（そこには戦後生まれの世代だけでなく、ＮＳＤＡＰ政権期に成育した世代も含まれる）が擡頭してくると、「破壊による再出発」が顕著になっていった。一九四〇年代、「破壊による再出発」の構想としてはソヴィエト型社会主義が有力だったが、スターリン批判やハンガリー動乱が報道されると、ソヴィエト連邦及び各国共産党への信頼は減退した。更に一九五六年に「ドイツ共産党」（ＫＰＤ）が禁止され、西ドイツでのソヴィエト型社会主義の影響力は縮小した。それに代わって登場したのは多様な潮流であった。マルクス主義では、ソヴィエト連邦と袂を分かった毛沢東や、大国アメリカを相手に闘うヴェトナム共産党への同情が高まった。欧米「帝国主義」への反感から、アジア・アフリカの独立運動への共感が広がり、理想化された「第三世界」イメージが流布した。「公民権運動」などに象徴される「アメリカのリベラル」思想の怒濤の流入が始まり、平和主義、反西洋中心主義、多文化主義、フェミニズム、性慾解放運動、環境保護運動、動物愛護運動が拡大した。若者たちは益々整髪なしの長髪になり、Ｔシャツ、ジーパンといった「ヒッピー」スタイルを好み、結婚せずに男女で（或いは同性同士で）同棲し、空き家を不法占拠し、「ロックンロール」など英米の激しいリズムの音楽を聴き、公共の場で落書きをして気勢を上げた。彼等は欧米帝国主義の批判者を自認したが、実は彼等こそがドイツに於けるアメリカ文化帝国主義の先兵だったというのは歴史の皮肉である。

一九六一年の「ベルリンの壁」構築は、自由主義圏と社会主義圏との対峙が固定化しつつあることを示した。アメリカ合衆国とソヴィエト連邦とは、キューバ危機（一九六二年）で厳しく対立しつつも、どちらも相手を凌駕できないことが明らかとなり、徐々に「緊張緩和」の動きを見せ始めた。ヴェトナム戦争が泥沼化する中で、アメリカは中華人民共和国とも「緊張緩和」を模索する。「緊張緩和」とは「アウクスブルクの宗教平和」と類似した面があるが、対立する両陣営が相手の殲滅を（最終的に断念するかどうかは兎も角）差し当たり停止することで、際限ない危機の昂進を終わらせるという現実的解決である。両巨頭である米ソが融和志向になると、米ソに従ってきた夫々の同盟諸国は当惑することになる。「ハルシュタイン原則」を掲げて（ソヴィエト連邦以外の）社会主義圏と厳しく対決してきた西ドイツでは、連邦議会の主要二大会派であるＣＤＵ／ＣＳＵもＳＰＤも社会主義圏とは一線を画し、占領されたオーデル・ナイセ以東の領土の回復を要求し、追放されたドイツ人難民の支援を行っていたが、冷戦が固定化する見通しとなると、領土要求を掲げ続け、社会主義諸国と断交状態の儘で居ることも難しくなってきた。一九七二年のブラント政権（ＳＰＤ・ＦＤＰ）による事実上の領土要求抛棄は、結局のところ冷戦長期化の産物なのだった。

西ドイツはまた進展するヨーロッパ統合の渦中にあった。ヨーロッパ統合を推進する中核的思想は「平和共存」である。

然し「平和共存」とは、ドイツの封じ込めによる平和維持、ドイツの国内資源のヨーロッパ共有化など、ドイツの犠牲を前提にしていた。国際社会での対等な扱いを期待できない西ドイツは、自国に不利益も多いヨーロッパ統合を、逆転の発想で利用しようとした。つまりヨーロッパ統合に積極的に参加し、その中にドイツ人の新たな行動の余地を見出すことにしたのである。連邦外務次官であったヴァルター・ハルシュタインは、一九五八年に「ヨーロッパ経済共同体」（EEC）委員長に就任する。フランスの国益に固執するシャルル・ドゥ・ゴール大統領と対決して、ハルシュタイン委員長はEECの共通市場化を提案した。

東西冷戦構造の固定化とヨーロッパ統合の進展という新しい潮流は、ドイツ国民国家の歴史的一貫性を当然の目標としてきた従来のドイツの政治観に変更を迫るものであった。西ドイツの知識人の中には、こうした路線変更を歴史的に正当化し、ドイツ国民国家理念との断絶を図ろうとする動きが出てくることになる。

従来のドイツ史理解を根底から揺るがせたのが「フィッシャー論争」であった。ハンブルク大学教授フリッツ・フィッシャー（一九〇八年―一九九九年）は、第一次世界戦争開戦前後の官庁文書を渉猟し、一九六一年に浩瀚な外交史研究『世界大国への挑戦』を刊行して、ドイツ帝国の政府や民間団体に侵略的意図があったことを大々的に強調した。従来の西ドイツ歴史学界では、第二次世界戦争をドイツが惹き起こしたことは疑わずとも、第一次世界戦争もドイツが惹き起こしたとするヴェルサイユ条約の見解には強く反撥し、帝国主義諸国がサライェヴォ事件という偶発的出来事によって戦争へと引き摺りこまれたと考える傾向にあった。ドイツ帝国に「全ドイツ連盟」や軍部など領土拡大に積極的な潮流があったことも知られていたが、帝国指導部を担った帝国宰相テオバルト・フォン・ベートマン・ホルヴェークとその周辺は穏健で侵略戦争の意図はなかったと信じられてきた。これに対しフィッシャーの著作で最も刺戟的だったのは、他ならぬ帝国指導部が、大戦争に発展する可能性を承知で、ハプスブルク帝国政府に対セルビア交渉に関する「白紙委任状」を与え、開戦後は「九月計画」という侵略計画を立案したという見方であった。フィッシャーはドイツ帝国の朝野に亙る様々な侵略主義的潮流を紹介し、他の交戦国の状況を同程度の批判的姿勢で検討しない儘、第一次世界戦争が専らドイツ帝国によって惹き起こされたかのように印象付けようとした。更にフィッシャーは一九六九年に『幻想の戦争』を刊行し、「内政の優位」という歴史学の手法を確立した。これは外交・戦争などの外政は、内政状況の帰結として説明されるのだという、マルクス主義にも通じる発想である。ドイツ帝国の場合、民主化運動が高揚する中で、権威的な統治構造を維持する為に、支配層が対外戦争という冒険に打って出たというのである。フィッシャーはこれらの成果を踏まえ、ドイツ帝国から「ナチズム」体制への連続性を強調し、更にはドイツ史全体をヒトラー登場の前史と位置付ける歴史観を披露し、「ヒトラーは事故ではなかった」と訴えた。フィッシャーに触発された若手世代は、ビーレフェルト大学教授ハンス＝ウルリヒ・ヴェーラー（一九三一年―二〇一四年）を中心に「ドイツ特有の道」批判を展開し、「歴史的社会科学」の名に於いてドイツ史の総合的批判、ドイツ・ナショナリズムの撲滅を目指した。

「フィッシャー論争」と並行した論争に「ヴェーバー論争」があった。マックス・ヴェーバー（一八六四年―一九二〇年）はドイツ帝国の知識人であり、近代随一の社会科学者であって、同時代人のカール・ヤスパースや未亡人マリアンネ・ヴェーバーの運動もあって、古き良きドイツの体現者、「ハイデルベルクのミュトス」の中心人物として敬意を集めていた。然しその遠縁に当たる若手歴史家ヴォルフガング・J・モムゼン（一九三〇年―二〇〇四年）は、このヴェーバーもヒトラーの前兆として取り扱った。モムゼンは東ドイツで保存されていたヴェーバー関係文書を閲覧し、これまでにないヴェーバーの浩瀚な政治的伝記を執筆した。ここでモムゼンは、特にヴェーバーのドイツ・ナショナリストとしての側面に着目し、社会学、経済学のものが大半だったヴェーバー研究に新境地を開き、後年の『マックス・ヴェーバー全集』の基盤を準備した。だがモムゼンがヴェーバーの第一次世界戦争に於ける侵略主義的傾向を強調し、彼が主張した直接公選大統領制構想をヒトラー独裁の準備と看做すに及んで、大きな論争へと発展した。

「フィッシャー論争」と「ヴェーバー論争」とは、「破壊による再出発」による「修正による再出発」の批判という共通項を有している。ドイツ連邦共和国では、国民社会主義体制に対する否定的評価は確立していた。問題は、ドイツ史の良い系譜（ベートマン・ホルヴェークやヴェーバー）と悪い系譜（全ドイツ連盟、ルーデンドルフ、ヒトラー）とを区別して考えるのか、ドイツ史を総体として疑問視してそこからの訣別を訴えるのかであった。一九六〇年代から優勢となった後者の潮流は、前者の潮流が国民社会主義体制のドイツ史に於ける根源を過小評価していると批判したのである。今やドイツ史研究界は、ドイツ史の批判的検討に積極的か、消極的かで歴史家が善玉、悪玉に分類される時代を迎えたのである。「破壊による再出発」論者の目標は、西ドイツ社会の「道徳的征服」であった。「破壊による再出発」論者は「過去の克服」（独 Vergangenheitsbewältigung）を提唱して、「修正による再出発」を進めてきた世代を、ドイツの「過去」を全面否定しなかった、「ナチズム」をドイツ史に於ける「突発事故」（独 Betriebsunfall）としてしか扱わなかったとして、道義的欠格者として断罪し始めた。フィッシャーもモムゼンも共に大規模な史料収集を行ってはいたが、彼等の名声を高めたのはそうした学問的成果というより、寧ろ「ドイツ人が自らドイツ史の批判的検討を始めた」という政治的功績なのだった。フィッシャーに対してはゲルハルト・リッターやエルンスト・ルドルフ・フーバーがその立論の強引さを指摘したが、彼等の批判は、懐古趣味的な「歴史家ツンフト」「伝統史学」が、卑劣にも若手歴史家の道義的訴えを誹謗していると、いつも道徳論議に還元されたのである。

最近では彼等「破壊による再出発」論者の「道徳」性には疑問が提起されている。彼等が糾弾した「過去」とは孰れも他者の「過去」であって、自分やその縁者の「過去」ではない。リッターが反NSDAP抵抗グループに属していたのに対し、フィッシャーは嘗てNSDAP党員であり、しかも突撃隊員、ヴァルター・フランクの奨学生でもあった。戦後になって「過去」の糾弾者へと華麗に変身したフィッシャーだが、自分の「過去」への批判はなかった[295]。ヴェーラーは自分の少年時代を批判的に考察しないばかりか、自分の庇護者だった恩師テオドル・シーダーが国民社会主義体制に積極的に加担していたとする告発に躍起になって抵抗したが、ヴェーラーの信奉者はそれを咎めずにその政治的功績を称え、彼の英米中心の学説理解と「歴史家ツンフト」批判とを無邪気に受容している。モムゼンも自分自身の「過去」には触れず、国民社会主義体制に参画して戦後失職した父ヴィルヘルムのことを一方的に擁護した。「ドイツ特有の道」批判の若手旗手ハインリヒ・アウグスト・ヴィンクラーも、親子二代に亙り指導を仰いだ歴史家ハンス・ロートフェルスの国民社会主義体制との協力疑惑を、感情剝き出しで否定した[296]。要するに戦後ドイツの「過去の克服」とは、別な手段による政治の延長だったという他はない。西ドイツ政治を道徳主義化した進歩派言論人たちは、権力闘争に「アウシュヴィッツ」を「道徳の棍棒」（独 Moralkeule）として濫用していると指摘されるようになり（マルティン・ヴァルザー[297]）、昨今では皮肉交じりに「道徳の使徒」(独 Moralapostel) と呼ばれることも多い。

一九六〇年代西ドイツの「道徳的征服」は、巨視的な眼で見れば「西欧」(米英仏)によるドイツの政治的・文化的征服であった。一九世紀、ドイツ語圏の文化は著しい発達を遂げ、政治的統一によって一層力強さを得た。然し西欧諸国、特に英仏が、長年劣位に見てきたドイツの政治的・経済的・文化的擡頭を許容する筈がない。二度の敗戦という破滅的な状況の中で、ドイツ人指導者たちは「ヨーロッパ」の一部としての「ドイツ」の価値を守ろうとした。だがそれでも西欧諸国のドイツへの圧力は止まらない。ドイツ人の若手世代は、勝者である「西欧」の権威を背景に、「ドイツ特有の道」批判を輸入して、ドイツ国内での世代間対立に於ける自分たちの理論武装としたのだった。

二 カトリック教会が置かれた状況

「ドイツ的なもの」を次々標的にする風潮の中で、カトリック教会もまた槍玉に挙げられた。カトリック教会の内部に潜む「ドイツ的な」=「悪い」側面を暴露し、その権威を失墜させようとする言論の登場である。まず批判されたのは、ファウルハーバー大司教、ガーレン司教といった高位聖職者たちだった。彼等は国民社会主義体制への抵抗者として知られていたが、保守的信条から共和制に懐疑的であったり、国家元首の権威を尊重したり、対決姿勢に不鮮明さがあった点が問題視された。更に批判はドイツ贔屓の教皇ピウス一二世にも飛び火する。教皇は人種主義政策を批判し、特に一九四三年にローマにドイツ軍が迫った時にユダヤ人の移送を妨げ、また修道院や幼稚園などに匿った為に、薨去の際にはイスラエル外相(のち首相)ゴルダ・メイヤやユダヤ人諸団体からも顕彰された人物だった。ただピウス一二世は、国民社会主義政権の人種的反ユダヤ主義とは対決しつつも、「神殺し」に言及するなど宗教的反ユダヤ主義と完全に無縁ではなかった。またピウス一二世は諸国間での中立を守ることを重視し、更に軽率な攻勢が却ってカトリック教徒及びユダヤ人を危険に晒すことを恐れ、姿勢が鮮明でない面があった。ピウス一二世の弱腰を揶揄するロルフ・ホッホフートの戯曲「代理人」(一九六三年初演)が人気を博すと、前教皇への批判は急進化し、遂には彼こそ「ヒトラーの教皇」だったという議論にまで発展した。そうした教皇攻撃の口火を切ったのは東ドイツで、西ドイツのヘルベルト・マルクーゼ、マルティン・ニーメラー、マルティン・ヴァルザーらがこれを引き継いだ[298]。「保守主義はナチの温床だ、だから保守主義はナチだ」という戦後ドイツの論法は、「自由主義はアカの温床だ、だから自由主義はアカだ」という戦中日本の論法を連想させる。灰色は黒そのものだという積極的糾弾の風潮は、国民社会主義の有した「社会革命」的機能、つまり教会など古い権威と対決する近代化の作用をも見えにくくするものであった。

ドイツのカトリック教徒にもこうした時流に呼応する者が現れた。一九六一年、法学・哲学博士エルンスト＝ヴォルフガング・ベッケンフェルデ（一九三〇年―）が、『ホッホラント』に論文「一九三三年のドイツ・カトリシズム」を発表した。歴史家ルドルフ・モルザイ（一九二七年―）の研究に依拠しつつ、ベッケンフェルデは一九三三年の中央党がSPDやBVPと団結して全権委任法案を拒否せず、党首ルートヴィヒ・カース師がパーペン副宰相との妥協の道を探り、ブリューニングらの反対を押し切って党を法案賛成へと導いたことを問題視した。カトリック勢力の近代的政治理念への消極性と彼等の国民社会主義体制への歩み寄りとを関連付けようとするベッケンフェルデの論調は、カトリック教会史の「フィッシャー論争」とでも言うべき大論争を呼び起こした。後述のテュンビンゲン大学神学教授ハンス・キュングも、キリスト教会の何世紀にも亙る「宗教的反ユダヤ主義」（独 Antijudaismus）がなければ、国民社会主義の「人種的反ユダヤ主義」（独 Antisemitismus）もなかっただろうと主張した[299]。

©AFP/GIULIO NAPOLITANO
ガーレン伯爵の列福式（2005年10月9日）

現代世界でローマ＝カトリック教会自体が置かれた状況も、ドイツのそれと似たところがあった。カトリック教会は第一次世界戦争で続々誕生した共和制国家群に懐疑的な態度を採り、ファシズム諸国家と一部協力し、ドイツ国民社会主義体制にも慎重に対応した。カトリック教会は第二ヴァティカン公会議で「現代化」を図ったが、

2013年9月17日：筆者撮影
テュービンゲン

それは「修正による再出発」に留まっていた。聖職者独身制も、教皇首位性も、女性司祭や同性愛の否定も、公会議は維持していた。けれどもやがて公会議の「精神」を更に追求し、位階制全体の打破、「性差別」の打破、（プロテスタンティズムへの順応という意味での）「教会一致」の実現を目指すべきだという「破壊による再出発」の主張が、教会の内外で提唱されるようになっていく。

この局面に於いてラッツィンガーは「修正による再出発」の路線に留まった。彼の世代には、「破壊による再出発」に踏み切った者も多かったが、彼はここで、同世代の仲間とは別な道を歩み始めたのである。

第二節　テュービンゲン大学正教授への就任

一　ハンス・キュングからの勧誘

一九六六年夏学期、ラッツィンガーはテュービンゲン大学カトリック神学部正教授（カトリック教義学担当）に転職した（カトリック教会ではフライブルク教会管区内ロッテンブルク司教区・当時のロッテンブルク司教はカール・ヨーゼフ・ライプレヒト）。テュービンゲンはヴュルテンベルクの山間部にある大学町で、「ハイデルベルクは町が大学を有しているが、テュービンゲンは大学が町を有している」と噂される程小さいが、[300] 連邦共和国建国時には「ヴュルテンベルク＝ホーエンツォレルン州」の首都であった。一四七七年にヴュルテンベルク＝ウーラハ伯エーベルハルト（髭伯・のち初代ヴュルテンベルク公）が創立した「テュービンゲン・エーベルハルト・カール大学」は、宗教改革後はプロテスタント系の名門大学となったが、一八一八年にはカトリック神学部も再建されていた。その紀要である『神学四季報』は、当時存続していたドイツ最古のカトリック神学雑誌であり、嘗てカトリック神学の「テュービンゲン学派」が語られたこともあった。

テュービンゲン大学のカトリック教義学者としては、嘗てカール・アダムが高名だったが、一時期国民社会主義に加担した為に戦後は評判を落として死去した。一九六五年冬学期、同じくカトリック教義学教授のレオ・シェフチクが、シュマウスの後任としてミュンヒェン大学に赴任することになり、その後継者としてラッツィンガーが考慮されるに至った（因みにこの時ミュンヒェン大学神学部ではシュマウス後任にラッツィンガーを考えていたが、シュマウスが嫌った為にシェフチクに決まっていた[301]）。

今回のテュービンゲンへの転職は、ラッツィンガーにとって三度目となるものだったが、その動機は学問的なものではなかった。ミュンスターの研究・教育環境は最高だった（キュングによれば、当時ミュンスター大学のカトリック神学部はドイツ最大で、学生数はテュービンゲン大学のそれの三倍だったという）が、故郷バイエルンから遠いのが唯一にして最大の問題だった。回顧録を読むと、ラッツィンガー自身が愛郷心に駆られたように読めるが、実は姉マリアがミュンスターに馴染めず不幸だったのだという。加えてラッツィンガー教授とベッケンフェルデ助手との関係も悪化していたので、二人はテュービンゲン移転を契機に別れることにしたのだった。因みにテュービンゲン大学は、一九五九年にもラッツィンガーに基礎神学講座の提供を申し出ていたが、今回は教義学第二講座を新設し、彼の獲得に成功したのだった[302]。

©AFP/leemage/Effigie
ハンス・キュング教授

ラッツィンガーのテュービンゲン招聘に尽力したのは、当時カトリック神学部長だったハンス・キュング（一九二八年―）である。キュングは「シュヴァイツ誓約同盟」（スイス連邦）ルツェルン州のズルゼーに生まれた。キュングはルツェルンのギムナジウムを卒業後にローマへ行き、イグナティウス・ロヨラ設立（一五五二年）の名門大神学校「ポンティフィクム・コレギウム・ゲルマニクム・エト・フンガリクム」に寄宿してグレゴリアーナ大学で学び、「初ミサ」は一九五四年一〇月一〇日にサン・ピエトロ大聖堂の地下礼拝堂で「華美さなしに」行った。キュングは「ゲルマニクム」での教師たちとの対立の末にパリ大学に移り、そこで提出した哲学博士論文でプロテスタント「新正統主義」神学者カール・バルトを扱い、信仰義認論がカトリシズムと両立可能だと説いた。ラッツィンガーもプロテスタンティズムには取り組んだが、扱った文献はメランヒトンなど古典だったのに対し、キュングはバルトという同時代の先端を追ったのである。キュングはミュンスター大学のヘルマン・フォルク教授の下で、助手を務め乍らヘーゲルに関する教授資格論文に取り組んだ（だが正式の教授資格取得はしなかった）。ラッツィンガーとキュングの出会いは一九五七年のインスブルックでの教義学研究会で、ラッツィンガーに博士論文を好意的に評価されたキュングは、ラッツィンガーに教会改革の同志を見るようになった[303]。ラッツィンガーはケルン大司教フリングスの寵を得たが、キュングは一九六二年六月二二日にロッテンブルク司教ライプレヒトから顧問就任を依頼され（のちライプレヒトとの関係が悪化し、翌年専属を外れる）、共に第二ヴァティカン公会議で活躍することになる[304]。一九六五年からキュングらが進歩派の国際的神学雑誌『コンキリウム』を編集し始めた時、ダニエルーやリュバックらが距離を置く中で、ラッツィンガーはラーナー、コンガール、スヒレベークスらと共に創刊号に寄稿した[305]。キュングは一九六六年当時その名声の頂点にあり、一九六〇年にはバーデン＝ヴュルテンベルク州首相クルト・ゲオルク・キージンガーよりテュービンゲン大学の終身雇用の教授に任命され、まだ三十代乍ら二度も学部長に選出され、大学評議員にもなっていた[306]。

キュング神学部長はラッツィンガーのテュービンゲン招聘に熱心に取り組んだ。キュングはラッツィンガーが自分より新スコラ学に囚われており、アウグスティヌスなど教父の権威を重視する点を認識してはいたが、公会議の同志としての連帯を重視し、視角が異なることは寧ろ望ましいと考えていたという。一九六四年七月八日、キュングはラッツィンガーを講演者としてテュービンゲン大学欧州学研究所に招待した。この時の講演「首位権と司教権」で、ラッツィンガーはニカイア公会議以来の首位性論の歴史的変遷を概観し、信仰の一体性を体現する教皇首位性の意義を強調しつつ、教皇が最適に役割を果たす為にも司教たちとの協働が必要だとして、統一の中の多様性、多様性の中の統一を目標に掲げた。一九六五年五月二日、キュングはラッツィンガーにミュンヒェンで招聘話を持ち掛け、ラッツィンガーの同意を得て、七月八日には「貴殿の承諾は大いなる喜び」だとする確認書を送った。通常ドイツの大学の採用人事の場合、評議会及び州文部省に「三人の候補者一覧」を提示するが、ラッツィンガー採用の時は例外的に「単独候補」であった。キュングはラッツィンガーと手を組み、ラーナー、レーマン、カスパー、ヘーリング、メッツ、ペッシュらと連帯して、『コンキリウム』を舞台にカトリック教会の前衛を為すことを夢見ていた[307]。

ラッツィンガーはテューービンゲン大学に来て以来、キュングと共に教義学の授業を担当した。毎朝女子学生寮の礼拝堂でミサを行ってから徒歩、自転車、公共交通で通勤するラッツィンガーと、白の新品のスポーツカー「アルファ・ロメオ」で颯爽と登場するキュングとは、共に学生たちが噂する名物教授であった（キュングはこの対比には偏見があるとし、自分はラッツィンガーを愛車で送迎したのだと主張する）[308]。ラッツィンガーもキュングとの違いを意識しつつも、ミュンスター時代の同僚メッツよりは、キュングの方が自分に近いと考えていた。ミュンスター時代、ラッツィンガーは一度キュングをテュンビンゲンからミュンスターに招こうとし、当初乗り気だったキュングが、テューービンゲンでの「教会一致学研究所」設立への参画の為赴任できなくなったので、その助手ヴァルター・カスパーを推薦したという経緯があった。テューービンゲンで漸く同僚となった二人は友好を深め、毎週木曜日に夕食を共にし、学部内の話をすることにしていた[309]。

だがラッツィンガーとキュングとはやがて道が分かれていく。キュングは「時の声」（羅 Vox Temporis）が「神の声」（羅 Vox Dei）だとし、カトリック教会が自分たちのゲットーに引き籠るのではなく、広く社会に開かれるべきだと主張した。キュングはのちには尊厳死まで肯定するなど、ほぼ無制限と思える程改革を訴えたが、とりわけ教会の脱集権化、民主化、自由化は、彼には回避できない問題だと思われた。「ゲルマニクム生」キュングはローマ時代の実体験に基づき、「教会当局」（独 Amtskirche）への攻撃を強めた。教会の復古路線に対する「数百万のカトリック教徒」の憤激を語り、「下からの」教会批判を唱道したキュングだが、彼が実際に一体感を感じるのは一般信徒ではなく、教会内外の進歩派知識人である。キュングはピウス一二世や一般信徒に共有されるマリア信仰を迷信とし、ルルドやファティマを訪問した際も嫌悪感を隠さず、その牙城ポーランドの教会にも否定的だった[310]。テューービンゲン大学でキュングに同調したのが、ヘルベルト・ハーク（聖書解釈学）、アルフォンス・アウアー（倫理神学）、ヨハンネス・ノイマン（教会法）、のちに来るノルベルト・グライナッハー（実践神学）らの教授連であった。大学講堂での或る討論会で、キュングはこう述べた。「真の教皇のタイプはヨアンネス二三世に体現されている。というのも彼の教皇職は司牧的なものだったが、裁治権的なものではなかったからだ。」。この発言に列席のラッツィンガーは意味ありげに沈黙していたが、学生たちが「ラッ・ツィン・ガー！　ラッ・ツィン・ガー！」と連呼したので、彼も発言した。「ペトロの奉仕はその全ての面が考慮されなければならないので、キュングが起草したイメージは訂正されなければならない。そうせずに司牧的側面にのみ縛られると、我々は教皇を普遍教会の司牧者とではなく、好きなように操れる普遍的マリオネットと見ることになる。」。こうした緊張関係の為だろう、キュングがダンネマン通のラッツィンガー邸（キュングがラッツィンガー招聘の際に用意したという）を訪れると、姉マリアは警戒して弟の仕事机に白い布を掛け、その作業内容を見えないようにした。毎週木曜日の夕食会も面倒なものになっていった[311]。

キュングはカトリック教会の権威主義に対する闘士であると同時に、自らが権威主義的な人物である。「カトリック的ローマが自分をローマ批判的カトリック教徒にした」と述べるキュングだが、その燃える反抗心の根源には、自分こそカトリック教会の真のエリートなのだという本流意識がある。この矜持があればこそ、彼は同僚のノイマン（一九七七年教会脱退・退官・のち結婚）のようにカトリック教会を脱退することをせず、自分を登用しない教会への憤懣を懐き続けたのである。教会に背を向けたフベルトゥス・ミュナレク、オイゲン・ドレヴァーマンのような他の批判的カトリック教徒から見れば、教会内改革に固執するキュングは無謀で、理解不能であった。キュングはドイツの言論界やマスメディア、英語圏など他言語圏、他宗派・他宗教圏など、巨大な外部権力を動員して、教皇庁の権威に対する闘争を開始した。キュングは自分の教会批判がベストセラーになったことに狂喜し、「ラッツィンガーのお友達」に対する自分の勝利を高らかに宣言した。キュングは祖国シュヴァイツをドイツ国民社会主義に対する「自由の島」、多文化共生の楽園とし、自分たちを自由の闘士ヴィルヘルム・テルのように描くので、自分やその環境を朗らかに肯定するばかりで、自己批判の契機を有しない。キュングはまた学閥意識が強烈で、赤いターラール（教会・大学関係者のガウンのこと）を制服とする「ゲルマニクム」の伝統及び格式を語り、同校を愛して卒業生を多く司教に登用した「ドイツ人の教皇」ピウス一二世やモンティーニ枢機卿（のちのパウルス六世）に接した日々を想い、ドイツ語圏の主要な司教たち、特にキュングに好意的だったデプフナーやケーニヒが「ゲルマニクム生」（独 Germaniker）だったことを強調する。キュングをテュービンゲン大学に招聘したヨーゼフ・メラー教授も「ゲルマニクム生」だったといい、「ゲルマニクム」閥内の縁故人事と見られることも厭わない。彼はミュンヒェン近辺で学んだだけのラッツィンガーを、事あるごとに「ゲルマニクム生ではない者」（独 kein Germaniker）、「非ローマ人」（独 Nicht-Römer）と呼び、更にローマに留学したカロル・ヴォイティワ（のちの教皇ヨアンネス・パウルス二世）が、ポーランドでの学習不足でグレゴリアーナ大学に入学できず、二流のアンゲリクム大学（ドミニコ会）に回ったと論って憚らない。彼はケネディー米大統領一家など各界の有力者との信頼関係を誇示し、テュービンゲン大学学長テオドル・エッシェンブルクのことは「学長閣下」（独 seine Magnifizenz）、「枢密顧問官」（独 Staatsrat）などと呼んでいる[312]。常に自らの功績を誇り、上昇志向の強いキュングにとって、司教候補であるべき自分が教職辞令を撤回され、バイエルンの迷信的世界から来たラッツィンガーが大司教に、枢機卿に、教理省長官に、そして教皇になったことは、受け入れ難い屈辱であった。実際キュングは進歩派言論界から、教皇庁のゴルバチョフになることを期待された人物であった。社会学者ラルフ・ダーレンドルフ男爵などは、一九六〇年代初頭からキュングが司教に、枢機卿になると予言し、二〇〇二年にもそうした期待を繰り返した。キュングによれば、彼はよく人から「いつか教皇になればいいのに」と言われたのだという[313]。キュングの三巻に亙る回顧録は、不倶戴天の敵ラッツィンガーとの抗争の記録である。ラッツィガーの回顧録が百九十頁なのに対し、キュングの回顧録は三巻合計で二千頁に及んでいる。マスメディアは事あるごとにキュングにベネディクトゥス一六世についての論評を求め、いつも期待通りの酷評を得たのだった。

ラッツィンガーはテュービンゲンで、キュングとの交友だけでなく、プロテスタント神学者との対話も期待していた。ラッツィンガーは一九六八年夏学期に上級演習でルター・エック間のライプツィヒ討論を扱っており、これはオランダ人改革派の宗教改革研究者へイコ・オベルマンと共同での授業だった。参加者のアメリカ人ドミニコ会士（キュング門下生）トーマス・リプリンジャーによると、ラッツィンガーはこの演習でライプツィヒ討論の教義学的分析に集中し、リプリンジャーがルターを追い詰めたエックらの無理解と戦略的誤りを指摘しても、それには理解を示さなかったという。ただ一九六七／六八年の冬学期には、ラッツィンガーは挑発的にも研究演習でマリア論を扱っている。彼は一九六七年には学生たちの一団を率いてカール・バルトを訪問したこともあった。とはいえラッツィンガーの研究条件は、恵まれていたミュンスター大学と比べると満足できるものではなかった。孤独を好む彼の気に障ったのは、贅沢とは言えない研究室と、水準は高いが対立が多い教授陣であった[314]。

ラッツィンガーはテュービンゲン大学で益々多くの学生を集めるようになっていた。着任早々の講義には、四百人の学生が押し寄せた。演習にも参加希望者が多いので、マリア論の演習ではギリシア語・ラテン語の試験に合格することを受講の条件にした。この頃ラッツィンガー教授を支援していたのが、ベッケンフェルデに代わる二代目助手のペーター・クーンである。クーンは前述の通りバイエルンのルーテル派信徒であったが、ラッツィンガーにボン大学で出会い、一九六三年にはカトリシズムに改宗し、テュービンゲン大学に移って彼の助手になったのだった。後には更にエステルライヒ出身のジークフリート・ヴィーデンホーファーが、クーンと並ぶ第二助手に採用されている。副手にはカリン・ボンメス、マルティン・トリンペが就任した。ラッツィンガー教授はこれら研究室の若手の人々には、非常に質素な人物に見えていた。彼等とドライブに出掛けた時のこと、食堂でラッツィンガーは全員の為にヴィーナー・ヴルスト（ソーセージ）のみを注文した。これに対し彼等が、私たちは若いのでもっと食べたいんですと訴えたところ、ラッツィンガーも諒解して、それ以降は注文の仕方を変えたという。彼はまた学生に対して、自由な討論を認めつつも、教皇に対する無作法を戒めることがあった。パウルス六世が回勅「フマーナエ・ウィータエ」を出した一九六八年、カナダ人リアル・トリンブレイが或るカトリック系雑誌に教皇の戯画を見付け、面白がってコロキウムに持参したところ、教授は教皇を笑いの種にすることに不快感を示したという[315]。

二　全学講義「キリスト教入門」

テュービンゲン時代のラッツィンガーの作品で重要なのが、『キリスト教入門』である。これは一九六七年の全学講義を公刊したもので、彼の主著として各国語に翻訳され、やがて教皇ヨアンネス・パウルス二世の目にも留まった。この講義は、当初クーン助手によって筆記されていたが、夜更かしの彼が講義中居眠りをしてしまう為、大きな録音機を持ち込み、副手の女子学生ボンメスが書き起こして、単行本化されたのである[316]。『キリスト教入門』は、「使徒信経」で表明された西方キリスト教信仰の中核的要素を分析する形式を取っており、その構成は以下の通りである。

序　論「我信ず――アーメン」
　第一章　今日の世界に於ける信仰／第二章　信仰の教会的形態
第一部　神
　第一章　神というテーマについての予備的問題／第二章　聖書に於ける神の信仰／第三章　信仰の神と哲学者の神
　第四章　今日に於ける神の信仰／第五章　三位一体の神の信仰
第二部　イエス・キリスト
　第一章「我は神の子にして我等が主たるキリスト・イエスを信ず」
　第二章　キリスト論的信条に於けるキリスト信仰の展開
第三部　聖霊と教会
　第一章　信経の末尾の言葉の内的統一／第二章　聖霊と教会の信条の二大問題

ラッツィンガーは、イエスに重きを置き、且つキリスト教に於ける「ロゴスの優位」を強調したが、信仰が不可視の領域に関わることもまた正面から受け止め、マリアの処女懐胎やイエスの復活などの超自然的な部分を否定し、合理的な説明を試みるプロテスタント神学の潮流、例えば「使徒信経」自体を批判したアドルフ・フォン・ハルナックの自由主義神学、ルドルフ・ブルトマンの「非神話化」論、その弟子エルンスト・ケーゼマン（ラッツィンガーの当時の同僚）の「史的イエス」論には距離を置いていた。

この著作には、公会議後のカトリック教会内の動揺に対するラッツィンガーの違和感を、次のように表現した部分がある——或る時、旅芸人の一座が火事を起こし、道化師が村人に延焼の危険を伝えた。だが村人が火事を道化師の芸の一部だと思って気に留めなかった為、村が丸焼けになった。このキェルケゴールの譬え話に関して、ハーヴェイ・コックスは、この道化師の姿こそ神学者のそれと同じだと説いている。道化師が化粧を落とし、服を着替えさえすれば、村人は道化師の警告に真面目に耳を傾けたかもしれない。神学者も中世の衣裳を身につけている限り、警告を発しても人々にさっぱり真剣に聞いて貰えないというのである。だがラッツィンガーは、神学者が「現代化」すれば、つまり世俗的な言葉遣いをし、平服に着替えさえすれば、万事うまくいくとは思わないと述べたのである[317]。

　因みにキュングの著作にも『キリスト教信仰入門』がある[318]。キュングは元々『信条』（羅 Credo）という原題で「使徒信経」の逐条解釈を試みていたが、二〇〇六年に『キリスト教信仰入門』と題名変更して再版したのだった。キュングは更に、ベネディクトゥス一六世が著書『ナザレのイエス』を刊行すると、旧著『キリスト教徒であること』（独 Christ sein）の一部を再編成し、『イエス』の新題で二〇一二年に刊行した。こうした一連の対抗措置からは、キュングのラッツィンガーに対する並々ならぬ対抗意識を看取できる。

　キュングはイエス中心の神学的手法をラッツィンガーと共有していたが、それ以外の点で彼との違いを明示した。キュングは左派思想を念頭に置いて、或いは歴史学や文献学の知識を動員して、或いはフォイエルバッハ、マルクス、フロイトの宗教批判を意識して、キリスト教を現代の知識人にも受け入れ可能なものにしようとした。ラッツィンガーの「入門」が大変読み難いのに対し、キュングの「入門」は平易で、しかも重要部分が太字になっている。ラッツィンガーが理性と信仰との一致を強調したのに対し、キュングはカトリシズムの荒唐無稽さを暴露し、キリスト教の神話的部分を脱魔術化しようとした。例えばマリア処女説は、ヘブライ語の「若い女」がギリシア語の「処女」（希 *παρθενος*）と誤訳されたのが原因だという説を紹介している。またイエスは修道士ではなかったとし、カトリック教会の修道制度に疑問を投げ掛けた。キュングは更にイエスが支配層を厳しく批判したことを指摘し、彼は暴力こそ否定したが革命家より革命的だったとした。加えてキュングは、中国やインドの諸宗教とキリスト教との共通項を括り出し、後年の「世界倫理」論の地固めをしようとした。かようなキュングでも、やはり肝心な点、つまり神の存在に関しては、それが合理的に論証不可能であることを認めざるを得なかった。キュングをしても、全てを「現代」に合わせることは出来なかったのである。

第三節　一九六八年――戦後ドイツの転換点

一　西ドイツに於ける学生運動の開始

一九六八年は世界の学生運動が最高潮を迎えた年であった。米、仏、西独、日本の一部急進派学生は、自己流のマルクス主義に依拠して、暴力を辞さない「異議申立」を展開した。一九六六年一二月に西ドイツでキージンガー大連合政権（CDU／CSU・SPD）が誕生すると、連邦議会内に有力な野党が居なくなったと批判する彼等は、「議会外反対派」（APO：独 Außerparlamentarische Opposition）を自称して抗議行動を起こした。彼等の運動が激化する契機となったのが、一九六七年のイラン皇帝パフラヴィー二世の西ドイツ訪問である。イスラム圏の専制君主だったパフラヴィーは、アメリカ合衆国の支援を受けてイラン帝国の西欧近代化を進めたが、国内のイスラム教勢力を抑圧した為に、のち一九七八年にイスラム革命を起こされて亡命を余儀なくされることになる。だがドイツの進歩派学生たちは、アメリカが独裁者に肩入れし、民主主義を抑圧して自国の国益保持に奔走しているという白黒図式を信じた。そこでこの皇帝が一九六七年六月二日に西ベルリンを訪問した際、左派学生たちはこれを実力で妨害しようとした。彼等は皇帝に「人殺し！人殺し！」とシュプレヒコールを浴びせ、トマトや色付き卵を投げつけるなどの暴力行為に及んだ。この際、私服警官カール＝ハインツ・クラスの発砲で、学生の一人ベンノ・オーネゾルクが死亡すると、学生たちは自分たちの

©AFP/DPA/FRITZ REISS
シュトゥットガルトの学生運動（反ヴェトナム戦争行進）

暴力については棚上げし、まるで警察が暴力を始めたかのように抗議した（尚二〇〇九年、この警官クラスが実は東独秘密工作員だったことが判明した）。同年四月一一日、ＡＰＯの中核を為す「社会主義ドイツ学生同盟」（ＳＤＳ）の西ベルリン指導者ルディ・ドゥチュケ（東独出身）が急進右派のヨーゼフ・バッハマンに襲撃され、同年五月三〇日、キージンガー政権が「非常事態法」を制定すると、反対運動も激しさを増した[319]。

学生運動は西ドイツの大学を変貌させ、その影響は社会一般へと波及した。「タールの下には千年の苔」を合言葉に大学行事が妨害され、中止を余儀なくされた。「反権威主義」が知的人間の義務として説かれ、街中での破壊や落書きは「自己表現」の名で肯定された。「象牙の塔」「正教授主導の大学」が批判され、学生主導の大学自治、大学のマルクス主義の宣伝搭への再編が鼓吹され、大学の教室では床に横臥したり、エスケープしたりする学生が現れ、気に食わない教師に対しては、その授業で裸体になったり、その自動車にスプレーを掛けたり、その自宅まで尾行したりする行為も見られるようになった。「フランクフルト学派」第一世代のテオドル・アドルノも、その標的となったことは知られている。このユダヤ系社会学者・哲学者は革命理論を準備し乍ら、現実に革命を求める学生たちには距離を置き、一九六八／六九年冬学期にフランクフルト大学社会研究所が占拠された時は、警察を呼んで自分の博士論文指導生を家宅侵入罪で告発した。この為にアドルノは、後日講義に際して学生たちから「自己批判」を強要され、胸をはだけた女子学生三名に教壇から追い立てられ、傷心の儘シュヴァイツの山中に引き籠り、一九六九年八月六日に心筋梗塞で急死したのである。学外でもＣＤＵ／ＣＳＵ、学生組合、教会などは様々な妨害を受けるようになり、保守政治家は襲撃され、警官や企業家は殺害され、飛行機はハイジャックされ、動物愛護だとして狩猟や漁撈が妨害された。当時の連邦宰相キージンガー（ＣＤＵ）が元ＮＳＤＡＰ党員だったこともあり、「子の世代」が「親の世代」に反抗する手段として「過去」の言動を標的にするという流儀が生まれ、一九六八年一一月七日にはキージンガー本人にＣＤＵ党大会で平手打ちを加える女性まで現れた。やがてドイツでも日本でも、大学の「反権威主義」学生運動家から大学教授、言論人、議員など社会的エリートへと華麗に転身した人々は、学界やマスメディアに登場し、自分たちの出発点となった「六八年」を戦後史の転換点として神話化したのだった[320]。

西ドイツの学生運動は西ベルリンから各地の大学都市へと波及したが、テュービンゲン大学でも学生運動は既に一九五三年には痕跡が見られ、学生自治会執行委員会（ＡＳｔＡ）などによる反学生組合、反連邦軍創設、反徴兵制導入、反ハンガリー動乱、反植民地支配、反ケネディー暗殺、反ヴェトナム戦争、反シュプリンガー出版などの政治集会が行われた。一九六七年頃から激増した西ドイツの学生運動は、アメリカの影響で「ティーチ・イン」「シット・イン」「ダイ・イン」「ゴー・イン」などの形態を取るようになる。一部の人々が集まって「市民」「国民」を名乗り、示威行進やシュプレヒコールで相手を威圧し、実力で相手の行動を妨害し、自分たちの意向を強要するという行動形態であるが、主催者はこれを「市民的不服従」の名で正当化した。やがて学生運動の矛先はテュービンゲンの諸団体に向けられるようになり、マルクス主義者の教授（プロテスタント神学）エルンスト・ブロッホを称讃する松明行列（一九六七年一〇月一九日）、社会学教授フリードリヒ・テンブルックの講義の妨害（一九六八年一月一七日）、学生の妨害を懸念しての行事「大学の日」（羅 Dies academicus）及び民法学教授ルートヴィヒ・ライザーへの学長交代式の中止（同年五月七日）、「非常事態法」連邦議会第二読会審議に反対する大規模な抗議行動と授業妨害（同年五月一六日）、街宣車使用許可を強要する為のテュービンゲン市庁舎への三百人の学生乱入（同年五月二五日）、「非常事態法」連邦議会第三読会審議に抗議する大規模な同盟罷業（同年五月二九日）、国防軍戦友会の妨害（同年九月八／九日）、「アメリカ館」への乱入（同年一一月二六日）、学生の妨害を懸念しての社会学者・政治学者レイモン・アロンへの「モンテーニュ賞」授与式典の中止（同年一一月二八日）、学長室及び政治学研究所の占拠（一九六九年一月一三日）などが発生したのだった。[321]

急進派学生は、自称「自由主義的」な教授たちの化けの皮を剝ごうと、彼等の講義に押し寄せた。その典型的標的は、嘗てシュトレーゼマンの書生だった元学長（政治学者）テオドル・エッシェンブルクだったが、矛先はやがてラッツィンガーやキュングにも向いてきた。学生たちは、知識の上で優位に立つ教授たちが学生を指導する教育形態を、「権威主義的」だと言い始めた。一九六八年夏学期、キュングの演習で、一回目にキュングが一方的に講話をした後、二回目の冒頭で既にボーフム大学で騒乱を経験してきた或る学生が、「支配なきコミュニケーション」を要求して、演習の司会を学生が交代で務めることを提唱した。キュングが懐疑的乍ら承服すると、彼等の司会で授業が開始されたが、議論が滞り、誰も発言しなくなった。三回目では司会を引き受ける学生も居なくなり、結局キュングがそれ以降再び司会を行うことで落ち着いた。キュングは学生運動を、「右派ファシズム」と並ぶ「左派ファシズム」だと呼んでいた。これに対し、教授でも後述のグライナッハー、モルトマンなどは学生運動との協力を模索していた(322)。

学生運動の激化に、大学でも司牧活動を行うカトリック教会は懸念を懐いた。一九六八年三月にシュトゥットガルト＝ホーエンハイム・カトリック・アカデミーで行われた「ドイツ司教会議」では、教会の民主化要求など学生の多くの問題提起を正当としつつも、誇張された状況認識もあると指摘した。「ドイツ司教会議」はまた暴力、犯罪、性の蔓延に対する警戒感を示し、対策が必要だと考えたのだった(323)。

二　パネル・ディスカッション「義務的独身制と教会の未来」

一九六七年一二月七／八日、テュービンゲン大学カトリック神学部で創立百五十年祭が行われたが、これはラッツィンガーにとって旧来の形式で行われた最後の大学行事となった。キュング学部長を筆頭に、教授たちはタールを着用して集合し、祝典礼拝を行い、イヴ・コンガールらに名誉博士号を授与し、八百五十頁に及ぶ記念論文集を編纂した。この式典の後、田舎の古い名門大学だったテュービンゲン大学、その中でも反マルクス主義の牙城だった神学部も、一転してマルクス主義の本丸になった。ラッツィンガーによれば、従来同大学を支配していたのは、ブルトマンを修正したその門下生ケーゼマンの神学であり、彼の全学講義「キリスト教入門」はそれに対する異議申立であった。ケーゼマンは、「私は家でも聖書について瞑想できる」と言って全く教会に行かない人物であった。だが学生運動が激化すると、従来支配的だったブルトマンの神学や、それに影響を与えたハイデガーの実存哲学は一夜にして駆逐された。ラッツィンガーは当初は実存主義に反対し、終末論を保存するマルクス主義に期待している面があったというが、その著しい政治化に驚かされた。彼は、マルクス主義が人間の政治的行動を神にとって代わらせ、無神論を崇拝している、党と全体主義が神の座を占め、十字架の冒瀆と手段を択ばない偽善とが行われていると批判するようになった、授業を熱心に聞く学生も多くいたが、大学の動向は一部の過激学生に左右されたという。この状況で、ラッツィンガーだけでなくキュングも時代遅れとして攻撃された。キュングは休暇へと追い遣られ、運動家たちは大学教会である聖ヨハンネス教会を占拠して助任司祭の民主的選挙を要求し、学部校舎も占領して教授たちの立ち入りを阻んだ[324]。

ラッツィンガーは進歩派の奔流が齎すものを以前から予感してはいた。一九五八年の復活祭に、エステルライヒ司牧研究所での講演「キリスト教の兄弟観」で、彼は進歩派の兄弟・同志観の破壊的作用について論じていた。彼は「人類皆兄弟」として全ての人間に漏れなく同じ義務を課そうとする啓蒙主義、同志を団結させて敵を殲滅しようとするマルクス主義が、「兄弟」「同志」の枠組に入らない人々をどれだけ残忍に扱ったかを、フランス革命、ロシヤ革命の例を挙げつつ説いた。然しこの時は、彼もその破壊が自分たちの身に及んでくることを、まだ予想していなかっただろう[325]。

一九六八年夏学期から一年間、ラッツィンガーはカトリック神学部長の任にあり、学生運動の矢面に立つことになった。彼は教理省長官時代にこの日々を回顧して、「狂信的イデオロギー」がキリスト教を道具として利用したとし、「暴虐」「野蛮」「残酷」「公会議の意志の濫用」と、厳しい言葉を次々と繰り出した[326]。彼は教皇となってからも、この学生運動を「第二の啓蒙」と呼んで強い警戒心を示した[327]。

カトリック神学部長ラッツィンガーは、動揺の著しかったプロテスタント神学部との連携を模索した。ラッツィンガーは、この混乱状況でももはや宗派の差異は大きな問題ではないと考えるようになっていた。リーバーマイスター通のテオロギクム（神学校舎）では、上層階にプロテスタント神学部が、下層階にカトリック神学部が、一つの建物に入居している。学生運動家から教祖と崇められていたのが、当時既に八十歳を超えていたプロテスタント神学部の教師エルンスト・ブロッホであった。ブロッホは異端のマルクス主義者、同化ユダヤ人で、若い頃はマックス・ヴェーバー邸にも出入りし、進歩派言論人として度々亡命したが、東独ライプツィヒ大学教授を経て、テュービンゲンで嘱託教授職を得ていた。ブロッホはテュービンゲンに近いバート・ボルで、学生運動の指導者ドゥチュケと会談し、テュービンゲン大学（エーベルハルト・カール大学）の新講堂には「エルンスト・ブロッホ大学」の文字が掲げられた。ブロッホと同様キリスト教とマルクス主義との総合を説いていたのが、彼の同僚教授ユルゲン・モルトマンである[328]。このような状態で、宣教学教授ペーター・バイヤーハウスが遭遇したのは、「イエスの十字架はサド・マゾ的苦痛礼讃でなくて何だ」「新約聖書は非人間的・大

2013年9月17日：筆者撮影
テュービンゲン大学新講堂

衆欺瞞」という声であり、これにはラッツィンガーも拒絶反応を示した[329]。バイヤーハウスは自宅で二〇時から二時間の演習を開いていたが、一九六九年六月二六日にSDS関係者が乱入し、「非常事態法」の討論を要求するなどの妨害行為をしたのだった。ラッツィンガーはバイヤーハウスや、教父学教授ウルリヒ・ヴィッケルトらプロテスタント神学者との連携を強めた（キュングによれば、前者は「悪名高い保守的ルーテル派神学者」「ハイチャーチ的信条の福音運動家、嘗ての宣教師」、後者は「カトリック化しつつある」福音主義の教父学者、マリア論者」だといい、彼等とラッツィンガーとはテュービンゲンでは宗派共同で聖体拝領式（聖餐式）を行っていたという。）。やがてラッツィンガーはレーゲンスブルクに、ヴィッケルトはベルリンに移ったが、バイヤーハウスはテュービンゲンで過激学生との闘争を続けた[330]。

ラッツィンガー学部長は、「マールブルク声明」事件（一九六八年四月一七日）を巡って急進派学生と対峙した。この宣言は西ドイツの大学教授たちが、学生運動家の大学運営への参加要求を一定程度認めつつも、彼等が革命理念を独善的に貫徹しようとすることで「研究・教育の自由」が脅かされるのを危惧したもので、『フランクフルター・アルゲマイネ・ツァイトゥング』一九六八年七月五日号に掲載された。その署名者にはトーマス・ニッパーダイ（ベルリン自由大学）や、ラッツィンガー、バイヤーハウス、ヴィッケルト、キュング、アウアー、ノイマン、ハーク、テンブルック（テュービンゲン大学）らが名を連ねていたが、ハーバーマス、モムゼン、ヴェーラー、モルトマン、ブロッホらの署名はなかった[331]。この「マールブルク声明」に署名したテュービンゲン大学カトリック神学部の教授たちに、カトリック神学部学生自治会委員長エドガール・レルシュは公開質問状を突き付け、同時に全ての教授会参加者に配布した。この公開質問状でレルシュは、教授会参加者の一人として、テュービンゲン大学の教授たちがマールブルク声明に署名したことへの失望を表明した。レルシュは、どうして教授たちがこの声明で大学の民主化を原則的に拒否するのか、そしてそのいかがわしさが一見して明らかな民主主義理解に与するのか、理解不能な儘だと述べた。レルシュは、教授たちが訴える「研究・教育の自由」とは、ボン基本法が国家官僚制との対抗関係で教授たちに与えたもので、大学内部での研究・教育資金に関する「正教授」の自由裁量を決めたものではない、「正教授」の全権掌握が「研究・教育の自由」を保障するなど証明されていないと、「正教授」の大学支配への不信感を爆発させた。レルシュはテュービンゲン大学の教授たちが、「我々の大学制度の現在の危機」を「かくも傲慢な無視を以って」素通りした文書に署名したと非難し、自分の行為に批判的距離を欠いているのは、「学者に相応しくない」と糾弾したのである[332]。

レルシュらの批判は大学の運営構造にだけでなく、カトリック教会のあり方にも向けられた。カトリック神学部自治会は、パネル・ディスカッション「義務的独身制と教会の将来」を企画し、カトリック教会の聖職者男子独身制を槍玉に挙げた。カトリック神学部長ラッツィンガーは一九六八年九月四日の書簡で、この企画に対して渋々許可を与えつつ、「マールブルク声明」問題に関するレルシュの言葉遣いを叱責した。

尊敬するレルシュ殿

一九六八年八月一九日付の貴兄の親切な書簡について、私は以下のことを伝えたいと思います。私はレフラー氏に、聖職者独身制に関するパネル・ディスカッションに、以下の条件で許可を与えました。その条件というのは、他の二人のパネラーがアウアー教授とノイマン教授だということです。我々の学部の大学教師が学生と話すという場ですから、本来は私が参加しないわけにはいかなかったでしょう。けれども外部のパネラーが話すということでしたら、企画の種類が変わってきますから、私は自分が参加する必要があるとは思いません。勿論そうした外部パネラーについて、私が僭越にも評価を下すことはしませんが。

マールブルク声明署名者への貴兄の公開書簡については、私はただ残念に思います。この書簡の内容に関しても、形式に関してもです。個々の点には立ち入りませんが、私は次の点を明言したいと思います。貴兄の論争的態度は、マールブルク声明の実際の意図を完全に歪曲したことによるもので、故に的外れです。というのも勿論署名者の誰一人として、学生の大学の諸委員会への賢明な、即事的な協力を排除する者が居ないからです。私の側としては、この立場は、テュービンゲンの大学改革への私の同意によって表明しましたし、双方の文書の間に、私は何の矛盾も見出せません。貴兄が選んだ形式に関してですが、私としてはこう言えるだけです。マールブルクの文面や、それに伴い恐らくまたその署名者たちの、「傲慢な無視」について語られているような物の言い方は、良き協力関係には決して資することのないものです。私としてはただ、そうした口調が我々の教授会に入ってこないことを希望するのみです。

敬具

ヨーゼフ・ラッツィンガー(333)

結局このパネル・ディスカッションは、一九六八年一〇月二九日午後八時一五分から大学新大講堂で行われた。参加が予定されていたロッテンブルク司教カール・ヨーゼフ・ライプレヒトは、所用が出来たとして参加を見送り、後日弁明の書簡をレルシュに送っている(334)。代わりに参加したのが、心理学者ギュンター・ビットナーであった。地方紙『シュヴァーベン日報』は二日後に以下のように伝えている。

独身制と司祭職――教会の現在の問題を巡るパネル・ディスカッション

テュービンゲン大学カトリック神学部学生自治会は、火曜日に満員の大講堂で、「義務的独身制と教会の未来」と題するパネル・ディスカッションを行った。これは専門知識を踏まえ巧みなR・ヘルル博士（南ドイツ放送協会放送編集人）の司会のお陰で、言いっぱなしの議論には決して陥らず、時として非常に活気あるものとなった。学生自治会委員長のエドガール・レルシュの開会挨拶によれば、この夕方の討論会は、まずは問題を専門的な神学の議論から、より広い教会のサークルに出す為のものなのだった。

まず神学博士試験資格者・哲学学生のアルベルト・イリエンは、独身制は新約聖書には完全に根拠があるが、「処女性のカリスマ」から聖職独身制への論証に耐えうる橋渡しは、新約聖書によっては無理で、結婚と非婚という二つの事柄は並存していたと明言した。またヨハンネス・ノイマン教授（教会法・テュービンゲン）も、聖職者独身制は新約聖書からは答えられないことを確認し、何故なら当時はまだ今日の意味での聖職がなかったからだと述べた。アルベルト・フューシンガー博士（フライジング聖ペーター神学校校長・ドイツ神学校長会議議長）は、聖書に典拠を求めること或いは歴史研究は、問題の核心に達して居らず、二次的な意味しかないとした。フューシンガー博士によれば、この聖職者独身制という考えは、教会の本質の内在的理解から、何世紀もかけて熟したものだという。人は聖職者の任務を認識することにより、独身で居続けるという認識に至るのであって、司祭の任務のカリスマ的把握に独身制のカリスマ的把握が続くのだというのである。フューシンガー博士は、独身制と司祭職とはその内在的な理解からして一体のものであるとした。

ここで作家ルイーゼ・リンザーが割って入り、司祭イメージについての考察を述べた。リンザーは、彼女にとって聖職者独身制を巡る問いの全てが「抑〻既に時代遅れなこと」だとした。リンザーによれば、問題は寧ろ教会の構造、司祭のイメージであるという。従来の理解によれば、人は司祭叙階によってその存在が格上げされるのであるのであり、これは非婚制を伴う一片の魔術である、司祭は、若し皆と同様に結婚するなら、その権力の一部を失うことになる、と恐れるのかもしれないと述べた。

心理学者・教育学者ギュンター・ビットナー博士（ロイトリンゲン教育大学・テュービンゲン大学）は、彼の専門領域から幾つかの質問を出した。彼が思うに、「天国の為に宦官であること」と、「他の理由で宦官であること」とを、いつも区別しうるかは疑わしいというのだった。そして「魔術」に関して彼が考慮するように求めたのは、そのような魔術的標識は、心理療法では強制的ノイローゼとして知られているもので、恐らく本当の献身の代替にはならないのではないかという点である。防衛メカニズムと結び付いた聖職者の独身制的構造を、彼は「最高度にノイローゼの脅威に晒された構造」であるとした。更にビットナー博士は、我々の開かれた社会で、性的な経験を何らかの形で含むことなしに、人間的成熟に到達できるのかと問うた。

司祭は人格の完全な発展の為に、どうしても結婚しなければならない訳ではないと、ルイーゼ・リンザーは言う。

けれども彼女は、「女性の相手」との出会い［独 die Begegnung mit dem „Weiblichen Du"］が必要である、そこは必ずしも結婚に於いてでなくてもよく、性的でなくてもよいがという。ルイーゼ・リンザーが問題を霊化したのに対して、ビッターは懸念を表明した。相手との出会いというのはどう具体化するのか？　問題は、両性と出会う生活形態が、独身制的生活形態よりも良い成熟可能性を提供するのかという点だとした。フューシンガー博士は、性的経験は、孰れにしても成熟過程の絶対不可欠の構成要素ではないと見る。その際彼は、他の心理学者の意見に依拠した。だが彼は、多くの司祭は結婚していれば、結婚していない場合よりも、より良い司祭になるかもしれないと認めた。だが教会は、その本質のより深い理解の為に、少なくとも司祭の大多数は独身である必要があるとした。彼は既婚者の司祭職への採用に賛成する意向を示したが、予め司祭職を志望している者にはこの可能性が与えられるとは思わないで欲しいとした。

ノイマン教授は次の点について考察した。「教会が非婚という現象を強制によってしか貫徹できないとしたら、教会に於けるカリスマはどうでなければならないか。」。これに対してフューシンガー博士は、誰も「強制」などされない、司祭の誓願は自由意思で行われるのだと述べた。これに対しノイマン教授が、若い理想主義に駆られて目標に向かうことを決定した者は、そのことの人間的帰結や司祭の個々の任務の問題について、まだ十分に情報を得ていないだろうと言った。更に彼は他の強制もあるとした。つまり全てを諦められるような幸福な状況にはないのに、福音書に取り組み任務に召命されていると感じることが強制されるというのである。彼は、今日の可能性はこういったことを考慮に入れていないと述べた。またビットナーも、神学生が寄宿学校での教育で、選択の自由があるということについて十分に教育を受けているかは疑問だ、彼等将来の司祭は異性との恒常的な交流の場を全く持たないのだからと述べた。

一般討論の中で更に問われたのは、結婚の意志を示す司祭に特免を与えることは可能かという点であった。これにフューシンガー校長が述べた。「これが出されるのであれば、独身制全体が崩壊する。それを我々は全く防げなくなるだろう。」。この悲観的見解にノイマン教授が反対した。今日か明日に堤防が決壊するということはなかろう、だが若し特免が与えられたら、「一体どんな状況になるのだろう?」と述べた。

総括しよう。四人のパネラーが、多かれ少なかれ独身制を肯定しつつ、少なくとも義務的独身制は拒否する点では一致した。然しこの晩には義務的独身制の拒否ということが第一に論題となっていたという訳ではなかった。フューシンガー校長は「義務的」独身制という名称は拒否したが、この制度の維持には支持を表明した。そして客席からの意見が一つ代読された。それは義務的独身制への固執が、教会内での信頼の欠如を証明しているというものであった(335)。

ラッツィンガー学部長が警戒した「外来者」とは、ルイーゼ・リンザー(一九一一年―二〇〇二年)のことだろう。カトリック系農村出身のリンザーは、戦争末期に強制収容所での日々を経験し、戦後は国民社会主義への勇敢な抵抗者として敬意を集めていた。ラッツィンガー家は、アシャウでこのリンザーのおじゲオルク・リンザーと知り合いで、彼は身体的、精神的にやや障害を抱えた、親切な人物だったという(336)。リンザーは離婚なども経験した結果、カトリック教会、特にその性道徳に対する厳しい批判で言論界の注目を浴びるようになっていて、この点でレルシュの興味を惹いたものと思われる。リンザーはまた、進歩派カトリック神学者の先駆者だが、聖職者独身制は支持していたカール・ラーナー神父と親密な関係になり、リンザーが彼の属したイエズス会の反対を押し切って、彼の死後二人の数百に及ぶ恋文を公刊して騒動となった。これ以外にもリンザーは、フェミニズムの代表的論者になり、ヴェトナム反戦運動に呼応して反欧米帝国主義の運動を起こし、金日成と昵懇になって北朝鮮を熱狂的に礼讃するなど、六八年世代を牽引する代表的な進歩派言論人となった。だがリンザーが死去すると、彼女の自己申告が疑問視され始める。今日では、リンザーは同世代の多くの者と同じく、強制収容所に入れられる前は国民社会主義政権の熱狂的加担者だったことが明らかになっている(337)。

三　ハルプファス事件

一九六八年一一月のハルプファス事件で、テュービンゲン大学のカトリック神学部は再び動揺した。事の発端は、近隣のロイトリンゲン教育大学教授フベルトゥス・ハルプファス神父の著作『基礎信仰教育』であった。宗教教育学者ハルプファスはこの著作で、カトリック教会のあり方に徹底した批判を加えた。この著作に関してドイツ司教会議は、ハルプファスへの査問を行い、ロッテンブルク司教庁は同年一一月二九日、ドイツ司教会議が彼の教職辞令を撤回する旨を通知した[338]。

この事件でラッツィンガー神学部長は学生運動側の批判の矢面に立たされた。ハルプファス支持派の「行動委員会」はビラを配布し、雄弁なラッツィンガーがハルプファスの著作を曲解し、その問題性を誇張していると訴えた。

ラッツィンガーが語れば事は解決済み？〔羅 Ratzinger locutus — causa finita?〕

一九六八年一二月一二日

ラッツィンガー教授は一二月三日（火）、「ハルプファス事件」に関する態度表明を読み上げた。そこで彼は——我々がきちんと理解していればの話だが——ハルプファスが「辞令」を断念するよう希望するとした。というのも彼の神学的立場は、カトリック教義には位置付けられないからというのである。このような有無を言わさぬ非難が為された後で、我々としては、ハルプファス事件を内容に即して正当に評価できるように、議論の基礎を拡大することが必要だと思われる（第二ビラ「ハルプファス教授の著作の逐語引用」も参照のこと）。それには次の論評が資するだろう。

ラッツィンガー教授はその理由付けの中で、特に次の三点に取り組んでいる。

（一）ⓐラッツィンガー教授は「「神そのもの」などというものは存在しない」（『基礎信仰教育』一九八頁）という表現を批判している。直接の文脈や並行する文面から分かるように、ハルプファスがこの表現で言わんとするのは、彼が神を客観化された形では（三四頁参照）、「区別された存在で、事物そのものとして形而上学な意味で……」（五五頁）は、「そのものとして永遠に現実に対峙するものとして」（一九八頁）は、理解していないということなのである。これは（スコラ神学的な）主体・客体の図式に於いて神を語ることを打破しようとする、ハルプファスの問題関心から理解されなければならないのである。ⓑラッツィンガーが引用した、学問としての神学は「学問と、して、は神とは切り離されている」（独 qua Wissenschaft a-theistisch）（一九八頁）という部分については、a と theistisch を結ぶ接合符が明確にされなかった為、聴衆には引用が誤解された［a-theistisch が atheistisch と聞こえた］に違いない。

（二）ラッツィンガー教授は、ハルプファスによれば「どんな内容も啓示されていない」ことになると考えている。だが――その際、心の最深部に於ける驚きを語る「宗教的告知」と、この驚きを学問的に客観化する表現としての神学（教義学）（一九八―一九九頁）とが区別されていない。勿論ハルプファスもまた宗教的告知が内容を有することを要求しているが、若し神が「此岸や自分の人生」（一九九頁）とは切り離された「独自のテーマ」（一九八頁）であるなら、それを要求しないとしている。その限りで言えるのは、啓示は我々に、我々の此岸での知恵を足し算のように補う客観的な内容を持つ「何か」を齎すのではなく（五五頁参照）、我々が自分自身や此岸を改めて理解する「何らかの手法」を齎すのである（二二一頁参照）。

（三）「教会の教職と神学」というテーマについて（五一頁註一）は次の問題が持ち上がる。

――神学の教会との結び付きは、ローマ神学（ピウス一二世・パウルス六世）の意味で、位階制的構造をした教職への完全な従属関係として理解されなければならないのか？　若しそうでないとすれば、どのような他のモデルが提示されるのか？

――ハルプファスによれば、神学は学問である限り合理的説明をするという課題があるという（五一頁註一参照）。だがこれを以って、神学がそこで問題となっている事柄への繋がりなしに行われ得ると考えられている訳ではない。

――我々は、ラッツィンガー教授が最初の二つの指摘でハルプファスを誤解し、文脈の意図に反して文面を解釈したと考えている。

――教育される考えがカトリック的と言えるかを決めるより確かな基準とは何か？　それを確定する権限を与えられているのは誰なのか？

――信仰教育は一方的に教義学に従属しているのか？　教義学は信仰教育にも責任を負わなければならないのではないか？

――ラッツィンガー教授が行ったように、教会内部でまだ完結していない議論を教会外へ転嫁し、一人の外部者と対決するのと同じように、ハルプファスとも教会の教義のより確かな立場から対決するということは許されるのか？

ラッツィンガー教授は、ハルプファス事件で形式と内容とは分離できないと述べたが、若し彼が自らにその要求をするのなら、我々としてはただ同意できるのみである。だが形式的な面に関して、彼はこれまで全く不十分にしか述べていないのである。(339)

キュングによると、ラッツィンガー神学部長は一九六八年一二月一三日のカトリック神学部教授会で、ただ一人ハルプファスへの連帯を拒み、連帯表明をしていた教授連を説き伏せたという。そうした間にハルプファスは還俗、結婚を表明し、政教条約によりほぼ自動的に教職を失ったので、ハルプファスを巡る教会への抗議行動も終息した。(340)この教授会でのラッツィンガーの振舞について噂を聞いたのだろう、カトリック神学部学生自治会は、ガリ版で反ラッツィンガーのビラを作成した。

「私はラッツィンガーへの口答えなどしない」

而してその中の一人、かの年の大祭司カヤパ曰く「爾等何も知らず。一人の者、爾等の為に死に、爾等全て滅びぬは、爾等の益なるも思わぬなり。」（ヨアンネス福音書第一一章第四九／五〇節）

高貴なるカトリック神学部教授会が開催された。全体会でラッツィンガー学部長は、巧妙にも控え目な態度を取って、彼の文書を机上に提示した（これはＫＨＧ会則を巡る敗北以来試されてきた戦略だ！）翌日には殆ど全ての教授会構成員が、ハルプファス氏に関して考えを変えていた。前日までハルプファスを支援して決起しようとしていた教授たちは、今度は親指を下に向けたのだった……学部長が語ったのだ。学部が別な方向に決断するのなら、彼は公的に距離を置くと予告して脅したのである。ラッツィンガーの雄弁さの前では、正教授連は為す術がないのである（「私はラッツィンガーへの口答えなどしない」)。これ以来ハルプファスは、「もはやカトリック的ではない」ということになったのだ！[341]

同僚の正教授マックス・ゼックラー(基礎神学)によると、ラッツィンガー教授の授業では、アドルノの場合と同じく「トップレス」(独 oben ohne)の女子学生による妨害工作があったという[342]。裸体の人物(特に女性)による講義や集会の攪乱は、「反権威主義」運動家の十八番としてドイツで普及していくが、カトリック聖職者に対しては特に、男子独身制への嘲笑という意味が込められていたと思われる。更に政治学者ハンス・マイヤーとの共著『教会に於ける民主主義』で、ラッツィンガーは次の逸話を紹介している。数百人の学生が集まった大教室に、大学の「民主化」を呼号する人々が二十人程乱入してきた。彼等は講義を、「権威主義的知識仲介」(独 autoritäre Wissensvermittlung)だと批判して、教師と学生との討論会を要求した。この講義の教師は、「民主主義」を「西欧の立憲民主主義」(独 westliche Verfassungsdemokratie)として理解していたので、集まった学生たちに意見を聞いたところ、学生たちは講義の続行を望んだ。乱入者はこの結果に驚かずに、学生たちは「体制順応的」(独 systemkonform)になっており、反対意見を述べられない状態にある、彼等の意識を喚起する討論が「民主化」の前提だとして、講義の妨害を続けたという。ラッツィンガーはこの逸話を、自分の経験だとは明言しなかったが、これは恐らく彼自身か、その同僚の体験であったと推測される[343]。

副手トリンペによると、カリンという或る学生の件で、ラッツィンガーは大いに動揺していた。攻撃的な性格の女子学生カリンは、「よりよき生活」を求め、「革命」を呼号する時代の潮流に同調していた。ラッツィンガーはこのカリンと真剣に対峙したが、(理由は不明乍ら)この女子学生は突然死亡し、ラッツィンガーは言葉を失うほど衝撃を受けていたという[344]。

助手クーンはラッツィンガーの学生運動への態度に関して、彼が世代間対立をよく理解していなかったと見ている。クーンは中間層出身者として、同じ階層出身の後輩たちが親の世代に反撥することをそれなりに理解できたが、より下層の出身で、深いキリスト教信仰が世代を結び付けていた環境から来たラッツィンガーには、生活にも事欠かない学生たちが

2014年9月9日：筆者撮影
レーゲンスブルク

叛乱を起こす理由が分からなかったのではないかというのである[345]。

第四節　「時代の専制」への懐疑

一　レーゲンスブルクへの移籍

ラッツィンガーが紛争に巻き込まれていた最中のテュービンゲン大学に、レーゲンスブルク大学から割愛願が舞い込んだ。レーゲンスブルク大学は、ヴュルツブルク大学、エルランゲン＝ニュルンベルク大学、ミュンヒェン大学に続くバイエルン州四番目の大学として、一九六七年に誕生していた。大学創設に際してラッツィンガーは教授招聘委員会に所属していたが、自分への教義学教授就任の要請は断っていた。審査者が自ら赴任するのは不適切であり、また再三の転任に疲れ、テュービンゲンでの落ち着いた研究生活を望んだ為だという。代わって招聘されたのは、レーゲンスブルク出身で、彼のボン大学での同僚だったヨハン・バプティスト・アウアーであった。だが一九六九年に教義学第二講座が設置されることになると、ラッツィンガーは二度目の招聘を受諾した。彼はテュービンゲンでの絶え間ない論争に嫌気が差していたと言い、加えて兄ゲオルクがレーゲンスブルク大聖堂の楽長をしていた為、漸く姉兄弟三人で一緒に住むことが出来ると喜んだのだという。創立五百年の名門テュービンゲン大学の神学部長が、まだ四十代初めで新設のレーゲンスブルク大学へ移籍するというのは異例のことだが、ラッツィンガーにとってそれは故郷バイエルンへの帰還でもあった。レーゲンスブルクへの移動には、弟子のヨハンネス・レールマン＝ドロンケ神父が同行した[346]。

キュングはラッツィンガーの移籍の件を聞いて激昂した。キュングが学生運動後のラッツィンガーの変貌を殊更に強調するのは、ラッツィンガーがレーゲンスブルク行きをキュングに秘匿し、問答無用の態度で移ったことに、彼自身が裏切られたと感じた為ではなかろうか。キュングは、ラッツィンガー一家（姉弟）とは一九六八年にもシュトゥットガルトにバレエ鑑賞に出掛けたり、同年夏にシュヴァイツのキュングの別荘で夏季休暇を過ごしたりと、親交は十分あった筈と主張する。だがキュングのラッツィンガーへの思いとは裏腹に、ラッツィンガーのキュングへの思いは冷めていった。一九六九年八月初旬、テュービンゲンのラッツィンガーに会いに来たチェック人哲学者カレル・フロスに、副手トリンペが零したという言葉が伝わっている――ラッツィンガーとキュングとの協力は御仕舞だ、双方にとってよい理由で別れなければならない、キュングがラッツィンガーの助手をすっかり無作法にするのを放置は出来ない、キュングは益々巧妙なジャーナリストとして目立っている――。一九六九年一〇月二六日、既にレーゲンスブルクに移ったラッツィンガーは、元同僚たちへの感謝を込めてテュービンゲンのホテル・クローネで晩餐会を開き、キュングにも謝辞を述べた。人々は楽しい夕べを過ごしたが、キュングのラッツィンガーへの不信感は、この時芽生えつつあったのである。[347]

2014年9月9日：筆者撮影
レーゲンスブルク大学

　キュングを宥める為か、ラッツィンガーは移籍時にキュングの企画に二つも付き合っている。第一は、一九六八年一二月一七日『フランクフルター・アルゲマイネ・ツァイトゥング』に発表されたキュング起草の宣言「神学の自由の為に」である。これは第二ヴァティカン公会議で獲得された神学の自由を守れと訴え、「異端審問」を拒否するもので、殊に反権威主義的な色彩が強い。ラッツィンガーは署名者に名を連ねているが、その内容は後年の教理省長官にはそぐわないものだった。[348] 第二は、テュービンゲン大学カトリック神学部の雑誌『神学四季報』に一九六九年夏学期に掲載された、（西欧の）教区在住司教の任期を原則として八年に限定することを求める教授たちの署名付き声明である。この内容は「権威」の批判的再検討から始まり、動もすればローマ司教たる教皇の任期を限ることにも繋がりかねない。[349] 同僚のゼックラーによると、移転間際のラッツィンガーは唯一署名を躊躇し、ゼックラーに自宅まで押し掛けられて、長い会話の末漸く署名したという。トリンペ副手は、ラッツィンガーは署名前にこの文書を熟読していなかったのではないか、或いは教授連との新たな紛争を避ける為に署名せざるを得なかったのではないかと推測する。というのもラッツィンガーはレーゲンスブルクに異動した直後、自分も署名者の一人であるこの文書に対し、弟子のクーンとトリンペに多角的、徹底的な反論を『ホッホラント』に掲載させたからである。[350] この件でのラッツィンガーの対応は明らかに混乱しているが、今日から見ると、彼の署名は単なる同僚の無理強いではなく、それなりに彼の意向を反映していたのかもしれないとも思える。というのも彼は二〇一三年、在位八年にして教皇終身制の慣行を自ら破ったからである。[351]

一九六九／一九七〇年冬学期、ラッツィンガーはレーゲンスブルク大学での授業を開始した。彼はこのレーゲンスブルク大学に、結局一九七七年まで勤務することになる。レーゲンスブルク大学は中央駅南方の丘の上に展開しており、コンクリートの無機質な建物が蛸の足のように広がった様子は、正しく「迷宮」の観がある。今日カトリック神学部はその北端にあるが、その校舎が完成するまでは、旧市街のドミニコ会の修道院に間借りしていた。この修道院はアルベルトゥス・マグヌスが研究した場所でもあるが、古びて陰鬱な印象がある。ラッツィンガーはここで再びカトリック神学部長を務め、更には副学長にも就任した。学長だったディーター・ヘンリヒ（国際私法）によると、ラッツィンガーは大学幹部としても異彩を放っていた。彼は灼熱の日でも背広の上着を脱がずに会議に参加し、議論が白熱してもまずは発言しなかったが、彼が発言すると議論は終結したという。ラッツィンガーは、学生のみならず大学指導部も求めていたマルクス主義の基礎講座の設立要求をきっぱり拒否した。学生運動はレーゲンスブルクにも波及しており、神学部生もラッツィンガーと並んでブロッホ、ラーナー、ゼレを読み、マルクス理論の講座は社会学科では必修となっていた。それでも新設直後の大学だけに、テュービンゲンと比較すれば平穏であったようである。新たに集まった教官も多様であり、スコラ神学系のアウアーから「解放の神学」の支援者ノルベルト・シッフェルスまでいた。ラッツィンガーはアウアーの他、新約聖書学者フランツ・ムスナーらと近い関係にあった。[352]

レーゲンスブルク司教ルドルフ・グラーバーは保守強硬派として知られていた。グラーバーは国民社会主義政権を支持したという疑惑が持ち上がり、その一九三四年一月の論攷「ドイツの使命」が話題となった。彼は燃えるような聖母マリアの崇拝者で、彼の傘下の信徒団体「ウナ・ヴォーチェ・カトリカ・グルッペ・マリア」は、ミュンヒェン＝フライジング大司教デプフナーが、一九六九年三月二五日のバイエルン・カトリック・アカデミーでの討論に、イエズス会士パウル・コンラート・クルツ神父との対論者として、作家ギュンター・グラスを招待したのに憤り、「デプフナー枢機卿が神の母を侮辱した」とする抗議運動を展開していた。SPD支持を公言し、醇風美俗を笑い飛ばす過激な性、内臓、汚物の描写でお馴染みのこの犬儒派作家は、「破壊による再出発」の体現者であり、カトリシズムの揶揄にも余念がなかった。彼の第三作『犬の年』（一九六三年）に、「信心深いカトリック男性なら、誰でも処女マリアとの交接を妄想できるのだ[353]」という表現があるのが、この時熱心な信者を刺戟したのだった。グラーバーは保守派団体「教皇と教会の為の運動」の庇護者であり、進歩派助任司祭らの「レーゲンスブルク行動クライス」とは対立関係にあった。彼は堕胎禁止を規定した刑法第二一八条の改定を考慮するヘルムート・シュミット政権（SPD・FDP）に抗議して、連邦功労大十字章の受領を拒否したという逸話も有している。彼は「キリスト教的西洋」の消滅を危惧して、教会批判者は教会を出ていけと述べており、レーゲンスブルク司教座は「ドイツで最も保守的で反動的な教会」との評価を受けていた。とはいえ一九七八年、ルフェーヴルら伝統主義派の「聖ピウス一〇世司祭修道会」がレーゲンスブルク司教区のツァイツコーフェン城を購入して拠点を築いた時には、流石のグラーバーも教会分裂を危惧して反対している[354]。

ラッツィンガーとグラーバーとの関係は明らかでない。門下生マルティン・ビアラスによると、グラーバーは当初ラッツィンガーを「近代主義者」と看做し、そのレーゲンスブルク着任を警戒していたという。然しグラーバーは、結局この人事にバイエルン政教条約第三条に基づく異議申立をしなかった。カレル・フロスによれば、副手トリンペが既に一九六九年夏の段階で、グラーバーがラッツィンガーに万全の研究環境を保証する旨を約束したと述べたという[355]。一九七七年、ラッツィンガーのミュンヒェン＝フライジング大司教叙階の際には、グラーバーが共同聖別者を務めている。

レーゲンスブルクでもラッツィンガーは多くの学生たちに囲まれていた。ここで一九七二年に採用された助手がシュテファン・オットー・ホルンである（クーンはユダヤ教研究を進めて博士号を取得する為、助手を辞任した）。博士号や教授資格

2014年9月9日：筆者撮影

ペントリングのラッツィンガー邸

の取得を望む学生が三十人程になり、個別には面倒を見きれないので、ラッツィンガーは二週間に一度、土曜日の午前中に大神学校で演習を行った。この演習ではまずミサを行い、次いで毎回一人の報告者が研究状況を披露することになっていたが、テーマはエイレナイオスからニーチェまで、中世神学からカミュまで多岐に亙っていた。この意味でヴァレンテは、ラッツィンガーは特定の手法や内容に固執した学派形成を行わなかったとする。彼は学生の研究への介入を最低限に留め、いわば「産婆」役に徹し、意見が分かれても一方への加担を控えた。この結果、ラッツィンガー門下生にはヴォルフガング・バイネルトやハンスユルゲン・フェルヴァイエンのように、女性叙階問題や公教要理問題で恩師と対立する見解の者も現れた。とはいえ勿論、彼が報告内容を批判的に評することはあった。当時の学生ヨーゼフ・ツェーラーによると、或る学生が報告した時、カール・ラーナーだけを論拠として挙げた。これを聴いてラッツィンガーは、「ローマが語れば事は解決済み」（羅 Roma locuta causa finita）という発想への反撥は分かるが、かといって「ラーナーが語れば事は解決済み」（羅 Rahner locutus causa finita）になるのは不思議だと述べたという。この発言は、学生に綿密な論証を求めた教育的指導だが、彼のラーナーへの違和感も込められているように思われる[356]。

これと関連して看過できないのは、ラッツィンガーの一次史料重視の指導方針である。日本人留学生の里野泰昭に彼が述べたのは、二次文献を全部読まなければならないと思うのは「学問以前の偏見」だということだった。二次文献など読んでいたら独創的な発想は生まれない、それは原典を読み込むからこそ生まれるのであって、二次文献は自分の立ち位置を確かめる為に使うものだというのである。これも時流に距離を置く彼らしい発言である[357]。

ラッツィンガー門下には世界から様々な人々がやって来た。ベナン出身の神父バルテルミ・アドゥコヌは、ローマの教皇立ウルバニアーナ大学での学業を終え、ラッツィンガーの指導下で「ブードゥー教のキリスト教的解釈学」を研究テーマとした。アドゥコヌは落ち着かず、パリで社会学的・人類学的観点を学んだり、構造主義的・マルクス主義的分析を志してキュングを訪ねたりしたが、結局レーゲンスブルクに戻ってきた。ラッツィンガーは彼の昼食の面倒を見たり、博士論文出版の費用を出したりした。大韓民国から来たキム・ヨン・ヒ・ヴィクトリアは、生物学で進化論に関する論文を終えて一九六九年から門下に加わり、望郷の念や試験での失敗を乗り越えて、トーマス・アクィナスと孔子との比較研究で博士号を取得した。ベーメン生まれで著名な帝国伯爵家の御曹司であるドミニコ会士クリストフ・シェーンボルンは、レーゲンスブルク大学で二学期ラッツィンガーの講義を聴いた後、その門下生に名を連ねた。アイルランド人の神言会士ヴィンセント・トゥウォミーは、当初名声の頂点にあったラーナーを訪ねてミュンスター大学に留学したが、学生の報告そっちのけで自分ばかりが話し、討論に応じないラーナーに愛想を尽かして、レーゲンスブルクのラッツィンガーの許に来ていた。他にも、アルメニア人アントワーヌ・サロヤン、インド人アレックス・タンニッパッラ、イタリア人フランチェスコ会士コルネリオ・デル・ゾット、オランダ人フベルト・シュナケルスなど、多彩な顔触れがラッツィンガーの下には揃っていた。こうした学生たちとの出会いは、教師である彼の視野も広げたことだろう[358]。

ラッツィンガーはこのレーゲンスブルクには腰を落ち着ける意志を固めた。彼はレーゲンスブルク郡ペントリング村に一戸建を新築し、一九七四年に両親の墓も移した。彼の新居は雄大な田園風景を前にした新興住宅地にあり、車庫の付いた切妻屋根の家屋は隣家と変わりがなく、マリアを象った庭の噴水だけが宗教的雰囲気を醸している。彼は今もペントリングに住民登録し、一九八七年に名誉村民号も授与され（彼にとって初の Ehrenbürger 号）、その後も消防車や教会を聖別するなどの交流を続けた[359]。

二　国際神学者委員会と『コンムニオ』

レーゲンスブルク時代のラッツィンガーは、ローマの国際神学者委員会（第一期一九六九年―一九七四年）に召集された。この機関は第一回「世界代表司教会議」の提案により教皇パウルス六世が設置したものである。ラッツィンガーはその第一回会議で、教会改革の行き過ぎに対する懸念を表明した。この委員会には、公会議に際して進歩派だった神学者たちが集められていた。ラッツィンガーの懸念は、アンリ・ドゥ・リュバック、フィリップ・デルハヤ、ホルヘ・メディナ（チリ）、M・J・ル・ギユウ、ルイ・ブイエ、ハンス・ウルス・フォン・バルタザール（シュヴァイツ）など、各国から集まった神学者たちに共有された。これに対しコンガールは仲介的役割を果たしたが、ラッツィンガーの意見に同意しないラーナー、ヨハンネス・ファイナー（シュヴァイツ）ら進歩派は退席した。この後ラッツィンガー、リュバック、メディナ、ギユウ、ブイエら改革の影響に懐疑的になった神学者たちは、バルタザールの主唱で、ラーナー、キュングの急進路線に抵抗するべく、一九七二年に雑誌『コンムニオ』を創刊した。これに伴い、嘗て公会議を支えた神学者たちが、キュングら『コンキリウム』派と、ラッツィンガーら『コンムニオ』派とに分裂することになった[360]。

『コンムニオ』は当初ドイツとイタリアで編集され、ドイツでの神学部門の編集はカール・レーマンが担当した。文化・時事問題を担当したのは、前年に発行停止となった『ホッホラント』編集部からきたフランツ・グライナーであった。更にバイエルン文部大臣を務める政治学者ハンス・マイヤーも編集委員会に加わり、常連執筆者となった。然しこの雑誌の本来の中心人物がラッツィンガーであることは、バルタザールも認めるところだった。やがてこの雑誌は、一九七四年にアメリカ合衆国、クロアティアでも刊行を始め、一九七五年にフランス版、一九七六年にフラマン版（ベルギー）、のちにはポーランド版、チリ版、ブラジル版、ポルトガル版、スペイン版が発行されるようになった。『コンムニオ』は『コンキリウム』のような中央集権的体制を取らなかったので、地域により内容に差異がある儘、神学者のネットワークが拡大した。教皇ヨアンネス・パウルス二世の時代には、『コンキリウム』の影響力が減退し、『コンムニオ』の同人から司教が任命されることが多くなった。その中には、枢機卿ホルヘ・アルトゥロ・メディナ・エステベス、ヴェネツィア総大司教アンジェロ・スコーラ、ヴィーン大司教クリストフ・シェーンボルンなども含まれていた[361]。

その間にパウルス六世のミサ典礼書が公布され、ラッツィンガーの懸念するところとなった。この時期の典礼改革による変更点は種々あるが、目立つのは以下の点である。(一)聖職者が信徒と共に「中央祭壇」を向いて、つまり「対神式」で儀式を行うのではなく、「人民祭壇」から信徒の方を見て、つまり「対民式」で儀式を行うようになった。(二)聖職者が中央祭壇に向かい小声で祈る部分が、全て信徒側を向いて大声で行われるようになった。(三)説教以外の大半の部分で用いられてきたラテン語は、この改革でも引き続き遵守を原則とされたにも拘らず、現実には現地現代語に駆逐された。(四)侍者などに女性の奉仕が認可されるようになった。この変更で、聖職者の動作は信徒からよく見えるようになったが、一同挙って神に祈るという敬虔な雰囲気が失われ、聖職者が神に背を向けて信徒に「サービス」しているように、或いは聖職者が現人神として信徒に対峙しているかのようになった。また古典語の祈禱文が有していた音韻が除去され、現代日常語による散文での「言挙げ」が重視されるようになった。男女の役割分担に関しても、現代フェミニズムの期待するものに若干近づいた。この時代にはまた、教皇三重冠や教皇軍など、ヴァティカンの伝統の休止、削減も相次いでいた。ラッツィンガーによれば、第二ヴァティカン公会議は断絶ではなく発展として理解するべきであり、古いミサ典礼書を殆ど禁止して新典礼を制定するという連続性の破壊は、典礼史上異例のことである。ラッツィンガーは、典礼は神の賜物ではなく、人間が好きに作るものという印象が生まれたことが問題だと考えたのだった[362]。

三　キュングを巡る紛争への関与

ラッツィンガーがレーゲンスブルクに落ち着き、国際神学者委員会や『コンムニオ』を通じて国際的名声を確立しつつあったこの時期、ドイツ・カトリック教会は収拾不能な混乱事態に陥りつつあった。ラッツィンガーがカトリック神学部長として遭遇した学生運動も、結局はその氷山の一角に過ぎなかった。そして新しい問題が、彼が立ち去ったばかりのテユービンゲンで生じた。キュングを巡る一連の紛争である。

キュングと教皇庁との間には長い闘争の歴史があった。キュングは既にバルトを扱った博士論文（一九五七年）が物議を醸していたが、教皇ヨアンネス二三世は彼を公会議神学者に任命した。続く著作『教会の構造』（一八六二年）は教皇庁の審査対象となったが、やがて中止された。ラッツィンガーのテュービンゲン在職中には、キュングの著書『教会』（一九六七年）が教理省から問題視された。教理省はローマでの査問が終わるまで、この著作の頒布及び翻訳を禁止したが、実際には頒布も翻訳も続けられた。キュングは、五月九日にローマで行われる召喚の通知を五月四日に受け取り、急なことで文書を熟読できないとして出席を拒否した。一九七〇年夏、第一ヴァティカン公会議から百年目の年に、キュングの新著『不可謬？——一つの問い掛け』が刊行された。この著作は、キュングがカトリック教会の「誤謬」と見る事蹟を列記し、「不可謬」論との「矛盾」を糾弾するだけでなく、第二ヴァティカン公会議後の教会改革の停滞を糾弾するもので、マスメディアやプロテスタント神学者の喝采を浴び、年末までに一万六千部も売れるベストセラーとなった。だがカトリック教会内では、この著作でキュングはもはやカトリック神学を離れたとする見方が強くなり、進歩派神学者のラーナーや、その弟子でキュングとも爾汝の仲だったレーマン、更にはコンガールまで、キュング批判者に名前を連ねた（ラーナー編『不可謬性の問題について』）。ラーナーらに離反されたキュングは、「政治的神学」を掲げるメッツに加え、その影響を受けた「解放の神学」派、或いはフェミニズム神学に新たな同盟者を見出していき、グスタボ・グティエレス、レオナルド・ボフ、エリザベート・シュスラー・フィオレンツァらと連携していく。度重なるキュングの挑発に対し、遂に教理省は本格的審査を開始し、シュトゥットガルトでの聴聞を経た一九七一年二月四日、ドイツ司教会議はキュングの著作にカトリック信仰の根幹に関わる疑問があると宣言した。一九七三年七月五日には、教理省宣言「ミュステリウム・エックレシアエ」が発表され、文面では名指しを避けつつキュングが批判された（教理省の記者会見ではキュングが名指しされた）。一九七四年五月四日には、キュングの元助手で、キュングの後押しで一九七〇年にラッツィンガーの後任としてテュービンゲン大学教義学教授となっていたカスパーが、キュングの主宰する雑誌『コンキリウム』から手を引いた。同年には新著『キリスト教徒であること』が再び論議を呼び、今度はドイツ司教会議が一九七七年一月の聴聞の末に、一九七七年一一月にキュングの問題性を指摘し、一九七八年の著作『神は居るのか?』に関しても同じ展開となった。そして後述のように、一九七九年一二月一五日に教理省声明「ハンス・キュング教授の神学学説の幾つかの原則について」が出され、キュングが「カトリック神学」を教えられなくなるのである(363)。

このキュングを巡る騒動でラッツィンガーは重要な役割を果たしたが、これが「保守派神学者ラッツィンガー」形成の一段階ともなった。一九七一年一月九日、ドイツ司教会議信仰委員会がシュトゥットガルトでキュングとの討論を行った際、マインツ司教フォルク、シュパイヤー司教フリードリヒ・ヴェッターと並び、神学顧問としてハインリヒ・シュリールとラッツィンガーとが参加していた。ラッツィンガーはキュング『不可謬?』の書評を「ハンス・キュングの本に於ける矛盾」と題して発表し、一定の成果を認めつつも炎のように激しい批判を展開した。まずラッツィンガーは、キュングの「戦闘的言葉」、「階級闘争」的物言いに苦言を呈し、多数の文献、ラテン語、ギリシア語の引用文を付して彼の歴史認識の誤りを指摘した。またライプツィヒ討論でのルターは中世教会とも古代教会とも断絶したとして、それを援用するキュングが「確信的カトリック神学者」を名乗ること、「カトリック」概念を歴史的文脈と切り離して自由に観念することを疑問視した。更にラッツィンガーは、キュングの司牧職・教授職分離論（教皇の司牧職への限定・全キリスト教徒のカリスマ的平等）については、全キリスト教徒が平等な立場で完全に自由に神学を展開することと、教会の基本構造を維持することとは両立しないとし、「人間は誰でも間違え得る」というキュングの教皇不可謬性批判に対しては、真なる言葉というのは存在するのであり、キュングには神学者の善意への無邪気な信仰があるとして否定した。このキュングとの対決に於いて、歴史的産物としてのカトリック教会、いわば「現存するカトリシズム」へのラッツィンガーの擁護的態度は確立していった。その後も事あるごとに、ラッツィンガーは教皇庁側に立って自分を追い詰めたと、キュングは考えている(364)。

因みにラッツィンガーが、テュービンゲン大学での全学講義「キリスト教入門」の冒頭で、「お目出度ハンス」（独Hans im Glück）の逸話を引いていることについて、これはハンス・キュングのパロディーではないかと見る向きもあった。「お目出度ハンス」とは、所持していた金塊を、重いからとして馬、牛、豚、鵞鳥、砥石と次々と取り換え、最後にはその砥石も邪魔として水中に投げ捨ててしまったという男の逸話で、確かにカトリシズムの諸原則を次々と抛棄するキュングの姿を連想させる。当のラッツィンガーは、表向きはキュングを揶揄したとの説を否定しているが、真相は分からない[365]。

四　ドイツ・カトリック教会の止め処ない危機

キュングを巡る一連の騒動は、世界にカトリック教会の動揺ぶりを曝け出す結果となった。カトリック教会は公会議による「現代化」を評価され、現代社会から温かく迎え入れられた訳ではなく、逆にその弱体を見透かした批判者たちからより一層の攻撃を受けることになったのである。第一ヴァティカン公会議だけでなく第二ヴァティカン公会議も「文化闘争」の引き金を引いたのであり、ドイツのカトリック教会は存亡の危機に陥っていったのである。

嘗て公会議で活躍したケルン大司教フリングス枢機卿も、その後の事態の急展開に驚愕し、方針転換をしつつあった。フリングスは、一九六三年に戸籍役場或いはプロテスタント教会で締結された「混宗婚」をカトリック教会でも承認するよう訴えたことを、既に一九六九年頃には後悔するようになっていった。更にフリングスは、前述のハルプファスのボン招聘問題に介入し、その就任を阻んでいた。この為、結局フリングスは教皇に忠実な人物なのであり、改革派教皇ヨアネス二三世の下では改革派だったが、保守化する教皇パウルス六世の下では、嘗てのピウス一二世の時代と同様保守派になったのだという評価も出た。八十二歳となり失明しつつあったフリングスは、一九六八年一二月二〇日に「協働司教」（羅 Coadjutor episcopus）として、ミュンスター司教だったヨーゼフ・ヘフナーを迎えた。「協働司教」とは通常、司教の在職を前提にそれを代行する役職で、「補佐司教」とは違って司教座の継承権を有するが、フリングスはヘフナーの着任後僅か四十八日後に引退してしまった。この為これは教皇の希望するヘフナーを摩擦なく後任にする為の措置だったのではと噂された。協働司教任命は教皇の専権事項だが、死亡或いは引退した司教の後任選出の際には、「プロイセン政教条約」第六条によれば大聖堂参事会が教皇に候補者を提示する。この時ヘフナーは、大聖堂参事会による公式の選出なしに、その事実上の事前諒解を得て任命された模様だが、その背景には教区内急進派グループの介入を避ける意図があった[366]。

ケルン大司教ヘフナーは就任早々の一九六九年秋、元修道士フルベルト・シュテッフェンスキーを名誉棄損で告発するに至る。シュテッフェンスキー神父はベネディクトゥス派修道院マリア・ラーハに寄宿していたが、ケルンのアントニーター教会でプロテスタント教徒との共同討論会「政治的晩禱」を企画する中で、ドロテー・ゼレ（旧姓ニッパーダイ）というプロテスタント女性と出会った。ドロテーはケルン大学教授（民法・労働法）ハンス・カール・ニッパーダイの娘で、ベルリン自由大学教授（のちミュンヒェン大学・歴史学）トーマス・ニッパーダイの実妹である。ドロテーは哲学で博士号、教授資格を獲得し、最初の結婚で子を三人儲けたが、当時は既に離婚していた。ドイツ教養市民層の擁護者だった兄トーマスとは正反対に、妹ドロテーは六八年世代の申し子であり、「過去の克服」の信奉者であった。プロテスタント神学者としての彼女は、『聖書』を脱魔術化し、「解放の神学」を応援し、平和主義、環境保護思想やフェミニズムを導入することに邁進していた。シュテッフェンスキーはこのドロテーと恋仲となり、修道士の立場を投げ捨ててルーテル派牧師になるべく改宗し、アントニーター教会でドロテーと結婚したが、その際地元新聞のインタヴューで、彼が修道士の堕落を揶揄して自分の振舞を正当化するに至って、ケルン大司教が激怒したのである。(367)

ヴェトナム戦争によって急進化する西ドイツの平和運動も、カトリック教会内の亀裂を深めた。一九六九年、「ベンスベルク・クライス」と呼ばれるカトリック知識人の一団が、ヴェトナム戦争に関する声明を発表した。一九六六年にベンスベルク・カトリック・アカデミーで結成されたこの集団には、文筆家ヴァルター・ディルクス、神学者カール・ラーナー、憲法学者エルンスト＝ヴォルフガング・ベッケンフェルデ、政治学者オイゲン・コーゴンらが属しており、既に一九六八年にオーデル・ナイセ以東領土の抛棄を呼び掛ける声明を出して話題を呼んでいた。今回の文書は、テュービンゲン大学神学教授ノルベルト・グライナッハー、政治学者ギルベルト・ツィーブラ、オットー＝エルンスト・チェンピエルらによって執筆されたもので、「（カトリック）教会は戦争を原則として肯定できない」とする絶対平和主義的な内容で、敵に占領された領土の回復、重大な不正に対する反撃など、状況次第で戦争は肯定され得る、予防戦争や核兵器使用も可能だとしてきたカトリック教会の道徳神学を批判していた。声明はまた、ヴェトナムの「革命的変化」を肯定し、北ヴェトナム「解放運動」への共感で溢れていた。一九五八年にミュンスター大学教授として、正当な自衛戦争では核兵器の使用も必ずしも罪ではないと説いていたケルン大司教ヘフナーにとって、これは受け入れ難いものであった。またパウルス六世は、第一次世界戦争に於けるベネディクトゥス一五世、第二次世界戦争に於けるピウス一二世と同様、ヴェトナム戦争で厳正中立を宣言しており、声明とは相容れないものだったのである[368]。

「過去の克服」もカトリック教会の立場を危うくした。一九六九年、ミュンヒェン補佐司教マティアス・デフレッガーが、国防軍大尉としてフィレット（中部イタリア）でパルティザン大量虐殺に加わったとの疑惑が持ち上がり、ドイツ検察は時効成立として捜査を中止したものの、イタリア検察が捜査に乗り出した。現地ではイタリアの聖職者と共産党員とが、この件を巡り争う事態となった。デプフナー枢機卿は、第二ヴァティカン公会議では改革派とされ、レーゲンスブルクからはマリア侮辱者と罵られたが、この時は公会議中に大司教区の司牧を引き受けた部下デフレッガーを庇った。この為、デプフナーがデフレッガーをヴァティカンに補佐司教として推薦した際、彼の「過去」を知っていたのかどうかも批判的考察の対象となった[369]。

一九七〇年四月から六月に掛けてドイツのカトリック教会が行った信徒アンケートも混乱を増幅した。このアンケートは西ドイツ在住の十六歳以上のカトリック教徒二千二百万人を対象とし、平服の教会役員或いは司祭が司教からのお願いとして各家庭に配布し、郵便番号のみ届け出る匿名での回答を求めることになっていた。質問項目は二百二に及び、その内百十二は選択肢にチェックを入れる形式となっていて、「アレンスバッハ世論調査研究所」に監修を仰いでいた。このアンケートは、一九七一年にドイツ・カトリック教会の「議会」に当たるものとして「教会評議会」（独 Synode）が発足するのを前に、それを成功に導く為の準備として構想されたものだった。内容は教会関連事項から時代認識まで多岐に亙っていたが、聖職者独身制や教会税などの争点項目について直接賛否を問うことは避け、「教会評議会」での話題として希望するかのみを問うこととした[370]。だがこの様な直接民主制的手法を導入したことは、ドイツ・カトリック教会の混乱に拍車を掛けることになる。こうしたアンケートの集計結果が明らかになるにつれ、如何に教皇や教会の権威が薄れ、信徒の生活が教義から離れているかを白日の下に晒す結果となり、マスメディアがそれを煽動的に報道した。アンケートは教会を活性化するというより、寧ろ動揺させるものとなったのである[371]。

一九七〇年秋、「ベンスベルク・クライス」が第三の声明『ドイツ連邦共和国に於ける教会の民主化』を発表した。文筆家ヴァルター・ディルクス、神学者フランツ・ベックレ（ボン大学）、ヨハン・バプティスト・メッツ（ミュンスター大学）、ノルベルト・グライナッハー（テュービンゲン大学）、政治学者エルンスト＝オットー・チェンピエル（マールブルク大学）ら執筆陣は、カトリック教会に於ける高位聖職者の「聖なる支配」（独 Hierarchie）を批判し、「教会は常に改革されるべきである」（羅 Ecclesia est semper reformanda）、民主的社会にあって教会が真剣に民主化に取り組まなければ社会から孤立する、「教会はその構成員の批判によって生きる」などと主張した。更にこの声明は、学問としての神学を権威主義的手法で決定しないこと、女性の男性との完全な同権化を実現すること、既婚男性にも副業としての司牧活動を認めること、全ての関連項目を審議し、一定の拒否権を有する「国民教会評議会」（独 Nationalsynode）を設けることなどを要求し、目下改革の障害は教皇を中心とする集権主義だと断じたのである。このサークルの中心人物ディルクスは、更に雑誌『フランクフルター・ヘフテ』も刊行して議論を喚起したのだった[372]。

同じく一九七〇年秋、ミュンスター大学教授アントン・アントヴァイラーがケルン大司教ヘフナーの聖職者独身制論を逐語的に批判し、彼の議論の信憑性を根底から否定した。アントヴァイラーによれば、ヘフナーの議論は「言語的に威張っていて不正確、聖書の根拠に乏しく誤解を招く、神学的に浅薄で無意味、心情的に貧弱、論理的に混乱、構造上無秩序、社会にとって無益で無関係、人間として不十分で頑固、信心深いが故に狭量で小心」なのだという。聖職者独身制の是非もさることと乍ら、ドイツを代表する高位聖職者へのカトリック教会内からの徹底した個人攻撃は目を惹くものであった[373]。

同じく一九七〇年秋、フランクフルトのザクセンハウゼン区から「教会の鐘」への苦情が提起された。林檎酒で有名なこの地区には、プロテスタントの三王教会と、カトリックのドイツ騎士団教会とが在り、或る住民の女性が「坊主の騒音テロリズムの被害者」を自称して訴訟を検討し、これにフランクフルト発行の全国紙『フランクフルター・アルゲマイネ・ツァイトゥング』も加勢に乗り出した。遂にはプロテスタント聖職者の中にも、夜二一時から朝八時までの鐘を停止する提案をヘッセン・ナッサウ福音主義領邦教会にする者が現れたのだった[374]。

この頃カトリック教徒の作家ハインリヒ・ベルは、教会税を支払わずに教会に残ろうとして話題になっていた。ベルは一九六九年ケルン大司教総代理官房に、連邦憲法裁判所が教会税制度の合憲性について判断を下すまで教会税を納付しないと宣言した。この頃カトリック教徒の間では、宗教団体としてのカトリック教会には残るが、公法上の社団としてのそれからは脱退するという抗弁が為され、訴訟にまで発展していた。ベルの学友でもある大司教総代理ペーター・ネッテコーフェンは、ベルの教会税納付を一旦猶予し、一九七一年四月に連邦憲法裁判所が教会税制度を合憲とする判断を下したのを踏まえてベルと再度話し合ったが、物別れに終わった。結局ベルはその後も自分では教会税を納めず、常に裁判所により強制執行させることにした[375]。

一九七一年一月にヴュルツブルクで「教会評議会」が開催されることになると、進歩派の聖職者、学生、労働者はフランクフルトで「教会評議会作業部会」を結成して準備に乗り出した。「作業部会」多数派は「教会評議会」の構成に影響を及ぼそうとし、作家ベルや神学者キュングなど十名が選出されるべきだと主張したが、司教たちはこれを却下して別な四十人の人々を任命した。総構成員数三百十二人のうち、五十六人は司教たち自身であり、彼等は更に四十人を自分たちの考えで任命できたのである。同様に修道会総長たちも二十二人を任命することが出来た。この他にも「教会評議会」の構成員が複雑な仕組みで選出されるようになっていたので、「作業部会」の不満が募っていた。だが司教たちは、知識人の過剰代表となって「本物の労働者、農民、手工業者、主婦」の声が届かないという事態を防ぐべき（ヘフナー）だと考えていた[376]。

一九七一年一月三日から三日間、遂にこの「ドイツ連邦共和国共同教会評議会」（独 Gemeinsame Synode der Bistümer in der Bundesrepublik Deutschland）の第一回総会がヴュルツブルク大聖堂で行われた。その議場風景は身分制議会の様相を呈していた。前列に枢機卿、大司教、司教、補佐司教、計五十八名の黒衣集団が位階順、在職期間順に着席し、この背後に一般構成員がアルファベット順で着席した。また全構成員の半分は聖職者であった。更に司教たちは根本的な教義や倫理が危機に瀕した際に、拒否権を行使して決議を阻止することが出来た。だがそれでも議長団の選出で司教たちが落選するなど、評議会は波瀾含みの始まりとなった。また議事の過程で、ケルン大司教ヘフナーが離婚問題で沈黙していたことが非難されたように、司教たちの評議会での一挙手一投足が可視化され、一般信徒の批判的審査の俎上に載せられたのだった[377]。

ドイツ司教会議は批判勢力の抑制に向かった。一九七一年秋、同会議はマルクス主義の影響を受け、カトリック教会と資本主義への批判を止めない学生団体「カトリック・ドイツ学生連合」（独 Katholische Deutsche Studenten-Einigung）への補助金を打ち切る決定をした。同会議がこの団体を審査するに当たっては、レーゲンスブルク大学教授だったラッツィンガーが否定的な鑑定書を提出し、ミュンスター大学教授だったラーナー、メッツがこれに抗議して、正面から対立した[378]。

一九七一年夏、教会によって裸婦像が配布されるという事件が起きた。この年の夏の行楽シーズンに向けて、南ドイツのカトリック教会はプロテスタント・ルーテル派教会と共同で、南ドイツを訪れる観光客に無料で配布するパンフレットを二万七千部用意した。だがこの冊子には、裸体の少女が俯せで草地に横たわっている写真が見開きで掲載されており、気が付いたデプフナー大司教が大慌てで破棄させるという事態が生じた。この事件では十万マルクの損害が生じたが、デプフナー大司教はこう述べたという。「こんなものが出回ったら、私は辞任してエルバ島に行かねばなるまい[379]」。

一九七二年五月、ドイツ最大のカトリック系出版社ヘルダー書店が『性の非常事態と教会』を出版し、間もなく絶版にするという騒動が起きた。この書籍はミュンヒェンの宗教哲学者でグァルディーニ門下生のフリッツ・ライストが、キリスト教徒の性的体験談を集めたもので、俗人と並んで数名のカトリック聖職者や宗教教師のものが含まれていた。「非常事態」という部分は「非常事態法」のパロディーだろう。この書籍は刊行後早速『ヴェルト』や『シュピーゲル』に引用されて大騒ぎになった。ライストは「抑圧された性」の実態を暴露することに意義を感じていたが、秘め事の赤裸々な告白は官能小説のようでもあり、ヘルダー書店は同書が教会の誹謗中傷に濫用されたとして販売打切を決め、ライストは別な出版社から改めて刊行したのだった[380]。

一九七二年年末には、教皇パウルス六世が自ら「悪魔は実在する」と力説して話題となった。事の発端は、シュヴァイツ出身のテュービンゲン大学神学教授（聖書学）ヘルベルト・ハークが、「悪魔など全くの想像の産物だ」と述べたのを、教皇庁が問題視したことにある。既に教理省長官フラニヨ・シェペルはハークに警告を発したが、ハークは「退屈だ」「余計だ」と侮蔑的な発言を繰り返して、シェペルを憤慨させた。尚ハークは退官時、キュングの助言で私財を投じて「教会内の自由の為のヘルベルト・ハーク財団」を設立した。この財団はキュング総裁の下で「教会内の自由の為のヘルベルト・ハーク賞」授与などの活動を行い、反教皇庁派の一拠点となった（一九八五年の第一回受賞者はレオナルド・ボフ）[381]。

一九七六年春、教皇パウルス六世が同性愛者だという暴露記事が発表され、教皇が「教会迫害の為の国際マルクス主義の計画」の一部だと激怒して否定するという事件が起きた。著者のフランス人ロジェール・ペイレフィットはスキャンダル記事で有名な文筆家で、男性同性愛に対する教皇庁の否定的姿勢に憤っての行動であった[382]。

ルフェーヴルら伝統主義者の教皇庁批判も激化していた。彼等は近代主義が信仰を破滅させるとし、公会議をフリーメイソンとプロテスタンティズムの仕業だったと断じた。教皇が異端に堕しているとするルフェーヴルは、教皇への更なる攻勢を宣言する。ルフェーヴルは一九七〇年に教皇庁の許可を得てスイスのエコーヌに神学校を創立し、「聖ピウス一〇世司祭修道会」（羅 Fraternitas Sacerdotalis Sancti Pii X）を組織したが、一九七五年になって神学校の承認を撤回されるようになり、その指示に従わなかった為、一九七六年七月に司教として職務停止の処分となった。だがルフェーヴル派は百万人の信徒を集め、ドイツでも司祭を叙品し、前述のようにツァイツコーフェンに拠点を築いた。彼等の一部は、一九七〇年の或る夜に、サン・ピエトロ広場に千七百人でラテン語の歌や祈禱文を口ずさんで跪く「ローマ進軍」を敢行した。一九七三年六月一三日の一般謁見の際には、彼等は奇声を上げつつ、教皇の足元にラテン語の抗議書を投げ付けるという挙に出たが、ヴァティカン警察は誤認逮捕によりその首謀者を取り逃がした。因みにカトリック進歩派の代表者キュングは、同じく教皇庁と対決する者として、立場の違いを越えて伝統主義者に同情し、教皇庁による彼等の「公正」な扱い、教会の双極化の防止、相互の寛容を訴えていた[383]。

一九七六年、八十九歳の老枢機卿フリングスに対して、アメリカの歴史家から新たな批判が提起された。二等書記官としてボンのアメリカ大使館に勤務した経験のある米国務省職員フレデリック・スポッツが、この年著書『ドイツに於ける教会と政治』のドイツ語版を刊行した。スポッツの問題関心は、ドイツの教会が「ドイツに於ける健全な民主政」にどの程度貢献したのか、障害となったのかである。スポッツはフリングスに関して、国民社会主義政権時代にはミュンスター司教ガーレン伯爵と違って政権に対して大きな声を上げることがなかったが、米英占領軍に対してはドイツ人住民の代弁者として大声を上げたと否定的に評価したのだった[384]。

カトリック系の言論機関も大きな転換期を迎えていた。戦争中の一九四一年に休刊を余儀なくされていたが、一九四六年に復刊して続いていたカトリック系文芸・言論雑誌『ホッホラント』が、一九七一年にその歴史の幕を閉じた。編集部は『ノイエス・ホッホラント』に模様替えして尚も刊行継続を試みたが、これも結局一九七四年には頓挫して消滅した。これに対して一九六八年一一月、進歩派が主導するカトリック雑誌『プブリーク』が創刊した。これは左派エスタブリッシュメントの週刊新聞『ツァイト』のカトリック陣営に於けるドッペルゲンガーのような役割のものであった。だが当初この雑誌を財政的に大きく後押ししていたドイツ司教会議は、ヘフナーの議長選出後「資金難」を理由に援助を打ち切り、一九七一年に大赤字を出して閉刊になってしまう。そこで今度は、進歩派が教会の援助に頼らない「読者主導」の編集方針で『プブリーク・フォーラム』を創刊し、今日に至っている[385]。

こうした第二ヴァティカン公会議後の洪水のような批判を前に、ドイツのカトリック教会は動揺し、疲弊と混乱の極に達していた。一九七〇年春、七十七歳のパーダーボルン大司教ロレンツ・イェーガー枢機卿は、教区の修道女たちを前にこう嘆いた。「恐らくもう間もなく、破門された妻帯聖職者が信徒たちを指導し、典礼を行うようになるのだろう[386]」。二千年の歴史を誇るローマ＝カトリック教会が瓦解するのも遠い将来ではないだろうという考えが、徐々に人々の脳裡を過り始めていたのだった。

第五章　祖国バイエルンの司牧者　一九七七年―一九八二年

第一節　ミュンヒェン＝フライジング大司教への就任

一　デプフナー枢機卿の急死

一九七六年七月二四日はローマ＝カトリック教会にとって運命の日となった。この日、ミュンヒェン＝フライジング大司教ユリウス・アウグスト・デプフナー枢機卿が、六十三歳を目前にして急死したのである。デプフナーの薨去は、カトリック教会にとっても、ラッツィンガーの人生にとっても、決定的な転換点となった。

デプフナーはバイエルン王国の出身だが、「バイエルン人」というより「フランケン人」である。一九一三年八月二六日、彼はバイエルン王国北部のバート・キッシンゲン郊外で生まれ、ヴュルツブルクのギムナジウムで最優秀の成績を修めた後、ローマの教皇立グレゴリアーナ大学、大神学校「ゲルマニクム」で学んで、一九三九年に司祭となった。一九四八年、三十五歳の誕生日前にヴュルツブルク司教に任命され、一九五七年にベルリン司教に転じた。一九六一年にミュンヒェン＝フライジング大司教、更に「フライジング司教会議」議長となったデプフナーは、第二ヴァティカン公会議では調整役として活躍した。一九六六年三月からは、更に「フルダ司教会議」から改称し、新たに教会法上の地位を得た「ドイツ司教会議」の初代議長を兼任した。デプフナーは多忙な日々が続いていたが、休暇に入った一九七六年七月二四日の朝、体調不良を訴えて門番小屋の長椅子に眼鏡を外して横になり、その儘意識を失って、搬送先の病院で死亡が確認された。死因は心筋梗塞であった。感情豊かで威圧的な司牧者で、教会改革の推進者でありつつ教会の体面も守ろうとしたデプフナーの思い掛けない死は、人々に大きな衝撃を与えた。デプフナーの遺骸は大司教宮殿（本人は「宮殿」（Palais）という呼称を好まなかったが）に安置され、弔問者を受け入れた。デプフナーの葬儀は一九七六年七月二九日、ミュンヒェン聖母大聖堂で、ケルン大司教ヘフナーの司式で行われ、使用言語は殆どドイツ語であった。デプフナーの棺は四頭立ての黒い馬車に乗せられ、騎馬警官、学生組合団員、儀仗兵に先導され、司教杖や司教冠を捧げ持つ司祭、勲章を捧げ持つ連邦国境警備隊の高級将校に囲まれて、大司教宮殿、将軍堂、マリーエン広場と回り、聖母大聖堂の地下礼拝堂に埋葬された[387]。

Pfister（Hrsg.）, Geliebte Heimat, S. 100.
©Archiv des Erzbistums München und Freising
ユリウス・デプフナー枢機卿

デプフナーの死後、レーゲンスブルク大学教授ヨーゼフ・ラッツィンガーは、ドイツ連邦共和国駐箚教皇大使グィド・デル・メストリ大司教の訪問を受け、デプフナーの後継就任を要請された。メストリ伯爵は当初他愛無いことを話していたが、最後に自宅で読むようにとして、ラッツィンガーに手紙を握らせた。バイエルン政教条約第一四条によれば、バイエルンの司教任命に関しては教皇に「完全な自由」がある。ミュンヒェン大聖堂参事会は一九七六年九月にメストリに候補者一覧を提示していたが、それがどの程度顧慮されたのかは分かっていない[388]。

ラッツィンガーに白羽の矢が立ったのは異例なことであった。というのもこの大司教職は、ドイツ随一のものであるが為に、司教経験者から候補が選ばれるのが普通だったからである。デプフナーはベルリン司教から、ファウルハーバー、ヴェンデル、のちのヴェッターはシュパイヤー司教から、現在のマルクスはトリール司教からの転任である。またドイツ語圏の司教は、デプフナーやヴェンデルのように、キュングの母校「ゲルマニクム」で学んだ者が多かった。この孰れの条件も満たさない、いわば田舎者のラッツィンガーが抜擢を受けたのは、彼が論敵も一目置く国際的名声のある神学者だったからであり、キュングやハークのような批判者の攻勢に対応を迫られる「ドイツ司教会議」を、理論的に強化しようとする教皇パウルス六世の措置だろうと噂された[389]。公会議時代、パウルス六世はモンティーニ枢機卿として、ラッツィンガーとドイツ神学校で討論しており、彼の主著『キリスト教入門』はイタリア語版で読んでいたと言われる[390]。ラッツィンガーは一九七一年、前述の「カトリック・ドイツ学生連合」問題で「ドイツ司教会議」側の鑑定人を務めていたので、彼の抜擢がカトリック教会の反転攻勢の試みだったのは恐らく本当だろう。

ラッツィンガーの選出は行き詰まったデプフナー路線からの転換という意味を有していた。公会議の調整役であったデプフナーは、帰国後に転換したフリングスとは違い、公会議の意義を信じてその決議の実行に尽力した。デプフナーは「ゲルマニクム」の後輩であるキュングと教皇庁との間を取り持とうと、最後まで努力していた。デプフナーはSPDに流れていくカトリック教徒の票をCDU／CSUに戻す為にも、カトリック教会自身の社会的変化に合わせた改革と、CDU／CSU内進歩派との連携が必要だと考えていた。こうしたデプフナーの路線に、マスメディアは共感を隠さなかったが[391]、カトリック教会内部の混乱は頂点に達していた。

ラッツィンガーはこの大司教就任の打診に躊躇した。彼は同僚のアウアー教授と相談した。この時アウアーは聴罪僧として、ラッツィンガーの告解を聴取したのである。アウアーは自分の特性を知っていたので、断るよう助言するだろうと思っていたが、アウアーから受諾するようにと言われて、ラッツィンガーは驚いた[392]。ラッツィンガーは「聖血教会」での司牧経験があったが、その後は神学の研究・教育に専念しており、教職を天職と考えるようになっていた[393]。実際神学者として持論を展開するのと、司牧者として人々を束ねるのとは、方向性を異にする仕事である。これはラッツィンガーにとって人生の重大な岐路だったが、結局彼はこの提案を受諾した。抑〻彼は子供の頃から枢機卿に憧れていた人物である。ミュンヒェン＝フライジング大司教はドイツのカトリック教会でも随一の司教職で、枢機卿に登用されるのが通常である。しかもそれは彼が愛する故郷バイエルンの司牧者であり、彼が尊敬するファウルハーバーの後継職である。これは彼にとってやはりあり難い申し出だっただろう。とはいえ大司教になることは、際限ないカトリック教会批判の矢面に立ち、研究中心の生活を諦めることでもあった。

ラッツィンガーが大司教になるとの報に接して、怒りに震えたのがキュングだった。彼は元同僚の華麗な転身を、「制

2014 年 9 月 13 日：筆者撮影
「神様の角」（ミュンヒェンのヴィルケン家）

度の中への行軍」だと皮肉った[394]。ドゥチュケの戦術構想である「制度の中への長征」（独 langer Marsch durch die Institutionen）とは、学生運動世代が就職し、暴力革命ではなく各職場で社会変革を目指すというもので、「長征」とは毛沢東の故事に因んでいる。この頃からキュングのラッツィンガー批判は、際限ないものになっていく。キュングの状況認識はこうである――自分とラッツィンガーは共に若くして大学教授となり、「ティーネイジャー神学者」と言われ、公会議でも同じ路線だった。だが学生運動の衝撃があって、自分はテュービンゲンでそれに建設的に向き合い、公会議の路線にも留まったのに対し、ラッツィンガーはもう一学期もテュービンゲンに居ようとはせずにレーゲンスブルクに逃避して、下からの運動全てに恐怖心を懐くようになり、公会議からも離反した。ラッツィンガーは、キュングが「階級闘争的用語」で教会を攻撃したと批判するが、この言葉にはラッツィンガーの「六八年のトラウマ」が顔を覗かせている。ラッツィンガーは没理性的なバイエルンの「神様の角」（独 Herrgottswinkel：農家の食堂にある十字架を配した角）、つまり農村信仰の世界から出発しており、それがテュービンゲン時代の講義『キリスト教入門』にも反映されている。パウルス六世は自分とラッツィンガーとを教皇庁の顕職に取り立てる意思があった。自分は一九六五年一二月二日の長い個別謁見の際、教皇から教会に奉仕して欲しいと頼まれ、私は既に教会に奉仕していますと答えた。自分は教皇庁への同化を拒否し、「我が人生の大きな好機」をふいにした。ラッツィンガーにも同様の打診があった筈で、「権力への意志」に燃える彼は教皇庁の御用学者に変貌したのだ――ただキュングは、ラッツィンガーが官職提供の内示で変節したという具体的根拠を、いくら問われても答えることが出来なかった[395]。
孰れにしてもキュングの教皇庁攻撃が彼のライバル・ラッツィンガーの昇進を齎したのだとすれば、これは誠に皮肉な展開であった。ドイツの進歩派は保守派大司教の誕生に眉を顰めた。『シュピーゲル』は、ラッツィンガーの保守的転換、キュングらとの抗争を紹介してこう記した――「近代派神学者には厳しい時代になるだろう。」。SPDの機関紙『フォルヴェルツ』（ボン）も、現代政治で喧伝される「平等」が人間の自然な差異を否定し同質化を進めていると論じたラッツィンガーを、早くも「平等の敵」として危険視した[396]。

二　ラッツィンガー大司教の着座式

ラッツィンガーは一九七七年五月にミュンヒェン＝フライジング大司教として着座する。一九一八年一一月に国の支柱であった君主制を失って以来、バイエルンにとって大司教着座式は国王戴冠式に代わる一大行事であった。

教皇パウルス六世がラッツィンガーの大司教への任命書を一九七七年三月二四日に発布すると、ラッツィンガーは三月三一日にミュンヒェン郊外フライジングで開催された「フライジング司教会議」を訪れ、当時の議長であるヴュルツブルク司教ヨーゼフ・シュタングルや、レーゲンスブルク司教ルドルフ・グラーバーらの歓迎を受けた。更にラッツィンガーは、大聖堂地下礼拝堂にある聖コルビニアヌス（七二四年初代フライジング司教）の霊廟に参詣した。この日彼は、大司教としての標語が「真理の協力者」（羅 Cooperatores Veritatis：使徒ヨアンネス第三書簡より）であることを確認した[397]。Cooperator ではなく Cooperatores と複数形にしたのは、「真理の協力者」は多数居り、自分はその一人に過ぎないという意図だろう。

一旦レーゲンスブルクに戻ったラッツィンガーは、五月二三日に改めてペントリングの自宅を出発し、午後一時三〇分にレーゲンスブルク司教区とミュンヒェン＝フライジング大司教区との境界の都市ランツフートに入り、聖マルティン教会での教会・行政関係者による歓迎行事に参加した。次いでラッツィンガーは午後二時三〇分にモースブルクで歓迎行事に参加した後、午後四時にミュンヒェン市東部のマリア・ラメルスドルフに到着し、ミュンヒェン大聖堂参事会やゲオルク・クロナヴィッター市長（ＳＰＤ）らの歓迎を受け、聖母大聖堂北のファウルハーバー枢機卿通七番地にある大司教宮殿に入った。五月二六日午後零時三〇分から「カール王子宮殿」（バイエルン首相府）にて、帝国政教条約第一六条に基づき、ラッツィンガーはバイエルン自由国首相アルフォンス・ゴッペル（ＣＳＵ）、ハンス・マイヤー文部大臣らの臨席の下、聖書に手を置き「ドイツ及びバイエルンに」忠誠を誓った。この機会にラッツィンガーは政教関係について発言し、国家による信仰の強制は宗教の自由を損なうが、教会を単なる私法の領域に追い遣ることは、宗教の自由が依拠する均衡状態を破壊し、対峙するものがなくなった国家は人間の良心を支配するに違いないとして、政教協力の維持を訴えた。尚この時ゴッペル首相は、誕生したラッツィンガー大司教に「ハベームス・パーパム」と呼び掛けた。これは後述のように、本来は教皇誕生時に用いる掛け声である。五月二七日午前九時、ラッツィンガーは大聖堂参事会を前にしての式典で、公式に大司教区を引き継ぎ、この場で羊皮紙にラテン語で書かれた大司教任命書も披露され、午前一一時から大司教庁で記者会見が行われた。

©AFP/HO
ミュンヒェン＝フライジング大司教叙階式

　一九七七年五月二八日には午前九時から聖母大聖堂で、ヴュルツブルク司教シュタングル、レーゲンスブルク司教グラーバーらの聖別による大司教叙階式が行われた。ラッツィンガーはボン大学時代の正教徒の門下生から送られた十字架を首から下げて式典に臨んだ。叙階式には姉マリアが参列し、また兄ゲオルクが楽長を務めるレーゲンスブルク大聖堂の少年合唱団「ドーム・シュパッツェン」などが音楽を担当し、更に儀式全体が公共放送ＡＲＤ及びバイエルン放送（ＢＲ）でテレビ及びラジオ同時中継された。引き続き大聖堂ではラッツィンガー大司教による聖体拝領の秘蹟が行われ、マリーエン広場に行列を繰り出して、「バイエルンの守護聖女」（羅 Patrona Bavariae）たるマリアの円柱前で大司教の祈禱が行われた。六月七日にはミュンヒェン新市庁舎でクロナヴィッター市長主催の大司教歓迎祝宴が行われている。六月二五日には、大司教区発祥の地であるフライジング市で歓迎行事があり、翌二六日にはフライジング大聖堂で大司教による司祭叙階式が行われた[398]。

一九七七年六月九日には、ラッツィンガー大司教の下で最初の聖体行列が行われた。晴天の下、マリーエン広場には四万人以上の人々が参集した。ラッツィンガーは説教で、聖体祭は喜びの祭、祝福の行列であると述べた。聖体行列は、大司教の恭しく掲げる聖体顕示台を、移動式天蓋で守護し、侍者が香爐を振って先導し、周囲を聖職者が取り囲み、大勢の人々が前後に長大な列を為して行われる。千人以上の修道司祭や修道女に加え、バイエルン首相ゴッペルを始めとするバイエルン政府の閣僚たち、バイエルン州議会議長ルドルフ・ハーナウアー、大学、連邦軍、警察、ミュンヒェン市の関係者、学生組合などが招待に応じた。行列は聖歌隊や合奏団の音楽に伴われ、聖母大聖堂での聖体拝領を以って終了した[399]。

一九七七年六月二日、ラッツィンガー大司教は早くも教皇より枢機卿任命の報を受け、六月二七日にはローマで「司祭枢機卿」への任命式が行われた。ローマ訪問には、姉マリア、兄ゲオルクに加えて、バイエルンからゴッペル首相、マイヤー文相ら、ラッツィンガーが招待した「枢機卿の家族」三十八人も同行した。六月二七日午前一〇時、サン・ピエトロ大聖堂に隣接する「使徒宮殿」（教皇宮殿）の枢機卿会議室で、五人の新枢機卿の任命式が行われ、教皇パウルス六世より任命書と共に、枢機卿の赤い「ビレット」（角帽）と指輪とが授与された。七月一日に一行はミュンヒェンに戻り、大司教宮殿で群衆の喝采を受け、カール王子宮殿でゴッペル首相による歓迎祝宴に参加した。七月一〇日には、ミュンヒェン中心街の聖ミヒャエル教会で典礼が行われたのち、イザール河畔の「ドイツ博物館」で州首相、市長らが参加しての祝典が行われた。同年秋に「バイエルン司教会議」の「アド・リミナ訪問」でローマを再訪したラッツィンガーは、一〇月一五日に枢機卿として担当するサンタ・マリア・コンソラトリーチェ教会を引き継いだ[400]。尚ラッツィンガーは、ドイツ語で「ヨーゼフ・ラッツィンガー枢機卿」と署名する際に、Joseph Cardinal Ratzinger という具合に好んで Cardinal という古い表記を用いた。ドイツ語正書法では、既に二〇世紀初頭には Kardinal という表記が確立して今日に至っているが、恐らく Cardinal と書く方がラテン語の原表現である Cardinalis、或いは他国語での表記（伊 Cardinale／英 Cardinal）に近く、ドイツ色が薄れるからではないかと推測される。

第二節　ミュンヒェン時代の意見表明

一　進歩派との対決

ミュンヒェン゠フライジング大司教となったラッツィンガーは、西ドイツでカトリック系論客として知られるようになった。彼自身も着座直後、聖コルビニアヌスが獰猛な熊を手懐け、巡礼先のローマまで荷物を運ばせた故事を引き合いに出して、司教たるものは危険を冒してでも、果敢に宣教に向かうべきだとの覚悟を示していた[401]。

ラッツィンガーがバイエルンの司牧者となった一九七〇年代後半は、極左暴力が頂点に達した時期であった。既に一九七五年二月二七日、極左団体「六月二日運動」がCDU政治家ペーター・ロレンツを誘拐し、拘留されていた仲間の解放を要求するという事件が勃発した。連邦政府はこの時、テロリストの要求に応じてロレンツの解放を実現した。ラッツィンガーが大司教に就任した一九七七年には、「ドイツ赤軍派」（RAF）による更に大規模なテロリズムが起きた（「ドイツの秋」）。この年、連邦検事総長ジークフリート・ブーバック、ドレスデン銀行頭取ユルゲン・ポントが、公道上で殺害される事件が起きた。更に同年九月五日午後五時過ぎ、ドイツ工業家連盟会長ハンス・マルティン・シュライヤーの車列がケルンで「ドイツ赤軍派」に襲撃され、シュライヤーの運転手、同行していた護衛の警察官三人が殺害された他、シュライヤー本人は誘拐された。西ドイツの「財界総理」であるシュライヤーは、三箇月ほど前に高止まりする失業率に関して、『シュピーゲル』誌のインタヴューを受けたばかりであった。「ドイツ赤軍派」はシュライヤーの解放の条件として、既に拘留されていた仲間十一人の解放を求めた。だが連邦宰相ヘルムート・シュミットは、今度はテロリストの要求を拒絶した。すると同年九月一三日、「ドイツ赤軍派」と同盟するマルクス主義団体「パレスティナ解放人民戦線」が、マリヨルカ島発フランクフルト行きのルフトハンザ機「ランツフート」をハイジャックし、ソマリアのモガディシオ空港に着陸させた。結局シュミットの命令でハイジャック機に特殊部隊が突入し、犯行グループ三名を射殺し、乗客八十六名を救

©AFP/ARCHIVE
ハンス・マルティン・シュライヤーの誘拐

出したが、ドイツ赤軍派の拘留者たちは次々と自殺し、後日シュライヤーも遺体で発見された[402]。

極左暴力が著しくなると、オットー・シリーのように活動家を擁護する弁護士[403]や、マルクーゼ、アドルノ、ハーバーマスのように彼等に理論的基盤を与えた進歩派教授たちも注目されるようになった[404]。ハーバーマスが、フランクフルト大学教授として学生運動に狼狽して、学生たちの「左派ファシズム」（独 linker Faschismus）「幼児性」「妄想」「表見的革命の戦術」を非難したとしても、彼自身が大学改革を鼓吹し、運動学生に理論的基盤を与え、運動の齎した変革の波に便乗したことに変わりはない。一九七三年一一月、ミュンヒェン大学哲学部は、ミュンヒェンに移ったハーバーマスを嘱託教授として迎えることを拒否した。一九八〇年、ハーバーマスが所長を務める「マックス・プランク社会学研究所」が、郊外のシュタルンベルク湖畔からシュヴァービングのレオポルト通へと移り、大学教育により熱心に関わろうと嘱託教授枠を設けようとした時にも、ミュンヒェン大学本部やバイエルン文相マイヤーが強く異を唱えた。ヘッセンを皮切りに「大学改革」を進めようとするハーバーマスに対して、政治学者マイヤー、ヴィルヘルム・ヘンニス、社会学者フリードリヒ・テンブルック、哲学者ヘルマン・リュッベ、歴史学者トーマス・ニッパーダイらは、一九七〇年に「学問の自由同盟」（独 Bund Freiheit der Wissenschaft）を結成して対抗していた[405]。

進歩派勢力の攻撃手段は物理的暴力に留まらなかった。「性の解放」のような一種の文化大革命も、彼等の現状打破作戦の一つであった。マルクーゼ、ヴィルヘルム・ライヒ、アルノ・プラックといった言論人は、キリスト教と市民道徳が抑圧してきた人間の性をいい加減に解放するべきだと訴えた。彼等が解放すべきだとしたのは、成人男女の性愛だけではない。アメリカ合衆国の「性産業」は、同性愛、児童ポルノ、児童売春といった新商品を西ドイツに送り込んだ。同性愛や「小児愛」（独 Pädophilie）は、西ドイツでも「性の解放」運動の主要な目標となっていく。「性の解放」は、例えば映画などで進められていくことになる。性行為や自虐趣味、加虐趣味を描いた映画が次々作られ、描写が益々過激になった。この局面で西ドイツでも話題となったのが日本である。「阿部定事件」を扱った大島渚監督の『愛のコリーダ』（一九七六年・ドイツ語名は『官能の帝国で』（Im Reich der Sinne））は、過激すぎる性描写の為に、当初「ベルリナーレ」でフィルムが押収された程だった。ギュンター・グラスの自伝的小説を映画化した『ブリキの太鼓』（一九七九年西ドイツ）も、生々しい性的行為の場面を大人の俳優のみならず子役まで使って表現したことで話題になった(406)。

進歩派勢力は宗教教育の場にも進出してきた。一九七八年、テュービンゲン出身のカトリックの宗教教師で、ドイツ共産党（ＤＫＰ）党員でもあるアントン・ブレンナーが、ロッテンブルク司教ゲオルク・モーザーから教職免許を剥奪されたことに憤り、教皇庁に訴え出るという事件が起きた。また同じ頃ブレーメン大学は、宗派から自由な相対主義的宗教教師を養成しようとし始め、教会と対立した(407)。

五十歳で大司教になったラッツィンガーは、若者たちの傾向を強く危惧した。一方で若者はマルクス主義に熱狂したが、ラッツィンガーはこれを「政治的メシアニズム」と呼び、キリスト教のメシアニズムの倒錯したものだと見ていた。他方で若者は新しい形態の内面性を求め、アジア的な生活様式に興味を示し、若者独自の宗教を構築したりした。彼は、これらを孰れも人間を一面的にし、現実を破壊する「ユートピア的イデオロギー」だと説いた。更には「精神的環境汚染」という表現も用いられている。彼には、それらに「現実主義的なキリスト教的楽観主義」を対置することが重要だと思われたのだった(408)。

ラッツィンガー大司教は着座一年目から進歩派との対決姿勢を鮮明にした。一九七七年六月二日、ラッツィンガーは最初の教書で、「外見上キリスト教的なイデオロギー」の問題を示唆し、またキリストの平和への促しが人の良さ、薄弱さと混同されてはならないと述べて、進歩派に対する警戒心を滲ませた。また七月二四日のデプフナー歿後一周年祭には、十字架という救済の聖なる象徴を「彼らの低俗なおふざけの小道具」にしようとする現代文化への抵抗を呼びかけている。九月一八日にはミュンヒェン西南の巡礼地マリア・アイヒでの説教で、「改革では何も変わらない、破壊あるのみ」と叫ぶ極左暴力の拒絶を宣言している。九月末にはＳＰＤ機関紙『フォルヴェルツ』が、ラッツィンガーがＳＰＤをテロリストと同視したと報道し、大司教庁からの反論を受けて編集長エゴン・バールが記事を訂正するという事件が起きた。一〇月二〇日には、ミュンヒェン市も出資する「ミュンヒェン劇場週間」でイエスや教皇のパロディーが上演されたことに、大司教庁が抗議している。一二月三一日、大司教として最初の年末説教で、ラッツィンガーは極左暴力を非難した。「一つの道徳的訴えに従うことを信じる者が、道徳全体の危機を深めている。」[409]

一九七九年一月一九日、ヴェンデル枢機卿館で行われた「大司教区評議会」の新年会で、ラッツィンガー大司教は「民主的法治国家」を「イデオロギーの支配」に対置した。「イデオロギーの支配」とは、党派性を法よりも上位に置く思考だという。ラッツィンガーは国民社会主義政権が法を党派的に利用したことを想起して、法治国家の存在は当然のものではなく、その防衛の為に貢献した信徒の具体的行動を賞讃した。また彼は、この問題に関するバイエルンの議会や政府の理解に感謝したのだった。[410]

一九七九年六月一四日の聖体祭の説教で、ラッツィンガー大司教は「東西の救済イデオロギー」を論じた。彼によれば西側の「救済イデオロギー」とは、享楽により人間を解放するという主張であり、東側のそれは、歴史哲学と社会戦略で解放するというもので、孰れも第三世界に勢力を広めようとしているとした。ラッツィンガーは、これらが「悪魔的詐術」「人間への欺瞞」であることに注意を促したのだった。[411]

ミュンヒェン＝フライジング大司教区内の聖職者には、ラッツィンガー大司教の方針に異を唱える者も居た。彼等は『インプリマトゥール』という雑誌を創刊し、教会の「文化闘争的精神構造」と「ドイツ・カトリシズムの因循姑息」への危機感を表明していた。その代表者で異論派グループ「現代の教会友の会」の支援者であるヴィリバルト・グラス神父は、大司教庁との紛争の末に一九八〇年に強制的に引退させられた。[412] 後述の修道士ハンス・ビシュラーガーに対しても、ラッツィンガー大司教は峻厳さを示した。ただ大司教は逆に対話の姿勢を示したこともある。ミュンヒェンのクラウス・ギュンター・シュタールシュミットという司祭が、復活祭にこういう文面の手紙を大司教に送り付けた。「あなたの神学に私は必ずしも納得していませんが、私はそれに取り組んでみました。そして人間としては、私はあなたが好きです。」。

Pfister（Hrsg.), Erzbistum München-Freising, S. 561.
©Katholische Akademie in Bayern
カール・ラーナー75歳祝賀会（1979年3月4日　ミュンヒェン）

この司祭は、大司教から大目玉を食らうか、氷のように冷たい沈黙かを予想していたというが、暫くして密に書かれた親切な手紙が届いた。そこには、司教と全てに於いて一致する必要はない、真剣に取り組むので十分だ、そして司教にとって、人から好きだと言われることは必要だと書かれていたという[413]。

ラッツィンガーはバイエルン政教条約第三条に基づき、ミュンヒェンの大学人事にも介入した。一九七九年、ミュンヒェン大学カトリック神学部がミュンスター大学の進歩派神学者メッツを教授として招聘しようとした時、ラッツィンガーはミュンヒェン＝フライジング大司教としてこれを阻止したのである。メッツは嘗てラッツィンガー自身がミュンスターに招聘した人物だが、「政治的神学」を提唱し、ラテンアメリカの「解放の神学」の成立にも影響を与えていた。一九七九年一月にプエブラでラテンアメリカの聖職者たちに政治介入、階級闘争への加担を控えるよう説いた新教皇ヨアンネス・パウルス二世に対し、メッツは公然と不満を述べていた。メッツはまた、教皇がポーランド人になって再びヨーロッパ中心主義が強化され、その結果として共産主義や市民的無神論に対する闘争が前面に出てきたのだと見ていた。メッツ就任を阻止する理由として、ラッツィンガーはミュンヒェン大学の教授会が分裂していること、メッツが用いる教材が特殊であること、嘗ての大司教ファウルハーバーがNSDAP党員バリオンの教授就任を拒否した前例があることを示した。結局この人事は、大学が提出した候補者三人のうち、マイヤー州文相が第一位のメッツではなく、第二位のハインツ・デーリングをパッサウから招聘することで決着したが、批判者はメッツと比較してデーリングは教会に従順だが学問的に十分でないとの声を上げた。メッツの恩師ラーナーは、一九七九年一一月半ばに「ラッツィンガーが都合の悪い人物を遠ざけている」と非難声明を出した。この声明に対し、ラッツィンガーはラーナーの事実認識を争うと同時に、その主張を「全く空しい」とし、「位階制の権力濫用」による「学問の自由」の侵害という批判に対して、就任拒否の正当性、合法性を強調したのだった。オーバープファルツ出身だったメッツは、ミュンスターから故郷バイエルンを憧憬していたというが、帰郷の望みは叶わなかった[414]。

一九八〇年五月、ラッツィンガーは雑誌『国家と経済に於けるキリスト教徒』で、カトリック社会教説の立場からマルクス主義を批判した。ラッツィンガーは「階級闘争」を批判し、「階級融和」「社会的平安」「連帯」を訴えた。彼はマルクス主義・社会主義の説く階級社会がキリスト教的社会構想の「対極」に在るとし、断固たる拒否を表明したのである。回勅同時に彼は企業経営に関する可能な限り広範な労使共同決定、会社の収益や運命への労働者の共同参画を要求した。回勅「レールム・ノウァールム」を援用しつつ、ラッツィンガーは労働者のプロレタリア化を防止する為に彼等の資産形成が必要だとの見解を示し、社会主義の「共同主義的後見」ではない個人の自立性の維持が重要だとの見方を示した[415]。

進歩派勢力とラッツィンガーとは、愈々この翌月に直接対決することになる。一九八〇年六月一〇日、四つの学生団体が企画したラッツィンガーの講演会「神学と教会政策」が、ミュンヒェン大学本館の講堂で行われた。だがこの講演会に「マルクス主義グループMG」を名乗る五十人程の集団が現れて奇声を上げ、キリストやマリアの聖歌の替え歌を合唱して大司教の講演を妨害した。彼等はラッツィンガーを「非合理主義の職業的説教者」だと呼び、堕胎禁止を明記する刑法二一八条（のシュミット政権による緩和）を「殺人への誘い」と呼ぶような人物は、大学講堂で話す資格がないと主張した。この妨害で講堂での講演会続行が困難になったが、大半の聴衆はラッツィンガーに拍手で支持を表明したので、講師及び聴衆千二百人がルートヴィヒ通を渡り、大学教会である聖ルートヴィヒ教会で講演会を続行することになった。この事件の後、大学と大司教庁政治部は妨害学生を非難する声明を発表し、信条へのテロリズムは国民社会主義時代を想起させるものだと批判した[416]。

ラッツィンガーと急進左派との小競り合いは更に続いた。一九八〇年一二月二四日、ミュンヒェン大聖堂でのクリスマス・ミサに左派運動家が乱入した。彼等は東方三聖王（東方三博士）の恰好をし、折から話題となっていた戦闘機の導入に抗議する行動を展開したのである。一週間後の大晦日の年末説教で、ラッツィンガーは左派知識人の振舞を強く批判した。彼は、権威は即権力であり、権力は即抑圧であるとするマルクス主義の論理を批判し、「従順は不自由とは別である」と述べた。また彼は、信仰の内容を（戯画化された）象徴に変えてしまう「知的傲慢」（独 der intellektuelle Hochmut）こそ、「現代に乱暴に勝鬨を上げている悪の根源」だと述べたのである。(417)

ラッツィンガーはSPDとも対立関係にあった。SPDは連邦でシュミット政権の与党となっていたが、バイエルンではCSU万年支配の下でほぼ常に野党に甘んじている。こうした中、SPDバイエルン州支部長ヘルムート・ローテムントは、一九八〇年九月、来る連邦議会に関する司教たちの言葉を読み上げないようにと釘を刺した。これに対しラッツィンガーは、連邦議会選挙が益々法に適った政党間対立から憎悪に満ちたものになりつつある、司教たちは選挙に際し、国家債務の増大、官僚制の増大が将来の世代に対する今の世代のエゴイズムになると警告したのであり、その倫理的主張を正確に読み取って欲しいと主張した。(418)

社会主義圏の状況もラッツィンガーは注視していた。ポーランドで自主管理労働組合「連帯」が擡頭し戒厳令が施行されると、一九八一年一二月二一日にラッツィンガーはオデヲン広場で、ポーランド民族との連帯を訴える声明を発表した。彼は離任までこの問題に言及し続け、「ヨーロッパの真中で一つの民族が苦しんでいる」として、西ドイツの各界にポーランド人との連帯を呼びかけた。教皇ヨアンネス・パウルス二世は翌年二月、ミュンヒェンの人々の連帯声明に感謝の言葉を寄せた。(419)

ラッツィンガーは進歩派が掲げる平等という理想を、キリスト教社会教説の立場から追求しようとした。これはかのゲオルク・ラッツィンガー神父にも通じる方針である。ラッツィンガーは一九七七年一〇月八／九日、ミュンヒェンのホルツキルヒェンで行われた大司教区の「カトリック労働者運動」の集会に参加した。ラッツィンガーは「健全なる中庸」を目指す「カトリック労働者運動」が、「過激主義者、頭が混乱した連中、潜入工作員」から距離を置くだけでなく、カトリック社会教説に基づいて世界を形成していくよう訴えた。更に一九七七年一〇月には、ラッツィンガーは大司教区最古の障害者施設「エクスベルク財団」の一二五周年行事に、ゴッペル首相と共に参加し、礼拝を司式している。大司教就任後初の聖夜である一九七七年一二月二四日には、ラッツィンガーは教区の伝統に従い、病気の司祭を訪問し、路上生活者の為の降誕祭の祝祭を「シュヴァービンガー・ブロイ」で行っている。(420)

一九七八年九月、ラッツィンガーはラテンアメリカの「解放の神学」への懸念を表明した。「解放の神学」とは、貧困問題や軍事独裁などを抱えるラテンアメリカのカトリック聖職者たちが、大規模な政治変革を唱えたものである。その階級闘争的発想はマルクス主義などの左派思想の影響を受けており、聖職者が革命政権の大臣になったり、左派ゲリラに加わったりした事例も見られる。後年それはラテンアメリカ、カトリシズムの境界を越え、アメリカ黒人解放運動やフェミニズムと融合した。教皇庁はこの潮流をマルクス主義そのものとして危険視したが、唯物史観など純粋な意味でのそれではない為、その信奉者はマルクス主義との混同を嫌うことが多い[421]。ラッツィンガーは、教皇特使として訪れたエクアドルでこの問題に言及し、キリストの言葉は真理を含んでおり、我々が操作する訳にはいかないこと、精神的な基盤なしに物質的な解放はあり得ず、倫理的・宗教的な前提なしに社会的進歩はあり得ないという姿勢を示している。帰国したラッツィンガーは、同年一〇月により明確に「解放の神学」を批判するようになる。彼によれば、「解放の神学」を掲げる集団が、メキシコのプエブラに参集したラテンアメリカの司教たちに猛烈な圧力を掛けているというのである。ラッツィンガーはこの「解放の神学」を、基本的にヨーロッパ起源のものだと見ていた[422]。これに対しラテンアメリカ問題に詳しいイエズス会士（ミュンヒェン哲学大学教授）ハンス・ツヴィーフェルホーファーは、二〇〇〇年には約七割のカトリック教徒が第三世界に住むことになるとし、五億九千万の信徒を抱えるラテンアメリカの貧困問題に、新教皇ヨアンネス・パウルス二世が政治的観点からも積極的に取り組むことを期待した。だが教皇本人は、政治的問題への介入を回避しようとし、保守派と進歩派とが激しく対立するこの会議への参加を長く躊躇していた[423]。一九七九年一月、教皇は初の外遊としてメキシコを訪問する。「制度的革命党」の支配するこの国では、国民の九六％がカトリック教会で洗礼を受けているにも拘らず、教会関係者は選挙権を剥奪され、宗教教育は禁止され、聖職者は教会施設外での法衣着用を禁止されていた。だが教皇は白い法衣で空港に降り立って、地面に接吻し、メキシコ内の至る所で群衆の歓声を浴びた。司教会議で教皇は、カトリック聖職者の階級闘争への参加を強く戒め、「解放の神学」への否定的態度を明確にしたのだった[424]。

一九七九年一二月一八日、遂にハンス・キュングのカトリック神学の教職辞令を撤回する教理省宣言が出され、これを機にキュングとラッツィンガーとの対立も頂点に達した。一九七九年一〇月一六日、新教皇登位から一年を経て、キュングは『フランクフルター・アルゲマイネ・ツァイトゥング』に論文「ヨハンネス・パウル二世の一年間」を寄稿し、「教皇ヴォイティラ」（独 Papst Wojtyla）の実績を自分の基準に照らして審査してみせた。キュングは新教皇が冷静さ、忍耐、確信をもって教会を率いている点などを肯定的に評価したが、教会内の権威主義を放置し、人口爆発に（避妊解禁で）対処しないうちは教義に信憑性が生まれないと厳しく指弾した。キュングが「穏健」だというこの評価を発表してから、事態が急展開する。同年一一月五日から五日間、ヴァティカンで枢機卿総会があり、その後ドイツの枢機卿たちは教皇の個別謁見に臨んだ。この個別謁見で、教皇とドイツ司教団との間でキュングに関する話し合いがあったものと推測される。バイエルンに帰着後の一一月一一日、ラッツィンガーはフライジングでの若者との対話集会で、キュングの見解はカトリック教会の見解ではなく、自分の考えを述べているだけだ、誰にでも思想の自由はあるが、カトリック教会の見解を代表していない人物が、その名で教授できないのは当然で、それはCSU活動家がSPD幹事長となれないのと同じだとした。これに対しキュングは、ラッツィンガーから公然と自分の「カトリック性」を否定されたことに衝撃を受け、一一月一三日に抗議の記者会見を行った。このラッツィンガーのキュング批判は、それに続く教皇庁の措置の前兆であった。一九七九年一二月一八日、キュングがスキー休暇でシュヴァイツに滞在している間に、ドイツ司教会議の記者会見がケルンで開かれ、キュングの教職辞令撤回に関する教理省などの声明が発表された。キュング支持派が松明行列を行って決定に抗議した一二月一九日のテュービンゲンは、ルターへの破門警告を焼やして気勢を揚げた一五二〇年のヴィッテンベルクを連想させるものがあった。キュングは「ローマが語れば全て解決済みという訳にはいかない」（羅 Roma locuta — causa non finita）として、自分に対する連帯声明の多さを強調した。だが当初キュングへの措置に抗議していたカトリック神学部の内部でも、一九八〇年二月五日にはカスパー（キュングの元助手）、アウアー、ゼックラーら七人の同僚教授がキュングに背を向け、キュングのカトリック神学部からの排除に同意する声明を発表した。結局キュングは学長と相談し、彼がカトリック神学部から追放されるのではなく、彼の講座と彼の「教会一致学研究所」をカトリック神学部から独立させることとした[425]。ラッツィンガーは同年大晦日のミュンヒェン聖母大聖堂での説教で、資格剥奪に遭ったキュングが新教皇を批判していることを論外とした。彼は「庶民」（独 die Einfachen）の信仰を「知識人の権力」（独 die Macht der Intellektuellen）から守るのが、教会に於ける教職の任務だとしたのだった[426]。

ただラッツィンガーのミュンヒェン時代に、進歩派との融和が全くなかった訳ではない。一九八一年三月二九日、バイエルン・カトリック・アカデミーで「ロマーノ・グァルディーニ賞」の授与が行われ、哲学者ヨーゼフ・ピーパーと並んで「ベンスベルク・クライス」の代表者ヴァルター・ディルクスが受賞した。この時大司教はディルクスに関して、彼の「批判的で疑問を提起する思考」は「完全に教会の道の上にあるもの」だと短く世辞を述べている[427]。

二　保守派との交流

極左暴力が最高潮に達する一方で、一九八〇年代はこれに対抗する保守派の擡頭も著しくなった。ラッツィンガー大司教は左派勢力から批判される保守派の指導者たちを擁護し、彼等との共闘関係を深めていった。

就任後のラッツィンガー大司教はまずファウルハーバー枢機卿を擁護した。一九七七年六月一六日、ラッツィンガーは彼の歿後二十五周年の記念礼拝を行った。ラッツィンガーはファウルハーバーを、自分と同じく神学が「近代主義」（独 Modernismus）と「復古」（独 Restauration）との間で引き裂かれた時代の教会指導者であり、にも拘らず揺るぎなく進むべき道を見出したとその功績を称えた。ラッツィンガーは特に、ファウルハーバーが労働問題や婦人問題に積極的に関与したこと、人種や民族といった事柄から信仰の独立を守ったことを功績としたのだった[428]。

一九七九年四月、ラッツィンガー大司教はハプスブルク帝国最後の皇太子オットー・フォン・エステルライヒ大公の政治活動を擁護した。ハプスブルク家の家長であった彼は、ミュンヒェン郊外シュタルンベルク湖畔のペッキングに邸宅を構え、「汎ヨーロッパ聯盟」の議長を務めていた。この「汎ヨーロッパ聯盟」は、日本人を母に持つベーメン貴族リヒャルト・フォン・クーデンホーフ゠カレルギー伯爵を初代議長にする保守的ヨーロッパ統合運動団体で、二代目議長に彼の主筋のオットー大公が就任していたのだった。さてラッツィンガーが発言した契機は、ヨーロッパ議会選挙にオットー大公がCSU候補として立候補したことにある。オットー大公はこの立候補の為に、シュトラウスCSU党首の後援を受けてドイツ国籍を取得していた[429]。ヨーロッパ議会選挙に際し、オットー大公は比例代表名簿で比較的安全な順位を確保したが、CSU幹事長エドムント・シュトイバーが彼を「復古的なドイツ人」と呼ぶなど、CSU党内でも異論がない訳ではなかった。またハプスブルク家当主である彼の民主制への忠誠度合が疑問視され、テロリストが核攻撃をしてきた場合に臨時独裁体制を樹立するよう提案したことなどが論議を呼んでいた[430]。この選挙で前連邦宰相ヴィリー・ブラントを候補に擁立していたSPDは、エステルライヒ出身のオットー大公を「お払い箱になり輸入された殿下」と呼んで嘲笑し、大公側はヴィリー・ブラントを「我々の社会でいかがわしいもの全てにとっての歩く記念碑」だと応戦していた。SPDバイエルン州支部長ローテムントも大公批判の一環として、四月六日にカトリック教会に、教会の党派的中立性の観点から大公の選挙活動に加担しないようにと釘を刺す書簡を送った。この書簡でローテムントはオットー大公を人種主義者と呼んでいる。だがラッツィンガーは、五月一二日の返信でローテムントの要求を拒否した。ラッツィンガーは、汎ヨーロッパ運動への支持を決めた大司教区評議会は民主的自治組織で、大司教の指示に従うものではないとした。加えて彼は、オットー大公は「人種主義者」ではなく「統一したキリスト教的ヨーロッパ」を支持する人物だとし、SPDの大公批判を否定した。ラッツィンガーは、オットー大公が反国民社会主義の立場を採り、一万人以上のユダヤ人を救済したとも述べた。結局オットー大公は、一九七九年六月一〇日にヨーロッパ議会議員に当選し、一九九九年まで務めた。その間一九八九年、彼はエステルライヒ・ハンガリー国境の町ショプロンで東西両側の人々が交流するイベント「ヨーロッパ・ピクニック」を開催し、これが「ベルリンの壁」の崩壊、延いては社会主義圏自体の崩壊を引き起こすまでに至っている[431]。

二〇一一年七月四日、オットー大公が百歳を前にペッキングで大往生を遂げると、教皇ベネディクトゥス一六世はローマから、「この大陸に於ける平和、民族共生、公正な秩序の為に」尽力したこの「偉大なヨーロッパ人」の死を悼む弔辞を送った[432]。ローマ教皇にとってローマ皇帝こそ世俗世界の伴侶であり、教皇がその系譜を継ぐハプスブルク家家長に意を払うのは当然なのかもしれない。だがラッツィンガーの場合、オットー大公との縁はミュンヒェン時代からのものだった。二〇一一年七月一一日に行われたオットー大公のミュンヒェンでの葬儀は、ミュンヒェン゠フライジング大司教ラインハルト・マルクスの司式で、ミュンヒェン・オデヲン広場のテアティーナー教会で行われ、バイエルン政府関係者を含む多くの参列者が、皇帝讃歌「神よ皇帝フランツを護り給え」を歌って故人を送った。オットー大公の葬儀は、改めてヴィーンのシュテファン大聖堂などでも行われ、その遺体は家門の伝統に倣い、ヴィーンのカプツィン会納骨堂など各所に分割して埋葬されたのだった[433]。

ラッツィンガー大司教は地元バイエルンのヴィッテルスバッハ王家にも讃辞を送っている。一九八〇年九月一六日、ミュンヒェンの聖母大聖堂で「ヴィッテルスバッハ家バイエルン支配八百年祭」の式典が行われた。丁度八百年前、ライン宮中伯オットー・フォン・ヴィッテルスバッハが、皇帝フリードリヒ・バルバロッサからバイエルン公国を受封したのである。この式典には、ヴィッテルスバッハ家家長であるバイエルン公アルブレヒトを始め、九百人の人々が集まった。これほど多くの人々がヴィッテルスバッハ家の行事に集まるのは、アルブレヒト公の父である最後の王太子ルプレヒトの傘寿記念祝賀会（一九五四年・ニュンフェンブルク城）以来のことであった。ラッツィンガー大司教は「君主制廃止後も、ヴィッテルスバッハ家にはバイエルン人民の心に引き続き一つの居場所がある」として、その役割を評価したのである。因みにラッツィンガーは、一九八二年にミュンヒェンを去る時も、二〇〇六年に教皇としてミュンヒェンを訪問した時も、ヴィッテルスバッハ王家及び大司教たちの霊廟がある大聖堂の地下礼拝堂で祈ることを忘れなかった[434]。

ラッツィンガーはバイエルンの「オプス・デイ」とも繫がりを有していた。一九八一年一〇月一四日、ラッツィンガーは民間施設「ヴァイデナウ教育センター」を訪問したが、この施設は宗教面では「オプス・デイ」に支援されていた。ラッツィンガーの訪問に際しては、ケルンから「オプス・デイ」の代表者も来てその支援に感謝し、ラッツィンガーも「オプス・デイ」の仕事を顕彰したという[435]。

このようにラッツィンガーはバイエルンの保守派エリートと密接な関係にあったが、極右暴力とは対決姿勢を示した。一九八〇年九月二六日、折からミュンヒェンで開催されていた「オクトーバーフェスト」会場のテレジエンヴィーゼで、極右勢力による無差別テロリズムが起き、一瞬にして死者十三人、負傷者二百十九人を出す大惨事となった。この時ローマで「世界代表司教会議」に出席中だったラッツィンガーは、この事件の報を受けて被害者やその家族に哀悼の意を表し、「罪のない人々の生命や健康を脅かす無意味で陰険な暴力」に徹底的に反対するとの声明を発表した[436]。

一九七九年五月一〇日、ミュンヒェンのテアティーナー教会で、リンブルク補佐司教ゲルハルト・ピーシュルが連邦諸

Pfister（Hrsg.）, Erzbistum München-Freising, S. 524.
©Archiv des Erzbistums München und Freising
ラッツィンガー大司教の司教紋（1977年6月24日フライジングでの歓迎式）

州及び西ベルリンの初代「警察司教」（警察官の「従軍司教」）として着座した。司式したラッツィンガーは、法秩序を侮蔑するのは「反民主主義的」であり、「民主主義」を守る警察には市民も感謝するべきだと訴えた[437]。

三　位階制への態度

ラッツィンガー大司教は、信徒が教会運営に一定程度携わることには肯定的な態度を示している。彼は就任に当たり、教会は今後社会に於ける特権を失い、より自発的共同体として自己を表現することだろうと述べている。第二ヴァティカン公会議ののち、ミュンヒェン＝フライジング大司教区では「大司教区評議会」（独 Diözesanrat）が生まれていた。これは信徒から選挙で選ばれた大司教の諮問会議で、教区内の事柄に関して最終決定権を有していた訳ではないが、信徒の意見表出機関が設けられたこと自体が大きな変化だったのである。一九七八年一月一三日、シュヴァービングの「ヴェンデル枢機卿館」で開かれた「大司教区評議会」の新年祝賀会で、ラッツィンガーはそれが教会運営に不可欠の機関になったと高く評価した。同年秋には、彼は個々の小教区の「信徒評議会」（独 Laienrat）についても、もはや不可欠だと述べている。彼はこうした制度を通じて、多くの信徒が信仰生活に、特に社会福祉活動により積極的に参加することを期待したのだった[438]。

ラッツィンガーは一九七八年年末、パーダーボルン大司教ヨハンネス・ヨアヒム・デーゲンハルトと「カトリック統合共同体」（独 Katholische Integrierte Gemeinde）の綱領を認可した。この団体は、第二ヴァティカン公会議の信徒使徒職教令「アポストリカム・アクトゥオシターテム」に基づき、一九六八年にヴァルブレッヒャー夫妻によって結成されていた団体で、司教と信徒との懸け橋として、西ドイツ、エステルライヒの他、タンザニアにも支部が展開し、学校や病院も経営していた。ここでもラッツィンガーが下からの信仰心の高揚を歓迎していたことが分かる。尚彼は、二〇〇三年一〇月二五日に「カトリック統合共同体」がローマ郊外に「神の民の神学アカデミー」を設立した際にも、開設式典に参加し祝賀演説をしている[439]。

但しラッツィンガーは、教会統治に民主主義原理を導入することには懐疑的だった。彼は一九七八年七月二日、教皇は「世論調査」(独 Demoskopie)や多数派に拘束されるのではなく、信仰に拘束されるのだと述べている。パウルス六世の薨去に際しても、ラッツィンガーは「世論調査」と「マスメディア支配」(独 Telekratie)とを「現代の二つの独裁権力」と呼び、教皇はそれらに抗して喝采を求めようとせず、良心にのみ従ったと顕彰している。ラッツィンガーは教皇ヨアンネス・パウルス一世の選出に際しても、「世論調査」の「託宣」(独 Orakel)批判を展開した。一九八〇年末にも、ラッツィンガーは「統計」を「神の意志を知る為のお告げではない」として、こう付け加えている。「多数派がすることが誤っている場合もある。更にはそれが見る見るうちに変わってしまう場合もある[440]」。

ラッツィンガーが「世論調査」に神経質になるのには、当時の社会的背景も考慮する必要がある。当時の西ドイツには、エリザベート・ネレ＝ノイマンの率いるアレンスバッハ研究所の「世論調査」があり、またボンにインファス研究所のものがあったが、これらには調査結果に差異があり、調査自体が客観性を標榜しつつ世論操作を行っているという批判が出ていたのである。特にヴィッケルト研究所の「世論調査」に関しては、意図的な誤報提示ではないかという疑惑が投げかけられていたのだった[441]。

ラッツィンガーにとって、カトリック教会の活性化の為に信徒の積極的参画を呼び掛けることと、教会組織の民主化を進めることとは、区別されるべきことであった。一九八一年七月一六日、ラッツィンガーは教会民主化への消極姿勢を示した。ラッツィンガーは教会の構造は独自のものであり、「教会を単に民主的立憲国家のコピーにすることは出来ない」と述べた。このように彼は、「底辺民主主義」の運動が教会内に入り込むことに釘を刺したのだった[442]。

ラッツィンガーは一九七七年一〇月一一日から四日間ローマで行われたバイエルン・カトリック・アカデミーの研究会「統一への奉仕――ペトロの職の本質と任務について」で、講演「教皇の首位と神の民の統一」を行った。彼は教皇権の意義として、以下の三点を挙げた。（一）教皇は世俗世界との対決上、宗教世界の指導者として不可避である。教皇職がないと、英国教会のように政治が宗教を支配することになる。（二）使徒ペトロの生き方を身を以って示す人物として、「殉教論的」（独 martyrologisch）観点から、教皇の存在が必要となる。（三）最終的判断者としての教皇と同僚としての司教たちとは相互に必要とし合う存在であり、また教皇は「神の民」の統一性を担保するものである。[443]

ラッツィンガーは、保守派、進歩派の双方から攻撃される教皇パウルス六世を擁護した。一九七七年七月一〇日、ラッツィンガーはミュンヒェン中心街の聖ミヒャエル教会で、教皇が未曾有の批判を浴びていることに触れ、ルフェーヴルらの「伝統主義者」の分離運動を暗示して、典礼に於ける独善主義は問題であり、カトリック教会が教皇の下で一致団結するべきだと訴えた。第二ヴァティカン公会議に参加し、その決定を認めなかったルフェーヴルは、パウルス六世を教皇と認めつつも、その指示に従うことを拒否し、その支持者たちには教皇ピウス一二世の薨去後、聖ペトロの座は空位であると主張する者も居り、教皇庁も彼等に厳しく対処する路線に転じていた。同年六月、ルフェーヴルは自ら設立した神学校で、教皇パウルス六世の禁止を無視して再度司祭叙品を行い、彼等の破門が行われるのではないかと報道が流れていたのである。一九八二年五月一三日、ポルトガルの巡礼地ファティマで、ルフェーヴルに比較的近い筈のヨアンネス・パウルス二世に対し、よりによってルフェーヴル派を名乗るスペイン人の若者が暗殺を企てるという事件が起きている。ラッツィンガーは、教皇を批判し教会を分裂させる振舞には、断固拒否の姿勢を取った。ラッツィンガーは一九七八年七月二日（パウルス六世戴冠式の十五周年記念日）には、堕胎を批判して進歩派から「反動的」とされた回勅「フマーナエ・ウィータエ」（一九六八年）について、教皇は期待に反することを承知で信仰に忠実であろうとしたのだと擁護し、彼を「良心の人」と呼んだ。[444]

一九七八年八月二六日に教皇ヨアンネス・パウルス一世が選出されると、教皇選挙に参加したラッツィンガーは直後に「全バイエルンが貴殿の為に祈る」と「約束」し、同年九月一〇日のミュンヒェン聖母大聖堂での礼拝でそれを確認した。

Pfister（Hrsg.), Erzbistum München-Freising, S. 590.
©Fred Schöllhorn
教皇ヨアンネス・パウルス 2 世の訪独（1980 年 11 月 19 日　ミュンヒェン）

彼は新教皇が前任者と同じく毀誉褒貶に惑わされず、神の意思を探求することを期待した[445]。

一九七八年一〇月五日、急死した教皇ヨアンネス・パウルス一世の葬儀に参列したラッツィンガーは、進歩派勢力が来る教皇選挙に影響力を行使しようとしていると激怒した。ラッツィンガーによれば、彼等はヨアンネス・パウルス一世がレバノン紛争や「解放の神学」に関して述べた発言に憤慨しており、新教皇にはこの二問題についてより控え目に発言し、イタリア共産党書記長エンリコ・ベルリングェルとキリスト教民主党首アルド・モーロとの間に交わされた「歴史的和解」（一九七三年）を受け入れる人物を望むとの注文を付け、好ましい候補の具体名まで挙げているというのである。またこの頃キュングらも世論に訴えて教皇選挙に影響を及ぼそうとしており、パウルス六世の生前から自分たちが希望する新教皇の条件を列記した宣言「我々が必要とする教皇」を発表していた。ラッツィンガーは、枢機卿団には一種の鬱状態が見られるとし、自分たちは飽くまで宗教的観点から行動しなければならない、教皇は道具化されてはならないと訴えた[446]。

一九八〇年八月、教皇ヨアンネス・パウルス二世のバイエルン訪問が報じられると、ラッツィンガーはミュンヒェン＝フライジング大司教として早速大歓迎の声明を発表した。彼は約二百年前の一七八二年に、教皇ピウス六世がミュンヒェン、アルトエッティング、アウクスブルクを訪問したことを想起し、新教皇も前回同様、バイエルンで活気あるカトリック信仰に出会うだろうと述べた。西ドイツの関係者は、教皇の訪問という歴史的行事を前にして、夫々の思いを懐いて入念な準備を始めた[447]。一年前のキュングの教職辞令剥奪の記憶がある為、『シュピーゲル』アンケートではキュングに同情し、教皇に批判的な声が目立った。一般のドイツ人にとって、アルトエッティングはポーランドの巡礼地チェンストホヴァと同じく遠い存在であり、教皇訪独もどうでもいいことだというのである。ヨアンネス・パウルス二世を、この頃西ドイツ社会を賑わしていたイランの宗教指導者ホメイニ師に譬える議論も見られた[448]。

一九八〇年一一月中旬、教皇ヨアンネス・パウルス二世の西ドイツ訪問が実施された。これは新教皇の八回目の外国訪問で、聖アルベルトゥス・マグヌスの歿後七百周年を記念したものであった。教皇はまず一一月一五日にケルンに到着し、オスナブリュック、マインツ、フルダ、アルトエッティングと回って、最後にミュンヒェンに現れた。百九十八年振りの教皇滞在を前に、ミュンヒェンでは準備で大童になった。教皇ミサはテレジエンヴィーゼで行われることになり、席の予約が訪問予告と同時に開始された。ミュンヒェン交通営団（ＭＶＶ）は、訪問当日に午前五時から密な特別ダイヤを用意した。こうした中、ラッツィンガーの旧友でデュースブルク大学教授になっていたウータ・ランケ゠ハイネマンは、今回の教皇訪問に関して、「信心深さの大芝居」（独 Frömmigkeitsspektakel）に掛かる高額な費用が、多くの飢えた人々の生命で支払われなければよいがと皮肉を述べた。これに対しミュンヒェン大司教庁は、今回の訪問への準備は外面的な次元だけではなく、多くの場所で黙々と行われており、またこの訪問で多くの雇用が生まれ、社会福祉にも貢献していると反論した。[449]

一九八〇年一一月一九日、アルトエッティングからの特別列車で、教皇ヨアンネス・パウルス二世がミュンヒェンに到着した。教皇は同中央駅での歓迎行事の後、大司教宮殿で群衆の歓呼を受け、各種の行事に参加した。教皇はラッツィンガー大司教と共に、大聖堂の地下礼拝堂で祈りを捧げ、またマリーエン広場のマリア円柱の前で祈禱を行った。教皇は帰国後ラッツィンガーに感謝の電報を送った。ただこの教皇訪問も問題なしには進まなかった。テレジエンヴィーゼでの教皇ミサの際、「ドイツ・カトリック青年同盟」（ＢＤＪＫ）の教区議長バルバラ・エングル（二十九歳）が、性的問題に関する教会の保守的姿勢を批判する発言を、直接教皇にぶつけたのである。この時教皇は何も答えなかったが、半年後になって、彼女の問いは特に注意に値するとの論評を出した。だがドイツ司教会議は、教皇を批判したこの不遜な信徒に激怒した。この件に関してラッツィンガーの態度は揺れていたとの批判がある。実は彼は大司教として、青年たちの発言内容を内々に把握しており、一部を修正しただけで許容した。だがエングル発言が批判を浴びると、連帯せずに距離を置いたというのである。ただ大司教がエングルを懲罰することはなく、間もなくローマに異動となった。[450]

一九七九年三月四日、ラッツィンガーはミュンヒェン゠フライジング大司教庁の行政機構が膨張気味なことを問題視した。彼はヴェネツィア総大司教庁が四人であるのに、ドイツの大司教庁は通常五百人を擁していると指摘した。ラッツィンガーは戦後様々なサービスの部局が出来て組織が肥大化したとし、その削減には痛みも伴うが、世界の状況と比較してサービス過剰な状態を、[451]恒常的には維持できないと訴えた。このドイツ人の官僚制体質への批判は、のちにローマでも再論されることになる。

四　典礼問題への対応

ラッツィンガー大司教は一九七七年の雑誌『コンムニオ』で、新しい典礼様式への慎重な姿勢を示した。典礼を時代に適応させ、幅広い支持を獲得するべきとする編集部に対して、彼は一般論としては変容可能としつつも、拙速な改革には距離を置き、公会議が旧制を廃止する意図のものではなかったとの見方を強調した。[452]

ラッツィンガーは「聖体拝領」（独 Eucharistie）を「我々の生活の不断の中心にして力」として重視した。彼は大司教在任中、繰り返しこの「聖体拝領」の意義を力説している。一九七九年の聖体祭に際しては、彼は特に参加の呼び掛けを行い、連邦軍空軍軍楽隊も初めて参加する盛大な行列を企画した（だが当日の六月一四日が悪天候の為、儀式は小規模なものに留まった）。因みに聖職者が跪いた信徒の口の中に聖体を入れる「口による聖体拝領」（独 Mundkommunion）か、聖職者が信徒の手に聖体を置き、信徒が自分で口に入れる「手による聖体拝領」（独 Handkommunion）かという論争については、ラッツィンガーはどちらも許容されるとの立場を示した。[453]

礼拝用語について、ラッツィンガーは信徒の理解を促す為に、現地語重視の立場を明確にしたが、普段は「聖体拝領」が現地語で行われるとしても、同時に数世紀来の教会の共通語でも行われるべきだとの姿勢を示していた。ここで彼はラテン語とは明示していないので、ギリシア語などの可能性もあるが、実質的には前者のことを念頭に置いていたと思われる。[454]

ルフェーヴルら「伝統主義者」について、ラッツィンガーが彼等の教皇批判を問題視していたことは既に触れたが、その主張には一定の理解を示した。一九七八年三月七日、ラッツィンガーはミュンヒェンでの国際報道記者会見で、典礼改革を支持する姿勢を明確にしたが、同時に旧来の典礼を禁止したのは「賢明ではなかった」と述べたのである。彼は典礼改革の（更なる）改革は想像できないとしたが、旧来のトリエント・ミサの一部を新典礼に組み込むことはあり得るとの考えを示している。[455]

バイエルンで盛んなマリア崇敬について、ラッツィンガーはこれがキリスト信仰と矛盾するものでも、並立するものでもないと主張した。彼は一九七八年五月三〇日、マリーエン広場のマリア円柱前での祈禱に際し、マリアは「イエスのイコン」であり、「イエス自身の光が漏れ出てくるような像」であって、マリア崇敬の排除はキリスト信仰の減退にも繋がると述べた。キリスト信仰とマリア崇敬とを密接に関連すると見る論調は、一九七九年三月六日のドイツ司教会議（於シュパーテルフェルト）でのラッツィンガーの説教でも繰り返されている。更に彼は論文「信仰と神学の全体に於けるマリア論とマリア崇敬の位置の考察」でこう説明する――マリア崇敬は中世・近世の産物で、『聖書』や古代教会を重視する「典礼運動」では重視されなかった。後者の影響が勝った第二ヴァティカン公会議ではマリア論が教会論の一部に縮減されたが、一九七四年のパウルス六世の使徒的書簡でマリア崇敬の新しい形態が指示された。「神の民」（羅 populus Dei）が男性名詞であるのに対し、「教会」（羅 Ecclesia）は女性であり、教会は民を越えるもの、母性を含むもの、「キリストの体」（独 Leib Christi）である。マリア論をキリスト論の一部に縮減することは出来ない。こういった論理で、ラッツィンガーはマリア崇敬の独自の意義を強調したのである。(456)

2014年9月13日：筆者撮影

聖母マリアの祭壇

（バイエルン・ベネディクトボイエルン修道院）

バイエルン州全土での休日統一化を巡る論争に際し、ラッツィンガーは一九七九年六月二日のテレビ番組「日曜日へ」（バイエルン放送）で、キリスト教の祝祭は自由時間以上の意義があり、我々の歴史の根源に出会うものであって、不可欠だという立場を示した。但し予定される十四休日（カトリック系祝日三、プロテスタント系祝日二を含む）の全州統一化には、州内のプロテスタントの地域での反撥もあり、自ら州民発案を起こすことには「司教の管轄事項ではない」と距離を置いた。一九八〇年四月一五日、ラッツィンガーはバイエルン司教会議議長として三月二六／二七日の議決を発表し、バイエルン住民の七〇％がカトリック教徒、二六％がプロテスタント教徒であること、カトリック教会は既に一九七〇年にカトリック固有の祝日（ヨーゼフの日（三月一九日）、ペーター・パウルの日（六月二九日）、聖母無原罪の御宿りの日（一二月八日））を三つ諦めたことなどを挙げ、プロテスタント系住民にもプロテスタント系祝日二つ（聖金曜日、悔悛の日）を認める代わりに、カトリック系祝日の聖体祭、聖母被昇天祭、万聖節を認めるよう促した。また経済界に労働者の休息時間の確保を求め、更に礼拝の時間に運動会など別な行事を企画しないよう要求した。結局バイエルン州議会はCSUの支持により、悔悛の日、聖体祭を一九八一年から、万聖節を一九八四年から全州休日とし、聖母被昇天祭をカトリック系地域での休日とする法案を可決した(457)。

一九八〇年七月三一日、ラッツィンガーは信徒に目に見える信仰の表現を要求した。彼はキリスト教徒が跪く、屈体する、十字を切るという動作で信仰を表現するのは重要なことだとし、近年信仰をそうした動作と切り離し、純粋に内面だけのものとする傾向があるのを懸念した。また彼は、信徒が家庭内に十字架を掛けなくなっていることを危惧し、その励行を訴えた。ミュンヒェン時代のラッツィンガーは、信仰の外面化としての祝祭や動作の意義を熱心に説教し、のちに著書として刊行した(458)。

五　対外関係

ラッツィンガー大司教はカトリック教徒の国際的連帯を謳い上げた。一九七七年一〇月九日は「外国人市民の日」であったが、彼は聖母大聖堂で、ヨーロッパ各国及びラテンアメリカ、アジアの聖職者と共同で礼拝を行った。この日の標語は、「教会には外国人も一時滞在者も居ない。居るのは兄弟だけだ！」であった。代願はイタリア語、クロアティア語、ポーランド語、スペイン語、チェヒア語で唱えられた(459)。

ラッツィンガーは東ドイツ国内に分散するカトリック教徒への援助を呼び掛けた。一九七八年六月四日、ラッツィンガーは彼等を「無神論的世界観の国家に於ける全くのディアスポラ」であるとし、スカンディナヴィアのカトリック教徒と同様、十分な教会共同体を持たない為、西ドイツからの支援が必要なことを強調したのだった。彼にとって東ドイツ問題への言及は、同国の独裁体制への批判、西ドイツ国内のマルクス主義者への批判にも繋がる問題であった。一九七八年六月一六日には、「ドイツ統一の日」を翌日に控えて「全ての暴力の被害者」の為の大司教司式礼拝が聖母大聖堂で行われ、国際連合人権規約や全欧安保協力会議の合意事項の実現が祈念された[460]。

一九七九年六月三日、聖霊降臨祭日曜日に、ラッツィンガーはミュンヒェンで行われた「ズデーテン・ドイツ人大会」で祝典礼拝を司式した。第二次世界戦争後、チェコスロヴァキアから追放されたズデーテン・ドイツ人は、多くがバイエルンに辿り着き、今日に至るまでバイエルンで大きな影響力を有している。聖霊降臨祭に毎年行われる「ズデーテン・ドイツ人大会」には、バイエルン首相などバイエルン政府関係者が列席し、戦後バイエルン政治の年中行事の一つとなっている。ラッツィンガーは、ズデーテン・ドイツ人を「国民社会主義の破滅的思想」の被害者だとし、またチェコスロヴァキア人による彼等の追放と、世界世論によるその事実の無視とを不正とした。だが彼は、彼等には「統一と和解との懸橋」となる使命があるとした。特に彼は、宗教迫害が行われている同時期のチェコスロヴァキア社会主義共和国で、キリスト教徒が旺盛な信仰心を示しているとし、ズデーテン・ドイツ人が彼等と古いベーメン人同士で連帯することに期待した[461]。

ラッツィンガーはユダヤ系団体とは穏当な関係を維持した。同じ頃ヴュルツブルクでは、司教庁の刊行する『ヴュルツブルク日曜新聞』が、ユダヤ人の金銭慾や道徳的頽廃を赤裸々に描いて、「反ユダヤ主義」と批判される騒動になったが、ミュンヒェンではそうした事件はなかった[462]。一九七八年一一月九日、ラッツィンガーは「帝国水晶の夜」四十周年に当たり声明を発表した。彼はこの日を、「国民社会主義者の命令で」ユダヤ人のシナゴーグや財産が破壊された日だとし、またカトリック教会が「世界のユダヤ人の黒い同盟者」として迫害されたことも強調した。その上で彼は、改めて「全体主義的イデオロギー」からの防衛を訴えたのだった。ユダヤ人迫害に関するカトリック勢力側の問題は、この声明では指摘されていなかった。尚一九八一年九月二〇日、彼はミュンヒェンの「イスラエル祭祀共同体」を訪問している[463]。

一九七八年七月一三日、ラッツィンガーは中近東の紛争で翻弄されるレバノンのキリスト教徒との連帯を訴えた。彼は、レバノンは中近東で唯一キリスト教徒とイスラム教徒との自由で対等な関係が維持されてきたのに、いまキリスト教徒が絶滅の危機に瀕しているとし、バイエルンと同じく聖母マリアを守護聖人にするレバノンの為に祈るよう信徒に促したのだった。尚ラッツィンガーは一九八一年一〇月七日に、暗殺されたエジプト大統領サダトを、中近東での和平に貢献した「平和の人」と称えている。[464]

一九八〇年九月一一日から一五日まで、ラッツィンガーはドイツ司教会議の一員としてポーランドを訪問した。これはポーランド司教会議の西ドイツ訪問に対する返礼である。[465] 実はラッツィンガーは一九七九年六月一〇日にも、ヨアンネス・パウルス二世の里帰りに合わせてポーランド入りしており、この時は大司教就任後二度目であった。ラッツィンガーらはチェンストホヴァのヤスナ・グーラ修道院を訪れ、「黒きマドンナ」の聖像画（イコン）の前で礼拝を行った。次いで彼等は、ポーランド人司教たちとアウシュヴィッツ＝ビルケナウ収容所跡を訪れ、聖マクシミリアン・コルベの足跡を辿った。九月一三日にはラッツィンガーはクラクフ大聖堂で説教を行っている。[466]

一九七八年九月、教皇ヨアンネス・パウルス一世の短い時代に、ラッツィンガー大司教は「教皇特使」（羅 Legatus）としてエクアドルを訪問した。この頃この国は、革命政権が軍保守派の蜂起で転覆されたところであった。彼はサンティアゴ・デ・グアヤキルで行われる「エクアドル・マリア国民会議」に、新教皇から派遣されたのである。彼は今後二十年の内に世界の半分以上のカトリック教徒がラテンアメリカ在住になる見通しであることに触れ、世界教会の重心はラテンアメリカに移ったと述べた。その上で彼は、そのラテンアメリカが二つの「合理主義」、つまり西側の世俗主義と東側のマルクス主義から距離を置くことを求め、合理性だけでは未来の世界は築かれ得ないと訴えた。帰国後、彼はエクアドルのカトリック教会の状況に懸念を表明し、モルモン教徒や「イェホヴァの証人」によって大規模な資金を投入しての「猛烈な反カトリック・プロパガンダ」が行われ、危機的状況が生まれているとの認識を示した。[467]

一九七九年の年頭、ラッツィンガーはヴェトナム戦争の難民について声明を発表した。彼は次々と押し寄せるヴェトナム難民に受け入れ拒否の動きが起きていることに触れ、ヨーロッパ諸国に門戸開放を求めた。その際彼は、戦後ドイツが多くの東方からの追放民を受け入れた過去を想起し、豊かになった西ドイツ社会が今ヴェトナム難民に扉を閉ざしたら、それは「とんでもない恥」になると訴えたのだった[468]。

一九八一年四月二一日、ラッツィンガーは「ドイツ・ジンティ連盟」代表団の訪問を受けた。代表団は、「ジンティ」（ジプシーの一種）に関する「過去の克服」が行われておらず、今も古い先入観が無批判に受容されていると不満を表明し、連邦政府が「ジンティ」迫害・虐殺の事実を認めるよう、カトリック教会からも働きかけて欲しいと要請した。ラッツィンガーはこの問題意識を共有し、ドイツ司教会議での問題提起や年内の再会談に同意したが、解決は騒々しい声明ではなく、穏やかな持続的努力によって為されるべきだとの見解を示した。またダッハウに「ジンティ文化センター」を造る提案には、この町が既に強制収容所に関して負っている重荷を理由に同意しなかった[469]。

一九七九年一〇月二八日、ラッツィンガーは世界に於ける宣教活動の意義を確認した。彼は一九六〇年代以来、キリスト教を宣教するより技術的・社会的発展を促す方が有意義ではないか、キリスト教の宣教は植民地支配の危険な形態なのではないかという疑問が提起されていることに触れ、そうした迷いを払拭して第三世界に力強く宣教を展開するよう促した。彼は、抑〻物質的な向上が人々の救済になるのかを疑問視し、寧ろ西欧的堕落の輸出を危惧した。また彼は信仰が人々の生活に意味を与えることを指摘し、植民地支配との非難を拒否したのだった[470]。

一九八一年一一月八日、ラッツィンガーはミュンヒェンのタールキルヒナー通の聖シュテファヌス教会にあるチェヒア人教会共同体を訪れ、その三十周年礼拝で説教した。ラッツィンガーは社会主義政権成立で故郷チェコスロヴァキアを後にしたチェヒア人たちに、キリスト教徒は決して孤立してはいない、勇気を失わないようにと激励したのだった[471]。

六　キリスト教内他宗派との交流

ラッツィンガー大司教は一九七七年六月一六日の最初の司牧書簡で、教会一致とは従来の宗派が夫々その儘並立していればよいということではないとした。これはカトリック教会からの歩み寄りを示唆したものとも、他宗派のカトリック側への歩み寄りを期待したものとも解釈できるが、恐らく後者だろう。一九八一年三月八日に彼は、「宗派共同礼拝」が聖体拝領を伴う（カトリック教会の）日曜礼拝の代替にはならないとも述べた[472]。

ミュンヒェン＝フライジング大司教ラッツィンガーは、バイエルンのプロテスタント領邦教会との間で、教義論争を棚上げした友好関係の醸成に務めた。一九七七年七月一五日、ラッツィンガー大司教はバイエルン・ルーテル派教会領邦監督ヨハンネス・ハンゼルマンを訪問し、「和やかな雰囲気で」会談した。ハンゼルマンは七月一〇日、ラッツィンガーの枢機卿就任祝賀会にも参加しており、プロテスタントの領邦監督との定期的交流はデプフナーから引き継がれた習慣であった。一九七八年一月二〇日、両者は聖母大聖堂で「宗派共同礼拝」に臨んで宗派間和解を演出すると同時に、多くの国々に残る人種差別と不自由、第三世界の貧困などが解決されるよう祈りを捧げた。一九七八年七月、ラッツィンガーはハンゼルマンの前任者ヘルマン・ディーツフェルビンガー監督の古稀を祝した書簡で、彼が教会一致運動を「正しく心からの関心事」にしていたと称讃した。バイエルンのプロテスタント教会から、教会一致運動が沈滞しているという批判が起きると、ラッツィンガーは一九七八年七月二日、パウルス六世の戴冠式十五周年を祝した礼拝で、彼を「教会一致運動の教皇」と呼んで擁護した。ラッツィンガーは、教会一致とは真理を巡る闘いで熟していく良心の問題であり、事務的に扱う訳にはいかないとして、相互信頼の必要性を説いた。一九八〇年四月には、「ジンティ」のハンガーストライキを契機に、彼等の差別に反対する声明をハンゼルマンと共同で出している。一九八一年一月二〇日には、彼はハンゼルマンと共同でルーテル派の聖マテウス教会で晩禱を行っている[473]。ただこうした交流の最中でも、ラッツィンガーはプロテスタンティズムの神学的問題点を指摘するのを憚らなかった。一九七八年の論文で、彼はメランヒトンの「アウクスブルク信仰告白」がカトリック教義の問題ない表明だとは到底言えないとした。教会一致運動を理由とした拙速な承認は出来ないことを、彼は明言したのである[474]。

ラッツィンガーは東方教会とも交流を行っていた。一九七八年の復活祭前、ソルジェニーツィンやサハロフと交流があり、ソヴィエト政権から迫害されていたロシヤ正教会司祭ディミトリイ・セルゲエヴィチ・ドゥドコの著作独訳の刊行に際し、ラッツィンガーは自ら序文を寄せて「科学的無神論」との闘いを応援した[475]。一九八〇年五月三〇日から六月三日、彼はロードス島で行われた公教・正教対話委員会に参加した。一九八一年五月二日、彼は「全アルメニア人の最高総主教・公主教」ヴァスケン一世の訪問を受けている。一日ヴァスケン一世がミュンヒェンのリーム空港に到着した時、ラッツィンガーはハンゼルマンと共に彼を空港で出迎えた。ラッツィンガーはヴァスケン一世に対し、神学上の相互の見解の相違は、実質的というより名目的なものに過ぎないと述べ、東方教会との交流に意慾を示した。ヴァスケン一世は三日にはテアティーナー教会でアルメニア式の奉神礼を行った。同年九月一九日、ラッツィンガーは大司教宮殿でロシヤ正教会のヴラディーミル・サボダン大主教（モスクワ神品アカデミー校長）を迎えた。ラッツィンガーはサボダンも一三日にリーム空港で出迎えている。この日ミュンヒェンでは第一回「正教週間」が始まり、ラッツィンガーは正教会の教会一致運動への貢献を称えた。彼は「正教の姉妹教会」という表現を用いて親近感を表明し、サボダンは彼にモスクワ総主教ピーメンの首掛け十字架を贈呈した。サボダンはカトリック、プロテスタントの教育施設を見学した上で、ソヴィエトに於ける神学教育について説明し、今後の相互交流への期待を表明した。一九八二年六／七月の公教・正教対話委員会がミュンヒェンで行われることも決まったが、ラッツィンガーはローマ赴任の為参加しなかった[476]。

七　キリスト教国バイエルンの守護

一九七〇年代はドイツ政治の道徳主義化が進んだ時代であった。これは「六八年世代」だけの所為ではない。アメリカ合衆国から上陸したテレビ・シリーズ「ホロコースト」は一九七九年一月に西ドイツでも放映され、二千万の人々がこれを視聴した[477]。これは経済復興を成し遂げて擡頭しつつあるドイツ人に、改めて罪の意識を喚起しようとする試みであり、「ソフト・パワー」による国際戦略でもあった。

だがドイツへの愛国心を封じられた人々にも、バイエルンやヨーロッパへの愛着を表明することは許されていた。道義的批判を比較的浴び難いバイエルン愛国主義を、バイエルン政府は積極的に喚起した。一九八〇年にバイエルン首相フランツ・ヨーゼフ・シュトラウスは、バイエルン王マクシミリアン二世が一八五三年に創設し、国民社会主義政権成立で途絶していた「バイエルン・マクシミリアン勲章」を再創設し、芸術家や学者に授与することにした[478]。バイエルンはまたドイツ愛国主義の最後の砦でもあった。バイエルン文相マイヤーは、バイエルンの教科書がドイツ東部国境を、平和条約締結までは未決定だと生徒に教えることに固執した。既にブラントの東方政策から年月が経っていたが、ＣＳＵが支配する

©AFP/DPA/HARTMUT REEH

聖体行列に於けるラッツィンガー大司教（1977年6月9日）

バイエルンではオーデル・ナイセ国境への不満が渦巻いていたのだった[479]。

バイエルンは西ドイツ諸州の中でも、独特のキリスト教文化を護持しようとすることで知られていた。一九七七年、バイエルン文部大臣マイヤーが、バイエルン政教条約第四条を根拠として、バイエルンの諸大学でのカトリック教会の影響を維持し、司教の承認した候補のみに機会を与える教授職の新設を図って、「中世への逆戻り」との批判を浴びる事件が起きた。また同じ頃、FDP系の社会学者ダーレンドルフやマルクス主義神学者ブロッホの門弟で、国際政治学者・平和学者ゼングハースの推薦する社会学者ヴォルフラム・ブーリッシュが、その政治的立場がバイエルンに合わない為に、ヴュルツブルク大学への就職を阻止されているという批判の声が上がった[480]。

ラッツィンガーはミュンヒェン＝フライジング大司教として、「バイエルン司教会議」の議長を兼ねていた。ドイツには「ドイツ司教会議」（旧名「フルダ司教会議」）が存在する一方で、旧バイエルン王国領（ミュンヒェン教会管区・バンベルク教会管区）の司教たち（プファルツのシュパイヤー司教を含む）は、独自に「バイエルン司教会議」(旧名「フライジング司教会議」)を結成して自立性を誇示していた。彼等は、一九三三年以前は「フルダ司教会議」に参加しておらず、「帝国政教条約」が結ばれて「フルダ司教会議」に合流した後も、「フライジング司教会議」という組織自体は残した。単なる近隣司教の集会に過ぎなかった「フルダ司教会議」は、第二ヴァティカン公会議で教会法上の地位を得、「ドイツ司教会議」を名乗るようになる。尚「ベルリンの壁」構築で「ドイツ司教会議」への参加が困難になった東ドイツの司教たちは、「ベルリン司教会議」を結成していた時期があるが、これは東西ドイツ統一で解消した。結局「フライジング司教会議」改め「バイエルン司教会議」のみが、今日も「ドイツ司教会議」と並存しているのである。[481]

バイエルンのカトリック教会の頂点にあって、ラッツィンガー議長はキリスト教国バイエルンへの愛国心を熱心に唱道した。彼によれば、堕落した西ドイツ社会に於いてバイエルンは例外を為しており、その基盤はどうしても維持、強化されなければならないという。一九七八年一月、ラッツィンガーは雑誌『バイエルン・ラント』のインタヴューに答え、バイエルンはその歴史全体を通じて、キリスト教信仰及びカトリック的伝統によって形作られているので、今でもキリスト教信仰が生き生きしており、政治に於いても党派を横断して影響を行使しているのだと述べている。ラッツィンガーは精神的側面だけでなく、カトリシズムの文化的側面、特にバロック・ロココ芸術がバイエルンの風土と結び付いていることを強調している。一九七七年一一月一九日、ラッツィンガーはフライジングでの説教で、バイエルンの文化を「偉大で、高貴で、温かい」としつつも、それが天然のものではなく、努力によって維持されるべきものであることを指摘した。そして「恥ずべき紛い物のバイエルン芸術」に警戒を促し、信仰によってバイエルンの「内なる高貴さ」を保つべきとの見解を示したのだった。[482]尚キュングは、自分とラッツィンガーとの離反の一つの原因は、近代世界、特に現代芸術への姿勢の違いだろうと述べ、自分が現代芸術、特に現代建築の良き理解者だとの認識を示している。[483]一九七八年一月、ラッツィンガーはバイエルンの官僚制が技術的観点のみで行う市町村統廃合が、村々を単なる大都会のベッドタウンにし、教会共同体の衰退に繋がることを危惧した。農村出身のラッツィンガーは、村落共同体が信仰にとって重要な基盤であることを強く意識していたのである。[484]

一九七七年九月、ラッツィンガーは『フライジング日報』のインタヴューで、『教皇年鑑』(伊 Annuario Pontificio)からバイエルン司教会議に関する記述が理由説明なしに削除されたことに抗議した。彼は自分が行政や教会に関して「断固たる連邦制論者」であるとし、バイエルンのキリスト教文化を称揚した上で、「ハンブルクとベルヒテスガーデンとで全てが同じでなければならない筈がない」と述べたのだった。[485]その翌月、バイエルンの存在感を示すかのように、ラッツィンガー議長の率いるバイエルン司教会議は、ローマに「アド・リミナ訪問」を行った。バイエルンの司教たちは一団となって、一〇月一三日に教皇パウルス六世に拝謁する機会を得たのだった。因みにドイツ内でも、北ドイツ、ライン＝ヴェストファーレン、南西ドイツの司教たちは、それぞれバイエルン司教会議とは別に団体を組み、既に教皇訪問を済ませていた。尚ラッツィンガーは、この機会に枢機卿としてローマで名義上担当する教会の引き継ぎを済ませている。[486]

一九七八年よりラッツィンガーはオーバーアマーガウの「受難劇」（独 Passionsspiel）を巡る紛争に遭遇した。これは十年に一度村人が演じる地芝居で、世界中から多くの観光客が押し寄せる。雄大な山河と農家のフレスコ画が印象的なこの小邑での宗教劇は、「キリスト教国バイエルン」を演出する行事の一つである。だがこの農村にも、やがて多文化主義の波が押し寄せてきた。世界のユダヤ系諸団体が、ユダヤ人たちがイエスを責め苛む「受難劇」は、「反ユダヤ主義的」だという批判を提起したのである。この動きに地元は反撥し、村議会選挙では「受難劇」改革反対派が強化されていた。[487]ラッツィンガーは三月七日の記者会見で、大司教区内のこの問題に関して対応を問われた。この時ラッツィンガーは、この「受難劇」の運営主体は教会ではなく村であり、教会法上は影響力を及ぼす可能性がないとしたが、ユダヤ人側との対話の為に、この地域を担当する補佐司教フランツ・シュヴァルツェンベックを派遣することを表明し、また従来の「ダイゼンベルガー版台本」（一八一〇年にエッタールのオットマール・ヴァイス神父が書いたものを、一八六〇年に聖界顧問官ダイゼンベルガーが改訂したもの）の、第二ヴァティカン公会議の決定を踏まえての改訂を最低条件とした。一九七九年の年頭には、ラッツィンガーはオーバーアマーガウ村長エルンスト・ツヴィンク、主任司祭ヨーゼフ・フォルストマイヤー、一九八〇年の上演を監督するバイエルン文部大臣ハンス・マイヤーらの訪問を受け、シュヴァルツェンベック補佐司教も交えて一九七八年にエッタール修道院で作成された再改訂版について検討を行い、劇の改訂の是非を巡って分裂した村内の融和に努めるという方針が打ち出された。結局一九八〇年、オーバーアマーガウ「受難劇」は、史上初めてカトリック教会、プロテスタント教会、「英国教会」の共同作業により開催となり、五月一八日にラッツィンガー大司教の司式で開会礼拝が行われた。尤も「反ユダヤ主義」だという非難は収まらなかったので、ラッツィンガーは国民社会主義の反ユダヤ主義への非難には理解を示しつつも、キリスト教信仰の表明である「受難劇」はユダヤ人の罪を論う趣旨のものではなく、攻撃はいい加減にするべきだとの考えを示した[488]。

ラッツィンガーは州政治の道徳的審判者として、政治の舞台にも登場した。一九七八年一〇月三〇日、彼はテアティーナー教会で行われたバイエルン州議会の開会式礼拝で説教した。彼は参列した州議会議員たちに、統計に惑わされず良心に従って行動するよう要求した。また彼は権力の濫用を戒め、真理から正義を見出すこと、政治を利益調整に終わらせないこと、権力分立や相互批判に心掛けることを説いた。最後に彼は、偉大なキリスト教的伝統を有するバイエルンでは、争わず相互融和に努めることが出来る筈だと述べた。一九八〇年三月、彼はバイエルン司教会議議長として小学校・基幹学校生徒の両親たちに書簡を送り、宗教教育の意義を強調した。彼は、宗教教育が単なる知識の伝達ではなく情操を育むものであり、世界を全体として理解することを教えるもの、人間に支柱と意味とを付与するものだとして、両親に積極的協力を促した[489]。

バイエルン愛国主義の伝道師ラッツィンガーは、様々な場所に登場した。一九七八年六月三日、ラッツィンガーはバイエルン放送の番組「日曜日へ」で「サッカー世界選手権大会」の熱狂に触れ、それは単なる娯楽以上の意味を持ちうると述べた。彼によれば、サッカーは規律や努力を必要とする点で人生を象徴している面があり、商業主義によって堕落させられてはならないとしたのだった。一九八一年一〇月一一日、ラッツィンガーはドイツ連邦共和国の最高峰ツークシュピッツェの山上二千九百六十三メートルの地点に建設された「マリア訪問礼拝堂」（独 Maria Heimsuchung Kapelle）の献堂式を行った。これは山麓のガルミッシュ゠パルテンキルヒェンの或る夫婦が寄進したもので、登山客の為、そして遭難者の記憶の為に建築され、全てのキリスト教徒に開かれたものとなった。尚就任一年後の一九七八年六月八日に、ラッツィンガーはバイエルン自由国首相アルフォンス・ゴッペルより「バイエルン功労勲章」を授与されている[490]。

八 「キリスト教的ヨーロッパ」の防衛

一九七七年一一月一九日、ラッツィンガー大司教はフライジングのマリア大聖堂で行われたコルビニアヌス祭で、「キリスト教的基盤の上に立つ統一ヨーロッパ」への支持を表明した。彼はキリスト教信仰の力だけが、境界を開き、先入観を克服し、憎しみを排し、統一を現実化すると説き、信仰の活性化により財界人や政治家の統合戦略に基盤を与えるべきだとした。彼はヨーロッパ内部の統合反対運動を批判し、各国家のエゴイズムを警戒した。彼は、数人のイデオローグの瞬き一つで全ヨーロッパでのドイツ人憎悪に火を着くとし、ヨーロッパ統合の成功のみがドイツ人の生き残る道だと説いた。[491]

一九七九年四月下旬、ラッツィンガーはストラスブールで講演「ヨーロッパ――キリスト教徒の義務的遺産」を行い、キリスト教の倫理的価値に方向付けられた民主的で、自由で、法治国家原理に基づくヨーロッパの維持を訴えた。四月二八日・二九日、バイエルン・カトリック・アカデミーは討論会「ヨーロッパとキリスト教徒」を行った。これはヨーロッパ議会第一回直接公選を記念した企画で、彼はここで報告をしたのである。[492] 彼はこの講演で、「ヨーロッパ」の対抗物として観念されてきたものとして、イスラム教、啓蒙、マルクス主義を挙げた。また「ヨーロッパ」を構成する要素として、ギリシア的遺産、キリスト教的遺産、ラテン的遺産、近代的遺産を挙げた。彼はヨーロッパの本質を民主政に見たが、それは倫理的基盤を不可欠の前提としており、その為にキリスト教が前提となる、無神論では問題だと考えたのだった。[493]

一九八〇年九月一三日、ラッツィンガーは社会主義政権下のポーランドを訪問し、キリスト教的ヨーロッパの団結を訴えた。既に前年九月にもポーランド首座ヴィシンスキ枢機卿が西ドイツを訪問し、独波間交流が進んでいた。この時ラッツィンガーはクラクフ大聖堂で説教し、キリスト教共同体としてのヨーロッパの一体性を訴えた。彼は、抑〻キリスト教信仰によってヨーロッパが成立したのだとし、キリスト教のイスラエル的、ギリシア的、ローマ的起源を強調した。またゲルマン人とスラヴ人はキリスト教に新たな形態を与えたが、彼等の歴史とアイデンティティはキリスト教から受け取ったのだとした。彼は、諸国民の多様性はヨーロッパの豊かさを示すもので、それは最良の時代には対立的ではなく相乗的なものだったのであり、ナショナリズムの破壊のあとで再びキリスト教的共通基盤に立ち戻るべきだとしたのである。[494]

一九八一年一二月、ポーランドで「連帯」のストライキを契機とする騒擾が起き、戒厳令布告によって事態が緊張すると、ラッツィンガーは教皇の母国ポーランドの司教たち及び全ての人々に、バイエルンのカトリック教徒の祈りが続いていることを確言した。彼は教区の諸教会に、ヨーロッパの全ての人々が寛容及び自由の精神に於いて自分たちの未来を形作れるような平和が来ることを祈るよう指示したのだった(495)。

九　性と生命倫理

ラッツィンガー大司教は、科学技術が独り歩きして非人間的、唯物主義的、無神論的未来像が広まることを危惧し、信仰でこれに対抗するべきと考えていた。「進歩の見せかけの約束」に警戒を呼び掛ける彼は、人間が痛みを感じなくなるような非人間的な世界をマルクス主義が作ろうとしているとし、また国民社会主義の「強制収容所」こそ、キリスト教信仰が消え失せるより大きな恐怖の前哨だったのだとした。マルクス主義者も国民社会主義者も、彼から見れば科学万能の全体主義という点で同じ穴の貉なのである。更に彼はペルシア、トルコの例を挙げ、両国では人々が経済や技術の面でヨーロッパ化した結果、精神が不安定を来していると警戒している(496)。

ラッツィンガーは、『聖書』にある神の創造の逸話は非現実的なものではなく、自然科学と神学との対立は不要だと訴えた。ラッツィンガーは、『聖書』は神の人間との歴史が反映したものであるとし、理性に適ったものだとしたのである(497)。

進歩派とカトリック教会との対立の一つの焦点が、性に関する問題であった。聖職者独身制、聖母マリアの処女性の強調、女性司祭の否定は、進歩派の主要な標的となっていた。そしてこうした批判には、カトリック教会の内部からも徐々に同調者が現れていた。結婚した元司祭（元ヴィーン大学カトリック神学部長）のフベルトゥス・ミュナレクは、一九七八年に自身の体験を踏まえて聖職者独身制の齎す病理現象を告発する『エロースと聖職者——独身制の貧困について』を刊行した。同じ頃バンベルク大学神学教授（教会史）のゲオルク・デンツラー神父は、家政婦との結婚を公表し、大司教座に結婚の報告と司祭職継続の希望とを申し出て却下され、バンベルク大学でもカトリック神学部から歴史地理学部へと配置換になった(498)。

ラッツィンガーは一九七七年九月、堕胎を「キリスト教徒への言語道断な挑戦」として非難する声明を、党派・宗派横断的な企画「生命の為の行動」の場で発表した。ラッツィンガーは、妊娠した女性が窮乏に陥らないように、各地地区に保護を呼び掛け、母子が暫時居住できる宿舎をミュンヒェン郊外のパージングに建設する為に、寄付を募ったのだった。一九七八年一月にも、ラッツィンガーは家族の危機に継承を鳴らしている。一九七八年七月二日には、ラッツィンガーは「道徳は化学で代替される訳にはいかない」と述べ、堕胎を批判したパウルス六世の回勅「フマーナエ・ウィータエ」を擁護した。一九八一年秋には、ラッツィンガーは「堕胎合法化」のあとに「安楽死合法化」の運動が続くだろうと警戒を呼び掛けた(499)。

ラッツィンガーは聖職者独身制の重要性を力説した。一九七九年当時、既に修道志願者の激減が指摘され、メッツなどは聖職者独身制の廃止を提案していたが、ラッツィンガーの確信は揺るがなかった。一九七八年二月一九日、聖母大聖堂で行われた九人の助祭の叙階に当たり、ラッツィンガーは独身制を、人生全てを福音に捧げる行為として肯定した。彼はこの制度が批判されていること、聖職者不足が指摘されていることにも言及したが、にも拘らず慾望一辺倒の社会に抗して終生独身を誓うことには、今日大きな意義があると語った。一九七九年一一月一一日には、彼はフライブルクでの若者との討論会で、今日でも独身で聖職者として奉仕する意志のある若者が居ることを確信すると述べ、既婚の男性或いは女性の叙階で聖職者不足を補うという構想を否定した。彼は独身での奉仕への決断の重さは十分理解しているが、教会は判断の自由を保障しているとした。また彼は『新約聖書』及び聖伝を根拠に、女性聖職者の可能性を否定し、教会にそれを変更する権限がない、女性は男性にすることは出来ないのであって、別な形で貢献するのだとした。その一方でラッツィンガーは、侍者への女子の採用を進めていく。侍者への女子の採用は、第二ヴァティカン公会議以降始まっていたが、重要な役柄はまだ男子の侍者に委ねられていた。これに対しラッツィンガーは、教皇ヨアンネス・パウルス二世が一九八〇年にミュンヒェンを訪れた際、司教杖を教皇が持たない時に捧げ持つ重要な役を、或る女子に任せることにしたのだった(500)。

一九七八年一一月二八日、ラッツィンガーは聖コルビニアヌス祭の説教で、家族と結婚の保護を訴え、家族なしには人民も教会も存続できないと説いた。彼は性の商品化を非難し、「自由を好き放題と混同する自由の誤った理念」は、「我々の時代の病気」だとした。更に同年大晦日の説教では、ラッツィンガーは個人主義的な連邦の家族立法に苦言を呈した。彼は、それが家族を信頼の場ではなく、個人が殻を閉じて対峙するだけの場と解釈し、両親の子供への服従要求を抑圧と同視していると批判し、破綻した家族や夫婦、親子の事例を法制度設計の判断材料にするのは誤りだと訴えた。ラッツィンガーは一九八〇年二月二八日の断食期間司牧書簡でも同様の主張を展開し、子供を脅威ではなく未来であると考えるよう勧め、生殖と性行為との分離を促す避妊薬を非難し、重いのは肉体の罪より精神の罪だとした。この教書は大きな反響を呼び、大司教庁に四週間で五万部も注文が来る有様となった。一九八〇年年一一月二九日には、ラッツィンガーは「主日」「人間の日」である日曜日が、家族で過ごす時間であり続けることを求めた。この点に関して後日彼は、日曜日には家族で礼拝に参加して聖体拝領を受けるべきだとし、ユダヤ教徒の安息日の祝い方を見習うことを勧めている。労働時間だけでなく給与の面でも家族生活を支援するような内容であることが必要だと、彼は一九八一年五月三日「カトリック労働運動」の集会で述べている[501]。

ラッツィンガー大司教は「性教育」を「ネオ・マルクス主義」の陰謀として拒否した。西ドイツの学校に性教育が導入されるようになると、ミュンヒェンではその過激さに驚いた一部の両親たちが抗議行動を起こし、レーゲンスブルク司教グラーバー、レーゲンスブルク大学教授フランツ・クサーファー・ガールなど、バイエルンの聖職者、神学者もその破滅的効果に警鐘を鳴らし、バイエルン文相マイヤーすら彼等の批判を浴びていた[502]。ラッツィンガーは一連の「反権威主義的」教育に、性的「解放」と称してキリスト教倫理を無力化し、社会を一変させようとする意図があると見て、性教育の内容をキリスト教的倫理の促進に資するものにするよう訴えた。彼は学校内の性教育にも両親の権利があることを強調し、両親の決断で受講しないことも出来るようにするという妥協案については、その実効性を疑問視した[503]。

一九七八年七月一二日、ラッツィンガー大司教は女性の家庭外労働を問題視した。彼はドイツ連邦郵便ミュンヒェン本局を訪れ、アルフレート・マイヤー本局長と会談したが、その場で既婚女性職員の夜間勤務が多いことに苦言を呈した。カトリック社会教説の観点から言って、家族は「家父長」（独 Familienvater）の収入で生活するべきであり、女性の補助的労働は不要な筈で、「社会的安定性」（独 soziale Sicherheit）も考えなければならないとしたのである。ラッツィンガーは、女性の家庭外職業労働が、その家庭の崩壊に繋がることを危惧していたのだった[504]。

一九七八年九月、ラッツィンガーは教皇特使として訪れたエクアドルで、修道女や司祭たちの出迎えを受け、彼等を激励する演説を行った。彼は、彼等の召命の宗教的中核である、教会の奉仕者、救援者、保護者、信徒の補助者、多くの者の司祭、母であるという点を見失わないようにと訴えた。彼は、信心深さがこの十年間古めかしいと疑惑の目で見られ、代わりに「心理学や社会学の薬局」が提供した解決法が珍重されているが、学問が提供するのは技術のみであって価値ではなく、宗教の提供する価値こそが技術を実り豊かなものにするのだと説いた。彼は、夫々の修道会が「自分独自の相貌」を維持し、現代生活に溶け込まないようにと呼びかけたのだった[505]。

一九八〇年秋、ラッツィンガーはローマで開催された「世界代表司教会議」で、教皇ヨアンネス・パウルス二世から報告者に任命され、性と家族の問題に関する意見を披露した。「今日の世界に於けるキリスト教的家族」を議題にしたこの会議で、ラッツィンガーは以下のような原則を披露している。（一）第三世界では一夫多妻制など、現地の伝統的婚姻形態が続いているが、いま西欧文明の波に晒されつつある。第三世界の夫婦形態を、西欧に見られる個人主義、物質主義の側にではなく、キリスト教信仰の側に導くべきである。（二）女性がその尊厳及び権利に於いて男性と平等であるというのは『聖書』に適うことだが、「両性間戦争」を喚起し、その協力関係を破壊するフェミニズムには警戒が必要である。（三）婚姻は解消不能なものであり、離婚者の聖体拝領は許容できない。消費一辺倒の社会で、教会は峻厳さを示す必要がある。若者には貞節の重要性について教育する必要がある、（四）回勅「フマーナエ・ウィータエ」の趣旨はより適切に説明されるべきである。国家が市民に産児制限を課すことは出来ない。化学的手法で産児制限をするのは自然への危険な介入であり、受胎調節に「自然な方法」は許されるが、「人工的な方法」は許されない。（五）物質主義、「快楽主義」（独 Hedonismus）、許容主義に抗して、『福音書』の精神に基づいた道徳革命を起こす必要がある[506]。

第三節　バイエルンとの別離

一　教理省長官への任命

教皇ヨアンネス・パウルス二世は一九八一年一一月二五日、新教理省長官にミュンヒェン＝フライジング大司教ヨーゼフ・ラッツィンガーを充てると発表した。前任者フラニヨ・シェペル枢機卿が七十五歳で退任するのを受けての人事であった。シェペルは結局、後任者の着任を待たずに同年一二月三〇日にローマで薨去してしまう。ラッツィンガーはシェペルを「中庸の人」と呼んで、その神学者及びザグレブ大司教としての功績を称えた。[507]

ラッツィンガーの教理省長官就任に西ドイツ社会は沸き返った。戦後ドイツ人で教皇庁付き枢機卿（独 Kurienkardinal）となったものとしては、ヨーゼフ・シュレッファー枢機卿（カトリック教育省次官）、アウグスティン・ベア枢機卿（キリスト教徒統一推進評議会次官・イエズス会士）がおり、更に遡れば二代目ミュンヒェン＝フライジング大司教カール・アウグスト・フォン・ライザッハ伯爵が、バイエルン王マクシミリアン二世に疎んじられてローマ教皇領教育省長官に起用されたことがあったが[508]、教理省長官というのは別格の重責で、近現代ドイツでは前例がないものだった。彼の教皇庁への異動については、東独の秘密警察（シュタージ）の「非公式協力者」（ＩＭ）「ゲオルク」が、既に二年前にその可能性を見通して、東ベルリンの上司に報告していたという。[509]四年間ラッツィンガーと交流を重ねてきたルーテル派バイエルン監督のハンゼルマン、イスラエル祭祀共同体ラビのグリューネヴァルトは、ローマへ移るラッツィンガーに祝辞を述べた。首都ボンからも、連邦大統領カール・カールステンス（ＣＤＵ）、連邦議会議長リヒャルト・シュトュックレン（ＣＳＵ）、連邦宰相ヘルムート・シュミット（ＳＰＤ）、連邦外務大臣ハンス＝ディートリヒ・ゲンシャー（ＦＤＰ）が、ラッツィンガーに祝電を送った。特にラッツィンガーと同年生まれのゲンシャー外相は、「ドイツのカトリック教会は今や同枢機卿によって、かくも見事に枢機卿団に代表されているのである」と高らかに宣言した。連邦議会に議席を有するＣＤＵ／ＣＳＵ、ＳＰＤ、ＦＤＰの各会派は全てラッツィンガーに祝辞を送った。[510]

とはいえラッツィンガーのローマ行きに最も感激したのは、やはりバイエルンの人々だった。バイエルン自由国首相フランツ・ヨーゼフ・シュトラウスは別離の辛さを語りつつも、バイエルンの世俗世界は自国のカトリック聖職者が信仰や倫理の問題に大きな影響を持つことを「誇りなしとはしない」と喜びを表明した。州議会議長フランツ・ホイブルも、ラッツィンガーのローマ行きを「我々皆にとっての高い顕彰」だと述べた。ＣＳＵ州議員団長グルトル・ランゲのみならず、ラッツィンガーと対立したＳＰＤ州議員団長ローテムントも祝辞を述べた。バイエルン政府で教会問題を担当し、カトリック教徒中央委員会議長を兼ね、政治学者としてラッツィンガーとの共著もあるマイヤー州文相も、彼の昇進をその学者、司教としての仕事への最高の評価の現れであると称えた。ミュンヒェン市長エーリヒ・キーズル（ＣＳＵ）も、ミュンヒェン市民はラッツィンガーの受けた高い評価に誇りを持っていると述べた[511]。

一九八一年一一月二五日、急遽行われた記者会見でラッツィンガー大司教は心境を語った。ラッツィンガーは、故郷の大司教区に忠誠を誓ってミュンヒェン＝フライジング大司教の職を引き受け、年々絆と信頼とを深めていたので、ローマへの転任は容易な決断ではなかったが、普遍的なカトリック教会の職は各国出身者で占められるべきであり、世界教会の為の犠牲は必要だと述べた。また彼は、全体教会への奉仕は地方教会への貢献にもなるし、中心と周縁との活発な交流は必要だとした[512]。

同じ頃『ミュンヒェン・カトリック教会新聞』に発表されたインタヴューで、ラッツィンガーは早くもローマでの活動方針を示している。彼によれば、ローマでの任務の中核は教会の統一に努めることである。神学は自由な余地がなければ発展しないが、信仰の共同生活と教会の統一性を危機に晒すことは許容できないとした。この辺りの言い方には、既に甲冑が法衣の下に見え隠れしているかのようである。また具体的政策として、教理省の既存の機関及び「国際神学者委員会」、「教皇立聖書委員会」を強化・助成すること、特に「国際神学者委員会」と「世界代表司教会議」との連携強化による司教と神学者との交流緊密化を挙げた。次いで彼はカトリック神学の将来を楽観視し、より多くの神学部、教師、学生をと訴えた[513]。

一九八一年一二月三一日の大晦日の説教は、ローマ行きを前にして例年に増して力の籠ったものになった。ラッツィンガーは平和構築を説教の論題に据え、具体的目標として大量破壊兵器の削減と独善的なイデオロギーの解体とを挙げた。彼は、破滅が現実のものにならない為にあらゆる手段を尽くすように呼び掛けた後、絶対的なイエスかノーが道徳的であり、妥協は山上の垂訓に合わないという考え方を問題視し、自分が信奉しない意見に対する妥協と寛容との重要性を説いた。彼はあらゆる武器の削減を訴え、その為に国際道徳と国際法との重要性を強調した。彼は、キリスト教徒の平和運動こそが数世紀に亙る経歴を持つ唯一の平和運動であるし、信徒たちに行動を呼びかけたのだった[514]。

軍縮を訴えたラッツィンガーだが、彼はカトリック教会内の平和運動とは難しい関係にあった。一九八一年六月二一日、ハンス・ビシュラーガーという三十三歳のイエズス会士が、ミュンヒェンのマリーエン広場で平和運動家たちと「礼拝」を行った。ビシュラーガーは黄麻の祭服を身に着け、野外礼拝に必要な許可を取らず、長髪の若者たちと独特の行事を実施して、大司教の怒りを買ったのだった。ラッツィンガーはこのような前衛的平和運動を、教会法を破り、『聖書』を(左派の)政治運動に濫用するものだと非難し、聖職停止にする可能性も示唆した。これに対しビシュラーガーは、神は権力を振りかざさず、自己を抛棄する御方であり、自分はアッシジのフランチェスコの例に倣ったのだと主張した。ビシュラーガーは大司教から教区内での公的ミサの司式を禁止され、イエズス会の大学でも教育に従事できなくなり、同会を退会した。この頃西ドイツではどこでも急進化する平和運動がカトリック教徒の間にも拡大し、キュングやメッツと共闘していく事態に、教会が手を焼いていたのだった[515]。

二 「余はバイエルン国民なり」

一九八二年二月一二日、ミュンヒェン王宮のアンティクヴァリウム(古典古代の間)でバイエルン首相シュトラウスの主催によるラッツィンガー大司教の送別会が行われた。シュトラウスはマクシミリアン・ギムナジウムの後輩でもあるラッツィンガーを、「我々の時代の嵐」の中で「教会という船」を導く「航海士」だとし、その将来に期待した。シュトラウスはまたバイエルン司教会議議長としてのラッツィンガーの協力に感謝し、「不安で、多様な物質的・精神的欠乏が特徴的な世界では、自由な国家と教会とは人間への奉仕の為に結び付いている」と政教協力の必要性を強調して、こう結論付けた。「時代が移り変わり、時代の必要や要請に順応する部分があるにしても、バイエルンはキリスト教国であり続けるだろう。」。ラッツィンガーもこれに応えて、キリスト教的伝統が道徳的基盤を提供しなければ自由な秩序は存続できないとし、またバイエルンがケルト、ローマ・ギリシア、キリスト教と多様な文化の影響を受け、ドイツ国民の枠に収まら

©AFP/DPA
ラッツィンガー枢機卿とバイエルンの山岳警備隊長アンドレアス・シュタードラー

ない地域だったとして、それが開かれた、自由なキリスト教国であり続けることを希望したのだった。[516]

一九八二年二月一三日、フライジング聖母大聖堂でラッツィンガーは、千人以上の聖職者を前に、コルビニアヌスの後継者として最後の説教を行った。彼は司祭たちに、現存する教会、教皇や司祭との一体性を維持し、党派間争いをしないようにと説き、若者たちを聖職者の道に導くように求めた。「司祭評議会」代表のエルヴィン・ヴィルト主任司祭は、ラッツィンガーにローマでもバイエルン放送が聴けるようにと、短波ラジオを贈呈した。フライジング市長アドルフ・シェーファーは、ラッツィンガーに「フライジング市黄金メダル」を贈呈した。[517]二月一八日には、大聖堂参事会、大司教庁からラッツィンガーに、彼の神学の基軸である聖アウグスティヌスのバロック様式の聖像が贈呈された。[518]

一九八二年二月二八日、ミュンヒェンでラッツィンガーの送別の行事が盛大に行われた。午前九時三〇分からミュンヒェン聖母大聖堂でラッツィンガー大司教の最後の司式祈禱が行われ、礼拝の全過程はARDテレビ、BRラジオで中継された。大聖堂にはカトリック労働者運動、カトリック婦人団、ドイツ・カトリック青年団聯盟など、諸団体が夫々の旗を手に参集した。大聖堂でのミサは、宗派を超えて愛唱されるドイツ語のカトリック聖歌「偉大なる神よ、我等爾を称讃す」（テ・デウム）で締め括られた。

Großer Gott, wir loben dich,　偉大なる神よ、我等爾を称讃す
Herr, wir preisen deine Stärke.　主よ、我等爾の強さを褒む
Vor dir neigt die Erde sich　爾の御前に大地は頭を垂れ

und bewundert deine Werke.
Wie du warst in aller Zeit,
so bleibst du in Ewigkeit.

爾の御業に讃嘆す
爾がいつもありし如く
爾は永遠に君臨す

続いてラッツィンガー大司教、バイエルン自由国首相シュトラウス、バイエルン文相マイヤー、ミュンヒェン市長キーズルらは行列を組んでマリーエン広場のマリア円柱の下へと赴いた。行列を先導するのは、サーベルを手にした隊長に率いられた山岳警備隊儀仗兵で、「バイエルン分列行進曲」などを吹奏し乍ら進む。マリア円柱の前で、ラッツィンガーは「バイエルンの守護聖女」たる聖母マリアに長い祈禱を行った。午後二時三〇分からは、ミュンヒェン王宮のヘラクレス大広間で二時間に亙り送別式典が行われた。集まったのは、ドイツ司教会議議長ヘフナー枢機卿、エルンスト・テヴェス補佐司教、教皇大使メストリ大司教、福音領邦教会監督ハンゼルマン、正教会、ユダヤ教会の代表者たちであった。数々の挨拶の中で、シュトラウス首相は、ラッツィンガーがローマに行ったあとも、バイエルンの国民であり続ける、ミュンヒェンはローマの郊外のようなもの、ローマはバイエルン人の好みの巡礼地だと述べた。民族衣装の男女二人の子供によるバイエルン方言での詩（ヘルムート・ツェプフル作）の朗読も、場を大いに沸かせた。

So mußt Du halt jetzt Dein Bündel schnallen,
bestimmt wird es Dir in Rom auch gfallen,
Du gehst ja nicht in die Fremde hinaus,
In der Stadt kennst Du Dich ja schon aus.
Das schöne Rom tut jeder loben,
zuletzt gfällts Dir mehr noch als herobe n.
Sieben Hügel hast Du dort vor der Tür,

さあ早速荷造りをしなきゃ
ローマでの生活もきっと気に入るでしょう
見知らぬ土地に行くんじゃないもの
町はもうよく知っているよね
美しいローマは誰もが褒めるから
ここよりもっと気に入るんじゃないの
家の前に七つの丘があるんだよ

wir haben den Nockherberg dafür.
Da schenkens dann ein Starkbier ein
und droben kriegst einen Frascati-Wein.
Dazu Spaghetti Cannelloni.
Doch wenns Dir druntn no so gfallt,
vergiß uns net und bsuach uns bald.
Wennst manchmal kimmst von Zeit zu Zeit,
da machatst uns de höchste Freud.
Sag unserm Papst, wenns geht, an Gruaß
und daß er wieder komma muaß.
Pfüa Gott und alles Gute halt,
arrividerci und bis bald.

ここにはノックヘルベルクがあって
強いビールが飲めるけどね
向こうにはフラスカーティ・ワインや
スパゲッティ、カンネローニがあるよ
でもローマでの生活が気に入っても
僕たちのこと忘れないですぐに訪ねてね
時には来てくれたら
僕たちはとっても嬉しいよ
出来たら教皇に宜しく伝えてね
また来なきゃ駄目だって言っといて
神の御加護を、お元気で
さようなら（伊）、また近いうちに[519]

この式典でラッツィンガーは、過去五年間の好意に対して感謝の言葉を述べた。彼はまず信徒に呼びかけた。「官吏しかいない国家と同じく、聖職者しかいない教会は存続できませんから。」。ラッツィンガーは、「教会はまずは神の生き生きした民であり、教会が生きるのは、キリスト教徒が毎日キリスト教徒として生活し、かくして教会を現代の現実として眼前に維持することによって」だとして、教会で奉仕する信徒たち、更に一般信徒たちに感謝を述べた。ラッツィンガーは大司教区内の全ての小教区から寄せられた何巻にも亙るアルバムに言及し、ローマでもこのアルバムを通じてアルプスを越えて故郷を見るだろうと述べた。次いで彼は司教たちに、会議に参加するのはいつも心地良いことではないかもしれないが、自分は兄弟愛を体験するのでやはり会議に喜んで参加するとし、司教の間には政党、会派はなく、真理の為の闘争あるのみだと述べた。シュトラウス首相を始めとするバイエルン自由国政府に対しては、ラッツィンガーは「共通の価値」に基づいた共同作業を確認した。長年協力してきたルーテル派のハンゼルマン監督には、ラッツィンガーは叮嚀な謝辞を述べた。彼は特に、オーバーアマーガウの「受難劇」に関する共同作業を回顧した。彼はユダヤ教祭祀共同体の関係者にも感謝した。最後に彼は、西洋古典語専攻のシュトラウス首相に向かって、「余はバイエルン国民なり」（羅 Civis Bavariae sum）と改めてバイエルン・アイデンティティを表明し、自分はバイエルンの外交上の大使にはなれないが、故郷の信仰と教会のローマに於ける存在を明確に示したいと抱負を述べた。送別式典の最後は「三節からなる」バイエルン国歌で締め括られた[520]。

第六章　ヴァティカンの甲冑枢機卿　一九八二年―二〇〇五年

第一節　教理省長官への就任

一　三教皇年

ドイツ史には二人の皇帝が相次いで崩御し、一年に三人の皇帝が君臨した「三皇帝年」（独 Dreikaiserjahr：一八八八年）というのがあるが、カトリック教会史にも二人の教皇が相次いで薨去し、一年に三人の教皇が聖座に着いた「三教皇年」（独 Drei-Päpste-Jahr）[521]がある。一九七八年がそれである。

一九七八年八月六日、教皇パウルス六世が薨去した。同年八月二六日の教皇選挙で、ヴェネツィア総大司教アルビーノ・ルチアーニ枢機卿が選出され、過去二代の教皇名を連結して「ヨアンネス・パウルス一世」を名乗った。後継としては早くからフィレンツェ大司教ジョヴァンニ・ベネッリ枢機卿が噂になっていたが、ベネッリは教皇選挙初日の八月二五日にルチアーニを候補として提案し、四回目の投票で当選に必要な三分の二に達した。新教皇は微笑む表情が印象的な人物であったが、事前には殆ど無名であった。第二ヴァティカン公会議では目立った行動がなく、文筆活動も限定されていた。ヴェネツィア時代に堕胎自由化、離婚、共産党を打倒しようとしたことが指摘され、ドイツでは保守派ではないかと見られることがあったが、パウルス六世より改革志向ではないかという見方もあった。とはいえルチアーニは教皇登位に当たり、パウルス六世が自分の教皇三重冠を売却したのを受けて、戴冠式を行わず着座式のみとした為、イタリアでは「驚愕の教皇」との評価が出た。選出時の挨拶で、新教皇が集まった群衆に「朕」ではなく、「私」で話し掛けたのも衝撃

©AFP/leemage
教皇ヨアンネス・パウルス１世

的であった[522]。

　ところが一九七八年九月二九日、このヨアンネス・パウルス一世は選出後僅か三十四日で「心筋梗塞」で薨去した。朝五時三十分、教皇は読書姿の儘、遺体で発見されたのだという。この展開に世界は様々な憶測をした。ヨアンネス・パウルス一世は、彼が生命倫理問題などでの方向転換やヴァティカン財政の腐敗摘発をするのではないかと恐れる教皇庁内部の勢力によって暗殺されたという説もある。実は九月五日、教皇に謁見中のレニングラード＝ノヴゴロド府主教ニコディム（四十九歳）が突然倒れ、数分後に死亡するという事件が起きていたが、この時彼が教皇のコーヒーカップから間違えて飲んだのではという噂もあった（但しニコディムは以前にも心臓発作を起こしたことがあった）。だが教皇急死の真相は、今日も尚不明である。孰れにしても、六十五歳の教皇がこのように急死したことを踏まえ、教皇庁関係者からは若い教皇の選出を求める声が上がり、再びベネッリ（五十七歳）が注目された[523]。

　だが再度の教皇選挙で一九七八年一〇月一六日に選出されたのは、有力候補とされたベネッリや、保守派の候補シーリではなく、クラクフ大司教カロル・ユゼフ・ヴォイティワ枢機卿であった。ルチアーニとは異なり、彼は第二ヴァティカン公会議でも「ルーメン・ゲンティウム」や「ガウディウム・エト・スペース」などの議論に加わっていたが、「ドイツ国民の神聖ローマ帝国」（オランダ）出身のハドリアヌス六世以来、四百五十五年振りの非イタリア人、初めてのポーランド人選出であった。ヴォイティワは当初クラクフの聖人に因んで「スタニスラウス一世」と名乗ることも考えたが、非イタリア人選出に続き、異質な教皇名が登場することに、地元イタリアの人々が受けるだろう衝撃を考え、前任者の名前を継いで「ヨアンネス・パウルス二世」を名乗ることにした。ヨアンネス・パウルス二世は一〇月二二日に着座式を行った[524]。

二　教皇ヨアンネス・パウルス二世の両義性

二十七年間もの長きに亙って聖座に君臨した教皇ヨアンネス・パウルス二世については、当初から両義的評価が為されていた。それはカリスマ的パフォーマンスへの讃嘆と、神学的保守性への批判とであった[525]。

ヨアンネス・パウルス二世は、晩年こそ衰弱が著しかったものの、登位直後は五十八歳と比較的若く、陽気で気さくな人柄で清新な印象を与え、「カリスマ的」（ヴィシンスキ枢機卿）、「革命的」（フェリチ枢機卿）だとの評価を受けた。青年期の恋愛話などが話題になったのも、親しみ易い人柄の結果だろう[526]。まだ比較的若かったこともあって、彼は祝福や祈禱文の朗詠も張りのある声で行うことが出来た。信徒が注視する中で儀式を行う宗教者にとって、明瞭に祈禱文が読め、説教が出来るのは重要なことである。教皇や総主教は高齢者が多く、美声を披露することが出来ない場合もあるが、彼の場合はその点問題がなかった。ヨアンネス・パウルス二世は世界各国を訪問して「空飛ぶ聖座」（独 Reisepapst）と呼ばれ、一九八一年二月には教皇として初来日している。彼は現地に到着すると空港で跪いて地面に接吻し、また現地語で挨拶をするなど、パフォーマンスやサービス精神にも秀でていた。日本訪問時の一九八一年二月二四日には、彼は徳光和夫、アグネス・チャンや子供たちと一緒に「ヤング&ポープ大集会」（日本武道館）に出演し、その詩がポップソングにアレンジされるという有様は、「ポップスター」と評された[527]。ヨアンネス・パウルス二世の選出は、社会主義下でも活発なカトリック信仰を維持するポーランドの姿を世界に印象付け、直後の「連帯」運動と共に、西側世界の共感を掻き立てた[528]。ポーランドからの教皇選出に衝撃を受けた社会主義圏は、トルコ人マフィアのメフメット・アリ・アジャを送り込んで、一九八一年五月一三日に暗殺未遂事件を起こしたと言われる。そのアジャを独房に訪問し、二人だけで椅子に腰かけて語り合う教皇の姿は衝撃的であった[529]。一九八三年が「聖年」として祝された際には、教皇の許に参詣する者が膨大な数に上り、ローマ市の交通が大混乱するという事態が生じた[530]。ヨアンネス・パウルス二世は他宗教・他宗派との和解にも熱心で、アッシジで「世界平和祈禱集会」（一九八六年一〇月二七日）を開催するなどし、教皇の権威削減にも積極的で、教皇三重冠のみならず移動用聖座の使用も止めた。こうした経緯の為、薨去後すぐにヨアンネス・パウルス二世の列聖を求める声が上がり、ベネディクトゥス一六世の下で列福、列聖への手続が急速に進められ、フランキスクスの下で二〇一四年四月に実現した。

これに対して教義面では、ヨアンネス・パウルス二世は保守的と評価された。一般に社会主義政権と激突してきたポーランド・カトリック教会は、第二ヴァティカン公会議の開催意義を疑い、司教たちの不一致を世界に曝け出すことを問題視する傾向にあった。ヨアンネス・パウルス二世も、公式には第二ヴァティカン公会議の路線に立つことを表明しつつ、やはりそうしたポーランドでの経験に深く根差した人物であった。一九六三年一〇月二一日、ヴォイティワ枢機卿はこの公会議で「神の民」概念に反対し、教会が改めて「全き共同体」(羅 societas perfecta) として称讃されることを望んだという。教皇になると、最初の回勅「レデンプトール・ホミニス」(一九七九年) で公会議に敬意を表しつつも、行き過ぎた自己批判を懸念し、「永遠の宝庫」から「新しく且つ古いもの」を取り出すことを重視した。教皇は「諸民族の光」としての教会の統一性を強調し、聖ペトロの座への服従を求め、奔放な神学を危険視するようになっていく。教皇は、「ドイツ国民社会主義」と「共産主義」とを「完全独裁制」という一つの範疇で考えた。登位直後のプエブラ訪問(一九七九年一月)では、擡頭するラテンアメリカの「解放の神学」に釘を刺した。また教皇紋の右下部分に大きくMを書き入れ、耐え忍ぶ女、「消極的キリスト教」の象徴である聖母マリアの崇敬を、その金城湯池ポーランドから持参した彼は、ピウス一二世、ピウス九世にも通じる面があり、政治に介入する「積極的キリスト教」を求める進歩派神学者とは反りが合わなかった。聖母マリアが牧童に伝えたという「ファティマ第三の秘密」は実際に起きた教皇襲撃を暗示するような内容で、教皇のマリアへの思いは深まっていく。また教皇は西欧の物質文明にも警戒心を懐き、冷戦終焉後は環境破壊の危険、成長の限界を説いていた[531]。

西ドイツでは、一九七九年年末にキュングが教職辞令を撤回されたことで、ヨアンネス・パウルス二世は保守的だという印象が圧倒的になった。キュングは、イタリア人独占の打破、ポーランドからの教皇選出は歓迎しつつも、「オプス・デイ」の篤い支援者であるヴォイティワの選出には危惧を懐いていた。キュングは新教皇に自著を送った際、愛想よい返事をしたヨアンネス・パウルス一世とは異なり、ヨアンネス・パウルス二世が何ら応答せず、秘書スタニスワフ・ジヴィシュから受領確認が来ただけだったのにも立腹した[532]。

教皇パウルス六世時代に作業が開始され、一九八三年になって刊行された新『教会法典』（羅 Codex Iuris Canonici）も、第二ヴァティカン公会議の決議の実現という観点からは、両義的な評価を受けた。一方でこの新『教会法典』は、自動的に破門に至る罪の項目を四十二から六ほどに削減し、聖職者が結婚する場合には女性側（夫人）の咎めを廃止して男性側（聖職者）の免職のみの罰則とし、非嫡出子でも特別許可なしに司祭になれるようにするなど、一定の緩和策を盛り込んだ。他方でそれは、「キリストの代理人」という教皇の美称を改めて法的概念とし、旧版より「従順」（羅 oboedientia）という表現が増え、一度洗礼を受けたものの脱会は引き続き想定されず、プロテスタント教会での聖餐式への参加は禁止され、堕胎は旧版より厳格に否定されることになった。こうした項目には、カトリック教会が一九六〇年代とは違って、極左暴力や個人主義化など現代社会の変容に危機感を強め、強く引き締めようとしていることが如実に表れている。この為この新『教会法典』は、西ドイツでは「一歩前進、二歩後退」「中世の精神」などと呼ばれることになった[533]。

ヨアンネス・パウルス二世は性道徳に関しても厳格であった。堕胎の拒否に関しては、発展途上国の人口爆発とそれに伴う子供の大量餓死、ＨＩＶへの対処という観点から、避妊を認めるべきだという批判が起きた。逆に教会批判者は、性的欲望の爆発、胎児の生命保護に関しては関心が乏しく、双方の主張はすれ違っていた[534]。教皇はまた聖職者男子独身制も堅持する方針を示して、教会内外の批判者が声を上げるようになった。密かに結婚生活を送る聖職者の体験談が紹介され、更に聖職者候補者の不足が問題になっていった[535]。

三　教理省長官ラッツィンガー

この教皇ヨアンネス・パウルス二世をその在位期間の大部分に於いて「教理省長官」として補佐したのが、枢機卿ヨーゼフ・ラッツィンガーであった。彼が担当した「教理聖省」（羅 Sacra Congregatio pro doctrina fidei）というのは、一五四二年にパウルス三世が教会を謬説から守る為に、「ローマ・世界異端審問省」（羅 Sacra Congregatio Romanae et universalis Inquisitionis）という名称で、教皇庁最古で筆頭の「省」（Congregatio）として創設したものである。その後ピウス一〇世時代の一九〇八年に機構改革で「異端審問」という名詞が除去され、「聖務聖省」（羅 Sacra Congregatio Sancti Officii）と改称されるに至った。日本では「検邪聖省」という訳語も見られるが、これは原語から乖離した意訳に過ぎない。第二ヴァティカン公会議で保守派とされたオッタヴィアーニ枢機卿がその「長官」（羅 Secretarius）であったことから、聖務聖省に対する公会議参加者の反撥が強くなり、前述のように公会議の最終局面で、パウルス六世が「教理省」に改組したのだった（但し建物名は依然として「聖務宮殿」（伊 Palazzo del S. Uffizio）となっている）[536]。ラッツィンガーはこの教理省の三代目「長官」（羅 Praefectus）に任命されたのである。

教皇ヨアンネス・パウルス二世と教理省長官ヨーゼフ・ラッツィンガー枢機卿とは、密接な協力関係を構築していった。ヨアンネス・パウルス二世は、ラッツィンガーのテュービンゲン時代の作品である『キリスト教入門』を愛読し、彼を非常に信頼していたと言われる[537]。教理省長官ラッツィンガーは教皇ヨアンネス・パウルス二世について、面倒臭くなく率直な人物だと評している。毎週一回行われる教皇と教理省長官との会談に際しては、握手のあとドイツ語で会談し、雑談のあと質疑応答になったという。ヨアンネス・パウルス二世は、マイスナー枢機卿には息子のように「愛情」を懐いていたが、ラッツィンガー枢機卿には畏敬の念を懐いているなどと言われることもあった[538]。ラッツィンガーは、教皇が自分に畏怖を懐いているというのは冗談だろう、世間が自分の役割を過大評価していると述べ、新『公教要理』についても単独執筆ではないかとの推測を否定している[539]。

ラッツィンガーは教理省長官として強面のイメージを一層強めた。彼に「甲冑枢機卿」（独 Panzer-Kardinal：戦車枢機卿とも解釈できる）、「大審問官」（独 Großinquisitor）、「神の番犬」（独 Gottes Rottweiler）という呼び名が生まれたのは、この教理省時代である。本人はこうした呼称について、ドイツ人に対する一般的イメージを自分に投影しているのではないかと述べている[540]。だがヴァティカン勤務のドイツ人が皆こう呼ばれる訳ではないので、これは矢張り彼個人に「ドイツ人らしい」と思わせる面があったと見るべきだろう。

ラッツィンガーの悪い印象を広めるのに躍起になったのがキュングである。彼は一九九三年一月八日のゼーヴァルトとの電話対談で、ローマのラッツィンガーがテュービンゲンの日刊新聞を買い漁り、気に食わない事件が起きていないか目を凝らしている、テュービンゲンの友人からシュタージのように情報を掻き集めていると語った（だがそう判断する根拠は示さなかった）。因みにラッツィンガーはゼーヴァルトに対して、自分がローマで講読しているのは、二週間遅れで届くレーゲンスブルクの地方紙『ミッテルバイエリッシェ』だけで、それに加えてイタリア公共放送ＲＡＩの報道番組「テレ・ジョルナーレ」を毎日見ると述べている[541]。それでもキュングは、『シュピーゲル』などで常連のラッツィンガー批判者となっていくのである。

第二節　『信仰の状況について』——ヴィットーリオ・メッソーリとの対話

一　ドイツ語圏イタリアでの宗教談義

ラッツィンガーは教理省長官就任から二年半が経った一九八四年八月一五日、イタリア領南ティロルのブリクセン（伊ブレッサノーネ）の神学校で、ジャーナリストのヴィットーリオ・メッソーリのインタヴューに応えた。ハプスブルク帝国領だった南ティロルでは、イタリア統治下でもドイツ語が公用語として残されており、彼はミュンヒェン時代にも夏季休暇をここで取っていた。ブリクセンは彼の母マリアの故郷ミュールバッハにも近い。メッソーリとの対話は、後日彼自身の校閲を経て『信仰の状況について』という表題で、各国語で刊行された[542]。

二　一般的問題

ラッツィンガー長官によれば、「真理」とは投票によって作り出され得るものではなく、存在するもの、見出されるべきものである[543]。ラッツィンガーは、「人間が万物の尺度」であり、真理というものは存在しないという相対主義を拒否する。この点は、彼が教会への多数決の導入を峻拒するのと関連している。だとすると、基本的に多数決で「改革」を押し通した第二ヴァティカン公会議は有効だったのかという問いも生じるが、これに関する彼の見解は明らかではない。

ラッツィンガーは、カトリック教会と外部世界との対話を否定はしないが、それはカトリック教会側が自分のアイデンティティを明確に維持するのが前提だという。ラッツィンガーは、多くのカトリック教徒が「ブレーキもフィルターも掛けずに」支配的な現代の精神構造に不用心に自らを開き、信仰の土台まで疑問視したと憤る。教会外で生まれた価値の中にも、正しく篩に掛けられれば教会が受容できるものもあるが、「見境のない「開放」」は駄目だ、寧ろ「順応しない勇気、立ちはだかり、周囲の文化の多くの傾向を告発し、公会議後の或る種の楽観的な連帯を断念する能力を再発見する時期」だと彼は言う。後ろ向きの「復古」(独 Restauration) は問題だが、見境のない開放、つまり不可知論、無神論への行き過ぎた肯定の後で、新しい均衡を模索するという意味での「回復」(独 Restauration) は望ましく、既に教会内で進行中だというのである。[544] この発言は、Restauration の肯定として物議を醸すことになる。[545]

ラッツィンガーはキリスト教倫理の歴史的相対化を警戒した。第二ヴァティカン公会議の直後から、明確にキリスト教的道徳規範というものは存在しないのではないか、全ての道徳規範はキリスト教の外にも見出されるし、事実キリスト教倫理の大部分は古典古代哲学、特にストア派哲学に由来する、またモーゼの十戒は古代中東のセム族の「文化的産物」に過ぎないという意見が、他ならぬカトリック倫理神学者からも出てきたのは、彼にとって嘆かわしいことだった。カトリック教徒にとって『旧約聖書』『新約聖書』は首尾一貫した唯一無二の物な筈で、そこから「解放」され別な倫理を求めることはないというのだった。[546]

ラッツィンガーはアメリカで拡大する「目的の倫理」「結果の倫理」を危険視した。これは、一つの行為が善いか悪いかは、その目的と予測可能な結果によるという考え方である。勇猛で狡猾な暴君の方が平和を実現できる場合があると述べたマキアヴェッリも、或いはその一例と言えるかもしれない。ラッツィンガーは、神の掟から「解放」され自分の運命の絶対的支配者になろうとする行為を、それ自体堕落だと考えた。彼が志向するのは、創造主の掟、即ち自然法の枠内で従順に生きることだった。[547]

ラッツィンガーは現代消費世界の酒池肉林に対して、これに阿るのではなく、逆に福音的で厳格な精神を焼き付けるべきだと訴えた。この意味でラッツィンガーは、教会の要求する断食には今日尚価値があるとした。世界にまだ飢餓で死ぬ人々がいる以上、連帯の意味で断食することは「目に見える共同体的証言」なのだという。真の改革を伝統的厳格性の緩和と履き違えること、刷新を世界の現実への順応と混同することを、彼は拒否する。「自分を取り巻く、かくも多くの文化的発展と対決する能力を取り戻し、公会議後すぐの楽観的な見方を改めることです[548]」。

三　第二ヴァティカン公会議の評価

ラッツィンガー長官は、自分こそ第二ヴァティカン公会議に一貫して忠実なのであって、自分が保守化して進歩派を裏切り教理省長官になった訳ではない、自分を批判する者たちこそが変わったのだという。「[教理省長官となって]私には、多くの神学者たちの或る特定の「異議申立の姿勢」が、西欧の富裕な市民層の典型的な精神構造に特徴付けられていることが分かりました。控え目で慎ましい神の民の具体的な教会の現実は、その中でユートピアが抽出されるような幾つもの「実験室」の中で思い描かれるそれとは全く違うのです[549]」。

ラッツィンガーの理解では、教会は常に連続的であり、トリエント公会議、第一ヴァティカン公会議と、第二ヴァティカン公会議とは、対立したものではないという。前者を否定し、後者を肯定する進歩派も、前者を肯定し、後者を否定する保守派も、共に問題だというのである。教会の連続性を確信する彼は、第二ヴァティカン公会議の前後で教会が別物になった訳ではない、それは信仰を変更した訳ではなく、より効果的な方法で再提示したのだと説いた[550]。

ラッツィンガーが保守派として念頭に置くのは、ルフェーヴル大司教らの聖ピウス一〇世司祭修道会である。ラッツィンガーは、第二ヴァティカン公会議の方針を頑なに拒否する立場にはどんな未来もないとし、ピウス一二世までの教皇にしか忠誠を誓わないのは筋が通らないとした。ただラッツィンガーは、ルフェーヴルによる叙階は非合法だが無効ではないとして、和解の可能性を探っていた。結局一九八八年六月三〇日、教皇の指示に反して四人の司教を叙階したことを契機に、教皇ヨアンネス・パウルス二世は聖ピウス一〇世司祭修道会を破門にした。その翌日に出された使徒的書簡（自発教令）「エックレシア・デイ」で、教皇はこの破門の意図を説明し、これに応じて同修道会から脱退した人々を迎えて、教皇の下でトリエント・ミサを実施する「聖ペトルス司祭修道会」（羅 Fraternitas Sacerdotalis Sancti Petri）を設立した。ラッツィンガーは、この修道会と交流を繰り返すことになる。この修道会を教皇が設立したことに関しては、教会一致、

2014年9月12日：筆者撮影
聖ペトルス司祭修道会（トリエント・ミサの聖変化 ミュンヒェン・ダーメンシュティフト教会）

宗教間対話に逆行するとの批判がプロテスタント教会、正教会、ユダヤ教会から上がった[551]。

ラッツィンガーは進歩派にも批判の矛先を向けている。彼等について、彼は「潜在的には存在していた論争的で遠心的な勢力が前面に出てきた」と指摘する。また彼は教会外の進歩派について「西欧に於ける文化革命との直面」「中流階級の上層部、つまり新興の「第三中産階級」がその個人主義的、合理主義的、快楽主義的特徴を帯びた自由・急進的イデオロギーを伴って生んだ帰結」だと表現している。彼は、個人主義に傾倒する神学上の多元主義が、神学を行う主体が教会全体であることを忘れている、『公教要理』を時代遅れとして廃止したのを重大な間違いだったとし、『聖書』を「科学的」な「物質主義」で解釈する手法に呆れている。彼はイエスを人間として解釈する潮流を「異端のアレイオス派」の再来とし、進化論に抵触する『聖書』の部分に触れようとしない信仰教育の弱気を叱責し、「原罪」を忘れて「解放」を唱えることを問題視したのだった[552]。

ラッツィンガーは、教理省が監視するだけではなく、信仰を増進する機関だという点を強調する。教理省というのは堂々たる組織だと思われているが、実は長官も含めて十人そこそこの人員で取り仕切られており、省内全体でも三十人程だという。また彼は、教理省の前身である「異端審問省」が行ったローマの異端審問が、スペインで行われたような過酷なものではなかったことも強調する。彼にとって教理省長官としての任務とは、何を置いても「相対主義」の撲滅だった。

彼は「正しく信じること」、「正統性」「真理」「共通善」としての「信仰」に固執し、懐疑主義の蔓延に危機感を懐いていた。彼は「異端」が現在でも存在しており、破門されるべきという立場を採っていた[553]。

四　カトリック教会の統治構造

ラッツィンガー長官によると、教会は確かに人間によって構成されるが、その基本構造は神が望まれたものであり、人間が随意に変えることは出来ないという。だがこの点が誤解された為に、プロテスタンティズムの中でも北米の自由教会のようなモデルが、巧みにカトリック教会内に植え付けられていると彼は批判する。彼は「神の民」という概念が、第二ヴァティカン公会議の文書では他の概念と補完し合い、均衡したものだったのに、その後それだけが殊更に強調され、教会が単なる信徒たちの集まりであるかのように考えられ、「キリストの体」である点が忘却されていると批判する[554]。

ラッツィンガーは、教会は政党、団体、クラブとは根本的に違う組織であり、民主的ではなく秘蹟的、位階制的である、使徒からの継承に基づく位階制は、秘蹟の力と現実性とを達成する為に不可欠の条件なのであり、多数決には基づかないとした[555]。

批判を浴びているカトリック教会の告解制度について、ラッツィンガーはそれを人間同士のやり取りに準えて批判する流儀を退けている。告解とはイエスが人間の罪を許す秘義であり、司祭は罪を許すことの出来る唯一の方であるキリストの背後に控えなければならない、告解の仕方を「図式的」「外面的」「没個性的」と軽々しく決めつけるのを聞くと、当惑し不快感を覚えるという。秘義の厳粛さを理解せず、今日の文化に告解を順応させようとする策動を、ラッツィンガーは峻拒するのである[556]。

五　カトリック教会の典礼

ルフェーヴル大司教ら「伝統主義者」を問題視するラッツィンガー長官だが、彼は典礼改革への批判を許容しない訳ではない。それどころか彼は、新典礼への違和感は「伝統主義者」以外にも懐かれていると述べ、自らが不満を隠さない。

2012年6月7日：筆者撮影
新典礼様式での聖変化（ミュンヒェン聖体祭）

「典礼を村の寄合のレベルに格下げし、大衆新聞のように分かり易くしようとする合理主義的浅薄化、お喋りのような駄弁、司牧的幼児性に対して、これまでより遥かに決然と反対しなければなりません。」「輝きを失った公会議後の典礼が我々に抱かせる寒気、或いは単にその典礼が陳腐なものへの欲求、その典礼の芸術的凡俗さで呼び起こす退屈さ……」[557]。これらはルフェーヴルの発言ではなく、ラッツィンガーの発言である。

典礼用言語について、ラッツィンガーは現地語使用が根拠のある正当なことだとしつつも、それが本当に「改善」であったのかを疑いつつあった。彼は、『典礼憲章』はラテン語使用を尚も重視していたのに、この共通語が急速に抛棄されるに至ったのは、西欧の公立学校教育が古典語を十分に教えていない為だと批判している。彼は信徒の信仰心を養う為に典礼の多様性が一定程度許容されうるとしつつも、東西教会分裂の事例を引き、共通言語の喪失が教会分裂に繋がることを懸念した[558]。

ラッツィンガーは、カトリック教会の典礼とはショウや演劇ではなく、創造性、好感、驚き、共感、アクチュアリティは問題にならないと述べた。司祭の独自の考えで典礼に加除をすることも許されない。典礼とは「荘厳なる反復」（独 feierliche Wiederholungen）であり、カトリック教徒の「共通の母国」だというのが彼の考えである[559]。

典礼の芸術的側面の変容について、ラッツィンガーは「美なるものの抛棄」「司牧的敗北」だと診断する。「分かり易い」音楽で信徒の活発な参加を促すと称して、典礼にはやり歌やロック音楽などが採用されつつあることを、彼は「偉大な教会音楽」が排斥された、音楽的聴覚が失われたと慨嘆する。「芸術、詩、音楽、自然を愛さない神学者は危険な存在になることがあります。」。古い典礼の荘重さ、荘厳さを問題視し、これを簡素化しようとする傾向について、彼は一つの例を挙げて批判する。ニューヨークの「英国教会」の権威筋が、新築中の大聖堂建設工事を一時中止する決定をした。大聖堂が豪華過ぎて貧しい庶民を侮辱しているように思えたので、建設資金を貧民に分配することにしたのである。だがこの分配には当の貧民たちが反対し、壮麗な儀式を行う教会を求めて建設再開を権威筋に働き掛けたという。ラッツィンガーは、教会の簡素化を求めるのは、「神の民」の本当の希望から遊離した特定の知的キリスト教徒と、彼ら特有の貴族的、エリート的な思考枠組だと考えていた。[560]

聖体の秘蹟（エウカリステイア）を重視するラッツィンガーは、聖体行列を継続して行うべきだとし、嘗てのミュンヒェンのそれが盛況だったのを思い出している。聖体を重視するのは、聖体拝領を行う典礼、つまりミサには限られないとする。そんなものは初代のローマ教会にはなかったという嘲笑に対して、彼は「カトリックの民の信仰感覚には、民に委ねられた遺産から引き出された全ての帰結を世々に深め、輝かせる可能性が認められなければならない」とした。[561]

六　キリスト教内他宗派との関係

ラッツィンガー長官は「教会一致」を原則肯定するものの、その安易な遂行がカトリック教会の基盤を揺るがすことを戒めた。「教会一致運動の分野でも、誤解、忍耐不足、安易さは、目的を近くに引き寄せるどころか、寧ろ遠のかせることになります。」。他宗派のキリスト教徒との「対話はカトリック信仰を深め、純化し得るものですが、真の本質に於いてはカトリック信仰を変えることが出来ません。」。「教会一致」とはカトリック教会がプロテスタント教会に接近することだというような考えを、彼は却下した。[562]

プロテスタント教会に対するラッツィンガーの態度は冷淡である。彼の見る所、プロテスタンティズムのカトリシズム、正教との決定的違いは、「聖書のみ」を称して聖伝を認めない点であり、結果的に『聖書』解釈者の権威を教会やその聖伝のそれよりも上に置く点である。彼によれば決裂の瞬間はライプツィヒ討論であり、ルター生誕五百年に感激する一部カトリック教徒も居るが、ルターの神学は今でも「カトリック神学」ではないという。プロテスタント教会は近代初頭に生まれ、今日の形態は一九世紀に整った為、信仰と近代世界との折り合いをプロテスタンティズムに学ぶという発想がカトリック神学者にもあり、特に「組合教会」「自由教会」が注目されているが、近代思想への開放性はプロテスタンティズムの脆弱性でもあるという。現在カトリック教会のプロテスタンティズム化が進行中なのではないか、プロテスタント側は自分たちの正しさを主張するばかりで、宗教改革への自己批判などないのではないかという見方について、ラッツィンガーはそういう危惧が「伝統主義者」でなくても広く懐かれており、部分的には事実であるという。公会議後のカトリック教会内の教会一致運動には、常に自分たちの側に問題があったと見るような態度があり、これをラッツィンガーは「自虐趣味」（独 Masochismus）と呼んでいる。だが彼は、「真に霊的なプロテスタント信徒たち」には「友情を持てる」し、また聖伝否定への反省が、正教会からの刺戟でプロテスタント教会内にも芽生えているという。ラッツィンガーはルーテル派神学者ルドルフ・ブルトマンの愛弟子ハインリヒ・シュリールが、『聖書』研究を突き詰めてカトリック教会に改宗した例を挙げる。ラッツィンガーはカトリック教徒がプロテスタント教会での聖餐に加わるのを、カトリック教会が拒否していることに触れ、「不寛容とか教会一致運動の立ち遅れとかいう問題ではない」とする[563]。

　因みにラッツィンガーは、プロテスタンティズムに魅かれたり、他の宗派に改宗しようと思ったりしたことはなかったかと問われた時、人間味に満ちたバイエルンのカトリシズムを離れようとしたことは全然なかったと断言した。「私がプロテスタンティズムに魅かれなかったのは、私に「純粋主義［独 Purismus］」の感覚が欠けており、また幼少時代からバロック芸術に親しんで生きてきたからかもしれません。事実、プロテスタントの友人たちを心から尊敬しつつも、単に純心理的にこの種の魅力を感じたことは一度もありませんでした。神学面でもありません。プロテスタンティズムは或る種の「優越性」を私に印象付け得ましたし、より「学問性」があるように思われることもあり得ましたが、教父たちと中世の巨匠たちの偉大な伝統は、私にはやはりより説得力がありました[564]」。

　これに対し正教会に対するラッツィンガーの態度は比較的好意的である。ラッツィンガーは処女性と断食、つまり性慾と食慾の断念を欠いた教会はもはや教会ではないと説きつつ、この点で東方正教会の兄弟を見習うべきだと述べている。また聖伝を巡るプロテスタント教会との論争に於いて、彼は正教会に同盟相手を見た。更に聖体拝領（聖体礼儀）など秘蹟の相互交流も、一定程度は可能と見ている。但し障害としては、正教会が教会分裂後のカトリック教会の公会議を認めないことを挙げ、正教会の教義は「真正ではあるが、静的で殆ど凝固している」とも述べている。また正教会が教皇を認めず、地域の教会の自主性を重んじる点も問題と見ている。[565]

ラッツィンガーは英国教会をカトリック教会とプロテスタント教会とを結ぶ懸け橋と考えているが、近年それがカトリック教会、正教会から遠ざかっていることを遺憾とした。争点は離婚者の再婚、女性の司祭職、その他の倫理神学の諸問題だという。[566]

七　他宗教との関係

西洋世界の植民地支配が批判される中で、ラッツィンガー長官はカトリック教会の果たした役割を擁護した。彼は、キリスト教の宣教が文化帝国主義なのではないかという批判に対して、それはキリスト教を外から来た異質な要素としてヨーロッパから一掃しようと試みた「ナチズム」と同じ物言いだと反論した。ラッツィンガーはカトリック信仰が、ヘブライズムの基盤の上で発展し、次いでギリシア・ラテン文化圏で発展し、八世紀頃からアイルランド的、ゲルマン的要素も副次的ではない形で近寄ったと肯定的に描き、その延長に非西洋世界への伝道、つまり「キリスト教の正しい文化的受肉」を見た。西欧の文化を非西欧に輸出したのは厳然たる事実だが、一つの公教要理から始める以外に、宣教師に何が出来るのだと逆に問うのである。またカトリック教会の宣教活動は、植民地政策の「行き過ぎ」を緩和する効果を果たし、無名の宣教師たちとアフリカ先住民との間には、真の友情が生まれたのだとした。[567]

ラッツィンガーは西洋中心主義批判者が非西洋世界を理想化するのを疑問視した。西洋中心主義批判の文脈で言われる「アフリカ的」なるものとは、実はヨーロッパからの輸入品であるという。純粋なアフリカ文化というのはもはや存在せず、実際のアフリカの伝統は多層的で、相互に矛盾した要素を孕んでいるという。[568]

アフリカの習慣に関する論点として、ラッツィンガーは一夫多妻者のキリスト教への改宗問題を挙げている。彼は、一夫多妻制を西欧で言われる性的自由と混同し、それもキリスト教の枠内の制度たりうると説くヨーロッパの一部神学者を批判する。彼にとって一夫多妻制は倫理的に問題であり、克服されるべきものである。ただ部族の結婚習慣や祖先崇拝との折り合いに関しては、彼は今後の議論に期待するとした[569]。

ラッツィンガーは、洗礼を受けていようといまいと、神の恩恵は全ての人にあるという考え方は、洗礼の価値を喪失させ、キリスト教以外の諸宗教の価値を誇張するものであり、受け入れられないという。或るキリスト教神学者（キュングが念頭にあるか?：）が、キリスト教以外の諸宗教を救いの異例の道ではなく、通常の道だと説いていることを、彼は言語道断と考えているのである[570]。

八　マルクス主義との対決

ラッツィンガー長官の見るところ、マルクス主義は「ユダヤ・キリスト教的伝統」の「倒錯」である。その哲学及び道徳的意図に於いて、マルクス主義は或る種の実践であり、それ故知的に皮相的な無神論より強い誘惑である。マルクス主義イデオロギーは、神なき預言主義に逆転された形で、「ユダヤ・キリスト教的伝統」を利用している。人の宗教的エネルギーをマルクス主義者の政治的意図に利用し、永遠の生命に向かうキリスト教的緊張の逆転である地上での希望にのみ差し向けるのだという[571]。

ラッツィンガーは、マルクス主義との対決の一環として「解放の神学」の問題に取り組んだ。ラッツィンガーは一九八四年八月六日、「解放の神学の或る局面に関する教書」を発布し[572]、その主唱者レオナルド・ボフに、一年間の沈思黙考を命じた。これは「尊敬する兄弟に落ち着いて考える可能性を与える」為の措置とされたが、反対派はこれを「贖罪の沈黙」（独 Bußschweigen）の命令だとして反撥した[573]。

ラッツィンガーは「解放の神学」について、貧民救済の意図には同意しつつも、マルクス主義の「科学的」階級闘争論によってキリスト教を改変しようとする試みは、もはやキリスト教とは呼べないとした。また「解放」は全世界の課題、特に北米や西欧のような富裕な地域でも課題なのであり、中南米固有の問題ではない、実は「解放の神学」は中南米の土着思想ではなく、「少なくともその根源は、富める西側諸国で生まれたか、或いはそこで教育を受けた知識人の創ったもの」であり、それを手掛けた神学者はヨーロッパ人である、スペイン語、ポルトガル語の背景に「ドイツ語、フランス語、アングロ＝アメリカ語がちらつく」と述べている。つまり社会主義圏の外でまだマルクス主義に幻想を懐いている西欧知識人が、自国内ではもう労働者にすら飽きられた為に、第三世界に新たな市場を見出しているというのである[574]。

「解放の神学」の西欧的起源について、ラッツィンガーはこうも述べている。「公会議の閉会と概ね合致する局面、つまり第二次世界大戦後の再建段階の終了の局面で、西側世界で意味の空白状態が生じているのが感じられるようになり、当時まだ流行していた実存哲学はそれに何一つ答えられずにいました。この状況の中で、様々な形態のネオ・マルクス主義が一つの道徳的衝撃へと変わり、同時に大学の若者たちには殆ど抗い難い程の一つの意味の期待へと変わりました。宗教的に粉飾したブロッホのマルクス主義、厳密な「科学性」を掲げて登場したアドルノ、ホルクハイマー、ハーバーマス、マルクーゼの諸哲学は行動の模範を提供しましたが、それによって人々は世界の悲惨の挑戦に答え得ると思い込み、同時に『聖書』のメッセージの正しい意味を現代化できると思い込んだのです[575]」。この表現から分かるように、ラッツィンガーは「解放の神学」との闘いを、本質的にはドイツの左派言論人との闘いと理解していたのである。

ただラッツィンガーは教理省時代には、マルクス主義の総本山である社会主義圏には、もはや脅威を感じなくなっていた。暴力で強制された文化の側に寝返るキリスト教徒など誰も居ない、東欧のカトリック信仰は強固で、教義上の問題もないという。ラッツィンガーは前グニェズノ＝ワルシャワ大司教ステファン・ヴィシンスキ、前ベルリン司教アルフレート・ベングシュの指摘を引きつつ、寧ろ東欧で問題なのは、堕落した西欧の悪影響——消費志向、ポルノグラフィ、麻薬——だと述べた[576]。

九　ローマに於けるドイツ人

ラッツィンガーは自分を「ドイツ人」だとするものの、「ドイツ人」としての矜持は語らなかった。国民社会主義政権を経験したドイツ人として、「過去」の問題について聞かれる際、彼はそれをカトリック教会の対極にあったものと描こうとした。ヒトラーはカトリック教国エステルライヒの出身で、党もミュンヒェンで創設され発展したのではと指摘された際、彼はすぐにこう反論した。「それにも拘らず、彼をカトリシズムの所産とするのは早合点です。国民社会主義の病巣はエステルライヒや南ドイツのカトリシズムの産物ではなく、精々君主制末期のヴィーンの退嬰的、世界市民的環境の所産であり、その中でヒトラーは羨望の眼差しで北ドイツの勢力と果断さとを見ていたのです。フリードリヒ二世やビスマルクが彼の政治的偶像でした。周知のように一九三三年の決定的選挙で、ヒトラーはカトリック地域で多数を獲得できなかったのです。」。ラッツィンガーは寧ろ、国民社会主義の根はプロテスタンティズムにあったと見る。「国民的、つまりゲルマン的、反ラテン的キリスト教の概念は、ルーテル派教会の伝統ではお馴染みの国教会的伝統、官憲に対する従順の極端な強調と共に、ヒトラーに足掛かりを提供したのです。」。勿論彼はプロテスタント教会にも「告白教会」の抵抗運動があったことは高く評価するが、それがプロテスタント教会では大変な個人的勇気を要することだったのに対し、カトリック教会では普通の信徒がヒトラーの宣伝を拒否し、抵抗することが容易だったとする。カトリック教会は、抑圧的国家体制とでもより小さい悪を選んで戦術的に折り合いを付けることが出来るが、最終的には全体主義的破滅に抵抗する牙城となることが判明しているというのである[577]。

ラッツィンガーは教理省長官に就任以来ローマ在住となったが、その後徐々にイタリアからドイツを批判的に見る眼を養っていった。彼は自分が若い頃、ドイツ人としてイタリアの教皇庁を多分に軽蔑的に見ており、彼の知的優越心は第二ヴァティカン公会議での果敢な態度にも繋がっていたものと推測される。イタリア人も「甲冑枢機卿」ラッツィンガーの言動を見て、ドイツ人に見下されていると感じたのではないだろうか。メッソーリがラッツィンガーに、いっそ教会の本山がイタリアではなくドイツにあったら良いとは思わないかと聞いたことがある。だがイタリアに住み始めたラッツィンガーは、この問いに否と答えるようになっていた。ドイツ人に任せるとミュンヒェン大司教庁のように組織過剰になる、個々人の独創的発想に余地を残す「イタリア精神」「ラテン的精神構造」の方が良いというのだった[578]。

因みにドイツ・ナショナリズムに加担しないラッツィンガーも、バイエルンへの愛国心については公然と口にする。彼にとってバイエルンの思い出は、カトリシズムと不可分であった。「私の故郷バイエルンのカトリシズムは、祈禱にも祝祭にも、贖罪にも、楽しみにも、人間的なもの全てに場を与えることを心得ていました。喜びに溢れ、精彩があり、人間味に満ちたキリスト教でした[579]。」。

一〇　性の問題

ラッツィンガー長官は急進的フェミニズムを問題視し、男女両性の画一化を峻拒した。それは「女性を解放したい」などと言って女性を騙し、根底から女性を台無しにする「男性主義イデオロギー」（独 männliche Ideologie）なのであって、文化的混乱の被害者は女性なのだという。彼にとって男女平等化とは、男性・女性という分類自体の否定、出産制限や性転換手術による性選択（自然の「不平等」への闘争）の自由のことではない。「犯すべからざる男女平等は、差異を排除しないどころか、それを必要とする」というのが、彼の持論である。「教会にとって自然の声（私たちの場合、男と女とは補い合うものであり、非常に明確に区別されるということ）は道徳の声（男と女とは等しく崇高で、等しく永遠であるが、同時に相異なる天命に召されているということ）でもあります。」「自然」（独 Natur）というものを、プロテスタント的伝統やそれに続く啓蒙主義的伝統は信用しないが、カトリック教会はそれを尊重し、被造物の価値を守るという。ラッツィンガーは急進的フェミニズムも、また裕福な西欧とその知的エスタブリッシュメントの所産であり、そうした性混同の実験をしている人々、特に女性たちは、果たしてそれが時代遅れとして捨てられた性的役割分担よりも大きな幸福を齎したのか、自問するべきだと述べている[580]。

ラッツィンガーは、性の混同は女性の男性化に他ならず、その最大の被害者は女性だとした。「最も代価を払わされるのは女性です。母性と処女性（女性の最も深い召命がそこで実現される至高の二つの価値）は、支配的価値に逆行するものになってしまいました。女性は生命を与えるので、言葉の最も真正な意味で創造的なのですが、能率礼讃の点でこれまでになく男性的になった社会で唯一価値があるとされるあの技術的な意味では、「生産」しないのです。人は女性を「自由にしたい」「解放したい」と言って説得するのですが、それは同時に自分を男性化し、生産文化に組み込むよう、彼女たちを導く為でもあります。自分たちの目的の為に全てを組織し、全てを市場に出し、全てを手段化して儲けと権力を追求するテクニシャン、バイヤー、政治家たちの男性社会の管理下に、女性を入らせるのです[581]。」。「若し女性固有の生物学に規定された役割が否定され、恐らくそれどころか笑いものにされたら、女性は何をすれば良いのでしょうか[582]？」。こうした発想の背後には、生産重視、業績重視の気風を男性の悪風と見る思想がある。ラッツィンガーは修道生活、或いは神秘主義体験が、男性より寧ろ女性によって育まれてきたと考えており、教会は非凡な女性を「聖女」「博士」と呼んで全キリスト教徒の模範とすることを躊躇しないという[583]。

ラッツィンガーは性が結婚と乖離し、浮遊機雷のようになったとする。彼は性の結婚からの分離に続き、性の出産からの分離、性なしの出産が発生し、出産がテクノロジーの問題になった結果、人間はもはや好き放題にプランニングされた生産物以外の何物でもなくなった、その末に想像を絶する結果が待っていると警告する。個々人の快楽とリビドーとが性の唯一の基準となり、同性愛が全面的に容認され、嘗て祝福された子沢山が個人の幸福への脅威としてしか見ない様子を、彼は嘆くのである[584]。

ラッツィンガーによれば、特に「西欧の倫理神学者」たちは、現代社会の時流に妥協するのか、教会の立場から毅然と現代社会を批判するのか、どちらかの二者択一を迫られているという。その結果、婚前交渉が条件付きで認められたり、自慰行為が普通とされたり、離婚し再婚した者が秘蹟を受ける権利が主張されたり、フェミニズムが特に女子修道院に侵入したり、同性愛が正当化されるどころか、カトリック教徒が彼等「少数派」を抑圧しているという罪の意識が生まれ、「ゲイ」のマニフェストに教会の建物が貸し出されたり、避妊禁止を確認した回勅「フマーナエ・ウィータエ」が理解されないどころか、教会の広範な部局で公然と拒否されたりする事態が起きていると、彼は警鐘を鳴らすのである[585]。

ラッツィンガーは、特に北米の女子修道院にフェミニズムが侵入していることに警戒する。閉鎖的空間で禁欲生活を送る観想女子修道会は「時代精神」に抵抗できたが、「愛徳」概念を「社会福祉」概念に替えて社会の中に分け入った活動女子修道会の変容は目を覆うべきものがあるという。また抑〻北米では修道女が激減し、もはや過去の記憶としてしか残らない状況になりつつあると述べている[586]。

世界を覆う堕落的傾向に対し、ラッツィンガーは聖母マリアに良薬を見出そうとした。マリア被昇天の教義がプロテスタント教徒との和解の障害だなどという声もあるが、彼はマリアの美徳を再認識することがカトリック教徒には必要だと考えた。彼自身、第二ヴァティカン公会議以前の若い時期には、マリア信仰の決まり文句には距離を置いていたが、今ではマリア崇敬の教育効果に期待しているという。処女及び母であるマリアが人々の導き手になることを、ラッツィンガーは要求したのである。だがラッツィンガーは、教皇暗殺を示唆したファティマの「第三の秘密」には、熱心に質問されても深入りしたがらなかった。ラッツィンガーはマリア出現という超自然現象と、その出現から始まったマリア崇敬の教育的効果とを分けて考えており、後者には期待しているが、前者には興味が薄いようである。[587]この辺りは、南欧人やポーランド人に対する知的なドイツ人の違和感の現れなのかもしれない。

第三節　一九九〇年――冷戦終焉と「グローバル化」の進展

一　ドイツのカトリック教会を巡る対立

ラッツィンガー枢機卿がローマに移った一九八〇年代、西ドイツでは進歩派の知的攻勢が続いた。「六八年世代」の「制度の中への長征」、つまり反体制運動から体制内自己主張へという変化は、「緑の党」の擡頭に表現された。「同性愛者への寛容」を掲げて、六月の最終土曜日に中心街で同性愛の性風俗ショウを大々的に展開する「クリストファー・ストリート・デイ」（CSD）という示威行進も、アメリカから輸入されてドイツの各都市へ広まっていった。[588]ドイツ史を全体として批判しようという潮流は、「知的戒厳令体制」とでも呼ぶべき世論状況を生んでいた。一九八五年五月五日、ヘルムート・コール連邦宰相（CDU）が国賓であった米大統領ロナルド・レーガンと訪問した国防軍兵士のビットブルク墓地に、武装親衛隊関係者も葬られていたことが問題化される事件が起きた。[589]一九八六／八七年には、思想史家エルンスト・ノルテ、外交史家アンドレアス・ヒルグルーバー、クラウス・ヒルデブラントらが、「ナチズム」の「過去」を「相対化」、つまり歴史的文脈の中で目立たないようにしているという批判を、「社会哲学者」ハーバーマスが提起し、これにヴェーラーやハインリヒ・アウグスト・ヴィンクラーら「ドイツ特有の道」批判の論客たちが参戦するという「歴史家論争」が起きた。[590]一九八八年一一月一〇日、連邦議会議長フィリップ・イェンニンガー（CDU）が「帝国水晶の夜」五十周年を契機に行った演説で、ハインリヒ・ヒムラーの命令を引用したのに対し、緑の党やSPDが抗議行動を起こし、イ

©AFP/DPA
マインツ司教カール・レーマン（左）と教皇ヨアンネス・パウルス２世（右）

エンニンガーが辞任を余儀なくされるという事件が起きた[591]。コールにしても、ノルテにしても、イェンニンガーにしても、彼等を正面から見据えた場合、「ナチズム」を総体として肯定した人物とは言い難いが、ドイツの「過去」を一方的に、全体として罪悪視する潮流には距離を置いた面が確かにある。そういった人々の言動も一切許容するまいと、公私の発言を相互監視するというのが、ドイツの「知的戒厳令体制」なのである。

カトリック教会もこうした社会情勢と無関係ではあり得なかった。一九八七年九月の「ドイツ司教会議」議長交代は進歩派の勝利であった。緑の党には「投票不能」だと述べるなど[592]、保守的と批判された「ドイツ司教会議」第二代議長・ケルン大司教ヘフナー枢機卿が引退し、第三代の議長が選出されることになった。前評判では、同じく保守派のミュンヒェン＝フライジング大司教（ラッツィンガーの後継者）フリードリヒ・ヴェッター枢機卿（愛称フリーデル）だろうと噂されていた[593]。だが実際に選出されたのは、マインツ司教カール・レーマンだった。ホーエンツォレルンのジグマリンゲンに生まれたレーマンはラーナー門下生で、マインツ、フライブルクの大学で教鞭を執り、一九八三年からマインツ司教を務めていた。議長に選ばれたレーマンは、「自分はドイツの教皇にはならない」と謙虚さを強調した。嘗ての親友である進歩派司教レーマンの議長選出を聞いた旧友キュングは、レーマンは他の候補と比べて群を抜いて最高の人物だと大いに喜んだ[594]。

これに対し一九八〇年代は保守派聖職者の擡頭もまた話題となった。その大物が、一九八八／八九年に東ドイツのベルリン司教から西ドイツのケルン大司教に転じたヨアヒム・マイスナー枢機卿である。一九三三年一二月二五日にブレスラウに生まれ、一九四五年にソヴィエト軍の侵攻でテューリンゲンに逃れたマイスナーは、プロテスタント地域のカトリック少数派となったが、ソヴィエト占領下のドイツで青年期を過ごし、カトリック聖職者の道を志した。マイスナーの神学博士論文（教皇立グレゴリアーナ大学）は宗教改革後、バロック時代のエルフルト（マインツ大司教領の飛地）の民衆信仰を扱ったもので、聖体行列や儀式の展開を詳解した歴史研究である。[595]マイスナーはヨアンネス・パウルス二世の寵愛が著しいことでも知られた。彼がエルフルト補佐司教であった一九七五年九月、訪問者であったクラクフ大司教ヴォイティワ枢機卿の前で説教を行い、これがのちの教皇には印象的だったのだという。一九八〇年五月一七日、教皇ヨアンネス・パウルス二世はマイスナーをまずアルフレート・ベングシュの後任としてベルリン司教に任命し、次いで一九八三年二月二日に枢機卿に任命した。東ベルリンに居住し乍ら西ベルリンも担当していたマイスナーは、西ベルリンのイエズス会士ヴァルター・ハインラインが「解放の神学」を支持したり、射撃場反対の運動に祭服で参加したり、女子の侍者を用いたりするなど、独自の行動を繰り返したのに対し、司牧担当を外すという処置に出て、厳格な司教として話題になっていた。ベルリン司教として迎えた一九八七年のドレスデンでの東ドイツ「カトリック教徒集会」では、ローマからラッツィンガー枢機卿を迎えている。[596]

©AFP/dpa Picture-Alliance/OLIVER BERG
ケルン大司教ヨアヒム・マイスナー

一九八八年の秋にこのマイスナー枢機卿を教皇ヨアンネス・パウルス二世がケルン大司教に任命しようとした時、ケルン大聖堂参事会との悶着が起きた。プロイセン政教条約第六条によれば、（旧）プロイセン自由国領の全ての司教及び大聖堂参事会は、司教候補者を教皇に提案することになっているが、教皇はそれを「尊重しつつ」三人の候補を大聖堂参事会に示し、「自由で秘密の投票で」一人を選ばせることになっていた。今回の場合、教皇はケルン大聖堂参事会の希望した候補（マインツ司教レーマン、ケルン補佐司教ルーテ、神学校長ノルベルト・トリッペン）を一人も含まない独自の候補三人（第一位がベルリン司教マイスナー、第二位、第三位がフルダ司教デューバ、教皇庁付き司教パウル・ヨーゼフ・コルデスだったと推測されている）を提示し、大聖堂参事会員十六人でそのうち一人の候補を選ぶようにと指示した。ケルン大聖堂参事会の選挙規定では、大司教選出には過半数の同意が必要だったが、教皇の提示した三人の候補は孰れも過半数を獲得することが出来なかった。大聖堂参事会が候補者を選べないという事態を受けて、教皇は自らマイスナー任命の為に動いた。一九八四年に更新された政教条約により、ケルン大司教の候補への同意権を有するノルトライン＝ヴェストファーレン州首相ヨハンネス・ラウ（プロテスタント教徒・ＳＰＤ）、ラインラント＝プファルツ州首相ベルンハルト・フォーゲル（カトリック教徒・ＣＤＵ）は、大聖堂参事会が自由な秘密選挙で選出し、教皇による任命前に、管轄の両州政府に政治的審査の為に提示された候補者しか受け入れないと主張して、マイスナーの任命を阻止しようとした。けれども教皇は、大聖堂参事会の選出は実現しなかったのだから、もはや政教条約ではなく教会内の規定による任命が可能になると主張した。大聖堂参事会のマイスナー拒否の背景には、教皇の強引さへの反撥もあったが、東独人に対する西独人の否定的先入観もあったことは否めない。結局教皇はケルン大聖堂参事会の選挙規定を改めて、相対多数で候補者を選出できることとし、三度目の投票で十六人中賛成二票、棄権十四票でマイスナーが選出された（賛成六票とも言われる）。マイスナーは一九八九年二月一二日にケルン大司教に就任した[597]。

マイスナーはケルン大司教として徐々に受け入れられ、ケルンを代表する人物の一人となっていくが、その言動はその後も議論の的となった。ケルンの謝肉祭では、マイスナーが堕胎した女性を焚刑にする人形が練り歩いた[598]。マイスナーが急進的カトリック団体「オプス・デイ」の支援者であることも話題となった[599]。二〇〇二年、ＣＤＵ／ＣＳＵの連邦宰相候補として連邦議会選挙に臨むことになったシュトイバーが、自己の保守色を薄めて幅広く国民の支持を得ようと、未婚の母を連邦家族大臣候補に挙げた時、マイスナーは「ＣＤＵはＣを取るべきだ」（「キリスト教民主同盟」にはもう「キリスト教」を掲げる資格がない）と不快感を表明した[600]。

一九八七年四月三〇日から五月四日まで、教皇ヨアンネス・パウルス二世の二度目の西ドイツ訪問は、教皇本人やヘフナーら高位聖職者への度重なる批判を受けて、緊迫したものになった。前回一九八〇年の時と同様、今回も教皇訪問に掛かる費用が無駄だという主張が繰り返された。

今回の教皇訪問の最大の論点は、ケルン郊外で行われた修道女エディット・シュタイン（十字架のテレジア・ベネディクタ）の列福式であった。一八九一年ブレスラウのユダヤ人商家に生まれたシュタインは、エドムント・フッサールの許で哲学博士号を取得し、助手として勤務すると同時に、カトリシズムに改宗した。ヒトラー政権誕生後、カルメル会修道女となったシュタインはオランダに亡命したが、やがてドイツ占領に伴い逮捕されて、アウシュヴィッツ収容所で殺害された。のちにカトリック教会は、このシュタインを殉教者と認定し、教皇訪問を機に福者に列する式典が行われたのである。だがシュタインが一九三三年春の個別謁見で教皇ピウス一一世に反ユダヤ主義を非難する回勅を求めたのに、教皇は祝福するのみだったこと、亡命先のオランダのカトリック教会が、彼女を十分に守らなかったことなどが指摘され、ヘフナーらカトリック教会幹部が反省の意を示さない儘の列福に批判の声が上がった[601]。

続いて一九八七年五月三日には、教皇によりミュンヒェンのオリンピア・シュタディオンで、イエズス会士ルペルト・マイヤー神父の列福式も行われた。マイヤーはカトリック教会の権利を主張し、反ユダヤ主義に反対する立場から、国民社会主義体制に頑強に抵抗した人物で、ザクセンハウゼン強制収容所への収監などを経て、一九四五年一一月一日の万聖節、聖ミヒャエル教会のクロイツ礼拝堂で司式中に立った儘、脳卒中で死去していた。尚一九五九年のフライジングのラッツィンガー一家の写真を見ると、居間の壁にこのマイヤーの肖像画が掲げられており、一家が当時この司祭を崇敬していたことが分かる。マイヤー列福に際しては、バイエルン政府がバイエルンの裁判所が嘗て宣告した禁固半年の刑をその儘にして、名誉回復を行いたがらないことが問題とされた[602]。

一九八六年四月二六日のチェルノブイリ原子力発電所事故を契機に西ドイツで神経質に取り上げられるようになった原発問題も、カトリック教会に新たな紛争の種を持ち込んだ。ケルン大司教ヘフナー枢機卿は原発批判が持論で、チェルノブイリ事故の後熱心にこの議論を展開し始めた。ヘフナーは、原発が極めて安全だとしても、もしもの場合には現在の人間だけでなく、将来の人間にまで被害を及ぼすとし、代替として太陽エネルギーを提案した。珍しくＳＰＤやマスメディアを喜ばせたこのケルン大司教の発言だったが、ドイツの聖職者たちは原発問題に関してヘフナーのような態度表明をすることがなく、ＣＤＵも彼の発言には同意しなかった[603]。

©AFP/ANNE-CHRISTINE POUJOULAT
オイゲン・ドレヴァーマン

一九八六年にはまたフランス・イタリア・西ドイツで映画『薔薇の名前』が制作され、中世カトリック教会の陰惨さを描写した。これはウンベルト・エーコの推理小説を映画化したものである。修道院の図書館に保管されているアリストテレスの「笑い」論の写本について、神は笑わない、笑いはキリスト教に相応しくないと考える盲目の老修道士が、この写本を読んだ修道士たちを次々に殺害するという話である。中世カトリック教会の異端審問、公開処刑、反知性主義を強調したこの娯楽映画は、ポーランド映画『尼僧ヨアンナ』（一九六一年）、アメリカ映画『ダヴィンチ・コード』（二〇〇六年）、『天使と悪魔』（二〇〇九年）などと同様、反教権主義宣伝の現代版であった。[604]

一九八七年には、エッセン大学カトリック神学教授ウータ・ランケ＝ハイネマンへの教職辞令が撤回された。ランケは聖母マリアの処女懐胎論を公然と否定し、教会での女性の地位が低いと批判し、ヴェトナム反戦運動やナパーム弾禁止運動に参加し、ハノイに渡航するなどの行動に出た結果、この時カトリック神学の教職辞令を失うことになったのである。ランケはエッセン大学内で別の教授職を維持したが、聖職者養成には従事できなくなった。[605] 教職辞令撤回のあと、ランケは著書『天国の宦官たち』を刊行し、女性を蔑視し、性行為を罪悪視するものだとして、カトリック教会の性道徳を糾弾したのだった。[606]

一九八九年秋には、パーダーボルンの神学者オイゲン・ドレヴァーマン神父の著書『聖職者』が刊行された。ドレヴァーマンは、カトリック教会とは個人を踏みにじる非人間的な組織である、教会に通っている人々は従順で、精神的に数百年遅れた人々である、聖職者は信仰に取り組む際、自分の意思を有していないなどと、煽動的なカトリック教会批判を展開して話題となった。ドレヴァーマン問題は、後述のように一九九〇年代に入って、パーダーボルン大司教デーゲンハルトとの厳しい対立に発展していくことになる。[607] 尚このドレヴァーマンは、一九六五年にミュンスター大学でラッツィンガーの講義を聴いた時の恐怖体験を語っている。ドレヴァーマンによれば、ラッツィンガー教授は蠟人形のように真白で、ガリガリに痩せ、裏声で語っていて、余りに禁欲的な世界観を展開していたので、ドレヴァーマンは聴講しているだけで空気が薄くなっていくような嫌悪感に襲われたという[608]。

二　冷戦後の思想的転換とカトリック教会の対応

一九八九年一一月九日の「ベルリンの壁」崩壊、一九九〇年一〇月三日の東西ドイツ統一、一九九一年一二月二六日のソヴィエト連邦崩壊など、瞬く間に進んだ社会主義圏の崩壊は、自由主義圏の知的状況にも二つの変化を齎した。

第一の変化は進歩派思想全体の動揺である。社会主義圏の存在が厳然たる現実だった冷戦期、自由主義圏の多くの国では、政治的保守主義と経済的自由主義とが混在した保守政党と、社会民主党、共産党といった革新政党とが対峙していた。多くの言論人は、教条的な唯物史観や「現存する社会主義」の抑圧性には距離を置きつつも、「アメリカ帝国主義」やその傘下の諸国への嫌悪感を共有し、社会経済的平等を最重要課題とするマルクス主義、その思想を懸命に実現しようとする社会主義圏諸国、社会主義諸政党への共感を隠さなかった。尚残存する君主、貴族、教会、軍隊と対決する際に、マルクスは全ての左派勢力、つまり自由主義及び社会主義の勢力にとって、共通の守護聖人というべき存在であり、多くの知識人が多少なりとも影響を受けたのである。だがソヴィエト連邦崩壊後、崩壊した東欧、ロシヤの社会主義諸国、つまり「現存した社会主義」は「真の社会主義」ではなく、スターリン、レーニンが失敗しても、トロツキイ、マルクス、エンゲルスはまだ生きている、「現存した社会主義」にしても全てが悪かった訳ではなかったと唱える「未練学派」が一部に残る一方で、多くの元「容共」知識人は自己批判をせず、まるで社会主義圏崩壊の不可避を予知していたかのような自己弁明に走ったのだった[609]。

冷戦後の進歩派勢力は、「救えるものを救う」という行動様式に出た[610]。イタリアでは、方向性を失った共産党が資本主義批判でカトリック教会と共闘を模索するというような光景が見られた[611]。統一ドイツでは、嘗てマルクス主義者であったハーバーマスが、いつの間にか法治国家的転換を遂げていったことが話題となった[612]。一九九八年成立のゲルハルト・シュレーダー政権（SPD・緑の党）は、「六八年世代」の政権獲得としても注目されたが、同時にそれは同世代の穏健化を象徴するものともなった[613]。元革命家ヨーゼフ（愛称ヨシュカ）・フィッシャー（緑の党・カトリック教徒）は、連邦外務大臣として一九九九年にコソヴォ戦争を人道の為の介入として肯定し、ドイツ連邦軍は初めて攻撃を行った[614]。一九六〇／七〇年代マルクス主義の牙城であった大学自治会も、徐々に保守派学生が支配を広げていった[615]。

ローマの教理省長官ラッツィンガーは、進歩派言論人の右往左往を冷ややかに見ていた。『キリスト教入門』の再版（二〇〇〇年）に当たり、彼は一九八九年の衝撃に言及している。ラッツィンガーは、マルクス主義の救済論が従来唯一倫理的で、且つ学問的基盤に立った未来への指針とされてきた為に、「一九八九年の衝撃」の後にも簡単には「退位」しなかったと見た。「共産主義の収容所の恐怖について、如何に語られることが少なかったか、ソルジェニーツィンの声が如何に無視されたか、一度考えてみれば済むことである。こういったことについて、人々は何も語らなかった。一種の恥らいがそれを禁じたのである。ポル・ポトの殺人的体制のことでさえ、何かの折にのみ、ついでに触れられるだけである。だが失望はやはり残ったのであって、それは深い困惑だったのである[616]」。とはいえ勿論ラッツィンガーは、マルクス主義がその支持者の居直りにも拘らず、もはや生命力を失ったと見ていた。一九九六年五月メキシコのグワダラハラで行われた、「解放の神学」の震源地ラテンアメリカの司教会議議長との会合で、教理省長官ラッツィンガーは述べている。「マルクス主義に着想を得た東欧の諸政権の崩壊は、救済を呼号するこの政治的実践の神学にとって、一種の神々の黄昏になったのです。よりによって解放を呼号するマルクス主義のイデオロギーが徹底して適用されたところで、それはとんでもない不自由に繋がったのです。その恐怖は今日、世界の世論の前にまざまざと突き付けられています[617]」。

一九九〇年代は、一九八〇年代まで進歩派勢力から「保守的」とレッテル張りされて否定されていたものが、続々と復権した時代でもあった。その最たるものはドイツ国民国家である。嘗てその理念を批判した人々のうち、グラスやヴェーラーらがドイツ統一を飽くまで疑問視したのに対し、ハインリヒ・アウグスト・ヴィンクラーなどは時流に順応し、東西ドイツ統一をドイツ「特有の道」の終焉として寿いだ[618]。第二次世界戦争後、ソヴィエト軍による凌辱を恐れてポツダム衛戍教会から西南ドイツのホーエンツォレルン城に避難していたプロイセン王フリードリヒ二世（大王）の霊柩は、一九九一年にポツダムに帰還し、本人の希望通り飼い犬と共にサン・スーシ宮殿の裏に改葬された。この式典にはコール連邦宰相らが参列し、連邦軍儀仗兵が霊柩を警護して話題となった[619]。またコブレンツのライン川・モーゼル川の合流地点「ドイチェス・エック」では、戦災で破壊された儘復元されていなかった「ヴィルヘルム大帝」（ドイツ皇帝ヴィルヘルム一世）騎馬像が、一九九三年になって復活した[620]。旧東独のドレスデン王宮、ポツダム王宮が再建されていく中で、ソヴィエト占領下で爆破、撤去されたベルリン中心街のプロイセン王宮の再建問題が持ち上がり[621]、シュレーダー政権が前向きだったことで、その再建が始まった。尚同じ頃、ソヴィエト連邦が崩壊したロシヤでは、ロシヤ正教会の急速な復権が見られた。スターリンに爆破された「救世主ハリストス大聖堂」は復元され、二〇〇〇年にはモスクワ河畔に巨大な黄金の丸屋根が完成した。ボリシェヴィキに虐殺されたニコライ二世一家や多くの聖職者、信徒たちは改葬され、続々と列聖されていった。新しいロシヤ連邦で、ロシヤ正教会は事実上の国教会の地位を獲得した。一九九八年二月、第一次世界大戦で「プール・ル・メリット勲章」を獲得した軍人で、「塹壕世代」の文筆家、保守派言論界の重鎮であったエルンスト・ユンガーが百三歳を目前にして死去したが、その際彼が百一歳の時にカトリシズムに改宗していたことが公表された[622]。

第二の変化は、「グローバル化」の進展である。世界を人権、自由主義、民主主義、平等主義、世俗主義、フェミニズム、エコロジーといった諸価値で同質化し、それに対する「差異への権利」を認めない普遍主義的傾向が強まり、そうした「価値を共有する」西欧諸国は、コソヴォ戦争、アフガン戦争、イラク戦争、リビア、エジプト、ウクライナの政権転覆、シリアの反政府勢力支援を行った。戦争だけでなく言論による攻撃も強まり、ロシヤや中華人民共和国、時には日本が、「人権」を根拠にするバッシングに晒された。自由主義圏の軍門に直接下った東ドイツの人々は、「過去」の「徹底究明」（独 Aufarbeitung）の名の下に旧体制下での言動を問われ、二級市民化の運命に晒された。政治理念以上に普遍主義的傾向が進んだのが経済や文化で、アメリカ様式が世界に拡大していった。文化の領域では、フランス語文化圏、ドイツ語文化圏、ロシヤ語文化圏、イタリア語文化圏、日本語文化圏が、これまで以上に「英語帝国主義」に晒されるようになった。同時に進展したヨーロッパ統合、例えば各国の大学制度を統一化する「ボローニャ・プロセス」は、語圏毎の伝統をアメリカ流に画一化することに繋がった。だがこの「グローバル化」には反動も起きた。冷戦期には封印されてきた民族や宗教のアイデンティティが至る所でところで噴出し、日本やドイツでも愛国心の高揚が見られた。西欧諸国の攻勢に激怒したイスラム圏では、テロリズムへと走る者が増え、西欧社会に流入したイスラム系移民は共通の難問となっていった。経済発展によって自信を回復したロシヤ連邦や中華人民共和国は、アメリカ本位の世界運営に異議を唱え始めた。

さてカトリック教会にとっても社会主義圏の崩壊は両義的な意味を持った。一方でソヴィエト連邦の崩壊は、教皇庁にとって二〇世紀最大の敵が消滅したことを意味した。宗教を抹殺しかねない脅威はもはや去った。だが他方で「グローバル化」は、カトリック教会に両刃の剣となった。カトリック教会は東欧、アフリカ、アジアへの進出を強化し、自ら「グローバル化」の一端を担ったが、元来の地盤であったヨーロッパや南北アメリカでは、消費文化、プロテスタンティズム、無神論の浸食に晒されることになった。ドイツ連邦共和国もそうした危うい地盤の一つであった。

キリスト教会と協力関係にあるドイツ連邦共和国に、キリスト教会を実質抑圧してきたドイツ民主共和国を吸収合併するに際し、新しいドイツ国家の政教関係をどうするかという難問が生じた。この際「ボン基本法」から「神」を外してしまおうという提案も、旧東独の牧師・神学者ヴォルフガング・ウルマン（九〇年同盟議員）から為された[623]。一九九〇年一〇月三日、東西ドイツ統一の瞬間に、諸教会が鐘を鳴らして祝意を示すようにと要請したコール連邦宰相に対しても、カトリック教会でもプロテスタント教会でも意見は分かれた[624]。ドイツ連邦共和国に編入されるドイツ民主共和国の旧領域に一九九一年一月から教会税が導入されることになると、東独のキリスト教徒に動揺が走り、経済の低迷とも相俟って、教会脱退の潮流が生まれた[625]。更に統一後、旧東独のキリスト教会指導者、特にSPD政治家に転向したプロテスタント牧師マンフレート・シュトルペらが、旧東独の秘密警察（シュタージ）と連携していたという疑惑が持ち上がり、社会主義政権下で自由の砦と称揚されてきた東独キリスト教会への不信感が芽生えた。槍玉に挙げられたのは主にプロテスタント教会だったが、カトリック教会も例外ではなかった[626]。

より実務的意義を有したのは、キリスト教会の影響で堕胎規制が強いドイツ連邦共和国に、堕胎が自由だった旧東独地域をどう統合するかという問題である。CDU・CSUは東西統一を契機に、全ドイツ的に規制を強化しようとしたが、連立相手のFDPが難色を示し、これに旧東独の反対派が同調した[627]。CDUも徐々に一定の期間内、条件下での堕胎合法化に傾いていく。堕胎規制論争が一段落すると、今度は堕胎許可証を誰が出すのかという論争が生じた。教皇ヨアンネス・パウルス二世はカトリック教会の相談所がこの堕胎許可証を発行することを禁止し、教理省長官ラッツィンガーもその点をドイツ司教会議に対して徹底した[628]。

この時堕胎に厳格に対処するカトリック聖職者として有名になったのが、フルダ司教ヨハンネス・デューバ大司教（一九二九年―二〇〇〇年）である。デューバはベルリン出身で、当初法学を専攻して政治家志望だったが、カトリック聖職者の道に転じた。デューバはヴァティカンの外交官としてパウルス六世以降三人の教皇に仕え、大司教の称号を得た。その称号を維持した儘、司牧経験の余りないデューバが、一九八三年にフルダ司教に就任した時には、西ドイツ国内でも話題となった。フルダは「ドイツ人の使徒」（独 Apostolus Germanorum）聖ボニファティウスの霊廟がある宗教都市で、バロック様式の大聖堂や侯爵司教宮殿が軒を連ね、嘗ては「フルダ司教会議」に（当初はバイエルンを除く）全ドイツの司教たちが集まった、ドイツ・カトリシズムを象徴する地である。デューバはドイツのカトリック教会でも教皇への忠誠で突出し、一九九九年二月リンゲンでの「ドイツ司教会議」では、その強硬さにエッセン司教フベルト・ルーテが悲鳴を上げるという事件も起きた。一九九〇年から、デューバは連邦軍従軍司教を兼任したが、彼はこの任務も大いに好んだ[629]。

©Gutberlet/Bistum Fulda
ヨハンネス・デューバ大司教

デューバは、統一ドイツで堕胎規制のあり方が論題になるにつれ、規制派の急先鋒としてメディアに露出するようになった。ARDの討論番組「ザビーネ・クリスティアンゼン」では、スータン姿のデューバが侃々諤々の議論に参加する姿がよく見られた。デューバは堕胎許可証を「殺人許可証」と呼び、フルダ司教区のカトリック

2010年8月25日：筆者撮影
フルダ大聖堂

2010年8月25日：筆者撮影
聖ボニファティウス像（フルダ）

系相談所では発行させないと断言した。同じく保守派と呼ばれたマイスナーやヴェッターが、専ら説教や著書で持論を展開するのに対し、テレビ討論で口角泡を飛ばすというデューバの行動様式は、高位聖職者としては異例のものであった。彼の合言葉たる「臆面もなくカトリック」（独 unverschämt katholisch）も有名である。デューバ攻撃も激化し、一九九一年一一月八日には反対派から、マールブルクの路上で追い立てる、蹴る、殴る、唾を吐くなどの暴行を受けたが、その基本姿勢は変わらなかった[630]。

デューバはまた同性愛にも否定的で、同性愛同棲者に「生活パートナー」としての準婚姻登録を可能にしようとするシュレーダー赤緑政権の法案にも反対した。「正しいのは、同じものを同じに扱い、別なものを別に扱うことである。だが同じものを別に、別なものを同じに扱うということは不正になる。この点が法案の根本的な作成ミスである。好んで友情を結び、またはパートナーとなることは、あらゆる負担や義務を伴う結婚や家族とは、本質的に、その意図からしても異なるので、それらを同一に扱うことは正しくないのである。」デューバは（アメリカ合衆国から）「輸入された愛玩少年」（独 importierte Lustknaben）という言葉を用い、同性愛を公然と批判した。この発言を巡り、デューバは二〇〇〇年七月に『シュピーゲル』誌主催で同性愛者の緑の党議員フォルカー・ベックと対論し、互いに謝罪を要求し合う激しい展開となった[631]。

同性愛を巡る討論の渦中で、デューバは突然の心臓発作に襲われた。

ベックとの討論が掲載された『シュピーゲル』誌がまだ店頭に出ていなかった七月二一日、デューバは夜中にこの世を去った。七月二八日、デューバの埋葬には宗派を越えた数万の人々が集まった。葬儀はフルダ大聖堂でパーダーボルン大司教デーゲンハルトの司式で行われ、マインツ司教レーマンも説教を行った。彼は死の直前に従軍司教を引退する旨を表明していたが、葬儀では連邦国防大臣ルドルフ・シャルピング（ＳＰＤ）の花輪を先頭に、連邦軍儀仗兵に担われたデューバの棺が進み、鉄兜に「捧げ筒」の兵士たちに見送られた。この葬儀の様子は昼のＺＤＦニュースで中継された。今日フルダ大聖堂前の道路は、「大司教ヨハンネス・デューバ通」と改称されている。

デューバが堕胎・同性愛反対派として突出する中で、マインツ司教レーマンと並んで融和的と見られたのが、リンブルク司教フランツ・カンプハウスである。カンプハウスは教皇への従順という司教の義務を認識しつつも、カトリック教会が堕胎を考慮する女性の助言役であり続け、カトリック系の相談所でも事実上堕胎許可証を出すという道を探ろうとした。二〇〇〇年末にドイツの他の司教区ではカトリック系の相談所が堕胎許可証を出さないことになっても、リンブルク司教区では許可証の発行を継続した。然しドイツ駐箚教皇大使ジョヴァンニ・ラヨロから辞職勧告が出されるに至って、カンプハウスも二〇〇二年三月に屈服して堕胎許可証の発行を停止した[632]。

ローマに抗うように、ドイツのカトリック教会内では進歩派の攻勢が続いた。統一されたベルリンでは、旧東独系（東プロイセン出身）のベルリン司教ゲオルク・ステジンスキー枢機卿が、聖職者独身制や堕胎規制を批判するカトリック青年団の急進化に手を焼いた[633]。パーダーボルン大司教デーゲンハルトは、独自の『聖書』解釈でカトリック教会のあり方を批判し、遂には『福音書』の信憑性も否定した進歩派司祭ドレヴァーマンの言論活動を問題視し、カトリック神学の教職辞令を、次いで聖職者の資格を停止した。ドレヴァーマンはデーゲンハルトへの訣別の書簡を公開して、一躍マスメディアの注目を浴びた[634]。

一九九五年四月、ヴィーン大司教ハンス・ヘルマン・グローエル枢機卿が、嘗ての性的虐待の過去を批判されて「エステルライヒ司教会議」議長を退き、同年九月には更にヴィーン大司教も辞任するという事件が起きた。グローエルは、第二ヴァティカン公会議の立役者の一人だったフランツ・ケーニヒ枢機卿の後任としてヴィーン大司教に就任した人物だが、修道院学校の生徒だった司祭たちが一九九五年三月に告発したところによると、彼は小児愛の傾向を有し、「権威の濫用」も見られるというのだった。グローエルは大司教辞任後、或るベネディクトゥス会修道院の院長となったが、批判を受けてこれも辞任せざるを得なくなった。グローエルは批判に対して沈黙し、ザンクト・ペルテン司教クルト・クレンは批判を峻拒したが、信徒集団「我々が教会だ」（独 Wir sind Kirche）は「教会信徒発案」（独 Kirchenvolks-Begehren）を同年九月から実施し、性道徳などに関する教会改革を要求した。教理省長官ラッツィンガーは、エステルライヒの司教たちへの書簡で、この「教会信徒発案」のような多数決の試みは正統なものではないことを強調したが、九月にはドイツでも実施された。この混乱を受けて教皇は、ラッツィンガーの門下生でもある補佐司教クリストフ・シェーンボルンを協働司教に、次いでヴィーン大司教、枢機卿に任命した。聖職者の性的虐待問題は、この後次々と告発が為され、カトリック教会を揺るがす問題となっていく[635]。

一九九五年五月一六日、バイエルンのキリスト教文化を揺るがす「十字架上のイエス像」（独 Kruzifix）判決が連邦憲法裁判所で下された。「バイエルン小学校規則」（一九八三年六月二一日）第一三条第一項第三文では、公立学校の全教室での十字架の掲示が義務化されていた。これに対しルドルフ・シュタイナーの「人智学」を信奉する児童三人及びその両親が、自分たちの世界観に反する十字架の撤去を求める行政訴訟を起こし、レーゲンスブルク行政裁判所（一九九一年三月一日）、バイエルン高等行政裁判所（同年六月三日）では敗訴したが、カールスルーエの連邦憲法裁判所で勝訴した。同裁判所は、「バイエルン小学校規則」第一三条第一項第三文がドイツ連邦共和国基本法第四条第一項に違反し、無効だという判決を下したのである。この決定にバイエルン自由国首相エドムント・シュトイバーは激怒し、キリスト教に由来する価値や規範は西洋文化圏の共有財産であって、十字架を掲げても国家の中立性は侵害されないと主張した。更に、ドイツが米仏のような世俗主義国家だったことは一度もない（ミュンヒェン大学宗教・文化理論教授・バイエルン元文相マイヤー）、州の文化高権が侵害された（フライブルク大学法哲学・教会法教授アレクサンダー・ホラーマン）などの反撥も出た。ドイツ司教会議議長レーマン（マインツ司教）は、この判決で教室での十字架掲示が一律に違憲になったかのような誤解が広がったことを危惧した。二〇一二年に見て回った限りでは、十字架はバイエルンの公立学校や公共施設の各所に掲げられていたが、それを法的に義務化することは出来なくなったのである。この事件は、「キリスト教国」バイエルンにすら多文化主義の波が迫っていることを内外に示すものとなった[636]。

同じ頃プロテスタント領邦教会は、カトリック教会とは対極的に、次々と「現代化」を打ち出す手法で不人気の克服を図っていた。第一の手法は女性の登用である。一九九二年、ハンブルクのルーテル派教会でヨーロッパ初の女性監督マリア・イェプセンが誕生した[637]。続いて一九九九年、マルゴット・ケースマンがハノーファー監督に選出された。ケースマンは活発な言論活動を展開し、カトリック教会の大聖堂で避妊薬を「神の贈物」と呼んで肯定するなど、ドイツ・プロテスタント教会の「現代化」を象徴する人物となった[638]。第二の手法は大衆化・多文化化の潮流への順応である。一九九四年、ケルンのプロテスタント教会が、対抗文化、移民、女性、障害者の味方としての教会を売り出すポスターを張り出した[639]。だがこうした戦略は、長期低落傾向の転換には繋がらなかった。教会脱退はプロテスタント教会の方が遙かに深刻な儘である[640]。尚二〇〇九年一〇月、ケースマンはドイツのプロテスタント諸領邦教会を統括する「ドイツ福音教会」（ＥＫＤ）評議会議長に女性で初めて選出された。離婚歴もあるケースマンの登用は、「ドイツ福音教会」の「現代化」路線を象徴するものであった。だが就任の僅か四箇月後の二〇一〇年二月二〇日、ケースマンはハノーファー市内で飲酒運転、赤信号無視の容疑で警察に逮捕され、議長を辞任するという失態を演じた。ケースマンの支持者は、この顚末を女性議長への性差別、嫉妬ではないかと批判した[641]。

一九九八年にゲルハルト・シュレーダー政権（ＳＰＤ・緑の党）が誕生すると、国民社会主義の「過去の克服」として新たに「外国人労働者」の強制労働への補償が始まったが、これが教会にも影響を及ぼした。「外国人労働者」の主要な雇用主はドイツ企業だったが、教会もそれに含まれることが分かり、教会の戦争責任が新たに問われることになったのである。この為カトリック教会は、二〇〇〇年八月二八日のドイツ司教会議常任評議会で「外国人労働者」問題の究明を図ること決議し、翌年二月にミュンヒェンのヴェンデル枢機卿館で研究会を開催した[642]。だがカトリック教会への糾弾の嵐は止まらない。英ジャーナリストのジョン・コーンウェルは一九九九年に『ヒトラーの教皇――ピウス一二世の秘密の物語』を刊行し、この教皇の対独「不作為」に対する非難は頂点に達した。続いて米歴史家ダニエル・ゴールドハーゲンは、二〇〇二年に『道義的清算――カトリック教会のホロコーストに於ける役割と満たされぬ補償義務』を刊行し、カトリック教会の宗教的反ユダヤ主義と国民社会主義の人種的反ユダヤ主義とを連続的に捉え、自らユダヤ人憎悪を撒き散らし、ドイツのボルシェヴィズムに対する勝利を望み、ホロコーストを見過ごした同教会が自己批判を欠いていると批判した。アウシュヴィッツを生き延びた父を持つこのハーヴァード大学准教授は、ドイツ人は中世以来反ユダヤ主義的文化を共有しており、ユダヤ人虐殺は「普通のドイツ人」による「自発的殺害」だったとする博士論文『ヒトラーの自発的殺害者たち』（一九九六年）で「ゴールドハーゲン論争」を巻き起こした人物だった[643]。

三　ハンス・キュングの「世界倫理」運動

一九七九年にカトリック神学を教授できなくなったキュングは、一九九〇年から「世界倫理」（独 Weltethos）運動を始めた。彼は講演で世界を回り、世界の宗教に触れる中で、他宗教との協力の重要性を感じるようになった。「世界倫理」運動の合言葉は、「宗教間平和なくして国民間平和なし／宗教間対話なくして宗教間平和なし／宗教の基礎研究なくして宗教間対話なし」である。彼が「世界倫理」として観念する具体的内容は「ポストモダン」的諸価値で、社会経済的平等、男女同権、環境保護、個人の差異の尊重、多元性の承認、反西洋中心主義などが念頭に置かれている。彼はこの「世界倫理」を、信仰者にも非信仰者（無神論者）にも通用するものとし、こうした倫理上の基本諒解がないと民主政は機能しないと訴えた[644]。

キュングは独自の比較宗教史論に基き、各宗教が夫々自然に「世界倫理」の方向に発展してきていると説いた。彼は「世界倫理」が、西欧進歩派知識人が考案した抽象的観念の押し付けではなく、各宗教の自発的発展の結果だと主張する。トーマス・クーンの科学史論を宗教史に導入し、キュングはユダヤ教、キリスト教、イスラム教、儒教が夫々「パラダイム・チェンジ」を繰り返しつつ、結局は「世界倫理」の方向へ集約しつつあると主張するのである。例えばキリスト教では、（一）原始キリスト教的＝終末的パラダイム（イエス、使徒、パウロ）、（二）古代教会的＝ヘレニズム的パラダイム（古代教父）、（三）中世的＝ローマ＝カトリック的パラダイム（トーマス・アクィナスやボナヴェントゥーラらスコラ神学者）、

（四）宗教改革的＝プロテスタント的パラダイム（ルター、エラスムス、カルヴァンら）、（五）啓蒙的＝近代的パラダイム（シュライアーマッハー、ハルナック）、（六）同時代的＝教会一致的＝ポストモダン的パラダイム（これにはまだ？が付されている）。キュングはイスラム教に関しても同様の「パラダイム・チェンジ」を想定し、最終段階はやはり（？付きの）「同時代的＝ポストモダン的パラダイム」となっている。イスラム教との融和の為に、依然としてカトリック司祭であるキュングが、イスラム教は永遠の救済の道だ、ムハンマドは真の預言者だ、コーランは神の言葉だとまで説いているのは興味深い。キュングは、モハンマド・ハータミー（イラン元大統領）、ジュリア・チン（中国宗教学者）など、各宗教圏の知人との議論や協力により、世界の主要宗教が「ポストモダン」的諸価値へ向かって発展し、収斂しつつあると説いた。曰く「共通の人間倫理が、同時に上からも下からも、同時に個人からも機関からも育っている[645]」。

キュングは宗教を正常な「宗教」と異常な「迷信」とに分類し、前者には極めて友好的だが、後者には嫌悪感を隠さない。例えば日本に関して、キュングは仏教に好意を寄せ、中村元らと交流し、禅など古典的な仏教から創価学会、立正佼成会のような新興仏教まで好意的に描写しているが、神道には一転して不信感を剝き出しにする。キュングは伊勢神宮も見学しているが、「大多数の日本人が、反動的な過去の宗教、再び国民至上主義的になった神道への回帰に脅かされていないのは喜ばしい」と述べ、神道自体への考察を深めようとしなかった。ところが彼は、反西洋中心主義的配慮なのか、発展途上地域の「部族宗教」には、明確な経典や倫理を持たない自然崇拝・祖先崇拝である点などが神道と共通するようにも思えるのに、好意的な態度を取っている[646]。

キュングの自己申告とは裏腹に、「世界倫理」運動は結局のところ、進歩派エリート間の国際的協力で「アメリカのリベラル」思想を世界共通の倫理基盤にしようとする政治運動になっている。それは近代的政治理念を全人類の共通諒解にしようとする普遍主義的運動であり、それを基準に諸宗教を無意識のうちに序列化、選別するものである。そのキュングがハンティントン「文明の衝突」論の批判者、「世界内政」論者であることは、勿論言うまでもない。キリスト教史を単線的発展として理解するキュングは、（教皇庁の理解に於ける）カトリシズムや正教を、「パラダイム・チェンジ」に乗り遅れた古代・中世的なキリスト教、過去の残滓として位置付けたのである[647]。

キュングはこの「世界倫理」運動で、「キリスト教的ヨーロッパ」の牙城たるローマ教皇庁に対抗しようと考えた。彼は回顧録で、自分が数々の名誉博士号を獲得し、世界中で講演し、世界各国の君侯、政治家、財界人、知識人に歓待されたことを強調し、自分が出演する世界宗教のドキュメンタリー映像まで頒布しているが、そうした主張の本来の名宛人は、他ならぬ旧友ラッツィンガーだった。そして実際、二〇〇五年九月二四日にキュングがガンドルフォ城で教皇ベネディクトゥス一六世に謁見した際、土産として持参したのも、「世界倫理」展覧会のパンフレットだったのである。[648]

第四節 『地の塩』『神と世界』——ペーター・ゼーヴァルトとの対話

一 冷戦後世界に於ける教会の考察

冷戦終焉の時期、ラッツィンガーは数々の個人的災難に見舞われていた。一九九一年秋、ラッツィンガーは脳血栓を患い、以後アスピリンを飲み続けなければならなくなった。また一九九一年一一月二日、ローマで同居していた姉マリアが急死した。マリアは万聖節に両親の墓参りをしようとレーゲンスブルクに戻ったところで、心筋梗塞、脳内出血を起こしたのだった。一九九二年夏には、ラッツィンガーがブリクセンでの休暇中に浴室で転倒し、左の顳顬を十針縫う大怪我をした。論客として鳴らした彼にも、六十歳を過ぎて徐々に老いが訪れつつあった。[649]

一九九二年夏のザルツブルク大学週間では、主催者がラッツィンガーの祝賀講演「福音と文化的受肉」と、ドレヴァーマンの講演「今日の教会——四百五十年間拒否されてきた宗教改革」とを、意図的に同じ時間に設定した。マスメディアは、権威筋が永遠に続くべきとする現状の教会と、権力や官職はないがイエスのメッセージに裏切るまいとする未来の教会と、二つに一つの選択だと囃し立てた。[650]

反面ラッツィンガーはこの頃数々の名誉にも与っていた。一九九二年一一月七日、彼はフランス倫理学政治学アカデミーの外国人連携会員に選出された。これは一九八九年に死去したソヴィエト連邦の反体制原子物理学者アンドレイ・ドミトリエヴィチ・サハロフの後任で、チェヒア共和国大統領ヴァーツラフ・ハヴェルと一緒の選出であった。一九九六年二月二二日、ラッツィンガーはバイエルン首相シュトイバー（CSU）から「マクシミリアン勲章」を授与された。古稀を迎えた一九九七年には、ラッツィンガーはマルクトゥル（SPD政権）の名誉村民に選ばれた。だがミュンヒェン市（赤緑政権）は、与党の反対で前大司教を名誉市民にすることを拒んだ。[651]

一九九八年、ラッツィンガーは教理省文書館を開放し、同省及びその前身官庁が行った異端審問文書を公開した。彼はこの文書館が、ソヴィエトの秘密警察の文書館と並べて、独裁体制が世間から秘密を守っていると批判されることを危惧し、一九八一年一一月の長官就任時から開放を考慮していたが、聖職者の個人情報の扱いや公開の場の準備などの問題で開放が遅れたとした。ラッツィンガーは「真理だけが神話を正し、真理だけが我々を自由にする」として、文書館の公開により教会の抑圧性に関する数々の妄想が打ち消されることを期待したのだった。[652]

©AFP
ペーター・ゼーヴァルトと教皇ベネディクトゥス16世

さて冷戦終焉後の新たな状況の下で、ラッツィンガーは一九九六年、二〇〇〇年の二度、イタリアでインタヴューに応えている。今度の対話の相手は、ペーター・ゼーヴァルト（一九五四年―　）というドイツ人ジャーナリストであった。ゼーヴァルトは元来ラッツィンガー批判を繰り返す雑誌『シュピーゲル』の記者で、一九九三年に初めてフリージャーナリストとして、『南ドイツ新聞』附録雑誌の依頼でインタヴューにやって来たのだった。ラッツィンガーはこのゼーヴァルトを「探究する不可知論者」と呼び、当初は明らかに自分に批判的だったと回顧している。[653] ゼーヴァルトはラッツィンガーと同じパッサウ司教区の出身で、「六八年世代」より少し若く、子供時代にはカトリック教会で侍者を務めていたものの、その後教会を脱退して「無神論」「共産主義」に傾斜し、ジャーナリストとして活躍していた。ところがラッツィンガーとの対話をする中で、彼はこの人物に関して流布しているイメージを偏見だと思うようになり、「再び神のことを考え始める」ようになって、遂には熱心なカトリシズムの唱道者に変貌したのだった[654]。ゼーヴァルトの一九九六年の対話は、『地の塩』（独 Salz der Erde）との表題で、同年ドイツで刊行された。また二〇〇〇年の対話は、『神と世界』（独 Gott und die Welt）との表題で、同年ドイツで刊行された。またこの間、一九九七年にラッツィンガーの自伝『我が生涯』もイタリアで刊行されている（ドイツ語版は一九九八年）。彼のゼーヴァルトとの対話は、再び大きな反響を呼び起こした。ハンネス・シュタインは、『地の塩』に関連して、時流に抗するラッツィンガーを「頑迷保守」（独 stockkonservativ）で「不寛容な教義学者」（独 unduldsamer Dogmatiker）と呼んでいる[655]。それでは以下でその概要を見てみよう。

二　一般的問題

ラッツィンガー長官は宗教の本質を、人間の自分自身を越えた神と呼ばれる未知のものへの関係、認識可能なものを越えて、この本源的関係に入っていく人間の能力だと述べた。カール・G・ユングが宗教を心理療法そのものだと述べたのに対して、ラッツィンガーは宗教の治療作用は認めつつも、宗教を癒しのトリックのように論じるのは問題だとした[656]。

一人の神が居て、一人の息子を人類救済の為に遣わしたなどという考えは狂気の沙汰であり、それを説くカトリック教会という組織は、その存在自体が既に挑発的だ――こうした批判に対し、カトリック教会が世界を挑発する力を有しているのなら、それは結構なことだと、ラッツィンガーは居直る。成程、欠陥や不足の為にスキャンダルを呼び起こすのは問題だが、世界が安易に流れるのを阻止しようとしてのスキャンダルは問題ではないというのである[657]。

ラッツィンガーはキリスト教が従来の影響力を減退させていることを認めつつも、技術一本槍のこの時世に、既に「新しい方法で人生のモデルを提供している」「真の人間性の場として自己を提示している」と見る。新しい時代には、教会に新しい好機があると主張するのである。彼は古代末期に西方修道制を確立したヌルシアの聖ベネディクトゥスがそうであったように、「現代生活の奇妙な共通合意から脱却して新しい生活形態を試みるキリスト教的脱出者」が居るのであり、特に公の評価を得ていなくても未来を指し示す仕事をしているのだという。[658]

カトリシズムは悲観的宗教だという批判について、ラッツィンガーはそれをフランス革命で生じた不毛な二項対立として退ける。成程近代に進歩への楽観主義が生じたが、進歩がまた破壊可能性の進歩でもあることが益々明らかになっている。またキリスト教徒は人間に関する事柄が次第によくなっていくとは考えておらず、進歩史観の信奉者ではないが、神は人間を見捨てない筈だという確信は懐いているという。更に彼は、キリスト教信仰は辛いもの、無理難題であり、強い人間しか担えないのではないか、信じない方が楽なのではないかという問いに対し、否、信仰は喜びであり、不信心の気楽さは相対的なものに過ぎず、カミュやサルトルの不信心の哲学を見れば明らかなように、虚無主義的状態で生きることになってしまうという。[659]

ラッツィンガーはマリア崇敬をカトリシズムにとって不可欠なものとし、それがイエスへの信仰と矛盾するという考えを退けた。彼はマリア崇敬を排除するプロテスタンティズムや啓蒙主義の進めた宗教の合理化、つまり「純粋主義」（独 Purismus）を、人々の心を凍えさせるもの、人間の情感に反するものとし、カトリシズムはマリア崇敬に留まるとした。彼はマリアという女が神たるイエスを生んだという逸話を、神が人間の近くに居られることを示す証左だとし、マリア崇敬こそイエス信仰への橋渡しだと位置付けたのだった。[660]

ラッツィンガーはカトリック信仰が理性に適っているという点に固執した。「愚昧なるが故に我信ず」というテルトゥリアヌスの言葉を、ラッツィンガーは哲学敵対的で極端な言い回しとして退けた。自分はこの点で断固たるアウグスティヌス主義者であり、「認識する為に我信ず」という立場であるという。詰まりテルトゥリアヌスは理性と信仰との矛盾を認め、それでも敢えて信仰の側に立つと述べたのに対し、ラッツィンガーは信仰が理性と矛盾しないという立場を堅持するのである。[661]

三　カトリック教会の統治構造

ラッツィンガー長官は、教会は「地の塩」「世の光」であるべきだという。[662] それではその教会は具体的にどのような組織であるべきだというのだろうか。

　ラッツィンガーは、冷戦終焉後もカトリック教会の位階制を擁護した。ゼーヴァルトやキュングが hierarchia の原義を「聖なる支配」と解釈するのに対し、ラッツィンガーは「聖なる起源」だと主張して、その否定的先入観を退けた。ただ彼は、身分の上下を弁えよとは言わなかった。枢機卿に対しては「猊下」（独 Eminenz）という敬称を用いて呼び掛けるのが作法だが、自分に対しては（プロテスタント教徒の代表団が嘗てしたように）「ヨーゼフ兄」（独 Bruder Joseph）でも構わないとし、また枢機卿には「特有の要求」が課されているが、司祭や普通の大司教より「より高次の要求」が課されている訳ではないとした。教理省長官としての自分に関しても、「大きな作業共同体の調整役」であって、自分の神学的立場を決して押し付けないと主張している(663)。

　ラッツィンガーは、教皇制は今後ともその本質に於いては残るだろうとした。一方で彼は教皇を、「私が教会だ」というような専断者ではなく、「神の奴隷の奴隷」「恭順の保証人」（独 Garant des Gehorsams）、つまり教会が自分を好きなように改変するのではなく、神に従順であり続ける為の保証人だと解釈した。他方で彼は教皇制を、世にいう「君主制」、しかも約二千年間も続いている唯一のそれであるとし、その点で全く驚くべきものだと述べている。彼は、教皇庁のあり方は必ずしも現在の儘であらねばならないものではなく、時代と共に変遷してきたことを認め、また教皇は本来国家を要しないが、世俗的独立を確保し、他の政府に依存しない為にヴァティカン市国を有しているのだとした。「教皇は専制君主だ」という指摘について、確かにそうとも言えるが、実際には全ての権限を自ら行使しているわけではないとした。ミュンヒェン時代からの持論として、彼はヴァティカンの行政機構は削減されるべきだと述べたが、具体的にどう削減するべきかは明言しなかった(664)。

　ラッツィンガーはキュングが展開した教皇不可謬性への批判を退けた。この件について、彼は、教皇の発言に誤謬を一切ないという訳ではない、教皇が最終決定者だというだけだ、正教では公会議が不可謬とされているが、カトリック教会の場合は公会議の他にペトロの後継者という決定者が居るのだと述べた。彼は教皇不可謬性の起源を既に古代教会に見る。九〇年の教皇クレメンス一世からコリント教会への書簡に、ローマ教会、ローマ司教の特別の責任への記述があるという。

ラッツィンガーは教皇首位性をカトリック教会の本質的構成要素とし、その延長線上に教皇不可謬性を位置付けるが、第一ヴァティカン公会議で決議されたこの「不可謬」という表現が同時代人にとって驚くべき極端なもので、決議に参加しなくて済むよう公会議を離れた司教も多かったことは認めている。教会の統一性を担保するものとして教皇首位性を重視するラッツィンガーは、カトリック教会の脱集権化にも懐疑的で、各国司教会議が定期的に教皇の許へ伺候する「アド・リミナ訪問」の意義を強調した。教皇不可謬性を批判したキュングについては、確かに教職辞令撤回は彼にとって辛いことだったのかもしれないが、「却って自由に活動できるようになって良かったのではないか」「彼の道を尊重するが、教会の名で語るのは無理」だとした。[665]

明らかにドイツ時代の体験を意識して、ラッツィンガーは民主化の潮流をカトリック教会に持ち込むことに反対した。彼によれば、「底辺民主主義」の要求は教会固有の問題ではないが、既に社会主義圏で一度試みられ、失敗に終わったものである。[666] 国家が民主化した先例に倣い、教会も民主化すべきだという考えは、抑〻教会の本質を見誤っている、教会は聖職者だけのものではないが、国家と同じルールで構成されるような組織ではなく、いわば一つの精神的力であるという。更にラッツィンガーは、国家の政治にもキリスト教的基盤が必要だとの主張を展開する。ここでラッツィンガーは、連邦憲法裁判所判事・フライブルク大学教授（公法学・法哲学）エルンスト＝ヴォルフガング・ベッケンフェルデの有名な表現（一九六四年一〇月エブラッハ講演）を援用する。「民主的社会は、自分自身が生み出し得ないような力に依拠して生存している。[667]」。この命題は二〇〇四年、ハーバーマスとの対話でも登場することになる。

ラッツィンガーは民主政それ自体に懐疑的になっていた。「というのも抑〻民主政というものは、我々が知っているように、いわば際どい試み［独 ein gewagter Versuch］であって、多数決原理に基づいて決めることは、人間に関わる事柄の或る特定の枠組を正しく調整できるに過ぎないのです。この多数決原理に基づく決定が真理や、善なるものそれ自体に拡大されるとき、それは馬鹿げたものになります。そしてその多数決によって常に、恐らく非常に多くの少数派が、ただ従わなければならないとしたら、そして多数決により再び或る集団の一種の寡頭制が、支配が生じるとしたら、それもまた馬鹿げたものになります。」。エステルライヒで実施され、ドイツでも試みられた「教会信徒発案」による改革強制について、ラッツィンガーはベルギー、フランスでは反響のない儘失敗し、アメリカ合衆国でも空しく終わると見た。ラッツィンガーはこうした案を、「非常にドイツ的なもの」と呼び、祖国への警戒心を覗かせた[668]。

四　カトリック教会の典礼

ラッツィンガー長官は、異なる事情を抱える様々な地域を相手にするカトリック教会だが、典礼・敬虔さ・道徳上の共通性があり、皆ローマに繋がっていて、一緒にミサが出来るという点を重視する。勿論カトリック教会は五十年前程統一した組織ではないが、それでもそれには尚堅固な統一性が存在すると見ているのである。「カトリック的一体性は、あらゆる境界を越えて一つの全く本物の体験なのです[669]」。

ザルツブルク周辺で生育したラッツィンガーは熱心なモーツァルト愛好家で、古典的な芸術への並々ならぬ愛着を隠さない。「芸術とは正に根源的なものです。理性だけでは、それは学問に於いて自己を表現する訳ですが、それだけでは人間の現実への完全な応答にはなり得ません。理性だけでは、人が表現できる、表現したい、表現しなければならないこと全てを表現できないのです。私は神がそれを人間の中に入れたと思うのです。芸術は学問と共に、神が人間に与えた最高の賜物です[670]」。

因みにラッツィンガーは二〇〇〇年に著書『典礼の精神』を刊行し、彼の典礼論を集大成した。彼の主な命題を纏めると以下のようになる。（一）典礼は生活のあるべき基準を与えるもので、典礼を持たない社会はない。無神論・唯物論国家ですら典礼を生み出し、その空しさを仰々しい吹聴で誤魔化そうとしている。（二）典礼は神の崇拝であり、食事、飲酒、娯楽の為の集会ではない。金の子牛の周りで踊ったという逸話は、利己的な崇拝への警告である。（三）自分自身を捧げるという「人身御供」のような残忍な習慣は、宗教が高度なものへ発展していくと排除されていった。（四）教会の祝祭は単なる典礼的「遊び」ではなく、「ロギケ・ラトレイア」になること、つまり私の存在の「ロゴス化」、私とキリストの自己抛棄との内的同時化を行うことを志向しているのである。（五）女性には御言葉の公の奉仕職が委ねられなかったが、男性と共に礼拝式の中に組み入れられている。（六）第二ヴァティカン公会議は「対民式」礼拝を規定した訳ではなく、単なるノスタルジーではなく典礼の本義を考えれば、聖職者も信徒も挙って神に向かう行列に連なる「対神式」が好ましい。「対民式」をイエスの「最後の晩餐」に準え、司祭に神の似姿を見るのは誤りである。「対神式」は信徒に背を向け、壁に向かって祈る礼拝形態なのではない。（七）東ローマ帝国の「聖像画破壊」はイスラム教徒、ユダヤ教徒を刺戟しない為の措置だったが、全く画像なしの状況は神が人になったという信仰と一致しない。（八）啓蒙は信仰を、一種の知的・文化的ゲットーに押し込めたが、今や単に宗教芸術だけでなく、芸術全般、人間存在そのものが危機の兆候を示している。（九）最近数十年の文化革命で、典礼音楽は危機に瀕している。「クラシック音楽」はゲットーに入れられ、陳腐なもののカルトとしての「ポップ」が擡頭した。「ロック」はカルト的性格を帯びた激情の表現で、キリスト教礼拝に対抗する礼拝である。（一〇）「ドクサ」とは「意見」であると同時に「輝き」であり、Orthodoxieとは「正しい信仰」であると同時に「正しい礼拝」である。（一一）「跪く」「平伏する」という行為は『聖書』に由来するものであり、屈辱的と考えずに励行するべきである。（一二）舞踊はキリスト教典礼の表現形式ではない。典礼を「魅力的」にしようと舞踊やパントマイムをはめ込めば喝采されるかもしれないが、典礼は娯楽ではない。[671]

五　世界のカトリック教会

嘗て主に西ドイツで活動していたラッツィンガーは、教理省長官を十年以上務めるに従い、世界のカトリック教会を見渡す術を学んでいった。

ラッツィンガーは長いローマ暮らしの中で、若い頃軽蔑的に見ていたイタリアに馴染んでいった。西ドイツで学生運動や教会批判に辟易していたラッツィンガーは、イタリアの風土を比較的穏やかと感じたようである。ラッツィンガーは、イタリア社会も進歩派と保守派との両極化を免れてはいないものの、ドイツ程ではない、教皇との絆もイタリアのカトリシズムの方がドイツのそれより深く、緊張は抱えつつもよく団結していると述べた。また彼は、イタリアのカトリシズムは南部では情感を大切にし、民俗習慣と結合し、伝統や行列が盛んだが、北部ではより中欧的、合理的だと述べている。イタリアでも他の欧州諸国と同様教会へ通う人が減っているが、人々は漠然としたカトリック意識を持ち続け、カトリシズムがイタリア・アイデンティティと深く結合しており、共産党員にすらそれが看取できるという。ラッツィンガーは、イタリアのカトリック教会の活力減退を否定しないまでも、活発な面も十分ある、ローマの聖職希望者は五十年前より多いほどだ、ドイツの教会税よりイタリアの文化税の方が制度としてよいのではないかと、擁護論を繰り返している。「キリスト教民主党」（DC）の崩壊に象徴される一九九〇年代イタリア政党政治の変動についても、彼はキリスト教徒が政党間の垣根を越えて共通の倫理的課題に向かうので、教会への深刻な影響はないとした。ただ彼は、カトリック教徒、フリーメイソンを含む世俗主義者、共産主義者の三つ巴の対立には触れ、三者の調整が課題であることは認めた[672]。

尚ラッツィンガーは、自分が「甲冑枢機卿」と呼ばれるのは、個人の問題ではなく「ドイツ人」の国民性の問題だと見ていた。彼によれば、ローマではドイツ人の存在は大きいのに、ドイツ語は教皇庁での通用度が低いという。ドイツ人が警戒される点について、彼はドイツ人側にも自戒が必要だと説く。「私は、ドイツ人の美徳とドイツ人の危うさとはとても密接に結び付いていると思うのです。一方で我々は規律、業績、労働、時間厳守を尊ぶ民族で、そうした性格を以て本当に成功もし、今日再びヨーロッパ最強の経済大国にもなり、安定した通貨も持っています。ですが、そうしたことは容易に或る種の自己過信に繋がるし、業績、労働、生産、実績、規律のみを重視し、これに伴い人間存在の他の多くの局面を等閑に付するような一面的な思考に陥るものです。そうした思考はまた、他国民に対する或る種の傲慢さに繋がる可能性を再三有してきました。つまり抑〻本当にまともなのはドイツ人だけで、他は皆「ろくでなし」だなどという発想です。こうした独善性への誘惑、業績を基準とした一面的な評価への誘惑は、疑いなくドイツ史の、孰れにせよ最近のそれに属するものであり、その歴史に我々は直面しているのです[673]」。

スペインについて、ラッツィンガーは大きな動揺と新しい機運とを指摘した。フランコ独裁から民主政への政治変動と、第二ヴァティカン公会議後の危機とが同時に降りかかった為、スペインのカトリック教会は大いに動揺した、これまでそれはスペイン国家と一体不可分だったが、今後はそうした国教会的伝統を脱却しなければならないとし、非常に批判的な神学が登場しており、司祭や修道士の志願者が激減したが、公会議に対応した新しい発展の機運も見られると期待を表明した[674]。

フランスについて、ラッツィンガーはその世俗主義の過大評価を戒めた。ゼーヴァルトが一九九四年のフランスでの調査結果として、信徒の八三％が自分の良心のみに義務を負うとし、教会の公式の教義に従うと答えたのは一％のみだったと述べると、ラッツィンガーはその調査結果を疑問視した。確かにフランスは最も世俗化された国であり、ガリカニスムの独特な発展があったが、ルフェーヴルの伝統主義運動も起きており、またこの国にも生き生きとした信仰の勃興が見られるとしたのだった[675]。

東欧に関しては、ラッツィンガーは一九九五年の段階で正確な情報がないとしつつも、幾つかの懸念材料を挙げている。ハンガリーに関して、ラッツィンガーはブラニ・ジェルジの創設したボコル運動を取り上げ、社会主義圏で弾圧に抵抗を続け、極端な平和主義を採り、体制の言いなりだった司教たちを攻撃していて、これまでの融和の試みは失敗だったとする。また西欧の批判的神学の影響を受けた者がチェヒアやスロヴァキアで見られるが、孰れも支配的な訳ではない、従来の抵抗の教会がすぐに嘗ての国教会体制に戻れる訳ではなく、安定までに時間が掛かるが、孰れにしても苦難の時代から強い信仰の力が残ったとしている。ポーランドに関しては、彼はカトリシズムがポーランド国民の愛国心と深く結合してきたが、いま再編が進行中だと指摘した。彼はまた、ヨアンネス・パウルス二世がポーランド出身であり、ポーランドによって「西洋の境界」（独 Grenze des Abendlandes）は東方へ広げられてきたとも述べており、ポーランドに「西洋」の先兵としての意義を見ていたことも窺える[676]。

イギリスでだけはカトリシズムが強化されつつあるようだ、やはりイギリスは脱落したものの、ローマ教会の最愛の子なのかとゼーヴァルトが問うと、ラッツィンガーはイギリスの両義性を指摘した。彼は英国教会の教義にはカトリシズムとの共通点が多いが、イギリスはカトリック教会に厳しく距離を取ってきた面もあり、ホッブズも無神論者と並んで、外国君主に従うカトリック教徒を許容しなかった。そうした両義性は今日尚英国教会に残っており、教義を多数決で決めようとするような動きがある一方で、女性叙階に反対し、カトリック教会に改宗するような動きもあるとした[677]。

南米、特に世界最大のカトリック国ブラジルで各種プロテスタント宗団（独 Sekte）がカトリック教徒を改宗させているのは「解放の神学」の影響なのか、ローマから「解放の神学」をもっと応援すればこの改宗を防げたのかという問いに対して、ラッツィンガーは実証的知見がないとしつつも、知識人の産物である「解放の神学」に、その本来の対象だった最下層民が共感せず、寧ろ温かみがないと感じた為に、人々がカトリック教会自体から離れてしまったという「とても多くの人の」説を紹介している。また彼は、プロテスタンティズム側が資金をばら撒いているという説も紹介するが、これは主要な要因ではないだろうとする。彼が重視するのは、こうしたプロテスタンティズム宗団が、教義より体験を重視し、信仰の喜びを直接味わわせようとする傾向である。ただ彼は、南米人のプロテスタンティズム宗団への帰属意識は強固なものではなく、宗団の間で行き来したり、無神論者になったりすることもあるという[678]。

尚「解放の神学」に関連して、この頃になるとラッツィンガーにはマルクス主義はもう過去の問題になっていたが、行き過ぎた反権威主義的自律運動には依然として苦言を呈した。彼はグスタボ・グティエレスらの「解放の神学」を、信仰の政治化として懸念する基本姿勢を繰り返している。その際、自分はレオナルド・ボフに「贖罪の沈黙」など命じていないとし、それはドイツでの作り話に過ぎないとした[679]。

アメリカ合衆国の司教たちが活発に意見を具申していることについて、ラッツィンガーは意見の相違こそあれ、彼等は全く教皇に忠実であり、アメリカ司教会議との関係も良いことを強調した。彼は「アメリカを殆ど知らない」としつつも、アメリカには「道徳的なものへの意志、宗教への願望」があるとし、大衆メディア文化の覇権への抗議も起こっているとして、ヒラリー・クリントンの次の言葉を紹介している。「テレビを消しなさい、そんなものを好きになっては駄目[680]!」。

ラッツィンガーは、アフリカは「希望の大陸」と言われているが、同時に問題だらけでもあるとする。彼はカトリック国のルアンダやブルンディで大虐殺が起きたことを指摘し、福音が実生活に生きるにはどうしたらいいかを考える必要があるとした。またラッツィンガーは、アフリカの司教たちもローマに忠実で、ローマから格下に扱われているような感覚はないと述べた。問題は「文化的受肉」に関する結婚と典礼だが、一夫多妻制はアフリカでは財産法的・社会的問題である為、男性に依存せずとも女性の生活が成り立つようにする必要があるとし、典礼に関してはアフリカの習慣との共存を必要としつつも、安易な典礼の変更には懸念を表明した[681]。

ラッツィンガーはアフリカに関して、イスラム教の進出を問題視している。イスラム教はアフリカの「上級宗教」（独

Hochreligion）を自称し、何ら複雑な教義を持たず、アフリカ人に適合した道徳を有していると利点を主張しているが、イスラム教はアフリカ人の奴隷貿易に関係した過去を有し、アフリカ人に余り敬意を払わず、「文化的受肉」には不熱心で、アラビア人の生活様式を受け入れさせていると、彼は批判している。[682]

ラッツィンガーは、太平洋地域ではフィリピン以外ではカトリック教会が根付くことが出来ず、日本でもカトリック教徒が非常に少なく一定していることを認めたが、日本ではカトリック教会の習慣や文化に大いに関心が寄せられており、その意味でキリスト教は「社会的現実」として存在しているとも述べている。一生保持するようなものではなくても、社会の要因の一つにはなっているというのである。ラッツィンガーが念頭に置いていたのは、日本でキリスト教系の学校が経営され、キリスト教の習慣が愛好され、キリスト教風の結婚式が流行していることだった。[683]

広大な新興国インド及び中華人民共和国にも、ラッツィンガーは期待を寄せる。インドではキリスト教徒の割合は少ないが、「新ヒンドゥー教」はキリスト教から多くの要素をリベラルな形態で受容しているという。また未開拓の中華人民共和国では、キリスト教徒は僅かではあるが精神的に意義を有しており、共産党指導者もそれに一勢力を見ているとしている。[684]

だが古く異なる文化を有するアジアへの布教は、現地文化とキリスト教との兼ね合いが困難であることを、ラッツィンガーも実感することになる。一九九七年一月二日、教理省はスリランカのオブレート会士ティッサ・バラスリヤ神父が破門にした。バラスリヤは長年インドの宗教との対話を図ってきた点で評価されたが、原罪や聖母マリアの無原罪の御宿りを否定し、教会の家父長的体制を批判して、教理省の用意した信仰告白文に署名しなかった為、この措置に至ったのである。だがこの措置に教会内で不満の声が高まったので、教理省は一九九八年一月一五日に破門宣告を撤回し、バラスリヤ側も発言を慎む旨を宣言して和解となった。一九九八年四月一九日から五月一四日までヴァティカンで開催されたアジア特別司教会議では、日本の司教を始め現地関係者から、ヨーロッパ中心主義的な教皇庁の発想への不満が提起された。だが一九九八年八月二三日、今度はインドのイエズス会の霊的指導者で、既に死去していたアントニー・デ・メロ神父の著作が、カトリック信仰と相容れないとして出版禁止となった。メロは他宗教との交流に熱心で、その結果キリスト教信仰への確信を失い、「宗教的無差別主義」に陥っているというのが、ラッツィンガーの危惧であった。二〇〇一年二月二六日には、インドから戻ったベルギー人イエズス会士であるジャック・デュピュイ神父（教皇立グレゴリアーナ大学神学部名誉教授）の著作『宗教多元主義のキリスト教神学に向けて』に、ラッツィンガーは同じ措置を下した。アジアでの宣教者に対し、ラッツィンガーは飽くまでキリスト教の本道を厳守するよう指示したのだった。[685]

ラッツィンガーは世界のキリスト教徒迫害を懸念した。彼は中華人民共和国やその他の国々で、カトリック教徒が教皇に完全に従っている為に迫害を受けていると見た。更に彼は近代主義による文化闘争を懸念している。つまり「キリスト教或いはカトリック信仰を不寛容な、近代性と両立しない時代遅れのものと見て、圧力を加えるという一種の近代的世界観」の危険が益々大きくなっているというのである。後者について、西洋での近代主義によるカトリック教会批判は「キリスト教徒迫害」なのかとゼーヴァルトに問われ、ラッツィンガーは表現が適切でなかったと撤回したものの、多くの生活領域でキリスト教を信奉するのに勇気が必要になってきているのは事実だと述べた。「反キリスト教的」な「意見の独裁」に対して、キリスト教徒という「ノンコンフォーミスト」であることが、益々危険になってきているというのである。彼の本音からすれば、やはり現代の文化闘争は十分「キリスト教徒迫害」なのだろう。[686]

ラッツィンガーの懸念材料は他ならぬドイツであった。彼は政教関係について、より距離のある関係にする可能性もあるとしたが、基本的にドイツにはキリスト教的共通諒解が今でも存在するのであって、「世俗主義」を強行することは「民主的観点」から問題があるとした。特に「ボン基本法」前文にある「神」への言及を削除したり、公立学校の教室にある十字架を除去したりという発想には、彼は強く反対しており、一九九五年の連邦憲法裁判所判決も問題視した。ただローマでは、ドイツ人の存在は無視できないものがあるのに、ドイツ語の通用度が低く、ドイツの問題が十分に認識されていないと見ていた。この頃ラッツィンガーは、バイエルンには定期的に帰郷するものの、全ドイツ的会合には明確に距離を置くようになっていた。彼は二〇〇〇年のハンブルクでのカトリック信徒大会に際して、同性愛者が易々と入場するのに、教会に忠実な青年団体は入場できないと苦言を呈し、二〇〇三年の宗派共同教会大会（ベルリン）では、決議の浅薄さや自己満足的雰囲気を揶揄して、ドイツ司教会議議長レーマンから反撥を買うに至った。[687]

ラッツィンガーは、カトリック教会がヨーロッパを越えて世界各地に拡大している以上、今後ヨーロッパ色を薄め、よりアフリカ的、アジア的、アメリカ的になっていくことが想定されると考えた。また今後の教皇がアフリカやラテンアメリカから選出されることも、十分に可能だとした。とはいえ彼は同時に、危機的な時にはヨーロッパ的意識が前面に出てくるとも述べ、ヨーロッパ的素地の強固さも指摘した[688]。

ラッツィンガーは更なる公会議開催には消極的であった。この点は一九八三年にも触れていたが、一九九六年にはより明確に述べている。進歩派が「第三ヴァティカン公会議」の開催を要求する中で、教理省長官ラッツィンガーは、全米やアジアなどの地域公会議の可能性は示唆したものの、次の世界大での公会議を近未来には不要とし、第二ヴァティカン公会議の克服にはなお時間が必要だとの考えを示している。彼はまた、公会議が「デウス・エクス・マキナ」のように物事を一気に解決してくれる訳ではなく、普通は寧ろ公会議によって対立が増幅されるものであることを警告した[689]。

六　他宗派・他宗教との関係

ラッツィンガーは教理省長官として、プロテスタント教会にカトリック教会の教義上の立場を説いた。一九九三年、バイエルン監督ハンゼルマンが、カトリック団体のアンケートへの回答に対し、嘗て協力関係にあったラッツィンガーに書簡でカトリック教会の見解について幾つかの質問を投げかけた。特にハンゼルマンは、プロテスタント教会のような「教会的共同体」は有効な聖体拝領を維持していない、ローマ教会は諸教会の長であるというような表現を問題視した。ラッツィンガーはハンゼルマンとの友好を気にしつつも、カトリック教会の対場を明確にする返答を行っている[690]。

ラッツィンガーは非キリスト教世界に両義的な態度を示していた。ラッツィンガーは、カトリック以外の宗教からでも助言を得られ、神に好まれ、救済を得られるのかもしれない、アジアの神秘主義からも何かしら学び得る、偉大な神秘主義的伝統は実証的神学では明確でない出会いの可能性を開くと述べるなど、非キリスト教世界に一定の理解を示した。然し南米の「没落した文化」の（フェミニズムに刺戟された）再発見を疑問視したり、インドに真の宗教は有り得ないと述べたりするなど、西洋中心主義批判者による非西洋世界の理想化には明確に距離を置いていた[691]。

全ての大文明は宗教を持ち、キリスト教も他宗教も教義に共通点（中庸の要求、自我の抑制など）があるのだから、要するに全ての宗教は平等だという考えを、ラッツィンガーは啓蒙思想の産物として拒否する。宗教は明らかに平等ではなく、水準に上下があり、中には明らかに病理的で人間を駄目にするものがあるという。彼はマルクス主義の宗教批判にあるように、人間を疎外する宗教というのは実際存在するのであり、例えばアフリカでは悪霊信仰が近代経済の建設を妨げているし、「ヒンドゥー教」と不正確に纏められているものの中にも残酷な儀礼を行うものがあると指摘する。彼はキリスト教世界の魔女火刑についても、元来はキリスト教化で圧伏されたゲルマン人の習慣だったのが、信仰の弱体化で復活したものだと見ている。更に彼は、キリスト教（プロテスタンティズム）の中にも誤った生活様式を取っている宗団はあるとした[692]。

ラッツィンガーはイスラム教には距離を置いていた。彼は、イスラム教が個人や男女平等を重視する西欧的価値に合わないという批判に対しては、イスラム教は統一体ではなく、信徒にはモロッコ王のような「高貴な」者も居れば、急進主義的・テロリズム的な者も居ると留保した。だが同時に彼は、イスラム教世界は西欧世界とは「全く異なる」社会、宗教、政治観に基づいているとし、教義からして民主的法秩序、国家と教会との分離、多元的社会に相応しない面があるので、西欧でイスラム教神学部を設置し、イスラム教会を「公法上の社団」にし、公立学校でイスラム教の授業を行うということはあり得ないとした。世界でのイスラム教勢力の増強に関しては、キリスト教世界の道徳的頽廃とアラブ諸国の経済力向上とがイスラム教のアイデンティティ付与能力を高めているとした[693]。

ユダヤ教に関するラッツィンガーの表現はより慎重である。彼はキリスト教とユダヤ教との対立を始原的なものとする考えに距離を置き、キリスト教徒がユダヤ教徒と共通の起源を有することを重視し、互いに敬意を持つべきだとする（同じ表現はイスラム教に対しては用いられない）。また彼は、イエスはユダヤ人であり、嘗て国民社会主義政権期にプロテスタント系「ドイツ的キリスト者」がそれを否定しようとした点を指摘する。また「ホロコースト」に関しても、キリスト教徒がキリスト教の名で惹き起こしたのではなく、反キリスト者がキリスト教撲滅の前段階として行ったものであることを、自分も子供時代に体験したが、キリスト教の洗礼を受けた者がそれに関与したこと、キリスト教の反ユダヤ主義が多かれ少なかれその基盤になったことは事実だと認めている。こうした表現は、ドイツ人であることを意識したラッツィンガーの配慮なのかもしれない(694)。

七　性道徳の問題

ラッツィンガー長官は性の商品化に強い危惧を懐いた。彼は、性は罪ではないが、神の生産計画に属するものだと説明している。従って性と生殖との分離、例えば避妊や堕胎に対して、彼は危機感を隠さない（尤も人口爆発の問題に関して、彼は教会が十分な提案をしていないことも認めている）。新しい傾向は、子供を祝福すべきものではなく脅威とする見方に現れている。また売春も大昔からあるとはしても、現在では簡単に性を買い、写真も出回るようになって、事態が新たな段階に達しているという(695)。

ラッツィンガーは聖職者独身制を当分変わらないものと見た。ラッツィンガーによれば、それは『聖書』に根拠を有し、自分の人生を抛棄して神に仕えるということを意味するのだという。また独身の聖職者になることは、本人の自由意思でのことだと強調する。一方で英国教会などプロテスタント教会から改宗した妻帯聖職者を、その儘カトリック司祭として受け入れるという措置が取られることがあるが、これは今後も飽くまで例外に留まると述べている。カトリック教会は聖職者候補者の不足の為に独身制を断念せざるを得ないのではないかという見方に対しては、聖職者不足は独身制の為ではなく、少子化と熱心な信徒の減少とによるとした(696)。

ラッツィンガーは女性叙階について、教会には抑〻それを行う権限がないとした。彼は、聖職を権力の問題にしている、疑惑のイデオロギーだとして、フェミニズムには不信感を隠さない。彼は歴史的に形成された性差を批判する「ジェンダー」論から更に生物学的差異の攻撃へと議論が急進化し、人間が幾らでも好きなように変えられるかのようになっていることを、人間が自分自身の創造者に、神になろうとしていると批判する。彼は国際連合の女性問題への取り組みが、純粋に個人主義的観点から行われているのを問題視した。また彼は男女を全く別の生き物とする考えを採らず、人間の二つの種類と見たが、他方で彼は女性にも兵士になり、塵芥処理や鉱山で働く「権利」があるというが如き考え方は、「肉体敵対的、マニ教的イデオロギー」だと否定し、プラトンなどにも見られる肉体嫌悪の思想だとした[697]。

ラッツィンガーは離婚に関しても罪とする方針を堅持した。カトリック教会が離婚者に対し峻厳すぎるのではないかという批判に対しては、再婚者は聖体拝領が出来ないだけで、破門される訳ではないと誤解を戒めている[698]。

第五節　「キリスト教的ヨーロッパ」の為の二正面作戦

一　「キリスト教的ヨーロッパ」擁護論の形成

二〇〇〇年は、全てのキリスト教徒にとって記念すべき年であった。教皇ヨアンネス・パウルス二世はこの年を「聖年」とし、この年を迎える為に在位中唯一となる大勅書「インカルナチティオーニス・ミュステリウム」を一九九八年一一月二八日に発布し、二〇世紀に国民社会主義や共産主義といった「非人間的な独裁政治に変わったイデオロギー」に屈しなかったことを喜び、迫りくる偉大な瞬間に向けて回心するよう、全世界の信徒たちに告げた[699]。

二〇〇〇年頃から、ラッツィンガー長官はヨーロッパのキリスト教共同体としての性格を強調するようになる。二〇〇二年四月一四日に、彼はラジオ・ヴァティカーノで持論を簡潔に述べている。「信仰と思想とには連続性があるとはいえ、確かに強調の仕方を変えるということはあります。それは単に、時代の発展に伴い必要になるものです。五十年前、キリスト教そのものは、まだ西洋社会の只中で極めて堅固に存在していました。従って我々は、その中で信仰が生きている教会、そこから信仰が我々の許に来る教会が、如何によりよくその任務に奉仕できるかを模索しなければならなかったのです。今日、風は遙かに強く我々の顔に吹き付けてきます。孰れにせよ教会は多くのものを既に諦めてしまいました。問いはずっと過激になりました。キリストはイエスに還元されています。彼は一人の模範的な人間な訳ですが、彼に関する意見は非常にまちまちなのです。／神に関する問いは、圧倒的に脇に押し遣られてしまいました。残っているのは人間味のある模範であり、それは神には到底達しないのです。そうした訳で、今日問いは寧ろ次のようなものになっています。神はまだ居るのか？　このイエスなる者は、過去に存在した模範以上のものなのか？　我々は彼に於いて本当に神に達するのか？　こういった問いに答える場合のみ、我々は現代の挑戦に抗して耐え抜くことが出来るのです。」[700]。ラッツィンガーは、「キリスト教的ヨーロッパ」の存在は当然として、その活性化を考えればよかった公会議前の時代が去り、キリスト教の存在自体が疑問視される時代になった為に、「キリスト教的ヨーロッパ」の防衛を説く必要が出てきたと感じたのである。

二〇〇三年、ヨーロッパ連合では「ヨーロッパ憲法条約」の起草が行われたが、ポーランド、イタリア、アイルランド、スペイン、ポルトガルなどカトリック教会と関係の深い諸国がヨーロッパのキリスト教的伝統の明記を要求したのに対し、「世俗主義」を掲げるフランスはこれに反対した。この問題は、多文化化が指摘されるヨーロッパで、キリスト教、カトリシズムの役割を問い直す契機となった[701]。教皇ヨアンネス・パウルス二世は、ヨーロッパの発展の起源にキリスト教があることを憲法条約に明記するよう求めたが、教理省長官ラッツィンガーも二〇〇四年一一月一八日のラジオ・ヴァティカーノで、ヨーロッパがどのようなもので、どこから来たのか、どこから基準を取り出したのかを、憲法条約前文で明記するよう要求した。彼は「ドイツの憲法」には神への言及があること、アメリカ、アングロサクソンの伝統にも同じ傾向が見られることを指摘した。そして憲法条約での神への言及が他の宗教に衝撃を与えるというのは誤りで、寧ろ神に言及しない絶対的世俗主義こそがそれらに衝撃を与えるのだとした[702]。カトリック教会の意向に反して、ヨーロッパ憲法条約案には結局「神」は登場しないこととなったが、条約自体が各国の反対で不成立に終わった為、この紛争は自然消滅することになる。

ラッツィンガーの「キリスト教的ヨーロッパ」擁護論で特徴的なのは、「理性」（独 Vernunft）、つまり人間の知的思考能力を、場に応じて両義的に評価している点である。つまり一方で「理性」への警戒に立脚して、それが惹き起こす止め処ない「世俗化」に歯止めをかける意味で「キリスト教的ヨーロッパ」の維持が主張されており、他方で「文明の衝突」の時代にヨーロッパが自己防衛する為に、「理性」への信頼を込めて「キリスト教的ヨーロッパ」の維持が主張されているのである。

ラッツィンガーは、「ヨーロッパ」を地理的概念ではなく、文化的、歴史的概念として定義し、そこでキリスト教が果たした歴史的役割を強調した。彼にとってキリスト教とはまずはカトリシズムだが、東ローマ帝国や東スラヴ圏のような正教世界との一体性も意識され、ヨーロッパ文化圏内の第二の可能性と位置付けられている。カトリック教会の正教会との教会一致については、彼は「神学上は基本的に可能だが、精神的にまだ準備不足の為、現実にはまだ機が熟していない」と表現している[703]。

このヨーロッパで拡大した「理性」への信仰に、ラッツィンガーは警鐘を鳴らした。それは自然科学の発達を促し、一方で人類に多くの利便を齎したが、他方で遺伝子操作、臓器売買、大量破壊兵器開発などを通じて、人間の生命を脅かすようになった。それらは人間の尊厳の不可侵という神の設けた倫理的限定を忘れ、人間が自分勝手に思考するようになった帰結であるという。この関連で彼は、ソヴィエトの核兵器製造を指揮し乍ら、その使用に抵抗して迫害されたサハロフに共感している。またラッツィンガーは、「啓蒙」が「自由」の観念を偶像化し、剝き出しのエゴイズムを招来し、結局は無政府主義や隷従を生んだという。また避妊や堕胎のように、自分の自由を押し通して他者（つまり胎児）の自由を犠牲にするものが出てきたと批判する。更にラッツィンガーは過剰な「啓蒙」が生み出した価値相対主義を警戒し、その実例として法哲学者（スタンフォード大学教授）リチャード・ローティの議論を挙げている。ローティ（一九三一年—二〇〇七年）はラッツィンガーより四歳若いアメリカ「リベラル」言論人で、自分たちを「左翼」（英 left）と、自由主義者を「右翼」（英 right）と呼ぶ平等主義者である。ジョン・デューイの系譜を引くローティはプラグマティズムの信奉者であり、ラッツィンガーの主張するような「真理」の存在を否定し、「宗教」は勿論、彼が広義の「哲学」に含める「言語」「文化」「人種」「性別」なども、公的領域から排除するべき私的事柄だと説いたのである[704]。

ラッツィンガーは、政治の任務とは現状を変えることに他ならないという「啓蒙」時代の固定観念を、歴史的相対化によって崩そうとした。世界史的に見ると、現状維持志向が強い中国やインドの秩序観に対し、ユダヤ教には破壊的な現状変革への志向があり、これが一九世紀に、「世俗的メシアニズム」、「知識人の宗教」たるマルクス主義として復活したのだという。これに対してキリスト教（『新約聖書』）は、世俗権力の為に祈るが、世俗権力には祈らないという具合に、現状秩序を尊重しつつもそれを神聖視はしないという中庸の道を進んでおり、抑々イエスは救済者（羅 Salvator）であると同時に護持者（羅Conservator）とも見られていたという。更にラッツィンガーは「民主政」を、権力分立・権力統制により恣意と抑圧を最大限抑止し、個々人の自由と人権を最大限保障する体制、自由の表現として全員が権力に参加し、一方的に支配されたりしたりする人が居ない体制と定義し、社会主義体制を含む「全体主義体制」と対置した[705]。

ラッツィンガーは、過剰な「理性」で荒廃した現代社会には、宗教による癒しへの希求、何か「満たされていないという深い感情」があり、それは貧困な社会よりも豊かな社会で顕著だと見ていた。彼は、現代社会を「世俗化」済みのものとし、個々人を「理性的」なものとする理解が、人間の複雑な心を把握できていないと考えていた。彼は更に、神について知的に考えるだけでは十分ではない、「単に「頭で考えられた」だけの神など何の力にもならない」と述べ、キリスト教信仰を「理性」で把握できる範囲でのみ語ろうとする風潮を批判した。彼はまた、西洋が生み出した「絶対的世俗性」が、世界の諸文明には全く異質なものであること、それらは寧ろ神に依拠していることを指摘している[706]。

このようにラッツィンガーは、「理性」への過信に警告を発しつつ、「キリスト教的ヨーロッパ」を擁護したのだが、次に彼が「理性」を肯定する観点からそれを擁護した議論を見よう。

ラッツィンガーは、「文明の衝突」の時代にキリスト教を如何に防衛していくかという文脈で、「理性と信仰」の総合にこそキリスト教の特長があると力説した。彼は儒教、道教、神道、ヒンドゥー教、イスラム教などと比較し、ユダヤ教からキリスト教へと受け継がれた「ロゴス」の伝統を強調する。彼の理解では、「啓蒙」すら神の前での万人の平等を説くキリスト教にその一つの起源を有するものだという。更に彼は、聖界と俗界との分離を成し遂げた西欧キリスト教界が、皇帝教皇主義であった東方キリスト教界とは違って権力分立の発想を生み、人々に自由な行動領域を与えたのだとする。キリスト教の「理性的」側面の称揚は、ラッツィンガーのヨーロッパ観にも投影される。彼は「ヨーロッパ」という概念が、古代から「アジア」「アフリカ」との対比において用いられていたことを指摘する。彼にとって「第三のローマ」たる聖都モスクワは尚ヨーロッパだが、「イスタンブール」と化したコンスタンティノポリスはもはやヨーロッパではない。ラッツィンガーは、「多文化共生」（独Multikulturalität）の潮流の中で、孰れの思想も等しく真である、各人が好き勝手にすればそれでいいとする相対主義の発想が、異文化との「対話」（独Dialog）を通じてキリスト教徒の世界に入り込み、その信仰を掘り崩すことを強く危惧していた[707]。

ラッツィンガーは、「民主政」が順調に運営される為には「政治以前の道徳的基礎」が必要だとする。これに対して彼は、キュングの唱道する人類共通の「世界倫理」設定の試みには消極的である。抑〻学問のような知的営みは何が善で、悪かという問いには応答できないし、また学問の進展は道徳的良心の破壊にも寄与してきた歴史があるというのである。ラッツィンガーによれば、政治の課題は権力を正義（独 Recht）に服させることであり、「正義」の意味内容は今日「民主政」的意思形成に委ねられている訳だが、「民主政」はその現実化において代議制や多数決制を採らざるを得ず、共同体内に道徳的合意がない場合、人種的・宗教的少数派を抑圧する危険性を孕むという。その例として、民衆の怒号に押されてイエスを処刑した総督ピラトゥスが挙げられている。この為彼は、人間を現実に束ねていけるのは、キュングの「世界倫理」のような抽象的構築物ではなく、キリスト教のような具体的宗教だと確信しているのである[708]。

ラッツィンガーは「民主政」の「政治以前の道徳的前提」としてのキリスト教の果たす役割を重視するが、他の宗教が同じ機能を果たしうるとは考えていない。それは飽くまで「ロゴス」の宗教たるキリスト教の特長であって、宗教一般に共通するものではないという。ただ彼はイスラム教に関しては、オサマ・ビン・ラディンのような「狂信的絶対主義」だけではなく、「寛容な合理主義」もまた見られるとして、一定の譲歩をしている。因みにラッツィンガーは中華人民共和国について、いまでこそマルクス主義という西欧起源の文化を受容しているが、その浸透度は疑問だと述べている[709]。

二　教理省宣言「ドミヌス・イエスス」

二〇〇〇年八月六日、「主の変容」の祝日に、教理省長官ラッツィンガー枢機卿は、教理省宣言「ドミヌス・イエスス――イエス・キリストとその教会の唯一性とその救済の普遍性について」を刊行した[710]。ラッツィンガー長官、タルチジオ・ベルトーネ次官が署名し、教皇ヨアンネス・パウルス二世が「使徒的権威を以て」確認したこのラテン語の文書は、他宗教に対するキリスト教の優越性を明言したもので、彼の「キリスト教的ヨーロッパ」擁護論の根幹を為し、「甲冑枢機卿」ラッツィンガーの名を広く知らしめたものである。

この宣言は「教会の普遍的使命」を前提とし、これを脅かす「相対主義的理論」を警戒する。宣言は、キリスト教が唯一真なる宗教であること、イエスの神秘が唯一無二のものであり、その救済が普遍的なものであること、救済の神秘である教会はキリストの体、キリストの唯一の花嫁であることを強調し、イエスが受肉したロゴスであることを説いた。宣言は宗教間対話を認めつつも、それは宣教の一部を為すものであり、宣教に代わるものではないとした。他宗教の祈禱や儀式に関しても、『福音書』の受容の準備に繋がるものがあり得るとしても、やはりそれは神に由来するものではなく、迷信や誤謬に依拠している以上、救済の障害となることは否定し得ないとしている。

この宣言はカトリック教会が唯一のキリスト教会だとしつつも、他宗派も含めたキリスト教会の一体性を意識していた。まず宣言は、正教会を「部分教会」（羅 Ecclesiae particulares）、プロテスタント教会を「教会的共同体」（羅 Communitates ecclesiales）と呼ぶ流儀を踏襲し、共にカトリック教会と区別すると同時に、使徒的聖伝と有効な聖体拝領（領聖）とを共有する前者を、共有しない後者より明示的に優先した。但し後段で、「教会的共同体」は本来の意味での教会ではないが、そこで洗礼を受けた者も不完全乍ら統合されるとし、全キリスト教会の一体性を示したものとなった。

この宣言は、随所で第二ヴァティカン公会議を挙げ、その他の教会文書を援用し、その内容が従来の教会の方針と連続したものであることを強調している。これは、キリスト教と他宗教との「対話」が第二ヴァティカン公会議の「精神」であり、この宣言がそれに逆行するという批判を予め防止しようとする工夫であった。

とはいえそうした工夫が実際に批判者の考えを変えたとは思えない。或る宗教が、特にその教義責任者が、自教への確信を表明するというのは、至極当たり前のことである。カトリック教会がカトリシズムの正当性を主張しなければ、却って不自然だろう。然し言論界の反西洋中心主義の風潮の中で、キリスト教会が、特にカトリック教会が自己の正当性を主張するのは、実際には極めて大胆な行為であり、猛反発は必至であった。また結論的にはキリスト教徒の一体性を強調しているとはいえ、正教会やプロテスタント教会、特に後者に対する優越性を敢えて表明したのも、それが従来の表現の繰り返しに過ぎないとはいえ、やはり挑発的なことであった。イスラム教でも永遠の救いがある、コーランは神の言葉だと断言するキュングのようなカトリック司祭が居る一方で、教義の番人たるラッツィンガーが発布したこの宣言は、カトリック教会が自虐的消極性から攻勢に転じるべく、二〇〇〇年という節目の年に敢えて、自分たちの馬印を高く掲げた闘争宣言だったのである。

三　パオロ・フローレス・ダルカイスとの討論

二〇〇〇年にラッツィンガーは、パオロ・フローレス・ダルカイス（一九四四年―　）という哲学者との対話を行った。学生運動世代の社民系言論人フローレス・ダルカイスは、ローマ大学サピエンツァ校で教鞭をとる哲学教授であり、イタリアの言論誌『ミクロメガ』の編集人としてシルヴィオ・ベルルスコーニの政治手法に警鐘を鳴らした人物でもある(711)。フローレス・ダルカイスは、「現存する民主政」が腐敗や暴力の横行に見舞われ、マフィアも跋扈していることを徹底的に批判し、それを民主政そのものに見せようとする「保守派」を告発する。彼は、財産の不平等を民主政の基盤を脅かすものと見做し、選挙資金の徹底した公的管理を訴える。更に彼は、民主政を担う「市民」、「自律した個人」を殊の外重視し、また民主政には現状批判が不可欠として、マルクスからも現状打破のエネルギーを得ようとする(712)。

このフローレス・ダルカイスとラッツィンガーとは、二〇〇〇年二月二一日、ローマのクィリノ劇場で公開討論会に臨んだ。この討論会は挑発的にも「神は存在するのか」と題され、カトリック教会の首席神学者とイタリアの無神論者との全面対決の場となった。

この討論会でラッツィンガーは、アウグスティヌスなどに依拠しつつ、キリスト教が理性に即しているという持論を繰り返した。キリスト教は今日不可解で理性的でないと思われているが、元来キリスト教は脱神話化の産物、宗教となった啓蒙、「真の宗教」（羅 vera religio）、「真の哲学」（羅 vera philosophia）だったのであり、だからこそ異教に勝利したのだとした。そしてキリスト教は、今日でも尚「啓蒙」であり続けているとしたのだった。また近代的政治理念はキリスト教起源のものが多く、カトリック教徒と無神論者とは実は共通の思想的基盤を有しているのだとした。

然しフローレス・ダルカイスは、ラッツィンガーの呼び掛けに冷淡であった。彼は冒頭から、キリスト教徒は非キリスト教徒を信仰へと導こうとするが、無神論者は別にキリスト教徒に神の不存在を納得させようとする訳ではないと突き放した。フローレス・ダルカイスは（ラッツィンガーが好まないテルトゥリアヌスの）「愚昧なるが故に我信ず」という言葉を引いて、ラッツィンガーがキリスト教を殊更に理性的に見せようとすることへの違和感を繰り返し表明した。彼は、初期キリスト教徒にとっても信仰は理性の「躓き」だったこと、共産主義の批判者だった教皇ヨアンネス・パウルス二世が、「壁崩壊」後は自由主義と消費快楽主義の批判者になっていること、教皇や教会は相対主義を批判するが、デモクラシーには倫理上の多元主義が不可欠であること、教会が一貫して理性の守護者だった訳ではないことなどを挙げて、ラッツィンガーの議論に首を傾げた。

キリスト教と啓蒙とを「双子」とまで言い切るラッツィンガーの議論に、フローレス・ダルカイスは懐疑的だったが、キリスト教と現代社会との共通項を探ろうとする彼の姿勢は、聴衆にはそれなりの共感を呼び起こした。聴衆の喝采を受けて、司会役のガド・レルネルも、「中立の立場を捨てて」拍手を送るという局面も見られた。レルネルはまた、無神論者を自称するフローレス・ダルカイスに関しても、彼は間違いなくキリスト教的根源を持つ人物だと述べ、ラッツィンガーとの間を取り持とうとしたのだった。[713]

四　マルチェロ・ペーラとの往復書簡

物別れに終わったフローレス・ダルカイスの討論と対照的な経過を辿ったのが、マルチェロ・ペーラとの往復書簡である。一九四三年生まれの哲学者ペーラは、フローレス・ダルカイスと同じく公然たる無神論者だが、彼と違ってアメリカ志向の新自由主義者である。ピサ大学などで哲学教授を務めたペーラは、ベルルスコーニと政党「フォルツァ・イタリア」を結成してその副党首となり、二〇〇一年にはイタリア元老院議長に就任している。

このペーラは二〇〇四年五月一二日にローマの教皇立ラテラーノ大学で講演「相対主義——キリスト教と西欧」[714]を行った。ペーラはこの講演で、ハンティントンの『文明の衝突』を援用しつつ、（アメリカを含む広義の）「西欧」（独 Westen）世界のイスラム・テロリズムとの対決の意義を強調して、「ポリティカル・コレクトネス」を唱導する無政府主義者ノウム・チョムスキーや、「脱構築」論者ジャック・デリダらを批判した。ペーラによれば、まさにマックス・ヴェーバーが論じたように、「西欧」のみが普遍的妥当性のある文化を生み出したのは事実であり、また他の文化に対する一定の寛容さを維持しつつ、人権や民主政という「西欧」起源の普遍的価値でそれらを評価することは可能だとした。ここで無神論者ペーラは、近代的政治原理の起源にキリスト教思想があったことを重視し、それを率直に「ヨーロッパ憲法条約」案に明記できない現状に苛立っている。偶然にもこのペーラ講演の翌日、五月一三日にラッツィンガーがイタリア元老院で「ヨーロッパ・アイデンティティ」と題する講演を行い、これに感激したペーラはラッツィンガーに書簡を出した。この書簡でペーラは一九世紀前半のアメリカの状況を念頭に置いて、「非宗派的キリスト教」をヨーロッパ統一の倫理的基盤に据えるべきだと主張した。[715] ペーラの情熱的な提案に対し、ラッツィンガーはトクヴィルのアメリカ論を想起しつつ応答している。ラッツィンガーは、ペーラが近代的政治原理の起源にキリスト教思想を見ることを歓迎した。ただペーラが支持するブッシュ大統領の「対テロリズム戦争」についての意見表明は回避している。またプロテスタンティズムへの不信感から、ペーラの言う「非宗派的キリスト教」なるものの実現にも消極的姿勢を示した。[716]

尚教皇ベネディクトゥス一六世は、二〇〇五年九月二四日にガンドルフォ城でキュングと会見した際に、キュングにこのペーラとの共著『根なし草』を贈った。[717] 教皇にとってこの著作は、「キリスト教的ヨーロッパ」唱道の書として重要だったものと思われる。

五　ユルゲン・ハーバーマスとの対話

ペーラとの対話と前後して、ラッツィンガーは二〇〇四年一月一九日にミュンヒェンのバイエルン・カトリック・アカデミーでユルゲン・ハーバーマスとの討論を行った。前述の通りハーバーマスは、ラッツィンガーが進歩派言論人としてアドルノ、ホルクハイマー、マルクーゼらと共に警戒した人物だが、逆にキュングがマルクス主義から解放され、「あらゆる抑圧された対話」への抵抗者、「支配なきディスクルス」「暴力なき理性的コミュニケーション」の理論家になったと称讃した人物でもある。この有名な討論会は、アカデミー館長フロリアン・シュラー神父により企画され、少人数の招待客だけを前にして行われたが、その中にはバイエルン公フランツ（ヴィッテルスバッハ家家長）、ミュンヒェン＝フライジング大司教フリードリヒ・ヴェッター枢機卿、レオ・シェフチク枢機卿、元連邦大蔵大臣テオ・ヴァイゲル（CSU）、元ミュンヒェン市長ハンス＝ヨッヘン・フォーゲル（SPD）、神学者ヨハン・バプティスト・メッツ、哲学者ロベルト・シュペーマン、政治学者ヴェルナー・ヴァイデンフェルト、現代史研究所長ホルスト・メラーなどが居た。[718]

ユルゲン・フリードリヒ・エルンスト・ハーバーマスはラッツィンガーより二歳若いが、彼とは対極的な人生を辿った。ハーバーマスの祖父はプロイセン西部グンメルスバッハ（ケルンの東郊）のプロテスタント牧師であり、実科学校教師だった父親は一九三三年春以来のNSDAP党員、党郡支部の経済顧問で、戦争中には国防軍少佐となった。父は米本土の俘虜収容所に送られたが、堪能な英語が幸いし、党員歴にも拘らず戦後も法律顧問職に就くことが出来た。ハーバーマス自身はグンメルスバッハの高等実科学校（のち市立ギムナジウムに再編）で自然科学や近代外国語を学んだが、ユングフォルク団員、ヒトラー・ユーゲント団員になり、一九四四年以降は国防軍の補助にも付いた。二〇〇六年に彼が熱心なNSDAP支持者だったのではないかと報道されると、自分を陥れる為の「密告」だとして自己批判を拒否し、父親の経歴にも言葉を濁している。戦後になるとハーバーマスは、自分のNSDAP支持歴に沈黙するマルティン・ハイデッガーの批判（一九五三年）を皮切りに、マルクス主義を選択的に受容しつつ「後進国」ドイツの政治と文化の批判する言論人へと変貌した。ハーバーマスは一旦ジャーナリストになったのち、アドルノの知遇を得て一九五六年に戦間期以来のマルクス主義の牙城であるフランクフルト大学社会研究所（通称「カフェ・マルクス」）の助手となり、暴力革命を支持しているとして所長ホルクハイマーから辞職を求められた時も、アドルノに庇護された。「フランクフルト学派」第一世代のアドルノ、ホルクハイマーが『啓蒙の弁証法』を著し、自然を征服しようとする「啓蒙」に暴力への起源を見たのに対し、第二世代のハーバーマスは「啓蒙」の復権を目指した。ハーバーマスも教授資格（政治学）取得では悶着を経験したが、恩師ヴォルフガング・アーベントロートの庇護で事なきを得た。教授資格論文『公共性の構造転換』は有名となり、ハーバーマスはハイデルベルク大学、フランクフルト大学、ミュンヒェン大学の教授となったが、その知見は進歩派の言論活動でも遺憾なく発揮された。だがSDSと連携していた彼が、大学教官として学生運動の奔流に圧倒された姿は、同時期のアドルノ、キュング、丸山眞男の有様を連想させる。尤も騒動が沈静化すると、ハーバーマスはその社会変革の潮流に積極的に便乗した。学生運動後のハーバーマスは、徐々にマルクス主義色を薄め、ドイツ史の西欧主義的審判者、「憲法愛国主義」とヨーロッパ統合の代弁者として名声を得ていくのである[719]。

ハーバーマスは、ラッツィンガーが語る「知識人」像を地で行く人物である。ハーバーマスは自分たち知識人を、「普遍的利害」を先取りする形で「公的事柄」に言葉と文章によって介入する知識層の人々、その際に自分の職業上の知識を職業以外のところで、しかも如何なる政治的党派の委託もなしに使用することで介入する人々のことだとし、彼等が判断能力のある、そして発言に反応して自分の見解を表明する「読者公衆」を信頼して、自分たちの「批判」的言論を投げかけることを想定している。知識人の前衛的役割を信じる点では、彼はルソーやレーニンなど革命の思想家を連想させるものがある。「公共」「普遍」「市民」「社会科学」という頻出用語にも現れているが、ハーバーマスの「理論」は徹底して抽象的、知性主義的、天下り的で、現実政治もその観点から裁断する[720]。

ハーバーマスは「歴史」という言葉にいつも感情的に反応し、歴史に根差した文化的アイデンティティの現代的役割を認めない。ハーバーマスが政治の基盤に据える「コミュニケーション的行為」は、地域固有のアイデンティティの基盤を想定に入れずに観念されている。一九八〇年代の「歴史家論争」や「憲法愛国主義」論で顕在化したように、何かしら「ドイツ的」なものを追求する人々（彼の言う「保守派」）への、ハーバーマスの攻撃は際限がない。フランクフルト学派の伝統を引き継ぎ、彼は「批判」という概念を専ら「保守派」批判の意味で一方向的に用いている。彼の政治評論は、「左派リベラル」と「保守派」との善悪二元論の繰り返しである。

当日はまずハーバーマスが講演「民主的法治国家の政治以前の基盤？」を行った。彼はカトリック系憲法学者ベッケンフェルデの「自由な法治国家は自分が依拠する規範的前提をもはや自分では正当化できないのではないか」という問いを掲げ、抑〻「民主的立憲国家」とは「ポスト形而上学的」、非宗教的に規範的基盤を正当化するものなのだと居直った。ハーバーマスは、確かに中世の神学が人権理念の前史だとはしても、民主的立憲国家の源泉は飽くまで近世の世俗的哲学にあるのであって、神学と教会とがそれを消化したのはずっと後年のことではないかと述べた。彼は「政治以前の基盤」の役割を認めまいと、民主的な「手続」自体が規範を正当化するのだという論理を展開した。彼は「ポスト形而上学的」、非宗教的な正当化では、「民主的立憲国家」を支えるのに必要な高い士気（独 Motivationen）を、確かに人々の間で十分には喚起できないかもしれないと認める。だが彼はそのような高い士気がどこから調達できるのかを説明せず、日常の実践から自然に湧いてくる、「憲法愛国主義」的な愛着が形成される、「民主的立憲国家」には内在的弱点はないなどと、要領を得ない返答に終始している。結局ハーバーマスは、「公民」的連帯心が湧き上がることで規範への疑いが払拭される筈という希望的観測を縷々述べているに過ぎず、自分で立てた問いに自分で答えに窮している観がある[721]。

だが講演の後半でハーバーマスは、宗教に現代社会に於ける一定の役割を認めた。彼は、理性は自己を顧みるならば、自己の起源が他者に由来することを見出すとし、理性が自己を絶対視せず、他者の運命的力を認める必要があると説いた。更に彼は、哲学が宗教的伝統に学ぶ姿勢を維持するよう説いた。「ポスト世俗化」の時代、市場と行政権力とが社会的連帯を益々駆逐する中で、彼は宗教が連帯の起源となる可能性を認め、信仰する者としない者との対話が必要だと訴えたのである。実はハーバーマスは、この講演の前後にも、現代に於いて宗教がなくならないどころか、再活性化することもあることを認識しており、ローティなどとは違って、現代の公共生活に於ける宗教との共存に関心を寄せていたのである[722]。

続いてラッツィンガーが、講演「世界を束ねるもの――自由な国家の政治以前の道徳的基盤」を行い、彼の年来の持論を繰り返した。キュングは「世界倫理」を説くが、学問には倫理は作り出せない。権力は法の下に置かれなければならないが、法を決定する代議制や多数決は共同体に共通の倫理的基盤がないと暴政に陥る危険性がある。そこで彼は、「理性と信仰」を融合したキリスト教の意義を説いたのである。ここで彼は、ハーバーマスが出さなかった非西欧世界の話題を持ち出した。これは理性の宗教としてのキリスト教を際立たせる戦略だろう[723]。この講演でラッツィンガーは、自由で民主的な法治国というハーバーマスとの共通項を積極的に強調し、教皇制、位階制、性別観、快楽主義批判、キリスト教信仰或いはカトリシズムの唯一普遍性と他宗派・他宗教との関係など、相違を際立たせるような話題を出さなかった。ラッツィンガーは、ハーバーマスが信仰者と非信仰者との対話を呼び掛けたことを歓迎した。

週刊新聞『ツァイト』によれば、討論では両者が更に歩み寄りを見せたという（尤もこの討論の公刊はハーバーマス側が難色を示している為、今日まで実現していない[724]。ハーバーマスが公開を渋るのは、この討論がカトリック施設で行われ、自分にとって不利だったという思いがあるからなのかもしれない。」。ハーバーマスはとりわけ再生医療問題がディスクルス倫理の確実さを動揺させている以上、人間が神の似姿に作られているという「形而上学的」、つまり宗教的前提を、慎重乍らも用いることは已むを得ないとの認識に達した。アメリカ合衆国の「強者の正義」を「共通の正義」に服させようとするラッツィンガーに対し、勿論ハーバーマスは、カトリック教会の要求するような世界の裁定権を認めはしなかったが、ラッツィンガーはハーバーマスに「作戦行動の領域では我々は一致していますよね」と呼び掛けた。発言に立ったミュンスターのメッツは、このようにカトリック教会と実践的合意点の多いハーバーマスが、どうして「ポスト形而上学的哲学者」を自称するのか、もはや分からなくなったと述べたという[725]。実際この討論会は、両者が意見の違いを鮮明にすることより、双方とも融和を目指すことに傾き過ぎた憾みがある。

因みに教皇ベネディクトゥス一六世は、二〇一〇年に一度ハーバーマスに肯定的に触れている。「ユルゲン・ハーバーマスは考えました。神学者もその場に居ることが重要であると。神学者は、彼等の信仰に保存されている宝物を、それが世俗世界でこの世にとっての一つの言葉であるように、翻訳できるのだというのです。彼はその言葉を恐らく、我々とは少し別に考えているでしょう。ですが彼が正しいのは、偉大な言葉を我々の時代の言語・思考イメージに翻訳するという内なる過程は、確かに始まってはいるが、まだ本当には成功してはいないということです[726]。」。

第七章　聖ペトロの後継者　二〇〇五年―二〇一三年

第一節　「ハベームス・パーパム」

一　教皇ヨアンネス・パウルス二世の薨去

二〇〇五年四月二日（土曜日）二一時三七分、教皇ヨアンネス・パウルス二世が薨去した。暗殺未遂事件の後遺症や、パーキンソン病に苦しんだ晩年であった。教皇は安楽死も生命維持も拒否していた。二〇〇五年二月二四日、教皇は呼吸困難の改善の為に、ローマのジェメッリ総合病院で気管切開手術を受け、三月一三日に退院したが、声を出すことが困難になった。八十四歳の教皇は復活祭の礼拝を全て欠席し、ラッツィンガー枢機卿団長やソダーノ国務長官らに実施を委ねた。コロセウムで三月二五日に行われた聖金曜日の「十字架の道行」はラッツィンガーが担当した。復活祭日曜日である三月二七日、教皇は使徒宮殿の窓から姿を見せ、復活祭の祝福「ウルビ・エト・オルビ」を与えようとしたが、深く荒い呼吸の音しか出せなかった。その五日後、教皇はポーランド語で「父の家に行かせて欲しい」と言い残し、昏睡状態に陥った。ポーランドの習慣に従い、最後の旅路を照らす燈火として、蠟燭が一本点された。二〇時、彼のクラクフ時代からの秘書スタニスワフ・ジヴィシュ大司教（のちクラクフ大司教）が、復活祭第八日目の徹夜課ミサを執り行った。ミサが終了して間もなく、教皇は息を引き取った。[727]

この日、教理省長官ラッツィンガーは、聖ベネディクトゥスが庵を結んだ地スビアコでの講演「諸文化の危機に於けるベネディクトゥスのヨーロッパ」を終えて、夕方に急遽使徒宮殿に参内した。ラッツィンガーが入室した時、ヨアンネス・パウルス二世は非常に苦しんでいたが、意識はまだあった。両者はしっかり手を握ったが、教皇はもはや何も話すことが出来なかった[728]。

教皇薨去時からラッツィンガー枢機卿の動きが外部からも目に付くようになった。枢機卿となって三十年近くが過ぎ、前教皇の信頼が篤く、教皇庁でも長老となっていたラッツィンガーは、枢機卿団長として教皇なき教皇庁の臨時指導者を務めたのである。枢機卿「団長」(羅 Decanus)とは、枢機卿団の議長に当たる職であるが、教会法上は「同輩者中の首席」の地位にあり、他の枢機卿の上司ではない(新「教会法典」第三五二条第一項[729])。教皇空位の状況でラッツィンガーの指導性が顕著になっていったのは、職務というより教皇庁内での彼個人の威信と関係があったのだろう。

二〇〇五年四月八日、教皇ヨアンネス・パウルス二世の葬儀がサン・ピエトロ広場で行われた。この葬儀には、米ブッシュ大統領を始め世界中から二百人もの元首級、首脳級の参列者が集まったが、日本は川口順子・首相補佐官(元外務大臣)しか派遣しなかった。参列した約四百万人の熱狂的な巡礼者の中には、「スビト・サント」(直ちに列聖を)という横断幕も見られた[730]。

この葬儀を取り仕切ったのが枢機卿団長ラッツィンガーであり、これが彼にとって世界政治の舞台への本格デヴューとなった。ラッツィンガーは彼等を前にしての説教で、「我に続け!」との主の声に従って神学校に入り、司教になり、教皇になったカロル・ヴォイティワの人生を雄弁に描き出した。「私たち皆にとって忘れがたい儘なのは、聖父が苦しみの表情を湛えつつ、最後の復活祭日曜日にもう一度使徒宮殿の窓に現れ、最後に「ウルビ・エト・オルビ」の祝福を与えた時の有様です。私たちは愛する教皇が、いま父の家の窓辺に居られることを確信できます[731]」。葬儀の後、教皇ヨアンネス・パウルス二世はサン・ピエトロ大聖堂の教皇用地下墓地に埋葬された。

二　教皇選挙

二〇〇五年四月一六日は、ラッツィンガー長官の七十八歳の誕生日であった。この日教理省の職員たちは、長官の誕生日及び退任の祝賀に集まり、白黄二色(ヴァティカン国旗の色)のチューリップの花束を渡した。彼等を前にして、長官

©AFP/PATRICK HERTZOG
教皇ヨアンネス・パウルス２世の葬儀を司式する枢機卿団長ラッツィンガー

は退任後には神学研究に没頭したいと述べた。彼は五月四日からバイエルンのシャイエルン修道院で黙想し、八月には兄ゲオルクとレーゲンスブルク郊外の女子修道院マラースドルフで過ごすことを予定しているとした[732]。

二〇〇五年四月一七日、枢機卿たちは夕方までに教皇選挙中の宿舎「ドムス・サンクタエ・マルタエ」に入った。この宿舎は一九九六年に開設されたもので、そこで枢機卿たちは現代の生活水準に見合った部屋に宿泊し、一緒によい食事を取ることが出来た。従来の教皇選挙では、枢機卿たちは空調設備も便所もない独房で過ごしていたが、ヨアンネス・パウルス二世は、彼等に満足な住環境を提供し、議論の場を設けてこそ、まともな選挙が出来ると考えたのだった。今回宿舎に入った教皇選挙権のある八十歳未満の枢機卿は百十五人である。その中で五十八人がヨーロッパ人、五十七人が非ヨーロッパ人であった。イタリア人は一七％（二十人）、ラテンアメリカ人が一九％、アングロアメリカ人が一一％、アジア人が一一％（うち日本人は白柳誠一、濱尾文郎の二人）であった[733]。

「パパビリ」、つまり教皇候補として名前が挙がっていたのは、枢機卿団長・教理省長官ヨーゼフ・ラッツィンガー（ドイツ）、ブエノスアイレス大司教ホルヘ・マリオ・ベルゴグリオ（アルゼンチン）、ローマ司教総代理カミッロ・ルイーニ、ミラノ大司教ディニージ・テッタマンツィ、ヴェネツィア総大司教アンジェロ・スコーラ（以上イタリア）、典礼秘蹟省長官フランシス・アリンゼ（ナイジェリア）といった顔触れだった。のち徐々にラッツィンガーへの支持が集まってくると、ミラノ名誉大司教カルロ・マリア・マルティーニ（イタリア）を進歩派統一候補として担ぐ動きも出てきた。こうした中で、英米マスメディアが一部候補者に関する否定的情報を流した。ロンドンの新聞『サンデー・タイム』が、ラッツィンガー枢機卿の「ヒトラー・ユーゲント」歴を大々的に報道した。またアメリカのヴァティカン専門家ジョン・アレンが、ゴールデンタイムのCNN番組で、ベルゴグリオ枢機卿がアルゼンチンの軍事政権と癒着していたと述べる人権活動家の証言を流した[734]。

ドイツ・メディアの対応は分かれていた。『フランクフルター・アルゲマイネ・ツァイトゥング』は、四月半ばからラッツィンガー選出の機運に注目し始め、レーゲンスブルクで隠居中の兄ゲオルクにも取材を行った[735]。ミュンヒェンの『南ドイツ新聞』は、「キリスト教的ヨーロッパ」の復興を訴えるラッツィンガーの新刊論文集『大変革時代の価値』を一頁全部使用して紹介した[736]。『ビルト』など大衆新聞は教皇選挙を賭けの対象にし、ラッツィンガーが一番人気だと報じた[737]。『シュピーゲル』は四月五日から三日間行ったアンケート結果だとして、ラッツィンガーの教皇選出を歓迎するかという問いに、賛成するが二九％、賛成しないが三六％、どちらでもいいが一七％だったと報じた[738]。

ケルン大司教マイスナーは、事前に同僚たちと話す中でラッツィンガー選出の機運を感じていたが、本人が拒否する虞があると考え、投票に入る前にラッツィンガーの部屋で二人きりで話すことにした。M「君は狂っていると言うかもしれないが、教会に対する責任から言わねばならない。君が教皇にならなきゃ駄目だよ。」。R「全くだ、君は本当に狂ってるね。」。しばしの沈黙の後、マイスナーは部屋を去る前に付け加えた。M「君が選ばれたら、受諾すると言わなければ駄目だ。」。R「勘弁してくれよ。」。マイスナーが部屋を出るとき、ラッツィンガーは落ち込んで椅子に座っていたという[739]。

二〇〇五年四月一八日（月曜日）午前、教皇選挙に先立つミサ「プロ・エリゲンド・パーパ」がサン・ピエトロ大聖堂で行われた。このミサを司式した枢機卿団長ラッツィンガーは、説教で持論を明快に繰り返した。「この数十年間に、私たちはどれ程多くの思想信条を、どれ程多くのイデオロギー的潮流を、どれ程多くの思考法を知ったでしょうか……多くのキリスト者たちを乗せた思想の小さなボートは、これらの大波に翻弄され、一つの極からもう一方の極へと投げ出されることが少なくありませんでした。マルクス主義から自由主義へ、そして更に自由至上主義へ、集団主義から過激な個人主義へ、無神論からあやふやな宗教的神秘主義へ、神存在不可知論から宗教混合へ、などという具合です。毎日のように新しい宗教団体が生まれ、その際に聖パウロが人々の間の欺瞞について、人を惑わす狡猾さについて言ったことが起こるのです。教会の信条を明快に信じることは、屢々原理主義だと烙印を押されますが、これに対して相対主義、つまり「どこぞの教説に突き動かされて右往左往すること」が、今日唯一つ時代に合った態度であるかのような有様です。相対主義の独裁が生まれ、それは何物も最終的なものとは承認せず、最後の基準として自分自身だけ、自分の欲求だけが有効だと看做すのです。」。説教はヨアンネス・パウルス二世の思い出に触れて終わった。ラッツィンガーの説教が終わると、聴衆の拍手が暫く鳴り止まなかった[740]。

教皇選挙はサン・ピエトロ大聖堂に併設されたシスティーナ礼拝堂で行われる。この礼拝堂はミケランジェロのフレスコ画「天地創造」「最後の審判」で知られ、ヴァティカン博物館の名所の一つである。「創造主たる聖霊よ、来たれ！」（羅 Veni creator spiritus!）の声で枢機卿たちが礼拝堂に入り、選挙の際には「皆退出せよ！」（羅 extra omnes!）の声で有権者以外が退出し、式部官長によって入口を封鎖される。教皇が選出されると煙突から白煙が上げられるが、選出に至らないと黒煙が上げられる風習がある。だが煙の色は判然としないので、二〇〇五年の教皇選挙から大聖堂の鐘も鳴らすことになった。サン・ピエトロ広場には教皇選出の瞬間に立ち会おうと大勢の人々が集まるが、いつその瞬間が来るのかは誰にも分からないのだった。ピウス一一世の選出（一九二二年）には五日間、十四回の投票が必要だった。ピウス一二世の選出（一九三九年）には二日間、三回の投票が、ヨアンネス二三世の選出（一九五八年）には四日間、十一回の投票が、パウルス六世の選出（一九六三年）には三日間、六回の投票が、ヨアンネス・パウルス一世の選出（一九七八年）には二日間、四回の投票が、ヨアンネス・パウルス二世の選出（一九七八年）には三日間、八回の投票が必要であった[741]。

二〇〇五年四月一八日午後に第一回投票が行われ、翌一九日午前に第二回、第三回投票が行われた。ラッツィンガーは着々と票を伸ばしていった。前教皇が引退願を却下し、常に手元に置いたラッツィンガーは、教皇庁内では前教皇の推薦

©AFP/PATRICK HERTZOG
初の教皇掩祝

する候補だと見られていたことだろう。二〇〇五年四月二五日のドイツ人巡礼者の謁見で、新教皇はこの選挙時のことを、ギロチンが落ちてくるのを待つ心境だったと回顧した。長いローマ勤務を終え、漸く安息を得られると思っていたのに、巨大な任務が迫ってくるのに慄然とした、自分よりよい若い候補が居る筈だというのである[742]。

二〇〇五年四月一九日午後に第四回投票が行われた。いつものように一票一票に記された名前が読み上げられたが、「ラッツィンゲル」が七十七回目に読み上げられた時、枢機卿たちの間からは歓声が上がった。一部の枢機卿たちは、これ以上の開票は不要であり、止めるべきだと主張した。これは新教皇への賛成派、反対派の数が明確化すると、教会の団結にとって悪影響があるとの配慮からだろう。だが開票は最後まで続けられ、ラッツィンガーの得票は九十五票だったという。当選してもラッツィンガーが選出を受諾するかどうかはまだ分からなかったが、ラッツィンガーは「聖霊の御名に於いて予は選出を受諾す」と答えた。選出された新教皇は枢機卿たちからの忠誠の誓いを受け、「涙の部屋」と呼ばれる更衣室に入った[743]。

二〇〇五年四月一九日の一七時四〇分頃、システィーナ礼拝堂の煙突から白煙が上がった。然し広場の人々、或いはテレビの視聴者には、それが白煙なのか黒煙なのか今一つ判然としない。その時テレビ・カメラは大聖堂に向きを変えた。一八時四分頃、サン・ピエトロ大聖堂の大鐘がゆっくりと傾き始め、大きな音を立てて鳴り始めた。人々は本当に教皇が選ばれたことを知り、歓声を上げ始めた(744)。

やがてサン・ピエトロ大聖堂の正面入口上のロッジアに、「首席助祭」枢機卿（羅 Protodiaconus：在職期間が最長の助祭枢機卿）のホルヘ・アルトゥロ・メディナ・エステベス枢機卿（チリ出身）が現れた。彼は国際神学者委員会でラッツィンガーと共同作業をしてきた人物である。メディナ枢機卿は各国語で「親愛なる兄弟姉妹たちよ」と呼び掛けたのち、スペイン語風の訛のあるラテン語で次のように宣言を読み上げた。

Annuntio vobis	予は爾等に
gaudium magnum	大いなる喜びを伝えん。
Habemus Papam	我等は教皇を得たり。
Eminentissimum ac	そは尊貴なる
Reverendissimum Dominum,	聖ローマ教会の枢機卿
Dominum Josephum	ヨセフス・
Sanctae Romanae Ecclesiae	ラッツィンゲル
Cardinalem Ratzinger	猊下にして、
qui sibi nomen imposuit	ベネディクトゥス一六世を
Benedictum XVI.	名乗れり(745)。

メディナ枢機卿が群衆に手を振って下がった後、十字架を先頭にした行列がロッジアに現れ、教皇庁式部官長ピエロ・マリーニ大司教らを伴い、白のスータン（詰襟の制服）、赤のモツェッタ（首から上半身を覆う布）、赤地の錦のストーラ

（襟垂帯）を着用した新教皇ベネディクトゥス一六世が初めて姿を現した。熱狂的な歓声が上がり、新教皇が両手を上げてこれに応えた。長い歓声の後、新教皇はイタリア語で次の挨拶を行った。

「親愛なる兄弟姉妹の皆さん、
偉大なる教皇ヨアンネス・パウルス二世の後で、枢機卿の皆さんたちが私を、主の葡萄畑の一人の平凡で地味な従僕を選びました。
私を慰めるのは、主が不十分な道具も用いて働き、影響を及ぼすことを心得て居られるという事実です。特に私は自分を皆さん方の祈りに委ねます。
復活した主の喜びに於いて、その終わることなき助けを信頼して、私たちは前へ歩みましょう。主は私たちを助けて下さるでしょう。そしてそのいとも聖なる母マリアは、私たちのそばに居て下さいます。有難うございます。」[746]

この挨拶の後、「ウルビ・エト・オルビ」（ローマと全世界へ）の名で知られる新教皇ベネディクトゥス一六世の初めての「教皇掩祝」が、ラテン語での朗詠形式で行われた。

Sancti Apostoli	我等がその権能と
Petrus et Paulus,	権威とに信服せる
de quorum potestate	使徒聖ペトルス
et auctoritate confidimus;	及び聖パウルスが、
ipsi intercedant	我等を自ら主に
pro nobis ad Dominum.	執り成し給わんことを。
[Amen]	[聴衆：然あれかし]

Precibus et meritis
beatae Mariae
semper Virginis,
beati Michaëlis Archangeli,
beati Ioannis Baptistae
et sanctorum Apostolorum
Petri et Pauli
et omnium Sanctorum
misereatur vestri omnipotens Deus;
et dimissis omnibus
peccatis vestris, perducat
vos Iesus Christus ad vitam
aeternam.
〔Amen〕
Indulgentiam, absolutionem
et remissionem omnium
peccatorum vestrorum,
spatium verae
et fructuosae paenitentiae,
cor semper paenitens et
emendationem vitae,

永遠なる処女
聖母マリア、
大天使聖ミカエル、
洗礼者聖ヨアンネス、
使徒聖ペトルスと
聖パウルス、
そして全ての聖人の執り成しと
功徳とによりて、
全能なる神が爾等に慈悲を賜い、
爾等の全ての罪を許し給いて、
イエスス・クリストゥスが、
爾等を永遠の生命に
導き給わんことを。
〔聴衆：然あれかし〕
全能にして
慈悲深き神が、
爾等に、
爾等の全ての罪の
免償と赦免と認容とを賜い、
真の実りある痛悔の時と、
常に贖罪の念に満ちたる心と、

gratiam et consolationem
Sancti Spiritus; et finalem
perseverantiam in bonis
operibus, tribuat vobis
omnipotens et misericors
Dominus.
[Amen]
Et benedictio
Dei omnipotentis,
Pa+tris
et Fi+lii
et Spiritus + Sancti
descendat super vos,
et maneat semper.
[Amen]

人生の改善と、
聖霊の恩寵
及び慰めと、
良き御業に於ける
究極の忍耐とを、
与え給わんことを。
［聴衆：然あれかし］
而して
全能の神たる
父の［左方向に十字を切る］
子の［正面に十字を切る］
聖霊の［右方向に十字を切る］
祝福が爾等に下り
永遠に留まらんことを。
［聴衆：然あれかし(747)］

教皇ベネディクトゥス一六世選出の報は世界を駆け巡り、早速様々な反応が出始めた。ラッツィンガーという人物については既によく知られていただけに、新教皇は選出直後から毀誉褒貶に晒されることになった。

選出翌日の二〇〇五年四月二〇日、英大衆紙『サン』は、防空補助員時代のラッツィンガーの写真（彼の回顧録に掲載されていたもの）を一面左下に載せ、「ヒトラー・ユーゲントから……パパ・ラッツィへ」という表題を掲げた。「パパ・ラッツィ」とは、イタリア語の「やぶ蚊」（有名人の私生活を嗅ぎ回るスキャンダル写真家）という意味と、「教皇ラッツィンガー」という意味とを兼ねたものである。これは「ドイツ人＝ナチ」という否定的先入観でドイツ人教皇への嫌悪を煽る表現である。他にも「神の番犬――教皇ベネディクト一六世」（『デイリー・ミラー』）、「「神の番犬」が新教皇になった」（『デイリー・テレグラフ』）などの表題が紙面を賑わせた。選出翌日の四月二〇日はアドルフ・ヒトラーの誕生日だった為、ラッツィンガーの選出がこの日にずれ込めば、英マスメディアがこの点も利用したのではないかとの憶測もある。[748]

逆にドイツ連邦共和国では、教皇ベネディクトゥス一六世の選出を「ドイツの名誉」として歓迎する声が次々に上がった。六十年に亙るドイツ人への否定的先入観からの解放感が、この時俄かに爆発したのである。[749]ドイツ連邦宰相ゲルハルト・シュレーダー（ＳＰＤ・プロテスタント教徒）は記者会見で、連邦政府（ＳＰＤ・緑の党）の名でラッツィンガーに祝辞を送り、「我が国全体にとって大いなる名誉」だと述べた。ドイツ連邦大統領ホルスト・ケーラー（ＣＤＵ・プロテスタント教徒）は祝電を送り、「一人の同胞が教皇になったということは、ドイツの我々を格別の喜びと、更に些かの誇りとで満たす」と記した。連邦外務大臣ヨーゼフ・フィッシャー（緑の党・カトリック教徒）は、聖座との共同作業が先代の時と同様に順調にいくことを希望するとした。数日来ラッツィンガー優勢を報じてきた『南ドイツ新聞』は、一面に新教皇の写真を大きく掲げ、ドイツ人教皇は一一世紀などに七人居たが、今回は一五二三年に薨去したハドリアヌス六世（ユトレヒト出身）以来、約四百八十二年振りだと報じた。ドイツの高級紙『フランクフルター・アルゲマイネ・ツァイトゥング』（二〇〇五年四月二〇日）も、普段は文字だけの一面に新教皇の写真を大々的に掲載した。独大衆紙『ビルト』（二〇〇五年四月二〇日）は、両手を挙げて聴衆に答える新教皇の写真を掲げ、「我々は教

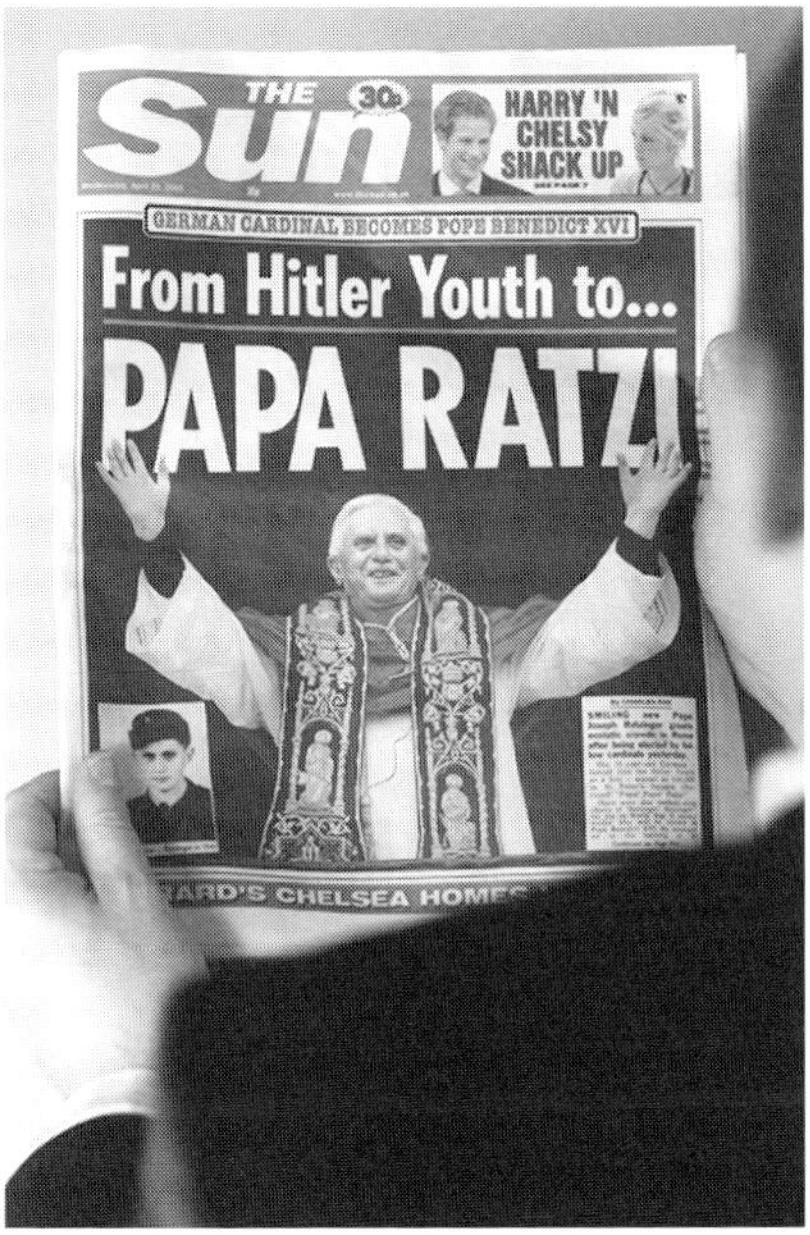

©AFP/ODD ANDERSEN
「ヒトラー・ユーゲントから……パパ・ラッツィへ」

©AFP/OLIVER LANG

ドイツ各紙の報道

皇だ」（独 Wir sind Papst）という文字を掲げた。Wir sind Papst は、「朕は教皇なり」とも解釈できるが、「我等のヨーゼフ・ラッツィンガーがベネディクトゥス一六世になった」という副題があり、左下に小さくドイツ国旗の写真があるので、ここでは寧ろ「我々ドイツ人が世界の頂点に立った」と解すべきだろう。ローマのボルゲーゼ家で教皇選出を待ち侘びていたレーゲンスブルクの大貴族グローリア・フォン・トゥルン・ウント・タクシス侯爵夫人（カトリック教徒）は、「ハベームス・パーパム」を聞いて広場に跪き、「この贈物」を神に感謝した。そして携帯電話で「さあお祝いよ、私たちは天国に席を確保したんだから」と叫んだ。周囲には「ドイツが勝った」と叫ぶイタリア人の若者たちの声が響いていた。バイエルン自由国首相エドムント・シュトイバー（CSU・カトリック教徒）は、この「歴史的出来事」に感激し、バイエルンの全公共施設に国旗掲揚を命じた。ミュンヒェンでは、一八時四五分から聖母大聖堂の鐘が一斉に鳴り始め、市民に新教皇選出を伝えた。ミュンヒェン新市庁舎前の聖ペーター教会では、中央祭壇のペトロ像が前教皇薨去以来教皇三重冠を外していたが、愈々新教皇の着座式の日に再び戴冠することになった。「カトリシズムのタリバン」の異名を持つ保守派言論人マティアス・マトゥセクは、聖霊の導きで教皇選出を最も必要としているドイツ人から教皇が選ばれたとし、カロル・ヴォイティワの教皇選出がポーランド人を勇気付けたように、ヨーゼフ・ラッツィンガーの教皇選出がドイツ人を勇気付けることを望んだ。ラッツィンガーの出生地マルクトゥルでは、人々が家から出てきて抱擁し合い、落涙する光景が見られた。バイエルンには彼の肖像が溢れ、様々な便乗商戦も始まった。マルクトゥルのパン屋ヴィンツェンヘールラインは「ヴァティカン・パン」や「教皇ベネディクトゥス・ケーキ」の販売を始めた[750]。

ドイツ国内が熱狂の渦に包まれる中、ラッツィンガーを批判し続けてきた進歩派言論人たちは言葉を失った。学生運動世代の新聞『ターゲス・ツァイトゥング』（二〇〇五年四月二〇日）は、一面を真黒に塗り、白抜き文字で一言「嗚呼、我が神よ」（独 Oh, mein Gott）と記した。英政治学者ティモシー・ガートン・アッシュは、超保守派のラッツィンガーはヨーロッパをキリスト教化しようとして、逆に脱キリスト教化するだろう、「キリスト教的ヨーロッパ」は（ヌルシアの聖）ベネディクトゥスに始まり、ベネディクトゥス（一六世）で終わるだろうと述べた。キュングはこの教皇選挙に際し、一九七八年と同様に枢機卿たちに教皇の選出基準なるものを提示し、影響を行使しようとしていた。マルティーニを支持していたキュングは、ラッツィンガーが三分の二の票を得ることはないだろうと考えていたので、ベネディクトゥス一六世の誕生には「大いに失望」した。新教皇選出直後、キュングは「庭野平和賞」受賞で来日したが、そこでのインタヴューでは、登位後変化するかもしれないと留保はしつつも、ラッツィンガーは内気で友人もいない人物だ、学生運動で急速に保守化し、位階制の中に自分を見出して、遂にその長になった、宗教裁判を批判していた人が教皇になるのは矛盾だと述べ、年来の競合相手への反感を抑えることが出来なかった[751]。

三　登極の儀礼

二〇〇五年四月一九日の教皇選出時に、新教皇ベネディクトゥス一六世は、枢機卿たちを宿舎「ドムス・サンクタエ・マルタエ」の食堂での直会に招いた。この夕食会で修道女たちの供した食事は、野菜、牛肉、パスタ、アイスクリームなどであった。普段は白ビールなどしか飲まない教皇も、この席では一杯の発泡ワインを口にした。この夕食会には大半の

©AFP/NOTIMEX/JUAN CARLOS ROJAS
着座式の教皇ベネディクトゥス 16 世

枢機卿が参加したが、ただ一人、ベルギー人のゴドフリード・ダンネールス枢機卿が「報道関係者との先約」を口実に欠席した。[752]

二〇〇五年四月二〇日、教皇ベネディクトゥス一六世による最初の典礼が、枢機卿たちも参加して、再びシスティーナ礼拝堂で行われた。「願わくは恩恵と平安とが爾等に増さんことを」（ペトロ前書第一章第二節）という言葉で始まった説教は、ラッツィンガーの教皇となった自分への思いを表現したものだった。大きな使命を前にした困惑と、神の導きへの大いなる感謝の気持ちとが自分の心に共存していると、ベネディクトゥス一六世は告白した。教皇はこの日の説教でも前任者ヨアンネス・パウルス二世への言及に時間を費やしたが、やがて話題は教皇と枢機卿との関係に移り、第二ヴァティカン公会議の教会憲章「ルーメン・ゲンティウム」を示して、教皇と枢機卿との同輩性を強調した。教皇はヨアンネス・パウルス二世が教会の「羅針盤」と呼んだ第二ヴァティカン公会議を、自分も指針にすることを明言したのである。但し教会一致運動に関しては、他宗派との神学的対話を必要としつつも、過去の決定の理由を徹底究明するべきとも述べ、「教会」と「教会的共同体」との区別も行うなど、持ち前の慎重さも覗かせた。尚彼の施政方針演説とも言うべきこの説教は、前日の選出後、僅かな時間内にラテン語で執筆され、彼のトラウンシュタイン仕込みの圧倒的語学力を枢機卿たちに見せつけるものともなった。因みに新教皇はこの第一声で、「朕」（Nos）という一人称が復活させ、以後「余」（私：ego）と併用することになる。[753]

二〇〇五年四月二四日、教皇ベネディクトゥス一六世の着座式が行われた。晴天のサン・ピエトロ広場には、ドイツ連邦大統領ケーラー夫妻、連邦宰相シュレーダー夫妻、スペイン王フアン・カルロス一世夫妻、スウェーデン国王カール一六世グスタフ夫妻（シルヴィア王妃はドイツ出身）、米フロリダ州知事ジェブ・ブッシュ（大統領の実弟でカトリシズムに改宗）、教皇の実兄ゲオルク卿ら賓客を始めとして、バイエルン国旗、ドイツ国旗、ポーランド国旗などを振る無数の参詣者たちがテヴェレ川岸までぎっしりと集まった。嘗て極左暴力運動家の弁護人、緑の党政治家だったオットー・シリーも、この日は連邦内務大臣（SPD）として参列した。バイエルンからも民俗衣装の一団が押し寄せ、放言で有名な政治家ペーター・ガウヴァイラー（CSU）も山岳警備隊の制服で参列した。貴賓席には正教会関係者の姿も目立った。着座式は、まず教皇や枢機卿ら一同が大聖堂中央祭壇下の聖ペトロの墓に参詣するところから始まった。諸聖人の名前を読み上げ、「我等の為に祈り給え」（羅 Ora pro nobis）と答える聯禱が響く中、一同は十字架や聖書を先頭に行列を成し、拍手を浴びつつ全員徒歩で広場に出た。この日のベネディクトゥス一六世は司教冠から祭服まで全身黄金色で、手には前任者の司教杖を持っていた。典礼は概ねラテン語で行われたが、「言葉の礼拝」では福音書朗詠が東西教会を象徴する二様式で競演された。まず髭を剃った助祭一人が白い祭服で登壇し、細い声、高い音域、ラテン語で朗詠した。続いて髭を生やした助祭一人が黄金の祭服で登壇し、太い声、低い音域、ギリシア語で朗詠し、黒衣の男声合唱団との掛け合いを行った。続いて教皇はエステベス枢機卿によりペトロの墓から取り出した「パリウム」を授けられ、金壽煥枢機卿（ソウル大司教・ヘフナー門下生）により「漁夫の指輪」を授けられた。首に掛ける肩衣のパリウムは、ベネディクトゥス一六世の場合、古式に則り長大なものが新調された。漁夫だったペトロに因む「漁夫の指輪」は印鑑の役割も果たし、退位時に破壊される。こののち代表の聖職者、修道士、修道女、信徒たちが新教皇の前に列をし、一人ひとり聖座の前に跪き、教皇の手に接吻をして忠誠を誓った。(754)

イタリア語での説教は長大であった。ベネディクトゥス一六世はヨアンネス・パウルス二世に触れつつ、「主よ、かの者を助け給え」と、教皇への神の加護を枢機卿たちが祈ったことを紹介した。次いで新教皇は、「信じる者は決して孤独ではない」「教会は生きている、教会は若い」と述べ、信徒たちを激励した。更に新教皇は、自らが帯びたばかりの「パリウム」や「漁夫の指輪」について、それらに込められた意義を説明した。こうした説明は信徒に対して為されたものだが、実は自分自身を励まし、自分自身にその任務の重大さを説き聞かせるかのような内容になっていた。新教皇の説教が終わると、大きな拍手と「べー・ネ・デット！」の掛け声が長く止まなかった（ベネディクトゥスは、イタリア語では「ベネデット」、フランス語では「ブノワ」、英独語では「ベネディクト」になる）。

信徒たちの共同祈願が各国語（ドイツ語、フランス語、漢語など）で唱えられ、「聖体拝領式」が始まった。聖変化の際、教皇の奉献文は再びラテン語になった。ベネディクトゥス一六世のラテン語は、ドイツ人らしからぬイタリア訛りである（例えば pacem は、古典的発音ではパーケム、ドイツ訛りではパーツェム、イタリア訛りではパーチェムになる）。この時枢機卿たちが出てきて共同司式となったが、これは教皇と枢機卿たちとの「同輩性」の演出である。教皇の聖座も背凭れが白く簡素なものが用いられた。参詣者が多いだけに聖体授与に向かう司祭たちの数も膨大であったが、人民祭壇の前では教皇自身も聖体を授与した。助祭による「イテ・ミッサ・エスト」（行け、退散なり）の宣言で着座式は終了したが、退場のオルガン曲はプロテスタント教徒ヨハン・ゼバスティアン・バッハの「トッカータとフーガ（ニ短調）」であった。祝祭に似合わぬ重苦しい短調の曲が流れる中、新教皇は白いオープンカーの上に立ち、熱狂する参詣者たちの中を微笑み乍ら回った。沿道はシュヴァイツ人近衛兵が固め、自動車の周囲では黒い背広の警固者が鋭く目を光らせた。尚この翌日午前には、ドイツ人参詣者の為の一般謁見がパウルス六世大講堂で行われた。(755)

着座した教皇ベネディクトゥス一六世を待っていたのは、制約の多い日々であった。ヨアンネス・パウルス二世の第二秘書ミエチスワフ・モクジツキは、前教皇が教皇専用の白のスータンを常時着用していたことを述べ、後継教皇もそうするべきだと説いた。つまり教皇には私服がないのである。また数多くの「一般謁見」（一般参詣者の前に現れるもの）、「団体謁見」（特定の団体に応対するもの）、「個別謁見」（特定の個人の来客に応対するもの）、毎週日曜日正午の「アンゲルス」（使徒宮殿の執務室の窓からサン・ピエトロ広場に集まった信徒たちに行う祈禱・説教・祝福で、復活節の期間は「レギナ・カエリ」と呼ばれる）がある上に、教皇は大量の文書を読む必要があるのだった。「暗殺が怖くはないか」というゼーヴァルトの質問に、教皇は「ない」と一言答えているが、前任者の例を考えればその危険も想定され得るものではあった。(756)

二〇〇五年四月二七日、パウルス六世大講堂での第一回一般謁見で、新教皇から「ベネディクトゥス」という教皇名についての説明が行われた。彼はその際、以下の二点に触れている。（一）ベネディクトゥス一五世との関連：第一次世界戦争中に在位したこの教皇は、教皇庁が国際法上の主権を失っている時期に、中立の立場から中欧列強と協商側列強との仲介に奔走した。「平和という偉大な善」は神の賜物だという信念に生きたこの教皇に、新教皇は思いを致したというのである。（二）ヌルシアの聖ベネディクトゥスとの関連性：西方修道制の創始者である聖ベネディクトゥスは、ヨーロッパの守護聖人であり、ヨーロッパ文明にとってキリスト教が不可分の起源であることを示す証左であって、また新教皇の故郷バイエルンもベネディクトゥス会修道院が多数展開する地域だというのである。

このように本人は教皇名「ベネディクトゥス」の起源を二通りに説明するが、ラッツィンガー個人の思想や、教皇としての八年間の歩みを見る時、本質的だったのはやはり後者だったと思われる。成程ベネディクトゥス一六世は、従来の教皇と同じく、戦乱に苦しむ人々に配慮する発言を繰り返しているが、平和構築の活動が彼の在位期間を特徴付ける要素だったとは言えない。これに対しヨーロッパの守護聖人である聖ベネディクトゥスが、ヨーロッパ文化のキリスト教的起源を象徴する人物であったこと、堕落の極に達し、蛮族の侵入で混乱したローマに於いて、彼がキリスト教徒の新しい生き方を示したことを、ベネディクトゥス一六世は在位中にも力説した（例えば第一三四回一般謁見演説：二〇〇八年四月九日）。また前述のように、前教皇薨去の際ラッツィンガーは、聖ベネディクトゥスゆかりのスビアコでの講演から駆け付けたのだった。教皇名「ベネディクトゥス」の採用は、「キリスト教的ヨーロッパ」を擁護し強化する立場から逆襲するという目標を掲げたラッツィンガーの現代社会への闘争宣言だったのである。

保守派枢機卿という印象からすると、ラッツィンガーに「ピウス一三世」という教皇名を予想する者も居ただろう。然し第二ヴァティカン公会議の継承者を自負するラッツィンガーには、公会議前の時代を象徴する「ピウス」を用いることは、反近代主義を積極的に肯定するようで不都合だったものと思われる。「ヨアンネス二四世」「ヨアンネス・パウルス三世」という教皇名はあり得ただろうが、二番煎じで個性に欠ける印象がある。カトリック教会の原則を守り、古代教父や聖人に思いを致しつつ、信仰の活性化を図るラッツィンガーには、「ベネディクトゥス一六世」というのは相応しい教皇名だったと言えるだろう。

統治方針とは無関係な、音韻上の理由から「ベネディクトゥス」が選ばれたという説もある。教皇選挙前、ラッツィンガー枢機卿は『フランクフルター・アルゲマイネ・ツァイトゥング』のヴァティカン専門家であるハインツ＝ヨアヒム・フィッシャーと散歩し乍ら、次の教皇名は「ベネディクトゥス」がよい、何故なら特にイタリア語の「ベネデット」は響きが良く、ミサ曲にも美しい旋律を持つ「ベネディクトゥス」の部分があるからと述べていたという(757)。

教皇ベネディクトゥス一六世はヨアンネス・パウルス二世の薨去により施錠されていた使徒宮殿に入居した。ラッツィンガーはそれまでサン・ピエトロ広場に近い住居に住んでいたが、使徒宮殿に引越が行われた。一九九一年に姉マリアが死去して以来、ラッツィンガー家の家事はイングリット・シュタンパが行ってきた。シュタンパは元来ハンブルクの音楽教授であったが、「神のみに仕える為に」世俗の地位を断念し、ラッツィンガー枢機卿の家事を行ってきた女性で、修道女ではない。ベネディクトゥス一六世が使徒宮殿に入居する際には、黒衣のシュタンパも同行した。然しシュタンパは使徒宮殿には入居せず、教皇の生活は別な女性たちが面倒を見ることになった(758)。

第二節　「ロゴスの聖座」と「開き過ぎない教皇庁」

一　ロゴスの聖座

教皇ベネディクトゥス一六世の指導手法は、言葉による統治、謂わば「ロゴスの聖座」であった。教皇ヨアンネス・パウルス二世は、世界各地を飛び回って「空飛ぶ聖座」と呼ばれた。登位時に既に高齢だったベネディクトゥス一六世には、同じ流儀は困難であった。それでも彼は八年間で二十五回のイタリア外訪問を行っているが、年平均三・一二五回というのは、流石に前任者の三・八五二回には若干及ばない。またヨアンネス・パウルス二世はパフォーマンスに長けていたが、書斎人のベネディクトゥス一六世は愛想に乏しく、群集にも笑みを浮かべて両手を上げる程度で、彼等を熱狂させるゼスチュアは思い付かなかった。だがベネディクトゥス一六世の最大の強みは、『聖書』など古典を徹底的に読み込んだ圧倒的な知識と、それに裏打ちされた卓越した表現力とにある。彼は言葉の重みによって、カトリック教会を統治し、更に世界に影響を与えようと試みたのである。彼自身もこのように述べている。「修道院文化はヨーロッパ文化の究極的な基盤ということが出来ます。修道院文化の根源にあるのは言葉に対する関心です。」。このような特性の為、ベネディクトゥス一六世には登位後一年で「教授教皇」との渾名を付けられた(759)。

教皇ベネディクトゥス一六世の「ロゴスの聖座」は、誠にドイツ的な印象がある。ドイツでは派手さのない重みのある言葉を発する指導者が尊重される。連邦大統領を務めたリヒャルト・カール・フォン・ヴァイツゼッカー男爵やローマン・ヘルツォークは、演説の名手として名を馳せた。嘗てはビスマルク、ビューローなどドイツ帝国の政治家の演説も、

©AFP/FILIPPO MONTEFORTE
ガンドルフォ城で説教する教皇ベネディクトゥス16世（2007年7月29日）

編集されて愛読された。神学教授として、或いは高位聖職者として数々の講演や討論を行い、議論に於いて鍛え抜かれたラッツィンガーにとって、「ロゴスの聖座」は自分の特性を生かした戦法であった。

教皇ベネディクトゥス一六世の「ロゴスの聖座」は様々な場で発揮された。まず彼は行事に際して、また一般謁見などの機会に、『聖書』の解釈や聖人伝を語り聞かせた。彼の説教は、単なる「お説教」、つまり上からの道徳講話だけではなく、いつも彼の思想研究、歴史研究の成果を豊富に含んでいた。二〇〇九年一月二三日、教皇庁はインターネット動画投稿サイト「ＹｏｕＴｕｂｅ」での配信を開始し、ベネディクトゥス一六世の儀式や説教の風景を常時見られるようにした[760]。更に彼は、教皇在位中に（聖座からの教示ではなく個人の著作として）[761]『ナザレのイエス』と題する著作を発表し（二〇〇七年四月一五日・二〇一一年三月一〇日・二〇一二年一一月二〇日）、また二〇〇八年にはレーゲンスブルク司教区に設置された「教皇ベネディクトゥス一六世研究所」から『ヨーゼフ・ラッツィンガー著作集』の刊行を始めた。更には後進の神学者を育成する為に、教皇は二〇一〇年一〇月一八日に「神学生への手紙」を発表したが、同年一一月二七日には弟子たちの運動により、神学研究振興の為の「ヨーゼフ・ラッツィンガー／ベネディクトゥス一六世ヴァティカン基金」が創設され、「ラッツィンガー賞」を授与することにした。二〇一一年六月三〇日に授与された第一回の受賞者は、ローマ・ラ・サピエンツァ大学教授マンリオ・シモネッティ（八十五歳）、教皇立サマランカ大学教授・スペイン王立倫理学政治学アカデミー会員オレガリオ・ゴンザレス・デ・カルデダル（七十六歳）、教皇ベネディクトゥス一六世哲学神学大学（墺ハイリゲンクロイツ）教授マクシミリアン・ハイム（五十歳）であった。二〇一一年四月二二日（聖金曜日）には、教皇は公共放送であるＲＡＩ（イタリア放送協会）のインタヴュー番組に出演し、教皇として初めて一般視聴者からの質問に答えた（但しその映像の収録は数日前にヴァティカン内で行われた）。この番組で教皇は、東日本大震災に怯える日本人少女「エレナ」（七歳）の声に答え、自分もどうして人々がそれ程苦しまなければならないのかは分からないが、神がきっと共に居て下さると述べた。二〇一一年五月二一日には、教皇は国際宇宙ステーション（ＩＳＳ）と衛星テレビ電話で対話し、ヴァティカン放送（ＣＴＶ）でインターネット中継させた。この時は、質問は教皇の側が提起し、宇宙飛行士が答えるという形式が取られた。二〇一二年一二月一二日、教皇は一般謁見の終わりに短文投稿サイト「ツィッター」での発信を行い、在位最後の日である二〇一三日二月二八日まで、約三箇月に亙って一般人と言葉を交わした（教皇は二〇一一年六月二八日にもヴァティカンのニュース・サイト開設をツイッターで宣伝したことがある[762]）。

だが「ロゴスの聖座」は万能ではない。問題は教皇の神学的講話が事実上知的エリートを名宛人にしている為に、教皇の本来の支持基盤である一般信徒には届き難いという点である。サン・ピエトロ大聖堂前に、パウルス六世大講堂に、ガンドルフォ城に参集した人々は、どの程度教皇の講話の内容に耳を傾けているのだろうか。彼等は寧ろ「現人神」を目にして感激し、一生の思い出にしようと考えているのではないだろうか。ラッツィンガーが繰り出す聖人や神学者に関する講話は、歴史家や神学者にとっては真剣な議論の対象と成り得るが、一般大衆が準備なしにその場で聞いても、十分には理解できなかったに違いない。キュングは教皇が教会統治より著作活動に熱心だと批判し、その講話を「神学的独白」に過ぎないと断じた[763]。これに対し知識人やマスメディアにはそれなりの予備知識があり、時にはラテン語の演説にまで付き合う用意がある。然し彼等は多くの場合、教皇庁或いはラッツィンガー個人に強い反感を懐いており、言葉尻を捉えてスキャンダルにしようと待ち構えている。また世界には言葉が通じない感情的、暴力的な人々も、当然乍ら数限りなく居る。このように考えると、「ロゴスの聖座」という手法が、教皇の影響力を拡大するという目的に相応したものなのかどうかは微妙に思えてくる。寧ろ悪口しか言わない人々のことは気にせずに、「キリストの代理人」として移動用聖座に乗り、教皇三重冠を戴き、天蓋や聖扇を従えて現れた方が、集まった一般信徒たちには感銘を与えたのではなかろうか。但しそうした手法を嘗て批判していたラッツィンガーには、自分が教皇になったからといって、それを俄かに用いることは出来なかった。前述のように教理省長官ラッツィンガーは、教会の簡素化に熱中する知識人の傾向が、一般信徒の心情から乖

©AFP/VINCENZO PINTO
カマウロを被った教皇ベネディクトゥス16世
（2005年12月）

離していると批判していたが、自ら知識人である彼も、そうした傾向を全く離れることは出来なかったのである。

移動用聖座は用いなかったが、教皇ベネディクトゥス一六世はロゴス一本槍ではなく、視覚的なファン・サービスにも一定の配慮をしていた。例えば彼は「カマウロ」と呼ばれる、サンタクロースのような赤い頭巾を着用して登場した（第三一回一般謁見：二〇〇五年一二月二一日）。カマウロの着用は近代に入って廃れていたが、最近ではヨアンネス二三世が着用しており、その再復活は第二ヴァティカン公会議との連続性を意識した面もあるのかもしれないが、教皇としての個性を発揮した面もあるのかもしれない。尤も本人は、カマウロの着用は防寒の為で他意はなく、しかも一度のみだと述べている。尚カマウロの着用が一回で終わったのは、実は「中世の帽子には罪のない動物の血がこびり付いている」と抗議した欧州動物自然愛護団体の影響かもしれない[764]。同様に注目されるのが、赤い靴を履くという教皇の習慣を復活させたことで、これはカマウロとは違って最後まで続けられた。またベネディクトゥス一六世が身に纏った祭服は古風で黄金のものが多く、大規模な礼拝での見栄えを意識していたように思われる。東西教会の様式で福音書を朗詠する習慣も続けられた。聖金曜日のコロセウムでの十字架行列や、ローマ市内での聖体行列など従来からの儀式も、ベネディクトゥス一六世は熱心に行った。キュングはこうした教皇の手法を、「鸚鵡のように着飾っている」「改革の代わりに化粧をしている」と批判した[765]。

「ロゴスの聖座」のもう一つの弱点は、議論には批判が付きものだという点である。結局のところ議論とは、批判し批判される営みである。糖衣の言葉ばかり交わすのは、馴れ合いであって議論ではない。神学教授や教理省長官として批判の矢面に立つことは、学者としては当然のことであり、批判されることが多いのも一種の名誉だと言える。学者にとって最も不名誉なのは、凡庸であるが故に誰からも挑戦されないことである。然し司牧職は違う。後述のように教皇ベネディクトゥス一六世は、聖職者の使命を教授、聖別、統治と説明している（第二二〇回一般謁見演説：二〇一〇年四月一四日／第二二三回一般謁見演説：二〇一〇年五月五日）。教会を管理し信徒を導く司牧職には、言葉の鋭さも必要だが、同時に多くの人々を包み込む包容力が求められる。言葉が鋭敏過ぎて、信徒たちを分裂させるようでは問題がある。ラッツィンガーは教理省長官から教皇になるに際して、学者から慈父への脱皮を求められていたのである。

二「開き過ぎない教皇庁」

「ロゴスの聖座」と並ぶ教皇ベネディクトゥス一六世の方針が、「開き過ぎない教皇庁」である。ベネディクトゥス一六世は、外部との対話は欠かさないが、カトリック教会のアイデンティティは堅持し、教皇庁も身近な人々で固めるという方針を採った。それは「閉じた教皇庁」ではないが、「開かれた教皇庁」でもない、中庸を行く路線であり、ラッツィンガーらしい選択であった。

©AFP/WOJTEK RADWANSKI
聖体顕示台を掲げる教皇ベネディクトゥス16世（2006年5月26日　チェンストホヴァ（ポーランド））

現代の君主制に関しては、屡々「開かれた」君主制なる流儀が話題になる。これは本質的に前近代の産物である君主制が、近代以降も存続していく為に、護持してきた原則や習慣を徐々に抛棄することで、世間の喝采を得ようとする手法である。君主制が毅然と伝統を堅持していると、民主主義を基調とする一般社会との乖離が顕在化し、共和制論の擡頭を招きかねない。これを防ぐ為に、君主家系は身分の区別を緩和したり、儀礼や服装を簡素化したり、意外性のある人物を配偶者に選んだりと、意表に出る行動で次々に話題を提供しようとする。尤もそれは筍生活であって、次々と伝統を抛棄していけば、やがて抛棄するものがなくなってしまう。普通の家族と全く変わりがなくなれば、支配家系は国民の精神的支柱たるに不可欠な非日常性を失い、言論界の喝采とは裏腹に、社会の中で凡俗化して存在感を失う。抑〻「開かれた」君主制の支持者には、君主制が現代化によって存続することを望む穏健派君主制論者も居るが、君主制が凡俗化の果てに自己崩壊することを望む共和制論者も居る。従って君主制の末長い存続を目指す場合には、「開かれた」君主制でも「閉じられた」君主制でもない、「開き過ぎない」君主制が目的合理的だということになる。

教皇ベネディクトゥス一六世は、教理省長官時代からこの点に敏感であった。彼の言動は、カトリック教会の本道を堅実に押さえ、外部世界とも熱心に交流するが、安易には手を広げず、相手を選び、好意の安売りもしないという方針に貫かれていた。大司教時代から引き続き、教皇は「世論調査」に振り回され、「支持者」集めに躍起になるという行動様式を、道徳問題の解決に関しては不適当とした[766]。

教皇名が示すように、ベネディクトゥス一六世はカトリック教会の元来の基盤であるヨーロッパを固め、そのキリスト教共同体としての性格を守ることに情熱を傾けた。この点で特筆すべきなのは、フランス訪問に際しパリのコレージュ・デ・ベルナルディンで行われた講演「西方神学の起源とヨーロッパ文化の根底」（二〇〇八年九月一二日）である。教皇はキリスト教の修道文化が西洋の基盤であるとし、個人に対する如何なる拘束も振り捨てようとする自由放任主義は、自由ではなく自由の破壊だとしている[767]。教皇は世俗化や多文化化がその基盤を損なっていること、特に無神論支配が続いた東ドイツでそれが深刻なことを承知していたが、ヨーロッパはキリスト教と一体不可分だという信念を貫いた。ベネディクトゥス一六世は、或るフランスの政治家が、「自分はプロテスタント的な無神論者だ」と述べた例を挙げ、熱心な信徒の枠を越えて、キリスト教は西洋の文化に深く入り込んでいるのであり、無神論者と雖もキリスト教的文化の一般的な影響下にあると見ていた。こうした広い意味での「キリスト教的ヨーロッパ」の防衛こそ、教皇の最大の目標であった[768]。尚教皇ベネディクトゥス一六世の二十五回のイタリア外訪問のうち、十六回はヨーロッパ諸国（三回はドイツ連邦共和国）であり、それに加えて聖地（パレスティナ、ヨルダンなど）、レバノン、トルコといったキリスト教に縁の深い地、アメリカ合衆国、オーストラリア、中南米、アフリカなどが続いていた。これに対しベネディクトゥス一六世は、東アジアへは足を向けなかった。

教皇ベネディクトゥス一六世は個別謁見の回数を削減し、各国高官との会見は首相級以上に制限した。その背景には、教皇の年齢への配慮など様々な要因があり得るが、一般には教皇が余り開放的でない印象は与えたかもしれない。二〇〇七年八月、教皇がガンドルフォ城に滞在中、米国務長官コンドリーザ・ライスが中東訪問の直前に謁見を強く願い出て、拒絶されるという事件が発生した。ヴァティカン市国は、この時期は教皇が来客を受けない規則がある、今回の措置はアメリカ合衆国の外交的冷遇ではないとし、再度の申請があれば再検討するとも述べたが、ライスがイラク戦争前、ヴァティカンの予防戦争反対論を批判していたことなどが影響したのではないかとの考え方もある[769]。

教皇ベネディクトゥス一六世は、教皇庁を信頼できる人物で固めた。教皇はドイツ出身で、教理省長官時代の秘書であるゲオルク・ゲンスヴァイン卿（一九五六年―）を、教皇秘書として引き続き任用した。ゲンスヴァインはシュヴァルツヴァルトの出身で、一九八四年に司祭に叙階された。彼は一九九三年にミュンヒェン大学で博士号を取得し、教会法の専門家として知られる。彼は一九九五年に教皇庁礼拝秘蹟省の職員となり、翌年ラッツィンガーの率いる教理省に配置転換となった。同時に彼はローマの「オプス・デイ」系大学で教授として教会法を講じている（但しオプス・デイ会士ではない[770]）。ゲンスヴァインはベネディクトゥス一六世により二〇一二年に宮内長官、二〇一三年に大司教に任じられた。ゲンスヴァインはイタリアのマスメディアに「ヴァティカンのジョージ・クルーニー」と呼ばれる男前で、ベネディクトゥス一六世が何か行動する時には、公私に亘り常にその傍に控えていた[771]。更にキュングの助手で、上司の排除に協力した元ロッテンブルク＝シュトゥットガルト司教ヴァルター・カスパー枢機卿（一九三三年―）は、一九九九年以来キリスト教一致推進評議会会議長だったが、二〇一〇年まで留任してベネディクトゥス一六世を補佐した。ヨ

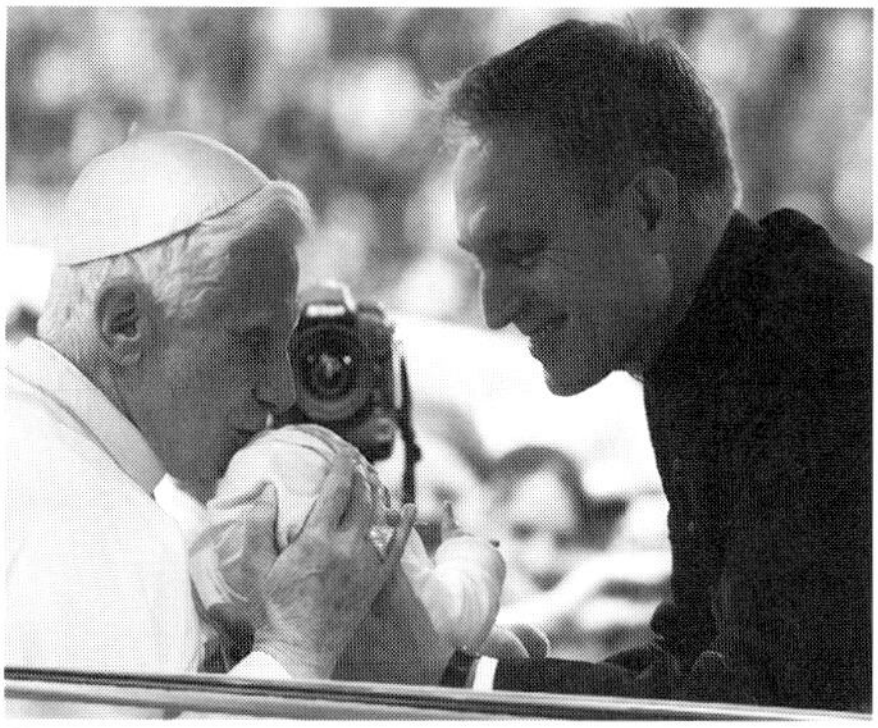

©AFP/JOHANNES EISELE
ゲオルク・ゲンスヴァイン卿（右）

アンネス・パウルス二世の時代、カトリック教義を護持する教理省長官ラッツィンガーと、他宗派との対話を担当するカスパーとが、競合関係にあると噂されることもあったが、ベネディクトゥス一六世の時代には両者は協力的姿勢を明示した。カスパーは、第二ヴァティカン公会議を教会史の断絶と見ず、教会の連続性と内発的改革とを重視し、学生運動や「政治的神学」に脅威を見たなどの点で、教皇と同じ路線にあることを表明した。[772] カスパーの後任にはバーゼル司教クルト・コッホ（のち枢機卿）が任命された。教皇は自分の後任の教理省長官に、二〇〇五年五月一三日にサンフランシスコ大司教ウィリアム・ジョゼフ・レヴェイダを任命したが、二〇一二年にその辞任に伴い、『ヨーゼフ・ラッツィンガー著作集』の刊行を進めてきたレーゲンスブルク司教ゲルハルト・ルートヴィヒ・ミュラー（一九四七年―）を、大司教に昇格の上で後任に任命した。[773] 国務長官には、教皇は二〇〇五年四月にアンジェロ・ソダーノ枢機卿を再任したが、二〇〇六年に彼が退任すると、ラッツィンガー教理省長官の下で次官を務めてきたタルチジオ・ベルトーネ枢機卿を任命した。

「開き過ぎない教皇庁」が「閉じた教皇庁」でなかったことを示す象徴的事件としては、教皇ベネディクトゥス一六世のハンス・キュングとの直接対話がある。キュングは新教皇に、百日間の学習期間を遣ろう、課題はこうだと、丁度教師が生徒に対するような態度で見ていた。そしてキュングは新教皇に直接対話を申し出た。「教皇ベネディクトゥス一六世台下」（独 Seine Heiligkeit der Papst Benedikt XVI.）と始まり、続いて「聖父、親愛なるラッツィンガー殿」（独 Heiliger Vater, lieber Herr Ratzinger）と続く書簡（二〇〇五年五月三〇日）で、キュングは教皇に意見交換を提案した。キュングは同志との事前相談で、会談場所はヴァティカンかガンドルフォ城と決めていた。これに対し新教皇は、六月一五日に快諾の返事を送った。ゲンスヴァイン卿がキュングと電話で日程調整を行い、会談は九月二四日にガンドルフォ城で行われた。キュングは回顧録最終巻で、この日の一部始終、特にテュービンゲン時代と変わらないラッツィンガーの親切な態度を、至極満足そうに振り返っている。両者は（一）宗教と科学との関係、（二）宗教間対話、（三）世界倫理という共通の倫理的基盤についての共同声明を出すことを約して別れた。結局この会談後も、キュングの教皇への批判的論調は変わらなかったが、それでもこの日の出来事は彼には忘れ難い思い出になったようである。[774]

教皇ベネディクトゥス一六世は、司牧活動の中心に「愛」を据えた。教皇は在位中、三つの回勅を発布している。即ち

「デウス・カリタス・エスト」(二〇〇五年一二月二五日)、「スペ・サルウィ」(二〇〇七年一一月三〇日)、「カリタス・イン・ウェリターテ」(二〇〇九年六月二九日)がそれである。更に教皇は、第四の回勅「ルーメン・フィデイ」(二〇一三年六月二九日)を起草していたが、生前退位の為、教皇フランキスクスが引き継いで発布した。この全てが、「愛」を主要な論題にしているのである。ラッツィンガーというと教会を厳しく統制する教理省長官の印象が強いが、それを払拭するかのように、彼は教皇として前向きなところを出していた。教皇が愛を論じる視角も様々で、「デウス・カリタス・エスト」では性愛や愛の共同体としての教会が論じられているが、「カリタス・イン・ウェリターテ」では愛がグローバル化の惹き起こす経済的・社会的・自然環境的諸問題との関連で論じられている[775]。

そうした開放性の強調が奏功したのか、ベネディクトゥス一六世はサン・ピエトロ広場でも、旅行先の各地でも多くの参詣者を集めた。教皇庁宮内庁の発表によると、二〇一二年末までの間に教皇謁見、典礼、アンゲルス、レギナ・カエリに参加した参詣者は二千五十四万四千九百七十人だったという[776]。ドイツなど各地の野外ミサにも、十万人規模の人々が集まっている。言論界では否定的評価が続いた教皇だったが、参詣者の人気は一般に高かった。

第三節　信仰と理性

一　科学技術の一人歩きへの懐疑

教皇ベネディクトゥス一六世は、科学技術の暴走が人間の尊厳を侵害するのに危惧を表明した。科学技術の進歩の称揚とその悲惨な末路という話題は、第二の回勅「スペ・サルウィ」の主題となっている。その際教皇は、アドルノやホルクハイマーを援用して進歩一辺倒、無神論の結末が何であったを示し、神の賜物である理性を濫用する愚昧を説き、理性と信仰との相互補完を求めた[777]。教皇は現代の変化を、「文明の征服」、野蛮、世俗化の進展、ニヒリズムの蔓延、個人主義と相対主義の拡大と見た(第三三一回一般謁見演説：二〇一二年一〇月一七日)。教皇の科学への懐疑は、自分を自分の運命の決定者と見る考え方、人間を基準とする世界観や利己主義への懐疑と繋がっている(第一八五回一般謁見演説：二〇〇九年七月八日／第一八九回一般謁見演説：二〇〇九年八月二六日）。こうした懐疑は、自然法を実定法の基盤に置くべきという主張にも繫がっている（第二二七回一般謁見演説：二〇一〇年六月九日）。

教皇ベネディクトゥス一六世はとりわけ気候変動問題に注目した。教皇がこの問題に注目したのは、「グローバルな責任」、つまり「倫理がもはや自分の集団や国民だけに関係するのではなく、地球や全人類を視野に入れなければならない」という点が端的に現れるからだろう[778]。教皇は、気候変動対策が「共通善」の追求であるとした（アンゲルス：二〇〇九年一二月六日）。だが各国が自ら利益を抛棄するのは困難である。そこで教会こそ人々の道徳心を喚起し、自己抛棄に導く役割を担わなければならないと説いた[779]。また教皇は、気候変動対策の負担が最貧国に少なくなるように要求した（アンゲルス：二〇〇九年八月三〇日）。尚教皇庁は二〇〇七年五月、一般謁見に使用されるパウルス六世大講堂の屋根一面に太陽光パネルを敷き詰めるプロジェクトを発表し、二〇〇八年一一月二六日から稼働が始まった[780]。

二　信仰による科学技術の監督

教皇ベネディクトゥス一六世は信仰の立場から科学技術を否定するのではなく、飽くまで両者の両立を重視する立場を採り、反近代主義との違いを示した。信仰と理性との両立という点は、彼が聖トーマス・アクィナスやソールズベリーのジョンを引用して再三述べていることである（第二〇五回一般謁見演説：二〇〇九年一二月一六日／アンゲルス：二〇〇七年一月二八日など）。教皇は、聖トーマス・アクィナスは信仰と理性とは一致するが認識法が異なると述べたといい、自然法が否定されると個人レベルで倫理的相対主義への、政治的レベルで全体主義国家への道が開けるとした（第二二八回一般謁見演説：二〇一〇年六月一六日）。教皇は、テルトゥリアヌス的な「不条理なるが故に我信ず」という居直りを問題視し、信仰は不条理ではなく理性（科学）と一致するものだと説いた（第三三六回一般謁見演説：二〇一二年一一月二一日）。

尤も信仰と科学技術との両立は、教皇ベネディクトゥス一六世にとっては飽くまで前者優位のものであった。教皇は処女マリアによるイエスの出産や、イエスの処刑三日後の復活の信憑性について問われた時、そんなことはあり得ないと断定するのは「知性の傲慢」（独 eine Arroganz des Intellekts）だ、宇宙がどんな可能性を秘めているのかは我々には分からないと述べている。この辺りで教皇は、本人の意図に反して、アウグスティヌスの論理よりもテルトゥリアヌスの論理に依拠していたのかもしれない[781]。

教皇ベネディクトゥス一六世は、信仰と理性、真理と知識の関係について、二〇〇八年一月二〇日にローマ大学（ラ・サピエンツァ大学）で講演することになっていた。この大学は、教皇ボニファティウス八世が一四世紀初頭に設立し、一八七〇年に教皇領を占領したイタリア王国政府により国立大学にされていた。このローマ講演で教皇は、レーゲンスブルク講演（二〇〇六年）の内容を引き継ぎ、知識の追求を原点とする大学に対して、真理への配慮を忘れないよう説く文面を用意した。この中では、ジョン・ロールズとユルゲン・ハーバーマスが真理への敏感さを示した例として挙げられていた。ところがこの講演前の二〇〇七年一一月、六十七人の教官が連署して抗議文を提出した。それによると、教皇は一九九〇年三月に教理省長官としてガリレオ・ガリレイ裁判に於ける教会の措置に十分距離を置かない発言をしており、また同性愛者にも批判的な姿勢を採っている為、その登壇は望ましくないというのだった。二〇〇八年一月一五日には、講演を妨害しようと急進左派学生が学長室を占拠し、教官たちと共に抗議の旗を掲げた。この為教皇の大学訪問は中止を余儀なくされたのだった[782]。

三　マルクス主義の否定と評価

信仰との共同歩調を忘れた理性の暴走を論じる文脈で、教皇ベネディクトゥス一六世はマルクス主義に言及することを忘れなかった。マルクス主義者は、教会の愛（慈善事業）は金持ちの気休めでしかなく、貧民に不正な体制の下で我慢させるものであって、必要なのは愛でなく正義だと説いた、彼らは公正な社会秩序を目指して、革命後に国有化を進めたが、経済の「グローバル化」で破綻し、「補完性原則」に基く富の再分配を求める教会の社会教説の方が有効なことが判明した、教会の愛は背教者ユリアヌス帝すら感激させたのだと、教皇は説いた。マルクスはプロレタリア独裁という過渡期を経て、正しい秩序が自動的にやってくるとみていたので、既成の秩序を転覆させることには成功したが、どうやって新しい秩序を齎すかの方法を考えなかった、人間はいつも自由であって悪を為す可能性を有するということを見逃した、人間を単なる経済条件の産物と見る唯物論は誤りだと論じている。また教皇は、教会は政治に一切介入しない、キリスト教の慈善活動は政党やイデオロギーから独立したものでなければならない、イデオロギー的に操られた世界変革の道具、世俗的戦略の奉仕者になってはならないと厳命しているが、これは「解放の神学」の否定を念頭に置いたものと考えられる[783]。

但し教皇は、社会的不平等を批判するマルクス主義の道義的問い掛けは肯定的に評価し、カトリック教会の指導者が遅れを取ったことを認めている。教皇はアウグスティヌスの言葉を引き、正義に従って統治されない国家は大強盗団に過ぎないとする。そしてマインツ司教ヴィルヘルム・エマヌエル・フォン・ケッテラー男爵などを嚆矢として、カトリック教会が徐々に社会教説を生み出し、レオ一三世の回勅「レールム・ノウァールム」（一八九一年）からパウルス六世の使徒的書簡「オクトゲシマ・アドウェニエンス」（一九七一年）に至る軌跡を振り返っている[784]。

第四節　性道徳

一　生命の尊重

信仰による科学技術の監督が最も問われるのが生命倫理の領域である。登位前から堕胎反対の姿勢を明確にしていた教皇ベネディクトゥス一六世は、登位後も生命尊重の姿勢を繰り返し表明した。二〇〇五年五月一八日の第四回一般謁見演説に際し、ベネディクトゥス一六世はカトリック教徒の娘テイリー・シャイボの生命維持装置の解除に反対したアメリカの両親シンドラー夫妻と言葉を交わしている。テイリー・シャイボ夫人は一九九〇年の事故で脳に損傷を受け、生命維持装置を取り付けていたが、夫が装置解除を主張し、両親の抗議にも拘らず裁判で勝訴してそれを実行していたのだった。ヴァティカンはシャイボの事実上の殺害を非難する声明を出していたので、このとき教皇と両親との対面が実現したのである。また二〇〇七年六月二七日、第一〇〇回一般一般謁見演説では、折からローマ大学（ラ・サピエンツァ大学）で開催されていた「国際成体幹細胞学会」参加者への挨拶で「科学の進展は結構だが人間存在の尊厳は不可侵」だと述べている。更に二〇一〇年一一月二七日、彼は「全ての出生前の生命の為の祈り」を行っている[785]。

堕胎も受胎調節も問題視するカトリック教会の方針を、教皇ベネディクトゥス一六世は忠実に踏襲した。ベネディクトゥス一六世はパウルス六世の回勅「フマーナエ・ウィータエ」を正当なものと認め、性と生殖とが分離されたら、性は好き放題になってしまうと危惧した。とはいえ教皇は一切の避妊を拒否するのではなく、避妊薬や器具を用いない「自然な受胎調節」は可能との見方を示した[786]。

生殖と切り離された現代人の放埓な性的欲望を戒める試みとして、教皇ベネディクトゥス一六世は在位第一年目の降誕祭に、「神は愛なり」の言葉で始まる最初の回勅「デウス・カリタス・エスト」を発布し、前半で性愛（エロース）の問題を集中的に論じた。教皇はキリスト教が性愛を悪徳にしたというニーチェの説を否定し、教会はその浄化と成熟とを求めただけだ、「エロース」は「アガペー」と切り離せず、人間の本性に根差しているとしつつ、単なる肉体の讃美は容易に肉体の憎悪に転じるとしている[787]。教皇はこの他にも、人間の性を貶めるようなテレビ番組の批判を行っている（レギナ・カエリ：二〇〇七年五月二〇日）。

二　家族の保護

生命を育む場として、教皇ベネディクトゥス一六世は家族の大切さを説いた。ここでいう「家族」とは、第三の回勅「カリタス・イン・ウェリターテ」が明言するように、男女の結婚を基礎とした共同体のことである[788]。ベネディクトゥス一六世は、「家族は生きた有機体」（伊 un organismo vivente）だとし、結婚を基盤とする家族の保護を訴えた（アンゲルス：二〇〇六年七月二日／第二七四回一般謁見演説：二〇一一年六月八日）。結婚は『聖書』が示す、男女の自然な生き方であって、結婚が失われれば文化の根拠も破壊されると、教皇は説いた[789]。家族の意義を説く運動の一環として、ベネディクトゥス一六世は、二〇〇六年七月一日から九日までスペイン・バレンシアで行われた「第五回世界家庭大会」、二〇一二年五月三〇日から六月三日までイタリア・ミラノで行われた「第七回世界家庭大会」に参加した[790]。また二〇一一年六月にクロアティアで、教皇は「第一回クロアチア・カトリック家庭の日」に参加している（第二七四回一般謁見演説：二〇一一年六月八日）。

教皇ベネディクトゥス一六世は、婚姻の秘蹟を解消不能とするカトリック教会の方針を堅持した。信仰に於いて締結された婚姻は解消してはならないというのが主の言葉であり、現代の生活形態に合わないからといって、これを操作することは出来ないという（アンゲルス：二〇〇六年一〇月八日）。同様に教皇は、一夫一妻婚を変更しようとする試みも『福音書』と矛盾すると明言した。[791] 二〇〇五年一〇月の第一一回「世界代表司教会議」でも、結婚したカトリック教徒が婚姻を解消せずに民法上再婚した場合は聖体拝領が出来ないという従来の原則に対し、緩和の提案は出されなかった。[792] 但し二〇〇七年三月四日、教皇は使徒的勧告「サクラメントゥム・カリターティス」を発布し、婚姻を解消する結婚裁判所が「無効」請願に迅速に対応するよう指示した。[793]

三　カトリック的性別理解の堅持

教皇ベネディクトゥス一六世は女性司祭の叙階を問題外とした。教皇はヨアンネス二三世の表現を引用し、教会は女性を叙階する「権限を有していない」とする。「我々はしたくないのではなく、出来ないのだ」という。教会の形態は主イエス・キリストから与えられたものであり、我々はこれに従うべきである、要するに教会とは「恣意的に作られた体制」（独 Willkürregime）ではないのである。けれどもこれを「女性差別」というのは当たらない、何故なら教会で女性は（別種の）偉大な、重要な機能を果たしているからという。[794] 教皇は「ジェンダー」論とは異なる立場から、女性の活躍を積極的に評価しようと試みた。ベネディクトゥス一六世にとってそれは、使徒的書簡「女性の尊厳と使命」を出したヨアンネス・パウルス二世の路線を引き継ぐことであった（アンゲルス：二〇〇九年三月八日）。

教皇ベネディクトゥス一六世の教説で特別の位置を占める女性は聖母マリアであった。ベネディクトゥス一六世の説教でも、マリアは「元后」（羅 Regina）、つまり女王と呼ばれている（アンゲルス：二〇一〇年八月二二日／第二三三回一般謁見演説：二〇一二年八月二二日）。マリアにはまた「神の母」という称号も奉られ、東方でも西方でも崇敬してきたことが強調されている（第一二二回一般謁見演説：二〇〇八年一月二日／アンゲルス：二〇一〇年八月一日／アンゲルス：二〇一〇年八月一五日）。前述のように公会議時代のラッツィンガーはパウルス六世がマリアを「教会の母」と呼んだことを批判したが、逆にベネディクトゥス一六世は自分の回勅でその事実を肯定的に引用している[795]。マリア崇敬はカトリシズムの非合理性の象徴と揶揄され、第二ヴァティカン公会議では抑制の対象となった。ヨアンネス・パウルス二世がポーランドからマリア崇敬を大々的に持ち込んだのに対し、ベネディクトゥス一六世はイエス中心主義的だとゼーヴァルトは指摘する[796]。確かにそれは教皇の著作『ナザレのイエス』にも現れている。だがそれでも、教皇はマリアへの敬意を何度も表明した。マリアは回勅でも「希望の星」「正義の鏡」「平和の女王」と呼ばれており、ベネディクトゥス一六世の教説に於いて決して副次的な話題ではなかった[797]。

カトリック教会は女性を男性とは別の特性を有する人間として尊重しているというのが、教皇ベネディクトゥス一六世の立場であった。このことを明確にする為に、彼は二〇一〇年九月一日から翌年一月二六日までの一般謁見で、「女性の神秘家・教会博士」に関する連続講話を行った[798]。ここで扱われたのは、ビンゲンの聖ヒルデガルト（第二三六回一般謁見演説：二〇一〇年九月一日）、アッシジの聖キアラ（第二三八回一般謁見演説：二〇一〇年九月一五日）、ハンガリーの聖エリザベート（第二四三回一般謁見演説：二〇一〇年一〇月二〇日）、モン・コルニヨンの聖ジュリエンヌ（第二四七回一般謁見演説：二〇一〇年一一月一七日）、聖ジャンヌ・ダルク（第二五六回一般謁見演説：二〇一一年一月二六日）といった人々である。特にドイツで有名な中世の神秘家、女子修道院長、作曲家であるビンゲンの聖ヒルデガルトには、新たに「普遍教会博士」（羅 Doctor Ecclesiae universalis）号が授与された（レギナ・カエリ：二〇一二年五月二七日）。

同性愛に対しても、教皇ベネディクトゥス一六世は厳格な態度を示した。教皇は、同性愛者も勿論人間として敬意を表されるべき存在であることに変わりはないが、男女の性の本質が生殖にある以上、同性愛が本質から外れたものであることは否定できないという。男子独身の聖職者の中にも同性愛者が居るという指摘に対しては、聖職者独身制が性の断念である以上、司祭職と同性愛とは両立不能であるという認識を示し、聖職者独身制が（女性との）結婚を好まない男性を司祭職へ導いているのは問題だとした。そして教皇は、同性愛者の候補が司祭になれないことを、教皇庁教育省が通知したと述べた[799]。

教皇ベネディクトゥス一六世は、カトリック教会の性別理解に対する轟々たる批判は「不寛容」だと批判する。曰く

「非差別の名の下にカトリック教会に同性愛や女性叙階への立場を変えるように強要すること」「寛容の名の下に寛容を廃止することが、我々が直面している本当の脅威です。」。「危険なのは、理性が――所謂西欧の理性が――今や本当に正しいものを認識した、それに伴い全体を把握したと主張することです。全体を把握したという主張は、自由の敵です。」。ゼーヴァルトもこれに相槌を打って、『シュピーゲル』の記事を引きつつ、カトリック教会批判を「無神論者の十字軍」と呼んでいる[800]。

四　聖職者性的虐待問題への対応

カトリック聖職者による、特に未成年者に対する性的虐待問題は、教皇ベネディクトゥス一六世の在位期間に於ける最大の論争点の一つになった。本論でも見てきたように、この問題には長い前史があり、以前からカトリック教会の聖職者独身制を批判する声は大きかった。また抑〻性的虐待はカトリック聖職者に固有の現象な訳でもなく、独身であることが性的虐待への欲求を増大させるという因果関係論も直観の域を出ない。教皇ベネディクトゥス一六世も、性的虐待はカトリック教会の固有の問題では全然なく、一九七〇年代には小児愛を肯定されるべきものと説く者まで居て、それがカトリック倫理神学にまで忍び込んだと指摘している[801]。にも拘らずこの教皇の時代にこの件がこれだけ問題化し、次代のフランキスクスの時代になって急に非難が止んだというのは、保守派神学者ラッツィンガーへの言論界の反撥が、この問題に一つの捌け口を見出したという可能性が大きい。

教皇ベネディクトゥス一六世は、聖職者独身制の意義を引き続き説いた。彼によれば、独身制とは自分と現在とを超越して未来の誠に向かうことである。現代では結婚しない人が増えているのに、独身制への批判があるというのは驚くべきことだが、昨今の人々が結婚しないのは、絆や決定的なものを拒絶し、自分一人の為に生きたいという希望に基づいている。これに対し独身制とは、自分を神に委ねるということなのだという[802]。二〇一二年六月には、彼は聖アンブロシウスも引用しつつ、独身制の意義を再論している（第三一七回一般謁見演説：二〇一二年六月六日）。尚二〇〇五年一〇月の第一一回「世界代表司教会議」でも、聖職者独身制はラテン典礼の教会では変更不可と決議された[803]。

聖職者独身制批判と関連付けたカトリック聖職者の性的虐待批判に、教皇ベネディクトゥス一六世は落胆を隠さなかった。「残念乍ら、一部の奉仕者の不忠実の結果、教会自身が苦しんでいる、嘆いても嘆ききれないような状況も存在します。世はそこに躓きと拒絶の理由を見出します。このような場合に教会に最も役立つのは、奉仕者の弱さを率直且つ完全に認め乍ら、神の偉大な賜物を喜びを以って改めて実現することです[804]。」。

カトリック聖職者の性的虐待問題に、教皇ベネディクトゥス一六世は大いに振り回された。二〇〇八年四月一七日、教皇はアメリカ訪問に際し、在米教皇庁大使館で司祭の性的虐待の被害者と会見した。二〇一〇年二月一五日には、聖職者による未成年者虐待問題で教皇召集によるアイルランド司教団会議が行われた。この結果、同年三月二〇日、『アイルランドのカトリック信者への手紙』が出され、アイルランドの被害者との連帯が表明された。二〇一〇年四月一八日には、教皇はマルタの教皇庁大使館内で犠牲者と会見した。二〇一一年五月一六日には、教皇庁はレヴェイダ教理省長官の名で虐待問題ガイドライン（五月三日付）を発表した。教皇庁の取り組みにも拘らず、性的虐待問題に関するカトリック教会批判は一向に収まらなかった。二〇一〇年六月二四日の朝一〇時一五分、メヘレンにあるメヘレン＝ブリュッセル大司教館に、ベルギー警察が虐待問題で家宅捜索に入り、関係物品を押収し、聖職者に夕方まで事情を聴くという事態が生じた。教皇庁は翌二五日、このベルギー警察の手入れに抗議すると共に、二七日に教皇がベルギー司教団に連帯の手紙を送った[805]。

こうした混乱を受けて枢機卿団にも亀裂が走った。ヴィーン大司教で、将来の教皇候補とも目されるシェーンボルン枢機卿が、枢機卿団長になっていたアンジェロ・ソダーノ前国務長官（一九九一年—二〇〇六年在任）を、聖職者性的虐待問題に関しての対応に不手際があったと批判したのである。シェーンボルンは、一九九五年のグローエル辞任問題に際してもソダーノが捜査を妨げた、今回もソダーノは虐待批判を「無駄話」（伊 chiacchiericcio）と呼んで被害者を侮辱したと批判した。この騒動に、シェーンボルンの恩師でもある教皇が介入した。二〇一〇年六月二八日、シェーンボルンは教皇の謁見に臨んだ。この席には現国務長官ベルトーネ、前国務長官ソダーノも同席した。教皇はこの席で、「枢機卿を批判する権限は教皇のみにある」として、シェーンボルンに対してソダーノへの敬意ある態度を命じると同時に、ソダーノの説教から「無駄話」の語を削除させることにした。シェーンボルンはこの謁見で自分の非礼を謝罪したのだった[806]。

特に批判が大きくなったのがラッツィンガーの祖国ドイツである。二〇一〇年四／五月、アウクスブルク司教、連邦軍従軍司教であったヴァルター・ミクサは、自らの虐待疑惑で辞任を余儀なくされた。[807] 同年、オーバーアマーガウ郊外のベネディクトゥス派エッタール修道院附属寄宿学校で、十人以上の司祭による体罰、性的暴行、児童ポルノ所持、生徒の半裸写真のインターネット公開があったことが報道された。[808] 同年三月には更に、教皇の実兄であるゲオルク・ラッツィンガー卿が、レーゲンスブルク大聖堂の楽長として少年合唱団「ドーム・シュパッツェン」を指導していた一九八〇年代、椅子を投げるなど暴力的な指導をすることがあったこと、また寄宿舎の生徒同士でも性的暴力があったことなどが報道された。[809] そして遂には、ラッツィンガーがミュンヒェン＝フライジング大司教だった頃、ラインラントから移ってきた性的虐待歴のある司祭を、無造作にバイエルンの小教区に配置して、再び同種の問題を起こしていたという事件が同月報道された。[810] カトリック教会は性的虐待の巣窟だ、教皇は何もしていないという非難の声が、ドイツでは益々大きくなったのだった。

第五節　位階制と典礼

一　教皇職の維持と変容

教皇ベネディクトゥス一六世は教皇首位論を堅持した。二〇〇九年二月二二日、ベネディクトゥス一六世は聖ペトロの使徒座の祝日を祝い、これを「使徒たちの首位者の後継者の奉仕職を際立たせる、重要な記念日」と呼んだ。「ペトロの使徒座は、神の民全体の為に特別な奉仕を行うよう招かれた、ローマ司教の権威の象徴です。実際、聖ペトロと聖パウロの殉教の直後から、ローマ教会にカトリック共同体全体に於ける首位権の役割があることが認められました。この役割は既に二世紀のアンティオキアの聖イグナティウスやリヨンの聖エイレナイオスによって示されます。このローマ司教の独自且つ特別な奉仕職は、第二ヴァティカン公会議によって再確認されました。『教会に関する教義憲章』は述べます。「教会という共同体の中にも、独自の伝統を保つ諸部分教会が合法的に存在する。しかもペトロの座の首位権は完全に存続する。このペトロの座は愛の全集団を主宰するものであって、合法的な多様性を保護し、また同時に部分的なものが統一を傷つけることなく、寧ろそれに役立つようにと心を配るのである」。」（アンゲルス：二〇〇九年二月二二日）。

基本を維持しつつも、教皇ベネディクトゥス一六世は教皇の権威削減に明確な姿勢を示した。登位早々ベネディクトゥス一六世は「教皇は神託ではなく、皆さんが知っているように、極々稀にしか不可謬ではありません」（アオスタ司教区の小教区教会での聖職者との会合：二〇〇五年七月二五日）と述べ、教皇不可謬性を否定するかのような発言をした[811]。ベネディクトゥス一六世は、「教皇不可謬」とは教皇が特定の状況で教会としての最終決定を下すということだと説明し、私人としての教皇が誤り得ることを強調した[812]。またベネディクトゥス一六世は、ヨアンネス・パウルス二世に引き続いて「移動用聖座」での入場を行わず、「教皇三重冠」による戴冠式も行わなかった。「教皇三重冠」そのものは信奉者から献上されているが、典礼では用いなかったのである。ヨアンネス・パウルス一世、ヨアンネス・パウルス二世は教皇紋には「教皇三重冠」を残していたが、ベネディクトゥス一六世は遂に教皇紋からも「教皇三重冠」を除去した。教皇選挙の二日後、教皇はヴァティカンの首席紋章学者で、トスカナ貴族のアンドレア・コルデロ・ラーンツァ・ディ・モンテゼーモロに電話して、紋章に新味を盛り込む意向を示した[813]。彼の教皇紋は、ミュンヒェン＝フライジング大司教時代の図柄を引き継ぎ、アウグスティヌスの貝、聖コルビニアヌスの荷物を負った熊、フライジングのムーア人を入れたが、「教皇三重冠」の代わりに金の三本筋の入った普通の「司教冠（ミトラ）」を配したものになった。教皇本人は、これはパウルス六世が「教皇三重冠」の使用を止めたことの自然な帰結だと主張している[814]。「教皇三重冠」の制度は、実は新『教会法』でも存続しており、ヴァティカン市国の国章にもそれが用いられているだけに、長いこと戴冠式が行われず、教皇紋からも「教皇三重冠」が排除されるというのは、特異な事態だと言える。更にベネディクトゥス一六世が、『教皇年鑑』に掲げられたその称号から、「西洋総大司教」の称号を削除したが、これは正教会への歩み寄りの姿勢だと見られている[815]。だが何といっても、彼の権威削減として最も決定的だったのは、異例の生前退位だろう。教皇が自分の意志で退位し、その後普通の隠居生活を送るということは、教皇の現人神的な性格を弱めるものだからである。

とはいえ勿論教皇ベネディクトゥス一六世は、六八年流の「反権威主義者」だった訳ではない。彼は教皇の権威をただ

©AFP/JULIE JACOBSON
教皇ベネディクトゥス16六世の教皇紋
（2008年4月20日　ニューヨーク・ヤンキー・スタジアム）

一方的に削減したのではなく、教皇の姿をより印象的なものにする独自の演出も行った。というのも彼は、教皇が一般大衆に「見られる」職業だということを意識し、教皇を一目見たいと世界から集まってくる人の情熱を感じていたからである[816]。ヨアンネス・パウルス二世はパフォーマンスに長けた教皇だったが、ベネディクトゥス一六世はそれを気にせず、いつも自分なりの遣り方で人々に訴えようとした。「私は私であり、他者であろうとは思いません。私は私が与えられるものを与え、私が与えられないものは、与えようとも試みません[817]」。ベネディクトゥス一六世は、着座式を始めとして黄金の祭服を身に纏うことが多く、祭儀は一般に荘厳に挙行された。教皇三重冠や天国の鍵を配した黄金の巨大な玉座も、教皇は先代に引き続き用いた。手にする司教杖も、登位当初はヨアンネス・パウルス二世から前衛的デザインのものを引き継いでいたが、やがて黄金の太く安定感のあるものに変えている。加えてベネディクトゥス一六世は「朕」（独 Wir）という自称を部分的に復活した。「私」（独 ich）と自称し、「朕」を一切用いなかったのは、ヨアンネス・パウルス二世が初めてだという[818]。この点について教皇本人は、自分は ich と Wir とを併用するのであり、Wir とは教会全体として語るという意味での「我々」なのだと説明しているが、抑〻一個人が共同体全体の名で、その共同体の意思を確認せずに語り得るというのが、西洋語に於ける「尊厳の複数」（羅 Pluralis Majestatis）だった筈であり、それを用いるというのは西洋君主制の伝統に連なることである[819]。

教皇ベネディクトゥス一六世が過去の教皇をどう扱ったも示唆的である。嘗てヨアンネス・パウルス二世は二〇〇〇年に、第二ヴァティカン公会議を開始したヨアンネス二三世と、第一ヴァティカン公会議を開始したピウス九世という、二人の対極的な教皇を一度に列福したことがあった。ベネディクトゥス一六世は深い信頼関係で結ばれていた前任者ヨアンネス・パウルス二世を特別に扱い、自らの聖座を前任者の任務の継続として控え目に位置付け、独自の目標を明示しなかった[820]。ベネディクトゥス一六世は登位直後、二〇〇五年五月一三日にはもうヨアンネス・パウルス二世の列聖へ向けての手続きを始めた。教皇は二〇〇六年四月三日に、ヨアンネス・パウルス二世の初の命名式ミサを行った。同年五月には、教皇は故郷バイエルンに先んじてポーランドを訪問し、前任者の生地ヴァドヴィツェなどを訪問している。二〇〇九年一二月一九日、教皇庁はヨアンネス・パウルス二世を尊者にすると宣言した。次いで二〇一一年一月一四日、教皇庁はヨアンネス・パウルス二世を福者にすると宣言し、同年五月一日に教皇自ら列福式を行った[821]。結局教皇庁は二〇一三年七月五日、ヨアンネス二三世とヨアンネス・パウルス二世とを共に聖人とすると宣言し、二〇一四年四月に教皇フランキスクスによる列聖式が行われたが、これはベネディクトゥス一六世の在位中にお膳立てされたものである。公会議関係者では、ベネディクトゥス一六世は退位宣言直前の二〇一二年一二月二〇日に、パウルス六世も尊者とすると宣言している[822]。だがベネディクトゥス一六世は、第二公会議前の教皇を否定的に扱うことは決してなかった。反近代主義時代の最後の教皇で、その親独性を非難されたピウス一二世を、彼は二〇〇九年一二月一九日に、ヨアンネス・パウルス二世と同時に尊者にすることを宣言した[823]。これに先立ち、ベネディクトゥス一六世は登位直後から、ピウス一二世が五月一日を労働者聖ヨセフの祝日にしたこと、ピウス一二世が五月一日に国民社会主義政権に抵抗したガーレン伯爵を枢機卿に任命したことを指摘していた（アンゲルス：二〇〇五年一〇月九日）。更に二〇一〇年八月一八日には夏の離宮ガンドルフォ城で、彼はルフェーヴル派の崇敬を集める聖ピウス一〇世の人生を振り返り、『聖ピウス一〇世の公教要理』の刊行や、教会行事の信徒の参加促進などを評価したが、殊に目を惹くのは、ピウス一〇世が「一九世紀末から二〇世紀初頭にかけて神学界に現れたある種の傾向に対して決然と介入し、「近代主義」を非難し」たことを、「信者を誤った思想から守り、教会の聖伝と一致した形での啓示の学問的探究を推進する」為だったと肯定的に紹介したことである（第一二三四回一般謁見演説）。第二ヴァティカン公会議に関わるヨアンネス二三世、パウルス六世を評価しつつ、同時に公会議とは距離があるピウス一〇世、ピウス一二世、ヨアンネス・パウルス二世をも評価するという方針は、カトリック教会がこの公会議によって別物になった訳ではないとする、彼の連続性説の表現であろう。公会議前後での教義の不変性については、第三の回勅「カリタス・イン・ウェリターテ」でも強調されている[824]。

教皇首位論と対置されてきたのが公会議主義であるが、教皇ベネディクトゥス一六世は教理省長官時代から引き続き、「第三ヴァティカン公会議」の開催を否定した。公会議はいつか開かれるのだろうが、今はその時ではないというのである。公会議不開催の理由の一つとして、教皇は「世界代表司教会議」が既に存在することを挙げた。教皇は二〇〇五年の第一一回「世界代表司教会議」に際して、自由討論を導入し、他の諸教会からの代表団もより多く迎えた。また教皇は、従来は非公開だった「世界代表司教会議」の提言を、即座に公表するように命じた。但し教皇は、「世界代表司教会議」の開催期間を四週間から三週間に短縮した。これは司教が任地を四週間も留守にするのが困難だからだという[825]。

教皇首位論と対峙するもう一つの発想として「国民教会」構想があり、第二ヴァティカン公会議でも話題の一つだったが、教皇ベネディクトゥス一六世はそれに距離を置いた。教皇庁の「独裁」に抗して国民ごとに民主的な教会を作ろうとする動きについて、教皇は「グローバル化」の中で「世界共同体が心を一つにする必要性」がある時に、「国民教会」（独 Nationalkirchen）を求めるのは「時代錯誤」（独 Anachronismen）だと断じている。教皇は教会が国民ごとの枠に籠って、特定の文化を絶対視するのを危険だとした。教皇は更に、アメリカ合衆国のロシヤ正教会神学者ジョン・メイエンドルフが、「独立教会」（独 Autokephalie）という制度を正教会の大きな問題だとし、「首座」（独 Primat）の必要性を指摘していることを挙げ、カトリック教会の教皇制度の利点を説くのである[826]。

教皇庁の人事に関して、教皇ベネディクトゥス一六世が修道会士を多く登用しているという指摘がされ、批判者はこれを原理主義者の潜入として警戒した。教皇は有能で信仰に忠実な者が修道会士に多いことを認めているが、修道会士の割合が激増した訳ではないとし、修道会士であれ教区司祭であれ、適切な人物を登用するとした。教皇は登用の条件として、まずは勇気を挙げ、世論に屈せず内なる認識から行動することを重視した[827]。

教皇ベネディクトゥス一六世は教皇選挙の規定を厳格化した。二〇〇七年六月一一日、教皇は自発教令「デ・アリクィブス・ムタティオーニブス・イン・ノルミス・デ・エレクティオーネ・ロマーニ・ポンティフィキス」を発布した。これにより、教皇選挙が長引いた際、第三十四回目以降は過半数で選出とするという従来の規則が改められ、それ以降も三分の二の票が選出に必要とされることになった。また教皇は退位直前の二〇一三年二月二二日に自発教令「ノルマス・ノンヌラス」を発布し、教皇選挙に関する規則を改めた。この自発教令で目を惹くのが、教皇選挙に対する如何なる外部の干渉にも協力したり、便宜を払ったりせず、守秘義務を厳守すると選挙補助員たちに宣誓を求め、違反した場合には「伴事的破門」になるとした点である。また枢機卿団が選挙開始の繰上や延期が出来ることになった。(828)

二　司祭職の定義

教皇ベネディクトゥス一六世は、「アルスの司祭」聖ジャン＝マリー・ヴィアンネ（一七八六年―一八五九年）の歿後百五十年を記念して、二〇〇九年六月一九日から二〇一〇年六月一一日まで、特別年の「司祭年」を開催した。教皇は「イエズスの御心の祭日」また「世界司祭の聖別の為の祈願日」である六月一九日にサン・ピエトロ大聖堂で晩禱を司式して、「司祭年」を開始し、二〇一〇年六月一一日に、サン・ピエトロ広場で「世界司祭大会」（二〇一〇年六月九―一一日）の閉幕ミサを司式して、「司祭年」を終えた。この「司祭年」に際し、ベネディクトゥス一六世は聖ジャン＝マリー・ヴィアンネを「全世界の司祭の守護聖人」だと宣言した。(829)

教皇ベネディクトゥス一六世は、第二ヴァティカン公会議の決定に則り、司祭職の「三つの任務」（羅 tria munera）を、教授し、聖別し、統治することだと説明した。「教授する任務」（羅 munus docendi）とは、混沌とした時代に真に重要な価値を教えることである。勿論それはキリストの教えを伝えることであるが、中立的にただ読み上げるのではなく、自分が内面化したものとして伝える必要がある。そしてそれはまた時代の支配的潮流に同調したものではなく、独自のものでなければならない。その際自説を押し付けるのではなく、謙虚に喜びに満ちた確信を以って教えるべきだとした（第二二〇回一般謁見演説：二〇一〇年四月一四日）。「聖別する任務」（羅 munus sanctificandi）とは、神に触れさせることであり、それは具体的には「秘蹟」に於いて行われることである。過去数十年、「秘蹟」よりも「言葉」を重視し、「聖別」よりも福音の「告知」を優先する潮流が大きくなっているが、「秘蹟」に於いて「聖別」の任務を果たすことはやはり不可欠である。「秘蹟」の中で特に重要なのは聖体の秘蹟、つまり聖体拝領である。聖職者は秘蹟に於いて、自分が神の救いの業に必要な道具に過ぎないと思う謙虚さを忘れてはいけないと述べている（第二二三回一般謁見演説：二〇一〇年五月五日）。「統治する任務」（羅 munus regendi）とは、自分の権威によってではなく、キリストの権威によって、神から委ねられた民の部分を導くことである。二〇世紀ヨーロッパの独裁政治の経験から、現代人はあらゆる権威に対して反抗するべきだと考える傾向にあるが、寧ろ二〇世紀の経験は、神の権威を否定した政治体制には暴走する危険性があることを教えるものである。人間的権威は目的ではなく、常に手段に過ぎない、権威の唯一の目的は、人格の善に奉仕し、神という唯一の最高善を映し出すことである。教皇は、「位階制」（伊 gerarchia）とは「聖なる支配」ではなく「聖なる起源」という意味だという持論を繰り返し、「共同体」（伊 communione/独 Gemeinschaft）と「位階制」とは矛盾せず、互いを前提とするものだとした（第二二五回一般謁見演説：二〇一〇年五月二六日）。

聖職者の性的虐待疑惑の頻発も踏まえ、教皇ベネディクトゥス一六世はこの「司祭年」を通じて聖職者の綱紀粛正を図った。ベネディクトゥス一六世は、聖職者が祭服を着ることは、神の代理人として信徒の前に立つことであるとして、責任を自覚するよう促した（聖香油のミサ説教：二〇〇七年四月五日）。また彼は、聖職叙階には社会的上昇という意味もあるが、生えてくるものにはよい麦と雑草とがあると述べ、問題のある聖職者が居ることを暗示した（アオスタ司教区での聖職者との会合：二〇〇五年七月二五日[830]）。

三　典礼の活性化

教皇ベネディクトゥス一六世は、信仰とは知的に理解されるだけでなく、行事を通じて日々体験されるものだと考えた。例えば教皇は、クリスマスの馬小屋飾りの素晴らしさについて語り、神学生には民衆信仰への理解を深めるように指示した（アンゲルス：二〇〇五年一二月一一日／「神学生への手紙」：二〇一〇年一〇月一八日）。そして重要になるのが、信仰生活の中心に位置する典礼の活性化である。教皇はカトリック教徒が積極的に典礼に参加し、特に聖体拝領をして、キリスト教徒としての自覚と連帯とを深めることを求めた。

教皇ベネディクトゥス一六世は、「聖体」（羅 Corpus Christi）の意義を強調した。教皇が登位した二〇〇五年は「聖体年」に当たっており、教皇は二〇〇五年九月一八日に「聖体」崇敬に貢献した人物として、「聖体博士」と呼ばれたコンスタンティノポリス総大司教ヨアンネス・クリュソストモス（コンスタンティノポリス総主教金口イオアン）、ピエトレルチーナの聖ピオ、聖ジャン＝マリー・ヴィアンネを挙げて顕彰している（アンゲルス：二〇〇五年九月一八日）。二〇〇五年一〇月二日から二三日まで、教皇は「世界代表司教会議」第一一回通常総会で「教会生活と宣教の源泉と頂点である聖体」を扱い、その閉会並びに「聖体年」閉年のミサを行っている。二〇〇五年一〇月一五日には、彼はサン・ピエトロ広場で初聖体の子供たちとの集会を司式している[831]。

教皇ベネディクトゥス一六世は、「聖体行列」に信仰生活のクライマックスを見ていた。ミュンヒェン＝フライジング大司教時代にも、ラッツィンガーはミュンヒェンで毎年盛大な「聖体行列」を行っていたが、教皇になった彼は二〇〇六年六月一五日の聖体祭を前に、参詣者に自ら式次第を説明して参加を呼び掛けている。「次の木曜日、六月一五日に、ローマで伝統的な聖体行列が行われます。一九時にサン・ジョヴァンニ・イン・ラテラーノ・バジリカの大聖堂前広場で、私は聖なるミサを司式します。ミサに続いて、我々はメルラーナ通を経て、サンタ・マリア・マッジョーレ広場まで聖体に威風堂々と供奉し、そこで私は聖体拝領の祝福を与えます。私はローマの信徒及び巡礼者の皆さんが、大挙してこの行事に参加して下さるよう招待します。この行事は、キリスト教徒の共同体が、聖体拝領にお出ましになる主への信仰と愛とを示すものなのです。」（アンゲルス：二〇〇六年六月一一日）。ベネディクトゥス一六世は、毎年聖体行列の季節になると、その素晴らしさを説くのを習慣とした。「聖体行列は聖体を公に礼拝するというかけがえのない形です。聖体行列は民間信心の美しく伝統的な表現によって豊かにされています。」（アンゲルス：二〇〇七年六月一〇日）。「コルプス・ドミニ」は聖体拝領の祝祭です。そこでは主の御体が行列を為して威風堂々と運ばれます［……］今日のコルプス・ドミニの祝祭の中心にあるのは、実体変化の神秘です。それは世を一変させる「愛としてのイエス」の印です。イエスを仰ぎ見、礼拝し乍ら、私たちは言います。そう、愛は存在します。そして愛が存在するからこそ、全てはよい方に変わることが出来るのだと。」（アンゲルス：二〇〇九年六月一四日）。二〇一〇年には、ベネディクトゥス一六世は聖体行列という行事の起源について説明している。それはモン・コルニヨンの聖ジュリエンヌの神秘体験を踏まえて、教皇ウルバヌス四世が荘厳な祭儀を始め、その死後ヨハンネス二三世が一三一七年に復興して広まったのだという（第二四七回一般謁見演説：二〇一〇年一一月一七日）。

教皇ベネディクトゥス一六世は、聖体拝領が厳粛さを欠く場合があることを危惧し、「手による聖体拝領」よりも「口による聖体拝領」を推奨した。前述のように、ミュンヒェン＝フライジング大司教時代のラッツィンガーは、どちらも可という態度を示していた。教皇となった彼も、「手による聖体拝領」を否定する意図はないが、サン・ピエトロ大聖堂などでの大規模なミサで、聖体に対する畏敬の念が薄れ、聖体をポケットに入れて土産にするなどという振舞が見られるようになってきた為、凡俗化への戒めとして、司祭の前できちんと跪いて聖体を拝領することを求めたのだという。聖体拝領とは神との一体化、自分の生命の神のそれへの順応だと力説する教皇は、信徒に緊張感を維持するよう求めたのだった[832]。

聖体拝領の重要性を強調する教皇ベネディクトゥス一六世は、カトリック教会の聖体拝領に他宗派のキリスト教徒を参加させない方針を堅持した。教皇は、カトリック教会も全正教会も、自分の教会に信仰上完全に属している者だけが、聖体に与ることが出来るとした。聖体拝領は単なる社会的儀礼、友好の印ではなく、深い信仰上の儀礼である為、他宗派のキリスト教徒を参加させないのは差別だと言われても、方針を変えることは出来ないと述べた[833]。

2014年9月10日：筆者撮影

中央祭壇（奥）と人民祭壇（手前）（レーゲンスブルク大聖堂）

ラッツィンガーは予てからパウルス六世の典礼改革を疑問視していたが、自ら教皇ベネディクトゥス一六世となって状況の変更を試みた。二〇〇七年七月七日、教皇は自発教令「スンモールム・ポンティフィクム」を発布した。それによると、パウルス六世が発布した一九七〇年のローマ・ミサ典礼書が「通常形式」のものではあるが、トリエント公会議を踏まえてピウス五世が一五七〇年に発布し、ヨアンネス二三世が再び発布した一九六二年のローマ・ミサ典礼書も廃止された訳ではなく、「特別形式」として有効なのであって、どちらを用いるかは司祭が上司の許可なく決めてよいのだという。

この「スンモールム・ポンティフィクム」は、ラッツィンガーの入念な工夫の産物であった。一度浸透した典礼形式を撤回することは、カトリック教会の体面を損ない、聖職者の動揺と信徒の反撥とを招くので、事実上不可能である。この為彼は、新式と旧式とを共に有効な二つの可能性として並置した。更に彼は、旧式の典礼形式を旧く見せない為に、反宗教改革的色彩の強い「トリエント・ミサ」という名称を用いず、改革教皇として人気のあるヨアンネス二三世の名前を出し、「一九六二年のローマ・ミサ典礼書」と呼ぶことで、それもまた第二ヴァティカン公会議の系譜に属するものと説明することに成功したのである。尚「スンモールム・ポンティフィクム」は、聖ピウス一〇世司祭修道会との垣根を取り払い、和解を促すものとも解釈できるが、教皇本人は両者を結び付けて議論しようとはしていない[834]。

教皇ベネディクトゥス一六世は、衰退したラテン語使用の復興に乗り出した。一九七〇年のローマ・ミサ典礼書でもラテン語使用は基本とされていたが、実際には現地現代語が圧倒的になっていった。二〇〇六年二月二二日の一般謁見演説後、教皇は参詣したサレジオ大学キリスト教・古典文学科の学生たちにラテン語で呼び掛け、ヨアンネス二三世、パウルス六世がラテン語学習を推奨した事実を挙げて、ラテン語という「優れた宝」の継承を訴えた。二〇〇七年三月四日、ベネディクトゥス一六世は使徒的勧告「サクラメントゥム・カリターティス」を発布し、国際的ミサでのラテン語使用を促す方針を示した[835]。そして二〇〇八年五月九日、教皇庁はその公式ウェブサイトに、従来のイタリア語版、ドイツ語版、フランス語版、英語版、スペイン語版、ポルトガル語版に加えて、ラテン語版を追加した。二〇一二年一一月一〇日、教皇は自発教令「ラティナ・リングア」を発布し、「教皇庁ラテン語アカデミー」を設置した[836]。教皇はまた聖ヒエロニュムスが翻訳したとされるラテン語『聖書』である『ウルガタ』に関して、その意義を繰り返し強調した（第一一五・一一六回一般謁見演説：二〇〇七年一一月七・一四日[837]）。

典礼についても、教皇ベネディクトゥス一六世はその「所与性」を強調し、自分たちには変更不能だとする。典礼とはショウ、芝居、スペクタクルではなく、教会共同体が好きにアレンジしてよいものではないというのである。とはいえそれは、ひたすら受け身で伝統を墨守するということを意味しない。バイエルンで美しい教会音楽やロココ芸術が栄えたように、新しい発展の余地はあるというのである[838]。教皇は、典礼の美しさと品位とを強調した。「神がそこにましますことを意識し乍ら、神の御稜威をその一部だけ表現する、かの品位と美しさとを以って典礼を捧げる」（第一七六回一般謁見演説：二〇〇九年四月二九日）。典礼の意義を強調し、その荘厳さ、美しさを強調した教皇の発言は多い（第二〇一回一般謁見演説：二〇〇九年一一月一八日／第三一八回一般謁見演説：二〇一二年九月二六日／第三一九回一般謁見演説：二〇一二年一〇月三日）。[839]

教皇ベネディクトゥス一六世は教会の様々な伝統も尊重した。二〇〇六年一月二二日、教皇はシスティーナ礼拝堂でシュヴァイツ人近衛兵創立五百年の特別ミサを行った。パウルス六世はヴァティカン市国の軍隊を削減したが、ベネディクトゥス一六世は最後に残ったシュヴァイツ人近衛兵を庇護したのだった（アンゲルス：二〇〇六年一月二二日）。二〇〇七年一二月、教皇はサン・ピエトロ広場に設置された降誕祭の「馬小屋」飾りを訪れ、宗教的な情感や家庭的な温かさに溢れた雰囲気を作るものとし、こうした伝統の継承を訴えた。とはいえ教皇は、教会の伝統であればなんでも墨守したという訳ではない。二〇〇七年に国際神学者委員会は、天国と地獄との間に「辺獄」（羅 limbus）という場所があるという理論の破棄を提案し、教皇はそれを承認した。辺獄とは、洗礼前に死去した幼児などの行くところで、教会内でも争いがある考え方であった。[840]

第六節　「文明の衝突」への対応

一　前提としての「キリスト教的ヨーロッパ」

教皇ベネディクトゥス一六世は、ヨーロッパの再生はキリスト教的基盤に掛かっていると繰り返し表明した。その際教皇が、古代ローマの崩壊と現代ヨーロッパの堕落とを重ね合わせ、パウルス六世が「ヨーロッパの守護聖人」とした聖ベネディクトゥスを、何度も引き合いに出したことは言うまでもない（第一三四回一般謁見演説：二〇〇八年四月九日／アンゲルス：二〇一〇年七月一一日／アンゲルス：二〇一一年七月一〇日）。聖ベネディクトゥスだけでなく、ヨーロッパに因んだ聖人たちが、教皇の講話には次々と登場した。ヨーロッパの文化的統一性を自覚し、初めて「全ヨーロッパ」という言葉を用いた聖コルンバヌス（第一四一回一般謁見演説：二〇〇八年六月一一日）、イングランド、ドイツ、フランスをローマと結び付けた聖ボニファティウス（第一七一回一般謁見演説：二〇〇九年三月一一日）、ヨアンネス・パウルス二世がベネディクトゥス、キュリロス、メトディオスと共にヨーロッパの共同守護聖人にしたスウェーデンの聖ビルギッタ、シエナの聖カタリナ、十字架の聖ベネディクタ（エディット・シュタイン）（アンゲルス：二〇〇六年七月二三日／アンゲルス：二〇一〇年八月八日／第二四四回一般謁見演説：二〇一〇年一〇月二七日／第二四八回一般謁見演説：二〇一〇年一一月二四日）などである。

同時に教皇ベネディクトゥス一六世は、文化や宗教が異なる人々との普遍的兄弟愛を持つべきとも訴えた。イスラム教徒とは、「生命の尊重」「人間の不可侵の権利」「人間の平等の尊厳」といった共通善がある。「諸大陸の古来の宗教と霊的伝統」とは、「他の宗教の表現のうちに、創造主としての神認識、神の超越に対する真正な関心、生命と結婚と家族の尊重、強い連帯意識」といった共通項がある。仏教とは、生命の尊重・観想・沈黙・質素な生活という同じ基盤がある。ヒンドゥー教とは、聖性・犠牲・断食に関する共通の観念がある。儒教とは、家族や社会を尊重するという共通の価値がある。とはいえベネディクトゥス一六世は、対話の前提として、全ての人格の尊重と信仰の自由とが必要だと言い添えるのを忘れなかった(841)。

二　カトリック教会の世界展開

教理省長官として世界教会の問題に取り組んだラッツィンガーだったが、教皇ベネディクトゥス一六世となったことでこの問題がより重要になった。教皇は、カトリック教会は民族や文化を超越したものであり、神は全てのものの中に居ると説いた（第三三二回一般謁見演説：二〇一二年一〇月三一日）。キリスト教は、元来ヨーロッパの宗教だった訳ではなく、イェルサレムとセム語世界が起源で、ギリシア・ラテン世界へ輸出され、ヨーロッパ文化に霊感を与え、ペルシア、インドにまで影響を与えたとする（第一一八回一般謁見演説：二〇〇七年一一月二八日）。教皇はまた聖パウロに注目し、ユダヤ世界、ギリシア世界、ローマ世界を統合したと評価した（アンゲルス：二〇一一年九月一八日）。教皇は二〇〇八年六月二八日から翌年六月二七日までを「聖パウロ年」とし、パウロの生誕二千年を祝っている(842)。更に教皇は、『聖書』の他言語への翻訳によって、キリスト教がその文化の中に入り込むこと、個々の文化を越えて普遍的な展開を見せることを重視し、聖職者省は二〇〇七年年末に『聖書』を多言語で読めるサイトを開設した（但し開設言語は西洋近代諸語及びラテン語、ギリシア語、ヘブライ語）[843]。これに対し教皇は、「文化的受肉」は認めつつも、それを表面的な適応や宗教混淆主義と混同するべきではないとも述べた[844]。二〇一〇年六月二八日、教皇庁に「新福音化推進評議会」が設けられることになった。「新福音化」とは、既に宣教が行われた地で、キリスト教信仰の活性化を行うことである[845]。

教皇ベネディクトゥス一六世が対策に悩んだのが、中華人民共和国の問題である。大陸の中華人民共和国政府は、台湾の中華民国政府と国交を結ぶヴァティカン市国とは外交関係がなく、外国元首である教皇を信奉するカトリック教徒にも警戒的であった。ベネディクトゥス一六世は、中華人民共和国のカトリック教徒との一体性の回復に強い意欲を示した[846]。二〇〇五年一〇月二三日、教皇は最初の列聖に際して、中華人民共和国の司教たちの欠席を残念だと述べた（「世界代表司教会議」第一一回通常総会閉会ミサ説教）。二〇〇七年一月一九／二〇日、教皇庁は中国大陸のカトリック教会の状況を検討する為の会議を開催した。同年六月三〇日、教皇は『中華人民共和国の司教、司祭、奉献生活者、信徒への手紙』を発布した。この書簡で教皇は、中華人民共和国のカトリック教会が政府公認教会と地下教会とに分裂していることを憂い、両者の和解を促した。教皇はまた政府が教会の監督強化を目指していることを批判し、政教分離の徹底を訴えた。書簡の最後で教皇は、五月二四日を「中国の教会の為に祈る日」とすることを記した[847]。これに先立ち教皇は、同年五月一六日にも「余山の聖母への祈り」を発表していた[848]（レギナ・カエリ：二〇〇九年五月二四日）。上海の余山にはカトリック聖母巡礼聖堂があり、中華人民共和国に於けるカトリシズムの中心地となっている。二〇〇八年三月一〇日から一二日まで、教皇庁は第一回「中国のカトリック教会の生活の為の会議」を開催した。この会議は、第二回が二〇〇九年三月三〇日から四月一日まで、第三回が二〇一〇年三月二二日から二四日まで、第四回が二〇一一年四月一一日から一三日まで、第五回が二〇一二年四月二三日から二五日まで行われた。二〇〇九年一一月二四日、教皇庁は公式ウェブサイトに漢語版を追加した。このように中華人民共和国への配慮を大いに行う一方で、ベネディクトゥス一六世は首位性を発揮して世界教会の規律維持にも腐心した。二〇〇六年四月三〇日、五月三日に、中華人民共和国政府公認のカトリック教会が教皇の承認なしに、馬英林司祭を昆明司教に、劉新紅司祭を安徽司教に叙階したことに対し、ベネディクトゥス一六世は強い不快感を示した[849]。二〇〇七年九月二一日、北京大司教に李山が叙階された際、教皇はそれを数時間後に承認した（この教区は、教皇庁の理解では「大司教区」だが、中華人民共和国政府の理解では「司教区」となっている）。同日ヴァティカン機関紙『オッセルヴァトーレ・ロマーノ』は教皇が李山以外にも三人の司教への叙階を承認したと報じたが、同紙が中国本土での新司教叙階式について報じたのは五十年以上振りであった[850]。これに対し二〇一二年七月一〇日、岳福生神父が教皇の許可を経ないで「黒竜江」司教に叙階された件に関して、教皇は彼に「伴事的破門」（裁判を要しない即時破門）の宣告を行った。同時に教皇庁は、手続に則り叙階された上海補佐司教の馬達欽を称讃したが、彼はその後行方不明となった[851]。これ以外にも、ベネディクトゥス一六世の時代に中華人民共和国での違法叙階問題は、文字通り後を絶たなかった。

問題が多い中華人民共和国とは逆に、ヴェトナム社会主義共和国とは関係が改善された。ヴァティカン市国とヴェトナム社会主義共和国との間に国交はなかったが、毎年ヴァティカンの使節団がヴェトナムを訪問して、政教関係や教会活動について協議してきた。二〇〇七年一月二五日、教皇ベネディクトゥス一六世はヴェトナム社会主義共和国グエン・タン・ズン首相らと「非公式に」会談した。教皇とヴェトナム首相との会談は一九七五年振りである[852]。二〇〇九年一二月一一日には、教皇は更にヴェトナム大統領グエン・ミン・チェットと会談した。二〇一〇年六月二三／二四日には、教皇庁はヴェトナムとの国交回復へ向けての第二回合同作業会議を行い、二六日にヴェトナムに非居住の聖座代表を任命すると発表した。二〇一一年一月一三日、教皇はインドネシアに於ける教皇大使であったレオポルド・ジレッリをヴェトナムの非居住聖座代表、及びシンガポールに於ける教皇大使、マレーシア、ブルネイに於ける教皇使節に任命した。二〇一三年一月二二日には、教皇はヴァティカンでヴェトナム共産党書記長グエン・フー・チョンと会談した[853]。尚二〇一二年一二月一〇日から一週間、ヴェトナムで「アジア司教会議連盟」第一〇回総会が開催され、日本を始め各国の司教たちが集まった[854]。

尚他のアジア諸国では、教皇ベネディクトゥス一六世は二〇一一年七月一八日にガンドルフォ城でマレーシアのナジブ・ラザク首相と会談し、二七日に国交を正式樹立している[855]。日本に関しては、二〇〇七年一二月一〇日から六日間、日本司教団が「アド・リミナ訪問」を行い、最終日にベネディクトゥス一六世に謁見した[856]。教皇は二〇〇七年六月一日に、イエズス会士の司祭ペトロ・カスイ岐部茂勝及び江戸時代初期の百八十七人の殉教者の列福を裁可した。この列福は、「長崎ビッグNスタジアム」で二〇〇八年一一月二四日に、ジョゼ・サライバ・マルティンス枢機卿（列聖省名誉長官）の司式で行われた。日本司教団は続いて高山右近の列福を目指している[857]。二〇〇九年七月七日、カトリック教徒の内閣総理大臣である麻生太郎（自由民主党）が、教皇とヴァティカンで会談し、教皇からアフリカ支援に関する日本の役割に期待するとの発言があった[858]。

アフリカに関しては、教皇ベネディクトゥス一六世は教会が混乱の中で唯一人間性を守る砦だという認識を示している[859]。二〇〇九年三月一七日―二三日のアフリカ（コンゴ、アンゴラ）訪問に際して、教皇はマリアがエジプトに逃避した故事を挙げて、キリスト教とアフリカとの深い縁を説き、アフリカ全土の民を聖人の執り成しに委ねるとした（アンゲルス：二〇〇九年三月一五日）。同年一〇月四日から二五日まで、ヴァティカンでは「第二アフリカ特別司教会議」が開催された。二〇一一年一一月一八日―二〇日の二度目のアフリカ（ベナン）訪問に際しては、教皇は使徒的勧告「アフリカの使命」を発布した。退位直前の二〇一三年二月二二日には、ヴァティカン市国は南スーダン共和国と国交を樹立している。イスラム圏で苦難に晒される中東のカトリック教会、コプト教会に対しては、教皇は連帯の意志を表明した（アンゲルス：二〇一〇年一〇月一〇日／一〇月二四日／一一月二一日／一二月五日）[860]。教皇は二〇一二年一〇月一〇日の一般謁見に際してアラビア語での挨拶を行い話題となったが、これは中東のキリスト教徒との連帯を示すものだろう[861]。

多数のカトリック教徒が居住する中南米に関しては、教皇ベネディクトゥス一六世は二〇〇七年五月九日―一四日にブラジルで開催された第五回「ラテンアメリカ・カリブ司教会議総会」に参加し、世俗主義、快楽主義の進展、貧困の拡大、信徒の減少などの問題を討議した。教皇はプロテスタント宗団の増大を懸念しつつも、カトリック信仰が若者の間で新しい興隆を見せていると喜んだ。教皇はまた、「教会は自分自身では政治を行うものではない」とし、「解放の神学」批判以来の方針を堅持した。だが世界最大のカトリック教国ブラジルでの行事への信徒の参加は期待程ではなく、野外ミサも空席が目立ち、沿道の群衆も少なかった。またこのブラジル訪問の際、教皇が堕胎を要求、実施する者を批判したこと、キリスト教宣教がラテンアメリカを「希望の大陸」にしたと述べ、先住民「インディオ」への強制はなかったとの見解を示したことが批判の対象になった[862]。二〇一二年三月二三日から七日間、教皇はメキシコ、キューバも訪問している。

三　旧教連合の模索――東方教会への熱い視線

教皇ベネディクトゥス一六世は、「教会一致運動」に慎重に取り組んだ。二〇〇五年一〇月の第一一回「世界代表司教会議」では、非カトリック教徒との「相互聖餐」は「通常は不可能」であり、聖体を教会一致運動に於いて共に祝することは更に認められないとされた[863]。二〇〇七年七月一〇日、教理省長官ウィリアム・レヴェイダ枢機卿が署名し、教皇が承認した「教会の教義の特定の側面についての幾つかの質問への回答」が発表され、カトリック教会の唯一性と真正性とが再度強調された。この文書では、プロテスタント教会の問題性が指摘された上で、正教会についても教皇首位性を認めないなど、「部分教会としての条件」に欠陥があると指摘された。プロテスタント教会や正教会からなる「世界教会協議会」はこの教理省文書に違和感を表明したが、キリスト教一致推進評議会議長のカスパー枢機卿は、「文書は何も新しいことを言っていない」と応答した[864]。これに対し教皇は「聖パウロ年」に際し、二〇〇八年に「城壁外の聖パウロ大聖堂」に超宗派礼拝堂を設置し、カトリック教徒以外のキリスト教徒が礼拝を挙行できるようにした[865]。

「教会一致」を目指す教皇ベネディクトゥス一六世の戦法は旧教連合であった。これは第二ヴァティカン公会議で既に明示されたものであるばかりでなく、ラッツィンガーも教理省長官時代から示してきた方針だが、教皇登位後に一層明確化したと言える。教皇はゼーヴァルトとの対話でも正教会重視の方針を公言し、それはパウルス六世、ヨアンネス・パウルス二世以来のものだと説明した。そして自分自身も、ボン大学やレーゲンスブルク大学で門下生に正教徒が居たことを語っている[866]。ベネディクトゥス一六世にとって、既に相互破門を解き合い、教義に関して共通点も多い正教会は、カトリック教会への敵意を捨てず、しかも無数の分派に分裂したプロテスタント教会よりも、遙かに付き合い易いパートナーだっただろう。また世界の凡俗化、多文化化、相対主義、慾望の全面展開という現代の潮流に抗して、正教会とカトリック教会とは共闘する立場にある。更に西欧中心にグローバル化してきた近代以降の世界に於いて、西方教会であるカトリッ

©AFP/OSSERVATORE ROMANO ARTURO MARI
スモレンスク＝カリーニングラード府主教キリルとの会談

ク教会は正教会に対して、事実上優越した立場で活動することが出来るのである（この為正教会では、例えば後述のモスクワ総主教キリル一世なども、教皇が正教圏でのカトリック教会の活動再開を目指すことに危惧を表明してきた[867]）。

教皇ベネディクトゥス一六世は、東方教会の祝日に際して祝福の言葉を送り続けた。一五八二年にグレゴリウス暦を制定したカトリック教会、それを事実上受け入れたプロテスタント諸教会とは違い、ユリウス暦を用い続ける大半の東方教会は、祭日の日取りに違いが出てくる。ベネディクトゥス一六世は、このカトリック教会とずれた東方教会の祝日に際して、わざわざ祝辞を述べたのである。既に二〇〇五年五月一日、使徒宮殿に入居した翌日に、教皇は「レギナ・カエリ」に際して、復活祭を迎えた東方諸教会に祝福を送り、「ハリストス・アネスティ」（ギリシア語で「ハリストス復活」の意味）と述べた。こののちもベネディクトゥス一六世は、類似のことを復活祭や降誕祭に際して何度も行っている（アンゲルス：二〇〇六年四月二三日／アンゲルス：二〇〇八年四月二七日／アンゲルス：二〇〇九年四月一九日／アンゲルス：二〇〇九年一月四日）。

教皇ベネディクトゥス一六世は、日々の説教に東方の話題を多く盛り込んだ。二〇〇五年四月二七日、ベネディクトゥス一六世は第一回一般謁見演説で、自分の教皇名の説明に際してヌルシアの聖ベネディクトゥスに触れつつ、同様にヨーロッパの守護聖人である聖キュリロス、聖メトディオス（正教会では亜使徒メフォディイ及びキリル）にも言及した。コンスタンティノポリスで学んだ正教会の宣教師で、教皇ハドリアヌス二世に厚遇されたこの兄弟が、「キリル文字」の源流を為す「グラゴール文字」を創ったことは知られている。ベネディクトゥス一六世は彼等に繰り返し言及し、「文化的受肉」の古典的模範として称揚した（第一八二回一般謁見演説：二〇〇九年六月一七日／第一九四回一般謁見演説：二〇〇九年九月三〇日）。また彼はコンスタンティノポリス総主教を務めた聖人を顕彰し、前述のヨアンネス・クリュソストモス（金口

©AFP/RIA Novosti/Sergey Pyatakov
モスクワ及び全ルーシ総主教キリル１世

イオアン）と並んで（アンゲルス：二〇〇五年九月一八日／第一〇八回一般謁見演説：二〇〇七年九月一九日）、初代コンスタンティノポリス総主教、コンスタンティノポリスの守護聖人と称される使徒、聖アンドレアス（聖アンドレイ）にも再三言及した。教皇は聖アンドレアスを「最初に呼ばれた者」（プロートクレートス）とし、教皇パウルス六世がその聖遺物を正教会に返還したことを挙げた（第五五回一般謁見演説：二〇〇六年六月一四日／アンゲルス：二〇〇八年一一月三〇日）。

典礼に関心の強いベネディクトゥス一六世は、正教会の奉神礼の美しさを称讃し、特に「聖像画（イコン）」の伝統を評価した。「東方教会と西方教会の伝統は、常に聖書から霊感を受けた芸術表現を重んじてきました。例えば美術、建築、文学、音楽です。私はイコンによる古代の表現にも思いを致します。イコンは東方教会の伝統から全世界に広まりました[868]」。この文脈で教皇は、コンスタンティノポリス総主教ゲルマノス、ダマスクスのヨアンネス、ストゥディオスの聖テオドロスといった「聖像画破壊運動」への抵抗者を顕彰した（第一七六回一般謁見演説：二〇〇九年四月二九日／第一七七回一般謁見演説：二〇〇九年五月六日／第一七九回一般謁見演説：二〇〇九年五月二七日）。

教皇ベネディクトゥス一六世はローマを訪れる東方からの客人を接遇し、説教の際に紹介した。教皇を二〇〇五年四月二五日、当時のモスクワ総主教庁外務長官スモレンスク＝カリーニングラード府主教キリルが訪れているが、彼はのちにモスクワ総主教になった[869]。他にも訪問した東方からの来客には、以下のような人々がいる。（一）東方のラテン典礼カトリック教会関係者。リヴィウ（ウクライナ）のラテン典礼カトリック教会関係者がこれに当たる（アンゲルス：二〇〇五年一〇月二三日）。（二）東方典礼カトリック教会関係者。ウクライナ東方典礼カトリック教会関係者（第七回一般謁見演説：二〇〇五年六月八日）、カルデア典礼カトリック教会[870]バビロン総大司教エマヌエル三世（アンゲル

©AFP/OSSERVATORE ROMANO ARTURO MARI
コンスタンティノポリス全地総主教バルトロマイオス１世との合同礼拝

ス：二〇〇六年一〇月一日）に言及がある。（三）正教会関係者。ギリシア正教会アテネ及び全ギリシア大主教クリストドゥロス（二〇〇六年一二月二四日）[871]、在米ギリシア正教会大主教メトディオス（二〇〇七年八月一九日）[872]、コンスタンティノポリス総主教バルトロマイオス一世（二〇〇八年六月二九日）[873]が確認されている。（四）正教会以外の東方教会関係者。全アルメニア人の最高総主教・公主教（カトリコス）カレキン二世（第一三六回一般謁見演説：二〇〇八年五月七日）、全アルメニア教会キリキア公主教アラム一世（第一六〇回一般謁見演説：二〇〇八年一一月二六日）への言及がある。

教皇ベネディクトゥス一六世の側からの東方教会への積極的働き掛けは、中近東方面を中心に行われた。これは一九六四年に教皇パウルス六世がコンスタンティノポリス総主教アテナゴラスと会談して以来の路線である。二〇〇六年一一月二八日から一二月五日まで、ベネディクトゥス一六世はトルコを訪れた。二〇〇六年九月一二日のレーゲンスブルク講演の余韻が醒めぬ儘の訪問であった為、結果的にはイスラム圏へのお詫び行脚の様相を呈したが、本来この訪問は東方教会との出会いの旅だった筈である。この旅行でベネディクトゥス一六世はキリスト教の故地エフェソス、コンスタンティノポリス（イスタンブール）を訪れた他、コンスタンティノポリス全地総主教バルトロマイオス一世と会談し、他にもアルメニア教会公主教メスロブ二世、シリア正教会府主教モル・フィルクシノスなどとも会談した。二〇〇九年五月八日―一五日、ベネディクトゥス一六世は聖地イェルサレム・ヨルダンを訪問した。ここで教皇は、現地のラテン典礼及びその他の典礼の聖職者たちと会談した。二〇一〇年六月四日―六日のキプロス訪問では、教皇は正教会との「完全な一致」を訴え、マロン派教会[874]スエイフ大司教、キプロス正教会クリュソストモス二世大主教と会談し、嘗てのマカリオス三世大主教（キプロス共和国初代大統領）の記憶を辿った。二〇一二年九月一四日―一六日、教皇はレバノンを訪問し、九月一四日にハリッサの聖パウロ・ギリシア゠メルキト教会大聖堂で、使徒的勧告『中東に於ける教会』への署名式を行った。九月一五日には教皇はマロン典礼総大司教館前広場で歓迎を受け、九月一六日カトリック・シリア典礼総大司教館で正教会関係者との会談が行われた（第三二七回一般謁見演説：二〇一二年九月一九日）。因みにレバノンに関しては、教皇は既に二〇〇七年にその流血の事態への懸念を表明し、マロン典礼アンティオキア総大司教ナスララー・ピエール・スフェイル枢機卿との連帯が表明されていた（アンゲルス：二〇〇七年一月二八日／アンゲルス：二〇〇七年一一月一一日）。

©AFP/PATRICK HERTZOG
ベネディクトゥス16世とバルトロマイオス1世との握手

教皇の訪問以外にも、教皇庁の東方教会との関係強化は行われた。二〇〇八年には、キリスト教徒一致推進評議会議長カスパー枢機卿など聖座代表団が総主教バルトロマイオス一世を訪問した（アンゲルス：二〇〇八年一一月三〇日）。二〇一二年一〇月一一日の「信仰年」開幕ミサには、コンスタンティノポリス総主教バルトロマイオス一世がローマに来て参禱した[875]（ミサ説教：二〇一二年一〇月一一日）。エジプトの政情不安が募ると、教皇は現地のカトリック教会、コプト教会に言及し、特にコプト教会への襲撃に懸念を表明した（アンゲルス：二〇一一年一月二日）。神学交流も盛んに行われ、二〇〇五年一二月一三―一六日に国際カトリック・正教会神学的対話の為の合同委員会が五年振りに行われ、二〇〇六年一〇月一三日にはその声明がラヴェンナで出された[876]。二〇一一年にも、教皇はカトリック・古代東方教会神学的対話委員会の開始に言及している（アンゲルス：二〇一一年一月二三日）。

中近東の東方教会との交流を深めた教皇ベネディクトゥス一六世だったが、より大きな課題を東欧に抱えていた。旧東ローマ帝国領はイスラム化が進んで久しく、キリスト教徒は長い伝統を誇るものの、今では脅かされた少数派に過ぎないので、カトリック教会は有利な立場で彼等と交渉することが出来る。だが今日、正教圏の事実上の中心は「第三のローマ」モスクワにある。カトリック教会にとってモスクワ総主教との和解は、コンスタンティノポリス総主教とのそれより実質的な意味を持つのであり、それだけにより難しい。ソヴィエト体制下で迫害されていたロシヤ正教会は、一九八〇／九〇年代に一転して国教会的な立場を確立していったが、カトリック教会はこれに異議を唱え、ロシヤ内でのカトリック教会の地位向上を強く訴えた。ロシヤやウクライナの正教会は、カトリック教会が嘗て「ブジェシチ合同」で強引に正教会から離脱させて教皇の傘下に置き、ソヴィエト時代にロシヤ正教会に強引に復帰させられていた西ウクライナの東方典礼の合同教会を、冷戦終焉後に再び教皇の傘下に置いたことに不信感を懐き、この合同教会教徒による正教徒の迫害、カトリック教会の正教圏での改宗勧誘を警戒した。モスクワ総主教アレクシイ二世は、カトリック教会との対話を必要としつつも、不信感から教皇との会見は困難との考えを示していた[877]。正教会から見れば、結局カトリック教会は個人主義、快楽主義、資本主義と同じく、「西欧」の権威を笠に着て正教圏を侵略する文化帝国主義の一勢力に過ぎないのである。

教皇ベネディクトゥス一六世も、モスクワ総主教との会談こそが正教会との和解の最重要課題だと理解してはいたが、先方にカトリック教会への警戒心がまだあることを意識し、慎重に時期を見極める構えを採った[878]。教皇は二〇〇五年七月六日、「ベネディクトゥスの平和の燈火」を運んできたノルチア（羅 ヌルシア）の代表者を歓迎したが、この火はモスクワ総主教アレクシイ二世の代理の前で点火され、教皇の生地マルクトゥルを経由してローマに運ばれたものであった（第一〇回一般謁見演説：二〇〇五年七月六日）。二〇〇六年夏には、アレクシイ二世の招待で開催された宗教者会議にカトリック代表者が参加し、教皇もこの件に関して「心から」の挨拶を送った（アンゲルス：二〇〇六年七月二日）。二〇〇七年一月二四日、教皇はモスクワ総主教アレクシイ二世、外務長官・スモレンスク＝カリーニングラード府主教キリルとの協力に期待を表明した（第八一回一般謁見演説：二〇〇七年一月二四日）。この時点で教皇は、既にキリルの特別な役割を認識していたものと思われる。ベネディクトゥス一六世はキリルを、陽気で自信があり、ロシヤ精神の単純明快さを有し、決然としていて心が籠っていると好意的に評した[879]。二〇〇八年一二月五日にアレクシイ二世が薨去すると、教皇ベネディクトゥス一六世は二日後の説教で弔意を示し（アンゲルス：二〇〇八年一二月七日）、二〇〇九年一月二七日にキリル府主教がモスクワ総主教に選出されキリル一世になると、教皇はこれに祝辞を述べた（第一六七回一般謁見演説：二〇〇九年一月二八日）。二〇一二年にキリル一世がポーランド正教会を訪問すると、教皇はキリル一世に挨拶を送っている（アンゲルス：二〇一二年八月一九日）。こうしたキリルとの信頼関係を考えると、ベネディクトゥス一六世が更に在位していれば、ローマ教皇とモスクワ総主教との歴史的和解も実現し、旧教連合としての「教会一致運動」が一定の進展を見せたかもしれないが、それは結局教皇退位によって実現しなかった。尚二〇〇九年一二月三日、教皇はロシヤ連邦大統領ドミトリイ・アナトリエヴィッチ・メドヴェージェフと会談し、ロシヤ連邦とヴァティカン市国との正式国交樹立について合意をした。両国は一九九〇年から外交使節を交換していたが、まだ全面的な関係樹立には至っていない。その背景には、ロシヤ正教会とカトリック教会との関係が緊張していたことがあった[880]。

このように東方教会との関係強化に腐心してきた教皇ベネディクトゥス一六世だが、正教会との組織的統合に関しては悲観的な見通しを示した。教皇は教皇首位性の安易な抛棄には反対した。教皇は正教会が受け入れ可能な「同輩者中の首席」という表現を、カトリック教会のものではないと拒否した。レーゲンスブルク司教で、のちにベネディクトゥス一六世が教理省長官に登用するミュラーが、正教会との統一は九七％達成された、残った問題は三％、教皇の首位性及び裁治権だけだと述べたのに対し、教皇は正教会とカトリック教会との歴史的・文化的差異の大きさを説いて、自分には欠けているのが三％だけとはとても言えないと距離を置いた[881]。教皇は説教の中でも、教皇聖グレゴリウス一世（大グレゴリウス）が、常にコンスタンティノポリス総主教に配慮しつつも、その「全地総主教」の称号には反対していたことに触れた（第一四〇回一般謁見演説：二〇〇八年六月四日）。

組織的統合こそ考えていないものの、教皇ベネディクトゥス一六世は教皇がカトリック教会だけでなく、正教会、英国教会など理解のある隣接領域も含めた、キリスト教世界全体の「名誉首座」（独 Ehrenprimat）としての立場から、世界に発信できないかと考えた。これこそベネディクトゥス一六世流の、緩やかな形態での「教会一致」なのであった[882]。

四　プロテスタンティズムとの微妙な関係

教皇ベネディクトゥス一六世はプロテスタント教会に懐疑的な態度を採った。教皇は、それが女性叙階や同性愛容認など、時流への妥協を行ったことによってカトリック教会の立場から離れてしまったと見ていた[883]。二〇一一年九月のドイツ訪問の際にも、ドイツのルーテル派幹部の一部からは「教会」扱いされなかったと不満の声が上がった。この時問題となった、プロテスタント教会を「教会」ではなく「教会的共同体」と呼ぶ流儀について、教皇はそれが「第二ヴァティカン公会議の用語法」であることを強調し、教皇としてそうとしか表現できないと説明した。教皇はこの時、ルターに一定の評価をしつつも、「自分で勝手に作った信仰など無価値だ」とまで述べた[884]。更に教皇は、イエズス会初代管区長として宗教改革後の混乱が続くドイツに赴任し、バイエルンなど南ドイツでカトリック勢力の巻き返しに貢献した聖ペトルス・カニシウスを顕彰している（第二五八回一般謁見演説：二〇一一年二月九日）。教皇は更に説教の中で、ルターの批判に『聖書』と教父とに依拠して反論した人物としてブリンディジの聖ラウレンティウス（ロレンツォ）を紹介している（第二六三回一般謁見演説：二〇一一年三月二三日）。

教皇ベネディクトゥス一六世は、プロテスタンティズム内部の深刻な亀裂にも注視していた。特にアメリカ大陸の状況を念頭に、教皇は小規模な宗団が興隆し、大手プロテスタント教会が深い危機に陥っていることを指摘した（アオスタ司教区教会での聖職者との会合：二〇〇五年七月二五日[885]）。

教皇ベネディクトゥス一六世のプロテスタンティズムとの冷淡な関係は、マスメディアや知識人たちの批判対象となった。何故なら彼等の理解では、「教会一致運動」とは事実上、近代主義の一起源となったプロテスタンティズムに、近代主義を批判してきたカトリック教会の方が歩み寄る（つまり「現代化」する）ことだからである。プロテスタンティズム側がカトリック教会に歩み寄ったり、宗教改革での非礼を謝罪したりということは想定されていない。教皇が「教会一致運動」のパートナーにプロテスタンティズムではなく東方教会を選んだのは、そうした通念に抗する行為であった。嘗てミュンヒェン時代にハンゼルマン監督と協力関係にあったことを考えると、ローマ移住後のラッツィンガーは明らかに変容したと言えるだろう。

ただ教皇ベネディクトゥス一六世にもプロテスタント教会への歩み寄りが全くなかったわけではない。二〇〇六年一月二五日、教皇は城壁外の聖パウロ教会で、キリスト教一致週間の締め括りに、正教会及びプロテスタント教会の代表者と共にキリスト教徒の一致を祈る礼拝を行っている（第三五回一般謁見演説：二〇〇六年一月一八日）。更に教皇は、二〇一一年一月一八日に教皇立学術アカデミーの院長にシュヴァイツ人プロテスタント教徒のヴェルナー・アーバー博士（ノーベル生理学・医学賞受賞者）を任命した。同アカデミーは学術問題で教皇に助言する機関で、会員は非カトリック教徒が多いが、院長にプロテスタント教徒が選ばれるのは初めてだった[886]。

教皇ベネディクトゥス一六世は、英国教会に対しては友好関係の構築に心掛けた。これは東方教会への接近と同じで、旧教的共通性のある仲間同士で団結するという手法である。教皇自身は、寧ろ英国教会の方から接近してきたのだと主張している[887]。既に見たように、ラッツィンガーはカトリック教会と他のプロテスタント諸教会との間で揺れている英国教会を、カトリック教会側に引き寄せようとする意図があったものと思われる。ベネディクトゥス一六世は、カンタベリー大主教ローアン・ウィリアムズとの交流を深め、二〇〇六年に「英国教会・ローマ＝カトリック教会国際委員会四〇周年記念」でローマ訪問をした際に彼を迎えた他（二〇〇六年一一月二一―二六日）、二〇〇七年年頭、二〇〇九年一一月二一日にもそのローマ訪問を迎えている（第八一回一般謁見演説：二〇〇七年一月二四日）[888]。これに対してべ

©AFP/JOHN STILLWELL
カンタベリー大主教ローアン・ウィリアムズとの合同礼拝

ネディクトゥス一六世も二〇一〇年九月一六日から四日間イギリスを訪問し、エジンバラで英国教会の首長である女王エリザベス二世、そしてウィリアムズ大主教と会談し、グラスゴーのベラヒューストン・パークでの野外ミサでは「相対主義」批判の熱弁を振った。[889]尚二〇〇九年一一月二八日には、英国教会・ローマ＝カトリック教会国際委員会第三期対話の開始が発表されている。二〇一二年一〇月一一日の「信仰年」開幕ミサには、総主教バルトロマイオス一世と共にウィリアムズ大主教も参加した。[890]

然し教皇ベネディクトゥス一六世は、同時に英国教会に攻勢も仕掛けている。教理省長官時代にも示唆していたように、教皇は共通基盤が大きい英国教会から、カトリック教会への信徒の「再統合」、事実上の引き抜きを図ったのである。二〇〇七年六月二三日、教皇はカトリック教徒の妻と四人の子供とを持ち、自身もカトリシズムへの改宗が噂されていたイギリス首相アンソニー（トニー）・ブレア（労働党）を、その退任直前にローマで迎えた。この時は教皇庁もブレア本人も噂について論評しなかったが、ブレアは首相退任後の二〇〇七年一二月二一日、ロンドンで英国国教からカトリシズムへの改宗を断行した。[891]カトリック教会のこのヘッドハンティングは、個人的な事情のものだとはしても、英国教会からすれば相当な挑発に感じられたことだろう。更に二〇〇九年一一月四日、教皇は使徒憲章「アングリカノールム・コエティブス」を発表し、英国教会信徒をその典礼と霊的伝統（司祭妻帯を含む）を維持した儘受け入れることを表明した。[892]二〇一〇年九月一九日には、イギリス訪問に際し一九世紀のイギリス人カトリック教徒で、レップレやゼーンゲンの研究対象であった尊者ジョン・ヘンリー・ニューマン枢機卿の列福式をバーミンガムで司式した。英国教会の保守派司祭であったニューマンは、イタリア旅行と神学研究とを経てカトリック教会に改宗し、枢機卿にもなった人物であり、その列福は英国教徒への改宗勧誘に等しい行為である。しかもベネディクトゥス一六世は、登位以来列福式を自分では行っていなかったのに、この時初めて自ら、イギリスで司式するという挙に出たのである。二〇一〇年一一月八日、教皇庁は英国教会の主教五名がカトリシズムに改宗することを発表した。この改宗の背景には、近年の英国教会で女性司祭叙階や同性愛容認が進んでいることへの、教会内の動揺があった。尚この時ウィリアムズ大主教は直ちに空席となった主教座の後任人事に入り、カトリック教会への非難声明を出した形跡がない。これは不満分子を退出させることが英国教会の運営を容易

©AFP/JANEK SKARZYNSKI
教皇ベネディクトゥス16世のアウシュヴィッツ訪問

にするとの判断があるものと思われる[893]。二〇一一年一月一五日には、教皇は前述の使徒憲章「アングリカノールム・コエティブス」に基づき、「ウォルシンガムの聖母属人裁治区」を設置して、改宗者の受入準備を整えたのだった[894]。

五　ユダヤ教世界への配慮

「ホロコースト」後のドイツ人教皇として、ベネディクトゥス一六世はユダヤ教世界に入念に配慮した。教理省長官時代にもラッツィンガーは、自分に対する批判にドイツ人への反感が込められていることを意識していた。ただラッツィンガーの場合、ユダヤ教世界への配慮は単なる処世術ではなく、キリスト教のユダヤ教的起源を否認する国民社会主義政権やプロテスタンティズムの「ドイツ的キリスト者」への反撥、カトリック信仰を古典古代に立ち返って確定しようとする彼自身の方針に沿うものでもあった。

教皇ベネディクトゥス一六世は、登位当初からユダヤ教関係の地を熱心に訪れた。二〇〇五年八月一九日、教皇は「ドイツでの最古のユダヤ教徒共同体」であるケルンのシナゴーグを訪れた（第一四回一般謁見演説：二〇〇五年八月二四日）。ポーランド訪問最終日の二〇〇六年五月二八日には、教皇はクラクフ郊外のアウシュヴィッツ＝ビルケナウ収容所跡を訪問し、神は何故この惨劇を黙認したのかと問うた[895]。二〇〇七年九月八日の巡礼地マリアツェル（エステルライヒ）訪問に際しては、教

©AFP/FABRICE COFFRINI
聖ピウス10世司祭修道会

皇はヴィーンのラビ長パウル・ハイム・アイゼンベルクと共に「ショア記念碑」を訪れ、その前で祈りを捧げている（第一〇七回一般謁見演説：二〇〇七年九月一二日）[896]。ニューヨーク訪問の四日目である二〇〇八年四月一八日には、教皇は同地のシナゴーグを訪問している（第一三五回一般謁見演説：二〇〇八年四月三〇日）[897]。二〇〇九年五月八日―一五日の聖地訪問に際しては、イスラエル大統領シモン・ペレスと会談し、「ショア」に言及した（第一七八回一般謁見演説：二〇〇九年五月二〇日）。二〇一〇年一月一七日には、前教皇以来二回目のローマ・シナゴーグ訪問を行った[898]。

ベネディクトゥス一六世は日々の説教にもユダヤ教の話題を盛り込んだ。教皇はケルンのシナゴーグを訪ねた三箇月後には、ユダヤ教の過越の「荘厳で厳かな」典礼、「大きなハレル」に言及している（第二五回一般謁見演説：二〇〇五年一一月九日）。二〇〇八年、二〇〇九年には、アウシュヴィッツで「殉教」したとされるユダヤ系修道女、聖テレジア・ベネディクタ（エディット・シュタイン）の顕彰を行っている（第一四五回一般謁見演説：二〇〇八年八月一三日／アンゲルス：二〇〇九年八月九日）。二〇〇八年一一月九日には、七十年前の「帝国水晶の夜」に思いを寄せている（アンゲルス：二〇〇八年一一月九日）。

ベネディクトゥス一六世のユダヤ教世界への配慮は明らかだったが、カトリック教会を反ユダヤ主義と結び付ける試みは続いた。二〇〇七年の自発教令「スンモールム・ポンティフィクム」で典礼改革以前のトリエント・ミサが「ローマ典礼（特別形式）」として復権した際、批判者たちはそこにユダヤ人のキリスト教改宗を祈る「聖金曜日の代願」が含まれていることを問題視した。この部分は二〇〇八年二月五日に表現が緩和された版が発表されたが、ユダヤ人に対する基本姿勢に変わりがないとの批判が残った[899]。そして二〇〇九年一月二一日、ベネディクトゥス一六世が聖ピウス一〇世司祭修道会の四司教への破門を赦免する文書に署名し、一二四日に司教聖省ジョヴァンニ・バッティスタ・レー長官が発表した（但し司教としては停職の儘とされた）。これは前年一二月一五日に、修道会総長ベルナール・フェレが書簡で教皇への恭順を示し、破門の赦免を申請したことによる。教皇は既に二〇〇五年八月二九日にはフェレと会談しており、赦免への準備を進めていたのである。だが一月二一日に、スウェーデンのテレビが対象となる司教の一人リチャード・ウィリアムソンの、国民社会主義政権の収容所では二十万から三十万のユダヤ人が殺害されたものの、ガス室は存在しなかったという発言を含むインタヴューが放送されていた為、批判者たちは伝統主義者への寛容を問題視しただけではなく、カトリック教会自体が反ユダヤ主義的傾向を有するかの如く非難した。[900]「ドイツ・ユダヤ人中央評議会」副議長ザロモン・コルンは、「教皇は自分が誰を赦免するのかを知っていた筈だ」とし、教皇が「ホロコースト」否定者に社会に於ける居場所を提供したと解釈した。コルンは、教皇が教会の統一を優先してユダヤ教徒との対話を疑問視しているとし、教皇と和解の対話を持とうとする一部のラビたちに距離を置いて、自分たちはカトリック教会との対話は差し当たり行わないと問答無用の態度を取った。同年二月四日には、ドイツ連邦宰相メルケルまでが教皇の決定を批判し始め、CDU／CSU内部で動揺が走った。第一次政権以来CDUの保守色を薄めてきたメルケルは、当初教皇ベネディクトゥス一六世を支持する姿勢を示し、二〇〇六年のレーゲンスブルク講演に際しても教皇を擁護したが、今回は時流を読んで批判側に回ったのである。同じく二月四日、教皇は赦免対象となる司教に「ホロコースト」否認の撤回を求める声明を出した。また国務省も、四人がカトリック教会で活動する為には、第二ヴァティカン公会議を認めることが条件だとした。聖ピウス一〇世司祭修道会は赦免を目指して教皇と直接交渉するようになり、持論に固執するウィリアムソンとの間には溝が出来ていった。[901]

ベネディクトゥス一六世本人は、この破門解除を単純な問題として理解していた。聖ピウス一〇世司祭修道会の司教四人の破門は、教皇の許可なく叙階を受けたからであって、叙階自体は教会法に即したものであった。従って教皇の首位性を承認すれば破門は解除されるのであり、それは前教皇時代から決まっていたことであって、中華人民共和国の司教たちと同じ問題だという。ウィリアムソンについては、英国教会から聖ピウス一〇世司祭修道会に入った人物だが、彼がガス室を否定したということは教皇庁では把握していなかったという。[902]更に二〇〇九年一二月一九日にベネディクトゥス一六世が教皇ピウス一二世を尊者にすると発表すると、忽ち非難の声が起きた。ドイツ・ユダヤ人中央評議会事務総長シュテファン・クラーマーは、「国民社会主義時代の事実から明らかに目を背けている」「カトリック教会は別な歴史を書こうとしている」とこの措置を批判したのだった。(903)

六　イスラム教世界との対峙

ユダヤ教世界には配慮した教皇ベネディクトゥス一六世だったが、イスラム教世界には距離を置いた。二一世紀の始まりは、九・一一同時多発テロ、アフガニスタン戦争、イラク戦争、チェチェン紛争と、イスラム教徒の暴力を巡る問題で彩られた。と同時に、進歩派知識人の間には反西洋中心主義、イスラム圏擁護の潮流も顕著になった。左派反米主義から出発する彼等は、アメリカ合衆国の、特にジョージ・W・ブッシュ政権の覇権主義に主要な国際紛争の起源を見出し、前近代のイスラム教世界の先進性、寛容性（キリスト教世界の後進性、不寛容性）を強調した。こうした緊迫した状況下で、教皇ベネディクトゥス一六世は教理省長官時代の方針を継続し、「理性」の名の下にヨーロッパ内部のキリスト教勢力と進歩派との団結を実現しようとして、イスラム教世界の反撥を買うことになるのである。

二〇〇五年四月一九日の教皇ベネディクトゥス一六世選出の際、逸早くこれを警戒したのがトルコであった。トルコのEU加盟を目指していたレジェプ・エルドアン首相（二〇一四年大統領）は、ラッツィンガー枢機卿が二〇〇四年八月一二日に仏紙『フィガロ』のインタヴューで表明したトルコのEU加盟反対論を、教皇選出後は撤回するべきだと苦言を呈した。更に二〇〇五年一一月三〇日（聖アンドレアス祭）にコンスタンティノポリス総主教バルトロマイオス一世から招待を受けた教皇が、それを機にトルコ訪問を希望したことに関して、トルコ政府は同年八月末、同年一一月の来訪を拒否し、翌二〇〇六年一一月の来訪を許可するという方針を発表した。(904)

教皇ベネディクトゥス一六世はイスラム教に決して批判一辺倒だった訳ではない。二〇〇五年八月、ケルン滞在の二日目に教皇はイスラム指導者と対話し、次のように述べた。「他宗教の中でも、イスラム教は特別な位置を占めています。イスラム教徒は、唯一の神を礼拝し、進んでアブラハムを太祖としているからです。この為、私は幾つかのイスラム共同体の代表者たちと会見することを望みました。イスラム共同体の代表者たちに向けて、私は、私たちが経験している困難な歴史的時期に於ける、希望と不安とを表明しました。そして私は、狂信主義と暴力が根絶されること、また、私たちが人間の人格の尊厳を常に守り、基本権を擁護する為に、協働できることを希望しました。」（第一四回一般謁見演説：二〇〇五年八月二四日）。教皇は、実際ブラック・アフリカでは、徐々にキリスト教とイスラム教徒とが寛容で良好な関係で共存する状態が出来つつあると見た[905]。

とはいえベネディクトゥス一六世は、イスラム教勢力の暴力には当初から批判的姿勢を示していた。それは特にイスラム教が多数を占める地域での問題であった[906]。教皇はトルコ政府から入国を拒否された二〇〇五年夏、イスラム教勢力への西洋の弱腰を批判してきたイタリア人文筆家オリアナ・ファッラチに謁見の機会を与えた[907]。二〇〇五年一二月二五日の回勅「デウス・カリタス・エスト」には、「報復が、いやそれどころか憎悪し暴力を振う義務が、時として神の名前と結び付けられる世界」という表現があり、イスラム教勢力を暗示したとも解釈できる[908]。前述の第一四回一般謁見演説でも、「狂信主義と暴力」とはイスラム圏のそれを念頭に置いているとも解釈できる。そして二〇〇六年二月五日、トルコ北東部の黒海沿岸の町トラブゾンの小教区で、六十歳の司祭アンドレア・サントーロが、十六歳の少年に殺害されるという決定的な事件が起きた。サントーロはピウス一二世の回勅「フィデイ・ドーヌム」に基づき、宣教地に派遣された司祭で、八、九人のグルジア人信徒を担当していた。この地域はイスラム教徒と正教徒で九九％を占める地域だが、犯人は犯行時に「アラーは偉大なり」の声を挙げ、司祭殺害の理由としてヨーロッパ諸国でのモハンマドの戯画の流布を挙げたという[909]。二月七日にサントーロ神父と信徒から手紙（一月三一日付）を受け取っていた教皇はその死を悼み、一一月のトルコ訪問の為に現地を訪れたいとの意向を表明した（教皇ベネディクトゥス一六世のアンドレア・サントーロ司祭への弔辞／アンドレア・サントーロ司祭の教皇訪問を願う手紙）。二〇〇六年七月には、教皇はイラクやレバノンでの暴力を懸念する発言をしていた（アンゲルス：二〇〇六年七月二日／アンゲルス：二〇〇六年七月三〇日）。

これらの出来事に加えて、教皇ベネディクトゥス一六世は早くも最初の一年間にイスラム教世界との紛争の予兆を見せていた。二〇〇五年九月、ラッツィンガー門下生の恒例の研究会がガンドルフォ城で行われた。門下生研究会は既に二〇〇四年には開催が決定していたが、恩師の教皇選出で夏の離宮に場を移すことになったのである。ところがアメリカのイエズス会士で、レーゲンスブルク時代の門下生であるジョゼフ・フェッシオ神父が、後日この時の教皇の発言なるものを紹介した。それによると教皇は、イスラム教は近代に順応できず、民主政とは相容れない、神から霊感を得てはいるが、人間が執筆した『聖書』とは違って、『コーラン』はイスラム神学では一字一句がムハンマドへの神の啓示である為に、社会的変化に合わせて順応させる訳にいかないのだと述べたという。この発言には、ブッシュ政権のブレーンで政治学者のダニエル・パイプスが満足を表明する一方で、研究会参加者からは発言の事実を否定する声が上がり、結局はフェッシオの誤った引用、ドイツ語能力の不足ということで落着した。ただラッツィンガーは別所でも『聖書』と『コーラン』の違いを同様に説明しており、恐らくフェッシオの理解も全くの誤りではなかったに違いない。この件との関連性は不明だが、教皇は二〇〇六年三月一一日に、「宗教間対話評議会」を「文化評議会」に統合し、前者の議長マイケル・フィッツジェラルド大司教をエジプトに異動させるという機構改革を行った（尤もこの措置はレーゲンスブルク講演後の二〇〇七年五月末に再考され、両評議会は分離されることになる(910)）。

二〇〇六年九月一二日のレーゲンスブルク講演「信仰・理性・大学」は、こうした背景を以って行われた。ベネディクトゥス一六世は、この演説は純粋に学問的なものとして行われたのに、一部のみを引用して政治的に濫用されたと主張している(911)。教皇がここで扱ったテーマは、彼がアウグスティヌスで神学博士論文を執筆して以来一貫して追求してきた、信仰と理性との一致である。その文脈で、東ローマ皇帝マヌエル二世（パライオロゴス朝）がペルシア人知識人ムダリスとの対話で述べたという表現が登場する。「ムハンマドが新しいこととして齎したものを余に示して見よ。爾はそこに、悪いもの、非人間性なものしか見出すことが出来まい。例えばムハンマドが、自分の説いた信仰を剣によって広めよと命じたことだ。」。「神は流血など好まない。理性的に振舞わないことは神の本質に反する。信仰は霊魂の産物で、肉体の産物ではない。つまり誰かを信仰に導こうとする者は、よく語り正しく考える能力を必要とするのであって、暴力や恐喝ではないのだ……理性的な人間を説得する為には、腕節や金槌、その他死をもって人を恐喝するような道具は、どれも必要ないのである。」。この引用を通じてベネディクトゥス一六世は、暴力による信仰の強要を批判し、大学という知の殿堂に於いて、諸文化相互の知的対話の重要性を訴えたのである。その際教皇は、『コーラン』にも信仰の強要を禁止する項目があることを指摘している。このマヌエル二世のイスラム教批判を教皇自身は「驚くべき厳格さ、我々には驚愕すべき厳格さで」と表現し、それが極端な表現であるとの見地に立っていた[912]。講演は自身の神学研究の展開を回顧したもので、少なくとも直接的には、煽動的な意図を帯びたものではなかった。とはいえ引用部分が刺戟的な内容であることは確かで、更にファッラチとの会談やサントーロ殺害事件を踏まえると、教皇がイスラム教勢力の暴力性への批判を込めていた可能性は大きいと考えざるを得ない。

教皇のこの講演は当初ドイツ語圏では冷静に受け止められたが[913]、やがてイスラム教世界から抗議行動が始まった。まず九月一四日、トルコ宗教庁長官アリ・バルダクグルが、教皇は十字軍の精神構造を保持しており、発言は撤回されるべきだとの見解を発表し、またパキスタン議会が与野党一致で教皇非難決議を出し、これにエジプト、イラン、インド、インドネシアの政府高官や宗教指導者が同調し、フランスやドイツなどヨーロッパ内のイスラム教徒団体も非難声明を出した。インターネットでは教皇やヴァティカンへの襲撃予告も出るようになった。一七日、長年アフリカで奉仕活動をしてきたイタリア人修道女レオネッラ・スゴルバーティ（六十五歳）が、モガディシオで武装した男性たちに射殺されるという事件が起きた。一八日、イラクのバスラで百五十人の人々が集まり、広場で教皇の人形とドイツの国旗とを焼き打ちにした。故郷に錦を飾った教皇を熱烈歓迎していたドイツの世論も一気に沈静化し、連邦宰相メルケル、バイエルン首相シュトイバー、連邦内務大臣ヴォルフガング・ショイブレらＣＤＵ／ＣＳＵの政治家たちが教皇を懸命に擁護したものの、緑の党議員のベックは「奇妙に一面的で歴史に盲目」だとした。元バイエルン文相マイヤーも、引用部分は危険だった、教皇のいう理性が対話を促すかは疑念は残るとした[914]。

但しこうしたイスラム圏の感情的対応はキリスト教的西洋の団結を促した面もある。イスラム教側の抗議が言論に留まらず、一部でマヌエル二世の言葉通りの暴力的形態を採り、イエス、釈迦、ポセイドンと並んでムハンマドの生首が登場するモーツァルトの歌劇「イドメネオ」の上演が、安全を理由にベルリン「ドイツ・オペラ」で自粛される事態になるに及んで、既にデンマークでムハンマドの戯画を巡る騒動を経験していた西洋世界では、イスラム教勢力への不信感が更に

©AFP/PATRICK HERTZOG
教皇ベネディクトゥス 16 世のブルー・モスク訪問

高まり、カンタベリー大主教ウィリアムズや、イタリア元首相ベルルスコーニ、遂にはアメリカ大統領ブッシュまでもが、教皇との連帯を表明するようになっていった[915]。教皇側近の一人カスパー枢機卿も、事件直後にこう言明している。「イスラムは別種の文化です。それを価値の低い文化とは言いませんが、恐らく信仰の自由、人権、女性の同権化と言った我々近代西洋文化のよい側面を構成するものを、今日まで理解できなかった文化とは言えるでしょう[916]」。ドイツ司教会議議長レーマン枢機卿は、同年九月一九日の講演でこの騒動に言及し、教皇がイスラム教に敵対的だという理解は誤解だと力説しつつ、他宗教、特にイスラム教との対話で暴力の問題が大きな役割を果たすのは当然だとした[917]。

　教皇ベネディクトゥス一六世本人も早速弁明に追われることになった。教皇がイスラム世界の反撥を過小評価していたことは否めないだろう。まず二〇〇六年九月一四日には報道官フェデリコ・ロンバルディ神父が釈明の記者会見をし、九月一六日には国務長官タルチジオ・ベルトーネ枢機卿が釈明に立った。九月一七日、教皇自身がガンドルフォ城での「アンゲルス」で、レーゲンスブルクでの自分の発言がイスラム教徒の心情を傷付けるものと理解されたことを残念だとし、引用部分は自分の考えではないと述べた。この発言をバルダコグルや一部のイスラム指導者たちは好意的に評価し、事態の幕引きを図ったが、一般民衆にまで広まった興奮は容易に収まらなかった[918]。九月二〇日、教皇は一般謁見演説で、マヌエル二世のイスラム批判は自分のものではなく、この講演は信仰と理性との共同歩調を説いたものだと弁明した（第六五回一般謁見演説：二〇〇六年九月二〇日）。九月二五日、教皇はガンドルフォ城での謁見でイスラム諸国の大使、イスラム指導者を集め、イスラム教徒への敬意を表明すると共に、彼等に暴力を止めるよう訴えた[919]。同年一〇月一一日、教皇はレーゲンスブルク講演の原稿を公表したが、ここでは前述の「驚くべき厳格さ、我々には驚愕すべき厳格さで」というマヌエル二世評価が、「驚くべき厳格さ、我々には受け入れ不可能な程の厳格さで」という、より明確に距離を置いた表現に変更されていた[920]。

二〇〇六年一一月のトルコ訪問は、イスラム教勢力との和解に力点が置かれることになった。教皇はイスラム教徒やイスラム文明への敬意が再燃したとし、イスラム教徒のマリア信仰を指摘したり、ブルー・モスクを訪問して祈りを捧げたりした（第七四回一般謁見演説：二〇〇六年一二月六日）。この時教皇は靴を脱ぎ、メッカの方を向いて目を閉じ、祈りを捧げた。教皇庁はこれを単なる瞑想としたが、トルコでは教皇がイスラム教徒のように祈ったと報道された。そして遂には教皇の口から、トルコのEU加盟を支持する、キリスト教とイスラム教は一つの家族に属するとの発言まで飛び出した[921]。二〇〇七年一一月六日には、教皇はローマを訪問したサウディアラビア王アブドゥラ・ビン・アブドル・アジズと会談した[922]。更に二〇〇九年五月の聖地訪問でも、ヨルダン国王アブドゥラ二世やパレスティナ大統領マフムード・アッバスなどとの会談を行い、二〇一二年九月レバノン訪問に際してもイスラム指導者と会談した（第三二七回一般謁見演説：二〇一二年九月一九日）。教皇は説教の中でもイスラム教を好意的に扱うようになり、聖フランチェスコを快く迎えたスルタンの話題を出したり（第二一〇回一般謁見演説：二〇一〇年一月二七日）、アラビア語話者への祈りを加えたりした（第三三〇回一般謁見演説：二〇一二年一〇月一〇日）。ゼーヴァルトとの対話でも、教皇ベネディクトゥス一六世は慎重な物言いに徹した。シュヴァイツの国民投票でミナレット建設禁止が可決され（二〇〇九年一一月二九日）、フランスで公共の場でのブルカ着用全面禁止が提起された（二〇一一年可決）ことについて、教皇はこれに同調しなかった。教皇は、キリスト教徒は寛容であり、アラブ世界にもキリスト教会が存在し得ることを感謝していると述べ、ブルカは自由意思で着用する分には問題なく、女性抑圧には当たらないとの見方を示した[923]。

だが二〇〇六年の混乱の後で、教皇ベネディクトゥス一六世がイスラム教勢力に対して好意ばかりを持つ筈がない。友好的な言動と並行して、教皇は批判的な指摘も繰り返している。既に二〇〇六年九月二四日、教皇は射殺された修道女スゴルバーティの死を悼んだ（アンゲルス：二〇〇六年九月二四日）。同年一〇月には、教皇はラマダン終了に祝辞を述べると同時に、暴力反対の意思表示をした（アンゲルス：二〇〇六年一〇月二二日）。同年一一月・一二月のトルコ訪問の際にも、教皇は（キリスト教徒にも）信仰の自由を求めるのを忘れなかった（第七四回一般謁見演説：二〇〇六年一二月六日）。二〇〇七年には、教皇はアフガニスタンで誘拐された韓国人プロテスタント教徒の解放を要求し（アンゲルス：二〇〇七年七月二九日）、シリア・カトリック教会司祭の誘拐についても解放を要求した（アンゲルス：二〇〇七年一〇月一四日）。二〇〇八年三月には、教皇はイラクで誘拐されたカルデア典礼教会のモスル大司教パウロス・ファラージ・ラッホの解放を要求し（アンゲルス：二〇〇八年三月二日）、犯行グループの指示した場所で大司教が遺体で発見されると、教皇は三月一六日に語気を荒げて抗議した（大司教の遺体は銃創などがなく、元々心臓病の為日々の薬物投与が必要で、遺体も腐敗していたので、死亡が殺害によるのかは不明）[924]。その直後の三月二二日には、教皇は復活徹夜祭ミサで、イスラム教から改宗するエジプト人ジャーナリストの洗礼を自ら授けた[925]。二〇〇八年四月二〇日、教皇はアメリカ訪問に際し、ニューヨークの「グラウンド・ゼロ」で祈禱を行った[926]。二〇〇九年には、教皇はパレスティナでの暴力の連鎖を懸念し（アンゲルス：二〇〇九年一月四日）、アフガニスタンでタリバンがイタリア軍兵士を殺害したことに悲しみを表明した（アンゲルス：二〇〇九年九月二〇日）。二〇一〇年二月には、教皇はイラクでのキリスト教徒殺害を懸念し（アンゲルス：二〇一〇年二月二八日）、パキスタンでムハンマドを批判したとして死刑判決を下された女性アシア・ビビとの「霊的連帯」を表明した（第二四七回一般謁見演説：二〇一〇年一一月一七日）。同年四月のマルタ訪問に際しては、教皇はマルタが多くの要塞を備え、マルタ十字の旗を掲げてキリスト教的使命を担ったことに思いを致しているが、マルタ（聖ヨハネ騎士団）がキリスト教を守ったのは、他ならぬオスマン＝トルコ帝国の侵攻に対してである（第二二二回一般謁見演説：二〇一〇年四月二一日）。同年九月には、アッシジの聖キアラがアッシジを襲ったサラセン人を、聖体の秘蹟を顕示して去らせた逸話を紹介した（第二三八回一般謁見演説：二〇一〇年九月一五日）。教皇は、二〇一一年にはイスラム冒瀆罪に反対したパキスタン少数民族大臣シャフバズ・バティの暗殺を非難し（アンゲルス：二〇一一年三月六日）、二〇一二年にはハマスとイスラエルとの紛争を懸念した（第三三六回一般謁見演説：二〇一二年一一月二一日）。二〇一一年一月、アレクサンドリアでのコプト教徒虐殺事件を契機に、教皇はイスラム圏の少数派としてのキリスト教徒の不安定な状況を懸念し、これにエジプト外務省が内政干渉として反撥するという事件が起きた(927)。

七　世界平和の為の諸宗教・諸宗派対話

教皇ベネディクトゥス一六世は、二〇一一年一〇月二七日にアッシジで「世界平和と正義の為の考察・対話・祈禱の日」を開催した。教皇ヨアンネス・パウルス二世は「世界宗教サミット」、つまり「世界平和祈禱集会」（一九八六年一〇月二七日）をアッシジで行って話題となったが、今回はその二十五周年記念行事であった。二〇〇二年一月二四日の「世界平和祈禱集会」では、ラッツィンガー長官は同行こそしたものの、明らかにこの行事に距離を於いていたというが、前教皇の開始した試みを、ベネディクトゥス一六世も廃止するには忍びないと考えたようである。コンスタンティノポリス総主教バルトロマイオス一世を含む参加者三百人は、普段は余り用いられないヴァティカン鉄道でヴァティカンから出発し、午前一〇時三〇分からアッシジのサンタ・マリア・デリ・アンジェリ大聖堂で集会を開催した。教皇庁正義と平和評議会議長ピーター・コドヴァ・アピタ・タークソン枢機卿の挨拶に続いて、哲学者ジュリア・クリステヴァ（パリ大学）など十名の代表者が演説を行った。午後一三時から参加者は昼食を取り、その後瞑想する時間を取った。午後四時三〇分からは、一同がサン・フランチェスコ大聖堂に参集して閉会式を行った。各宗教・宗派の代表者たちは平和の挨拶を交わし、最後に「太陽の歌」を唱和した(928)。

この集会での教皇の演説「真理への巡礼者・平和の巡礼者」は、午前の部の終わりに行われた。教皇がここで試みたのは、啓蒙思想という共通の敵を設定し、それに対して諸宗教・諸宗派の連帯を訴えることであった。教皇は二十五年間の歴史を振り返り、「ベルリンの壁」崩壊に象徴される社会主義圏の崩壊を、「偉大な善」たる「自由」の「暴力」への勝利として寿（ことほ）いだ。教皇は、啓蒙思想に始まる宗教批判が、暴力を宗教に由来すると説いたことを、「宗教の歪曲」と呼んで批判した。教皇はキリスト教が暴力に走ったことがあることを認め、「深く恥じ入」るとしたが、そういった暴力への傾倒は断じてキリスト教の本質ではないとした。教皇は、寧ろ宗教の不在が富や権力の崇拝を生み、延いては暴力を呼ぶとの考えを示し、カトリック教会の平和構築への熱意を表明した。[929]

教理省長官ラッツィンガーが一九八六年の「世界平和祈禱集会」に出席しなかったのに対し、教皇ベネディクトゥス一六世がこのような集会を開いたのは何故なのかと問われることがある。[930] 確かにラッツィンガー教理省長官が発布した「ドミヌス・イエスス」(二〇〇〇年)も、カトリック教徒がキリスト教への自信を維持することを促し、相対主義を否定するものであった。回勅「カリタス・イン・ウェリターテ」でも、文化的平準化による国民、民族の文化喪失への危惧と共に、文化相対主義が対話を不能にすることへの危惧も表明されている。[931] ここで看過できないのは、二〇〇六年のレーゲンスブルク講演問題を始め、イスラム教世界との紛争が深刻化する中で、中東のキリスト教徒を守っていく為に、少しでもイスラム教との共通項を探ろうとする、教皇の努力である。通常ベネディクトゥス一六世は十字軍など、キリスト教側の暴力には余り触れない傾向にあるが、この集会ではその点に率直に触れ、遺憾の意思表明とも取れる発言をした。加えて、予てから敬意を表してきたヨアンネス・パウルス二世の意志を継承するという面、近代的政治理念による世界一元化を図る普遍主義論者に諸宗教・諸宗派勢力が等しく圧迫されている中で、教皇が諸宗教・諸宗派勢力の連帯の先頭に立ち、宗教界の「名誉首位」的地位を確立しようとした面もあるだろう。啓蒙思想の宗教弾圧を批判したことは、マルクス主義と対決してきたラッツィンガーの発言としては違和感がないが、キリスト教こそが理性の宗教であり、その基盤の上にこそ自由民主主義が成立し得るとする「キリスト教的ヨーロッパ」論とは矛盾しかねない面があると言えよう。

八　キリスト教的自然法論の展開

教皇ベネディクトゥス一六世の下で、教理省長官が委員長を務める国際神学者委員会は、二〇〇九年六月に報告書「普遍的倫理の追求——自然法への新たな展望」を発表した。この報告書は、教皇ヨアンネス・パウルス二世の回勅「ウェリターティス・スプレンドル」及び「フィデース・エト・ラティオ」に即した自然道徳法の基礎付けを行うとして、二〇〇四年に当時の教理省長官ラッツィンガーの下で始められた研究の成果であり、彼の意向を踏まえたものと見てよいだろう。

報告書は地球大での連帯が生まれつつあることを述べ、世界共通の倫理が必要になってきていることを説く。『世界人権宣言』は「現代史の最高の成功例の一つ」だが、その扱いを巡り不和が生じ、功利主義的な法至上主義に利した。また（キュングの）「世界倫理」は、諸文化、諸宗教から最小限の共通倫理の析出を試みたが、最小倫理では絶対的な規範の設立には不十分で、個々の宗教の倫理を相対化してしまう。絶対的真理の訴えを不寛容と暴力の源だと恐れ、相対主義、法実証主義に陥る傾向があり、単なる形式的倫理で内容に踏み込まない「討議倫理」で満足する者も居るが、やはり実定法を越えた客観的、絶対的価値としての自然法が必要だと説くのである。

報告書は、まずは世界の叡智を集めようと、他の宗教や文化にも目を向けている。そこで検討されているのが、ヒンドゥー教、仏教、道教、古代ギリシア・ローマの思想である。だがその検討は速やかに終わり、大半の考察は『旧約聖書』、『新約聖書』、スコラ神学、教会法など、カトリシズムに向けられていく。最後の章は、「自然法の完成としてのイエス・キリスト」と題され、自然法の（唯一とは言わぬまでも）中心的源泉がキリスト教であることが示されている。

報告書は、自然法が既存国家の実定法秩序の上に立つ「共通善」であることを強調する。実定法は自然法が要求することの実現に努めるものとされ、主従関係が明確にされている。また政治秩序は終末論的なものではないとされ、「全体主義」に見られたような政治権力の神聖視、人々を一つのイデオロギーに従わせようとする傾向が強く戒められている。これは要するに、究極的な価値は宗教（実質的にはキリスト教）が設定するものと言っていることになる。

だがこの報告書が「自然法」として具体的に念頭に置く倫理とは何かは、必ずしも明瞭ではない。文脈の中で、「黄金律」（他人からされたくないことは他人にしない）、勇気、忍耐、節制、愛、（貧者との）連帯といったものが登場するが、網羅的な整理はない。ただそれは、キュングが「世界倫理」として念頭に置いた「ポストモダン」的なものとは大いに異なることだけは確かである。(932)

第七節　「バイエルン人」と「ドイツ人」との間

一　「バイエルン人」としての振舞

教皇ベネディクトゥス一六世は、ドイツ・アイデンティティが国際社会で否定的先入観に晒されていることをよく理解していたので、自分のバイエルン・アイデンティティを前面に出すことを心得ていた。バイエルンに好ましくない過去があったとしても、バイエルン愛国主義を唱えることには大きな反撥はない。ドイツにどれだけ誇るべき過去があっても、全ては「ナチズム」の前史とされ、ドイツへの祖国愛を語れば袋叩きに遭う。国家より下位の分邦を称揚することは、国民国家批判に熱中する知識人に対しても付け込む隙を与えなくて良い。歴史を厳密には評価せず、イメージに左右される国際世論の特質を、ラッツィンガーは念頭に置いていたのである。

二〇〇六年九月の里帰りでは、教皇は滞在地をバイエルン南部に限定し、自分が何処を故郷と考えているかを明確にした。しかも教皇はそれに先立って同年五月にポーランドを訪問し、アウシュヴィッツ訪問の際には、「ドイツ民族の子」として来ざるを得なかったと述べていた(933)。更に看過できないのは、九月九日ミュンヒェン・マリーエン広場での祈禱で歌われた「バイエルン国歌」（独 Bayernhymne）の歌詞である。この「バイエルン国歌」は、少年少女合唱団を中心に、連邦宰相メルケル、バイエルン自由国首相シュトイバーら大勢の参列者によって、熱狂的な雰囲気で合唱されたのだった。

Gott mit dir, du Land der Bayern　　バイエルン人の地、故郷の大地、
Heimaterde, Vaterland!　　祖国よ、神が爾と共に在らんことを！
Über deinen weiten Gauen　　爾の幅広い諸地域に亙って
Walte seine Segenshand.　　神の祝福の手が支配せんことを。
Er behüte deine Fluren,　　神が爾の農地を守り、

Schirme deiner Städte Bau
Und erhalte dir die Farben
Deines Himmels weiß und blau!

Gott mit uns, dem Bayernvolke,
Wenn wir unsrer Väter wert
Stets in Eintracht und in Frieden
Bauen unsres Glückes Herd;
daß vom Alpenrand zum Maine
Jeder Stamm sich fest vertrau
Und die Herzen freudig eine
Unser Banner weiß und blau!

Gott mit uns und Gott mit allen,
die der Menschen heilig Recht
Treu beschützen und bewahren
Von Geschlechte zu Geschlecht.
Frohe Arbeit, frohes Feiern,
Reiche Ernten jedem Gau;
Gott mit dir, du Land der Bayern(934)
Unterm Himmel weiß und blau!

爾の町々の建設を庇護せんことを、
而して爾の空の色たる白と青を
爾バイエルンの許に留めんことを！

神が我等バイエルンの人民と共に
在らんことを、若し我等が父祖に
値して、常に和合して平安に生き、
我等の幸福の基を築くならば。
アルプスの山麓からマイン川まで、
あらゆる部族が自負を持ちつつも、
心は喜びに満ち一つになって。
我等の白青の幟よ！

神が我等と共に、そして人間の
神聖な権利を忠実に守り、保持する
全ての人々と共に在らんことを。
一門から一門へ、
陽気な仕事を、陽気な祝祭を、
豊かな実りを全ての地域に。
神が爾、バイエルン人の国と共に
在らんことを、白と青の空の下に！

実はこの歌詞は現行版ではない。冒頭の「故郷の大地」（独 Heimaterde）という語は、一九八〇年にバイエルン首相フランツ・ヨーゼフ・シュトラウスが確認した現行版では、「ドイツの大地」（独 deutsche Erde）となっている。元来一八六〇年にミヒャエル・エクスナーが作詞した時には、この部分は「ドイツの大地」になっていた。他にも後半にバイエルン王を讃える一節も含まれていたが、この部分は一九一九年に削除された。一九五二年、この一九一九年エクスナー版がバイエルン州議会で州歌（「国歌」）として採用された。だが一九四九年、バイエルン自由国がドイツ連邦共和国に参加するのに反対するバイエルン党が、ヨーゼフ・マリア・ルッツに依頼して「故郷の大地」という版を作り、このルッツ版を一九六六年にバイエルン首相ゴッペル（ＣＳＵ）が国歌として提案し採択された。更にゴッペルとは対抗関係にあったシュトラウスが州首相になると、一九八〇年にエクスナー版（一九五二年に一旦採用したもの）を国歌と確認して今日に至っているのである。

このように「バイエルン国歌」の歌詞に争いがある中で、教皇ベネディクトゥス一六世は自分のミュンヒェン登場に際し、敢えて今日否定されているルッツ版を復活させたのである。シュトラウス直系のシュトイバー州首相が、現在公認のエクスナー版を使わないとは考えられないので、恐らく教皇側からルッツ版を用いて欲しいと要求したものと思われる。そこまでして、ベネディクトゥス一六世は自分がドイツ愛国主義ではなく、バイエルン愛国主義の信奉者であることを示そうとしたのである。

興味深いのは、二〇一〇年のゼーヴァルトとの対話の中で、教皇ベネディクトゥス一六世が「自分はまだ公式のドイツ訪問は一度もしていないが、ドイツには二度滞在した」などと述べたことである。不可解な表現だが、二〇〇五年のケルン「世界青年大会」訪問も、二〇〇六年のバイエルン訪問も、教皇は「公式のドイツ訪問」とは考えていなかったことになる。バイエルンに関しては「まあドイツにも属しているが」などと惚けている。(935) 尤も教皇はこの対話後、二〇一一年にもドイツを訪問し、ベルリン「帝国議会」（連邦議会議事堂）で講演を行っているので、流石に今では「公式のドイツ訪問はしなかった」とは言わないだろう。

教皇ベネディクトゥス一六世は、ドイツが必ずしも自分の忠実な支持基盤ではないことを意識していた。彼はこう述べている。「カトリック系のドイツでは、いわば教皇を叩きのめすことが出来る機会を狙っているような層がかなり存在するというのが事実であって、それが我々の時代のカトリシズムの有様の一つになっています[936]」。ヨアンネス・パウルス二世にとってポーランドは強固な支持基盤だったが、ベネディクトゥス一六世にとってその支持基盤はバイエルンであって、ドイツ全体ではなかった。

二〇一一年九月のドイツ訪問の際に、教皇ベネディクトゥス一六世はドイツ連邦共和国の政教協力関係の再考を促した。教皇はドイツのカトリック教会が世俗社会から距離を置き、「物質的・政治的重荷から解放される方がよい」と主張したのである。それどころか教皇は、「世俗化」(独 Säkularisierungen)を、教会の特権の削除、内なる改革への集中の為になるとして肯定的に論じたのである。「公法上の社団」としての教会への公的給付は、この「世俗化」による領土喪失の代償として始まった制度で、ドイツの新旧教会の重要な財政基盤であり、従来ドイツの教会指導者が自らその抛棄を検討したことはないが、ラッツィンガーは前述のように教理省長官としてその変更可能性を示唆していた。従来教会への公的支給の削減は自由民主党、緑の党などの主張で、それを教皇が要求したのだとすれば、それは特筆すべき事件である。この件に関する教皇の意図は不明だが、教会敵対的な一般社会からの自立、教会内の精神的刷新が念頭にあるものと推測される[937]。

©AFP/JOERG KOCH
マリーエン広場の教皇ベネディクトゥス16世

教皇ベネディクトゥス一六世は二〇〇六年以後バイエルンには帰っていないが、この故郷との密接な関係を維持し続けた。ベネディクトゥス一六世は教皇執務室でもレーゲンスブルクの地方紙『ミッテルバイエリッシェ（・ツァイトゥング）』を購読していた(938)。CSU万年保守政権が続くバイエルン自由国政府は、バイエルン人教皇の近衛師団を自負し、事あるごとに教皇を応援した。二〇一二年四月には、ホルスト・ゼーホーファー首相の率いる同政府の全閣僚が、多数のバイエルン国民を引き連れてローマに参詣し、故郷の舞踊や音楽の御前演奏で、教皇の八十五歳の誕生日を祝福した。

二　教皇の「ドイツ人」意識とドイツの教皇派運動の形成

とはいえ教皇ベネディクトゥス一六世が本心から「ドイツ」に否定的感情を懐いていたとは思えない。二〇一一年九月のドイツ訪問の際、機中でベネディクトゥス一六世は「自分をどのような意味でまだドイツ的だと感じるか」という質問に答えてこう述べている。「ヘルダーリンは、最も物を言うのは生まれだと言っています。そして私も勿論そのことを感じています。私はドイツに生まれ、その根源は切除することが出来ないし、切除するべきでもありません。私はドイツで自己を文化的に形成しました。私の言葉はドイツ語であり、言葉は精神が生き、効果を発揮する流儀です。私の文化的な自己形成は、全てそこで行われたのです。私が神学を展開する時、それは私がドイツの大学で学んだ内なる形態から行われるのです。そして残念乍ら告白せざるを得ないのは、私が相も変わらずドイツ語の文献を、多言語の文献より多く読むということであり、この為私の文化的生活形態に於いて、このドイツ人であるという要素は非常に強いのです。偉大さと困難さとを伴ったこの自分の歴史に属しているということは、止めてしまうことは出来ないし、止めてしまうべきでもありません。然し一人のキリスト教徒には、別な要素が付け加わってきます。キリスト教徒は洗礼で、あらゆる民族からなる一つの民の中に、新たに生まれ出るのです。この民は、全ての民族や文化を包含しており、その中に於いてキリスト教徒は、自己の生来の出自を失うことなく、本当の意味で完全に安住するのです。そして若しキリスト教徒がこの新しい民に於ける一つの偉大な責任を担うなら、まあ私は最上位の責任を担っている訳ですが、彼は益々この民に身を合わせていくることになります。根は八方に枝を伸ばした木になり、全ての民族からなる一つの民、つまりカトリック教会のこの偉大な共同体の中に居るという意識は、益々生き生きとした深いものとなり、それ以前の意識を滅却することなく、その人の全存在を規定するのです。こうした訳で私はこう言いたいと思います。出自や文化的形態は残り、勿論特別の愛や責任も残るが、偉大な組織の中に、アウグスティヌスの言い方では神の国の中に埋め込まれ、広げられるのです。神の国は全ての民族からなる民であり、そこでは我々は皆兄弟姉妹なのです[939]。」。

教皇は説教で「祖国」ドイツという表現を用いたこともある（第二八四回一般謁見演説：二〇一一年九月二八日）。ゼーヴァルトの発言に相槌を打つ形で、教皇が次のように述べたこともある。「あなたは、我々がドイツで多くの層からなる、矛盾を孕んだ、劇的な歴史を有することを示唆しましたね。多くの負い目［独 Schuld］と多くの苦難とを伴った歴史です。然しそれはまた人間的偉大さを伴った歴史でもありました。神聖さを伴った歴史。偉大な認識力を伴った歴史。その意味で単純にこれがドイツの天分だというものはありません。」。「あなたは、ドイツの文化史にはとりわけ思慮深さも含まれていることを指摘しました。この要素は、長いこと傑出したものと見られてきました。今日では恐らく寧ろ、行動力、活力、または貫徹力などの特性が、典型的にドイツ的と見られているのかもしれません。私が思うに、神が一人の大学教授を教皇にした時、正にこの思慮深さの要素と、特に信仰と理性との統一を目指す格闘とを望まれたのだと思います[940]。」。これこそ正しく、彼の青年期に支配的だった「修正による再出発」の発想だと言える。ドイツ人としての特性を肯定的に捉え、教皇の職務に生かそうというラッツィンガーの意図がここに垣間見える。

教皇ベネディクトゥス一六世は、国民社会主義体制に抵抗したミュンスター司教ガーレン枢機卿を、二〇〇五年一〇月九日にサン・ピエトロ大聖堂で列福した。この列福はガーレンの保守的体質を批判する「破壊による再出発」派に対抗して、戦後ドイツの「修正による再出発」を再評価する行為だった。列福式で教皇は述べている。「我々は皆、特に我々ドイツ人は、主がこのような偉大な信仰の証人を我々に贈って下さったことを感謝しています。彼は闇黒の時代に真理の燈火を掲げ、横暴な権力に抵抗する勇気を示したのです[941]。」。

『ビルト』紙の表題「我々が教皇だ」にも表れているように、ドイツ人教皇の登場はドイツの人々に、ドイツ人、キリスト教徒としての自覚を促す機会を与えた。「ナチズム」以来、国際的に否定的先入観で見られてきたドイツ人から、遂に世界の精神的指導者が選出された、これで「今やドイツ人は再び何にでもなれるのだ」という解放感も語られた。[942] トーマス・バッハの国際オリンピック委員会委員長就任（二〇一三年）と並び、有力国際機関の長へのドイツ人の選出は、戦後六十年を過ぎて漸く訪れた国際的対等化への兆しと見られたのである。加えてキュングのような進歩派言論人も、「ホロコースト」を「反ドイツ主義」（独 Antigermanismus）の道具にするのは不適切だ、それではユダヤ人にキリスト殺しのレッテルを張った反ユダヤ主義者と同じだと説く時代になった。保守派言論人でヴァティカン専門家のマルティン・ローマン（一九五七年―）は、ベネディクトゥス一六世選出による勇気付けの効果が、ドイツ社会を一変させつつあるとして、これを「ベネデット的転換」（独 Die Benedettinische Wende）と呼んだ。この世俗化された時代に、カトリック教徒であることは恥ずかしいことだと思い込まされてきた人々が、ベネディクトゥス一六世の登場で自尊心を取り戻してきたと、ローマンは主張した。その上で彼は「ヨーロッパがキリスト教共同体であることは否定できない」「平和を望むなら正義の為に闘わなければならない」「ドイツは聖ボニファティウスの国であり、自国のキリスト教的遺産を再認識すべきだ」「家族が中心に置かれるべきであり、子供の居ないドイツは内なる文化を喪失する」などと説いたのだった。[943]

レーゲンスブルク演説、聖ピウス一〇世司祭修道会問題、聖職者性的虐待疑惑などで教皇ベネディクトゥス一六世がバッシングに晒されると、ドイツでは教皇を支援する信徒の運動団体として二〇一〇年に「ドイチュラント・プロ・パーパ――教皇ベネディクトゥス一六世との連帯」が結成された。これは、マスメディアで進歩派の教皇批判が展開される中で、ドイツには教皇を支持する平信徒が多く居ることを示すべく、二〇一〇年五月にローマで二十万人（主催者発表）を集めての連帯声明を行ったのを契機に、Ｆａｃｅｂｏｏｋで仲間を募って同年七月に設立された団体である。この団体は連帯宣言やニューズレターの発行と並んで、会員が挙って教皇に連帯表明の葉書を郵送するという戦術も展開した。その名誉会員には、教皇の兄ゲオルク・ラッツィンガー卿や、マルティン・ローマンらが含まれており、何回もケルン大聖堂でミサを行っていることから、ケルン大司教マイスナーの関与が推測される。[944]

この「ドイチュラント・プロ・パーパ」にも参画する保守派ジャーナリストで、『シュピーゲル』誌などに投稿してきたマティアス・マトゥセク（一九五四年―）は、二〇一二年に『カトリック的冒険――一つの挑発』を刊行した。マトゥセクはミュンスターの子沢山なカトリック家庭に生まれ、公会議前の信仰世界から出発し、典礼ごっこなどをして遊んでいたが、青年期にマルクス・レーニン主義に没入して教会を離れ、後年になって一転カトリック信仰に復帰した点で、ゼーヴァルトと重なる点がある。今やマトゥセクは妥協なきカトリシズムの追及を提唱し、教会のアイデンティティを前面に掲げる「ヴォイティワ＝ラッツィンガー戦略」を肯定しつつ、「下からの教会」論者、フェミニズム神学論者には、それと同じだけ衆目を集められることはないだろうと嘯いている。マトゥセクはまた、ドイツに於けるイスラム系移民の増大を警告したSPD政治家ティロ・ザラツィンの著書『ドイツは自滅する』の主旨を肯定し、「イスラム教はドイツに属する」と述べて「ザラツィン論争」に終止符を打とうとした連邦大統領クリスティアン・ヴルフ（CDU）の迎合振りを批判し、ドイツ社会への同化を断固拒否しようとするイスラム系移民の問題を直視するよう訴えている。[945]

「ドイチュラント・プロ・パーパ」が一般信徒の組織であるのに対し、エリート的雰囲気が強いのが「ドイツ・カトリック教徒フォールム」である。「カトリック信徒大会」を企画する「ドイツ・カトリック教徒中央委員会」は組織が大きく多様な要素を抱え込んでいる（現議長はアロイス・グリュック元バイエルン州議会議長）。これに対し「ドイツ・カトリック教徒フォールム」は、教皇及びカトリック教義への忠誠が格別に強い人々によって運営されており、指導部にはドイツ・カトリック中央委員会初代会長の息子アロイス・コンスタンティン・ツー・レーヴェンシュタイン＝ヴェルトハイム＝ローゼンベルク侯爵などが居る。この団体は二〇〇一年から毎年一回の大会を開催してきたが、二〇〇六年から活動が活性化し、特に自発教令「スンモールム・ポンティフィクム」発布（二〇〇七年）以降、二〇〇八年の大会からは毎年「ローマ典礼（特別形式）」の礼拝を組み込んでいる。[946]

こうしたドイツ国内のベネディクトゥス支持派に、進歩派の信徒団体「我々が教会だ」（独 Wir sind Kirche）が対峙している。この団体は一九九五年に「教会信徒発案」を起こした団体で、キュングや『プブリーク・フォールム』とも近く、第二ヴァティカン公会議の意義を強調し、堕胎を考える女性の相談にも乗ることを表明し、「ドイツ・カトリック教徒中央委員会」へも積極的に働き掛けている。[947]

©AFP/DPA/OLIVER BERG
教皇ベネディクトゥス16世のケルン・シナゴーグ訪問

三　ドイツ訪問

教皇ベネディクトゥス一六世のドイツ訪問は三度も行われた。約八年間に合計二十五回行われた外国訪問の内、三回がドイツ連邦共和国、一回がエステルライヒ共和国と、ドイツ語圏が多いのは目を惹く。

登位後四箇月で実施されたケルン「第二〇回世界青年大会」の訪問（二〇〇五年八月一八日—二一日）は、前教皇時代に予定された行事であったが、結果的にラッツィンガーの凱旋帰国の様相を呈した。一八日、ローマからケルン＝ボン国際空港に到着した教皇を、連邦大統領ホルスト・ケーラー、連邦宰相ゲルハルト・シュレーダーが出迎えた。教皇は「愛する祖国ドイツ」の地を踏んで「喜びで一杯」だとし、「ドイツの教会及び全住民」に、「温かい歓迎」を感謝すると述べた。教皇は空港からケルン市内に入り、ライン川を船で移動し、参加者の若者たちの熱狂的な歓迎を受けた。一九日、ベネディクトゥス一六世は午前中にケーラー大統領をヴィラ・ハンマーシュミットに表敬訪問し、昼食を大会参加者の若者たちと取った後、午後は「オプス・デイ」の聖パンタレオン教会で神学生たちと懇談し、教皇として初めてドイツの地にあるシナゴーグを訪れた。ケルンのローン通にあるこのシナゴーグは、一九三八年に破壊され、一九五九年に再建された壮大なものである。教皇はそこでキリスト教徒、ユダヤ教徒の「兄弟姉妹的」関係を希望し、共通基盤としての「十戒」に思いを馳せた。夕方にはドイツ福音教会評議会議長ヴォルフガング・フーバーらプロテスタント関係者、及び正教会関係者との教会一致の為の会合が行われた。二〇／二一日の「世界青年大会」では、二一日（日曜日）夕方にケルン郊外のマリーエンフェルトで教皇司式の晩禱が行われ、百万人以上が集まったとされる。[948]

文字通りの凱旋帰国であったのは、二〇〇六年九月九日から六日間に亘るバイエルン訪問である。九日にフランツ・ヨ

©AFP/MICHELE TANTUSSI
ドイツ連邦議会に於ける教皇ベネディクトゥス16世（2011年9月22日　ベルリン）

©AFP/WOLFGANG RADTKE
教皇ベネディクトゥス16世のアルトエッティング訪問

ーゼフ・シュトラウス・ミュンヒェン国際空港に辿り着いた教皇は、マリーエン広場のマリア円柱前でミュンヒェン市民の歓迎を受けた。一〇日、教皇は午前中にミュンヒェン郊外リームのメッセ会場で二十五万人を集めての野外ミサを行い、午後はミュンヒェン中心街の聖母大聖堂で晩禱を行った。一一日にはアルトエッティング訪問が行われ、午後に修道士コンラート教会で「マリア晩禱」、聖アンナ・バジリカで神学生たちとの集会が行われた。この集会で教皇は、聖職者不足の現実に言及している。夕方には、教皇は生まれ故郷であるマルクトゥル・アム・インに足を延ばした。一二／一三日には、ラッツィンガーが大学教授として最後に教鞭を執り、兄ゲオルク卿が住む地レーゲンスブルクを訪問した。一二日にレーゲンスブルク大学で行った講演は、前述のように後日物議を醸すことになる。この講演の後、大聖堂で「宗派共同晩禱」が行われた。一三日は公式日程が少なく、教皇は兄ゲオルクと両親、姉の墓を参拝し、ペントリングの自宅を訪れ、アルテ・カペレの壮大なオルガンの落成式に立ち会った。最終日の一四日は、聖コルビニアヌスが眠るフライジング訪問で締め括られた。[949]

二〇一一年九月二二日から四日間、教皇ベネディクトゥス一六世は、初めて国賓としてドイツ連邦共和国を訪れた。

二二日、連邦軍の礼砲が轟く中、教皇は連邦首都ベルリンのテーゲル空港に降り立った。大統領官邸のベルヴュー宮殿で連邦軍儀仗兵の栄誉礼を受けた後、連邦宰相メルケルとの会談が行われた。午後には、教皇は連邦議会議長ノルベルト・ランメルト（カトリック教徒）の招待で、今でも「帝国議会」（独 Reichstag）と呼ばれる連邦議会議事堂を訪れ、ヴァティカン市国元首として演説を行った。この時、緑の党や左派党の一部に示威的退席者・欠席者が出たが、連邦大統領クリスティアン・ヴルフ、連邦宰相・CDU党首アンゲラ・メルケル、バイエルン州首相・CSU党首ホルスト・ゼーホーファーを始め、多くの参列者は教皇の演説を清聴し、好意的に受け止めた。この演説で教皇は、キリスト教信仰が理性に適うものであり、法や人権の基盤であったことを、今度は刺戟的な引用なしに説いた[950]。夕方には、教皇はヒトラー政権下のベルリン五輪の為に建設されたオリンピア・シュタディオンで七万人を集めてのミサを行い、またイスラム教、ユダヤ教指導者との会談も行われた。尚この日のベルリン中心街では、ポツダム広場から聖ヘトヴィヒ教会に至るまで、教皇の性道徳論などに抗議する労働組合、左派政党関係者、同性愛者らの抗議行動も企画され、事前に「反キリスト論宣教の金城湯池へようこそ」「ノット・ウェルカム」「災難にしてやる」といったポスターも市井に掲示された。当日には、避妊具の形状の赤い帽子を被せた教皇の肖像に、「とっとと帰れ」と書いたプラカードも登場した。二三日、教皇は朝ベルリンでイスラム教指導者たちと会談した後、嘗てマインツ大司教領の飛地で、旧東独地域でもある中部ドイツのエルフルトに移った。ここで教皇はマルティン・ルターが司祭叙品を受けた旧アウグスティヌス派修道院を訪ね、宗派共同礼拝を行った。夕方、教皇はカトリック圏の飛地であるアイヒスフェルトのエッツェルスバッハで六万人を集めての晩禱を行い、国民社会主義政権にも社会主義政権にも屈しなかったカトリック教徒の姿を回顧した。二四日、教皇は午前中エルフルト大聖堂前でミサを行い、性的虐待の被害者に面会し、午後はフライブルク・イ

©AFP/JOHN MACDOUGALL
教皇ベネディクトゥス16世への抗議行動（2011年9月22日　ベルリン）

ム・ブライスガウに向かい、同地で夕方に若者を集めて礼拝を行った。二五日、教皇はフライブルクで十万人を集めてのミサを行った。ここで教皇は、習慣的なカトリック教徒よりも、神についての疑問に悩む不可知論者の方が神の国に近いと説教した。この後教皇は、フライブルクのコンツェルト・ハウスで講演し、ドイツのカトリック教会に政教分離を勧めた。この日は教皇は元連邦宰相ヘルムート・コールとも非公式対談を行って、コールのドイツ統一、ヨーロッパへの貢献を顕彰し、空港ではバーデン＝ヴュルテンベルク州首相ヴィンフリート・クレッチュマン（緑の党）とも言葉を交わした。[951]

教皇ベネディクトゥス一六世は、二〇〇七年九月七日から三日間エステルライヒを訪問している。エステルライヒは母マリアの出身国で、教皇自身もエステルライヒ方言を話すと言われ、門下生のシェーンボルンが「エステルライヒ司教会議」の議長を務めている。大学教授時代にエステルライヒやバイエルンの学生たちを集めた会を催し、ティトモーニングがザルツブルク近郊にあり、青年時代に一時期独墺国境がなかったことを思えば、このエステルライヒ訪問も彼にとっては一種の「里帰り」だったと言えるだろう。七日にシュヴェッヒャート空港に着いた教皇は、ヴィーン市内に入ってアム・ホーフ教会で聖体の前で祈禱し、夜はヴィーン宮城での歓迎式典に臨んだ。この歓迎式典で教皇はヨーロッパ統合への支持を明言し、ヨーロッパはキリスト教的根源を失ってはならない、ヨーロッパは世界の貧困に歯止めを掛けるべきだ、ヨーロッパの少子化は問題だと持論を展開した。翌日教皇はマリア巡礼の地マリアツェル（シュタイエルマルク州）に移り、大規模な晩禱を行った。九日はヴィーンの聖シュテファン大聖堂の内外でのミサのあと、シトー派大修道院ハイリゲンクロイツ（ニーダーエステルライヒ州）に赴いた。ヴィーンの森にあるハイリゲンクロイツでは、彼に因んで改称された「ベネ

©AFP/NORBERT NEETZ
ドイツ福音教会評議会議長ニコラウス・シュナイダーと教皇ベネディクトゥス 16 世

ディクトゥス一六世哲学神学大学」を訪問している。[952]

第八節　名誉教皇

一　突然の生前退位

二〇一三年二月一一日、教皇ベネディクトゥス一六世は三名の列聖を話し合う為に開催された枢機卿会議で、突然ラテン語の宣言文を読み上げた。「親愛なる兄弟たち！　余が卿等をこの会議に召集せるは、三つの列聖の為のみに非ず。更に教会の生命にとりて非常に重要なる決定を卿等に伝えんが為なり。余は自分の良心を神の前で何度も試し後に、次の確信に至れり。進行せる年齢故に、余の力は、適切にペトロの任務を行うには、もはや適さず。余はこの任務が、その霊的な本質故に、行動と言葉とを以てのみならず、それ以上に苦難と祈禱とを以て行使するを得ることを強く自覚す。然し斯くも急速に変化せる世界は、信仰の生命に大なる意味を有する問題によりて、翻弄されつつある状況なり。斯かる状況にも拘らずペトロの小舟を操り福音を説くには、肉体の力と精神の力とが必要なり。余の場合この力が、過去数箇月に減退せるが為に、余に委ねられし任務を続けて適切に行使する能わざることを、認識せざるを得ず。斯かる事情により、斯様な行為に及ぶことの深刻なる意味を意識しつつも、余は完全なる自由意思で、二〇〇五年四月一九日に枢機卿等の手で余に託されしローマ司教の職、ペトロの後継者の職を、断念することを宣言す。これに伴い、二〇一三年二月二八日二〇時より、ローマ司教座、聖ペトロの座は空席なり。而して管轄の者により、新教皇選出の為の教皇選挙が招集されざるべからず。」。この日の主語は「朕」（Nos）ではなく「余」（私：ego）だった。[953]

教皇ベネディクトゥス一六世は以前から体調不良に悩んでいた。心臓に持病を抱えていた教皇は、二〇〇九年六月一五日、侍医に心臓病の専門家を採用した。二〇一一年一〇月一六日、教皇は典礼の入堂の際に長距離を歩く負担を軽減する為、ヨアンネス・パウルス二世が晩年使用していた台車を使用し始めた。教皇は退位表明の三箇月前にも、ローマの病院で心臓のペースメーカーの電池交換を行った。また心臓病とは別に、二〇〇九年七月一六日に教皇は夏季休暇で滞在して

©AFP/DANIEL DAL ZENNARO
教皇ベネディクトゥス16世と国務長官タルチジオ・ベルトーネ枢機卿

いたレ・コーンブの山荘で転倒して、右手首を骨折していた。その年の降誕祭ミサでは、入堂に際して教皇は或る女性に襲われて転倒した。スザンナ・マヨロと呼ばれるこの女は精神的に不安定で、奇声を上げて警護の柵を乗り越え、教皇に飛び掛かったのである。教皇は起ち上がって行列を続けたが、この時行列に居たロジェ・エチェガレイ枢機卿も転倒し、大腿骨を骨折して入院、手術した。因みに二〇〇七年六月六日にも「聖母マリアから教皇へのメッセージを受け取った」と称するドイツ人男性フロリアン・シュパーリングが、教皇の自動車に乗り込もうと試みたことがあったが、この時は教皇自身が気付かない内に逮捕され、精神病院に送られたのだった[954]。

八十五歳を過ぎた老教皇ベネディクトゥス一六世に心理的打撃を与えたのが、二〇一二年の「ヴァティリークス事件」である。この事件は、教皇に近侍する召使の一人パオロ・ガブリエーレが、教皇個人の机から秘密文書を盗み、外部者に渡した疑いでヴァティカン警察に逮捕されたというものである。教理省以来のラッツィンガー側近であるベルトーネ国務長官は、この事件を教皇への「組織的攻撃」だと解釈したが、一般にはそれは、教皇の信頼を背景に教皇庁を統括するベルトーネ個人に向けられた陰謀だったと見られている。例えばベルトーネは、「ヴァティカン銀行」総裁エットーレ・ゴッティ・テデスキを更迭したことで批判を受けた。テデスキは、長年腐敗の噂がある同機関を立て直す為に二〇〇九年に就任したが、教皇庁内の権力闘争の末に、二〇一二年五月に更迭されたという。教皇の側近では、秘書ゲンスヴァインも、やはり教皇に強い影響力を持つことで警戒や嫉妬を受けていた。疲労困憊した教皇は、この頃にはもはやベルトーネやゲンスヴァインなど、僅かな側近しか身近に近付けなくなったと言われる。尚ガブリエーレは十八箇月の禁錮刑となり、二〇一二年一〇月から服役していたが、同年一二月二二日に教皇はガブリエーレと面会し、赦免の嘆願を受け入れて彼を釈放した[955]。

教皇の生前退位は教会法上は可能だが、非常に稀なことである。廃位ではな

©AFP/FILIPPO MONTEFORTE
サン・ピエトロ大聖堂への落雷

く自発的退位としては、一二九四年の聖カエレスティヌス五世の前例がある。八十過ぎの老隠修修道士だった彼は、教皇選出後半年も経たないうちに、自分の統治能力の不足を自覚し、教会内の腐敗に嫌悪感を懐いて退位し、以後幽閉されて薨去した。晩年に著しく老衰したヨアンネス・パウルス二世も、傘寿を契機に生前退位を考えたが、義務感から聖座に留まった。選出前に前教皇の様子を間近で見ていたベネディクトゥス一六世は、二〇一〇年七月四日にスモルナにあるカエレスティヌス五世の霊廟を訪れており、以前から生前退位の可能性を考慮していたものと見られる[956]。

教皇生前退位の報は世界を震撼させた。この情報を逸早く世界に伝えたのは、イタリアの情報通信社ANSAである。同社ヴァティカン担当のジョヴァンナ・キッリ記者はラテン語が堪能だったが、列聖を議題とするこの会議を取材に行き、教皇が引退声明を読み上げたのに気付いたのである。ソダーノ枢機卿団長はこの意志表示を受けて、「青天の霹靂」と自身の驚愕を表現したが、不思議なことに同日夜、サン・ピエトロ大聖堂に本物の落雷があった。世界の各分野からは、教皇生前退位に驚きつつも、理解を示す声が多く届けられた。「ベネディクトゥス一六世は現代の最も重要な宗教思想家の一人であり、そうであり続ける」（独メルケル連邦宰相）、「全アメリカ人の名に於いて、ミシェルと私は教皇ベネディクトゥス一六世台下に、敬意と祈りとを届けたいと思う」（米オバマ大統領）、「我々正教徒は彼を、いつも正教会の友として尊敬するだろう」（コンスタンティノポリス総主教バルトロマイオス一世）、「私は大いなる敬意を以って、教皇とベルリンで個人的に出会ったことを、そして彼のドイツ連邦議会での注目すべき演説を記憶するだろう」（アイマン・マジエク・ドイツ・イスラム教徒中央評議会議長[957]）。これに対し教皇の批判者たちは、その退位に凱歌を上げた。グライナッハーは、既に二〇〇九年の段階で公に教皇の退位を要求していた[958]。キュングは、ラッツィンガーが自分の職務遂行不能を自覚して職を辞したのは、教皇職の理解としては正しいと歓迎したが、同時に秘書ゲンスヴァイン卿の急な大司教叙階、宮内長官就任を「新種の縁故採用」と呼んで、ベネディクトゥス一六世の院政への危惧を表明した[959]。ランケ＝ハイネマンは、愛憎半ばするラッツィンガーが退位するとの報に接して、彼の教皇職は「破滅」（独 Katastrophe）だったと述べた[960]。『ターゲス・ツァイトゥング』（二〇一三年二月一二日）は、一面を真白に塗り、黒い文字で一言「神に感謝」（独 Gott sei Dank）と記した。その下には脱がれた赤い教皇靴が配され、「予想よりずっとひどかった」との文字があった[961]。ベネディクトゥス一六世の生前退位に、その支持派が理解を示し、その反対派が喝采したのに対し、苦言を呈した者もいた。ヨアンネス・パウルス二世に薨去まで秘書として仕えたクラクフ大司教スタニスワフ・ジヴィシュは、一言「十字架から降りることは出来ない」と述べた。ジヴィシュの脳裡を過ったのは、長年病気に苦しみ乍ら、最後は声が満足に出なくなっても信徒に祝福を与えようとした前教皇の姿だったのだろう[962]。

二〇一三年二月一三日、教皇ベネディクトゥス一六世は一般参列者を前にした典礼としては最後になる「灰の水曜日」のミサを、サン・ピエトロ大聖堂で行った。この「灰の水曜日」のミサは、伝統的にアヴェンティーノの丘の二つの教会で挙行されてきたが、この日は多くの参詣者を予想して、サン・ピエトロ大聖堂で行われたのである。この日聖職者たちは、皆一様に紫の祭服を着用して集合した。教皇は顔色が悪く、侍者に支えられて漸く立っている状況であった。教皇は最後の説教で、教会内の対立を嘆きつつ、個人主義や敵対心の克服を説いた[963]。この説教からすると、教皇は「ヴァティリークス事件」に象徴される教皇庁内権力闘争を最も気に病んでいたのではないかと思われる。

二〇一三年二月二七日、教皇ベネディクトゥス一六世の最後の一般謁見がサン・ピエトロ広場で行われた。この日の為に、十五万人の巡礼者がローマを訪れた。トラウンシュタインの楽団がバイエルン国歌を演奏し、教皇への拍手が何分も鳴り止まなかった。バイエルン首相ゼーホーファー夫妻もローマを訪問し、教皇に花束を手渡した。夜になっても同広場には蠟燭を持った人々が集まり、使徒宮殿の明かりが消えるまで去らなかった。

二〇一三年二月二八日は教皇ベネディクトゥス一六世の最後の日となった。白のスータン、赤のモツェッタの教皇は黄金の聖座に座り、百四十四名の枢機卿たちに別れの挨拶を行った。夕方の一七時七分、サン・ピエトロ大聖堂の鐘が鳴り、信徒たちが広場に集まる中、教皇は秘書ゲンスヴァイン大司教らと白いヘリコプターに乗り、ガンドルフォ城へと向かった。最後の言葉はこうしたものだった。「私は二〇時まではまだ教皇だが、それ以降はこの地上での巡礼の旅の終わりの局面に差し掛かった、一人の平凡な巡礼者に過ぎない。」。ガンドルフォ城の広場にも多くの信徒が押し掛け、教皇は窓から最後の祝福を与えた。ヴァティカンの使徒宮殿では二〇時にシュヴァイツ人近衛兵が扉を閉め、使徒座空位期間を取り仕切る「官房長（カメルレンゴ）」ベルトーネ枢機卿が教皇の住居に施錠した[964]。

二　南米人教皇という休戦

教皇フランキスクスを名乗ったブエノスアイレス大司教ホルヘ・マリオ・ベルゴグリオ枢機卿は、初登場の時から前任者と異なっていた。ベネディクトゥス一六世が登場した時、彼は白いスータンに赤いモツェッタとストーラを身に着け、両手を挙げて歓声に答えたが、フランキスクスはロッジアに姿を見せた時、白いスータンこそ着用していたものの、赤いモツェッタやストーラを身に着けていなかった。モツェッタの件でフランキスクスは、「涙の部屋」での着替えの際に教皇庁の担当官と言い争い、外に居る枢機卿たちを心配させていた[965]。ロッジアのフランキスクスは群衆の大歓声を聞いても、暫くは無表情で立ちつくした儘だった。その後フランキスクスは挨拶をし、俄かにストーラを着けて教皇掩祝「ウルビ・エト・オルビ」に移ったが、これは恒例の朗詠形式ではなく、異例の棒読みであった。

教皇フランキスクスは尚残存していた教皇の習慣を次々と廃止し始めた。教皇掩祝はこの後も棒読みの儘であった。カマウロや教皇靴は用いられなくなった。「卿」のような聖職者の名誉称号は新規授与が抑制されるようになった。アッシジの聖フランチェスコに因む教皇名「フランキスクス」は新しいもので、当初「フランキスクス一世」を名乗るかと思われたが、実際には「フランキスクス」を名乗った。「〇世」を付けない教皇名には前例があるが、一二世紀初頭以降は例がない。フランキスクスは「教皇」（羅 Papa）の称号を好まず、「ローマ司教」と署名した（とはいえ公文書では Franciscus PPと「教皇」の語が用いられている）。着座式でも、その後の礼拝でも、教皇フランキスクスは教皇特有の服装、聖座を好まず、ブエノスアイレス時代と同じ真白の祭服を好むので、教皇は典礼に於いて視覚的にも目立たなくなり、どこに居るのかも判然としない場合が出てきた。儀式にラテン語を多用した前任者とは異なり、新教皇はイタリア語を重視している。

一般謁見に際し、教皇はサッカー・ゲームの流儀で両方の親指を上に突き上げ、二〇一四年夏になると国際親善のサッカー試合まで呼び掛けるようになった。教皇は使徒宮殿に用意されている住居に入居せず、教皇選挙以来ゲストハウス「ドムス・サンクタエ・マルタエ」の、近侍の者と並びの部屋（二〇一号室）に居住し続けている。ゲストハウスの軽食堂では、教皇が気軽に人々に声を掛け、予約なしの話し合いを行う光景が見られる。教皇の公用車は極端に小さく古い中古車である。そこにはもはやキリストの代理人、普遍教会の最高祭司、ヴァティカン市国の専制君主としての威厳はない。ラッツィンガーの論敵キュングは、人生の最終局面でヴァティカンの「革命」が見られたこと、自分が送った著作を新教皇が熟読したと返事まで呉れたことを喜び、ラッツィンガーには皮肉な展開だろうと述べた。「解放の神学」の祖レオナルド・ボフ（ブラジル）は、新教皇が貧者の味方として知られた人物であること、「フランキスクス」という教皇名を採用したことを歓迎した。ヴァティカン専門家の中には、ラッツィンガー側近のベルトーネらイタリア人グループが、仇敵ベルゴグリオの選出阻止の陰謀を巡らしたと書く者が現れた[966]。

ベルゴグリオの大衆化路線は教皇選出後に俄かに始めた演出ではない。彼は北イタリアからの移民の息子として一九三六年に生まれ、イタリア、アルゼンチンの二つの国籍を有する。庶民出身であり、庶民を理想化する点では名誉教皇も同じだが、ラッツィンガーが庶民を民衆信仰の担い手、驕慢な知識人への対抗勢力と観念するのに対し、ベルゴグリオはそれを貧しく無辜の勤労者と見る。ベルゴグリオは共産党雑誌を読み、社会問題を活動の中心に据えるが、実践志向の裏返しとして文化的・芸術的・学術的領域への関心は薄い。彼は化学技術者になり、タンゴを踊るのに熱中し、恋愛をしたこともあったが、二十二歳の時深刻な肺炎で右肺の一部を切除して宗教に目覚め、イエズス会へ入会した。イエズス会を選んだのは、鎖国時代に聖職者なしでも信仰を維持していた日本に関心があり、宣教師として渡ることを志願して、日本に縁の深い同会に着目したからだという（然し体調の問題から来日はしなかった）。ラッツィンガーにとって国民社会主義やマルクス主義からカトリック信仰を守るのが生涯の課題だったのに対し、ベルゴグリオは中南米の貧困に大きな関心を持ち、ブエノスアイレスでも地下鉄やバスで移動し、大司教の執務室を使用しないなど、庶民性を強調してきた。アリストテレスを引用するところにも現れているように、ベルゴグリオは人間の共存可能性を信じているような楽観性があり、現代を古代帝国崩壊期に準え、「ベネディクトゥス」を名乗って世の頽廃に立ち向かったラッツィンガーとは大いに違う。ベルゴグリオはラッツィンガーが関心を持った多くの事柄に、興味がないようである。社会政策では平等主義的で左派に近いものの、性道徳、特に同性愛や生命倫理に関しては保守的だという評価、また貧民街での活動を止めよという教会の指示に従わない二人の司祭から、イエズス会アルゼンチン管区長だったベルゴグリオが教会の保護を取り下げ、その旨を軍部に通報したので、彼等の誘拐を招いたとの批判が当初あった。後者の非難は、要するに教会幹部が十分に軍事政権に抵抗しなかったと非難するもので、ファシズム時代の教皇ピウス一二世に対する批判と類似している。だがベルゴグリオ自身が疑惑を否定したこともあり、そうした論点はいつの間にか誰も取り上げなくなった[967]。

人気を高める教皇フランキスクスに対し、教皇ベネディクトゥス一六世の側近たちは複雑な気持ちであろう。教理省時代からラッツィンガーを支えてきたベルトーネ国務長官は、新教皇の下でも一旦留任したが、やがて辞任した。宮内長官ゲンスヴァイン大司教、教理省長官ミュラー大司教はまだ留任している。教皇フランキスクスは、ベネディクトゥス恩顧のドイツ人などに対し、抱擁するなど意図的に好意を示し、不必要な対決姿勢を避けているという[968]。ベネディクトゥス一六世が固執したヨアンネス・パウルス二世の列聖をその儘実施するのも、同様の配慮だろう。とはいえ教皇はレーゲンスブルク司教ルドルフ・フォーダーホルツァーの如きドイツの新任司教には、自ら強い姿勢で大衆化路線を説教しているという。ドイツの雑誌『シュピーゲル』は、教皇フランキスクスの方向性が明確になるに及んで、彼を大いに歓迎するようになり、逆にドイツ人司教たちがベネディクトゥス一六世の流儀に倣って教義に固執し、教会内での出世を優先してきたと批判した。同誌は具体例として後述のリンブルク司教テバルツ＝ファン・エルストとミュンヒェン＝フライジング大司教ラインハルト・マルクス枢機卿とを挙げ、ベルリン司教（二〇一四年ケルン大司教へ転任）ライナー・マリア・ヴェルキ枢機卿についてはマイスナーの秘書出身で、就任時には「超保守派」と見られたものの、就任後は同性愛者との対話を求めるなど異なる面を見せたと評価した[969]。

ヴァティカンは信徒の意識調査を行い、教会の性道徳が現代の生活実態に合わないこと、実際の教会運営で遵守されていないこと、多くの信徒が無関心であることを明らかにした。これは勿論予想された結果であって、こうしたアンケートの実施自体が、「世論」の無言の圧力による改革の強行という新教皇の戦略なのかもしれない。信徒の感覚次第でキリスト教道徳のあり方を決めるというのは、『聖書』や聖伝から教義を引き出し、時流に妥協しないという前任者とは正反対の手法である[970]。

二〇一三年八月に行われたインタヴューで、教皇フランキスクスは堕胎、避妊、同性婚の問題性ばかりを論（あげつら）う態度に距離を置くと同時に、ベネディクトゥス一六世の典礼改革にも異論を提起した。フランキスクスは、前教皇による旧典礼の復権は、それに愛着を持つ人々を救いたいという気持ちからのものだったが、古いミサのイデオロギー化は濫用であり、パウルス六世の典礼改革を撤回することはあり得ないと述べた。これと関連して、フランキスクスは教皇庁が検閲機関になることを危惧し、地方教会への権限移譲を必要とした。とはいえフランキスクスは、性の混同に関しては否定的見解を示し、「スカートを履いた男らしさ」ではなくマリアの意義を説いた[971]。

二〇一三年九月一三日、教皇フランキスクスは「解放の神学」の創始者グスタボ・グティエレス神父と「ドムス・サンクタエ・マルタエ」で会談した。同じ頃ヴァティカンの機関紙『オッセルヴァトーレ・ロマーノ』は、グティエレス神父を称讃する記事を発表し始めた。その記事の一つは教理省長官ミュラーのものであった。ドイツでは超保守派とされ、ラッツィンガーの側近であったミュラーだが、彼は「解放の神学」には近い立場にあった。ミュラーは二〇一四年にグティエレスと共著『貧困』を出し、そこには教皇フランキスクスの序文が添えられた。教皇は枢機卿時代、既に「解放の神学」へ好意的な態度を示し、カトリック教会はそれに有罪判決を下したことはないと述べていた。「解放の神学」のもう一人の祖ボフも、アッシジの聖フランチェスコを模範と仰ぐ著書を刊行しており、ベルゴグリオが教皇名を選択するに当たって、その点を意識した可能性もある。過去二代の教皇が峻拒した「解放の神学」が、新教皇によって正反対の評価を受けるようになったというのは、正しく目覚ましい変化であった[972]。

二〇一三年一〇月二一日、教皇フランキスクスは二〇一七年の「宗教改革五百周年」を前に、ヴァティカンで世界ルーテル連盟の代表者や、カトリック・ルーテル「一致」の為の委員会の委員たちと会見し、互いに加え合った危害と、神の前で犯した罪とについて許しを願うことが出来るとして、対話の進展を重視した。フランキスクスは二〇一七年をカトリ

©AFP/ELKE LEHRENKRAUSS
ケルン大聖堂の降誕祭ミサの妨害（2013年12月25日）

ック教会とルーテル派とが共に記念する際には、対話と謙譲の精神が伴わなければならないとした[973]。

教皇フランキスクスの人気の陰で、ドイツのカトリック教会への風当たりは益々強まっていった。二〇一三年、聖職者が不足している為に、遂にインド人の司祭がドイツ国内の小教区の司牧を担当し始めたということが話題になった。二〇一三年秋、リンブルク司教フランツ＝ペーター・テバルツ＝ファン・エルストが住居に三千万ユーロ以上も掛けていたことが明らかになり、二〇一四年三月になってその辞任が決定した。テバルツ＝ファン・エルストは教皇ベネディクトゥス一六世の八十五歳祝賀論文集にも名を連ねていた人物である。この事件には、近年話題の若手保守派司教を、反対派が浪費スキャンダルで追い落としたという側面がある。二〇一三年一二月二五日には、マイスナー大司教の司式する降誕祭礼拝に、ジョゼフィーヌ・ヴィットというハンブルク出身の女性活動家（二十歳）が妨害に乗り込んできた。この女性は上半身裸になり、人民祭壇に飛び乗って信徒席を向き、両手を挙げて万歳の恰好をした。はだけた胸には黒い文字で大きくI am Godと書かれていた。堂守に拘束されたこの女性は、礼拝後に警察に逮捕された。マイスナー枢機卿はこの日が丁度八十歳の誕生日だったが、この出来事の二箇月後、予てからの申し出により二〇一四年二月二八日に退任した。教皇ベネディクトゥス一六世の退位から丁度一年後のことであった[974]。

三　ローマでの隠居生活

「名誉教皇」（羅 Pontifex Romanus Emeritus）ベネディクトゥス一六世は、ヴァティカン市国のマーテル・エックレシアエ修道院で余生を送っている。移行期間にしばらくガンドルフォ城に留まっていた名誉教皇は、同修道院の名誉教皇住居への改装が終わると、ローマに戻ってきた。この為ヴァティカン市国内に二人の教皇が合法的に並び立つという前代未聞の事態が生じたのである。教皇時代に引き続き、彼は「ベネディクトゥス一六世」という教皇名と、教皇「台下」という敬称を維持し、白のスータンを着用し続けているが、赤のモツェッタや赤の教皇靴の使用は停止した。漁夫の指輪は官房長ベルトーネ枢機卿により金槌で破壊された。ゲンスヴァイン大司教は、宮内長官として新教皇に仕えつつも、ベネディクトゥス一六世の秘書でもあり続けている(975)。

名誉教皇ベネディクトゥス一六世の従来の基準で忌憚なく診断すれば、新教皇フランキスクスの路線には違和感もあるだろう。「貧者」を理想化し、カトリック教会の伝統を次々と捨て去ることは、実際の貧者の欲求に反することであり、信仰の擁護者としてのカトリック教会の役割を抛棄することである。本物の「貧者」はカトリック教会の簡素化など望んでいないのであって、それに喝采するのは寧ろ衣食足りたヨーロッパの「反権威主義」言論人である。同性愛や離婚への安易な妥協は快楽主義への屈服であり、『聖書』や聖伝と矛盾し、宗教の道徳的役割を自ら抛棄することに繋がる。第二ヴァティカン公会議から徐々に育んできた東方教会、特に正教会との友好関係は、今後危機に瀕するに違いない。ラテン語を捨て去り、現地教会に多くを委ねることは、世界教会を繋ぐ絆を失うことになり、やがてはその解体に繋がる。時流に妥協することは、カトリック教会を支えてきた忠実な信徒を裏切り、教会を混乱、分裂させ、教会にはどのみち批判しかしない部外者を喜ばせるだけである――ベネディクトゥス一六世は、恐らくマーテル・エックレシアエ修道院でこう考えていると思われる。

ただ教皇フランキスクスはキュングのような決然たる進歩派ではなく、ヨーロッパでの論争とは全く別の文脈から来た宇宙人のような存在である為、今後の言動は読めない。まずはプラスの部分、共通の部分を認め合い、マイナスの部分を出さずに、共に歩む姿勢を打ち出すという「歩み寄りの文化」が教皇の信条だというが、それは対立の傷を癒すことには資するものの、消極性、問題の先送り、事勿れ主義にも通じる。ベルゴグリオは堕胎禁止、再婚者の聖体拝領拒否、避妊禁止、性教育批判といった項目に関して、教会の方針に沿うようでいて、違反者も余り問題視しないような曖昧模糊とした態度をとっていた。彼は軍事政権の過去や教会の姿勢についても、一応批判はするものの、教会は事情を知らなかった、寛容が必要だという主張を繰り返している。彼は聖職者独身制が児童虐待、聖職者不足の原因だという説を否定しているが、その将来についての見解は明確でない。教会一致問題に関して、彼は和解的な多様性を目指すと言っているが、ということは無理に一致を目指さず、カトリシズムはプロテスタンティズムと並立した儘でよいと考えているようでもある。教皇は教師としての経験から、厳格さと柔軟さとの併用を持論にしているともいい、状況によっては強硬な姿勢を取ることが出てくるのかもしれない。フランキスクスは「ヴァティカン銀行」の体質改善作業を前任者から引き継ぎ、マフィア団員を破門すると宣言するなど、前任者と違った領域で果敢さを見せているが、進歩派が期待するような教義変更をする気配は未だにない。孰れにしても新教皇も既に八十歳近い高齢であり、強い意志を以って教会を特定の方向へ牽引するのは決して容易ではない。ブエノスアイレス大司教も勇退するつもりであったというから、生前退位もあり得る[976]。

ベネディクトゥス一六世はもはや公の場で発言することはないだろう。ベネディクトゥス一六世は退位後の数週間、循環器系の不調や鬱病に悩み、もはやお仕舞かと思われた時期があったが、その後一定の回復を見た[977]。二〇一四年一月、名誉教皇は実兄ゲオルク卿の卒寿記念インタヴュー（バイエルン放送）に登場した。二〇一四年二月二二日、名誉教皇は退位後初めて公の場に姿を現した。この日サン・ピエトロ大聖堂では、教皇フランキスクスによる新枢機卿の任命が行われ、ベネディクトゥス一六世は最前列でこの儀式を見守った。この時任命された新枢機卿には、ベネディクトゥス一六世が教理省長官に登用したミュラー大司教（前レーゲンスブルク司教）が含まれていた[978]。二〇一四年四月二七日、教皇フランキスクスが自ら司式する教皇ヨアンネス二三世、ヨアンネス・パウルス二世の列聖式に参列した。この二人はベネディクトゥス一六世が模範と仰ぐ教皇であり、特に後者の列聖には彼自身が尽力してきた。教皇から見て右手の幄舎に枢機卿たちが陣取り、名誉教皇はその最前列に着座した。その横にはベルトーネ枢機卿、マイスナー枢機卿らも着席した。左の幄舎には賓客であるスペイン王ファン・カルロス一世、ルクセンブルク大公アンリ、イタリア大統領ジョルジオ・ナポリターノらが並び、彼等を宮内長官ゲンスヴァインが出迎えた。教皇フランキスクスは開会、閉会に当たって、自ら名誉教皇ベネディクトゥス一六世の許に足を運び、挨拶の言葉を述べた。このように対極的な主張を持つ前任者が、屢々サン・ピエトロ大聖堂に登場し、すぐそばに居住し続けることが、教皇フランキスクスにとって無言の圧力になっている可能性はある。だが八十七歳の名誉教皇が、自らの意志で積極的な行動を起こすことは、もはやないだろう。恐らくこの日、ヨアンネス・パウルス二世の列聖式で、ヨーゼフ・ラッツィンガーの長い闘争は終わったのである。(979)

終章　聖座のノンコンフォーミスト

近代世界は階層化された秩序である。そこではいかなる国も団体も個人も、等しく近代的政治理念に準拠することを求められる。全人類はそこに排除される者なく包含されるが、同時に逃げ場のない同質化の波にも晒される。だが歴史的経緯から、その近代的政治理念に全ての国、全ての団体、全ての個人が、同時に同じように帰依することは難しい。この為世界には、その受容を巡って「先進国」と「後進国」、「進歩的」な人々と「保守的」な人々との序列が出来る。これは二項対立ではなく段階的であり、大抵の国、団体、個人は中間者である。近代的政治理念は、それを歴史的に育んだ西欧（英米仏）の重要な権力資源である。二〇世紀後半以降それは特にアメリカ合衆国で絶えずヴァージョンアップされており、それ以外の各国の進歩派知識人は、それを逸早く輸入して自国にインストールしようとする。一旦「保守的」だという先入観で見られた国、団体、個人は、より「進歩的」だとされる勢力から際限ない攻撃に晒され、一面的な評価、暴力的な扱いに対しても抗弁の余地は乏しい。政治と文化とは連続的であるから、近代的政治理念は西欧諸国の文化的覇権の基盤にもなっており、西欧の、二〇世紀以降は特にアメリカの現代文化こそ、全人類が愛好するべきものだとされる。非西欧の文化は政治と関連する分野から排除され、ご当地の伝統文化や「サブカル」など一部の非政治的領域に限定して、その商業的価値が認められる程度に過ぎない。

「保守的」として劣位に置かれた国や団体の内部でも、近代の潮流に順応しようとする「進歩派」と、これに抵抗する「保守派」とがいつも抗争を繰り広げてきた。例えば近代日本では、或る時は西欧主義者が、或る時は日本主義者が擡頭し、両者の対立は今日に至るまで終わっていない。イランやトルコなどイスラム圏の諸国でも、或る時には西欧主義者が、或る時にはイスラム主義者が擡頭し、政治方針は動揺を繰り返してきた。これらは近代的政治理念に完全には合わせ切れず、かといって徹底して抵抗することも出来ない劣位者の宿命なのだった。

これに対しローマ＝カトリック教会は、西欧世界の内部でこの近代的政治理念に翻弄されてきた団体、つまり「ヨーロッパ内のオリエント」である。カトリシズムは、歴史的には近代的政治理念の一つの起源であった。神の似姿としての人間の尊重、神の前での世俗秩序の相対化、教皇権と皇帝権とによる権威の分有といった理念は、近代的政治理念の骨格を決めたといってもよい。またそれは非西欧世界の信徒に、天皇など地元権力への抵抗の基盤を与えてきたし、正教会や非キリスト教系諸宗教に対しては、「西欧的」な宗教としての優位を誇ってきた。けれどもカトリシズムはやはり宗教である以上、合理性を越えた超自然的な観念と一体不可分である。それを無理に合理化すれば、宗教としては矛盾を来してしまう。またキリスト教は、イエスとその弟子たちの残した『聖書』という明文化された経典を根拠とする以上、古代地中海世界の社会観・家族観・道徳観に拘束されている。二千年もの間に生まれた様々な習慣、儀式、制度、芸術もあり、教会の看板として欠かせないものになっている。この為キリスト教、特にカトリシズムや正教に、不断にヴァージョンアップされる近代的政治理念に合わせきれない面があるのは無論のことである。

宗教改革や市民革命を経て、ローマ＝カトリック教会はヨーロッパ世界に於ける反近代勢力の役柄を担わされるようになった。一九世紀から各国の反教権主義運動と教皇庁の反近代主義路線とが激突し、第一ヴァティカン公会議後のカトリック教会は攻撃の嵐に晒された。一九六二年、教皇ヨアンネス二三世が開会した第二ヴァティカン公会議は、この対立を緩和しようと、教会の近代世界への歩み寄りを慎重に試みた。だがこの公会議が、カトリック教会に平安を齎したとは言い難い。抑〻ヨアンネス二三世に、一体カトリック教会がどう近代と和解し、どう自己のアイデンディティを保持するかの、明確な方針があったとも言い難いだろう。反教権主義勢力は教会の動揺を見透かして、「改革の遅滞」をより一層批判するようになった。教会内部にも公会議決議の変化した部分のみを強調して、或いは公会議の決議に拘らず「公会議の精神」を掲げて、教皇庁の及び腰を批判するハンス・キュングらが登場し、世界の言論界で喝采を浴びるようになった。また公会議を近代世界への安易な妥協、神と伝統の忘却だと批判する勢力は、マルセル・ルフェーヴルを中心に教皇庁に抵抗し、破門されても屈服しなかった。一九七〇年代には、ヨーロッパのカトリック教会は未曾有の混乱状態に陥っていた。それはペレストロイカ期のソヴィエト連邦のように、体制立て直しの為の改革が、却って体制の自己崩壊を招きかねないという事態に至っていたのである。このような状況で、教皇庁は「北風に背を向けた旅人」のように、攻撃から身を守る為に門を閉じた。

神学者ヨーゼフ・ラッツィンガーの生涯は、常にこの第二ヴァティカン公会議及びその帰結と共にあったといって過言ではない。公会議に於いて彼は教会改革を推進する立場にあったが、結果的にはこの公会議による混乱を収拾する役柄を委ねられたのである。彼は常に、自分は公会議文書に忠実である、公会議の前後で教義が変更された訳ではないと主張してきた。確かに公会議文書は妥協の産物であり、幅広い内容を持っているので、彼の主張は誤りではない。だが公会議文書のどの側面を重視するかによって、教会観は大きく変わってくる。彼はゲーテの言う「魔法使いの弟子」であった。自分が不用意に掛けた魔法に、自分自身が翻弄されることになったのである。彼の方針は明らかに変化した。但しその変化の仕方は徐々にであり、また変わらなかった面もあった。

ラッツィンガーは一九二七年にバイエルン農村の生まれで、幼時に体験した民衆信仰の世界が彼にとっての信仰の原光景となった。彼の青少年期、カトリック勢力は国民社会主義政権の誕生で動揺し、抵抗と順応との間で揺れ動いた。この激動の時代に、実家のカトリック信仰とバイエルン愛国主義とを引き継いだラッツィンガーは、信仰の為に理論武装をするという行動様式を身に付けた。またこの時期に彼は、その時々の時流に流されることの危険さを痛切に学んだものと思われる。国民社会主義政権の崩壊後、「キリスト教的ヨーロッパ」の再建を謳う西ドイツの世相の中で、彼はフライジング、ミュンヒェンで新しい神学の洗礼を受けた。「神学の神童」と呼ばれた彼は、新進気鋭のボン大学教授であった時、ケルン大司教フリングスの顧問として公会議に参加した。

公会議に於けるラッツィンガーは、基本的に進歩派の立場から改革推進を論じていたが、その議論には独特の慎重さもあった。彼は反近代主義の隘路を指摘し、教皇庁の頑迷振りを批判し、仰々しい開会式や議事の不手際を叱責し、古い典礼やラテン語に固執する保守派を揶揄し、「バロック君主の教会」に「神の民」を対置し、教皇と司教との「同僚性」を強調し、公会議を更なる改革の端緒に過ぎないと論じた。だが彼はヨアンネス二三世を改革者と見て教皇の首位性を重視する立場を採り、教会一致運動が宗派間の馴れ合いになることを警戒し、「貧者」を無邪気に美化することや、民主政という政治的概念を直接教会に導入することには距離を置いていた。

公会議が終わった一九六五年からデプフナー大司教が薨去する一九七六年までの間に、ラッツィンガーは徐々に変化していったが、学生運動の衝撃や顕職の内示で一変したというキュングの批判は正確ではない。寧ろ元々慎重だった面が益々慎重になり、進歩派的な情熱が徐々に減退していったというところだろう。既に一九六七年の全学講義「キリスト教入門」には、近代的政治理念に従いほぼ無制限に教義や制度を改変する用意があるキュングと違い、飽くまでカトリック教会の教義の延長線上で改革を考えるラッツィンガーの立場が明瞭に出ている。学生運動はラッツィンガーにマルクス主義の脅威を実感させたが、その時点で彼は全ての方針を変えた訳ではなかった。

一九七七年のミュンヒェン゠フライジング大司教就任は、ラッツィンガーの保守派指導者としての姿を際立たせたが、公会議時代の進歩派的風貌が全く失せたという訳ではない。マルクス主義者との対決は熱戦の様相を呈し、バイエルンの宗教指導者として現地の保守派との交流も深まったが、当時彼は依然としてドイツ語での典礼を重視しており、ルフェーヴル派を非難し、女子を侍者に登用し、「手による聖体拝領」を問題視しなかった。ラーナーやメッツのような進歩派にとって、彼は無慈悲な権威主義的抑圧者でしかなかったが、一般の信徒や政治家にとって、ラッツィンガーは偉大な慈父であり、傑出した学者であり、「キリスト教国」バイエルンの強力な庇護者であった。一九八二年二月、西ドイツの多くの人々は、ローマで教理省長官に就任した彼を、ドイツ及びバイエルンの誇りとして送り出したのである。

教皇ヨアンネス・パウルス二世の深い信頼を得て、教理省長官として過ごした二十三年間は、ラッツィンガーを一段とローマ的にした。彼はルフェーヴル派の破門を回避しようとして果たせなかったが、この頃から彼は新しい典礼様式への不満を公然と語るようになる。また嘗てラテン語に固執する保守派を冷笑していた彼は、ラテン語がその後想像以上に減退したことに危機感を覚えるようになった。更にミュンヒェン大学時代に仲間とピウス一二世のマリア崇敬を冷笑していたラッツィンガーは、徐々にマリアをキリスト教徒の模範として力説するようになっていった。「解放の神学」にしても、

「宗教間対話」にしても、「教会信徒発案」にしても、フェミニズムにしても、世界各地の遠心的と思われる動きには、彼は常に抑制する態度を採った。彼は徐々にイタリアに馴染み、今度は祖国ドイツを世界教会の問題の根源として危険視するようになった。嘗てドイツの進歩派神学者として教皇庁の頑迷を批判した彼は、自ら教皇庁の中心人物となり、「甲冑枢機卿」と呼ばれるようになっていったのである。

二〇〇〇年頃から、ラッツィンガーは「キリスト教ヨーロッパ」の為に、近代的政治理念の奔流に対して二正面作戦を展開するようになった。元来この「キリスト教ヨーロッパ」とは、形骸化して信仰への確信を欠いたキリスト教圏としてのヨーロッパに警告する為に、彼が一九五〇年代に用いた言葉である。だが半世紀後、時代は大きく変化していた。いまやキリスト教圏としての形骸こそが、残された貴重な基盤になったのである。形だけでも残った「キリスト教的ヨーロッパ」を維持、強化する為に、彼は一つの論法を用いた。一方で彼は、近代的政治理念を掲げる進歩派に対しては、キリスト教こそ理性の宗教、近代的政治理念の生みの親であって、ヨーロッパが自由民主主義を有効に運営する為に、キリスト教的基盤が是非とも必要なのだと説いて、和解の手を差し伸べた。他方で彼は、キリスト教こそ理性の暴走からヨーロッパを守る防波堤であり、際限のない個人中心主義、快楽主義、科学万能主義に対して、教会が毅然と立ち向かうことを訴えたのだった。

教皇ベネディクトゥス一六世は、稀に見る明確な方針と強い意志とを持った指導者として世界の舞台に登場した。「ベネディクトゥス」という教皇名は、ラッツィンガーが現代をローマ帝国崩壊期に準え、悲観的な現状認識に基づいて着座したことを暗示していた。教皇の目標はただ一つ、ローマ＝カトリック教会及びそれを中核とする「キリスト教的ヨーロッパ」の維持・強化である。彼は時流に身を委ね、無難に統治するのではなく、常に教会の立場から、何を変えるか、変えないかと自主的に判断し、果敢に行動した。教皇は反近代主義を目指したという訳ではない。近代的なものであれ、反近代的なものであれ、教会にとって必要と思われるものを自分で取捨選択したのである。彼は一方で、教皇紋から教皇三重冠を除去し、「西洋総大司教」の称号を止め、ＩＴを駆使した情報発信を行い、環境問題などに積極的取り組みを見せた。他方で彼は、ラテン語、トリエント・ミサ、「口による聖体拝領」を復権させ、聖ピウス一〇世司祭修道会と和解し、一部イスラム教徒の暴力に苦言を呈したのである。

然し教会内外の進歩派からすれば、自主的に思考するという教皇の行動様式そのものが不愉快であった。彼等からすれば、「時の声は神の声」なのであって、時流に合わせて自己変革するのが当然の義務である。教会外には、中世ヨーロッパの遺物であるカトリック教会が、まだ存続していること自体が許し難い不正だと考え、耳を貸す気など更々ない進歩派活動家も居る。彼等にとって「真理の協力者」を名乗る教皇は、全く許容できない不遜な存在であった。彼等は教皇の約八年の在位期間、教皇自身の行動をありとあらゆる手段で否定的に扱い、その生前退位に万歳三唱したのである。ラッツィンガーを攻撃する時に動員されたのは、ドイツ人に対する民族的反感であった。ラッツィンガー自身が「ドイツ人」としての矜持を殆ど語らないのに、彼の言動を懸命にドイツの「過去」に繋げようとするのは、同化・改宗ユダヤ人の「ユダヤ性」を穿鑿するという議論を連想させる。

教皇の祖国ドイツでは、ベネディクトゥス一六世を巡る賛否両論が激突した。一方でラッツィンガーの教皇選出は、第二次世界戦争以来いつも道義的劣位に置かれてきたドイツ人に、「戦後」からの一抹の解放感を味わわせた。教皇という西洋文化を代表する地位にドイツ人が就いたことは、「ドイツ人＝ナチ」という否定的先入観に苦悩してきた人々にとっては大いに欣快なことであり、逆にイギリス大衆新聞はその点を蒸し返して、新教皇を貶めようとした。ラッツィンガー自身は、それまで常にバイエルン愛国主義を前面に出していたが、教皇としてはアウシュヴィッツを逸早く訪問し、ユダヤ教関係者との交流に努めると同時に、ヘルダーリンを引用しつつ、ドイツ史の偉大さにも慎重に触れるようになった。他方でドイツでは、キュングを始め教皇の最も急進的な批判者たちが論壇を支配していた。彼等は機会ある毎に、殊に性的虐待疑惑や聖ピウス一〇世司祭修道会問題を契機に、教皇に対して嵐のような批判の声を浴びせ、この教皇の権威失墜に全力を尽くしたのである。

本人が意図した訳ではないが、教皇ベネディクトゥス一六世は西洋世界に於ける近代的政治理念の支配的地位に、一定の疑問を提起することとなった。ラッツィンガーはマルクス主義を批判する文脈では、西欧の議会制民主主義を肯定する発言をしているが、民主主義そのものは大いに疑問視している。彼は聖別された、位階制に基づく教会にそれを導入することを拒否しただけでなく、民主主義そのもの、或いは世論調査というものにも不信感を向けた。民意なるものはあてにならないという彼の発想は、学生運動の衝撃によるだけではなく、歴史の学習、特に国民社会主義体制の経験にもよるのではないだろうか。また彼は、自由主義の根幹にある人間の善なる本性への信頼を疑問視し、社会の進歩にも懐疑的だが、これはキリスト教の社会保守主義の系譜に連なるものである。男女の結婚に基づく家族を重視するのは、現代の家族観の多様化に対する異議申立であり、政治の前提として宗教的基盤を求めるのも、「世俗主義」への挑戦である。キリスト教世界或いはヨーロッパの自己主張は、反西洋中心主義への抗議である。政治だけでなく、古典的な文学や芸術、大学に於ける高度な知的作業、宗教的行事、地域独自の風習など、アメリカ中心の「グローバル化」の時代にもはや廃れるばかりとなっていたヨーロッパの精神的・芸術的伝統に、彼は教皇という立場から力強い支援の手を差し出した。ヨーゼフ・ラッツィンガーは一人で時流を変えた訳ではないが、二〇／二一世紀の保守主義思想家としては、西洋政治史に名を刻むことになるだろうし、その影響がどう現れるのかは、今後の注目点となるだろう。

蓋し教皇ベネディクトゥス一六世は、現代に於ける「聖座のノンコンフォーミスト」である。「ノンコンフォーミスト」とは、体制に順応せず自分の信念を貫く人のことで、従来は学生運動世代の自己認識であったが、ラッツィンガーはそれを自分たちカトリック教徒に用いるのである。黄金の聖座に君臨し、ラテン語で祝福を与え、異論派を破門し、世界教会の手綱を引き締め、他宗教・他宗派に対してもカトリシズムの唯一真正性を主張したこの人物には、間違いなく権威主義的な面がある。教会内で彼に粉砕されたレオナルド・ボフやハンス・キュングが彼を批判するのは無理もないことである。ただ視点を教会内から、広く現代世界全体に移すと、事態は全く別な見え方をする。近代的政治理念の支配する現代社会では、カトリック教会は常に攻撃に晒されるマイノリティなのであり、寧ろボフやキュングの方がマジョリティの側に属しているのである。ラッツィンガーの教権的権威主義は、時流の世俗的権威主義への対抗物として生まれたものであった。動揺したカトリック教会を存続させるとするならば、気前よくそのアイデンティティを抛棄する「お目出度ハンス」だけでなく、彼のような毅然たる闘士も必要とされたのである。

©AFP/VINCENZO PINTO
聖座の教皇ベネディクトゥス16世（2008年11月29日　サン・ピエトロ大聖堂）

とはいえ強面な部分だけがラッツィンガーの本質ではない。高位聖職者として多分に甲冑で身を固めている面があったラッツィンガーも、対話に積極的に応じる姿勢を最後まで失わなかった。彼の最大の批判者であるキュングすら、四十年前と変わらぬ彼の親切な応対に、すっかり頬を緩ませたのである。ベネディクトゥス一六世の回勅は、一貫して「愛」や「希望」を語るものであった。ラッツィンガーの胸中には、今も昔も変わらずバイエルンの聖体祭の興奮がある。その点でラッツィンガーは、戦場では恐ろしい鬼面を付けて奮戦するが、実は柔和な素顔をしていた蘭陵王のような人物であった。

注

（1）フクヤマ『歴史の終わり』。

（2）Huntington, The Clash of Civilizations, pp. 13, 21（『文明の衝突』、一四、二一頁（訳文は修正）。).

（3）Huntington, The Clash of Civilizations, pp. 20-21（『文明の衝突』、二一—二二頁（訳文は修正）。).

（4）ハーバーマス『近代』、三—四五頁：樋口陽一「人権の普遍性と文化の多様性」、小林善彦他編『人権は「普遍」なのか』、四六—五一頁。

（5）ウォーラーステイン『ヨーロッパ的普遍主義』、一三頁。

（6）ゼンクハース『諸文明の内なる衝突』：アパドゥライ『グローバリゼーションと暴力』、六頁：ハンチントン『文明の衝突と21世紀の日本』、一七八—一八一頁。

（7）高橋進『解体する現代権力政治』、三一一—三一二頁：Müller-Doohm, Jürgen Habermas, S. 484 f.: ラセット『パクス・デモクラティア』。尚『パクス・デモクラティア』という表題は、ラセット門下生の猪口邦子が恩師の邦訳出版用に考案したものだというが（二四四頁）、「ローマの平和」（Pax Romana）、「アメリカの平和」（Pax Americana）の流儀（主格名詞＋形容詞）で「デモクラシーの平和」と言いたいのなら、「パクス・デモクラティカ」（Pax democratica）とするべきだろう。

（8）丸山眞男「歴史意識の「古層」」、同『忠誠と反逆』、二九五—三五一頁。

（9）今野元『マックス・ヴェーバー』、三五九—三七二頁。

（10）丸山眞男「超国家主義の論理と心理」、同『現代日本の思想と行動』、二五頁：今野元『マックス・ヴェーバーとポーランド問題』：今野元『マックス・ヴェーバー』。

（11）藤原帰一『デモクラシーの帝国』：井上達夫『普遍の再生』。

（12）宮島喬『移民社会フランスの危機』。

（13）ゼンクハース『諸文明の内なる衝突』、一二八頁：Winkler, Geschichte des Westens, Bd. 1, S. 24.

（14）本書ではカール・マンハイムに倣い「保守主義」を近代的政治理念への自覚的抵抗の思想と考えているが、ハンティントンはこの概念をアメリカでの議論の文脈で考える為、より一般的に動揺した体制を護持しようとする思想のこととして捉えている（Huntington, Conservatism as an Ideology.）。

（15）柳父圀近『政治と宗教』、三二一—三二二頁：千葉眞「歴史のなかの政教分離」、大西直樹／千葉眞編『歴史のなかの政教分離』、一〇—一一頁。憲法学界では、宗教の自由と政教分離制とを混同する日本の俗説を批判し、ドイツの状況を「政教分離制」でも、「国教制」でもない「公認宗教制」だとする声が上がっている（大石眞

「「宗教復権の時代」における「国家と宗教共同体」」、比較憲法学会編『信教の自由をめぐる宗教共同体』、三七―三八頁。）。

(16) 齋藤純一「はじめに」、日本政治学会編『宗教と政治』、三頁。

(17) 『世界キリスト教百科事典』、一七七―一七八、四六二、五六六、六四七頁：マーク・ヒル「英国における国家と宗教共同体」、比較憲法学会編『信教の自由をめぐる国家と宗教共同体』、二八四―二九九頁。

(18) 『世界キリスト教百科事典』、三五四―三五六頁。『各国憲法集(5) ギリシャ憲法』。

(19) 『世界キリスト教百科事典』、七五七―七五八頁：アーレティン『カトリシズム』、五八頁：善家幸敏『国家と教会』、一五〇―一五五頁：フランシス・メスネル「フランスにおける国家と宗教」、比較憲法学会編『信教の自由をめぐる国家と宗教共同体』、一七一―一八五頁：小島慎司『制度と自由』、四五―五五頁。

(20) 『世界キリスト教百科事典』、一三〇―一三二頁：善家幸敏『国家と教会』、九七―一四〇頁：上坂昇『神の国アメリカの論理』：ノール『神と人種』：ブラウァー『アメリカ建国の精神』。

(21) 小森田秋夫編『現代ロシア法』、二六四―二七〇頁。

(22) Listl, Die Konkordate und Kirchenverträge, S. 3-23; Besier, Der Heilige Stuhl, S. 169-199.

(23) Großbölting, Der verlorene Himmel; 中道基夫『現代ドイツ教会事情』：近藤正基『ドイツ・キリスト教民主同盟の軌跡』：近藤潤三『ドイツ移民問題の現代史』：内藤正典『ヨーロッパとイスラーム』。

(24) http://www.sueddeutsche.de/politik/nach-klage-der-kirche-ueber-pogromstimmung-leutheusser-schnarrenberger-greift-vatikan-an-1.1589810（二〇一四年九月一日閲覧）.

(25) 半澤孝麿『近代日本のカトリシズム』：酒井新二『カトリシズムと現代』：柳父圀近『政治と宗教』：カトリック中央協議会福音宣教研究室編『歴史から何を学ぶか』：鄭玹汀『天皇制国家と女性』：村井早苗『天皇とキリシタン禁制』。

(26) 『カトリック新聞』一九九五年八月六日（三三四二号）、三頁：『カトリック新聞』二〇〇九年六月二八日（四〇〇九号）、三頁：『カトリック新聞』二〇一〇年四月一八日（四〇四八号）、一頁。

(27) 例えばラッツィンガーの保守的代表作である『信仰の状況について』『典礼の精神』「解放の神学」批判などは邦訳されており、『信仰の状況について』の邦訳には岡田武夫・浦和司教（のち東京大司教）の推薦の辞も付されている（『信仰について』、五―八頁。）。また信徒の典礼改革への戸惑いを回顧し、ベネディクトゥス一六世の自発教令「スンモールム・ポンティフィクム」の意義を説くものとして、増田洋『信徒が書いた典礼マニュアル』がある。日本で「ローマ典礼（特別形式）」を実施し、更にカトリック教会の受胎調節禁止を重視する集団として、成相明人神父の「フマネ・ヴィテ研究会」などがある（http://hvri.gouketu.com：二〇一四年六月一二日閲覧）。

(28) http://www.cbcj.catholic.jp/jpn/news/index.htm#20131227（二〇一四年二月五日閲覧）.「正平協」（日本カトリック正義と平和協議会）は、護憲運動の立場から安部晋三政権への批判を展開しており、「日本フェミニスト神学・宣教センター」とも連携している(http://www.jccjp.org/jccjp/home.html：二〇一四年二月六日閲覧）。

（29）小坂井澄『ローマ法王の権力と闘い』：金子新「グローバル指導者の交代——ヨハネ・パウロ二世からベネディクト一六世へ」：松本佐保『バチカン近現代史』、一二八—一三〇頁。教会文書の翻訳に際しては、プロテスタント教会を「部分教会」たる正教会より格下の「教会的共同体」と規定した部分が「教団」と訳され、その批判的含意が伝わらないように調整されている（南山大学監修『第2バチカン公会議公文書全集』、一一五—一一六頁：教皇庁教理省『宣言　主イエス』、三六頁。）。

（30）ケテラー『自由主義、社会主義、キリスト教』：稲垣良典『現代カトリシズムの思想』：キュンク『ゆるぎなき権威？』：ランケ＝ハイネマン『カトリック教会と性の歴史』：ランゲ／イプラッカー『ラテンアメリカの民衆と解放の神学』：小山英之『教会の社会教説』：伊藤千尋『燃える中南米』、一四一—一七二頁：ワインガース『女性はなぜ司祭になれないのか』：マシア『解放の神学』など多数。

（31）http://www.catholic.org/international/international_story.php?id=19357（二〇一四年二月五日閲覧）：『カトリック新聞』二〇〇六年四月二三日（三八五七号）、二頁：『カトリック新聞』二〇〇六年五月一四日（三八五九号）、二頁：『カトリック新聞』二〇〇六年八月一三日（三八七一号）、二頁：『カトリック新聞』二〇〇七年四月二九日（三九〇五号）、二頁。

（32）日本西洋史学会二〇一三年大会小シンポジウム4「ヨーロッパ近代のなかのカトリシズム——宗教を通して見るもうひとつの「近代」」（京都大学・二〇一三年五月一二日）。

（33）Schülerkreis, Das Werk; Hülsebusch, Professor Papst, S. 26-28.

（34）Valente, Student. Professor. Papst, S. 116.

（35）Häring, Theologie und Ideologie; Posener, Benedikts Kreuzzug; Feldmann, Papst Benedikt XVI.; Allen, Cardinal Ratzinger; Fischer, Der neue Papst ist kein Populist.

（36）Läpple, Benedikt XVI., S. 9.

（37）Benedikt XVI., Gedanken, Impulse, Visionen, S. 6.

（38）Seewald, Benedikt XVI.; Valente, Student. Professor. Papst; 里野泰昭「ラツィンガー教授から受けたこと、その想い出」、二五五—二五七頁：同「ベネディクト十六世のイスラム発言について」。

（39）Lohmann, Maximum; Matussek, Das katholische Abenteuer; Ders., Ratzinger-Kür: Der deutsche Segen（http://www.spiegel.de/panorama/ratzinger-kuer-der-deutsche-segen-a-352312.html：二〇一四年九月二八日）：Herrmann, Benedikt XVI., S. 88 f.

（40）保坂高殿『ローマ帝政初期のユダヤ・キリスト教迫害』：同『ローマ帝政中期の国家と教会』：大谷哲「デキウス迫害における供儀執行証明書発行の意図」。

（41）Klaus Rosen, Konstantin I. der Große, in: LThK 6, Sp. 295-298; Jochen Martin, Konstantinische Wende, in: LThK 6, Sp. 304 f.; Nicaeno-Konstantinopolitanisches Glaubensbekenntnis, in: LThK 7, Sp. 798-800; Klaus Rosen, Iulianus, in: Der neue Pauly, Bd. 6, 1999, Sp. 11-14; Johannes Scherf, Victoria, in: Ebenda, Bd. 12/2, Sp. 189 f.; C. Robert III. Phillips, Vesta, in: Ebenda, Bd. 12/2, Sp. 130-132; Wolfgang Decker, Olympioniken, in: Ebenda, Bd. 8, Sp. 1188 f.

（42）高井寿雄『ギリシア正教入門』、一七六—一七八頁：高橋保行『ギリシア正教』、九—一一頁。

（43）「聖職者」、『カトリック大辞典』第三巻（昭和二七年）、一四七頁。

（44）Winfried Schulz, Ehrentitel, in: LThK 3, Sp. 511 f.

（45）関口武彦『教皇改革の研究』、三五一―三八一頁。

（46）Annuario Pontificio per L'anno 2009.

（47）矢内義顕「大修道院長」、『新カトリック大事典』第Ⅲ巻（平成一四年）、九四九頁。

（48）J・P・ラベル「教皇掩祝」、『新カトリック大事典』第Ⅱ巻（第三刷・平成二三年）、三〇二頁。

（49）石井祥裕「両剣論」、『新カトリック大事典』第Ⅳ巻（平成二一年）、一二八七頁。

（50）Horst Fuhrmann, Konstantinische Schenkung, in: LThK 6, Sp. 302–304; 出崎澄男「コンスタンティヌス寄進状」、『新カトリック大事典』第Ⅱ巻（第三刷・平成二三年）、九九二頁。

（51）Rossi, Der Vatikan, S. 7–25.

（52）Boss, Gottesdienst［Kompakt］, S. 45–69.

（53）神田健次「聖礼典」、『新カトリック大事典』第Ⅲ巻（平成一四年）、七七二頁。

（54）P・メネシェギ「聖人」、『新カトリック大事典』第Ⅲ巻（平成一四年）、七一一―七一二頁；J・フィルハウス／石井祥裕「列聖」、『新カトリック大事典』第Ⅳ巻（平成二一年）、一四一六―一四一八頁。

（55）ヴェーバー『少年期ヴェーバー古代・中世史論』、八三―八五頁；MWG I/22-2, S. 290 f.（『宗教社会学』、一七七頁。）.

（56）森安達也『東方キリスト教の世界』、二〇七―二一四頁。

（57）Franz Ronig, Heiliger Rock, in: LThK 4, Sp. 1318–1319; Karlheinz Dietz, Turiner Grabtuch, in: LThK 10, Sp. 309 f.; 伊従信子「聖骸布」、『新カトリック大事典』第Ⅲ巻（平成一四年）、五八〇―五八一頁。

（58）Heinz Martin, Reliquien, in: LThK 8, Sp. 1091–1094; 高橋禎子／P・ネメシェギ「聖遺物」、『新カトリック大事典』第Ⅲ巻（平成一四年）、五七七―五七八頁。

（59）ランシマン『コンスタンティノープル陥落す』、一九六―二七八頁；ハリス『ビザンツ帝国の最期』、二五六―二五九頁。

（60）森安達也『東方キリスト教の世界』、一六八―一九八頁；メイエンドルフ『ビザンティン神学』、一四七―一六四頁。

（61）Borutta, Antikatholizismus, S. 51 f. und 117–120.

（62）Karl Suso Frank, Franziskaner, in: LThK 4, Sp. 30-36; Isnard Wilhelm Frank, Dominikanerorden, in: LThK 3, Sp. 309-318; Winfried Eberhard, Hus, in: LThK 5, Sp. 340 f.; Peter Walter, Erasmus, in: LThK 3, Sp. 735–737; Heribert Smolinsky, Konziliarismus, in: LThK 6, Sp. 349–351; Peter Segl, Savonarola, in: LThK 6, Sp. 92–96; 磯見辰典「サヴォナローラ」、『新カトリック大事典』第Ⅱ巻（第三刷・平成二三年）、一〇四七―一〇四八頁。

（63）名古屋初期新高ドイツ語研究会訳「トーマス・ムルナー『ルター派の大阿呆』」、『中京大学教養論叢』第四五号（平成一七年）、八五八頁（表記一部変更）。

（64）Klaus Ganzer, Trient, 3）Konzil, in: LThK 10, Sp. 225–232.

（65）谷口智子『新世界の悪魔』、二八―四五、九二―九九頁；ラス・カサス『インディアスの破壊についての簡潔な報告』。

(66) ヴァリニャーノ『日本巡察記』：平川祐弘『マッテオ・リッチ伝』：ノーマン『ローマ・カトリック教会の歴史』、一六二―一六四頁。

(67) Raffaele Ciafardone, Aufklärung, in: LThK 1, Sp. 1207 f.

(68) ディドロ／ダランベール『百科全書』（表記一部変更）。

(69) Kant's gesammelte Schriften, Bd. 8, S. 35-37（カント『啓蒙とは何か』、七、一〇頁）。

(70) J・アリエタ「ヤンセン」、『新カトリック大事典』第Ⅳ巻（平成二一年）、一〇五五頁。

(71) アーレティン『カトリシズム』、二三―二四頁。

(72) Arno Schilson, Aufklärung, in: LThK 1, Sp. 1211-1213.

(73) ヴォヴェル『フランス革命と教会』、三〇、四〇―四二、四五―四七、一〇四―一〇七、一一四―一四三頁。フュレ／オズーフ編『フランス革命事典』第一巻、一七八―一九四、六一二―六二五、七五六―七六六頁。

(74) http://www.art-magazin.de/newsticker/?news_id=6747（二〇一四年三月一七日閲覧）。

(75) 豊田妙子「ピウス6世」、『新カトリック大事典』第Ⅳ巻（平成二一年）、一五三―一五四頁。

(76) 鈴木宣明「ピウス7世」、『新カトリック大事典』第Ⅳ巻（平成二一年）、一五四―一五五頁。

(77) Aretin, Heiliges Römisches Reich, S. 7-11, 251-253. 尚日本で通用している「神聖ローマ皇帝」という称号は、同時代の歴史的用語としてもドイツ歴史学の概念としても存在しないものであり、廃止するのが望ましい。

(78) フュレ／オズーフ編『フランス革命事典』第一巻、四〇一―四〇三、四一〇―四一一頁。

(79) アーレティン『カトリシズム』、六〇―六一頁：伊東冬美『フランス大革命に抗して』：Günter Biemer, Oxfordbewegung, in: LThK 7, Sp. 1239; Moskau, S. 95, 99.

(80) アーレティン『カトリシズム』、二九、四二―四三、四七―四八、五〇―五三頁。

(81) アーレティン『カトリシズム』、八三―八四頁：カニンガム『カトリック入門』、七一頁：ノーマン『ローマ・カトリック教会の歴史』、一九一―二一三頁。

(82) 鈴木宣明「教皇領」、『新カトリック大事典』第Ⅱ巻（第三刷・平成二二年）、三三八―三三九頁。

(83) Strötz, Der Katholizismus im deutschen Kaiserreich, Bd. 1.

(84) Peter Leisching, Österreich, in: LThK 7, Sp. 1186.

(85) Hutten-Czapski, Sechzig Jahre Politik und Gesellschaft I, S. 435 f.; „Ein armer Gefangener im Vatikan", in: Der Spiegel, Nr. 34, 21. August 1978, S. 102 f.; プパール『バチカン市国』、六二―六四頁。

(86) 工藤庸子『宗教vs.国家』。

(87) Baumeister, Parität und katholische Inferiorität.

(88) GAR I, S. 20, 69（『倫理』、一八、一〇九―一一〇頁）：MWG I/21, S. 606（『古代ユダヤ教（中）』、六四〇頁）：MWG I/22-2, S. 155, 310, 345 f., 368 f., 381-384（『宗教社会学』、三六、一〇〇、二三六―二三九頁、二六〇―二六一、二七二―二七四頁）。

(89) MWG I/22-2, S. 345（『宗教社会学』、二三七頁）：GAR I, S. 114（『倫理』、一九六頁）：MWG I/20, S. 82-84（深沢宏訳『ヒン

ドゥー教と仏教』、東洋経済新報社、平成一四年、三四―三六、三八頁。）；GAR I, S. 95, 185（『倫理』、一五七、三三一頁。）.

(90) MWG I/22-2, S. 123, 380 f.（『宗教社会学』、五、二七二頁。）；GAR I, S. 59（『倫理』、八三頁。）.

(91) GAR I, S. 63-65（『倫理』、九五頁。）.

(92) GAR I, S. 152 f., 155, 185（『倫理』、二六四、二七五、三三一頁。）；MWG I/22-4, S. 590 f.（『支配の社会学Ⅱ』、五三六―五三七頁。）.

(93) MWG I/22-2, S. 359（『宗教社会学』、二五〇頁。）；GAR I, S. 111, 114-116（『倫理』、一八五、一九六―一九八頁。）.

(94) Weber, MWG I/22-4, S. 650-652（『支配の社会学Ⅱ』、六二〇―六二三頁。）.

(95) [Max Weber], Eine katholische Universität in Salzburg, in: Frankfurter Zeitung, Nr. 128, 10. Mai 1917, 1. Morgen-Blatt.

(96) Norbert Trippen, Antimodernisteneid, in: LThK 1, Sp. 761 f.

(97) シオヴァロ／ベシエール『ローマ教皇』、一一三頁；鈴木宣明「ベネディクトゥス15世」、『新カトリック大事典』第Ⅳ巻（平成二一年）、五五四―五五五頁。

(98) Karl Marx Friedrich Engels Historisch-Kritische Gesamtausgabe, Bd. 1, S. 607 f.（マルクス「ヘーゲル法哲学批判―序説」、同『新訳初期マルクス』、一〇三―一〇四頁。）.

(99) 廣岡正久『ロシア正教の千年』、一二七―一七一頁。

(100) 廣岡正久『ロシア正教の千年』、一七一―一八五頁；高橋保行『迫害下のロシア教会』、一六一―一六二頁。

(101) アーレティン『カトリシズム』、二一六―二一七頁。

(102) 鈴木宣明「教皇領」、『新カトリック大事典』第Ⅱ巻（平成二二年）、三三九頁；アーレティン『カトリシズム』、二一一―二一四頁；プパール『バチカン市国』、三六―四一頁；シオヴァロ／ベシエール『ローマ教皇』、一一六―一一七頁；Wolf, Papst & Teufel, S. 316.

(103) アーレティン『カトリシズム』、二一四―二一六頁；村松惠二『カトリック思想とファシズム』、五一―一〇三、二七三―三〇四頁；Besier, Der Heilige Stuhl, S. 146 f.; Feldkamp, Pius XII. und Deutschland, S. 124-138.

(104) アーレティン『カトリシズム』、二三二―二三四頁；Besier, Der Heilige Stuhl, S. 188 f., 193.

(105) アーレティン『カトリシズム』、二三四―二三五頁；Besier, Der Heilige Stuhl, S. 188 f.

(106) アーレティン『カトリシズム』、二三六―二三七頁；Adam, Rebel Patriot, pp. 469-477.

(107) アーレティン『カトリシズム』、二三〇―二三九頁；村松惠二『カトリック思想とファシズム』、二二三、二三四―二五八、二七三―三〇四頁；ペイン『ファランヘ党』、三一一―三一三頁；Besier, Der Heilige Stuhl, S. 137-139, 146-151; Milan S. Ďurica, Slowakei, in: LThK 9, Sp. 669-672.

(108) Salz der Erde, S. 44 f.; Aus meinem Leben, S. 8, 11, 16（『わが信仰の歩み』、四、七、一三頁。）；Gemeinde Rimsting (Hrsg.), „Ich werde einmal Kardinal", S. 12.

(109) Aus meinem Leben, S. 7 f.

(110) Salz der Erde, S. 53 f.

(111) Hülsebusch, Professor Papst, S. 13.

(112) Der Vater von Papst Benedikt XVI. Die Lebensstationen des Gendarmen Joseph Ratzingers, in: Altbayerische Heimatpost, 58. Jg., Nr. 10, 6. bis 12. März 2006, S. 9; Salz der Erde, S. 51, 53; Mein Bruder, der Papst, S. 18, 28–32.

(113) Seewald, Benedikt XVI., S. 14, 156.

(114) Salz der Erde, S. 46 f., 51; Mein Bruder, der Papst, S. 19–22; Gemeinde Rimsting（Hrsg.）, „Ich werde mal Kardinal", S. 28–49.

(115) Menschen in München. Auf dem Weg zu römischen Ufern, in: SZ, Nr. 53, 5. März 1982（Stadtarchiv München）.

(116) Seewald, Benedikt XVI., S. 248.

(117) Zuber, Der Bruder des Papstes, S. 65–190.

(118) Mein Bruder, der Papst, S. 80; Salz der Erde, S. 52, 56; Zur Lage des Glaubens, S. 172（『信仰について』、二三〇頁）；Pfister（Hrsg.）, Erzbistum München-Freising, S. 53 f.

(119) Hecker, Kardinal Faulhaber und seine Stellung, S. 19–26; Volk（Bearbeiter）, Akten Kardinal Michael von Faulhabers I, S. XXXV-LXX; Huber, Staat und Kirche, S. 388–390; 和仁陽『教会・公法学・国家』、二五五—二五七頁。

(120) http://www.heiligenlexikon.de/BiographienK/Konrad_von_Parzham.html（二〇一四年三月一八日閲覧）；Mein Bruder, der Papst, S. 78 f.

(121) Ratzinger, Das Fest des Glaubens, S. 112.

(122) Kirchinger/Schütz（Hrsg.）, Georg Ratzinger, S. 35, 375 f.

(123) Georg Ratzinger, Geschichte der kirchlichen Armenpflege.

(124) Georg Ratzinger, Geschichte der kirchlichen Armenpflege; Ders., Die Volkswirthschaft in ihren sittlichen Grundlagen.

(125) Kirchinger/Schütz（Hrsg.）, Georg Ratzinger, S. 125–164, 375 f.; Brentano, Mein Leben, S. 222, 239 f., 243, 496（『わが生涯とドイツの社会改革』、一八六、二〇一—二〇二、二〇六、四七三頁。）.

(126) Kirchinger/Schütz（Hrsg.）, Georg Ratzinger, S. 375 f.; Hochberger, Der Bayerische Bauernbund 1893–1914, S. 52–54.

(127) G. Ratzinger, Die Volkswirthschaft in ihren sittlichen Grundlagen, S. 232.

(128) G. Ratzinger, Die Volkswirthschaft in ihren sittlichen Grundlagen, S. 458.

(129) Ludwig Fränkel, J. Georg N. Ratzinger, in: Allgemeine Deutsche Biographie, Bd. 53, Leipzig, 1907, S. 215–218; Kirchinger/Schütz（Hrsg.）, Georg Ratzinger, S. 221–289.

(130) Salz der Erde, S. 47.

(131) Tod in Rom, in: Der Spiegel, Nr. 6, 6. Februar 1984, S. 122–125.

(132) ダーレンドルフ「ナチズムと社会革命」、同『政治・社会論集』、七三—九六頁。

(133) Hecker, Kardinal Faulhaber und seine Stellung, S. 26–32; Volk（Bearbeiter）, Akten Kardinal Michael von Faulhabers I, S. LXX-LXXVI.

(134) Küng, Umstrittene Wahrheit, S. 19; Zerstörte Vielfalt.

(135) Aus meinem Leben, S. 14 f.（『わが信仰の歩み』、五—六頁。）.

(136) Salz der Erde, S. 55; Mein Bruder, der Papst, S. 66 f.; Aus meinem Leben, S. 17（『わが信仰の歩み』、一五頁。）.

（137） Salz der Erde, S. 52 f.

（138） Aus meinem Leben, S. 12（『わが信仰の歩み』、八―九頁。）; Mein Bruder, der Papst, S. 65.

（139） Mein Bruder, der Papst, S. 84-87, 92; .Salz der Erde, S. 54.; Gemeinde Rimsting（Hrsg.）, „Ich werde mal Kardinal“, S. 58.

（140） Aus meinem Leben, S. 18-20（『わが信仰の歩み』、一五―一九頁。）; Mein Bruder, der Papst, S. 89 f.

（141） Mein Bruder, der Papst, S. 88 f.; Pfister（Hrsg.）, Erzbistum München-Freising, S. 446 f.; 石井祥裕「ショット」、『新カトリック大事典』第Ⅲ巻（平成一四年）、三二九頁。

（142） Mein Bruder, der Papst, S. 82, 92-98.

（143） Laube, St. Michael in Traunstein, S. 32, 63 f., 66 f.; Spindler, Handbuch der bayerischen Geschichte, S. 519 f.

（144） Laube, St. Michael in Traunstein, S. 63-71; Schwaiger（Hrsg.）, Das Erzbistum, S. 338.

（145） Laube, St. Michael in Traunstein, S. 71-76.

（146） Laube, St. Michael in Traunstein, S. 76.

（147） Laube, St. Michael in Traunstein, S. 77-88.

（148） Laube, St. Michael in Traunstein, S. 88-90; Aus meinem Leben, S. 27（『わが信仰の歩み』、二九頁。）.

（149） Mein Bruder, der Papst, S. 102.

（150） Laube, St. Michael in Traunstein, S. 23-42.

（151） Laube, St. Michael in Traunstein, S. 54 f.

（152） Laube, St. Michael in Traunstein, S. 56-62.

（153） Laube, St. Michael in Traunstein, S. 93-96.

（154） Laube, St. Michael in Traunstein, S. 93-98.

（155） Laube, St. Michael in Traunstein, S. 98-100.

（156） Salz der Erde, S. 55. 但しラッツィンガーはヒトラー・ユーゲントへの加入が義務化されたのは一九四一年だったとしている。

（157） Mein Bruder, der Papst, S. 89, 139.

（158） Laube, St. Michael in Traunstein, S. 100-121.

（159） Aus meinem Leben, S. 29 f.（『わが信仰の歩み』、三三―三四頁。）.

（160） Aus meinem Leben, S. 36-39（『わが信仰の歩み』、三六―四一頁。）; Salz der Erde, S. 60.

（161） Aus meinem Leben, S. 36-40（『わが信仰の歩み』、四二―四七頁。）; 教皇ベネディクト十六世『司祭職』（カトリック中央協議会、平成二三年）、一二九頁; 二〇一〇年四・五月における「司祭年」に因む「神学生への手紙」。

（162） Aus meinem Leben, S. 40 f.（『わが信仰の歩み』、四七―四九頁。）.

（163） Mein Bruder, der Papst, S. 132 f.; Grass, Beim Häuten der Zwiebel, S. 191 f.; Aus meinem Leben, S. 41-45（『わが信仰の歩み』、四七―五四頁。）.

（164） ゾンマー『1945年のドイツ』、一五一―一一三頁; 近藤潤三「ドイツ第三帝国の崩壊と避難民・被追放民問題」、二四頁; Trippen, Josef Kardinal Frings I, S. 120 f., 164 f.

（165） 城達也『自由と意味』、八〇頁; プレスナー『遅れてきた国民』。

（166） Adenauer, Erinnerungen, Widmung, S. 50-53, 58 f.

（167） Trippen, Josef Kardinal Frings I, S. 131-134, 140 f., 152-164 usw; Großbölting, Der verlorene Himmel, S. 21–24, 57.

(168) Trippen, Josef Kardinal Frings, I, S. 131 f.; Hecker, Kardinal Faulhaber und seine Stellung, S. 19, 32 f.; Maier, Pius XII. im Urteil der Nachwelt, S. 106 f.

(169) 『世界キリスト教百科事典』、六九八、八一四、九〇一頁。

(170) Trippen, Josef Kardinal Frings I, S. 506–516.

(171) Salz der Erde, S. 57–60, 123; Valente, Student. Professor. Papst, S. 24.

(172) Alexander Schwabe, Gemeinsame Stunde auf der Studienbank: Ratzinger, das reine Latein（http://www.spiegel.de/panorama/i-gemeinsame-stunden-auf-der-studienbank-ratzinger-das-reine-latein-a-477232.html：二〇一四年四月二五日閲覧）；Ders., Uta Ranke-Heinemann: Ratzinger — Das reine Latein（http://www.spiegel.de/panorama/gesellschaft/uta-ranke-heinemann-ratzinger-das-reine-latein-a-477224.html：二〇一四年四月二五日閲覧）.

(173) Aus meinem Leben, S. 46, 48（『わが信仰の歩み』、五七―五九頁。）；Mein Bruder, der Papst, S. 155 f.; Pfister（Hrsg.）, Erzbistum München-Freising, S. 99–102, 123 f.; Läpple, Benedikt XVI., S. 71; Steinbüchel, F. M. Dostojewski; Ders., Karl Marx, in: Koch（Hrsg.）, Zur sozialen Entscheidung, S. 5–37.

(174) Steinbüchel, Die philosophische Grundlegung der katholischen Sittenlehre; Ders., Der Umbruch des Denkens; Wenzel, Philosophie der Freiheit.

(175) Mein Bruder, der Papst, S. 138; Salz der Erde, S. 63; Aus meinem Leben, S. 47–49（『わが信仰の歩み』、五六―六〇頁。）；Valente, Student. Professor. Papst, S. 26 f.

(176) http://www.kaththeol.uni-muenchen.de/gesch_fakultaet/geschichte/index.html（二〇一四年五月二四日閲覧）.

(177) http://www.herzoglichesgeorgianum.de/Herzogliches_Georgianum/Institution.html（二〇一四年五月二四日閲覧）.

(178) Aus meinem Leben, S. 51 f.（『わが信仰の歩み』、六三―六七頁。）；Pfister（Hrsg.）, Erzbistum München-Freising, S. 87, 107.

(179) Aus meinem Leben, S. 54（『わが信仰の歩み』、六七頁。）；Valente, Student. Professor. Papst, S. 17; Schröcker, Der Fall Barion, in: Barion, Kirche und Kirchenrecht, S. 25–75.

(180) Neuner, Michael Schmaus; Michael Seybold, Schmaus, Michael, in: LThK 9, Sp. 172 f.

(181) Josef Graf, Söhngen, Gotlieb, in: LThK 9, Sp. 696 f.

(182) Aus meinem Leben, S. 53–64（『わが信仰の歩み』、六七―八〇頁。）；Valente, Student. Professor. Papst, S. 33.

(183) Joachim Gnilka, Maier, Friedrich Wilhelm, in: LThK 6, Sp. 1201.

(184) Aus meinem Leben, S. 55–60（『わが信仰の歩み』、六九―七六頁。）.

(185) Aus meinem Leben, S. 63 f.（『わが信仰の歩み』、七九―八〇頁。）.

(186) Aus meinem Leben, S. 64–67（『わが信仰の歩み』、八〇―八四頁。）.

(187) Uta Ranke-Heinemann, Mein Leben mit Benedikt, in: Zeit online, 13. Februar 2013（http://www.zeit.de/gesellschaft/

zeitgeschehen/2013-02/papst-benedikt-ratzinger-ranke-heinemann：二〇一四年四月二五日閲覧).

(188)　Hohls/Jarausch（Hrsg.）, Versäumte Fragen, S. 246–248.

(189)　Aus meinem Leben, S. 68（『わが信仰の歩み』、八五―八六頁°）；Pfister（Hrsg.）, Erzbistum München-Freising, S. 119 f., 122; Ratzinger, Volk und Haus Gottes, S. VI–VII.

(190)　二川佳巳「リュバック」、『新カトリック大事典Ⅳ』（平成二一年）、一二八六頁；久保文彦「『フマニ・ゲネリス』」、『新カトリック大事典Ⅳ』（平成二一年）、三七〇頁；Michael Figura, Lubac, Henri de, in: LThK 6, Sp. 1074 f.

(191)　リュバク『カトリシズム』；Aus meinem Leben, S. 69（『わが信仰の歩み』、八六―八七頁°）；Pfister（Hrsg.）, Erzbistum München-Freising, S. 119.

(192)　Licht der Welt, S. 128; Pfister（Hrsg.）, Erzbistum München-Freising, S. 117 f.

(193)　Ratzinger, Volk und Haus Gottes, S. 30 f., 39, 48, 127–145, 202–218.

(194)　Aus meinem Leben, S. 69 f.（『わが信仰の歩み』、八七―八八頁°）；Pfister（Hrsg.）, Erzbistum München-Freising, S. 87.

(195)　Aus meinem Leben, S. 75 f.（『わが信仰の歩み』、九三―九四頁°）：Die Ankündigung der öffentlichen Disputation von Joseph Ratzinger（Bischöfliches Zentralarchiv Regensburg, Zeitungssammlung von Papst Benedikt XVI.）.

(196)　„Ich werde mal Kardinal!", S. 98–102; Pfister（Hrsg.）, Erzbistum München-Freising, S. 88, 98.

(197)　„Ich werde mal Kardinal!", S. 103–107; Pfister（Hrsg.）, Erzbistum München-Freising, S. 88.

(198)　Aus meinem Leben, S. 72–75（『わが信仰の歩み』、九〇―九二頁°）；Mein Bruder, der Papst, S. 181 f.; Valente, Student. Professor. Papst, S. 45; Pfister（Hrsg.）, Erzbistum München-Freising, S. 88, 129; Läpple, Benedikt XVI., S. 98; Fünf Märtyrer und ein Papst, in: SZ, Nr. 200, 31. August 2006, S. 57; Rita Haub, „Es fordert den ganzen Menschen". Zeugen des Glaubens: P. Rupert Mayer SJ（1876–1945）und P. Alfred Delp SJ（1907–1945）, in: Münchener Theologische Zeitschrift, Jg. 57（2006）, S. 312–319; Pfarramt Heilig Blut（Hrsg.）, Fünfzig Jahre Heilig Blut.

(199)　教皇ベネディクト十六世『司祭職』、一一頁（表記変更）。

(200)　Salz der Erde, S. 59, 67; Pfister（Hrsg.）, Erzbistum München-Freising, S. 130–132.

(201)　Aus meinem Leben, S. 74（『わが信仰の歩み』、九二頁°）；Ratzinger, Die neuen Heiden und die Kirche, in: Hochland, 51. Jg.（1958/59）, S. 1–11.

(202)　Pfister（Hrsg.）, Erzbistum München-Freising, S. 136 f.; Ratzinger, Von der Liturgie zur Christologie, in: Ders.（Hrsg.）, Wege zur Wahrheit, S. 121–144; Gott und die Welt, S. 41 f.

(203)　Aus meinem Leben, S. 75（『わが信仰の歩み』、九二―九三頁°）；Pfister（Hrsg.）, Erzbistum München-Freising, S. 122, 135; Valente, Student. Professor. Papst, S. 46; Küng, Benedikt XVI., S. 97 f.

(204)　Aus meinem Leben, S. 77 f.（『わが信仰の歩み』、九五―九六

頁°）；Pfister（Hrsg.), Erzbistum München-Freising, S. 89.

(205) Valente, Student. Professor. Papst, S. 194.

(206) Aus meinem Leben, S. 78–82（『わが信仰の歩み』、九六—一〇〇頁°）；Pfister（Hrsg.), Erzbistum München-Freising, S. 91; Ratzinger, Die Geschichtstheologie, Vorwort（1959).

(207) Aus meinem Leben, S. 82–88（『わが信仰の歩み』、一〇〇—一〇九頁°）；Pfister（Hrsg.), Erzbistum München-Freising, S. 123.

(208) Neuner, Michael Schmaus, S. 395 f.; Schmaus, Begegnungen zwischen katholischem Christentum und nationalsozialistischer Weltanschauung. 同書が収められた「帝国と教会」叢書には、国民社会主義による階級闘争の克服を訴えるピーパーの著作も含まれている（Pieper, Das Arbeitsrecht.)。尚バリオンらブラウンスベルク神学アカデミーの教授たちはエルムラント司教の判断に従いNSDAPに入党したというが、だとするとゼーンゲンも入党していた可能性がある（Schröcker, Der Fall Barion, S. 26.)。シュマウスのみの過去を特に批判するのは問題だろう。

(209) Aus meinem Leben, S. 79, 83（『わが信仰の歩み』、九八、一〇二—一〇三頁°）；Pfister（Hrsg.), Erzbistum München-Freising, S. 105, 123; Läpple, Benedikt XVI., S. 130–132.

(210) Küng, Umstrittene Wahrheit, S. 25, 686.

(211) Aus meinem Leben, S. 88 f.（『わが信仰の歩み』、一〇九—一一一頁°）；Pfister（Hrsg.), Erzbistum München-Freising, S. 111–114; Valente, Student. Professor. Papst, S. 51 f.

(212) Pfister（Hrsg.), Erzbistum München-Freising, S. 92, 141, 144.

(213) Aus meinem Leben, S. 92–99（『わが信仰の歩み』、一一一—一二〇頁°）；Valente, Student. Professor. Papst, S. 58, 64.

(214) Ratzinger, Der Gott des Glaubens und der Gott der Philosophen; Valente, Student. Professor. Papst, S. 55–57.

(215) Valente, Student. Professor. Papst, S. 53, 57–59.

(216) Valente, Student. Professor. Papst, S. 58, 61 f., 195; Ratzinger, Protestantismus. Beurteilung vom Staudpunkt des Katholizismus, in: JRGS 8/2, S. 810–815.

(217) Valente, Student. Professor. Papst, S. 59–66; 里野泰昭「ラツィンガー教授から受けたこと、その想い出」、一九二頁；Ratzinger, Vom Wiederauffinden der Mitte, S. 316 f.

(218) Böckenförde, Der korrekte Kanonist, S. 1–23.

(219) Valente, Student. Professor. Papst, S. 66–68.

(220) キュングは、本来フォルクの後継に推薦されたのは直弟子の自分で、ラッツィンガーが招聘されたのは教義学・教義史第二講座だと主張している（Küng, Erkämpfte Freiheit, S. 442 f.)。

(221) Valente, Student. Professor. Papst, S. 79–82.

(222) Aus meinem Leben, S. 132–134, 136–138（『わが信仰の歩み』、一三六—一三九、一四三—一四四頁°）；Kasper, Katholische Kirche, S. 38 f.; Valente, Student. Professor. Papst, S. 85, 107.

(223) Küng, Erkämpfte Freiheit, S. 470. 単性論派のアルメニア教会は、「公主教」（カトリコス）を首長とする。セルジューク朝の支配を逃れたアルメニア人は、反トルコ、反ビザンツ的の観点で共通性があった十字軍と連携し、教皇インノケンティウス三世の合同工作に或る程度応じたが、反対派も居た為、公主教が乱立した（森安達也『東方キリスト教の世界』、一二三頁°）。

(224) ヨセフ・ハヤール他『キリスト教史11』、七五―七六頁：Maier, Böse Jahre, S. 139：里野泰昭「ラッィンガー教授から受けたこと、その想い出」、二一八頁。
(225) ハヤール他『キリスト教史11』、七七頁。
(226) 『公会議解説叢書6 歴史に輝く教会』、二八三―二八五頁。
(227) Wiltgen, The Rhine flows into the Tiber.
(228) Derwahl, Der mit dem Fahrrad und der mit Alfa kam, S. 93 f.
(229) 『公会議解説叢書6 歴史に輝く教会』、二八七頁。
(230) 『公会議解説叢書6 歴史に輝く教会』、二八七―二八八頁。
(231) 『公会議解説叢書6 歴史に輝く教会』、二八八―二九〇頁。ハヤール他『キリスト教史11』、二一九頁。
(232) 『公会議解説叢書6 歴史に輝く教会』、二九〇―二九一頁。
(233) 「メルキト派」とは、キリストの両性を規定したカルケドン公会議を支持した人々を、単性説派が「メルキタイ」(皇帝派)と呼んで蔑んだことに由来するが、この集団はオスマン＝トルコ支配下で、正教会に吸収されて一旦消滅する。だが一八世紀にフランスやカトリック教会の宣教団の影響で、シリアの正教会が分裂し、ギリシア語典礼に反撥するアラビア語派が「メルキト派」の呼称を復活して正教会を離れ、ローマ教皇の傘下に入った。当時の支配者だったオスマン＝トルコは正教会とは別な「ミッレト」の設立を許可しなかったので、「メルキト派」は帝国の周縁部に移住した。「メルキト派」はアラビア語典礼(一部ギリシア語)を重視し、アンティオキア総大司教がその首長である(菅瀬晶子『新月の夜も十字架は輝く』、二一五―二一九頁：森安達也『東方キリスト教の世界』、七頁。)。
(234) 『公会議解説叢書6 歴史に輝く教会』、二九一―二九二頁。
(235) 『公会議解説叢書6 歴史に輝く教会』、二九二頁。
(236) 『公会議解説叢書6 歴史に輝く教会』、二九三―二九四頁。
(237) 『公会議解説叢書6 歴史に輝く教会』、二九四―二九五頁。
(238) 『公会議解説叢書6 歴史に輝く教会』、二九五頁。
(239) 『公会議解説叢書6 歴史に輝く教会』、二九六頁。
(240) 『公会議解説叢書6 歴史に輝く教会』、二九七頁。
(241) 『公会議解説叢書6 歴史に輝く教会』、二九八頁。
(242) 『公会議解説叢書6 歴史に輝く教会』、二九九頁。
(243) 『公会議解説叢書6 歴史に輝く教会』、二九九―三〇〇頁。
(244) 『公会議解説叢書6 歴史に輝く教会』、三〇〇―三〇一頁。
(245) 『公会議解説叢書6 歴史に輝く教会』、三〇一―三〇三頁。
(246) Herder-Korrespondenz 20 (1966), S. 14 f., 20-54：『公会議解説叢書6 歴史に輝く教会』、三〇三―三〇五、三一〇頁。
(247) 南山大学監修『第2バチカン公会議公文書全集』、三二五―三九九頁。
(248) 『公会議解説叢書6 歴史に輝く教会』、三〇六頁：南山大学監修『第2バチカン公会議公文書全集』、四五―九八頁。
(249) 『公会議解説叢書6 歴史に輝く教会』、三〇六頁：南山大学監修『第2バチカン公会議公文書全集』、二〇一―二一四頁。
(250) 南山大学監修『第2バチカン公会議公文書全集』、五―三四頁。
(251) 南山大学監修『第2バチカン公会議公文書全集』、一一一―一二七頁。
(252) 南山大学監修『第2バチカン公会議公文書全集』、一二九―一五一頁。
(253) 南山大学監修『第2バチカン公会議公文書全集』、二五四―二九一頁。

(254) 南山大学監修『第2バチカン公会議公文書全集』、二一九—二四〇頁。

(255) 南山大学監修『第2バチカン公会議公文書全集』、二九三—三二三頁。

(256) 南山大学監修『第2バチカン公会議公文書全集』、一五三—一六四頁。

(257) 南山大学監修『第2バチカン公会議公文書全集』、九九—一〇九頁。

(258) 南山大学監修『第2バチカン公会議公文書全集』、一六五—一七九頁。

(259) 南山大学監修『第2バチカン公会議公文書全集』、三五—四三頁。

(260) 南山大学監修『第2バチカン公会議公文書全集』、一九五—二〇〇頁。

(261) 南山大学監修『第2バチカン公会議公文書全集』、二四三—二五三頁。

(262) 南山大学監修『第2バチカン公会議公文書全集』、一八一—一九三頁。

(263) Barion, Das zweite vatikanische Konzil. Dritter Teil, in: Ders., Kirche und Kirchenrecht, S. 547; Ders., Das konziliare Utopia, in: Ebenda, S. 553 f.

(264) Ratzinger, Zur Theologie des Konzils, in: JRGS 7/1, S. 92–120; Trippen, Josef Kardinal Frings II, S. 241; Aus meinem Leben, S. 100（『わが信仰の歩み』、一二一—一二二頁。）; Frings, Für die Menschen bestellt, S. 248.

(265) Trippen, Josef Kardinal Frings I, S. 91–97, 120–226, 344–353 usw.; Ebenda II, S. 23–103 usw.

(266) Frings, Für die Menschen bestellt, S. 248 f.; Pfister（Hrsg.）, Erzbistum München-Freising, S. 151 f.; Trippen, Josef Kardinal Frings II, S. 240 f.

(267) Aus meinem Leben, S. 101（『わが信仰の歩み』、一二三頁。）; Pfister（Hrsg.）, Erzbistum München-Freising, S. 153, 157.

(268) Aus meinem Leben, S. 82, 131 f.（『わが信仰の歩み』、一〇一、一三四—一三五頁。）; Pfister（Hrsg.）, Erzbistum München-Freising, S. 152 f., 173–183.

(269) Frings, Für die Menschen bestellt, S. 247.

(270) Neue Dogmen setzen neue Grenzen, in: Kölner Rundschau, Nr. 224, 27. September 1963（AEM）; Ratzinger, Die erste Sitzungsperiode, S. 39 f., 42, 44; Ders., Die zweite Periode, S. 28; Ratzinger, E. u. P. der dritten Konzilsperiode, S. 7.

(271) Neue Dogmen setzen neue Grenzen, in: Kölner Rundschau, Nr. 224, 27. September 1963（AEM）.

(272) Ratzinger, Die erste Sitzungsperiode, S. 8–14, 32, 54.

(273) Ratzinger, Die erste Sitzungsperiode, S. 59; Ders., E. u. P. der dritten Konzilsperiode, S. 82. 同類の発言として以下も参照のこと。Ratzinger, Die letzte Sitzungsperiode, S. 71, 73.

(274) Pfister（Hrsg.）, Erzbistum München-Freising, S. 159–172.

(275) Ratzinger, Zum Einfluß des Bettelordensstreites auf die Entwicklung der Primatslehre, in: Ders., Das neue Volk Gottes, S.

49–71.

(276) Ratzinger, Die erste Sitzungsperiode, S. 11 f., 19 f., 49 f., 58; Ders. Die zweite Sitzungsperiode, S. 9–13, 19 f.; Ders., E. u. P. der dritten Konzilsperiode, S. 8.

(277) Das Gleichgewicht zwischen Einheit und Vielfalt, in: Fränkisches Volksblatt（Würzburg), 12. Oktober 1963（AEM); Ratzinger, Die erste Sitzungsperiode, S. 13, 15, 17; Ders., Die zweite Sitzungsperiode, S. 73–75; Ratzinger, Primat, Episkopat und Successio Apostolica, in: Rahner/Ratzinger, Episkopat und Primat, S. 37–59.

(278) Ratzinger, Die zweite Sitzungsperiode, S. 34 f.; Ders., E. u. P. der dritten Konzilsperiode, S. 13, 56 f.

(279) Ratzinger, Die erste Sitzungsperiode, S. 25, 44, 48; Ders., Die zweite Sitzungsperiode, S. 17, 28, 35; Ders., E. u. P. der dritten Konzilsperiode, S. 26; Ders., Die letzte Sitzungsperiode, S. 30.

(280) Neue Dogmen setzen neue Grenzen, in: Kölner Rundschau, Nr. 224, 27. September 1963（AEM); Ratzinger, Die zweite Sitzungsperiode, S. 16 f.; Ders., Der Eucharistische Kongress im Spiegel der Kritik, in: JRGS 7/1, S. 52–72.

(281) Ratzinger, Die zweite Sitzungsperiode, S. 30.

(282) Ratzinger, Die erste Sitzungsperiode, S. 27; Ders., E. u. P. der dritten Konzilsperiode, S. 17–20.

(283) Ratzinger, Die erste Sitzungsperiode, S. 9–11; Ders., Die letzte Sitzungsperiode, S. 68–73.

(284) Ratzinger, Die erste Sitzungsperiode, S. 29–31, 33–35.

(285) Ratzinger, Die erste Sitzungsperiode, S. 42, 47; Ders., Die zweite Periode, S. 36; Ders., E. u. P. der dritten Konzilsperiode, S. 30.

(286) Ratzinger, Die erste Sitzungsperiode, S. 46 f., 59; Ders., Die zweite Sitzungsperiode, S. 60–67.

(287) Ratzinger, Die zweite Sitzungsperiode, S. 22, 35 f.; Ders., Die zweite Sitzungsperiode, S. 35 f.

(288) Ratzinger, Die erste Sitzungsperiode, S. 59 f.; Ders., E. u. P. der dritten Konzilsperiode, S. 8.

(289) Aus meinem Leben, S. 134–136（『わが信仰の歩み』、一四〇—一四二頁）.

(290) Aus meinem Leben, S. 136（『わが信仰の歩み』、一四二—一四三頁）; Ratzinger, Der Katholizismus nach dem Konzil, in: JRGS 7/2, S. 1003–1025.

(291) Droht in der Kirche die Identitätsverlust?, in: Herder-Korrespondenz 22（1968), S. 249–252.

(292) 松本信愛「『フマナエ・ヴィタエ』」、『新カトリック大事典』第Ⅳ巻（平成二一年）、三七〇頁。

(293) Herder-Korrespondenz 22（1968), S. 483–487.

(294) Läpple, Benedikt XVI., S. 11.

(295) Klee, Das Personenlexikon zum Dritten Reich, S. 152.

(296) 今野元「ハンス＝ウルリヒ・ヴェーラーと「批判的」ナショナリズム分析（1）」、二—三、一六—一七頁；同「ヴォルフガング・J・モムゼンと「修正主義的」ナショナリズム研究（1）」、一二一—一二三頁；木村靖二「ヴェーラー（ハンス・ウルリヒ）」；同「ハンス＝ウルリヒ・ヴェーラーを悼む」。

(297) Schirrmacher, Die Walser-Bubis-Debatte, S. 13.

(298) Ziegler, Kardinal Faulhaber im Meinungsstreit, S. 72-80; Wolf, Clemens August Graf von Galen, S. 8 f.; Feldkamp, Pius XII. und Deutschland, S. 139-155, 171-190; Pfister (Hrsg.), Eugenio Pacelli, S. 65-86, 105-122.

(299) Böckenförde, Der deutsche Katholizismus im Jahre 1933, in: Ders., Kirche und christlicher Glaube, S. 118 f., 142 f.; Küng, Erkämpfte Freiheit, S. 553.

(300) テュービンゲン大学で博士号をとったが、ハイデルベルク大学でも勉強したハインリヒ・アウグスト・ヴィンクラーから聞いた話（一九九九年夏）。

(301) Küng, Erkämpfte Freiheit, S. 297, 591; Neuner, Michael Schmaus, S. 395 f.

(302) Aus meinem Leben, S. 137（『わが信仰の歩み』、一四三頁）; Valente, Student. Professor. Papst, S. 108; Küng, Erkämpfte Freiheit, S. 320, 325, 442.

(303) Aus meinem Leben, S. 137（『わが信仰の歩み』、一四三―一四四頁）; Valente, Student. Professor. Papst, S. 112; Küng, Erkämpfte Freiheit, S. 151, 157-187, 166-169; Derwahl, Der mit dem Fahrrad und der mit Alfa kam, S. 156.

(304) Küng, Erkämpfte Freiheit, S. 341, 357 f., 453.

(305) Joseph Ratzinger, The Pastoral Implications of Episcopal Collegiality, in: Concilium, Vol. 1, No. 1, pp. 20-33.; Valente, Student. Professor. Papst, S. 112; Küng, Erkämpfte Freiheit, S. 506 f.; Küng, Umstrittene Wahrheit, S. 27.

(306) Valente, Student. Professor. Papst, S. 114.

(307) Küng, Erkämpfte Freiheit, S. 592-594; Küng, Umstrittene Wahrheit, S. 28 f.; Ratzinger, Primat und Episkopat, in: Ders., Das neue Volk Gottes, S. 121-146.

(308) Valente, Student. Professor. Papst, S. 120; Küng, Erkämpfte Freiheit, S. 281; Derwahl, Der mit dem Fahrrad und der mit Alfa kam, S. 10, 148, 150; Küng, Umstrittene Wahrheit, S. 30.

(309) Aus meinem Leben, S. 137 f., 151（『わが信仰の歩み』、一四三―一四五、一五〇頁）; Valente, Student. Professor. Papst, S. 120; Küng, Erkämpfte Freiheit, S. 442-444.

(310) Küng, Erkämpfte Freiheit, S. 210-214, 253, 554 f.; Küng, Erlebte Menschlichkeit, S. 613-619, 628.

(311) Valente, Student. Professor. Papst, S. 120-123; Küng, Erkämpfte Freiheit, S. 592; Küng, Erlebte Menschlichkeit, S. 103.

(312) Küng, Erkämpfte Freiheit, S. 17-39, 64 f., 67 f., 71-103, 108, 114, 148, 328, 259, 266, 269, 416, 434-441, 562; Küng, Umstrittene Wahrheit, S. 22 f., 45-47, 416 f., 483-485, 573 f.; Küng, Erlebte Menschlichkeit, S. 62 f.

(313) Derwahl, Der mit dem Fahrrad und der mit Alfa kam, S. 42; Küng, Erkämpfte Freiheit, S. 51; Küng, Erlebte Menschlichkeit, S. 597.

(314) Valente, Student. Professor. Papst, S. 145, 198; Küng, Umstrittene Wahrheit, S. 145 f.; Aus meinem Leben, S. 138（『わが信仰の歩み』、一四五頁）.

(315) Valente, Student. Professor. Papst, S. 117, 119 f.
(316) Aus meinem Leben, S. 151（『わが信仰の歩み』、一五〇頁。）; Valente, Student. Professor. Papst, S. 117 f., 130-132.
(317) Ratzinger, Einführung in das Christentum, S. 33-35（『キリスト教入門』、一—三頁。）.
(318) Küng, Einführung in den christlichen Glauben.
(319) Dirk Kurbjuweit/Sven Röbel/Michael Sontheimer/Peter Wensierski, Verrat vor dem Schuss, in: Der Spiegel, Nr. 22, 25. Mai 2009, S. 42-51; Müller-Doohm, Jürgen Habermas, S. 187-199.
(320) Küng, Umstrittene Wahrheit, S. 156 f.; 石田勇治『過去の克服』、二〇四—二〇七頁。
(321) http://www.uni-tuebingen.de/UAT/w514/w514fram.htm（二〇一四年三月二五日閲覧）; Küng, Umstrittene Wahrheit, S. 154-156.
(322) Küng, Umstrittene Wahrheit, S. 157-159.
(323) Herder-Korrespondenz 22（1968）, S. 159-162.
(324) Papst Benedikt XVI., Fragen an mich, S. 17 f.; Aus meinem Leben, S. 138-150（『わが信仰の歩み』、一四五—一四九頁。）; Valente, Student. Professor. Papst, S. 126 f.; Küng, Umstrittene Wahrheit, S. 151 f.
(325) Ratzinger, Die christliche Brüderlichkeit, S. 32-40（『まことの兄弟とは』、二九—三六頁。）.
(326) Salz der Erde, S. 82.
(327) Papst Benedikt XVI., Fragen an mich, S. 20.
(328) Valente, Student. Professor. Papst, S. 125 f.; 安藤英治『回想のマックス・ウェーバー』、九七、九八、一二一、一二二頁。
(329) Salz der Erde, S. 82; Valente, Student. Professor. Papst, S. 128.
(330) Aus meinem Leben, S. 150 f.（『わが信仰の歩み』、一四九頁。）; Küng, Umstrittene Wahrheit, S. 144 f., 158, 568. 尚バイヤーハウスの名をラッツィンガーは「ヴォルフガング」と誤記したが、実際はキュングの指摘通り「ペーター」である。
(331) Marburger Manifest vom 17. April 1968, in: FAZ, Nr. 152, 6. Juli 1968, S. 42.
(332) Offener Brief von Edgar Lersch an alle Unterzeichner des „Marburger Manifestes“ der Katholisch-Theologischen Fakultät der Universität Tübingen, Tübingen [vor 4. September 1968], in: UAT 183/147,5.
(333) Brief von Joseph Ratzinger an Edgar Lersch, Fachschaftssprecher der Fachschaft Katholische Theologie an der Universität Tübingen, Tübingen 4. September 1968, in: UAT 183/147,4.
(334) Brief von Carl Joseph Leiprecht, Bischof von Rottenburg, an Edgar Lersch, Rottenburg 21. November 1968, in: UAT 183/147,4; Plakat der Podiumdiskussion, in: Ebenda.
(335) Schwäbisches Tagblatt, 31. Oktober 1968, Tübinger Chronik, in: UAT 183/147,4.
(336) Mein Bruder, der Papst, S. 75.
(337) Michael Kleeberg, Luise Rinsers Vergesslichkeit, in: Der Spiegel, Nr. 2. 10. Januar 2011, S. 100-105; Murillo, Luise Rinser, bes. S. 75-217; Küng, Umstrittene Wahrheit, S. 65 f.; Rinser,

Gratwanderung.

(338) Bekanntmachung des Bischöflichen Ordinariats, Rottenburg 29. November 1968, in: UAT 183/147,6.

(339) UAT S 4/258 Flugblattsammlung.

(340) Küng, Erkämpfte Freiheit, S. 597; Küng, Umstrittene Wahrheit, S. 31.

(341) UAT S 4/258 Flugblattsammlung（『福音書』引用訳は『舊新約聖書』の新約部分一五二頁を参考にした）.

(342) In Tübingen den Schock fürs Leben?, in: Reutlinger General-Anzeiger, 23. September 2011（Stadtarchiv Tübingen: Zeitgeschichtliche Sammlung）.

(343) Ratzinger/Maier, Demokratie in der Kirche, S. 13 f.

(344) Valente, Student. Professor. Papst, S. 127.

(345) Valente, Student. Professor. Papst, S. 128.

(346) Aus meinem Leben, S. 153 f.（『わが信仰の歩み』、一五一―一五三頁。）；Valente, Student. Professor. Papst, S. 137.

(347) Küng, Umstrittene Wahrheit, S. 171, 176 f.; Häring, Theologie und Ideologie, S. 23.

(348) Für die Freiheit der Theologie, in: FAZ, Nr. 293, 17. Dezember 1968, S. 10.

(349) Befristete Amtszeit residierender Bischöfe?, in: Theologische Quartalschrift, 149. Jg.（1969）, S. 105–116.

(350) Martin Trimpe/Peter Kuhn, Zur Amtszeitbegrenzung für Bischöfe. Kritik eines Vorschlags, in: Hochland, Bd. 61（1969）, S. 544–558.

(351) Valente, Student. Professor. Papst, S. 132–134; Küng, Umstrittene Wahrheit, S. 224.

(352) Valente, Student. Professor. Papst, S. 138 f., 141, 198; Feldmann, Papst Benedikt XVI., S. 7, 60 f.

(353) Grass, Hundejahre, S. 644（『犬の年』下、二五一頁：訳文は今野元）.

(354) Blond und Blau, in: Der Spiegel, Nr. 24, 9. Juni 1969, S. 70–72; Katholische Akademie in Bayern 1957–2007, S. 72; Kalk und Granit, in: Der Spiegel, Nr. 9, 22. Februar 1971, S. 63–65; Bischof Graber hinter das Licht, in: Die Woche, 15. Dezember 1977, S. 3; Regensburger Bischof Dr. Graber lehnt Verdienstkreuz ab, in: Mittelbayerische Zeitung, 3./4. August 1974.

(355) Valente, Student. Professor. Papst, S. 139; Küng, Umstrittene Wahrheit, S. 177.

(356) Valente, Student. Professor. Papst, S. 140–143.

(357) 里野泰昭「ラツィンガー教授から受けたこと、その想い出」、二〇二―二〇三頁。

(358) Valente, Student. Professor. Papst, S. 144 f., 158; Twomey, Benedikt XVI., S. 18.

(359) Rolf Thym, Tauziehen um Kardinal Ratzinger, Nr. 17, SZ, 22. Januar 1997, S. 44; Pentling und der Papst, Katholische Nachrichten-Agentur, 13. September 2006（AEM, PD 4366/5）.

(360) Aus meinem Leben, S. 159–174（『わが信仰の歩み』、一六〇―一六五頁。）.

(361) Valente, Student. Professor. Papst, S. 154–157.

(362) Aus meinem Leben, S. 159–174（『わが信仰の歩み』、一六〇―一六五頁。）.

(363) Strick gesucht, in: Der Spiegel, Nr. 17. August 1970, S. 53 f.; Bombe in der Hand, in: Der Spiegel, Nr. 1, 4. Januar 1971, S. 34; „Jesus hätte davon nichts verstanden“, in: Der Spiegel, Nr. 9, 21. Februar 1972, S. 112–119; Rabenschwarzer Tag, in: Der Spiegel, Nr. 52, 24. Dezember 1979, S. 150 f.; Kirchner, Die römisch-katholische Kirche, S. 111–114; Küng, Umstrittene Wahrheit, S. 211, 296, 308 f., 355, 534; Rahner（Hrsg.）, Zum Problem Unfehlbarkeit, S. 373–375; Küng, Erlebte Menschlichkeit, S. 29 f.; Trippen, Joseph Kardinal Höffner, S. 262–276.

(364) Valente, Student. Professor. Papst, S. 160; Küng, Umstrittene Wahrheit, S. 219 f.; Rahner（Hrsg.）, Zum Problem Unfehlbarkeit, S. 97–116.

(365) Küng, Umstrittene Wahrheit, S. 182; Ratzinger, Einführung in das Christentum, S. 27（『キリスト教入門』、五頁。）; Salz der Erde, S. 84.

(366) Wunder von Königstein, in: Der Spiegel, Nr. 3, 13. Januar 1969, S. 46–48; Deutsches Rom, in: Der Spiegel, Nr. 8, 17. Februar 1969, S. 54 f.; Trippen, Joseph Kardinal Höffner, S. 91–99.

(367) Einer Frau wegen, in: Der Spiegel, Nr. 45, 3. November 1969, S. 111–113; Wildes Maul, in: Der Spiegel, Nr. 50, 8. Dezember 1969, S. 107 f., usw.

(368) Schmiedet Scharen, in: Der Spiegel, Nr. 22, 26. Mai 1969, S. 44–46; Was alle berührt, in: Der Spiegel, Nr. 37, 7. September 1970, S. 46–52.

(369) Die Stunde kommt, in: Der Spiegel, Nr. 31, 28. Juli 1969, S. 32–34; Kanonisches Auge, in: Der Spiegel, Nr. 32, 4. August 1969, S. 54–61.

(370) Saubere Meinung, in: Der Spiegel, Nr. 18, 27. April 1970, S. 52.

(371) Wozu eigentlich, in: Der Spiegel, Nr. 28, 3. Juli 1972, S. 112 f.

(372) Bensberger Kreis（Hrsg.）, Demokratisierung der Kirche; Was alle berührt, in: Der Spiegel, Nr. 37, 7. September 1970, S. 46–52; „Ein Papier, was sich seriös macht“, in: Der Spiegel, Nr. 34, 16. August 1971, S. 33.

(373) Aus der Frauenstraße, in: Der Spiegel, Nr. 38, 14. September 1970, S. 78–81.

(374) Deutsches Wesen, in: Der Spiegel, Nr. 41, 5. Oktober 1970, S. 129.

(375) Auf dem Trittbrett, in: Der Spiegel, Nr. 49, 30. November 1970, S. 124–127; Kleiner Luxus, in: Der Spiegel, Nr. 43, 16. Oktober 1972, S. 65 f.

(376) Regeln der Räte, in: Der Spiegel, Nr. 48, 23. November 1970, S. 97 f.; Trippen, Joseph Kardinal Höffner, S. 204.

(377) Floh im Pelz, in: Der Spiegel, Nr. 3, 11. Januar 1971, S. 34; Einfach zu einfach, in: Der Spiegel, Nr. 7, 8. Februar 1971, S. 73 f.; Trippen, Joseph Kardinal Höffner, S. 210–213.

(378) Druck von Alten, in: Der Spiegel, Nr. 39, 20. September 1971, S. 97; Schmidtmann, Katholische Studierende, S. 353–367.

(379) Mehr BB, in: Der Spiegel, Nr. 21, 24. Mai 1971, S. 90.

(380) „Wir leben wie Mann und Frau zusammen“, in: Der Spiegel, Nr. 20, 8. Mai 1972, S. 68; Verbotene Lust, in: Der Spiegel, Nr. 24, 5. Juni 1972, S. 64–66; Leist, Der sexuelle Notstand.

(381) Teufel gestrichen, in: Der Spiegel, Nr. 50, 4. Dezember 1972, S. 84–87; Küng, Erlebte Menschlichkeit, S. 69–71.

(382) Gemeine Attacke, in: Der Spiegel, Nr. 16, 12. April 1976, S. 138.

(383) „Der Papst verfällt der Ketzerei“, in: Der Spiegel, Nr. 33, 9. August 1976, S. 55 f.; Große Wende, in: Der Spiegel, Nr. 38, 13. September 1976, S. 200–202; „Der Papst brachte das Chaos“, in: Der Spiegel, Nr. 38, 13. September 1976, S. 202–204; Küng, Umstrittene Wahrheit, S. 428–431.

(384) Fuchsiger Schnäuzer, in: Der Spiegel, Nr. 44, 25. Oktober 1976, S. 61–65.

(385) Küng, Umstrittene Wahrheit, S. 118–121.

(386) Wo der Blitz zuckt, in: Der Spiegel, Nr. 21, 18. Mai 1970, S. 50–52.

(387) Neisinger, Julius Cardinal Döpfner; Küng, Umstrittene Wahrheit, S. 412; Herder-Korrespondenz 21（1967）, S. 545–553; Ordinariats-Korrespondenz: Zusammenfassung des beim Requiem für Kardinal Döpfner am Donnerstag, 29. Juli, im Münchner Liebfrauendom an die Vertreter von Presse, Funk und Fernsehen zur Berichterstattung verteilten Materials（AEM）.

(388) Aus meinem Leben, S. 177（『わが信仰の歩み』、一六九頁。）; ok, Nr. 29, 9. September 1976, S. 2 f.（AEM）; Listl, Die Konkordate und Kirchenverträge, S. 300 f.

(389) Würdig und geeignet, in: Der Spiegel, Nr. 15, 4. April 1977, S. 65–67.

(390) Kempis, Benedetto, S. 214.

(391) Neues C, in: Der Spiegel, Nr. 15, 8. April 1974, S. 36–41; Küng, Umstrittene Wahrheit, S. 459–461.

(392) Aus meinem Leben, S. 177（『わが信仰の歩み』、一六九―一七〇頁。）; Hülsebusch, Professor Papst, S. 29.

(393) Salz der Erde, S. 86; Licht der Welt, S. 20.

(394) Küng, Erkämpfte Freiheit, S. 598.

(395) Seewald, Benedikt XVI., S. 135–137; Küng, Erkämpfte Freiheit, S. 168–171, 179, 561–564, 597; Küng, Umstrittene Wahrheit, S. 225.

(396) Würdig und geeignet, in: Der Spiegel, Nr. 15, 4. April 1977, S. 65–67; Gleichheit und ihre Feinde, in: Vorwärts, 14. April 1977（AME）.

(397) Pfister（Hrsg.）, Erzbistum München-Freising, S. 275, 502 f.

(398) Pfister（Hrsg.）, Erzbistum München-Freising, S. 204–280, 504–526; Kempis, Benedetto, S. 220; Treueeid gegenüber der verfassungsmäßigen Regierung（Dokumentation Pressestelle: AEM）; Ansprache bei der Vereidigung（Ebenda）; SZ, Nr. 121, 27. Mai 1977, S. 13 und 17（Ebenda）.

(399) Pfister（Hrsg.）, Erzbistum München-Freising, S. 282 f., 521 f.

(400) Pfister（Hrsg.）, Erzbistum München-Freising, S. 283–286, 295, 527–531, 535–538.

(401) Pfister（Hrsg.）, Erzbistum München-Freising, S. 292.

(402) Lorenz-Entführung: Nur die Generalprobe?, in: Der Spiegel,

Nr. 10, 3. März 1975, S. 19–27; „Die Spielräume werden enger", in: Der Spiegel, Nr. 24, 6. Juni 1977, S. 40–47; Küng, Umstrittene Wahrheit, S. 173 f. ; Müller-Doohm, Jürgen Habermas, S. 250–252.

(403) „Mord beginnt beim bösen Wort", in: Der Spiegel, Nr. 42, 10. Oktober 1977, S. 46.

(404) „Mord beginnt beim bösen Wort", in: Der Spiegel, Nr. 43, 17. Oktober 1977, S. 203–226.

(405) Doch net den, in: Der Spiegel, Nr. 36, 1. September 1980, S. 65–71; Müller-Doohm, Jürgen Habermas, S. 240–245, 270 f.

(406) Gefallene Engel, gestürzte Kinder, in: Der Spiegel, Nr. 22, 23. Mai 1977, S. 174–183; Sexualität: Fausts neuer Pakt, in: Der Spiegel, Nr. 18, 25. April 1977, S. 207–209; Zensur: Die freigegebene Sexualität, in: Der Spiegel, Nr. 7, 13. Februar 1978, S. 180–189; „Sex wie Essen genießen", in: Der Spiegel, Nr. 10, 6. März 1978, S. 159–169; Film: Die Wiederkehr des frechen Oskar, in: Der Spiegel, Nr. 16, 30. April 1979, S. 182–192.

(407) Fünfe grade, in: Der Spiegel, Nr. 27, 3. Juli 1978, S. 49–52; Ohne Netz, in: Der Spiegel, Nr. 10, 6. März 1978, S. 112 f.

(408) Pfister (Hrsg.), Erzbistum München-Freising, S. 301, 311 f.

(409) Pfister (Hrsg.), Erzbistum München-Freising, S. 281 f., 288, 292 f.; Wurzel des Terrors — Krise der Moral, in: SZ, Nr. 1, 2. Januar 1978 (Stadtarchiv München: Zeitungsausschnitte 403/13); ok, Nr. 29, 10. Oktober 1977, S. 2 f. (AEM); ok, Nr. 31, 20. Oktober 1977, S. 2 (AEM).

(410) Pfister (Hrsg.), Erzbistum München-Freising, S. 340 f.

(411) Pfister (Hrsg.), Erzbistum München-Freising, S. 354.

(412) Prost, Gemeinde, in: Der Spiegel, Nr. 36, 1. September 1980, S. 63.

(413) Feldmann, Papst Benedikt XVI., S. 74.

(414) „Es gibt keine Moral der reinen Hände", in: Der Spiegel, Nr. 4, 22. Januar 1979, S. 210–213; Pfister (Hrsg.), Erzbistum München-Freising, S. 364–367; „Unnachgiebig, unbelehrbar, maßlos", in: Der Spiegel, Nr. 1/2, 7. Januar 1980, S. 34–42; Kardinal Ratzinger widerspricht Rahner. Intervention gegen Berufung des Theologen Metz mit Sorge um Unterricht begründet, in: SZ, Nr. 292, 18. Dezember 1979 (Stadtarchiv München: Zeitungsausschnitte 403/13); Küng, Umstrittene Wahrheit, S. 516; Feldmann, Papst Benedikt XVI., S. 81 f.

(415) Pfister (Hrsg.), Erzbistum München-Freising, S. 376–378.

(416) Pfister (Hrsg.), Erzbistum München-Freising, S. 379 f.; Marxisten sprengen Ratzinger-Vortrag. Referat „Kirchenpolitik" nach St. Ludwig verlegt / 1200 Hörer — Offene Diskussion, in: SZ, Nr. 133, 11. Juni 1980 (Stadtarchiv München: Zeitungsausschnitte 403/13); Irmi Schwartz, Empörte Reaktion auf Vertreibung von Kardinal Ratzinger durch linksextreme Studenten, in: Münchner Merkur, Nr. 134, 12. Juni 1980 (Stadtarchiv München: Zeitungsausschnitte 403/13).

(417) Linksradikale demonstrieren während der Christmette im Dom, in: SZ, Nr. 299, 27./28. Dezember 1980 (Stadtarchiv München: Zeitungsausschnitte 403/13); Die Einfachen messen die

Intellektuellen, in: SZ, Nr. 1, 2. Januar 1980（Stadtarchiv München: Zeitungsausschnitte 403/13）.

(418) Pfister（Hrsg.）, Erzbistum München-Freising, S. 386.

(419) ok, Nr. 41, 17. Dezember 1981, S. 1-2（AEM）; ok, Nr. 5, 4. Februar 1982, S. 4（AEM）; Kardinal Ratzinger: Wir dürfen Polen nicht allein lassen, in: Abendzeitung, Nr. 30, 6./7. Februar 1982（Stadtarchiv München: Zeitungsausschnitte 403/13）.

(420) Pfister（Hrsg.）, Erzbistum München-Freising, S. 293-295, 299.

(421) グティエレス『解放の神学』；グティエレス／マタイス『解放の神学』；マシア『バチカンと解放の神学』；コーン『解放の神学』など。

(422) Pfister（Hrsg.）, Erzbistum München-Freising, S. 325 f., 328 f.

(423) Papa mobile, in: Der Spiegel, Nr. 1, 1. Januar 1979, S. 52; „Ein Testfall für die Weltkirche“, Nr. 2, 8. Januar 1979, S. 175-180.

(424) Papst in Puebla: „Ihr Bischöfe, steigt herab“, in: Der Spiegel, Nr. 3, 15. Januar 1979, S. 96; Herzen umformen, in: Der Spiegel, Nr. 4, 22. Januar 1979, S. 121-125.

(425) Greinacher/Haag（Hrsg.）, Der Fall Kümg, S. 77 f., 82-92; Pfister（Hrsg.）, Erzbistum München-Freising, S. 361 f.; Küng, Umstrittene Wahrheit, S. 568-665; Rabenschwarzer Tag, in: Der Spiegel, Nr. 52, 24. Dezember 1979, S. 150 f.

(426) Pfister（Hrsg.）, Erzbistum München-Freising, S. 367 f.

(427) ok, Nr. 11, 2. April 1981, S. 6（AEM）.

(428) Pfister（Hrsg.）, Erzbistum München-Freising, S. 282.

(429) Letzte Strafe, in: Der Spiegel, Nr. 25, 19. Juni 1978, S. 92-94.

(430) „Europa geht bis zu den Grenzen Rußlands“, in: Der Spiegel, Nr. 8, 19. Februar 1979, S. 24 f.

(431) Ratzinger verteidigt Habsburg. Brief des Kardinals an Rothemund — Pan-Europa-Tagung „christliche Initiative“, in: Münchner Merkur, Nr. 94, 24. April 1979（Stadtarchiv München: Zeitungsausschnitte 403/13）; Baier/Demmerle, Otto von Habsburg, S. 15, 418-421, 464-467, 555-558.

(432) Handler, Otto von Habsburg. Abschied, S. 31.

(433) Handler, Otto von Habsburg. Abschied, S. 72-245.

(434) Kardinal Ratzinger versichert den Wittelsbachern. Ein Platz im Herzen des bayerischen Volkes, in: Münchner Merkur, Nr. 215, 17. September 1980（Stadtarchiv München: Zeitungsausschnitte 403/13）; Pfister（Hrsg.）, Erzbistum München-Freising, S. 226.

(435) Pfister（Hrsg.）, Erzbistum München-Freising, S. 428.

(436) Pfister（Hrsg.）, Erzbistum München-Freising, S. 387; „Mit Dumdum aus der Schußlinie“, in: Der Spiegel, Nr. 41, 6. Oktober 1980, S. 30-34.

(437) ok, Nr. 16, 10. Mai 1979, S. 3-5（AEM）.

(438) Ratzinger, Die Kirche im Jahre 2000, in: Bonner Rundschau, 9. April 1977（AEM）; Pfister（Hrsg.）, Erzbistum München-Freising, S. 303, 326.

(439) Pfister（Hrsg.）, Erzbistum München-Freising, S. 334-336; http://www.kig-online.de（二〇一四年一月四日閲覧）; Ratzinger, Skandalöser Realismus?, S. 20.

(440) Pfister（Hrsg.）, Erzbistum München-Freising, S. 317 f., 321 f.,

402.

(441) Wahl-Demoskopen: Mal klar, mal knapp, in: Der Spiegel, Nr. 39, 25. September 1978, S. 62–79; „Gefahr einer Falschunterrichtung“, in: Der Spiegel, Nr. 40, 2. Oktober 1978, S. 97–118; Falsche und gefälschte Zahlen, in: Der Spiegel, Nr. 41, 9. Oktober 1978, S. 65–78.

(442) Pfister (Hrsg.), Erzbistum München-Freising, S. 420 f.

(443) Ratzinger, Der Primat des Papstes und die Einheit des Gottesvolkes, in: Ders., Grundsatz-Reden, S. 10–23.

(444) Hoch lebe Marcellus, in: Der Spiegel, Nr. 27, 27. Juni 1977, S. 102 f.; Großer Appetit, in: Der Spiegel, Nr. 20, 17. Mai 1982, S. 149 f.; Pfister (Hrsg.), Erzbistum München-Freising, S. 287, 317 f.

(445) Pfister (Hrsg.), Erzbistum München-Freising, S. 322.

(446) Pfister (Hrsg.), Erzbistum München-Freising, S. 327; Küng, Umstrittene Wahrheit, S. 513–518.

(447) Pfister (Hrsg.), Erzbistum München-Freising, S. 383; Luthers Land, in: Der Spiegel, Nr. 42, 13. Oktober 1980, S. 32–37.

(448) Zuviel für zu wenige, in: Der Spiegel, Nr. 46, 10. November 1980, S. 71–80; Altötting so fern wie Tschenstochau, in: Der Spiegel, Nr. 47, 17. November 1980, S. 67–78; Ajatollah Wojtyla, in: Der Spiegel, Nr. 47, 17. November 1980, S. 80.

(449) Pfister (Hrsg.), Erzbistum München-Freising, S. 484 f., 493.

(450) Pfister (Hrsg.), Erzbistum München-Freising, S. 227, 395–397, 586–592; Feldmann, Papst Benedikt XVI., S. 82–84.

(451) Pfister (Hrsg.), Erzbistum München-Freising, S. 344 f.

(452) Ratzinger, Liturgie — wandelbar oder unwandelbar? Fragen an Joseph Ratzinger, in: Communio, Bd. 6 (1977), S. 417–427.

(453) Pfister (Hrsg.), Erzbistum München-Freising, S. 305–309, 352–355, 381 f.

(454) Pfister (Hrsg.), Erzbistum München-Freising, S. 309.

(455) Pfister (Hrsg.), Erzbistum München-Freising, S. 310.

(456) Pfister (Hrsg.), Erzbistum München-Freising, S. 312; Ratzinger/Balthasar, Maria, S. 7–40.

(457) Pfister (Hrsg.), Erzbistum München-Freising, S. 350 f., 369 f.; ok, Nr. 16, 17. April 1980, Dokumentation (AEM); ok, Nr. 19, 14. Mai 1980, S. 1 f. (AEM).

(458) Pfister (Hrsg.), Erzbistum München-Freising, S. 382 f.; Ratzinger, Suchen, was droben ist.

(459) Pfister (Hrsg.), Erzbistum München-Freising, S. 294.

(460) Pfister (Hrsg.), Erzbistum München-Freising, S. 315 f.

(461) Pfister (Hrsg.), Erzbistum München-Freising, S. 351 f.

(462) Moralisch entwurzelt, in: Der Spiegel, Nr. 28, 7. Juli 1980, S. 48 f.

(463) Pfister (Hrsg.), Erzbistum München-Freising, S. 329 f., 425.

(464) ok, Nr. 25, 13. Juli 1978, S. 1 (AEM); ok, Nr. 31, 7. Oktober 1981, S. 3 (AEM).

(465) Papstreise: „Freue dich, Mutter Polen“, in: Der Spiegel, Nr. 23, 4. Juni 1979, S. 106–122; Papstreise: Kontrast zur Wirklichkeit, Nr. 24, 11. Juni 1979, S. 110–113.

(466) Pfister (Hrsg.), Erzbistum München-Freising, S. 226, 275–279,

350, 582–585.
(467) Pfister (Hrsg.), Erzbistum München-Freising, S. 323 f.
(468) Pfister (Hrsg.), Erzbistum München-Freising, S. 338 f.
(469) Pfister (Hrsg.), Erzbistum München-Freising, S. 417 f.
(470) Pfister (Hrsg.), Erzbistum München-Freising, S. 360 f.
(471) Pfister (Hrsg.), Erzbistum München-Freising, S. 429 f.
(472) Pfister (Hrsg.), Erzbistum München-Freising, S. 281, 409.
(473) Pfister (Hrsg.), Erzbistum München-Freising, S. 286–288, 302 f., 319 f., 375. f., 405.
(474) Ratzinger, Klarstellung zur Frage einer „Anerkennung" der Confessio Augustana durch die katholische Kirche, in: Ders., Theologische Prinzipienlehre, S. 239.
(475) Ratzinger, Geleitwort, in: Dudko, Ein ungeschriebenes Buch, S. 7 f.
(476) Pfister (Hrsg.), Erzbistum München-Freising, S. 224, 229, 232, 416 f., 419, 423 f., 577, 595, 600; ok, Nr. 15, 7. Mai 1981, S. 2a–2b (AEM); ok, Nr. 28, 17. September 1981, S. 3 (AEM).
(477) „Holocaust": Die Vergangenheit kommt zurück, in: Der Spiegel, Nr. 3, 15. Januar 1979, S. 17–28.
(478) Statt baarem Gelde, in: Der Spiegel, Nr. 31, 30. Juli 1979, S. 36.
(479) „Das Reich besteht weiter", in: Der Spiegel, Nr. 51, 26. November 1979, S. 35–37.
(480) Im Nerv, in: Der Spiegel, Nr. 34, 15. August 1977, S. 74–77; Auf Granit, in: Der Spiegel, Nr. 37, 5. September 1977, S. 62–65.
(481) Herder-Korrespondesz 21 (1967), S. 545–553.
(482) Pfister (Hrsg.), Erzbistum München-Freising, S. 299 f.
(483) Küng, Umstrittene Wahrheit, S. 560–565.
(484) Pfister (Hrsg.), Erzbistum München-Freising, S. 300 f.
(485) Pfister (Hrsg.), Erzbistum München-Freising, S. 291.
(486) Pfister (Hrsg.), Erzbistum München-Freising, S. 294 f.
(487) Bittere Leyden, in: Der Spiegel, Nr. 14, 3. April 1978, S. 60–62.
(488) Pfister (Hrsg.), Erzbistum München-Freising, S. 311, 370 f., 375 f.
(489) Pfister (Hrsg.), Erzbistum München-Freising, S. 330 f., 373 f.
(490) Pfister (Hrsg.), Erzbistum München-Freising, S. 316, 339 f., 427 f.
(491) Pfister (Hrsg.), Erzbistum München-Freising, S. 298.
(492) Pfister (Hrsg.), Erzbistum München-Freising, S. 348 f.
(493) Ratzinger, Europa — Verpflichtendes Erbe für die Christen, in: Ders., Grundsatz-Reden, S. 122–137.
(494) „Unser Vaterland braucht Ruhe und Gebete", in: Der Spiegel, Nr. 38, 18. September 1978, S. 166–177; Pfister (Hrsg.), Erzbistum München-Freising, S. 384 f.
(495) Pfister (Hrsg.), Erzbistum München-Freising, S. 441.
(496) Pfister (Hrsg.), Erzbistum München-Freising, S. 336 f.
(497) Pfister (Hrsg.), Erzbistum München-Freising, S. 410–412.
(498) Totale Tröstung, in: Der Spiegel, Nr. 8, 20. Februar 1978, S. 74 f.; Frau mitführen, in: Der Spiegel, Nr. 1, 1. Januar 1979, S. 37; Mynarek, Eros und Klerus.
(499) Pfister (Hrsg.), Erzbistum München-Freising, S. 289, 301, 317

f., 426.

(500) „Wenn Gott uns aushungern will…“, in: Der Spiegel, Nr. 16, 16. April 1979, S. 100–121; Pfister (Hrsg.), Erzbistum München-Freising, S. 362–364; Feldmann, Papst Benedikt XVI., S. 74.

(501) Pfister (Hrsg.), Erzbistum München-Freising, S. 331 f., 337 f., 371–374, 400, 409 f., 415 f.

(502) „Sexualkunde, na, das macht der Kollege“, in: Der Spiegel, Nr. 9, 27. Februar 1978, S. 62–76; Schlichter Bursch, in: Der Spiegel, Nr. 3, 15. Januar 1979, S. 52.

(503) Pfister (Hrsg.), Erzbistum München-Freising, S. 332–334.

(504) Pfister (Hrsg.), Erzbistum München-Freising, S. 320.

(505) Pfister (Hrsg.), Erzbistum München-Freising, S. 324 f.

(506) Pfister (Hrsg.), Erzbistum München-Freising, S. 387–393.

(507) Pfister (Hrsg.), Erzbistum München-Freising, S. 444.

(508) Pfister (Hrsg.), Erzbistum München-Freising, S. 435.

(509) Kempis, Benedetto, S. 235; Seewald, Benedikt XVI., S. 210.

(510) Pfister (Hrsg.), Erzbistum München-Freising, S. 439 f.

(511) Pfister (Hrsg.), Erzbistum München-Freising, S. 440 f.

(512) Pfister (Hrsg.), Erzbistum München-Freising, S. 435 f.

(513) Pfister (Hrsg.), Erzbistum München-Freising, S. 436 f.

(514) Pfister (Hrsg.), Erzbistum München-Freising, S. 442 f.

(515) Solche Anmaßung, in: Der Spiegel, Nr. 2, 11. Januar 1982, S. 52–54; In Eigenregie, in: Der Spiegel, Nr. 36, 26. Juli 1982, S. 42; Vierter Anlauf, in: Der Spiegel, Nr. 35, 30. August 1982, S. 81 f.; Hänschen, piep, in: Der Spiegel, Nr. 46, 9. November 1981, S. 110–113; Hohes Ethos, in: Der Spiegel, Nr. 50, 7. Dezember 1981, S. 47–50; Gerechter Krieg, in: Der Spiegel, Nr. 4, 24. Januar 1983, S. 105 f.; Feldmann, Papst Benedikt XVI., S. 76–79.

(516) Pfister (Hrsg.), Erzbistum München-Freising, S. 452 f.; Kempis, Benedetto, S. 92.

(517) Pfister (Hrsg.), Erzbistum München-Freising, S. 450 f.

(518) Pfister (Hrsg.), Erzbistum München-Freising, S. 453 f.

(519) http://www.youtube.com/watch?v=R6EpXFY7gpw（平成二六年九月二四日閲覧・アントニエ・ヴィルケン氏の解読支援）.

(520) Pfister (Hrsg.), Erzbistum München-Freising, S. 455–467; Abschiedsgottesdienst des Erzbischofs Ratzinger (Zeitungsausschnitte Papst Benedikt XVI. bis 2003, Bischöfliches Zentralarchiv Regensburg); Festakt zur Verabschiedung von Joseph Cardinal Ratzinger (Ebenda.).

(521) Küng, Umstrittene Wahrheit, S. 508.

(522) Pastoral und politisch, in: Der Spiegel, Nr. 24, 6. Juni 1977, S. 127; Lächeln, sogar lachen, in: Der Spiegel, Nr. 36, 4. September 1978, S. 124; Kirchner, Die römisch-katholische Kirche, S. 102–105; ヤロップ『法王暗殺』、一〇六頁。

(523) ヤロップ『法王暗殺』、一七六―二五四頁；Küng, Umstrittene Wahrheit, S. 520–526; Gebot der Zeit, in: Der Spiegel, Nr. 40, 2. Oktober 1978, S. 158 f.; Kirchner, Die römisch-katholische Kirche, S. 105.

(524) „Dieser Papst steckt sie alles in der Tasche“, in: Der Spiegel, Nr. 50, 11. Dezember 1978, S. 180–184; Kirchner, Die römisch-

katholische Kirche, S. 105 f.; マリンスキ『ヨハネ・パウロ二世』、六六―六九、一二六―一三三頁；ブアジンスキ『クラクフからローマへ』、五―一〇頁。

(525) „Er ist schöner als Jesus Christus“, in: Der Spiegel, Nr. 35, 27. August 1979, S. 128–131.

(526) „Dieser Papst steckt sie alles in der Tasche“, in: Der Spiegel, Nr. 50, 11. Dezember 1978, S. 180; Die richtige, in: Der Spiegel, Nr. 21, 21. Mai 1979, S. 90.

(527) 『カトリック新聞』二〇一一年五月一五日（四〇九八号）、一頁；Pope und Pop, in: Der Spiegel, Nr. 10, 2. März 1981, S. 134 f.; Liebeslied vom Pontifex, in: Der Spiegel, Nr. 20, 14. Mai 1984, S. 217–220.

(528) Ein Auftrag für den Rest der Welt?, in: Der Spiegel, Nr. 43, 23. Oktober 1978, S. 17–25.

(529) Kirchner, Die römisch-katholische Kirche, S. 107; In Teufels Küche, in: Der Spiegel, Nr. 2, 10. Januar 1983, S. 91 f.; Gerechter Führer, in: Der Spiegel, Nr. 21, 21. März 1984, S. 85–87.

(530) Um Himmels Willen, in: Der Spiegel, Nr. 15, 11. April 1983, S. 182 f.

(531) Herzen umformen, in: Der Spiegel, Nr. 4, 22. Januar 1979, S. 121–125; Rabenschwarzer Tag, in: Der Spiegel, Nr. 52, 24. Dezember 1979, S. 150 f.; „Dir, o Mutter, ganz zu eigen“, in: Der Spiegel, Nr. 51, 19. Dezember 1983, S. 154–165; Kirchner, Die römisch-katholische Kirche, S. 108; 教皇ヨハネ・パウロ二世『怒濤に立つ』、七四頁；ヨハネ・パウロ二世『世界を愛で満たすために』、一二―一六頁；ヨハネ・パウロ二世『レデンプトール・ホミニス』、一六頁；教皇庁教理省『ファティマ　第三の秘密』。

(523) Küng, Umstrittene Wahrheit, S. 528–530, 537.

(533) Grotesk verschoben, in: Der Spiegel, Nr. 4, 24. Januar 1983, S. 90 f.

(534) Rolf Lamprecht, Papst als Kanzeltäter, in: Der Spiegel, Nr. 38, 16. September 1985, S. 151.

(535) Innige Liebe, in: Der Spiegel, Nr. 30, 23. Juli 1984, S. 22 f.; „Ich tue mich schwer. Meinen Papst zu lieben“, in: Der Spiegel, Nr. 31, 21. Juli 1984, S. 98–107; Zölibat: Möbelstück dazwischen, in: Der Spiegel, Nr. 36, 2. September 1985, S. 77–96.

(536) http://www.vatican.va/roman_curia/congregations/cfaith/documents/rc_con_cfaith_pro_14071997_ge.html（平成二五年一一月三日閲覧）；Quelle des Schadens, in: Der Spiegel, Nr. 9, 22. Februar 1971, S. 118–121.

(537) Licht der Welt, S. 19.

(538) Mynarek, Erster Diener Seiner Heiligkeit, S. 58.

(539) Salz der Erde, S. 9 f., 90, 96, 113.

(540) Salz der Erde, S. 90.

(541) Seewald, Benedikt XVI., S. 134, 138, 184.

(542) Zur Lage des Glaubens（『信仰について』）; ok, Nr. 23, 21. Juli 1977, S. 4.

(543) Zur Lage des Glaubens, S. 62（『信仰について』、八三―八四頁）。

(544) Zur Lage des Glaubens, S. 35–38（『信仰について』、四八―五

一頁）。

(545) Rauch des Satans, in: Der Spiegel, Nr. 48, 25. November 1985, S. 161-164.

(546) Zur Lage des Glaubens, S. 89 f.（『信仰について』、一一七―一一八頁）。

(547) Zur Lage des Glaubens, S. 91 f.（『信仰について』、一一九―一二〇頁）。

(548) Zur Lage des Glaubens, S. 116 f.（『信仰について』、一四九―一五一頁）。

(549) Zur Lage des Glaubens, S. 19 f.（『信仰について』、二七頁）。

(550) Zur Lage des Glaubens, S. 27 f., 35 f., 115（『信仰について』、三八―三九、四七―四八、一四八頁）。

(551) Zur Lage des Glaubens, S. 31-33（『信仰について』、四三、四四―四五頁）; Scheulen, Die Rechtsstellung der Priesterbruderschaft „St. Petrus"; http://petrusbruderschaft.eu/pages/dokumente/motu-proprio-ecclesia-dei.php（二〇一四年八月三日閲覧）。

(552) Zur Lage des Glaubens, S. 30, 71-82（『信仰について』、四一、九五―一〇八頁）。

(553) Zur Lage des Glaubens, S. 20-26, 69（『信仰について』、二八―三五、九一頁）。

(554) Zur Lage des Glaubens, S. 45-48（『信仰について』、六三―六六頁）。

(555) Zur Lage des Glaubens, S. 49（『信仰について』、六八頁）。

(556) Zur Lage des Glaubens, S. 55-58（『信仰について』、七五―七九頁）。

(557) Zur Lage des Glaubens, S. 122-124（『信仰について』、一五七―一六〇頁）。

(558) Zur Lage des Glaubens, S. 123-126（『信仰について』、一五八―一六四頁）。

(559) Zur Lage des Glaubens, S. 128-131（『信仰について』、一六四―一六七頁）。

(560) Zur Lage des Glaubens, S. 131-135（『信仰について』、一六七―一七三頁）。

(561) Zur Lage des Glaubens, S. 136-138（『信仰について』、一七三―一七六頁）。

(562) Zur Lage des Glaubens, S. 160（『信仰について』、二〇五頁）。

(563) Zur Lage des Glaubens, S. 160-167, 172（『信仰について』、二〇五―二一四、二一九頁）。

(564) Zur Lage des Glaubens, S. 172（『信仰について』、二一九―二二〇頁）。

(565) Zur Lage des Glaubens, S. 116, 165, 167 f.（『信仰について』、一四八―一四九、二一一、二一四―二一五頁）。

(566) Zur Lage des Glaubens, S. 168 f.（『信仰について』、二一五―二一六頁）。

(567) Zur Lage des Glaubens, S. 200-202（『信仰について』、二五四―二五六頁）。

(568) Zur Lage des Glaubens, S. 202（『信仰について』、二五七頁）。

(569) Zur Lage des Glaubens, S. 205（『信仰について』、二六〇頁）。

(570) Zur Lage des Glaubens, S. 206 f.（『信仰について』、二六二頁）。

(571) Zur Lage des Glaubens, S. 196 f.（『信仰について』、二五〇頁）。

(572) Kongregation für die Glaubenslehre, Instruktion（勝田吉太郎他『解放神学』、二一一―二六七頁）.
(573) Rauch des Satans, in: Der Spiegel, Nr. 48, 25. November 1985, S. 161–164.
(574) Zur Lage des Glaubens, S. 176–197（『信仰について』、二二五―二五〇頁）.
(575) Zur Lage des Glaubens, S. 187 f.（『信仰について』、二三六頁）.
(576) Zur Lage des Glaubens, S. 195 f.（『信仰について』、二四九―二五〇頁）.
(577) Zur Lage des Glaubens, S. 173–175（『信仰について』、二二〇―二二三頁）.
(578) Zur Lage des Glaubens, S. 67 f.（『信仰について』、八九―九一頁）.
(579) Zur Lage des Glaubens, S. 172（『信仰について』、二二〇頁）.
(580) Zur Lage des Glaubens, S. 93–99（『信仰について』、一二二―一二八頁）.
(581) Zur Lage des Glaubens, S. 99（『信仰について』、一二八―一二九頁）.
(582) Zur Lage des Glaubens, S. 103（『信仰について』、一三四頁）.
(583) Zur Lage des Glaubens, S. 104（『信仰について』、一三四―一三五頁）.
(584) Zur Lage des Glaubens, S. 85 f.（『信仰について』、一一一―一一三頁）.
(585) Zur Lage des Glaubens, S. 86–89（『信仰について』、一一三―一一六頁）.
(586) Zur Lage des Glaubens, S. 99–101（『信仰について』、一二九―一三三頁）.
(587) Zur Lage des Glaubens, S. 104–114（『信仰について』、一三五―一四六頁）.
(588) Rosa Stachel, in: Der Spiegel, Nr. 41, 9. Oktober 1989, S. 69.
(589) Der Handhalter von Verdun, in: Der Spiegel, Nr. 18, 29. April 1985, S. 24 f.
(590) Rudolf Augstein, Herrn Noltes Umwälzung der Wissenschaft, in: Der Spiegel, Nr. 1, 4. Januar 1988, S. 141–144.
(591) Mit Knobelbechern durch die Geschichte Bundestagspräsident, in: Der Spiegel, Nr. 46, 14. November 1988, S. 22–28.
(592) „Dieses Ghetto hat der Kirche nie gutgetan", in: Der Spiegel, Nr. 38, 15. September 1986, S. 130–132.
(593) Gaudium et spes, in: Der Spiegel, Nr. 39, 21. September 1987, S. 138.
(594) Freudig nach vorn, in: Der Spiegel, Nr. 40, 28. September 1987, S. 127–131.
(595) Meisner, Nachreformatorische katholische Frömmigkeitsformen.
(596) Dogmatische Härte, in: Der Spiegel, Nr. 33, 11. August 1986, S. 64 f.; Mynarek, Erster Diener Seiner Heiligkeit, S. 9–70; Albrecht (Hrsg.), Joachim Kardinal Meisner.
(597) Mynarek, Erster Diener Seiner Heiligkeit, S. 70–138; Schöner Tanz, in: Der Spiegel, Nr. 42, 17. Oktober 1988, S. 29–32; Tour vermasseln, in: Der Spiegel, Nr. 47, 21. November 1988, S. 32; Folie Mafia, in: Der Spiegel, Nr. 51, 19. Dezember 1988, S. 38 f.; Fahne

des Vaters, in: Der Spiegel, Nr. 5, 30. Januar 1989, S. 148–150.

(598) Peter Wensierski, Der Gotteskrieger vom Rhein, in: Der Spiegel, Nr. 30, 25. Juli 2005, S. 54.

(599) Peter Wensierski, Die Geheimdiener Gottes, in: Der Spiegel, Nr. 49, 4. Dezember 2006, S. 44–48.

(600) „Union demontiert christliches Ehebild", SZ, Nr. 153, 5. Juli 2002, S. 5.

(601) „Willkommen im Lande der Hexenverfolgung", in: Der Spiegel, Nr. 19, 27. April 1987, S. 79–91.

(602) Rita Haub, „Es fordert den ganzen Menschen", in: Münchener Theologische Zeitschrift, Jg. 57 (2006), S. 306–311; Aus meinem Leben, S. 90; Unhistorisch und einseitig, in: Der Spiegel, Nr. 52, 21. Dezember 1987, S. 39–42.

(603) Kartoffeln und Kraut, in: Der Spiegel, Nr. 40, 29. September 1986, S. 75–77.

(604) Sherlock Holms unter Kerkern und Dämonen, in: Der Spiegel, Nr. 42, 13. Oktober 1986, S. 264–271.

(605) Beleidigende Lehre, in: Der Spiegel, Nr. 22, 25. Mai 1987, S. 74–76.

(606) Ranke-Heinemann, Eunuchen für das Himmelreich（『カトリック教会と性の歴史』）.

(607) Klerus auf dem Couch, in: Der Spiegel, Nr. 44, 30. Oktober 1989, S. 117–125.

(608) Seewald, Benedikt XVI., S. 141.

(609) 稲垣武『「悪魔祓い」の戦後史』；塩川伸明『ペレストロイカの終焉と社会主義の運命』。

(610) Retten, was zu retten ist, in: Der Spiegel, Nr. 4, 20. Januar 1992, S. 162–165.

(611) Vater im Himmel, in: Der Spiegel, Nr. 13, 25. März 1991, S. 193–195.

(612) Mit Radikalen vernünftig reden?, in: Der Spiegel, Nr. 41, 19. Oktober 1992, S. 292–298.

(613) 68er an die Macht, in: Der Spiegel, Nr. 11, 9. März 1998, S. 37 f.

(614) Gefeiert oder gefoltert, in: Der Spiegel, Nr. 32, 7. August 1995, S. 32–35; „Ein Abgrund von Trauer", in: Der Spiegel, Nr. 32, 7. August 1995, S. 34–35.

(615) Miete statt Marx, in: Der Spiegel, Nr. 46, 11. November 1996, S. 46.

(616) Ratzinger, Einführung in das Christentum, S. 10.

(617) Jahnel (Hrsg.), Theologie befreit, S. 7.

(618) Winkler, Der lange Weg nach Westen.

(619) „Aktion Sarg und Asche", in: Der Spiegel, Nr. 33, 12. August 1991, S. 28–37.

(620) Steinernes Geklump, in: Der Spiegel, Nr. 5, 27. Januar 1992, S. 63 f.

(621) Späte Rache an den Barbaren, in: Der Spiegel, Nr. 51, 14. Dezember 1992, S. 192–195, usw.

(622) Helmuth Kiesel, Eintritt in ein kosmisches Ordnungswissen. Zwei Jahre vor seinem Tod: Ernst Jüngers Konversion zum Katholizismus, in: FAZ, Nr. 74, 29. März 1999, S. 55.

(623) Um Gottes willen, in: Der Spiegel, Nr. 11, 15. März 1993, S. 21.

(624) Heiliger Bimbam, in: Der Spiegel, Nr. 38, 17. September 1990, S. 72–77.

(625) Frei von Zwang, in: Der Spiegel, Nr. 38, 17. September 1990, S. 170; Die Glocken tragen Trauer, in: Der Spiegel, Nr. 10, 8. März 1993, S. 78–80; Wie ein Messerstich, in: Der Spiegel, Nr. 2, 10. Januar 1994, S. 25 f.

(626) „Kirche als Fliegenfänger", in: Der Spiegel, Nr. 6, 3. Februar 1992, S. 33 f.; Gewaltig eingeheizt, in: Der Spiegel, Nr. 45/46, 2. November 1992, S. 33–37; „Ich opfere mich", in: Der Spiegel, Nr. 12, 22. März 1993, S. 94–102; Pornos für Kolping, in: Der Spiegel, Nr. 14, 5. April 1993, S. 76–84, usw.

(627) „Das zerreißt die Partei", in: Der Spiegel, Nr. 20, 1. Mai 1991, S. 18–27.

(628) Kampfansage aus Rom, in: Der Spiegel, Nr. 3, 26. Januar 1998, S. 28–35; Peter Wensierski, Wozu den Schein, in: Der Spiegel, Nr. 9, 1. März 1999, S. 30 f. usw.

(629) Richtig durchglauben, in: Der Spiegel, Nr. 42, 15. Oktober 1984, S. 94–97; Gestorben: Johannes Dyba, in: Der Spiegel, Nr. 31, 31. Juli 2000, S. 202; Peter Wensierski, Wozu den Schein, in: Der Spiegel, Nr. 9, 1. März 1999, S. 30 f.

(630) Römischer Furz, in: Der Spiegel, Nr. 44/45, 28. Oktober 1991, S. 97–99; Klein/Sinderhauf (Bearb.), Erzbischof Johannes Dyba, S. 24.

(631) Erzbischof Johannes Dyba über „Importierte Lustknaben", in: Der Spiegel, Nr. 28, 10. Juli 2000, S. 77; "Schritt in die Degeneration", in: Der Spiegel, Nr. 29, 17. Juli 2000, S. 86–89.

(632) „Der Papst hat nichts befohlen", in: Der Spiegel, Nr. 6, 2. Februar 1998, S. 76–78; Peter Wensierski, „Mir kann nichts passieren", in: Der Spiegel, Nr. 3, 15. Januar 2001, S. 56–58; Römisches Prinzip, in: Der Spiegel, Nr. 9, 25. Februar 2002, S. 18; Schwangerschaftsberatung: Bischof Kamphaus beugt sich dem Papst (http://www.spiegel.de/politik/deutschland/schwangerenberatung-bischof-kamphaus-beugt-sich-dem-papst-a-186015.html：二〇一四年四月一〇日閲覧).

(633) Methoden des Ajatollahs, in: Der Spiegel, Nr. 49, 2. Dezember 1991, S. 83–87.

(634) „Jesus wollte diese Kirche nicht", in: Der Spiegel, Nr. 52, 23. Dezember 1991, S. 61–74; „Vollkommene Mißachtung der Bibel", in: Der Spiegel, Nr. 5, 27. Januar 1992, S. 61; Kultur der Erotik, in: Der Spiegel, Nr. 8, 17. Februar 1992, S. 56–58; Den Glauben abfragen wie wie Vokabeln, in: Der Spiegel, Nr. 12, 16. März 1992, S. 58–75.

(635) Wie Stalin, in: Der Spiegel, Nr. 36, 4. September 1995, S. 76; Bitte um Vergebung, in: Der Spiegel, Nr. 10, 2. März 1998, S. 170; Angst vor den Schwulen, in: Der Spiegel, Nr. 18, 28. April 1997, S. 128 f.; Kissler, Der deutsche Papst, S. 62–64; Gläubige fordern mehr Mitbestimmung, in: SZ, Nr. 214, 16. September 1996, S. 52.

(636) „Das Kreuz ist der Nerv", in: Der Spiegel, Nr. 33, 14. August 1995, S. 22–32; „Die Kreuze bleiben", in: Der Spiegel, Nr. 33, 14. August 1995, S. 32–34; „Heiliger Edmund, bitt' für uns", in: Der

Spiegel, Nr. 40, 2. Oktober 1995, S. 114 f.; Maier (Hrsg.), Das Kreuz im Widerspruch; 塩津徹『ドイツにおける国家と宗教』、四八一八〇頁。

(637) Des Teufels Großmutter, in: Der Spiegel, Nr. 16, 15. April 1992, S. 123 f.; „So eine verhaltene Zähigkeit", in: Der Spiegel, Nr. 11, 14. März 1994, S. 83–86.

(638) Respekt vor Margot der Ersten, in: Der Spiegel, Nr. 42, 18. Oktober 1999, S. 62–66; http://www.spiegel.de/panorama/gesellschaft/geschenk-gottes-kaessmanns-pillenlob-bringt-katholiken-in-rage-a-694983.html（二〇一四年一〇月三日閲覧）.

(639) Vierzig Wahrheiten, in: Der Spiegel, Nr. 23, 6. Juni 1994, S. 63.

(640) Gewaltige Sprünge, in: Der Spiegel, Nr. 14, 1. April 1991, S. 84–89.

(641) http://www.spiegel.de/panorama/gesellschaft/1-54-promille-fahrt-bischoefin-kaessmann-tritt-zurueck-a-680042.html（二〇一四年一〇月三日閲覧）; http://www.spiegel.de/panorama/gesellschaft/kaessmann-ruecktritt-der-sexismus-hat-ein-neidgesicht-a-680230.html（二〇一四年一〇月三日閲覧）.

(642) Pfister (Hrsg.), Katholische Kirche und Zwangsarbeiter.

(643) Cornwell, Hitler's Pope; Goldhagen, A Moral Reckoning.

(644) Küng (Hrsg.), Dokumentation zum Weltethos, S. 16–35; Ders., Erlebte Menschlichkeit, S. 558; Ders., Projekt Weltethos; Ders., Der Islam.

(645) Küng (Hrsg.), Dokumentation zum Weltethos, S. 11; Ders., Das Christentum; Ders., Der Islam; Ders., Erlebte Menschlichkeit, S. 214 f.

(646) Küng, Projekt Weltethos, S. 23; Küng, Erlebte Menschlichkeit, S. 386, 395–397.

(647) Küng, Erlebte Menschlichkeit, S. 216 f.

(648) Küng, Erlebte Menschlichkeit, S. 557.

(649) Seewald, Benedikt XVI., S. 96, 247–250.

(650) Seewald, Benedikt XVI., S. 140 f.

(651) Seewald, Benedikt XVI., S. 34, 96, 184; Ratzinger, Aus meinem Leben, S. 160, 164; Monika Kleiner, Ratzinger wird Ehrenbürger, in: SZ, Nr. 14, 18. Januar 1997, S. 35; Frank Müller, Keine Mehrheit für Ratzinger, in: SZ, Nr. 16, 21. Januar 1997, S. 33.

(652) Ratzinger, Das Archiv der Glaubenskongregation, S. 17–19.

(653) Ratzinger, Gott und die Welt, S. 12: Ratzinger, Salz der Erde, S. 5.

(654) Seewald, Als ich begann, wieder an Gott zu denken, u. a. S. 102; Ders., Benedikt XVI., S. 14.

(655) Hannes Stein, Oase für die letzten Christen, in: Der Spiegel, Nr. 51, 16. Dezember 1996, S. 68–71.

(656) Salz der Erde, S. 23.

(657) Salz der Erde, S. 132.

(658) Salz der Erde, S. 135–137.

(659) Salz der Erde, S. 26, 28–30.

(660) Gott und die Welt, S. 317–325.

(661) Salz der Erde, S. 35.

(662) Salz der Erde, S. 290.

(663) Salz der Erde, S. 11, 14, 203; Gott und die Welt, S. 416; Küng, Umstrittene Wahrheit, S. 343.

(664) Salz der Erde, S. 116, 118, 273, 284; Gott und die Welt, S. 384 f., 407–409, 411 f.

(665) Salz der Erde, S. 102, 194 f.; Gott und die Welt, S. 409 f., 413 f.

(666) Salz der Erde, S. 202.

(667) Salz der Erde, S. 289, 291. 厳密にはベッケンフェルデは、「自由で世俗化した国家は自分自身が保障できない前提によって生きている」と述べている（Böckenförde, Die Entstehung des Staates als Vorgang der Säkularisierung, in: Ders., Kirche und christlicher Glaube, S. 229.）。彼は、特にNationという紐帯に依拠出来なくなった戦後ドイツで、主観主義に歯止めがなくなることを危惧するが、「キリスト教国」への復帰は要求せず、キリスト教徒が世俗化した国家を敵視せずに自由の好機として認識することのみを求めている。

(668) Salz der Erde, S. 150 f., 289.

(669) Salz der Erde, S. 138 f.

(670) Salz der Erde, S. 49 f.

(671) Ratzinger, Der Geist der Liturgie, S. 18 f., 30, 51, 66–73, 103, 112 f., 126 f., 133, 159 f., 170（『典礼の精神』、二二―二五、四〇、六四―六五、八四―九三、一三〇、一四一、一四三、一五九―一六〇、一七二、二〇〇―二〇一、二一五―二一六頁。）.

(672) Salz der Erde, S. 147–151; Elmar zur Bonsen, Die Kirche und das Geld, in: SZ, Nr. 17, 22. Januar 1997, S. 4.

(673) Salz der Erde, S. 168 f., 171.

(674) Salz der Erde, S. 151 f.

(675) Salz der Erde, S. 152 f.

(676) Salz der Erde, S. 153 f., 293.

(677) Salz der Erde, S. 155.

(678) Salz der Erde, S. 156 f.

(679) Salz der Erde, S. 99, 178.

(680) Salz der Erde, S. 157–159.

(681) Salz der Erde, S. 159–161.

(682) Salz der Erde, S. 161 f.

(683) Salz der Erde, S. 162; Gott und die Welt, S. 406.

(684) Salz der Erde, S. 162 f.

(685) Der Spiegel, Nr. 3, 13. Januar 1997; 川村信三「ベネディクト16世と宗教間対話の行方」、四〇―四九頁。

(686) Salz der Erde, S. 163 f.

(687) Salz der Erde, S. 164–172; Feldmann, Papst Benedikt XVI., S. 85 f.

(688) Salz der Erde, S. 278 f.

(689) Zur Lage des Glaubens, S. 19（『信仰について』、二六頁。）; Salz der Erde, S. 268–270.

(690) Briefwechsel zwischen Johannes Hanselmann und Joseph Kardinal Ratzinger, in: JRGS 8/2, S. 969–981.

(691) Salz der Erde, S. 25, 142–144, 280.

(692) Salz der Erde, S. 24 f.

(693) Salz der Erde, S. 259–262; Skepsis gegenüber Islamunterricht an Schulen, in: SZ, Nr. 78, 6. April 1999, S. 10.

(694) Salz der Erde, S. 262–268.

(695) Salz der Erde, S. 105 f., 214–219.

(696) Bischof Kamphaus nicht strikt gegen Verhütung, in: SZ, Nr. 1, 3. Januar 1994, S. 2; Salz der Erde, S. 207–214.

(697) Ratzinger verteidigt Nein zum Frauenpriestertum, in: SZ, Nr. 129, 8. Juni 1994, S. 9; Salz der Erde, S. 117, 142, 177 f., 223; Gott und die Welt, S 90 f.

(698) Salz der Erde, S. 219 f.

(699) 教皇ヨハネ・パウロ二世『受肉の秘義』。

(700) Benedikt XVI., Gedanken, Impulse, Visionen, S. 70.

(701) 遠藤乾（編）『ヨーロッパ統合史』、三〇二頁。

(702) 『カトリック新聞』二〇〇三年八月三日（三七二六号）、二頁；Benedikt XVI., Gedanken, Impulse, Visionen, S. 111.

(703) Ratzinger, Werte in Zeiten des Umbruchs, S. 68–73; Ders., Theologische Prinzipienlehre, S. 210.

(704) Ratzinger, Werte in Zeiten des Umbruchs, S. 41–43, 56, 84–88; 渡辺幹雄『リチャード・ローティ――ポストモダンの魔術師』、三五九―三六一頁；ローティ『アメリカ　未完のプロジェクト』。

(705) Ratzinger, Werte in Zeiten des Umbruchs, S. 10–27, 49.

(706) Ratzinger, Werte in Zeiten des Umbruchs, S. 10; Benedikt XVI., Gedanken, Impulse, Visionen, S. 72 f., 78.

(707) Ratzinger, Werte in Zeiten des Umbruchs, S. 71–72; Benedikt XVI., Gedanken, Impulse, Visionen, S. 73 f., 76 f.

(708) Ratzinger, Werte in Zeiten des Umbruchs, S. 28–40, 54–55. 同様の論理はフーバーにも見られる。「我々は確かに人間の尊厳を守る世俗的な保障は有していますが、世俗的な論拠は有していません。どうして人間が決してその尊厳を失うわけにいかないのか、それを私に説明してくれるのは宗教だけなのです。」Bischof Wolfgang Huber, „Wir leisten Widerstand“, in: Der Spiegel, Nr. 18, 29. April 2006, S. 49.

(709) Ratzinger, Werte in Zeiten des Umbruchs, S. 31, 36–40.

(710) AAS, S. 742–765（教皇庁教理省『宣言　主イエス』）.

(711) Scheu/Pillera, Über Berlusconi, S. 67–72.

(712) Flores d'Arcais, Die Linke und das Individuum.

(713) Ratzinger/Flores d'Arcais, Gibt es Gott?

(714) Ratzinger/Pera, Ohne Wurzeln, S. 10–60.

(715) Ratzinger/Pera, Ohne Wurzeln, S. 86–113.

(716) Ratzinger/Pera, Ohne Wurzeln, S. 116–145.

(717) Küng, Erlebte Menschlichkeit, S. 557.

(718) Küng, Umstrittene Wahrheit, S. 324; Müller-Doohm, Jürgen Habermas, S. 514; Kissler, Der deutsche Papst, S. 146; 筆者のホルスト・メラー教授からの聴取。

(719) Müller-Doohm, Jürgen Habermas, S. 27–40, 87–133, 157 f., 168–174, 222–228; フィンリースン『ハーバーマス』；今野元「ハンス＝ウルリヒ・ヴェーラーと「批判的」ナショナリズム研究（1）」、三、一八頁。

(720) ハーバーマス『近代』、v頁。

(721) Habermas/Ratzinger, Dialektik der Säkularisierung,（『ポスト世俗化時代の哲学と宗教』、一―一五頁）.

(722) Habermas/Ratzinger, Dialektik der Säkularisierung, S. 15–37（『ポスト世俗化時代の哲学と宗教』、一五―二五頁）；Müller-

Doohm, Jürgen Habermas, S. 509–521.

(723) Habermas/Ratzinger, Dialektik der Säkularisierung, S. 39–60（『ポスト世俗化時代の哲学と宗教』、二七―四八頁。）.

(724) 二〇一三年一月一二日、バイエルン・カトリック・アカデミーでの筆者とシュラー神父との会話より。

(725) Thomas Aßheuer, Auf dem Gipfel der Freundlichkeiten, in: Die Zeit, 5/2004（22. Januar）（www.zeit.de：二〇一五年二月一四日閲覧）.

(726) Licht der Welt, S. 84.

(727) 『カトリック新聞』二〇〇五年四月三日（三八〇六号）、一頁；『カトリック新聞』二〇〇五年四月一〇日（三八〇七号）、一頁；Wegel, Das Projekt Benedikt, S. 20–27; Fischer, Der Glaube wider das physisch-psychische Gleichgewicht; ベネディクト16世『ベネディクト16世　黙想と祈りによる十字架の道行』。

(728) Licht der Welt, S. 19.

(729) 『カトリック新教会法典』、一九〇―一九一頁。

(730) Schweiggert, Benedikt XVI., S. 7; Ruppert, Benedikt XVI., S. 25.

(731) Posselt（Hrsg.）, Benedikt XVI, S. 57.

(732) Seewald, Benedikt XVI., S. 76; Weigel, Das Projekt Benedikt, S. 156.

(733) Weigel, Das Projekt Benedikt, S. 128, 131, 157 f.

(734) Weigel, Das Projekt Benedikt, S. 144–157.

(735) Florentine Fritzen, Der große Bruder des Kardinals, in: FAZ, Nr. 86, 14. April 2005, S. 9; Daniel Deckers, Sechs Deutsche im Konklave, in: FAZ, Nr. 88, 16. April 2005, S. 1 f.: Fischer, „Wider die Diktatur des Relativismus".

(736) Die Seele Europas, in: SZ, Nr. 84, 13. April 2005, S. 8.

(737) Kardinal Ratzinger Favorit für Papst-Wahl, in: Bild, 14. April 2005（AEM, PD 4366/3）; Ratzinger, der deutsche Favorit, in: Bild, 18. April 2005（Ebenda）.

(738) Matthias Matussek/Alexander Smoltczyk/Jan Puhl/Ulrich Schwarz/Stefan Simons/Thilo Thielke, Ein Reich, nicht von dieser Welt, in: Der Spiegel, Nr. 15, 11. April 2005, S. 112.

(739) Thurn und Taxis/Meisner, Die Fürstin und der Kardinal, S. 56 f.

(740) Posselt（Hrsg.）, Benedikt XVI, S. 48 f.; Beifall für Ratzingers Predigt, in: SZ, Nr. 89, 19. April 2005, S. 5.

(741) Kardinäle im Konklave, in: FAZ, Nr. 90, 19. April 2005, S. 1; Weigel, Das Projekt Benedikt, S. 162; Feichtlbauer, Neuer Papst, S. 14.

(742) Benedikt XVI., Gedanken, Impulse,Visionen, S. 17 f.: Licht der Welt, S. 17 f., 91.

(743) Englisch, Habemus Papam, S. 27, 29; Feichtlbauer, Neuer Papst, S. 14–18.

(744) Weigel, Das Projekt Benedikt, S. 163 f.

(745) Posselt（Hrsg.）, Benedikt XVI, S. 57.

(746) Posselt（Hrsg.）, Benedikt XVI, S. 59.

(747) http://www.youtube.com/watch?v=YhbZKarMdnw（ＺＤＦ中継映像：二〇一四年九月三〇日閲覧）；http://de.wikipedia.org/wiki/Urbi_et_Orbi（二〇一四年九月三〇日閲覧）.

(748) Thomas Hüetlin/Ulrich Schwarz/Alexander Smoltczyk/Peter Wensierski, Der Weltfremde, in: Der Spiegel, Nr. 17, 25. April 2005, S. 114; Fuhrmann, Die Päpste, S. 251; Seewald, Benedikt XVI., S. 48; Weigel, Das Projekt Benedikt, S. 173.

(749) Mario Kaiser/Ansbert Kneip/Alexander Smoltczyk, Wer nicht glaubt, wird auch selig, in: Der Spiegel, Nr. 32, 8. August 2005, S. 150.

(750) Hülsebusch, Professor Papst, S. 40, 45 f.; Englisch, Habemus Papam, S. 11; Thurn und Taxis/Meisner, Die Fürstin und der Kardinal, S. 58 f.; Schweiggert, Benedikt XVI., S. 28, 31 f.; Seewald, Benedikt XVI., S. 195; Ruppert, Benedikt XVI., S. 62; SZ, Nr. 90, 20. April 2005, S. 1 f.; SZ, Nr. 90, 20. April 2005, S. 43; Alexander Linden/Peter Wensierski, Heiliger Trödel, in: Der Spiegel, Nr. 36, 4. September 2006, S. 51; Bild (München), Nr. 91, 20. April 2005, S. 1 (AEM, PD 4366/3); FAZ, Nr. 91, 20. April 2005, S. 1 (Ebenda); Petrus wird gekrönt, in: AZ, Nr. 91, 20. April 2005 (Ebenda).

(751) http://politikvisuell.twoday.net/topics/Visueller+Protest（二〇一二年四月二三日閲覧）；Timothy Garton Ash, Von Benedikt zu Benedikt, in: SZ, Nr. 92, 22. April 2005, S. 15（AEM, PD 4366/3）; Küng, Erlebte Menschlichkeit, S. 538-550;『カトリック新聞』二〇〇五年五月二二日（三八一一号）、一頁。

(752) Englisch, Habemus Papam, S. 29.

(753) Pontificatus Exordia, in: Acta Apostolicae Sedis, An. et vol. XCVII, 7. Maii 2005, pp. 694-699; Posselt (Hrsg.), Benedikt XVI., S. 60-80; Kempis, Benedetto, S. 64.

(754)『カトリック新聞』二〇〇六年七月九日（三八六七号）、二頁；Trippen, Joseph Kardinal Höffner, S. 103; Abendzeitung, Nr. 94, 25. April 2005, S. 1-5（AEM, PD 4366/3）.

(755) Sollemne Initium Ministerii Summi Ecclesiae Pastoris, in: Acta Apostolicae Sedis, An. et vol. XCVII, 7. Maii 2005, pp. 705-741; CNNによる中継放送；Benedikt XVI. empfängt Tausende Deutsche, in: FAZ, Nr. 96, 26. April 2006, S. 4（AEM, PD 4366/3）.

(756) Licht der Welt, S. 28 f., 95.

(757) Fischer, Der neue Papst ist kein Populist.

(758) Hülsebusch, Professor Papst, S. 49-51.

(759) 教皇ベネディクト十六世『使徒的勧告　主のことば』（カトリック中央協議会、平成二四年）、六五―六六頁（日本語修正）；Alexander Smoltczyk, Professor Dr. Papst, in: Der Spiegel, Nr. 16, 15. April 2006, S. 116.

(760)『カトリック新聞』二〇〇九年二月二二日（三九八九号）、二頁。

(761) Licht der Welt, S. 198.

(762) 教皇ベネディクト十六世の活動（カトリック中央協議会）；教皇ベネディクト十六世『霊的講話集 2011』、一三四―一五〇、一八七―一九六、三九七―三九八頁；『カトリック新聞』二〇一一年七月一〇日（四一〇六号）、一頁。

(763) Küng, Erlebte Menschlichkeit, S. 580.

(764) Licht der Welt, S. 110; Alexander Smoltczyk, Professor Dr. Papst, in: Der Spiegel, Nr. 16, 15. April 2006, S. 117.

(765) Küng, Erlebte Menschlichkeit, S. 110.

(766) Licht der Welt, S. 174.

(767) 教皇ベネディクト十六世『霊的講話集 2008』、二四六―二六六頁。
(768) Licht der Welt, S. 189 f.
(769) 『カトリック新聞』二〇〇七年九月三〇日（三九二五号）、一頁。
(770) Fischer, Privatsekretär.
(771) Peter Wensierski, „Herrschsüchtig und vulgär", in: Der Spiegel, Nr. 20, 14. Mai 2012, S. 47–48; Fiona Ehlers/Alexander Smoltczyk/Peter Wensierski, Der Erschöpfte, in: Der Spiegel, Nr. 24, 11. Juni 2012, S. 38–42.
(772) Englisch, Habemus Papam, S. 14; Kasper, Katholische Kirche, S. 22–24, 31–36, 41–43, usw.
(773) Frank Hornig/Peter Wensierski, Bischof der Schmerzen, in: Der Spiegel, Nr. 28, 9. Juli 2012, S. 30 f.
(774) Küng, Erlebte Menschlichkeit, S. 550–563.
(775) Benedikt XVI., Gott ist Liebe（『神は愛』）：Benedikt XVI., Auf Hoffnung hin（『希望による救い』）：Benedikt XVI., Die Liebe in der Wahrheit（『真理に根ざした愛』）：Papst Franziskus, Lumen fidei（『信仰の光』）.
(776) 教皇ベネディクト十六世の活動（カトリック中央協議会）。
(777) Benedikt XVI., Auf Hoffnung hin, S. 50–61, 89–93（『希望による救い』、三九―五〇、八三―八五頁）.
(778) Licht der Welt, S. 63 f.
(779) Licht der Welt, S. 64 f.
(780) 『カトリック新聞』二〇〇七年六月一〇日（三九一〇号）、二頁：『カトリック新聞』二〇〇八年一二月一四日（三九八四号）、一頁。
(781) Licht der Welt, S. 197.
(782) http://www.welt.de/kultur/literarischewelt/article11432619/Papst-Benedikts-bedeutendste-Rede-blieb-ungehalten.html（二〇一四年一〇月五日閲覧）：http://www.kath.net/news/18774（二〇一四年一〇月五日閲覧）：Kissinger, Papst im Widerspruch.
(783) Benedikt XVI., Gott ist Liebe, S. 65, 67–70, 83（『神は愛』、四七―四八、五〇―五三、六五頁。）：Benedikt XVI., Auf Hoffnung hin, S. 52–58（『希望による救い』、四一―四七頁）：Benedikt XVI., Die Liebe in der Wahrheit, S. 23（『真理に根ざした愛』、一六頁）.
(784) Benedikt XVI., Gott ist Liebe, S. 68–70（『神は愛』、五一―五三頁。）.
(785) 教皇ベネディクト十六世の活動（カトリック中央協議会）。
(786) Licht der Welt, S. 173–176.
(787) Benedikt XVI., Gott ist Liebe, S. 27–55（『神は愛』、九―四〇頁。）.
(788) Benedikt XVI., Die Liebe in der Wahrheit, S. 106（『真理に根ざした愛』、八一頁）。
(789) 教皇ベネディクト十六世『司祭職』（カトリック中央協議会、平成二三年）、一〇三―一〇七頁。二〇一〇年四・五月における「司祭年」に因む一般謁見の講話。
(790) 教皇ベネディクト十六世の活動（カトリック中央協議会）。
(791) Licht der Welt, S. 171 f.
(792) 『カトリック新聞』二〇〇五年一〇月三〇日（三八三四号）、一頁。

(793) 『カトリック新聞』二〇〇七年三月二五日（三九〇〇号）、一頁。
(794) Licht der Welt, S. 178 f.; 聖香油ミサ説教（二〇一一年四月五日）。
(795) 『真理に根ざした愛』、一三六頁。
(796) Licht der Welt, S. 191 f.
(797) Benedikt XVI., Die Hoffnung him, S. 104–108（『希望に根差した救い』、九八—一〇三頁）; Benedikt XVI., Die Liebe in der Wahrheit, S. 177（『真理に根ざした愛』、一三六—一三七頁）.
(798) 『女性の神秘家・教会博士』（カトリック中央協議会、平成二三年）。
(799) Licht der Welt, S. 179–181.
(800) Licht der Welt, S. 71 f.
(801) Licht der Welt, S. 48, 55 f.
(802) 教皇ベネディクト十六世『司祭職』（カトリック中央協議会、平成二三年）、一〇三—一〇七頁; Licht der Welt, S. 177.
(803) 『カトリック新聞』二〇〇五年一〇月三〇日（三八三四号）、一頁。
(804) 教皇ベネディクト十六世『司祭職』（カトリック中央協議会、平成二三年）、一二頁（表記変更）。
(805) 教皇ベネディクト十六世の活動（カトリック中央協議会）; Fiona Ehlers/Hans-Jürgen Schlamp, Krimi in der Schweinestraße, in: Der Spiegel, Nr. 27, 5. Juli 2010, S. 86 f.; http://www.zenit.org/de/articles/hausdurchsuchung-beim-erzbischof-von-mechelen-brussel-vatikan-emport（二〇一四年二月一八日閲覧）.
(806) http://derstandard.at/1277336977798/Rueffel-vom-Papst-Schoenborn-entschuldigt-sich-wegen-Aussagen-ueber-Sodano（二〇一四年九月三〇日閲覧）.
(807) Alexander Osang, Wer hat Angst vorm Nikolaus?, in: Der Spiegel, Nr. 17, 26. April 2010, S. 56–62.
(808) http://www.sueddeutsche.de/bayern/misshandlungen-im-kloster-ettal-kinderpornos-pruegel-und-sexueller-missbrauch-1.23360（二〇一四年四月二八日閲覧）.
(809) http://www.spiegel.de/panorama/gesellschaft/katholische-kirche-neue-missbrauchsvorwuerfe-bei-regensburger-domspatzen-a-683368.html（二〇一四年四月二八日閲覧）.
(810) http://www.sueddeutsche.de/politik/kirche-missbrauch-der-paedophile-pfarrer-ein-begnadeter-schauspieler-1.24937-2（二〇一四年四月二八日閲覧）.
(811) Papst Benedikt XVI., Fragen an mich, Augsburg: St. Ulrich, 2012, S. 11.
(812) Licht der Welt, S. 22 f.
(813) Alexander Smoltczyk, Professor Dr. Papst, in: Der Spiegel, Nr. 16, 15. April 2006, S. 117; http://dieter-philippi.de/de/home/tiara-papst-benedikt-xvi（二〇一四年一〇月四日閲覧）.
(814) Licht der Welt, S. 106 f.
(815) Licht der Welt, S. 231.
(816) Licht der Welt, S. 95.
(817) Licht der Welt, S. 138 f.
(818) 教皇ヨハネ・パウロ二世『怒濤に立つ』、iii頁。
(819) Licht der Welt, S. 106 f.; Küng, Umstrittene Wahrheit, S. 70.

(820) Licht der Welt, S. 87.
(821) 教皇ベネディクト十六世の活動（カトリック中央協議会）：『カトリック新聞』二〇一一年五月一五日（四〇九八号）、一頁。
(822) 教皇ベネディクト十六世の活動（カトリック中央協議会）。
(823) 『カトリック新聞』二〇一〇年一月三日（四〇三四号）、二頁。
(824) Benedikt XVI., Die Liebe in der Wahrheit, S. 28 F.（『真理に根ざした愛』、二一頁）.
(825) Licht der Welt, S. 86, 107 f.;『カトリック新聞』二〇〇五年一〇月三〇日（三八三四号）、一頁。
(826) Licht der Welt, S. 166 f.
(827) Licht der Welt, S. 108 f.
(828) Licht der Welt, S. 236;『カトリック新聞』二〇一三年三月三日（四一八四号）、一頁。
(829) http://www.cbcj.catholic.jp/jpn/feature/2009/year_priests.htm（二〇一四年二月一八日閲覧）：教皇ベネディクト十六世の活動（カトリック中央協議会）。
(830) Papst Benedikt XVI., Fragen an mich, S. 11 f.
(831) 教皇ベネディクト十六世の活動（カトリック中央協議会）：『カトリック新聞』二〇〇五年一〇月一六日（三八三二号）、一頁。
(832) Licht der Welt, S. 186 f.; Benedikt XVI., Gedanken, Impulse, Visionen, S. 59 f.
(833) Licht der Welt, S. 176.
(834) 『カトリック新聞』二〇〇七年七月一五日（三九一五号）、一頁。
(835) 『カトリック新聞』二〇〇七年三月二五日（三九〇〇号）、一頁。
(836) 教皇ベネディクト十六世の活動（カトリック中央協議会）。
(837) 教皇ベネディクト十六世『使徒的勧告　主のことば』、一二七頁。
(838) Licht der Welt, S. 184 f.
(839) 教皇ベネディクト十六世『使徒的勧告　主のことば』、一八三頁。
(840) 『カトリック新聞』二〇〇六年二月五日（三八四六号）、二頁：『カトリック新聞』二〇〇七年一二月二三日（三九三七号）、三頁：カニンガム『カトリック入門』、一六一頁。
(841) 教皇ベネディクト十六世『使徒的勧告　主のことば』、一八九—一九二頁。
(842) 『カトリック新聞』二〇〇七年七月八日（三九一四号）、一頁。
(843) 教皇ベネディクト十六世『使徒的勧告　主のことば』、一八八頁。『カトリック新聞』二〇〇八年一月六日（三九三八号）、二頁。
(844) 教皇ベネディクト十六世『使徒的勧告　主のことば』、一八六頁。
(845) 教皇ベネディクト十六世の活動（カトリック中央協議会）。
(846) Licht der Welt, S. 117 f.
(847) 『カトリック新聞』二〇〇七年七月八日（三九一四号）、一頁。「中国の教会の為に祈る日」（五月二四日）は、別名「余山の聖母の記念日」とも呼ばれる（レギナ・カエリ：二〇一〇年五月二三日／レギナ・カエリ：二〇一二年五月二〇日）。
(848) 教皇ベネディクト十六世の活動（カトリック中央協議会）。
(849) 『カトリック新聞』二〇〇六年五月一四日（三八五九号）、一頁。
(850) 『カトリック新聞』二〇〇七年一〇月七日（三九二六号）、一頁。
(851) 『カトリック新聞』二〇一二年七月二二日（四一五五号）、二頁。

(852)『カトリック新聞』二〇〇七年二月四日（三八九三号）、一頁：Licht der Welt, S. 234.

(853)教皇ベネディクト十六世の活動（カトリック中央協議会）：『カトリック新聞』二〇一三年二月三日（四一八〇号）、一頁。

(854)『カトリック新聞』二〇一三年一月六日（四一七七号）、一頁。

(855)教皇ベネディクト十六世の活動（カトリック中央協議会）。

(856)『カトリック新聞』二〇〇八年一月六日（三九三八号）、一頁：『カトリック新聞』二〇〇八年一一月三〇日（三九八二号）、一―二頁：教皇ベネディクト十六世の活動（カトリック中央協議会）。

(857)『カトリック新聞』二〇一一年二月二七日（四〇八九号）、一頁。

(858)『カトリック新聞』二〇〇九年七月一九日（四〇一二号）、一頁。

(859)Licht der Welt, S. 78.

(860)教皇ベネディクト十六世の活動（カトリック中央協議会）。

(861)教皇ベネディクト十六世の活動（カトリック中央協議会）。

(862)Licht der Welt, S. 78：『カトリック新聞』二〇〇七年五月一三日（三九〇六号）、二頁：『カトリック新聞』二〇〇七年五月二〇日（三九〇七号）、一頁：Papst beginnt Brasilien-Reise, in: FAZ, Nr. 108, 10. Mai 2007, S. 1; „Lebt das Leben intensiv!", in: FAZ, Nr. 109, 11. Mai 2007, S. 9; Papst: Lateinamerika Kontinent der Hoffnung, in: FAZ, Nr. 111, 14. Mai 2007, S. 1; Küng, Erlebte Menschlichkeit, S. 566.

(863)『カトリック新聞』二〇〇五年一〇月三〇日（三八三四号）、一頁。

(864)『カトリック新聞』二〇〇七年七月二二日（三九一六号）、一頁。

(865)『カトリック新聞』二〇〇八年一月二〇日（三九三九号）、一頁。

(866)Licht der Welt, S. 111.

(867)『カトリック新聞』二〇〇九年二月八日（三九九〇号）、一頁。

(868)教皇ベネディクト十六世『使徒的勧告　主のことば』、一八三頁（表記修正）。

(869)Licht der Welt, S. 112, 232.

(870)シリアのネストリウス派でローマ教皇の権威の傘下に入ったものが「カルデア教会」である（森安達也『東方キリスト教の世界』、七頁）。

(871)『カトリック新聞』二〇〇六年一二月二四日（三八八九号）、三頁。

(872)『カトリック新聞』二〇〇七年九月三〇日（三九二五号）、二頁。

(873)『カトリック新聞』二〇〇八年七月六日（三九六二号）、二頁。

(874)マロン派教会は「単意説」の為孤立していたが、イスラム勢力への対抗上、十字軍が進行した際に「単意説」を捨てローマ教皇の傘下に入った。信徒はアラブ人が多いが、典礼は初期キリスト教徒から受け継いだとされるシリア語で行われる（菅瀬晶子『新月の夜も十字架は輝く』、一一三―一一五頁：森安達也『東方キリスト教の世界』、一一三―一一四頁。）。

(875)教皇ベネディクト十六世の活動（カトリック中央協議会）。

(876)教皇ベネディクト十六世の活動（カトリック中央協議会）。

(877)『カトリック新聞』一九九六年七月二一日（三三八八号）、二頁：『カトリック新聞』一九九七年七月二〇日（三四三六号）、二頁：『カトリック新聞』一九九七年七月二七日（三四三七号）、二頁：『カトリック新聞』一九九七年八月三日（三四三八号）、二頁：『カトリック新聞』一九九七年一〇月五日（三四四六号）、二頁：

『カトリック新聞』二〇〇〇年五月二八日（三五七三号）、二頁；『カトリック新聞』二〇〇〇年六月四日（三五七四号）、二頁；『カトリック新聞』二〇〇〇年六月一八日（三五七六号）、二頁；『カトリック新聞』二〇〇〇年八月一三日（三五八四号）、二頁。

(878) Licht der Welt, S. 116.

(879) Licht der Welt, S. 112.

(880) 『カトリック新聞』二〇〇九年一二月一三日（四〇三二号）、一頁；Licht der Welt, S. 246.

(881) Licht der Welt, S. 113–115.

(882) Licht der Welt, S. 115.

(883) Licht der Welt, S. 119.

(884) Licht der Welt, S. 120 f.; Papst enttäuscht Hoffnung auf mehr Ökumene, in: FAZ, Nr. 223, 24. September 2011, S. 1.

(885) Papst Benedikt XVI., Fragen an mich, S. 13.

(886) 『カトリック新聞』二〇一一年一月三〇日（四〇八五号）、二頁。

(887) Licht der Welt, S. 122.

(888) 『カトリック新聞』二〇〇九年一一月二九日（四〇三〇号）、二頁。

(889) 『カトリック新聞』二〇一〇年九月二六日（四〇六九号）、一頁。

(890) 教皇ベネディクト十六世の活動（カトリック中央協議会）。

(891) 『カトリック新聞』二〇〇七年七月八日（三九一四号）、二頁；『カトリック新聞』二〇〇八年一月二〇日（三九三九号）、二頁。

(892) Alexander Smoltczyk, Benedikts Herbstoffensive, in: Der Spiegel, Nr. 45, 2. Novemver 2009, S. 114 f.

(893) 『カトリック新聞』二〇一〇年一一月二一日（四〇七七号）、一頁。

(894) 教皇ベネディクト十六世の活動（カトリック中央協議会）；『カトリック新聞』二〇〇九年一一月一日（四〇二六号）、一頁；『カトリック新聞』二〇一〇年一〇月三日（四〇七〇号）、一頁。

(895) Benedikt XVI., Wo war Gott?, S. 9.

(896) 『カトリック新聞』二〇〇七年九月二三日（三九二四号）、一頁。

(897) 教皇ベネディクト十六世の活動（カトリック中央協議会）。

(898) 教皇ベネディクト十六世の活動（カトリック中央協議会）。

(899) „Rückfall in frühere Jahrhunderte“, in: Der Spiegel, Nr. 6, 2. Februar 2009, S. 46; Licht der Welt, S. 238; 羽田功「古きものと新しきもの」。

(900) 『カトリック新聞』二〇〇九年二月八日（三九九〇号）、二頁；Feldmann, Papst Benedikt XVI., S. 196 f.; Kissler, Papst im Widerspruch, S. 108–111; Licht der Welt, S. 38 f., 148–150.

(901) „Rückfall in frühere Jahrhunderte“, in: Der Spiegel, Nr. 6, 2. Februar 2009, S. 46;『カトリック新聞』二〇〇九年二月一五日（三九九一号）、二頁；Peter Wensierski/Steffen Winter, Helden der Antimoderne, in: Der Spiegel, Nr. 5, 1. Februar 2010, S. 30–33; 近藤正基『ドイツ・キリスト教民主同盟の軌跡』、二一三―二一四頁。

(902) Licht der Welt, S. 38 f., 148–150.

(903) http://www.spiegel.de/panorama/dekret-fuer-pius-xii-zentralrat-der-juden-kritisiert-papst-benedikt-a-668136.html（二〇一四年一〇月三日閲覧）.

(904) Wenig Begeisterung in der Türkei, in: FAZ, Nr. 92, 21. April 2005, S. 2; Englisch, Habemus Papam, S. 343.

(905) Licht der Welt, S. 126.

(906) Licht der Welt, S. 127.

(907) Alexander Smoltczyk, Audienz fürs Abendland, in: Der Spiegel, Nr. 37, 12. September 2005, S. 162.

(908) Benedikt XVI., Gott ist Liebe / Deus Caritas est, S. 23.

(909) http://www.corriere.it/Primo_Piano/Cronache/2006/02_Febbraio/07/assassino_prete.shtml（二〇一四年二月二一日閲覧）；『カトリック新聞』二〇〇六年二月一九日（三八四八号）、二頁。

(910) Valente, Student. Professor. Papst, S. 168 f.; Gott und die Welt, S. 164; Englisch, Habemus Papam, S. 345 f.; http://www.zenit.org/de/articles/vatikan-papstlicher-rat-fur-den-interreligiosen-dialog-wird-wieder-eigenstandig（二〇一四年七月三〇日閲覧）.

(911) Licht der Welt, S. 123 f.

(912) Benedikt XVI., Glaube und Vernunft, S. 15 f., 133. 尤も翌日新聞に掲載された文面では、単に「驚くべき厳格さで」(in erstaunlich schroffer Form) となっている (Papst Benedikt XVI., Glaube, Vernunft und Universität, in: FAZ, Nr. 213, 13. September 2006, S. 8.)。

(913) „Glaubenverbreitung durch Gewalt widersinnig", in: FAZ, Nr. 213, 13. September 2006, S. 1 f.; Daniel Deckers, Wirklich daheim, in: Ebenda, S. 4.

(914) http://www.zdf.de/ZDFheute/inhalt/6/0,3672,3978150,00.html（二〇〇六年九月二七日閲覧）；Alexander Smoltczyk, Der Fehlbare, in: Der Spiegel, Nr. 47, 20. November 2006, S. 114; Die Türkei fordert vom Papst eine Entschuldigung, in: FAZ, Nr. 215, 15. September 2006, S. 1; Vatikan: Der Papst respektiert den Islam, in: FAZ, Nr. 216, 16. September 2006, S. 1; Moslems verbrennen deutsche Fahnen, in: Bild-Bundesausgabe, 19. September 2006, S. 2; Stoiber verteidigt Äußerungen Benedikts, in: Mittelbayerische Zeitung, 16./17. September 2006; Ausgangspunkt Türkei. Chronologie der Proteste gegen Regensburger Papst-Vorlesung, in: Katholische Nachrichten-Agentur, 30. November 2006（AEM, PD 4366/5）; Partner verzweifelt gesucht, in: Rheinischer Merkur, Nr.38, 21. September 2006, S. 24（Ebenda）.

(915) Jan Fleischhauer/Dirk Kurbjuweit, Das Phantom der Oper, in: Der Spiegel, Nr. 40, 2. Oktober 2006, S. 42; Christian Geyer, „Muslimische Papstkritik. Unsere Freiheit ist bedroht", in: Frankfurter Allgemeine Zeitung, Nr. 216, 16. Februar 2006, S. 35; Richard Owen, "Calls for calm as militants threaten to kill the Pope", in: The Times, September 19, 2006（Timesonline：二〇〇六年九月二七日閲覧）; Ian Fisher, In a Rare Step, "Pope Expresses Personal Regret", in: The New York Times, September 18, 2006（nytimes.com：二〇一〇年九月二七日閲覧）.

(916) Kardinal Walter Kasper, „Der Islam ist eine andere Kultur", in: Der Spiegel, Nr. 38, 18. September 2006, S. 74–75.

(917) Benedikt XVI., Glaube und Vernunft, S. 120–133.

(918) Papst betrübt über Reaktionen auf seine Rede, in: FAZ, Nr. 217, 18. September 2006, S. 1; Muslime begrüßen Klarstellung des Papstes, in: FAZ, Nr. 217, 18. September 2006, S. 5.

(919) Der Papst ermahnt den Islam zu Gewaltlosigkeit, in: FAZ, Nr. 224, 26. September 2006, S. 1 f.

(920) Benedikt XVI., Glaube und Vernunft, S. 15, 133.

(921) Alexander Smoltczyk, Mission Konstantinopel, in: Der Spiegel, Nr. 49, 4. Dezember 2006, S. 76; Hülsebusch, Professor Papst, S. 92 f.

(922) 『カトリック新聞』二〇〇七年一一月一八日（三九三二号）、二頁。

(923) Licht der Welt, S. 75.

(924) 『カトリック新聞』二〇〇八年三月二三日（三九四八号）、二頁。

(925) 『カトリック新聞』二〇〇八年三月三〇日（三九四九号）、一頁。

(926) 教皇ベネディクト十六世の活動（カトリック中央協議会）。

(927) http://www.tagesschau.de/ausland/aegypten174.html（二〇一一年一月一七日閲覧）.

(928) Englisch, Habemus Papam, S. 25; 教皇ベネディクト十六世『霊的講話集 2011』、三二八―三二九頁。

(929) 教皇ベネディクト十六世『霊的講話集 2011』、三二〇―三二七頁。

(930) 岩本潤一「ベネディクト十六世の平和の神学」、一三一―一三二頁。

(931) Benedikt XVI., Die Liebe in der Wahrheit, S. 57（『真理に根ざした愛』、四三頁）.

(932) 教皇庁国際神学委員会『普遍的倫理の探求』。

(933) Benedikt XVI., Wo war Gott?, S. 10.

(934) http://www.bayernhymne-online.de/bayernhymne-textvergleiche.html（平成二六年一月一二日閲覧）；http://www.youtube.com/watch?v=WnZyvKQgNYI（二〇一五年一月九日閲覧）.

(935) Licht der Welt, S. 144.

(936) Licht der Welt, S. 153.

(937) Matthias Bartsch/Frank Hornig/Anna Loll, Herroder Helfer, in: Der Spiegel, Nr. 40, 1. Oktober 2011, S. 26 f.; Papst Benedikt XVI., Die Entweltlichung der Kirche, in: FAZ, Nr. 224, 26. September 2011, S. 7.

(938) Langendörfer, Danke Benedikt, S. 176.

(939) Gänswein（Hrsg.）, Benedikt XVI., S. 15–17.

(940) Licht der Welt, S. 101 f.

(941) Wolf, Clemens August Graf von Galen, S. 148; Kempis, Benedetto, S. 168.

(942) Langendörfer（Hrsg.）, Danke Benedikt, S. 26.

(943) Küng, Erlebte Menschlichkeit, S. 274; Lohmann, Maximum.

(944) http://www.deutschland-pro-papa.de（二〇一四年一〇月二日閲覧）.

(945) Matussek, Das katholische Abenteuer.

(946) http://www.forum-deutscher-katholiken.de（二〇一四年一〇月二日閲覧）.

(947) http://www.wir-sind-kirche.de/index.php（二〇一四年一〇月二日閲覧）.

(948) Gänswein（Hrsg.）, Benedikt XVI. Urbi et orbi, S. 8–14; Jugendliche aus aller Welt bejubeln Benedikt XVI., in: FAZ, Nr. 192, 19. August 2005, S. 1; Als erster Papst besucht Benedikt XVI. eine Synagoge auf deutschem Boden, in: FAZ, Nr. 192, 19. August 2005, S. 4; Der Papst wünscht „geschwisterliche“ Beziehungen von

Christen und Juden, in: FAZ, Nr. 193, 20. August 2005, S. 1f.; Der Papst wünscht den Deutschen Wohlstand in Frieden und Eintracht, in: FAZ, Nr. 194, 22. August 2005, S. 1 f.

(949) Der Papst rügt „Schwerhörigkeit gegenüber Gott“, in: FAZ, Nr. 211, 11. September 2006, S. 1 f.; „Wo Gott groß wird, wird auch der Mensch groß“, in: FAZ, Nr. 212, 12. September 2006, S. 1 f.; „Glaubenverbreitung durch Gewalt widersinnig“, in: FAZ, Nr. 213, 13. September 2006, S. 1 f.; Der Papst am Grab seiner Eltern, in: FAZ, Nr. 214, 14. September 2006, S. 1; Der Papst ist Mensch nur, wo er spielt, in: FAZ, Nr. 214, 14. September 2006, S. 33.

(950) Papst Benedikt XVI., Die Ökologie des Menschen, in: FAZ, Nr. 222, 23. September 2011, S. 8.

(951) Papst Benedikt XVI. in Deutschland erwartet, in: FAZ, Nr. 221, 22. September 2011, S. 1; Mechthild Küpper, Ätzender, verletzender, massiver, in: FAZ, Nr. 221, 22. September 2011, S. 2; Benedikt XVI.: Politik muss dem Recht dienen und Unrecht abwehren, in: FAZ, Nr. 222, 23. September 2011, S. 1–3; Papst enttäuscht Hoffnung auf mehr Ökumene, in: FAZ, Nr. 223, 24. September 2011, S. 1 f.; Benedikt XVI., Kirche soll auf Macht und Privilegien verzichten, in: FAZ, Nr. 224, 26. September 2011, S. 1 f. 『カトリック新聞』二〇一一年一〇月二日（四一一七号）、一頁；tageszeitung, Nr. 10030, 12. Februar 2013, S. 5（AEM, PD 4366/13）.

(952) Benedikt XVI. in Österreich; Fischer, „Zur christlichen Liebesethik gibt es bis heute keine Alternative“.

(953) Declaratio Summi Pontificis, in: Acta Apostolicae Sedis, An. et vol. CV, 1. Martii 2013, pp. 239–240; Langendörfer, Danke Benedikt, S. 14.

(954) 教皇ベネディクト十六世の活動（カトリック中央協議会）；『カトリック新聞』二〇一一年一〇月三〇日（四一二一号）、一頁；『カトリック新聞』二〇一三年二月二四日（四一八三号）、一頁；『教皇ベネディクトゥス16世　霊的講話集　2009』、四一三—四一四頁；『カトリック新聞』二〇〇七年六月一七日（三九一一号）、二頁。

(955) Peter Wensierski, „Herrschsüchtig und vulgär“, in: Der Spiegel, Nr. 20, 14. Mai 2012, S. 47–48; Fiona Ehlers/Alexander Smoltczyk/Peter Wensierski, Der Erschöpfte, in: Der Spiegel, Nr. 24, 11. Juni 2012, S. 38–42; 『カトリック新聞』二〇一三年一月二〇日（四一七八号）、二頁。

(956) カニンガム『カトリック入門』、六一頁；Papst erwog Amtsverzicht, in: FAZ, Nr. 81, 8. April 2005, S. 1 f.; Licht der Welt, S. 249.

(957) Langendörfer, Danke Benedikt, S. 20 f.

(958) Norbert Greinacher fordert den Rücktritt des Papstes, in: Schwäbisches Tagblatt, 28. Februar 2009（Stadtarchiv Tübingen: Zeitgeschichtliche Sammlung）.

(959) „Es droht ein Schattenpapst“, in: Der Spiegel, Nr. 8, 18. Februar 2013, S. 88; Küng, Erlebte Menschlichkeit, S. 660–662.

(960) http://www.derwesten.de/politik/ranke-heinemann-bewertet-benedikts-pontifikat-als-katastrophe-id7605502.html（二〇一四年四月二五日閲覧）.

(961) tageszeitung, Nr. 10030, 12. Februar 2013, S. 1（AEM, PD 4366/13).

(962) http://www.nzz.ch/aktuell/international/uebersicht/uebergangspaepste-mit-wirkung-1.18029241（二〇一四年六月一五日閲覧).

(963)『カトリック新聞』二〇一三年二月二四日（四一八三号）、一頁。

(964) Langendörfer, Danke Benedikt, S. 12 f.

(965) Matthias Bartsch/Fiona Ehlers/Jens Glösing/Hans Hoyng/Peter Wensierski/Helene Zuber, Der Nahbare, in: Der Spiegel, Nr. 12, 18. März 2013, S. 85 f.

(966) Fuhrmann, Die Päpste, S. 307-310; Theresa Authaler/Frank Hornig/Walter Mayr/Peter Wensierski, Das Lügen-Gebäude, in: Der Spiegel, Nr. 42, 14. Oktober 2013, S. 66; Authaler et al., Herausgefordert, in: Der Spiegel, Nr. 5, 27. Januar 2014, S. 39; „Ich hänge nicht an diesem Leben", in: Der Spiegel, Nr. 50, 9. Dezember 2013, S. 120-125; Küng, Erlebte Menschlichkeit, S. 673-676; „Sie werden sich noch wundern", in: Der Spiegel, Nr. 12, 18. März 2013, S. 88 f.; Englisch, Franziskus, S. 9-29 usw; http://de.radiovaticana.va/news/2013/10/03/vatikan:_der_%e2%80%9emonsignore-stopp%e2%80%9c_in_historischer_brechung/ted-733994（二〇一四年一〇月三日閲覧).

(967) Bartsch et al., Der Nahbare, in: Der Spiegel, Nr. 12, 18. März 2013, S. 86-91; アンブロジェッティ／ルビン『教皇フランシスコとの対話』、一七一一八、五七、六〇、九五一九六、一四五、一四八、一五九、一八二一一九〇、二一三頁。

(968) Theresa Authaler/Frank Hornig, Sebastian Jannasch/Walter Mayr/Conny Neumann/Peter Wensierski, Herausgefordert, in: Der Spiegel, Nr. 5, 27. Januar 2014, S. 39; Der frohe Botschaft, in: Die Zeit, Nr. 50, 5. Dezember 2013, S. 17-19.

(969) Fiona Ehlers/Anna Loll/Ulrich Schwarz/Michael Sontheimer, Der Gesandte des Kardinals, in: Der Spiegel, Nr. 28, 11. Juli 2011, S. 44 f.; Peter Wensierski, "Armut vorleben", in: Der Spiegel, 25. September 2013, S. 60 f.

(970) Simone Salden, Gastarbeiter des Herrn, in: Der Spiegel, Nr. 47, 18. November 2013, S. 40 f.

(971)『カトリック新聞』二〇一三年一〇月六日（四二一三号）、四頁；『カトリック新聞』二〇一三年一〇月一三日（四二一四号）、四頁。

(972)『カトリック新聞』二〇一三年九月二九日（四二一二号）、二頁；アンブロジェッティ／ルビン『教皇フランシスコとの対話』、一〇二一一〇四頁；ボフ『アシジの貧者』；Müller, Armut.

(973)『カトリック新聞』二〇一三年一一月三日（四二一七号）、一頁。

(974) Authaler et al., Herausgefordert, Der Spiegel, Nr. 5, 27. Januar 2014, S. 39; Martin U. Müller/Peter Wensierski, First Class in die Slums, in: Der Spiegel, Nr. 34, 20. August 2012, S. 40-42; Authaler et al., Das Lügen-Gebäude, in: Der Spiegel, Nr. 42, 14. Oktober 2013, S. 64-70; Matthias Bartsch/Michael Kröger/Gunther Latsch/Conny Neumann/Fidelius Schmid/Peter Wensierski, Die grauen Kassen der Bistümer, in: Der Spiegel, Nr. 43, 21. Oktober 2013, S. 43-46; Peter Wensierski, Residenz mit Suppenküche, in: Der

Spiegel, Nr. 44, 28. Oktober 2013, S. 38 f.;『カトリック新聞』二〇一四年四月六日（四二三七号）、二頁；Gänswein（Hrsg.）, Benedikt XVI., S. 155–168; http://www.wa.denachrichtennrwvorfall-koeln-aktivistin-springt-nackt-meisner-altar-3287395.html（二〇一四年一月二一日閲覧）.

(975) Langendörfer, Danke Benedikt, S. 25.

(976) アンブロジェッティ／ルビン『教皇フランシスコとの対話』、七三―八二、九九―一〇〇、一〇九―一一六、一一八―一二一、一三四―一四二、一四五、一七五―一八一、二〇四、二〇六頁；『カトリック新聞』二〇一四年七月六日（四二四九号）、一頁；『カトリック新聞』二〇一四年七月二〇日（四二五一号）、一頁。

(977) Authaler et al., Herausgefordert, in: Der Spiegel, Nr. 5, 27. Januar 2014, S. 39.

(978) 『カトリック新聞』二〇一四年三月二日（四二三二号）、二頁。

(979) 本書の原稿を入稿（二〇一四年一〇月五日）後、名誉教皇ベネディクトゥス一六世は、二〇一四年一〇月一九日に行われたパウルス六世の列福式にも姿を現した。

あとがき――ニコライ堂からアルトエッティングへ

初めにニコライ堂ありき。少年ラッツィンガーと同じく、筆者のキリスト教との関わりも感覚的領域から始まった。実家は今でこそ宗教から離れているが、地方政治家だった曾祖父・今野良作（一八六八年―一九三五年）の代に浄土真宗からギリシア正教に改宗し、一時期は宣教師を自宅に常駐させ、ニコライ大主教を招き、一族から神品も出す程であった（『日本キリスト教歴史大事典』、五四九頁。）。一九九一年一一月三日、祖父・今野望（一九〇九年―一九六四年）の歿後二十七周年を機に「パニヒダ」（露 Панихида）と呼ばれる追悼行事がニコライ堂（東京復活大聖堂）で行われたが、このとき筆者は初めて正教の奉神礼（礼拝）に触れたのである。薄暗い堂内には無数の蠟燭が揺らめき、聖障(イコノスタス)の聖像画(イコン)を照らし、鈴の付いた香爐が振られ、無伴奏の聖歌が流れている。正教会は「伝統」の忠実な継承を誇りとし、「現代化」を好ましいとする発想を有しない。パニヒダの祈禱文も、明治時代に邦訳したものを今日でもその儘維持して朗詠している。

司祭　我等の神は恒(つね)に崇め讃めらる、今もいつも世世に。
詠隊　アミン。
司祭　我等安和にして主に祈らん。
詠隊　主憐れめよ（以下、司祭の各句の後に毎回繰り返す）。
司祭　上より降る安和と我等が霊(たましい)の救の為に主に祈らん。
司祭　此の世を過ぎ去りし者の罪の赦(ゆるし)を得るが為に主に祈らん。
司祭　常に記憶せらるる神の僕イサアクに安息と平安と福たる記憶を賜るが為に主に祈らん。

司祭　彼が自由と自由ならざる罪の赦されんが為に主に祈らん。
司祭　彼が苦難を受けずして、畏るべき神の光栄なる台前に立つが為に主に祈らん。
司祭　泣き悲しみて、ハリストスより慰を受くるを望む者の為に主に祈らん。
司祭　我等の主神が彼の霊を光る処、茂き草場、平安のところ、諸義人の居るところに安息せしむるが為に主に祈らん。
司祭　彼がアウラアム、イサアク及びイアコフの懐に数え置かるるが為に主に祈らん。
司祭　彼及び我等が諸の憂愁と忿怒と危難とを免るるが為に主に祈らん。
司祭　神や、爾の恩寵を以て我等を佑け救い憐れみ護れよ。
司祭　彼及び我等に神の憐と天国と諸罪の赦とを賜わんことを求めて、我等己の身及び互に各の身を以て、並びに悉くの我等の生命を以て、ハリストス神に委託せん。
詠隊　主爾に。
司祭　蓋ハリストス我等の神や、爾は寝りし爾の僕イサアクの復活と生命と安息なり。我等光栄を爾と爾の無原の父と至聖至善にして生命を施す爾の神とに献ず、今も何時も世世に。
詠隊　アミン。

（『パニヒダ・埋葬式』（当日の形態に応じて一部変更））

日本のギリシア正教は政治的にも他のキリスト教諸宗派と異なっている。日本正教会はロシヤ正教会から分岐し、モスクワ総主教の傘下にはあるものの、日露戦争以前から日本国家への忠誠を誓ってきた（森安達也『東方キリスト教の世界』、二九五―二九六頁。）。現在でも「大聯禱」には天皇や政府関係者の為に祈る一節があり、パニヒダの待合室にも昭和天皇・香淳皇后（当時皇太后）の御真影が飾られていた。然し日露戦争から第二次世界戦争に掛けて、外国の宗教として日本国内で疑惑の目で見られた点では、他宗派と同じかそれ以上だった。英文学者だった祖父も、宗旨を問われて海軍兵学校の英語教師としての就職が取り止めになったと伝えられる。

このパニヒダを契機に筆者は様々なキリスト教会の礼拝を見て回るようになった。神がどのように表現されているのか、どのような人々が如何なる表情で参加しているのかを見たかったのである。ニコライ堂が長年の修復工事を終え、一九九八年に「成聖式」（献堂式）を迎えた時には、院生仲間を募って潜り込み、金銀で装飾された聖障と盛大な儀式とを見学した。正教会巡礼は、二〇〇〇年のセルギエフ・ポサド、モスクワ、サンクト・ペテルブルク訪問、二〇一〇年のコンスタンティノポリス（イスタンブール）訪問、二〇一四年のメテオラ訪問で頂点に達した。プロテスタント教会では、ライプツィヒのトーマス教会、ニコライ教会を訪れた。カトリック教会では、「東京カテドラル」で白柳誠一・東京大司教の司式による復活祭ミサを見学したのに始まり、一九九三年にブレーメン大聖堂、ベルリン大聖堂、本郷三丁目の交差点から近い「本郷中央教会」の日曜礼拝を皮切りに、一九九三年にケルン大聖堂（マイスナー大司教の司式）、ヴィーンのシュテファン大聖堂（グローエル大司教司式の「緑の木曜日」）の礼拝を見学することが出来た。二〇〇〇年初夏の或る日曜日には、ローマで教皇ヨアンネス・パウルス二世のミサに遭遇し、参詣者の熱狂ぶりを間近で体験した。英国教会（聖公会）に関しては、国際基督教大学で行われた鴨武彦教授の葬送式に参列し、二〇〇二年にカンタベリー大聖堂、ウェストミンスター大聖堂にも足を向けた。筆者は今でも世界各地を訪れるたびに、キリスト教に限らずその地の宗教施設と、そこで祈る人々の姿とを必ず見ることにしている。

当初は審美的関心が強かった筆者のキリスト教観察だが、それは徐々に政治史研究へと繋がっていった。一九九二年冬に「ヨーロッパ政治史」の講義後のレポートで、筆者は東欧諸国の社会主義政権とキリスト教会との関係を分析した比較政治研究を提出したが、これは全く日の目を見なかった。だがドイツ留学を始めた一九九八年のこと、フランクフルトのマックス・プランク・ヨーロッパ法制史研究所で、筆者はハインツ・モーンハウプト博士にこう言われたのである。「フルダには是非行ってみるといいですよ。素晴らしいバロックの大聖堂があります。でもフルダ司教には困ったもので、これ以上あり得ない程に保守的です。それに比べるとマインツ司教は良識があって共感できます。」。この一言を聞いて、筆者は現代の文化闘争を意識するようになった。この頃ドイツでは、カトリック教会が堕胎許可書の発行に関与するか否かが大きく争われていた。フルダ司教デューバは反対派の急先鋒で、テレビ討論会には頻繁に出演していた。あくの強いデューバの評判は、マスメディアでは常に悪かったが、二〇〇〇年にデューバが急死すると、ZDFが中継した葬儀には数万の人々が宗派を超えて集まった。葬儀の席だからでもあるだろうが、人々はデューバの快活な人柄と勇気とを口々に称えた。葬儀の直後、筆者はフルダ大聖堂を訪れる機会があったが、デューバの墓は多くの献花で埋め尽くされていた。追悼番組では、従軍司教デューバが、兵営で連邦軍兵士と陽気に交流する映像が流された。この時筆者は、雄弁な言論人や政治家のデューバ批判が、必ずしもドイツの一般人の意見を代表していないのではないかと思うようになった。筆者はケルン大司教マイスナーも、ケルン大聖堂やベルリンの聖ヘトヴィヒ教会で見かけたが、彼はいつも朗らかに語り、多くの信奉者たちに囲まれていた。少なくとも教会内には、彼を支持する人々は少なくないという印象を受けた。

デューバやマイスナーの背後に居るローマの教理省長官ラッツィンガー枢機卿についても、筆者は徐々に意識するようになっていった。いつも陽気なデューバやマイスナーとは異なり、ラッツィンガーは厳格な印象がある。ラッツィンガーに関して特に印象的だったのは、二〇〇〇年の教理省宣言「ドミヌス・イエスス」の発布である。糖衣の言葉で他宗教、他宗派との融和を謳い上げることが当たり前の時代に、カトリシズムの正統性を主張すれば悪評を被るのは、誰にでも分かることである。ラッツィンガーは平身低頭して批判をかわすのではなく、批判と正面から対決することを自ら選択したのだった。誰もが流れに棹さして穏便に済まそうとする現代社会に於いて、世間の評価を気にせずに持論を貫くというのは、少なくとも日本では容易にお目に掛れない人間類型であり、そうした人材を生んだドイツの政治的・学問的風土にも興味を懐くようになった。

二〇〇五年に教皇ヨアンネス・パウルス二世が薨去した時、筆者はラッツィンガーが後継者になるとは思わなかった。ドイツ政治を観察していて、進歩派知識人の非難攻撃を一身に引き受けてきた彼が選出されるのには、障害が大きすぎると考えていたのである。だが四月一九／二〇日の深夜、筆者の予想は外れた。就寝前にふとCNNを見てみると、そこには正しく白煙の映像が映し出されていた。エステベス枢機卿が「ヨセフム」と述べた瞬間に、筆者はラッツィンガーが選出されたことを悟った。そしてドイツ政治史研究者として、ドイツ現代史の文脈に於いてこのドイツ人教皇を描くことは職業的義務であると感じた。筆者は早速彼の著作を収集し始め、一年後に就職した愛知県立大学では、人生最初の授業である平成一八年度「ドイツ語圏研究演習（歴史・政治）」の内容を、ラッツィンガーのヨーロッパ論の講読とした。

筆者はドイツの知り合いを訪れるたびに、ドイツ人にドイツ人教皇誕生の感想を聞いてみた。ベルリンの知り合いはプロテスタント教徒か無神論者だった。筆者が懇意にしているフローナウのドロテア・シェーラー女史は熱心なプロテスタント教徒で、ゼレ・シュテッフェンスキー夫妻に興味があり、普段カトリック教会には批判的だが、ドイツ人教皇の誕生は誇らしいと言っていた。ベルリン大学で同じ指導教官に付き、アドルフ・フォン・ハルナックの伝記を書いた後にプロテスタント神学部助手、そして牧師になった友人クリスティアン・ノットマイヤー氏も、同じ感想だった。だが決然たる旧東独体制派で、ベルリン司教だったマイスナーについても、ケルンに移ってくれてベルリンでは皆ほっとしたと語っていたベルナウのヘーゲンバルト家では、筆者がうっかりドイツ人教皇の話題を出したことで、それを「誇らしい」とする西独出身の娘婿と、教皇への熱狂を不快とするそれ以外の家族との間で緊張した空気が流れた。

二〇一二年四月三日からのミュンヒェン滞在では、筆者はバイエルンの風土を知ることに努めた。アルトエッティングへの三日間の徒歩巡礼は、ラッツィンガーが愛好した聖母マリアの巡礼地を訪れ、バイエルンの農村生活を見て回るだけでなく、ロザリオ繰りなどの習慣や、篤信のカトリック信徒たちの人となりを知る絶好の機会となった。またミュンヒェンも学問的・宗教的刺戟を多く提供してくれる都市であり、ヴィーンや北イタリア諸都市にも比較的近く、最初の留学地ベルリンとは別な魅力を備えた地だった。だが筆者のミュンヒェン滞在中、教皇の体調が急速に悪化していくのが、テレビからも見てとれた。二〇一三年一月二〇日に筆者は帰国したが、それから一箇月も経たないうちに教皇の生前退位が発表された。ただこの生前退位によって、増え続ける文献や情報に歯止めが掛かり、筆者が執筆を本格的に開始できるようになった。平成二五年度後期の講義「研究各論（ドイツ政治）」は、「教皇ベネディクトゥス一六世とキリスト教的ヨーロッパ」と題して実施した。

本書は、科学研究費補助金（若手B：平成二〇—二二年度）「カトリシズムと政治的近代化——「知性主義の逆説」の政治史的・思想史的検証」の成果の一部である。また愛知県立大学では、平成二四年度長期学外研究員として現代史研究所に滞在する機会を得た。研究指導者であった同研究所前所長のホルスト・メラー教授（ミュンヒェン大学）には、ハンス・マイヤー教授、フロリアン・シュラー神父などミュンヒェンのカトリック知識人のサークルに触れる機会を頂いた。西川洋一教授（東京大学大学院法学政治学研究科長・法学部長）からは、日頃からマイスナーのケルン赴任騒動など、カトリック教会に関する逸話を伺ってきたが、ミュンヒェン滞在の準備に際しても多大なる御支援を頂いた。樋口陽一名誉教授（東京大学）には、学部四年生の頃、緑会懸賞論文の受賞に際してお目に掛かり、本書の元となる構想を開陳する機会を得たが、その際ジル・ケペル『神の復讐』をお勧め頂いた。和仁陽准教授（東京大学）は、筆者の未公刊修士論文をお読み下さり、ヴェーバーのポーランド人観をカトリック問題との関連で読むという――日本の「ヴェーバー専門家」には頗る人気のない――構想を後押しして頂いた。カトリシズムに法学者として取り組まれた和仁准教授は、筆者の体験重視のキリスト教論には違和感を持たれたようだったが、筆者はその時の会話から大いに刺戟を頂いたと考えている。ベルント＆アントニエ・ヴィルケン夫妻（ミュンヒェン）には、二〇一二年のミュンヒェン滞在以来、バイエルンのカトリック民衆信仰の世界に触れる契機を豊富に頂いた。徳田慎一郎氏（元・勁草書房）は、この出版構想を初期段階で励まして下さった。山田秀樹氏（東京大学出版会）には、前回の『マックス・ヴェーバー』に引き続き、今回も編集作業に情熱的に取り組んで頂いた。本書の刊行に当たり御支援を頂いた多くの方々に、そして筆者の授業に参加してくれた学生諸君に、この場を借りて厚く御礼申し上げる。

今野　元

平成二六年九月一七日　ミュンヒェン＝ハーゼンベルグル

今野　元	マックス・ヴェーバー	A5判	九五〇〇円
島薗　進・磯前順一 編	宗教と公共空間	A5判	四四〇〇円
稲垣久和	宗教と公共哲学	A5判	四〇〇〇円
深沢克己・高山　博 編	信仰と他者	A5判	五六〇〇円
西本晃二	ルネッサンス史	A5判	一二〇〇〇円
松本　彰	記念碑に刻まれたドイツ	A5判	六四〇〇円
篠原　一	ヨーロッパの政治	A5判	三二〇〇円

ここに表記された価格は本体価格です．御購入の際には消費税が加算されますので御了承下さい．

著者略歴

1995年　東京大学法学部第三類卒業
2005年　東京大学大学院法学政治学研究科博士課程修了
現　在　愛知県立大学外国語学部准教授

主要著作

『マックス・ヴェーバーとポーランド問題——ヴィルヘルム期ドイツ・ナショナリズム研究序説』（東京大学出版会，平成15年）
『マックス・ヴェーバー——ある西欧派ドイツ・ナショナリストの生涯』（東京大学出版会，平成19年）
『多民族国家プロイセンの夢——「青の国際派」とヨーロッパ秩序』（名古屋大学出版会，平成21年）

教皇ベネディクトゥス一六世
「キリスト教的ヨーロッパ」の逆襲

2015年3月25日　初　版

［検印廃止］

著　者　今野　元（こんの　はじめ）

発行所　一般財団法人　東京大学出版会
代表者　古田元夫
153-0041　東京都目黒区駒場4-5-29
電話　03-6407-1069　Fax 03-6407-1991
振替　00160-6-59964

印刷所　株式会社暁印刷
製本所　牧製本印刷株式会社

©2015 Hajime Konno
ISBN 978-4-13-021081-2　Printed in Japan

JCOPY〈㈳出版者著作権管理機構 委託出版物〉
本書の無断複写は著作権法上での例外を除き禁じられています．複写される場合は，そのつど事前に，㈳出版者著作権管理機構（電話 03-3513-6969，FAX 03-3513-6979，e-mail: info@jcopy.or.jp）の許諾を得てください．

索　引

ア　行

カ　行

サ　行

タ　行

ナ　行

ハ　行

マ　行

ヤ　行

ラ　行

史料・文献一覧

〈未公刊文書〉

1. ミュンヒェン＝フランジング大司教座文書館（Archiv des Erzbistums München und Freising – Erzbischöfliches Archiv München: AEM）

Amtsblatt für das Erzbistum München und Freising: 1977–1980.
Ordinariats-Korrespondenz [ok]: 1976–1982.
Themen und Trends [t+t]: Januar bis Juni 1977.
Dokumentation – Pressestelle: Joseph Kardinal Ratzinger.
Päpste PD 4365/5: Papstbesuch in Bayern 09. bis 15. September 2006
Päpste PD 4366/3: Konklave zur Papstwahl
Päpste PD 4366/13: Papst – Rücktritt 11.02.2013

2. レーゲンスブルク司教座中央文書館（Bischöfliches Zentralarchiv Regensburg）

752.05 Verein der Freunde der Universität Regensburg e. V.
811.00 Marianische Männerkongregation.
Zeituntungsausschnitte von Papst Benedikt XVI.
Zeituntungsausschnitte von Bischof Rudolf Graber.

3. テュービンゲン市文書館（Stadtarchiv Tübingen）

Schwäbisches Tagblatt.
Attempto.

4. テュービンゲン大学文書館（Universitätsarchiv Tübingen）

S 4/258 Flugblattsammlung
UAT 183/147,1
UAT 183/147,2
UAT 183/147,3
UAT 183/147,5
UAT 183/147,6
UAT 183/147,7

5. ミュンヒェン市文書館（Stadtarchiv München）

Zeitgeschichtliche Sammlung: 343/1
Zeitgeschichtliche Sammlung: 343/2
Zeitungsausschnitte Personen: 403/11 Prof. Dr. Joseph Kardinal Ratzinger
Zeitungsausschnitte Personen: 403/12 Prof. Dr. Joseph Kardinal Ratzinger
Zeitungsausschnitte: 403/13 Prof. Dr. Joseph Kardinal Ratzinger
Zeitungsausschnitte: 403/14 Prof. Dr. Joseph Kardinal Ratzinger
Zeitungsausschnitte: 403/15 Maria Ratzinger

〈欧語定期刊行物〉

Acta apostolicae sedis. Commentarium officiale./Altbayerische Heimatpost./American Political Science Review./Attempto./Bonner Rundschau./Communio./Concilium./Frankfurter Allgemeine Zeitung./Herder-Korrespondenz./Hochland./Kölner Rundschau./Merkur./Münchener Theologische Zeitschrift./Neues Hochland./Passauer Bistumsblatt./Schwäbisches Tagblatt./Der Spiegel./Der Standard./Süddeutsche Zeitung./Theologische Quartalschrift (Tübingen)./Vorwärts./Die Welt./Die Zeit.

〈ヨーゼフ・ラッツィンガーの著作〉

Ratzinger, Joseph, Die neuen Heiden und die Kirche, in: Hochland, 51. Jg. (1958/59), S. 1-11.

Ratzinger, Joseph, Die erste Sitzungsperiode des Zweiten Vatikanischen Konzils. Ein Rückblick, Köln: J. P. Bachem, 1963.

Ratzinger, Joseph, Das Konzil auf dem Weg. Rückblick auf die zweite Sitzungsperiode des Zweiteu Vatikanischen Kouzils, Köln: J. P. Bachem, 1964.

Ratzinger, Joseph, Ergebnisse und Probleme der dritten Konzilsperiode, Köln: J. P. Bachem, 1965.

Ratzinger, Joseph, Vom Sinn des Christseins. Drei Adventspredikten, München: Kösel, 1965.

Ratzinger, Joseph/Schweizer, Eduard/Congar, Yves M.-J./Pauwels, Carolus Fr./Winklhofer, Alois, Kirche heute, Bergen-Enkheim bei Frankfurt (M): Verl. Gerhard Kaffke, 1965.

Ratzinger, Joseph, Die letzte Sitzungsperiode des Konzils, Köln: J. P. Bachem, 1966.

Ratzinger, Joseph/Maier Hans, Demokratie in der Kirche. Möglichkeiten, Grenzen, Gefahren, Limburg: Lahn, 1970.

Ratzinger, Joseph, Das neue Volk Gottes. Entwürfe zur Ekklesiologie, 2. Aufl., Düsseldorf: Patmos, 1970.

Balthasar, Hans Urs von/Ratzinger, Joseph, Zwei Plädoyers. Warum ich noch ein Christ bin. Warum ich noch in der Kirche bin, München: Kösel Verl., 1971.

Ratzinger, Joseph Kardinal/Balthasar, Hans Urs von, Maria - Kirche im Ursprung, Freiburg (Br.): Herder, 1980.

Ratzinger, Joseph, Das Fest des Glaubens. Versuche zur Theologie des Gottesdienstes, 2. Aufl., Einsiedeln: Johannes, 1981.

Ratzinger, Joseph, Prinzipien Christlicher Moral, 2. Aufl., Einsiedeln: Johannes, 1981.

Ratzinger, Joseph Kardinal, Die Krise der Katechese und ihre Überwindung. Rede in Frankreich, Einsiedeln: Johannes 1983.

Ratzinger, Joseph Kardinal, Suchen, was droben ist. Meditationen das Jahr hindurch, Freiburg (Br.): Herder, 1985.

Ratzinger, Joseph Cardinal (Hrsg.), Wege zur Wahrheit. Die bleibende Bedeutung von Romano Guardini, Düsseldorf: Patmos, 1985.

Ratzinger, Joseph, Politik und Erlösung. Zum Verhältnis von Glaube, Rationalität und Irrationalem in der sogenannten Theologie der Befreiung, Opladen: Westdeutscher Verl., 1986.

Ratzinger, Joseph Kardinal, Kirche, Ökumene und Politik. Neue Versuche zur Ekklesiologie, Einsiedeln: Johannes, 1987.

Ratzinger, Joseph (Hrsg.), Schriftauslegung im Widerstreit, Freiburg (Br.): Herder, 1989.

Ratzinger, Joseph Kardinal, Auf Christus schauen. Einübung in Glaube, Hoffnung, Liebe, Freiburg (Br.): Herder, 1989.

Ratzinger, Joseph Cardinal, Wendezeit für Europa? Diagnosen und Prognosen zur Lage von Kirche und Welt, Einsiedeln: Johannes 1991.

Ratzinger Joseph, Volk und Haus Gottes in Augustins Lehre von der Kirche, St. Ottilien: Eos Verlag Erzabtei St. Ottilien, 1992.
Ratzinger Joseph, Die Geschichtstheologie des heiligen Bonaventura, St. Ottilien: Eos Verlag Erzabtei St. Ottilien, 1992.
Ratzinger, Joseph, Ein neues Lied für den Herrn. Christusglaube und Liturgie in der Gegenwart, Freiburg (Br.): Herder, 1995.
Ratzinger, Joseph Kardinal, Vom Wiederauffinden der Mitte. Grundorientierungen. Texte aus vier Jahrzehnten, hrsg. vom Schülerkreis, Freiburg (Breisgau): Herder, 1997.
Ratzinger, Joseph, Die Vielfalt der Religionen und der Eine Bund, 2. Aufl., Bad Tölz: Urfeld, 1998.
Ratzinger, Joseph Kardinal, Aus meinem Leben. Erinnerungen, München: Deutsche Verlags-Anstalt, 1998（里野泰昭訳『新ローマ教皇　わが信仰の歩み』（春秋社，平成 17 年））.
Ratzinger, Joseph Kardinal, Der Geist der Liturgie. Eine Einführung, 6. Aufl., Freiburg (Br.): Herder, 2002（濱田了訳『典礼の精神』（サン パウロ，平成 16 年）.）.
Ratzinger, Joseph Kardinal, Das Archiv der Glaubenskongregation. Überlegungen anlässlich seiner Öffnung, in: Hubert Wolf (Hrsg.), Inquisition, Index, Zensur. Wissenskulturen der Neuzeit im Widerstreit, 2., erw. Aufl., Paderborn: Schöningh, 2003, S. 17-22.
Ratzinger, Joseph Kardinal/Pera, Marcello, Ohne Wurzeln. Der Relativismus und die Krise der europäischen Kultur, Augsburg: Sankt Ulrich, 2005.
Ratzinger, Joseph, Werte in Zeiten des Umbruchs, Freiburg (Br.): Herder, 2005.
Ratzinger, Joseph, Die Einheit der Nationen. Eine Vision der Kirchenväter, Salzburg: Anton Pustet, 2005.
Ratzinger, Joseph (Benedikt XVI.), Glaube. Wahrheit. Toleranz. Das Christentum und die Weltreligionen, 4. Aufl., Freiburg (Br.): Herder, 2005.
Ratzinger, Joseph Kardinal, Skandalöser Realismus? Gott handelt in der Geschichte, 3. Aufl., Bad Tölz: Urfeld, 2005.
Ratzinger, Joseph, Theologische Prinzipienlehre. Bausteine zur Fundamentaltheologie, 2. unveränderte Aufl., Donauwörth: Wewel, 2005.
Ratzinger, Joseph, Einführung in das Christentum. Vorlesungen über das Apostolische Glaubensbekenntnis. Mit einem neuen einleitenden Essay, 5. Aufl. der Neuausgabe, München: Kösel, 2005（小林珍雄訳『キリスト教入門』再版（エンデルレ書店，平成 3 年）.）.
Ratzinger, Joseph Cardinal, Gott ist uns nah. Eucharistie: Mitte des Lebens, Augsburg: Sankt Ulrich, 2005.
Ratzinger, Joseph Kardinal, Salz der Erde. Christentum und katholische Kirche im neuen Jahrtausend. Ein Gespräch mit Peter Seewald, 6. Aufl., München: Wilhelm Heyne, 2005.
Ratzinger, Joseph (Benedikt XVI.), Grundsatz-Reden aus fünf Jahrzehnten, hrsg. von Florian Schuller, Regensburg: Friedrich Pustet, 2005.
Ratzinger, Joseph (Papst Benedikt XVI.), Grundsatz-Reden aus fünf Jahrzehnten, hrsg. von Florian Schuller, Regensburg: Friedrich Pustet, 2005.
Ratzinger, Joseph (Papst Benedikt XVI.), Der Gott des Glaubens und der Gott der Philosophen. Ein Beitrag zum Problem der theologia naturalis, hsrg. v. Heino Sonnemans, 2., ergänzte Aufl., Leutesdorf: Johannes, 2005.
Ratzinger, Joseph Kardinal (Papst Benedikt XVI.), Gott und die Welt. Glaube und Leben in unserer Zeit. Ein Gespräch mit Peter Seewald, Neuausgabe, München: Knaur, 2005.
Benedikt XVI. (Joseph Ratzinger), Zur Gemeinschaft gerufen. Kirche heute verstehen, Freiburg

(Br.): Herder, 2005.
Benedikt XVI. (Joseph Ratzinger), Dogma und Verkündung, 4. Aufl., Donauwörth: Erich Wewel Verl., 2005.
Ratzinger, Joseph (Papst Benedikt XVI.), Wort Gottes. Schrift - Tradition - Amt, hrsg. v. Peter Hünermann/Thomas Söding, Freiburg (Br.): Herder, 2005.
Ratzinger, Joseph Cardinal, Im Anfang schuf Gott. Vier Predigten über Schöpfung und Fall, 2. Aufl., Einsiedelu/Freiburg (Br.); Johannes, 2005.
Ratzinger, Joseph (Benedikt XVI.), Unterwegs zu Jesus Christus, 3. unveränderte Aufl., Augsburg: Sankt Ulrich, 2005.
Benedikt XVI., Gedanken, Impulse, Visionen, hrsg. von Jürgen Erbacher, Leipzig: St. Benno-Verl., 2005.
Ratzinger, Joseph (Benedikt XVI.), Die christliche Brüderlichkeit, München: Kösel, 2006 (吉田聖訳『まことの兄弟とは――キリスト教的兄弟観』(南窓社, 平成 18 年).).
Ratzinger, Joseph (Benedikt XVI.), Der Gott Jesu Christi. Betrachtungen über den Dreieinigen Gott, Neuausgabe, München: Kösel, 2006.
Ratzinger, Joseph (Benedikt XVI.), Credo für heute. Was Christen glauben, Originalausgabe, Freiburg (Br.): Herder, 2006.
Der Gott Jesu Christi. Betrachtungen über den Dreieinigen Gott, Neuausgabe, München: Kösel, 2006.
Ratzinger, Joseph/Flores d'Arcais, Paolo, Gibt es Gott?, 3. Aufl., Berlin: Wagenbach, 2006.
Benedikt XVI., Gott ist Liebe / Deus Caritas est. Die Enzyklika, Augsburg: Sankt Urlich, 2006(『回勅　神は愛』(カトリック中央協議会, 平成 18 年).).
Benedikt XVI., Wo war Gott? Die Rede in Auschwitz, Freiburg (Br.): Herder, 2006.
Benedikt XVI., Glaube und Vernunft. Die Regensburger Vorlesung, Freiburg (Br.): Herder, 2006.
Benedikt XVI., „Der Liebe kann man glauben". Die Predigten und Reden zum Papst-Besuch in Bayern, herausgegeben und eingeleitet von Martin Posselt, München: Langen Müller, 2006.
Benedikt XVI., „Vergiss Dein Geschöpf Mensch nicht!" Der Papst in Auschwitz, Augsburg: Sankt Urlich Verl., 2006.
ベネディクト 16 世（貝原敬子訳）『ベネディクト 16 世　黙想と祈りによる十字架の道行』（女子パウロ会, 平成 18 年）.
Ratzinger, Joseph Kardinal (Papst Benedikt XVI.), Zur Lage des Glaubens. Ein Gespräch mit Vittorio Messori, Freiburg (Br.): Herder, 2007 (吉向キエ訳『信仰について――ラッツィンガー枢機卿との対話』(ドン・ボスコ社, 平成 5 年).).
Joseph Ratzinger (Benedikt XVI.), Eschatologie. Tod und ewiges Leben, Neuausgabe, Regensburg: Friedrich Pustet, 2007.
Ratzinger, Joseph (Benedikt XVI.), Glaube und Zukunft, Neuausgabe, München: Kösel, 2007.
Benedikt XVI. (Joseph Ratzinger), Kirchliche Bewegungen und neue Gemeinschaften. Unterscheidungen und Kriterien, München: Verl. Neue Stadt, 2007.
Benedikt XVI., Auf dem Fundament der Apostel. Katechesen zum Ursprung der Kirche, Regensburg: Friedrich Pustet, 2007.
教皇ベネディクト十六世『霊的講話集 2005』(カトリック中央協議会, 平成 19 年).
教皇ベネディクト十六世『霊的講話集 2006』(カトリック中央協議会, 平成 19 年).
Benedikt XVI., Die Kirchenväter. Frühe Lehrer der Christenheit, Regensburg: Friedrich Pustet, 2008.
教皇ベネディクト 16 世ヨゼフ・ラツィンガー（里野泰昭訳）『ナザレのイエス』(春秋社, 平成 20

年）.
Benedikt XVI., Auf Hoffnung hin sind wir gerettet. Spe Salvi, Augsburg: Libreria Editrice Vaticana, 2008（『回勅　希望による救い』（カトリック中央協議会，平成 20 年）.）.
教皇ベネディクト十六世『霊的講話集 2008』（カトリック中央協議会，平成 21 年）.
Ratzinger, Joseph, Gesammelte Schriften 2. Offenbarungsverständnis und Geschichtstheologie Bonaventuras. Habilitation und Bonaventura-Studien, Freiburg（Br.）: Herder, 2009.
教皇ベネディクト十六世『霊的講話集 2009』（カトリック中央協議会，平成 22 年）.
Papst Benedikt XVI., Licht der Welt. Der Papst, die Kirche und die Zeichen der Zeit. Ein Gespräch mit Peter Seewald, Freiburg（Br.）: Herder, 2010.
Ratzinger, Joseph, Gesammelte Schriften 8/1. Kirche – Zeichen unter den Völkern. Schriften zur Ekklesiologie und Ökumene, Freiburg（Br.）: Herder, 2010.
Ratzinger, Joseph, Gesammelte Schriften 8/2. Kirche – Zeichen unter den Völkern. Schriften zur Ekklesiologie und Ökumene, Freiburg（Br.）: Herder, 2010.
Ratzinger, Joseph, Gesammelte Schriften 11. Theologie der Liturgie. Die sakramentale Begründung christlicher Existenz, 3., vom Autor erneut durchgesehene Aufl., Freiburg（Br.）: Herder, 2010.
Ratzinger, Joseph, Gesammelte Schriften 12. Künder des Wortes und Diener eurer Freude. Theologie und Spiritualität des Weihesakramentes, 2010.
教皇ベネディクト十六世『霊的講話集 2010』（カトリック中央協議会，平成 23 年）.
教皇ベネディクト十六世『司祭職』（カトリック中央評議会，平成 23 年）.
Benedikt XVI., Die Liebe in der Wahrheit. Die Sozialenzyklika „Caritas in veritate“, vollständige Ausgabe, Freiburg(Br.): Herder, 2009（マイケル・シーゲル訳『回勅　真理に根ざした愛』（カトリック中央協議会，平成 23 年）.）.
Ratzinger, Joseph, Gesammelte Schriften 1. Volk und Haus Gottes in Augustins Lehre von der Kirche. Die Dissertation und weitere Studien zu Augustinus und zur Theologie der Kirchenväter, Freiburg（Br.）: Herder, 2011.
Ratzinger, Joseph, Gesammelte Schriften 7/1. Zur Lehre des Zweiten Vatikanischen Konzils. Formulierung – Vermittlung – Deutung, Freiburg（Br.）: Herder, 2012.
Ratzinger, Joseph, Gesammelte Schriften 7/2. Zur Lehre des Zweiten Vatikanischen Konzils. Formulierung – Vermittlung – Deutung, Freiburg（Br.）: Herder, 2012.
Ratzinger, Joseph, Gesammelte Schriften 10. Auferstehung und ewiges Leben. Beiträge zur Eschatologie und zur Theologie der Hoffnung, Freiburg（Br.）: Herder, 2012.
Papst Benedikt XVI., Fragen an mich, Augsburg: Sankt Ulrich, 2012.
教皇ベネディクト十六世『使徒的勧告　主のことば』（カトリック中央協議会，平成 24 年）.
教皇ベネディクト十六世『霊的講話集 2011』（カトリック中央協議会，平成 24 年）.
教皇ベネディクト十六世『イエスの祈り』（カトリック中央協議会，平成 24 年）.
教皇ベネディクト十六世『新約の祈り』（カトリック中央協議会，平成 25 年）.
教皇ベネディクト十六世『霊的講話集 2012・13』（カトリック中央協議会，平成 25 年）.
名誉教皇ベネディクト 16 世ヨゼフ・ラツィンガー（里野泰昭訳）『ナザレのイエスⅡ――十字架と復活』（春秋社，平成 25 年）.
Ratzinger, Joseph, Gesammelte Schriften 6/1. Jesus von Nazareth. Beiträge zur Christologie, 1. Band, Freiburg（Br.）: Herder, 2013.
Ratzinger, Joseph, Gesammelte Schriften 6/2. Jesus von Nazareth. Beiträge zur Christologie, 2. Band, Freiburg（Br.）: Herder, 2013.
名誉教皇ベネディクト 16 世ヨゼフ・ラツィンガー（里野泰昭訳）『ナザレのイエス――プロロー

グ：降誕』（春秋社，平成 25 年）．

〈その他の史料・文献〉

阿倍仲麻呂「教皇ベネディクト 16 世『ナザレのイエス』を読む」，『春秋』第 507 号（平成 21 年），18-20 頁．

阿倍仲麻呂「この一冊！　教皇ベネディクト一六世著『イエス・キリストの神』　三位一体の神に信頼して生きる」，『春秋』第 538 号（平成 24 年），28-31 頁．

阿倍仲麻呂「ベネディクト一六世『ナザレのイエスⅡ』の執筆意図と将来性」，『春秋』第 551 号（平成 25 年），16-19 頁．

Adams, Henry M., Rebel Patriot. A Biography of Franz Von Papen, Santa Barbara: McNally & Loftin, 1987.

Adenauer, Konrad, Erinnerungen 1945-1953, Stuttgart: Deutsche Verlags-Anstalt, 1965.

Albrecht, Detlef（Hrsg.）, Joachim Kardinal Meisner. Erzbischof von Köln, Hildesheim: Bernward, 1989.

Albrecht, Dieter（Hrsg. und Bearb.）, Die Protokolle der Landtagsfraktion der Bayerischen Zentrumspartei 1893-1914, 4 Bde., München: C. H. Beck, 1989/1991/1992.

Algermissen, Heinz Josef, Dem Wort auf der Spur. Hirtenbriefe, Predigten, Worte des Bischofs, 2. Aufl., Fulda: Verlag Parzeller, 2003.

Allen, John L., Jr., Cardinal Ratzinger. The Vatican's Enforcer of the Faith, New York: Continuum, 2000.

Allen, John L. Jr., The Rise of Benedict XVI. The Inside Story of how the Pope was elected and where he will take the Catholic Church, New York: Doubleday 2005.

Allgemeine deutsche Biographie. Auf Veranlassung Seiner Majestät des Königs von Bayern Maximilian II., hrsg. durch die historische Commission bei der Königl. Akademie der Wissenschaften, 56 Bde., Berlin: Duncker & Humblot 1875-1912.

安藤英治（聞き手）・亀嶋庸一（編）・今野元（訳）『回想のマックス・ウェーバー――同時代人の証言』（岩波書店，平成 17 年）．

雨宮栄一『ドイツ教会闘争の展開』（日本基督教団出版局，昭和 55 年）．

アンブロジェッティ，フランツェスカ／ルビン，セルヒオ（八重樫克彦／八重樫由貴子訳）『教皇フランシスコとの対話――みずからの言葉で語る生活と意見』（新教出版社，平成 26 年）．

Annuario Pontificio per L'anno 2009, Città del Vaticano: Libreria Editrice Vaticana, 2009.

アパドゥライ，アルジュン（藤倉達郎訳）『グローバリゼーションと暴力――マイノリティーの恐怖』（世界思想社，平成 22 年）．

Aretin, Karl Otmar Freiherr von, Heiliges Römisches Reich 1776-1806. Reichsverfassung und Staatssouveränität, Teil 1: Darstellung, Wiesbaden: Franz Steiner, 1967.

アーレティン，K・v（沢田昭夫訳）『カトリシズム――教皇と近代世界』（平凡社，昭和 48 年）．

馬場康雄／岡沢憲芙編『イタリアの政治――「普通でない民主主義国」の終り？』（早稲田大学出版部，平成 11 年）．

Baier, Stephan/Demmerle, Eva, Otto von Habsburg 1912-2011. Die Biographie, 6., überarbeitete u. erweiterte Aufl., Wien: Amalthea, 2012.

バリバール，エティエンヌ（大中一彌訳）『ヨーロッパ，アメリカ，戦争――ヨーロッパの媒介について』（平凡社，平成 18 年）．

バルタザール，ハンス・ウルス・フォン（九里彰訳）『過越の神秘』（サンパウロ，平成 12 年）．

Barion, Hans, Kirche und Kirchenrecht. Gesammelte Aufsätze, hrsg. v. Werner Böckenförde, Paderborn: Schöningh, 1984.

Bauer, Dolores/Horner, Franz/Krön, Peter（Hrsg.）, Wir sind Kirche – sind wir Kirche? Eine Bestandsaufnahme aus Österreich, Salzburg: Otto Müller, 1988.
Baumeister, Martin, Parität und katholische Inferiorität. Untersuchungen zur Stellung des Katholizismus im Deutschen Kaiserreich, Paderborn: Schöningh, 1987.
ベイヤー，チャールズ・H（山下慶親訳）『富める社会と解放の神学――中流階層の教会ために』（新教出版社，平成 2 年）.
ベック，ウルリッヒ（島村賢一訳）『ユーロ消滅？――ドイツ化するヨーロッパへの警告』（岩波書店，平成 25 年）.
ベル，ダニエル・A（施光恒／蓮見二郎訳）『「アジア的価値」とリベラル・デモクラシー――東洋と西洋の対話』（風行社，平成 18 年）.
Benedikt XVI. in Österreich, Wien/Graz/Klagenfurt: Styria, 2007.
Bensberger Kreis（Hrsg.）, Demokratisierung der Kirche in der Bundesrepublik Deutschland. Ein Memorandum deutscher Katholiken, Mainz: Matthias-Grünewald-Verl., 1970.
Papst Franziskus, Lumen fidei. Enzyklika. Licht des Glaubens, Leipzig: St. Benno Verlag, 2013（『回勅　信仰の光』（カトリック中央協議会，平成 26 年）.）.
ベリマン，フィリップ（後藤政子訳）『解放の神学とラテンアメリカ』（同文舘出版，平成元年）.
Besier, Gerhard, Der Heilige Stuhl und Hitler-Deutschland. Die Faszination des Totalitären, München: Deutsche Verlags-Anstalt, 2004.
ブロンデル，ジャン／猪口孝（猪口孝訳）『アジアとヨーロッパの政治文化――市民・国家・社会価値についての比較分析』（岩波書店，平成 20 年）.
ブアジンスキ，G（巽豊彦訳）『クラクフからローマへ――教皇ヨハネ・パウロ二世』（中央出版社，昭和 55 年）.
Böckenförde, Ernst-Wolfgang, Kirchlicher Auftrag und politische Entscheidung, Freiburg（Br.）: Rombach, 1973.
Böckenförde, Ernst-Wolfgang, Recht, Staat, Freiheit. Studien zur Rechtsphilosophie, Staatstheorie und Verfassungsgeschichte, Frankfurt（M）: Suhrkamp, 1991.
ベッケンフェルデ，E-W（初宿正典編訳）『現代国家と憲法・自由・民主制』（第 2 刷）（風行社，平成 14 年）.
Böckenförde, Ernst-Wolfgang, Kirche und christlicher Glaube in den Herausforderungen der Zeit. Beiträge zur politisch-theologischen Verfassungsgeschichte 1957–2002, 2., erweiterte Aufl., fortgeführt bis 2006, Berlin: Lit Verlag, 2007.
Böckenförde, Werner, Der korrekte Kanonist. Einführung in das kanonistische Denken, in: Hans Barion, Kirche und Kirchenrecht. Gesammelte Aufsätze, hrsg. v. Werner Böckenförde, Paderborn: Schöningh, 1984, S. 1–23.
ボフ，レオナルド（石井健吾訳）『アシジの貧者・解放の神学』（エンデルレ書店，昭和 60 年）.
Boff, Leonardo, Manifest für die Ökumene. Im Streit mit Kardinal Ratzinger, 2. Aufl., Düsseldorf: Patmos, 2001.
Borutta, Manuel, Antikatholizismus. Deutschland und Italien im Zeitalter der europäischen Kulturkämpfe, Göttingen: Vandenhoeck & Ruprecht, 2010.
Boss, Dorothee, Gottesdienst［Kompakt］, Würzburg: Echter, 2009.
ブラウァー，ジェラルド・C（野村文子訳）『アメリカ建国の精神――宗教と文化風土』（平成 14 年）.
Brentano, Lujo, Mein Leben im Kampf um die soziale Entwicklung Deutschlands, hrsg. v. Richard Bräu und Hans S. Nutzinger, Marburg: Metropolis-Verlag, 2004（石坂昭雄／加来祥男／太田和宏訳『わが生涯とドイツの社会改革――一八四四――一九三一』（ミネルヴァ書房，平成 19

年)).
Broszat, Martin/Fröhlich, Elke/Wiesemann, Falk (Hrsg.), Bayern in der NS-Zeit. Soziale Lage und politisches Verhalten der Bevölkerung im Spiegel vertraulicher Berichte, München: Oldenbourg, 1977.
Broszat, Martin/Fröhlich, Elke (Hrsg.), Bayern in der NS-Zeit. Herrschaft und Gesellschaft im Konflikt, München: Oldenbourg, 1979.
ブラウン, S・F/アナトリオス, Kh (森夏樹訳)『カトリック』(青土社, 平成 15 年).
バージャー, ジュリアン (綾部恒雄監修)『世界の先住民族』(明石書店, 平成 7 年).
コーン, J・H (梶原寿訳)『解放の神学——黒人神学の展開』(新教出版, 昭和 48 年).
Conze, Vanessa, Das Europa der Deutschen. Ideen von Europa in Deutschland zwischen Reichstradition und Westorientierung (1920-1970), München: Oldenbourg, 2005.
Cornelißen, Christoph (Hrsg.), Geschichtswissenschaft im Geist der Demokratie. Wolfgang J. Mommsen und seine Generation, Berlin: Akademie Verlag, 2010.
シェリフ, ムスタファ (小幡谷友二訳)『イスラームと西洋——ジャック・デリダとの出会い, 対話』(駿河台出版社, 平成 19 年).
シオヴァロ, フランチェスコ/ベシエール, ジェラール (鈴木宣明監修/後藤淳一訳)『ローマ教皇——キリストの代理人・二千年の系譜』(創元社, 平成 9 年).
鄭玹汀『天皇制国家と女性——日本キリスト教史における木下尚江』(教文館, 平成 25 年).
クレマン, オリヴィエ (冷牟田修二/白石治朗訳)『東方正教会』(第 5 刷)(白水社, 昭和 63 年).
Cornwell, John, Hitler's Pope. The Secret History of Pius XII, New York: Penguin Books, 2000.
コンガール, イヴ (小高毅訳)『わたしは聖霊を信じる』全 3 巻 (サンパウロ, 平成 7/8 年).
カニンガム, ローレンス・S (青木孝子監訳)『カトリック入門』(教文館, 平成 25 年).
ダーレンドルフ, ラルフ (加藤秀治郎/檜山雅人編・監訳)『政治・社会論集——重要論選』増補版 (晃洋書房, 平成 18 年).
Daniel, Wallace L., The Orthodox Church and Civil Society in Russia, Texas A & M, University Press, 2006.
ダニエルー, J/オノレ, J/プーパール, P (朝倉剛/倉田清訳)『カトリック——過去と未来』(ヨルダン社, 昭和 57 年).
Demel, Sabine, Frauen und kirchliches Amt. Grundlagen - Grenzen - Möglichkeiten, Freiburg (Br.): Herder, 2012.
Derwahl, Freddy, Der mit dem Fahrrad und der mit Alfa kam. Benedikt XVI. und Hans Küng - ein Doppelporträt, München: Pattloch, 2006.
ディドロ/ダランベール (桑原武夫訳編)『百科全書——序論および代表項目』(第 16 刷)(岩波書店, 平成 7 年).
独立専門家委員会スイス＝第二次大戦 (黒澤隆文編訳)『中立国スイスとナチズム——第二次大戦と歴史認識』(京都大学学術出版会, 平成 22 年).
Dowe, Christopher, Auch Bildungsbürger. Katholische Studierende und Akademiker im Kaiserreich, Göttingen: Vandenhoeck & Ruprecht, 2006.
Drobinski, Matthias, Oh Gott, die Kirche. Versuch über das katholische Deutschland, Düsseldorf: Patmos, 2006.
Dudko, Dimitrij, Ein ungeschriebenes Buch. Aufzeichnungen eines russischen Priesters. Mit einem Vorwort von Kardinal Joseph Ratzinger, Graz: Styria, 1978.
Dürckheim, Maximilian Graf von/Krosigk, Esther von, Worüber der Papst lacht. Anekdoten, Aperçus und Allerlei über Benedikt XVI., Saarbrücken: VDM, 2005.
Dyba, Johannes, Geistige Grundlagen der europäischen Einigung, Melle: Knoth, 1988.

Dyba, Johannes, Worte in die Zeit. Predigten – Ansprachen – Beiträge, Frankfurt (M): Knecht, 1994.
遠藤乾編『ヨーロッパ統合史』(名古屋大学出版会，平成 20 年).
遠藤乾／板橋拓己編著『複数のヨーロッパ――ヨーロッパ統合史のフロンティア』(北海道大学出版会，平成 23 年).
Englisch, Andreas, Habemus Papam. Der Wandel des Joseph Ratzinger, Tascheubuchausgabe, München: Wilhelm Goldmann, 2006.
Englisch, Andreas, Franziskus. Zeichen der Hoffnung. Das Erbe Benedikts XVI. und die Schicksalswahl des neuen Papstes, München: C. Bertelsmann, 2013.
エスコバル，マリオ（八重樫克彦／八重樫由貴子訳）『教皇フランシスコ――12 億の信徒を率いる神父の素顔』(新教出版社，平成 25 年).
Feichtlbauer, Hubert, Neuer Papst – Hoffnung für Wen?, Wien: Edition Steinbauer, 2005.
Feldmann, Christian, Papst Benedikt XVI. Eine kritische Biographie, Reinbek bei Hamburg: Rowohlt, 2006.
Fest, Joachim, Ich nicht. Erinnerungen an eine Kindheit und Jugend, 2. Aufl., Reinbek bei Hamburg: Rowohlt, 2006.
フィンリースン，ジェームズ・ゴードン（村岡晋一訳・木前利秋解説）『ハーバーマス』(岩波書店，平成 9 年).
Fischer, Heinz-Joachim, Der Glaube wider das physisch-psychische Gleichgewicht, in: FAZ, Nr. 76, 2. April 2005, S. 2.
Fischer, Heinz-Joachim, „Wider die Diktatur des Relativismus“, in: FAZ, Nr. 91, 20. April 2005, S. 7.
Fischer, Heinz-Joachim, Der neue Papst ist kein Populist, in: FAZ, Nr. 92, 21. April 2005, S. 3.
Fischer, Heinz-Joachim, Privatsekretär, in: FAZ, Nr. 194, 22. August 2005, S. 10.
Fischer, Heinz-Joachim, Benedikt XVI. Ein Porträt, Freiburg (Br.): Herder, 2005.
Fischer, Heinz-Joachim, „Zur christlichen Liebesethik gibt es bis heute keine Alternative“, in: FAZ, Nr. 210, 10. September 2007, S. 2.
Flores d'Arcais, Paolo, Libertärer Existentialismus. Zur Aktualität der Theorie von Hannah Arendt, Frankfurt (M): Neue Kritik, 1993.
Flores d'Arcais, Paolo, Die Linke und das Individuum. Ein politisches Pamphlet, Berlin: Wagenbach, 1997.
Flores d'Arcais, Paolo, Die Demokratie beim Wort nehmen. Der Souverän und der Dissident. Politisch-philosophischer Essay für anspruchsvolle Bürger, Berlin: Wagenbach, 2004.
Frings, Josef Kardnal, Für die Menschen bestellt. Erinnerungen des Altbischofs von Köln Josef Kardinal Frings, 6. Aufl., Köln: J. P. Bachem, 1974.
Fuhrmann, Horst, Die Päpste. Von Petrus zu Benedikt XVI., 3., aktualisierte und erweiterte Aufl., München: C. H. Beck, 2005.
藤原帰一『デモクラシーの帝国――アメリカ・戦争・現代世界』(岩波書店，平成 14 年).
フクヤマ，フランシス（渡部昇一訳）『歴史の終わり』上下 2 巻（三笠書房，平成 4 年).
フュレ，フランソワ／オズーフ，モナ編（河野健二／阪上孝／富永茂樹監訳）『フランス革命事典』第 1 巻（みすず書房，平成 7 年).
Gänswein, Georg (Hrsg.), Benedikt XVI. Urbi et orbi. Mit dem Papst unterwegs in Rom und der Welt, Freiburg (Br.): Herder, 2010.
Gänswein, Georg (Hrsg.), Benedikt XVI. Prominente über den Papst, 2. Aufl., Illertissen: Media Maria, 2012.
Gemeinde Rimsting (Hrsg.), „Ich werde mal Kardinal“. Wurzeln, Kindheit, Jugend,

Kriegsgefangenschaft, Studium, Priesterweihe und Rücktritt von Papst Benedikt XVI. und das Leben seiner Schwester Maria Ratzinger, Erweiterte Zweitaufl., 2013.
Generaldirektion der staatlichen Archive Bayerns (Hrsg.), Kardinal Michael von Faulhaber 1869–1952. Eine Ausstellung des Archivs des Erzbistums München und Freising, des Bayerischen Hauptstaatsarchivs und des Stadtarchivs München zum 50. Todestag, München 2002.
Gilcher-Holtey, Ingrid, Die 68er Bewegung. Deutschland. Westeuropa. USA, 4. Aufl., München: C. H. Beck, 2008.
Goldhagen, Daniel Jonah, A Moral Reckoning. The Role of the Catholic Church in the Holocaust and Its Unfullfilled Duty of Repair, New York: Alfred A. Knopf, 2002.
Grass, Günter, Hundejahre. Roman, Göttingen: Steidl, 1997（中野孝次訳『犬の年』上下２巻（集英社，昭和 44 年).).
Greinacher, Norbert/Haag, Herbert (Hrsg.), Der Fall Küng. Eine Dokumentatiou, München: Piper, 1980.
Großbölting, Thomas, Der verlorene Himmel. Glaube in Deutschland seit 1945, Göttingen: Vandenhoeck & Ruprecht, 2013.
グティエレス，グスタボ（関望／山田経三訳）『解放の神学』（岩波書店，昭和 60 年）.
グティエレス，グスタヴォ／マタイス，アンセルモ編『解放の神学――国際シンポジウム』（明石書店，昭和 61 年）.
羽場久美子／小森田秋夫／田中素香編『ヨーロッパの東方拡大』（岩波書店，平成 18 年）.
ハーバーマス，ユルゲン（三島憲一編訳）『近代――未完のプロジェクト』（岩波書店，平成 12 年）.
Habermas, Jürgen/Ratzinger, Joseph, Dialektik der Säkularisierung. Über Vernunft und Religion, 3. Aufl., Freiburg (Br.): Herder, 2005（三島憲一訳『ポスト世俗化時代の哲学と宗教』（岩波書店，平成 19 年).).
Häring, Hermann, Theologie und Ideologie bei Joseph Ratzinger, Düsseldorf: Patmos, 2001.
ハヤール，ヨセフ他（上智大学中世思想研究所編訳／監修）『キリスト教史 11』（平凡社，平成 9 年）.
Halbfas, Hubertus, Fundamentalkatechetik. Sprache und Erfahrung im Religionsunterricht, Düsseldorf: Patmos, 1968.
Handler, Jeannette, Otto von Habsburg. Abschied, Graz: Leopold Stocker Verl., 2012.
羽田功「古きものと新しいもの――聖金曜日のユダヤ人のための代願」，『慶応義塾大学日吉紀要：ドイツ語学・文学』第 48 号（平成 23 年），231-282 頁.
Hanisch, Manfred, Für Fürst und Vaterland. Legitimitätsstiftung in Bayern zwischen Revolution 1848 und deutscher Einheit, München: Oldenbourg, 1991.
反靖国・反天皇制連続講座実行委員会編『宗教・政治・天皇制』（勁草書房，昭和 56 年）.
半澤孝麿『近代日本のカトリシズム――思想史的考察』（みすず書房，平成 5 年）.
原田尚彰「教皇ベネディクト 16 世のイスラーム発言――キリスト教のイスラーム理解の問題」，『東北学院大学キリスト卿文化研究所紀要』第 26 号（平成 20 年），31-40 頁.
ハリス，ジョナサン（井上浩一訳）『ビザンツ帝国の最期』（白水社，平成 25 年）.
蓮實重彦／山内昌之編『文明の衝突か，共存か』（東京大学出版会，平成 7 年）.
Hecker, Hans-Joachim, Kardinal Faulhaber und seine Stellung im Wandel der politischen Verhältnisse, in: Generaldirektion der staatlichen Archive Bayerns (Hrsg.), Kardinal Michael von Faulhaber 1869–1952. Eine Ausstellung des Archivs des Erzbistums München und Freising, des Bayerischen Hauptstaatsarchivs und des Stadtarchivs München zum 50. Todestag, München 2002, S. 19–37.
Heim, Maximilian, Joseph Ratzinger – Kirchliche Existenz und existenzielle Theologie.

Ekklesiologische Grundlinien unter dem Anspruch von Lumen Gentium. Mit einem Geleitwort von Joseph Kardinal Ratzinger, 2., korrigierte und ergänzte Aufl., Frankfurt (M): Peter Lang, 2005.
Heim, Maximilian/Pech Justinus C. (Hrsg.), Zur Mitte der Theologie im Werk von Joseph Ratzinger / Benedikt XVI., Regensburg: Friedrich Pustet, 2013.
Heim, Maximilian/Pech, Justinus C. (Hrsg.), Zur Mitte der Theologie im Werk von Joseph Ratzinger / Benedikt XVI., Regensburg: Friedrich Pustet, 2013.
Herrmann, Horst, Benedikt XVI. Der neue Papst aus Deutschland, Berlin: Aufbau Taschenbuch Verl., 2005.
樋口陽一『自由と国家――いま「憲法」のもつ意味』(岩波書店, 平成元年).
樋口陽一『もういちど憲法を読む』(岩波書店, 平成4年).
比較憲法学会編『信教の自由をめぐる国家と宗教共同体――国際比較憲法会議2005報告書』(平成18年).
平川祐弘『マッテオ・リッチ伝』全3巻(平凡社, 昭和44年・平成9年・平成9年).
廣岡正久『ロシア正教の千年――聖と俗のはざまで』(日本放送出版協会, 平成5年).
Hochberger, Anton, Der Bayerische Bauernbund 1893-1914, München: C. H. Beck, 1991.
Hohls, Rüdiger/Jarausch, Konrad (Hrsg.), Versäumte Fragen. Deutsche Historiker im Schatten des Nationalsozialismus, Stuttgart/München: Deutsche Verlags-Anstalt, 2000.
北海道大学アイヌ・先住民研究センター編『アイヌ研究の現在と未来』(北海道大学出版会, 平成22年).
ホルクハイマー, マックス/アドルノ, テオドール・W(徳永恂訳)『啓蒙の弁証法――哲学的断想』(第11刷)(岩波書店, 平成7年).
Horster, Detlef, Jürgen Habermas und der Papst. Glauben und Vernunft, Gerechtigkeit und Nächstenliebe im säkulraren Staat, Bielefeld: transcript Verl., 2006.
保坂高殿『ローマ帝政初期のユダヤ・キリスト教迫害』第2版(教文館, 平成18年).
保坂高殿『ローマ帝政中期の国家と教会――キリスト教迫害史研究 193-311年』第2版(教文館, 平成20年).
Huber, Ernst Rudolf/Huber, Wolfgang (Hrsg.), Staat und Kirche im 19. und 20. Jahrhundert. Dokumente zur Geschichte des deutschen Staatskirchenrechts, Bd. 4: Staat und Kirche in der Zeit der Weimarer Republik, Berlin-West: Duncker & Humblot, 1988.
Hülsebusch, Bernhard, Professor Papst. Benedikt XVI. - Neue Episoden & Erinnerungen, Leipzig: St. Benno Verl., o. J.
Huntington, Samuel P., Conservatism as an Ideology, in: American Political Science Review, Vol. 51 (1951), pp. 454-473.
Huntington, Samuel P., The Clash of Civilizations and the Remarking of World Order, New York: Simon & Schuster, 1996 (鈴木主税訳『文明の衝突』(第12刷)(集英社, 平成13年).).
ハンチントン, S・P(坪郷實/中道寿一/藪野祐三訳)『第三の波――20世紀後半の民主化』(第2刷)(三嶺書房, 平成10年).
ハンチントン, サミュエル(鈴木主税訳)『文明の衝突と21世紀の日本』(第9刷)(集英社, 平成13年).
Hutten-Czapski, Bogdan Graf von, Sechzig Jahre Politik und Gesellschaft, 2 Bde., Berlin: E. S. Mittler & Sohn, 1936.
稲垣武『「悪魔祓い」の戦後史――進歩派文化人の言論と責任』(文藝春秋, 平成6年).
稲垣良典『現代カトリシズムの思想』(岩波書店, 昭和46年).
井上達夫『普遍の再生』(岩波書店, 平成15年).

犬養道子『和解への人——教皇ヨハネ二十三世小伝』（岩波書店，平成 2 年）.
板橋拓己『アデナウアー——現代ドイツを創った政治家』（中央公論新社，平成 26 年）.
板垣雄三編『「対テロ戦争」とイスラム世界』（岩波書店，平成 14 年）.
伊藤千尋『燃える中南米——特派員報告』（岩波書店，昭和 63 年）.
伊東冬美『フランス大革命に抗して——シャトーブリアンとロマン主義』（中央公論社，昭和 60 年）.
岩井淳『ピューリタン革命と複合国家』（山川出版社，平成 22 年）.
岩渕功一編著『〈ハーフ〉とは誰か——人種混淆・メディア表象・交渉実践』（青弓社，平成 26 年）.
岩本潤一訳著『現代カトリシズムの公共性』（知泉書館，平成 24 年）.
岩本潤一「ベネディクト十六世の平和の神学」，『カトリック研究』第 82 号（平成 25 年），129-160 頁.
井関正久『ドイツを変えた 68 年運動』（白水社，平成 17 年）.
Jahnel, Claudia (Hrsg.), Theologie befreit. Transformationen und Rezeptionen der Lateinamerikanischen Befreiungstheologie, Erlangen:. Martin-Luther-Verl., 2009.
城達也『自由と意味——戦後ドイツにおける社会秩序観の変容』（世界思想社，平成 13 年）.
上智大學編『カトリック大辭典』全 5 巻（冨山房，昭和 15-35 年）.
上智学院新カトリック大事典編纂委員会編『新カトリック大事典』全 5 巻（研究社，平成 8-22 年）.
Jones, Ian/Wootton, Janet/Thorpe, Kirsty (ed.), Women and Ordination in the Christian Churches. International Perspectives, London/New York: T & T Clark, 2008.
梶原寿『解放の神学』（清水書院，平成 9 年）.
神川彦松『近代国際政治史』（第 2 刷）（原書房，平成 6 年）.
金子新「グローバル指導者の交代——ヨハネ・パウロ二世からベネディクト一六世へ」，『創文』第 478 号（平成 17 年 8 月），8-11 頁.
Kant's gesammelte Schriften, hrsg. v. Königlich Preußischen Akademie der Wissenschaften, Bd. 8: Abhandlungen nach 1781, Berlin: Georg Reimer, 1912.
カント，イマヌエル（篠田英雄訳）『啓蒙とは何か　他四篇』（第 45 刷）（岩波書店，平成 7 年）.
Kasper, Walter Kardinal, Katholische Kirche. Wesen, Wirklichkeit, Sendung, Freiburg (Br.): Herder, 2011.
カトリック中央協議会『カトリック教会のカテキズム』（平成 14 年）.
カトリック中央協議会『第二バチカン公会議公文書　改訂公式訳』（第 2 刷）（平成 25 年）.
カトリック中央協議会福音宣教研究室編『歴史から何を学ぶか——カトリック教会の戦争協力・神社参拝』（平成 11 年）.
カトリック中央協議会『ヨハネ・パウロ二世からベネディクト十六世へ——逝去と選出の文書と記録』（平成 18 年）.
Katholische Akademie in Bayern (Hrsg.), Katholische Akademie in Bayern 1957-2007. 50 Jahre. Intellektuell, spirituell, aktuell, München: Katholische Akademie in Bayern, 2008.
加藤久子『教皇ヨハネ・パウロ二世のことば——一九七九年，初めての祖国巡礼』（東洋書店，平成 26 年）.
加藤博『「イスラム vs. 西欧」の近代』（講談社，平成 18 年）.
川合全弘『再統一ドイツのナショナリズム——西側統合と過去の克服をめぐって』（ミネルヴァ書房，平成 15 年）.
川村信三「ベネディクト十六世と宗教間対話の行方——ヨーロッパ中心的神学と現場神学の葛藤を越えて」，『ソフィア』第 53 号（平成 17 年），273-294 頁.
河島幸夫『戦争・ナチズム・教会——現代ドイツ福音主義教会史論』（新教出版社，平成 5 年）.
河島幸夫『政治と信仰の間で——ドイツ近現代史とキリスト教』（創言社，平成 17 年）.

河島幸夫「年譜　ドイツ政治史とカトリシズム――ナチスの時代を中心に」,『西南学院大学法學論集』第34号（平成14年），23-50頁.

Kaye, Bruce, An Introduction to World Anglicanism, Cambridge: Cambridge University Press, 2008.

Kempis, Stefan von, Benedetto. Die Biografie, Leipzig: St. Benno Verl., o. J［2006］.

ケペル，ジル（中島ひかる訳）『宗教の復讐』（晶文社，平成4年）.

ケペル，ジル（丸岡高弘訳）『テロと殉教――「文明の衝突」をこえて』（産業図書，平成22年）.

ケテラー，W・E・フォン（桜井健吾訳・解説）『自由主義，社会主義，キリスト教』（晃陽書房，平成18年）.

木鎌安雄『カトリックとアメリカ』（南窓社，平成8年）.

木村靖二「ヴェーラー（ハンス・ウルリヒ）」,『20世紀の歴史家たち(4)　世界編下』（刀水書房，平成13年），378-400頁.

木村靖二「ハンス＝ウルリヒ・ヴェーラーを悼む」,『思想』第1085号（岩波書店，平成26年9月），135-138頁.

Kirchinger, Johann/Schütz, Ernst（Hrsg.）, Georg Ratzinger（1844-1899）. Ein Leben zwischen Politik, Geschichte und Seelsorge, Regensburg: Schnell & Steiner, 2008.

Kirchner, Hubert, Die römisch-katholische Kirche vom II. Vatikanischen Konzil bis zur Gegenwart, Leipzig: Evangelische Verlagsanstalt, 1996.

Kissler, Alexander, Der deutsche Papst. Benedikt XVI. und seine schwierige Heimat, Freiburg（Br.）: Herder, 2005.

Kissler, Alexander, Papst im Widerspruch. Benedikt XVI. und seine Kirche 2005-2013, München: Pattloch Verl., 2013.

Klee, Ernst, Das Personenlexikon zum Dritten Reich. Wer war was vor und nach 1945. aktualisierte Aufl., Frankfurt（M）: Fischer, 2005.

Klein, Gotthard/Sinderhauf, Monica（Hrsg.）, Erzbischof Johannes Dyba. „Unverschämt katholisch“, 3. Aufl., Siegburg: Franz Schmitt, 2002.

Klemm, Lothar, Gnadenlos intolerant. Bischof Johannes Dyba, Marburg: Schüren Presseverl., 1993.

小林善彦／樋口陽一編『人権は「普遍」なのか――世界人権宣言の50年とこれから』（岩波書店，平成11年）.

小堀桂一郎『日本における文明の衝突』（國民會館，平成9年）.

Koch, Nikolaus（Hrsg.）, Zur sozialen Entscheidung. Vier Vorträge, Tübingen: Mohr, 1947.

小島慎司『制度と自由――モーリス・オーリウによる修道会教育規制法律批判をめぐって』（岩波書店，平成25年）.

国立国会図書館調査及び立法考査局『各国憲法集(5)　ギリシャ憲法』（平成25年）.

公共哲学ネットワーク編『地球的平和の公共哲学――「反テロ」世界戦争に抗して』（東京大学出版会，平成15年）.

小森田秋夫編『現代ロシア法』（東京大学出版会，平成15年）.

近藤潤三『ドイツ移民問題の現代史――移民国への道程』（木鐸社，平成25年）.

近藤潤三「ドイツ第三帝国の崩壊と避難民・被追放民問題」,『南山大学ヨーロッパ研究センター報』第20号（平成26年），109-142頁.

近藤正基『ドイツ・キリスト教民主同盟の軌跡――国民政党と戦後政治 1945～2009』（ミネルヴァ書房，平成25年）.

Kongregation für die Glaubenslehre, Instruktion über einige Aspekte der „Theologie der Befreiung“. Mit einem Kommentar von Prof. Dr. Leo Scheffcyzk und einer Erklärung von Kardinal Joseph Höffner, Stein am Rhein: Christiana Verlag, 1984.

今野元『マックス・ヴェーバーとポーランド問題——ヴィルヘルム期ドイツ・ナショナリズム研究序説』(東京大学出版会，平成 15 年).
今野元「ハインリヒ・アウグスト・ヴィンクラーと「ナショナリズムの機能」論——研究企画「ドイツにおけるナショナリズム研究」」，『愛知県立大学外国語学部紀要（地域研究・国際学編）』第 39 号（平成 19 年），73-97 頁.
今野元『マックス・ヴェーバー——ある西欧派ドイツ・ナショナリストの生涯』(東京大学出版会，平成 19 年).
今野元「ハンス＝ウルリヒ・ヴェーラーと「批判的」ナショナリズム分析(1)」，『愛知県立大学外国語学部紀要（地域研究・国際学編）』第 40 号（平成 20 年），1-24 頁.
今野元「ヴォルフガング・J・モムゼンと「修正主義的」ナショナリズム研究(1)」，『愛知県立大学外国語学部紀要（地域研究・国際学編）』第 42 号（平成 22 年），119-142 頁.
今野元「教皇ベネディクトゥス一六世の闘争——キリスト教的ヨーロッパのための「二正面作戦」」，『ドイツ研究』第 45 号（平成 23 年），117-192 頁.
今野元「トーマス・ニッパーダイと「歴史主義的」ナショナリズム研究(1)」，『愛知県立大学外国語学部紀要（地域研究・国際学編）』，第 44 号（平成 24 年），97-119 頁.
今野元「ザラツィン論争——体制化した「六八年世代」への「異議申立」」，『愛知県立大学大学院国際文化研究科論集』第 14 号（平成 25 年），175-204 頁.
今野元「モナキウム・サクルム——「キリスト教国」バイエルンでのカトリシズム体験(1)」，『愛知県立大学大学院国際文化研究科論集』第 15 号（平成 26 年），233-257 頁.
今野元「国民国家史におけるドイツ帝国崩壊の意義」，池田嘉郎編『第一次世界大戦と帝国の遺産』(山川出版社，平成 26 年)，76-105 頁.
今野元「書評：大原俊一郎『ドイツ正統史学の国際政治思想——見失われた欧州国際秩序論の本流』(ミネルヴァ書房，平成 25 年)」，『史學雜誌』，第 123 編第 9 号（平成 26 年），1712-1720 頁.
今野元「モナキウム・サクルム——「キリスト教国」バイエルンでのカトリシズム体験(2)」，『愛知県立大学大学院国際文化研究科論集』第 16 号（平成 27 年），333-363 頁.
小杉泰編『イスラームの歴史 2　イスラームの拡大と変容』(山川出版社，平成 22 年).
小坂井澄『法王の座——ヨハネ二三世・激動の 20 世紀』(徳間書店，平成 4 年).
小坂井澄『ローマ法王の権力と闘い』(講談社，平成 14 年).
小山英之『教会の社会教説——貧しい人々のための優先的選択』(教文館，平成 25 年).
キュンク，ハンス（國嶋一則訳）『世の信ぜんために——青年たちへの手紙』(エンデルレ書店，昭和 40 年).
キュンク，ハンス（石脇慶総／奥村朝雄訳）『ゆるぎなき権威？——無謬性を問う』(新教出版社，昭和 48 年).
Küng, Hans/Kuschel, Karl-Josef (Hrsg.), Wissenschaft und Weltethos, durchgesehene Taschenbuchausgabe, München: Piper, 2001.
Küng, Hans (Hrsg.), Dokumentation zum Weltethos, Originalausgabe, München: Piper, 2002.
Küng, Hans, Wozu Weltethos? Religion und Ethik in Zeiten der Globalisierung, Im Gespräch mit Jürgen Hoeren, 2. Aufl., Freiburg (Br.): Herder, 2002.
Küng, Hans, Erkämpfte Freiheit. Erinnerungen, ungekürzte Taschenbuchausgabe, München: Piper, 2004.
Küng, Hans, Umstrittene Wahrheit. Erinnerungen, München: Piper, 2007.
Küng, Hans, Einführung in den christlichen Glauben. Das Apostolische Glaubensbekenntnis – Zeitgenossen erklärt, Sonderausgabe, München: Piper, 2006.
Küng, Hans, Projekt Weltethos, 10. Aufl., ungekërzte Taschenbuchausgabe, München: Piper, 2006.

Küng, Hans, Der Islam. Geschichte. Gegenwart. Zukunft, 4. Aufl, München: Piper, 2006.
Küng, Hans, Das Christentum. Wesen und Geschichte, Sonderausgabe, München: Piper, 2007.
Küng, Hans, Jesus, 2. Aufl., München: Piper, 2012.
Küng, Hans, Erlebte Menschlichkeit. Erinnerungen, München: Piper, 2013.
工藤庸子『宗教 vs. 国家――フランス〈政教分離〉と市民の誕生』(講談社, 平成 19 年).
『教会の社会教書』(中央出版社, 平成 3 年).
教皇庁国際神学委員会『人間の尊厳と科学技術』(カトリック中央協議会, 平成 18 年).
教皇庁国際神学委員会『普遍的倫理の探究――自然法の新たな展望』(カトリック中央協議会, 平成 24 年).
教皇庁教理省『ファティマ　第三の秘密――教皇庁発表によるファティマ「第三の秘密」に関する最終公文書』(第 2 刷)(カトリック中央協議会, 平成 13 年).
教皇庁教理省(和田幹男訳)『宣言　主イエス――イエス・キリストと教会の救いの唯一性と普遍性について』(カトリック中央協議会, 平成 18 年).
Läpple, Alfred, Benedikt XVI. und seine Wurzeln. Was sein Leben und seinen Glauben prägte, Augsburg: Sankt Ulrich, 2006.
Lam, Cong Quy Joseph, Joseph Ratzinger's Theological Retractions, Bern: Peter Lang, 2013.
ランゲ, マルティン／イプラッカー, ラインホールト(大窄佐太郎訳)『ラテンアメリカの民衆と解放の神学――迫害と殉教の中の希望の証人たち』(明石書店, 昭和 60 年).
Langendörfer, Hans (Hrsg.), Danke Benedikt. Sein Leben, sein Poutifikat, sein Rücktritt, Freiburg (Br.): Herder, 2013.
ラス・カサス, バルトロメ・デ(染田秀藤訳)『インディアスの破壊についての簡潔な報告』改装版(岩波書店, 平成 25 年).
Laube, Volker, Das Erzbischöfliche Studienseminar St. Michael in Traunstein und sein Archiv, Regensburg: Schnell & Steiner, 2006.
Lehmann, Karl, Orientierung, Verantwortung und Fundamentalkonsens in freiheitlichen Gesellschaften, Münster: Freiherr-vom-Stein-Gesellschaft e.V., 1997.
Leist, Fritz, Der sexuelle Notstand und die Kirchen, 2. Aufl., Gütersloh: Gütersloher Verlagshaus, 1972.
ルイス, ブレンダ・ラルフ(高尾菜つこ訳)『ダークヒストリー 4　図説ローマ教皇史』(原書房, 平成 22 年).
Lewy, Guenter, The Catholic Church and Nazi Germany, New York/Toronto: McGraw-Hill Book Company, 1964.
Lexikon für Theologie und Kirche, 11 Bde., Sonderausgabe, Freiburg (Br.): Herder, 2006.
Listl, Joseph (Hrsg.), Die Konkordate und Kirchenverträge in der Bundesrepublik Deutschland. Textausgabe für Wissenschaft und Praxis, 2 Bde., Berlin-West: Duncker & Humblot, 1987.
Lohmann, Martin, Maximum. Wie der Papst Deutschland verändert, Gütersloh: Gütersloher Verlagshaus, 2007.
リュバク, アンリ・ド(小高毅訳)『カトリシズム――キリスト教信仰の社会的展望』(エンデルレ書房, 平成元年).
Maaßen, Thorsten, Das Ökumeneverständnis Joseph Ratzingers, Göttingen: V&R Unipress, 2011.
Maier, Hans (Hrsg.), Das Kreuz im Widerspruch. Der Kruzifix-Beschluß des Bundesverfassungsgerichts in der Kontroverse, Freiburg (Br.): Herder, 1996.
Maier, Hans, Bayer und Weltbürger – Begegnungen mit Joseph Ratzinger, in: Münchener Theologische Zeitschrift, Jg. 56 (2005), S. 498–504.
Maier, Hans, Pius XII. im Urteil der Nachwelt, in: Peter Pfister (Hrsg.), Eugenio Pacelli – Pius

XII. (1876–1958) im Blick der Forschung, Regensburg: Schnell & Steiner, 2009, S. 105–122.
Maier, Hans, Böse Jahre, gute Jahre. Ein Leben 1931 ff., 3. Aufl., München: C. H. Beck, 2011.
Maier, Hans, Reisen durch die Zeit. Glossen, ausgewählt von Markus Zimmermann, Kevelaer: Butzon & Bercker, 2012.
マリンスキ，M（小林珍雄訳）『ヨハネ・パウロ二世――カロル・ウオイティワ伝』再版（エンデルレ書店，1981年）.
Manuel, Paul Christopher/Reardon, Lawrence C./Wilcox, Clyde (eds.), The Catholic Church and the Nation-State. Comparative Perspectives, Washington, D. C.: Georgetown University Press, 2006.
丸山眞男『忠誠と反逆――転形期日本の精神史的位相』（筑摩書房，平成4年）.
マルクス，ハンス・ユーゲン「文明の対話――新しい世界政治と教皇ベネディクト16世」，『南山神学』第30号（平成19年），1–25頁.
Karl Marx Friedrich Engels Historisch-Kritische Gesamtausgabe, 1. Abteilung, Bd. 1, Glashütten im Taunus: Detlev Auvermann, 1970.
マルクス，カール（的場昭弘訳著）『新訳初期マルクス』（作品社，平成25年）.
マシア，ホアン『解放の神学――信仰と政治の十字路』（南窓社，昭和60年）.
マシア，ホアン『バチカンと解放の神学』（南窓社，昭和61年）.
増田洋『信徒が書いた典礼マニュアル』（教友社，平成24年）.
松本佐保『バチカン近現代史――ローマ教皇たちの「近代」との格闘』（中央公論新社，平成25年）.
Matussek, Matthias, Das katholische Abenteuer. Eine Provokation, Vollständige Taschenbuchausgabe, München: Goldmann, 2012.
ミーチャム，ジョン「イスラム侮る聖なる失言王――十字軍を棚に上げ，ムハンマドを糾弾した法王ベネディクト16世の真意」，『Newsweek 日本語版』（平成18年9月27日），16–17頁.
Meier-Hamidi, Frank/Schumacher, Ferdinand (Hrsg.), Der Theologe Joseph Ratzinger, Freiburg (Br.): Herder, 2007.
Meinecke, Thomas, et al., Ratzinger-Funktion, Frankfurt (M): Suhrkamp, 2006.
Meisner, Joachim, Nachreformatorische katholische Frömmigkeitsformen in Erfurt, Leipzig : St. Benno Verl., 1971.
Meisner, Joachim, Unsere Hoffnung stärke euch, Köln/Graz/Wien: Styria, 1989.
Meisner, Joachim Kardinal, Sein, wie Gott uns gemeint hat, Kevelaer: Butzon & Bercker, 2005.
Meisner, Joachim Kardinal, Die heilige Elisabeth. Froh in der Gnade Gottes, Köln: J. P. Bachem, 2005.
メイエンドルフ，ジョン（鈴木浩訳）『ビザンティン神学――歴史的傾向と教理的主題』（新教出版社，平成21年）.
見原礼子『オランダとベルギーのイスラーム教育――公教育における宗教の多元性と対話』（明石書店，平成21年）.
マイノリティ・ライツ・グループ編『世界のマイノリティ事典』（明石書店，平成8年）.
三島憲一『戦後ドイツ――その知的歴史』（岩波書店，平成3年）.
三島憲一『文化とレイシズム――統一ドイツの知的風土』（岩波書店，平成8年）.
三島憲一『現代ドイツ――統一後の知的軌跡』（岩波書店，平成18年）.
宮平宏「神学者教皇の選択が時代に突き付ける重要課題」，『福音と社会』第266号（平成25年），8–20頁.
宮平宏「施政方針「貧者のための貧しき教会を創る」で高まるフランシスコ教皇への期待と膨らむ希望」，『福音と社会』第267号（平成25年），14–24頁.

宮平宏「教皇フランシスコの挑戦——“隔離”と懐柔を嫌い，教皇庁の徹底改革に挑む新時代のリーダー」，『福音と社会』第 268 号（平成 25 年），14–23 頁.
宮平宏「教皇庁改革へ矢継ぎ早の布石が意味するもの」，『福音と社会』第 269・270 合併号（平成 25 年），107–121 頁.
宮平宏「原点回帰へぶれずに一直線！　フランシスコの教会改革——背景に「刷新された枢機卿団」と地方教会の圧倒的な支持」，『福音と社会』第 272 号（平成 25 年），78–89 頁.
宮島喬『移民社会フランスの危機』（岩波書店，平成 18 年）.
宮田光雄『現代ドイツ政治思想史研究（宮田光雄思想史論集 6）』（創文社，平成 18 年）.
望田幸男／碓井敏正編『グローバリゼーションと市民社会——国民国家は超えられるか』（平成 12 年，文理閣）.
モルトマン，ユルゲン（蓮見幸恵／蓮見和男訳）『わが足を広きところに——モルトマン自伝』（新教出版社，平成 24 年）.
百地章『政教分離とは何か——争点の解明』（成文堂，平成 9 年）.
モーガン，マイケル・ハミルトン（北沢方邦訳）『失われた歴史——イスラームの科学・思想・芸術が近代文明をつくった』（平凡社，平成 22 年）.
森孝一編著『EU とイスラームの宗教伝統は共存できるか——「ムハンマドの風刺画」事件の本質』（明石書店，平成 19 年）.
森孝一編『ユダヤ教・キリスト教・イスラームは共存できるか——一神教世界の現代』（明石書店，平成 20 年）.
森安達也『東方キリスト教の世界』（第 3 刷）（山川出版社，平成 5 年）.
Moskau, 7. Aufl., Ostfildern: Verl. Karl Baedeker, 1998.
Müller, Gerhard Ludwig, Katholische Dogmatik. Für Studium und Praxis der Theologie, 4. Aufl. der Sonderausgabe, Freiburg（Br.）: Herder, 2012.
Müller, Gerhard Ludwig, Armut. Die Herausforderung für den Glauben – mit einem Geleitwort von Papst Franziskus, München: Kösel, 2014.
Müller-Doohm, Stefan, Jürgen Habermas. Eine Biographie, Berlin: Suhrkamp, 2014.
村井早苗『天皇とキリシタン禁制——「キリシタンの世紀」における権力闘争の構造』（平成 12 年，雄山閣出版）.
村上信一郎『権威と服従——カトリック政党とファシズム』（名古屋大学出版会，平成元年）.
村上信一郎「現代のカトリシズムと新保守主義の運命」，『神戸外大論叢』第 63 号（平成 25 年），15–43 頁.
村松惠二『カトリック政治思想とファシズム』（創文社，平成 18 年）.
Murillo, Jose Sanchez de, Luise Rinser. Ein Leben in Widersprüchen, Frankfurt（M）: S. Fischer, 2011.
Mynarek, Hubertus, Eros und Klerus. Vom Elend des Zölibats, vollständige Taschenbuchausgabe, München/Zürich: Droemer Knaur, 1980.
Mynarek, Hubertus, Erster Diener Seiner Heiligkeit. Ein kritisches Porträt des Kölner Erzbischofs Joachim Meisner, Köln: Kiepenheuer & Witsch, 1993.
名古屋初期新高ドイツ語研究会訳「ルター派の大阿呆」，『中京大学教養論叢』第 45 号（平成 16 年），823–866 頁，第 46 号（平成 17 年），461–507 頁，第 47 号（平成 18 年），737–787 頁，第 48 号（平成 19 年），715–759 頁，『中京大学国際教養学部論叢』第 1 号（平成 21 年），121–150 頁.
内藤正典『ヨーロッパとイスラーム——共生は可能か』（岩波書店，平成 16 年）.
内藤正典『イスラーム戦争の時代——暴力の連鎖をどう解くか』（日本放送出版協会，平成 18 年）.
内藤正典／阪口正二郎編著『神の法 vs. 人の法——スカーフ論争からみる西欧とイスラームの断層』（第 2 刷）（日本評論社，平成 19 年）.

内藤正典編著『激動のトルコ――9・11以後のイスラームとヨーロッパ』（明石書店，平成20年）．

中道基夫『現代ドイツ教会事情』（キリスト新聞社，平成19年）．

中野智世「課題と展望（フォーラム　ヨーロッパ近代のなかのカトリシズム――宗教を通して見るもうひとつの「近代」）」，『西洋史学』第252号（平成25年），288-290頁．

南山大学監修『公会議解説叢書6　歴史に輝く教会』（中央出版社，昭和55年）．

南山大学監修『第2バチカン公会議公文書全集』（第6刷）（中央出版社，平成4年）．

日本ハリストス正教会教団・東京大主教々区『パニヒダ・埋葬式　単音聖歌譜』（平成18年）．

日本聖書協会『舊新約聖書　文語訳』（日本聖書協会，平成3年）．

西川知一『近代政治史とカトリシズム』（有斐閣，昭和52年）．

ネグリ，アントニオ／ハート，マイケル（水嶋一憲／酒井隆史／浜邦彦／吉田俊実訳）『帝国――グローバル化の世界秩序とマルチチュードの可能性』（以文社，平成15年）．

ネグリ，アントニオ（小原耕一／吉澤明訳）『〈帝国〉をめぐる五つの講義』（青土社，平成16年）．

Neisinger, Oskar, Julius Cardinal Döpfner. Erinnerung, Bildnotizen, Zitate, Würzburg: Echter, 1976.

Neue deutsche Biographie, hrsg. von der Historischen Kommission bei der Bayerischen Akademie der Wissenschaften, Berlin: Duncker & Humblot, 1953-.

Neuner, Peter, Michael Schmaus und der Neubeginn der Theologie an der Universität München nach 1945, in: Münchener Theologische Zeitschrift, Jg. 57（2006）, S. 386-398.

Niethammer, Lutz, Entnazifizierung in Bayern. Säuberung und Rehabilitierung unter amerikanischer Besatzung, Frankfurt（M）: S. Fischer, 1972.

日本カトリック司教協議会教会行政法制委員会訳『カトリック新教会法典　CODEX　IURIS CANONICI　［羅和対訳］』（第5刷）（有斐閣，平成10年）．

『日本キリスト教歴史大事典』（教文館，昭和63年）．

日本政治学会編『宗教と政治』（年報政治学2013－Ｉ）（木鐸社，平成25年）．

ノール，マーク・A（赤木昭夫訳）『神と人種――アメリカ政治を動かすもの』（岩波書店，平成22年）．

ノーマン，エドワード（百瀬文晃監修）『ローマ・カトリック教会の歴史』（創元社，平成19年）．

Oberammergauer Passionsspiel 2000. Textbuch deutsch.

Özdemir, Cem, Currywurst und Döner. Integration in Deutschland. In Zusammenarbeit mit Bernd Knopf und Jürgen Gottschlich, Bergisch Gladbach: Gustav Lübbe, 1999.

大串和雄『ラテンアメリカの新しい風――社会運動と左翼思想』（同文舘出版，平成7年）．

オブライエン，デイヴィッド・M（大越康夫補著・訳）『政教分離の憲法政治学』（晃洋書房，平成11年）．

小高毅『よくわかるカトリック――その信仰と魅力』（教文館，平成14年）．

オールド，H・O（金田幸男／小峯明訳）『改革派教会の礼拝――その歴史と実践』（教文館，平成24年）．

大西直樹・千葉眞編『歴史のなかの政教分離――英米におけるその起源と展開』（彩流社，平成18年）．

大沼保昭『人権，国家，文明――普遍主義的人権観から文際的人権観へ』（第4刷）（筑摩書房，平成13年）．

大谷哲「デキウス迫害における供儀執行証明書発行の意図――執行証明書パピルス史料の分析から」（第六四回日本西洋史学会ポスターセッション（平成26年6月1日立教大学））．

Oschwald, Hanspeter, Der deutsche Papst. Wohin führt Benedikt XVI. die Kirche?, aktualisierte Aufl., München: Piper, 2005.

大芝亮／山内進編著『衝突と和解のヨーロッパ――ユーロ・グローバリズムの挑戦』（ミネルヴァ書房，平成19年）．

オズーフ，モナ（立川孝一訳）『革命祭典――フランス革命における祭りと祭典行列』（岩波書店，昭和63年）．
ペイン，スタンリー・G（小箕俊介訳）『ファランヘ党――スペイン・ファシズムの歴史』（れんが書房新社，昭和57年）．
Pfarramt Heilig Blut（Hrsg.），Fünfzig Jahre Heilig Blut München Bogenhausen 1934-1984.
Pfister, Peter（Hrsg.），Katholische Kirche und Zwangsarbeit. Stand und Perspektive der Forschung, Regensburg: Schnell & Steiner, 2001.
Pfister, Peter（Hrsg.），Joseph Ratzinger und das Erzbistum München und Freising. Dokumente und Bilder aus kirchlichen Archiven, Beiträge und Erinnerungen, Regensburg: Schnell & Steiner, 2006.
Pfister, Peter（Hrsg.），Eugenio Pacelli - Pius XII.（1876-1958）im Blick der Forschung, Regensburg: Schnell & Steiner, 2009.
Pfister, Peter（Hrsg.），Geliebte Heimat. Papst Benedikt XVI. und das Erzbistum München und Freising, München: Sankt Michaelsbund, 2011.
Pfister, Peter（Hrsg.），Julius Kardinal Döpfner（1913-1976）. Daten und Bilder zu seinem Wirken in Würzburg, Berlin und München, Regensburg: Schnell & Steiner, 2013.
Pieper, Josef Das Arbeitsrecht des Neuen Reiches und die Enzyklika Quadragesimo anno, Münster: Aschendorff, 1934.
ピタウ，ヨゼフ／鈴木宣明／岩島忠彦／オロリッシュ，J・C／豊田浩志／山岡三治「〈シンポジウム〉新しい教皇の時代と現代世界――ヨハネ・パウロ二世からベネディクト十六世へ（〈特集・追悼ヨハネ・パウロ二世〉）」，『ソフィア』第53号（平成17年），240-272頁．
プレスナー，ヘルムート（土屋洋二訳）『遅れてきた国民――ドイツ・ナショナリズムの精神史』（名古屋大学出版会，平成3年）．
Posener, Alan, Benedikts Kreuzzug. Der Angriff des Vatikans auf die moderne Gesellschaft, Berlin: Ullstein, 2009.
Posselt, Martin（Hrsg.），Benedikt XVI. Die Predigten und Reden zum Beginn des Pontifikats, München: Langen Müller, 2005.
プパール，ポール（小波好子訳）『バチカン市国』（中央出版社，昭和54年）．
Rahner, Karl/Ratzinger, Joseph, Episkopat und Primat, Freiburg（Br.）: Herder, 1961.
Rahner, Karl/Ratzinger, Joseph, Offenbarung und Überlieferung, Freiburg（Br.）: Herder, 1965.
Rahner, Karl（Hrsg.），Zum Problem Unfehlbarkeit. Antworten auf die Anfrage von Hans Küng, 2. Aufl., Freiburg（Br.）: Herder, 1971.
Ranke-Heinemann, Uta, Eunuchen für das Himmelreich. Katholische Kirche und Sexualität, Hamburg: Hoffmann & Campe, 1988（高木昌史／高木万里子／松島富美代訳『カトリック教会と性の歴史』（三交社，1996年）．）．
Ranke-Heinemann, Uta, Nein und Amen. Mein Abschied vom traditionellen Christentum, ergänzte Taschenbuchausgabe, München: Wilhelm Heyne, 2002.
Ratzinger, Georg, Geschichte der kirchlichen Armenpflege, Freiburg（Br.）: Herder, 1868.
Ratzinger, Georg, Die Volkswirthschaft in ihren sittlichen Grundlagen. Ethisch-sociale Studien über Cultur und Civilisation, Freiburg（Br.）: Herder, 1881.
Ratzinger, Georg, Mein Bruder, der Papst, aufgezeichnet von Michael Hesemann, München: Herbig, 2011.
Reuter, Heinrich, Das II. Vatikanische Konzil. Vorgeschichte - Verlauf - Ergebnisse, Köln: Verlag von Wort und Werk, 1966.
Rinser, Luise, Gratwanderung. Briefe der Freundschaft an Karl Rahner 1962-1984, hrsg. von

Bogdan Snela, München: Kösel, 1994.
ロラン＝レヴィ，クリスティーヌ／ロス，アリステア（中里亜夫／竹島博之監訳）『欧州統合とシティズンシップ教育――新しい政治学習の試み』（明石書店，平成 18 年）．
教皇ヨハネ二十三世（マイケル・シーゲル訳）『回勅　パーチェム・イン・テリス――地上の平和』（日本カトリック司教協議会，平成 25 年）．
Rossi, Fabrizio, Der Vatikan. Politik und Organisation, 3., aktualisierte Aufl., München: C. H. Beck, 2005.
ローティ，リチャード（小澤照彦訳）『アメリカ　未完のプロジェクト――20 世紀アメリカにおける左翼思想』（第 3 刷）（晃洋書房，平成 18 年）．
ルッジェッリ，アンナ「ハンス・キュングの神学の紹介――世界の平和に向けて」，『Cosmica』第 36 号（平成 18 年），23-37 頁．
Rumschöttel, Hermann/Ziegler, Walter (Hrsg.), Staat und Gaue in der NS-Zeit. Bayern 1933-1945, München: C. H. Beck, 2004.
ランシマン，S（護雅夫訳）『コンスタンティノープル陥落す』新装版（みすず書房，平成 10 年）．
Ruppert, Helmut S., Benedikt XVI. Der Papst aus Deutschland, Würzburg: Echter 2005.
ラセット，ブルース（鴨武彦訳）『パクス・デモクラティア――冷戦後世界への原理』（東京大学出版会，平成 8 年）．
斎藤貴男『「非国民」のすすめ』（筑摩書房，平成 16 年）．
酒井新二『カトリシズムと現代』（新地書房，平成元年）．
坂本進『ポスト世俗化時代とヨーロッパ連合――自由と民主主義とキリスト教』（新評論，平成 18 年）．
佐藤圭一『米国政教関係の諸相』（成文堂，平成 13 年）．
里野泰昭「ラツィンガー教授から受けたこと，その想い出」，ベネディクト 16 世ヨゼフ・ラツィンガー（里野泰昭訳）『新ローマ教皇わが信仰の歩み』（春秋者，平成 17 年），191-267 頁．
里野泰昭「ベネディクト十六世のイスラム発言について」，『春秋』第 487 号（平成 19 年），4-7 頁．
Scheu, René/Pillera, Massimo, Über Berlusconi. Italienische Intellektuelle und Politik im Gespräch, 2., ergänzte Aufl., Wien: Verl. Turia + Kant, 2003.
Scheulen, Roland, Die Rechtsstellung der Priesterbruderschaft „St. Petrus". Eine kritische Untersuchung auf dem Hintergrund der geltenden Struktur und Disziplin der Lateinischen Kirche, Essen: Ludgerus, 2001.
Schirrmacher, Frank (Hrsg.), Die Walser-Bubis-Debatte. Eine Dokumentation, Frankfurt (M): Suhrkamp, 1999.
Schmaus, Michael, Begegnungen zwischen katholischem Christentum und nationalsozialistischer Weltanschauung, 2. Aufl., Münster: Aschendorff, 1934.
Schmidt, Gudrun, 7 Tage mit dem Kardinal. Joachim Meisner. Erzbischof von Köln, 2. erweiterte Neuaufl., Köln: J. P. Bachem, 2008.
Schmidtmann, Christian, Katholische Studierende 1945-1973. Eine Studie zur Kultur- und Sozialgeschichte der Bundesrepublik Deutschland, Paderborn: Schöningh 2006.
Schröcker, Sebastian, Der Fall Barion, in: Hans Barion, Kirche und Kirchenrecht. Gesammelte Aufsätze, hrsg. v. Werner Böckenförde, Paderborn: Schöningh, 1984, S. 25-75.
Schülerkreis Joseph Ratzingers (Hrsg.), Joseph Ratinger (Papst Benedikt XVI.) - Das Werk. Veröffentlichungen bis zur Papstwahl, Augsburg: Sankt Ulrich, 2009.
Schwaiger, Georg (Hrsg.), Geschichte des Erzbistums München und Freising, Bd. 3: Das Erzbistum München und Freising im 19. und 20. Jahrhundert, München: Erich Wewel, 1989.
Schweiggert, Alfons, Unser Papst aus Bayern. Benedikt XVI., Pfaffenhofen: Turmschreiber Verl.,

2005.
Schweer, Thomas/Rink, Steffen, Benedikt XVI. Der deutsche Papst, Berlin: Ullstein, 2005.
Sedmak, Clemens/Horn, Stephan O.（Hrsg.）, Die Seele Europas. Papst Benedikt XVI. und die europäische Identität, Regensburg: Verl., Friedrich Pustet, 2011.
Seewald, Peter, Benedikt XVI. Ein Porträt aus der Nähe, 5. Aufl., Berlin: Ullstein, 2006.
Seewald, Peter, Als ich begann, wieder an Gott zu denken, Kißlegg: Fe-Medienverlags. GmbH, 2013.
『世界キリスト教百科事典』（教文館，昭和 61 年）.
関口武彦『教皇改革の研究』（南窓社，平成 25 年）.
ゼンクハース，ディーター（宮田光雄／星野修／本田逸夫訳）『諸文明の内なる衝突』（岩波書店，平成 18 年）.
清水望『国家と宗教――ドイツ国家教会法の再構成とその展開』（早稲田大学出版部，平成 3 年）.
塩川伸明『ペレストロイカの終焉と社会主義の運命』（岩波書店，平成 4 年）.
塩津徹『ドイツにおける国家と宗教』（成文堂，平成 22 年）.
シンガー，ピーター（中野勝郎訳）『「正義」の倫理――ジョージ・W・ブッシュの善と悪』（昭和堂，平成 16 年）.
ソブリノ，ジョン（山田経三監訳）『エルサルバドルの殉教者――ラテン・アメリカ変革の解放の神学』（柘植書房，平成 4 年）.
Söhngen, Gottlieb, Kardinal Newman. Sein Gottesgedanke und seine Denkergestalt, Bonn: Götz Schwippert, 1946.
Spindler, Max（Hrsg.）, Handbuch der Bayerischen Geschichte, 4. Band: Das neue Bayern 1800-1970, 1. Teilband, München: C. H. Beck, 1974.
Steinbüchel, Theodor, Der Umbruch des Denkens. Die Frage nach der christlichen Existenz erläutert an Ferdinand Ebners Menschdeutung, Regensburg: Friedrich Pustet, 1936.
Steinbüchel, Theodor, F. M. Dostojewski. Sein Bild vom Menschen und vom Christen. fünf Vorträge, Düsseldorf: L. Schwann, 1947.
Steinbüchel, Theodor, Die philosophische Grundlegung der katholischen Sittenlehre, 3., durchgesehene Aufl., 2 Bde., Düsseldorf: L. Schwann, 1947.
Strötz, Jürgen, Der Katholizismus im deutschen Kaiserreich 1871 bis 1918. Strukturen eines problematischen Verhältnisses zwischen Widerstand und Integration, 2 Bde., Hamburg: Kovač, 2005.
杉田敦『境界線の政治学』（岩波書店，平成 17 年）.
須沢かおり『エディット・シュタイン――愛と真理の炎』（新世社，平成 5 年）.
鈴木董『ナショナリズムとイスラム的共存』（千倉書房，平成 19 年）.
高橋進『解体する現代権力政治』（朝日新聞社，平成 6 年）.
高橋進『イタリア・ファシズム体制の思想と構造』（法律文化社，平成 9 年）.
高橋保行『ギリシャ正教』（第 12 刷）（講談社，平成 3 年）.
高橋保行『迫害下のロシア教会――無神論国家における正教の 70 年』（教文館，平成 8 年）.
高井寿雄『ギリシア正教入門』改訂第 5 版（教文館，平成 4 年）.
高柳俊一「ベネディクト十六世の登場とそれを取り巻くもの」，『ソフィア』第 53 巻（平成 17 年），295-305 頁.
高柳俊一「ユルゲン・ハーバマス／ヨーゼフ・ラツインガー著『理性と宗教・世俗化の弁証法』」，『キリスト教文化・東洋宗教研究所紀要』第 24 号（平成 17 年），72-73 頁.
高柳俊一「ジョン・アレン著『ベネディクト十六世の登場・彼の選挙と教会をどこへ導く方向』／アンドルー・グリーリー著『教皇選挙まで・教皇ベネディクト十六世の選択とそれが今日のカ

トリック教会に何を意味するか』」,『キリスト教文化・東洋宗教研究所紀要』第25号(平成18年), 81-84頁.
高柳俊一「ポール・コリンズ著『神の新しい人・ベネディクト十六世の選出とヨハネ=パウロ二世の遺産』/ルパート・ショート著『ベネディクト十六世・信仰の司令官』」,『キリスト教文化・東洋宗教研究所紀要』第25号(平成18年), 84-89頁.
高柳俊一「ジョージ・ワイゲル著『神の選択・教皇ベネディクト十六世と教会の未来』」,『キリスト教文化・東洋宗教研究所紀要』第25号(平成18年), 89-91頁.
高柳俊一「エイダン・ニコルズ　O・P著『ベネディクト十六世の神学思想・ヨーゼフ・ラツインガー神学入門』」,『キリスト教文化・東洋宗教研究所紀要』第25号(平成18年), 91-94頁.
高柳俊一「デイヴィッド・ギブソン著『ベネディクトの統治・教皇ベネディクト十六世と近代世界との戦い』」,『キリスト教文化・東洋宗教研究所紀要』第25号(平成18年), 95-98頁.
高柳俊一「ロバート・ブレア・カイザー著『自分自身のあり方を模索する教会・ベネディクト十六世と未来のための戦い』」,『キリスト教文化・東洋宗教研究所紀要』第25号(平成18年), 98-100頁.
高柳俊一「ヨゼフ・ラッツィンガー=ベネディクト十六世著『信仰, 真理, 寛容――キリスト教と世界の諸宗教』」,『カトリック研究』第75巻(平成18年), 193-203頁.
高柳俊一「ヨゼフ・ラッツィンガー=ベネディクト十六世著『ナザレのイエス』――第一部「ヨルダン川での洗礼から変容まで」」,『カトリック研究』第77巻(平成20年), 151-155頁.
高柳俊一『近代カトリックの説教』(教文館, 平成24年).
高柳俊一「書評 ヨゼフ・ラッツィンガー=ベネディクト十六世著『ナザレのイエス』――第2巻「エルサレム到達から復活まで」」,『カトリック研究』第81巻(平成24年), 215-221頁.
高柳俊一「〈書評〉ヨゼフ・ラッツィンガー=ベネディクト十六世著『ナザレのイエス』――プロローグ「幼年物語」」,『カトリック研究』第82巻(平成25年), 185-187頁.
田村哲樹『国家・政治・市民社会――クラウス・オッフェの政治理論』(青木書店, 平成14年).
谷口智子『新世界の悪魔――カトリック・ミッションとアンデス先住民宗教』(大学教育出版, 平成19年).
谷口幸紀「新教皇と会衆の連帯は教会を刷新するか」,『福音と社会』第268号(平成25年), 24-32頁.
立石博高/奥野良知編著『カタルーニャを知るための50章』(明石書店, 平成25年).
テイラー, チャールズ他(佐々木毅/辻康夫/向山恭一訳)『マルチカルチュラリズム』(岩波書店, 平成8年).
Theologie im Wandel. Festschrift zum 150jährigen Bestehen der katholisch-theologischen Fakultät an der Universität Tübingen 1817-1967, München/Freiburg (Br.): Erich Wewel, 1967.
Thurn und Taxis, Gloria von, Gloria. Die Fürstin - Im Gespräch mit Peter Seewald, München: Wilhelm Heyne, 2004.
Thurn und Taxis, Gloria von/Meisner, Joachim, Die Fürstin und der Kardinal. Ein Gespräch über Glauben und Tradition, hrsg. v. Johannes Marten, Freiburg (Br.): Herder, 2008.
Treffler, Guido (Bearbeiter), Julius Kardinal Döpfner. Konzilstagebücher, Briefe und Notizen zum Zweiten Vatikanischen Konzil, Regensburg: Schnell & Steiner, 2006.
Trippen, Norbert, Josef Kardinal Frings (1887-1978). Bd. 1: Sein Wirken für das Erzbistum Köln und für die Kirche in Deutschland, 2., durchgesehene Aufl., Paderborn: Schöningh, 2003.
Trippen, Norbert, Josef Kardinal Frings (1887-1978). Bd. 2: Sein Wirken für die Weltkirche und seine letzten Bischofsjahre, Paderborn: Schöningh, 2005.
Trippen, Norbert, Joseph Kardinal Höffner (1906-1987). Bd. 2: Seine bischöflichen Jahre 1962-1987, Paderborn: Schöningh, 2012.

塚本潔『普遍教会と国家―法理論――近現代カノニスティク研究』（晃洋書房，平成 21 年）.
Tück, Jan-Heiner (Hrsg.), Der Theologenpapst. Eine kritische Würdigung Benedikts XVI., Freiburg (Br.): Herder, 2013.
Twomey, D. Vincent, Benedikt XVI. Das Gewissen unserer Zeit. Ein theologisches Portrait, Augsburg: Sankt Ulrich, 2006.
植田重雄『聖母マリヤ』（岩波書店，昭和 62 年）.
上垣豊「19 世紀フランスにおけるカトリック若者運動に関する覚書――社会事業と学習集団の関わりで」，『龍谷紀要』第 34 号（平成 25 年），137-152 頁.
上村英明『世界と日本の先住民族』（岩波書店，平成 4 年）.
上野景文『バチカンの聖と俗――日本大使の一四〇〇日』（かまくら春秋社，平成 23 年）.
上坂昇『神の国アメリカの論理――宗教右派によるイスラエル支援，中絶・同性結婚の否認』（明石書店，平成 20 年）.
Valente, Gianni [Giovanni], Student. Professor. Papst. Joseph Ratzinger an der Universität, übersetzt von Elisabeth Steinweg-Fleckner, Augsburg: Sankt Ulrich, 2009.
ヴァリニャーノ，アレシャンドゥロ（松田毅一他訳）『日本巡察記』（平凡社，昭和 48 年）.
Verweyen, Hansjürgen, Joseph Ratzinger - Benedikt XVI. Die Entwicklung seines Denkens, Darmstadt: Wissenschaftliche Buchgesellschaft, 2007.
Vocelka, Karl, Österreichische Geschichte, 3. Aufl., München: C. H. Beck, 2010.
Volk, Ludwig (Bearbeiter), Akten Kardinal Michael von Faulhabers, 3. Bde., Mainz: Matthias-Grünewald-Verl., 1975/1975/2002.
Volkert, Wilhelm, Geschichte Bayerns, 4., ergänzte Aufl., München: C. H. Beck, 2010.
ヴォヴェル，ミシェル（谷川稔／田中正人／天野知恵子／平野千果子訳）『フランス革命と教会』（人文書院，平成 4 年）.
ウォーラーステイン，イマニュエル（山下範久訳）『ヨーロッパ的普遍主義――近代世界システムにおける構造的暴力と権力の修辞学』（明石書店，平成 20 年）.
ウォルツァー，マイケル（齋藤純一／谷澤正嗣／和田泰一訳）『政治と情念――より平等なリベラリズムへ』（風行社，平成 18 年）.
ウォルツァー，マイケル（駒村圭吾／鈴木正彦／松元雅和訳）『戦争を論ずる――正戦のモラル・リアリティ』（風行社，平成 20 年）.
和仁陽『教会・公法学・国家――初期カール＝シュミットの公法学』（東京大学出版会，平成 2 年）.
渡辺英俊『解放の神学をたずねて――フィリピンの民衆と教会』（新教出版社，昭和 63 年）.
渡辺幹雄『リチャード・ローティ＝ポストモダンの魔術師』（講談社，平成 24 年）.
Max Weber, Gesammelte Aufsätze zur Religionssoziologie I, 1.-9. Aufl., Tübingen: Mohr, 1988.
ヴェーバー，マックス（大塚久雄訳）『プロテスタンティズムの倫理と資本主義の精神』（改訳第 8 刷）（岩波書店，平成 2 年）.
ウェーバー，マックス（世良晃志郎訳）『支配の社会学 I』（第 23 刷）（創文社，平成 8 年）.
ウェーバー，マックス（武藤一雄／薗田宗人／薗田坦訳）『宗教社会学』（第 9 刷）（創文社，平成 8 年）.
ウェーバー，マックス（世良晃志郎訳）『支配の社会学 II』（第 18 刷）（創文社，平成 9 年）.
Max Weber-Gesamtausgabe, I/20: Die Wirtschaftsethik der Weltreligionen Hinduismus und Buddhismus. Schriften 1915-1920, hrsg. von Helwig Schmidt-Glintzer in Zusammenarbeit mit Karl-Heinz Golzio, Tübingen: Mohr, 1998.
Max Weber-Gesamtausgabe, I/22-2: Religiöse Gemeinschaften, hrsg. von Hans G. Kippenberg in Zusammenarbeit mit Petra Schilm unter Mitwirkung von Jutta Niemeier, Tübingen: Mohr, 2001.

ウェーバー，マックス（深沢宏訳）『ヒンドゥー教と仏教』（東洋経済新報社，平成 14 年）.
Max Weber-Gesamtausgabe, I/22-4: Herrschaft, hrsg. von Edith Hanke in Zusammenarbeit mit Thomas Kroll, Tübingen: Mohr, 2005.
ヴェーバー，マックス（今野元編訳）『少年期ヴェーバー古代・中世史論』（岩波書店，平成 21 年）.
Weigel, George, Das Projekt Benedikt. Der neue Papst und die glabale Perspektive der Katholishen Kirche, München: Pattloch, 2006.
Wenzel, Aloys, Philosophie der Freiheit, 2 Bde., München-Pasing: Filser, 1947.
ワインガーズ，ジョン（伊従直子訳）『女性はなぜ司祭になれないのか――カトリック教会における女性の人権』（明石書店，平成 17 年）.
ウィルソン，A・N「ローマ法王――愛と矛盾の退位」，『Newsweek 日本語版』（平成 25 年 2 月 26 日），36-40 頁.
Wiltgen, Ralph M. S. V. D, The Rhine flows into the Tiber. The Unknown Council, New York: Hawthorn Books, 1967.
Winkler, Heinrich August, Der lange Weg nach Westen. Deutsche Geschichte vom „Dritten Reich" bis zur Wiedervereingung, München: C. H. Beck, 2000（後藤俊明／奥田隆男／中谷毅／野田昌吾訳『自由と統一への長い道――ドイツ近現代史』第 2 巻（昭和堂，平成 20 年）.）.
Winkler, Heinrich August, Geschichte des Westens, 3 Bde., München: C. H. Beck, 2009/2011/2014.
Wolf, Hubert, Clemens August Graf von Galen. Gehorsam und Gewissen, Freiburg（Br.）: Herder, 2006.
Wolf, Hubert, Papst & Teufel. Die Archive des Vatikan und das Dritte Reich, München: C. H. Beck, 2012.
教皇ヨハネ・パウロ二世（犬飼政一訳）『レデンプトール・ホミニス――人間の救済者』（カトリック中央協議会，昭和 55 年）.
教皇ヨハネ・パウロ二世（斎田靖子訳）『“怒濤に立つ”　教皇ヨハネ・パウロ二世自伝　賜物と神秘』（エンデルレ書店，平成 9 年）.
教皇ヨハネ・パウロ二世『受肉の秘義――2000 年の大聖年公布の大勅書』（第 4 刷）（カトリック中央協議会，平成 12 年）.
教皇ヨハネ・パウロ二世（中野裕明訳）『立ちなさい　さあ行こう　教皇ヨハネ・パウロ二世の自伝的回想』（サンパウロ，平成 18 年）.
ヨハネ・パウロ二世（里野泰昭訳）『世界を愛で満たすために――ヨハネ・パウロ二世 100 の言葉』第 2 刷（女子パウロ会，平成 19 年）.
柳父圀近『ウェーバーとトレルチ――宗教と支配についての試論』（みすず書房，昭和 58 年）.
柳父圀近『エートスとクラトス――政治思想史における宗教の問題』（創文社，平成 4 年）.
柳父圀近『政治と宗教――ウェーバー研究者の視座から』（創文社，平成 22 年）.
ヤロップ，デイヴィッド（徳岡孝夫訳）『法王暗殺』（第 2 刷）（文藝春秋，昭和 60 年）.
山内昌之『文明の衝突から対話へ』（岩波書店，平成 12 年）.
安野正明『戦後ドイツ社会民主党史研究序説――組織改革とゴーデスベルク綱領への道』（ミネルヴァ書房，平成 16 年）.
横手慎二／上野俊彦編『ロシアの市民意識と政治』（慶應義塾大学出版会，平成 20 年）.
善家幸敏『国家と宗教――政教関係を中心として』（成文堂，平成 5 年）.
Zentralkomitee der deutschen Katholiken（Hrsg.）, Auf dein Wort hin. 81. Deutscher Katholikentag vom 13. Juli bis 17. Juli 1966 in Bamberg, Paderborn: Verl. Bonifacius Dr., 1966.
Zerstörte Vielfalt. Berlin 1933-1938, Die Sonderausstellung des Deutschen Historischen Museums vom 31. Januar bis 10. November 2013.
Ziegler, Walter, Kardinal Faulhaber im Meinungsstreit. Vorwürfe, Kritik, Verehrung,

Bewunderung, in: Generaldirektion der staatlichen Archive Bayerns（Hrsg.）, Kardinal Michael von Faulhaber 1869-1952. Eine Ausstellung des Archivs des Erzbistums München und Freising, des Bayerischen Hauptstaatsarchivs und des Stadtarchivs München zum 50. Todestag, München 2002, S. 64-93.

Zuber, Anton, Der Bruder des Papstes. Georg Ratzinger und die Regensburger Domspatzen, Freiburg（Br.）: Herder, 2007.

〈インターネット・サイト〉

ローマ教皇庁公式サイト　http://w2.vatican.va/content/vatican/de.html

カトリック中央評議会公式サイト　http://www.cbcj.catholic.jp/jpn

ラジオ・ヴァティカン公式サイト　http://de.radiovaticana.va/index.asp

ウィキペディア・ドイツ　http://de.wikipedia.org/wiki/Wikipedia:Hauptseite

YouTube.　http://www.youtube.com

『シュピーゲル』公式サイト　http://www.spiegel.de

『ツァイト』公式サイト　http://www.zeit.de/index

『新ツューリヒ新聞』公式サイト　http://www.nzz.ch

『南ドイツ新聞』公式サイト　http://www.sueddeutsche.de

『聖人伝事典』　http://www.heiligenlexikon.de

ミュンヒェン大学公式サイト　http://www.uni-muenchen.de/index.html

公爵立ゲオルギアヌム公式サイト　http://www.herzoglichesgeorgianum.de/Herzogliches_Georgianum/Home.html

テュービンゲン大学公式サイト　http://www.uni-tuebingen.de

カトリック統合共同体公式サイト　http://www.kig-online.de

聖ペトルス司祭修道会公式サイト　http://petrusbruderschaft.eu

ドイチュラント・プロ・パーパ公式サイト　http://www.deutschland-pro-papa.de

ドイツ・カトリック教徒フォーラム公式サイト　http://forum-deutscher-katholiken.de

「我々が教会だ」公式サイト　http://www.wir-sind-kirche.de

Kath.Net サイト　http://kath.net

Zenit サイト　http://www.zenit.org/de

Philippi Sammlung サイト　http://www.dieter-philippi.de/index.php

Corriere della Sera サイト　http://www.corriere.it

ZDF サイト　http://www.zdf.de

ARD ターゲスシャウサイト　http://www.tagesschau.de

Bayernhymne サイト　http://www.bayernhymne-online.de/startseite.html

wa.de　http://www.wa.de

「フマネ・ヴィテ研究会」サイト　http://hvri.gouketu.com

Art Magazin サイト　http://www.art-magazin.de

年　譜

（太字はラッツィンガー個人に拘わる事件）

1914年８月20日	教皇ピウス10世薨去
９月３日	ボローニャ大司教ジャコモ・デッラ・キエーザ枢機卿の教皇選出（ベネディクトゥス15世）
1917年５月29日	エウジェニオ・パチェッリのミュンヒェン駐箚教皇大使就任
８月１日	教皇ベネディクトゥス15世による平和の呼び掛け
８月24日	バイエルン王ルートヴィヒ３世の指名でシュパイヤー司教ミヒャエル・ファウルハーバーがミュンヒェン＝フライジング大司教に就任
11月７日	ロシヤ10月革命勃発
1918年７月16日	ボリシェヴィキによる前ロシヤ皇帝ニコライ２世とその家族の銃殺
11月７日・８日	ミュンヒェンでクルト・アイスナーが「バイエルン人民共和国」宣言
11月９日	ベルリンでフィリップ・シャイデマンが「ドイツ共和国」成立を、カール・リープクネヒトが「ドイツ社会主義共和国」成立を宣言
1919年４月７日	バイエルン・レーテ共和国宣言
４月29日	革命派がミュンヒェンの教皇大使館を占領
1920年４月16日	エウジェニオ・パチェッリのドイツ帝国駐箚教皇大使就任（ミュンヒェン駐箚も1925年まで継続）
1921年12月７日	マリア・ラッツィンガー生誕（於プライスキルヒェン）
1922年１月22日	教皇ベネディクトゥス15世薨去
２月６日	ミラノ大司教アキッレ・ラッティ枢機卿の教皇選出（ピウス11世）
２月12日	教皇ピウス11世の戴冠式：サン・ピエトロ大聖堂ロッジアからの教皇掩祝再開
10月27日・28日	ローマ進軍開始
1923年11月８日・９日	ミュンヒェン一揆
1924年１月15日	ゲオルク・ラッツィンガー生誕（於プライスキルヒェン）
３月29日	バイエルン政教条約調印
1925年４月26日	パウル・フォン・ヒンデンブルクの独大統領選出：対抗馬ヴィルヘルム・マルクス（中央党）に勝利
1927年４月16日	**マルクトゥル・アム・イン（バイエルン自由国アルトエッティング郡）にて生誕（聖土曜日の朝４時15分）**
1928年１月２日	「アミーキ・イスラエル」（1926年２月24日結成の聖職者団体）が「ユダヤ人の為の聖金曜日の代願」の変更要求（同年３月７日聖務聖省が変更拒否）
１月６日	回勅「モルタリウム・アニモス」：カトリック教会が唯一の真の教会だと主張
３月25日	反ユダヤ主義を非難する聖務聖省の教令発布
1929年２月11日	ラテラーノ条約調印
６月14日	プロイセン政教条約調印
７月	**ラッツィンガー家がティトモーニングへ引越**
10月24日	ニューヨーク株式相場の大暴落：世界大恐慌の開始
1930年２月７日	パチェッリ枢機卿が教皇庁国務長官に就任
３月29日	ハインリヒ・ブリューニング（中央党）のドイツ国宰相就任：第１次ブリューニング内閣
９月14日	ドイツ国会総選挙でNSDAPが第２党に大躍進
９月30日	マインツ大司教総代理がカトリシズムと国民社会主義とを両立不能と宣言：ドイツの全司教によるNSDAP批判へ
1931年10月９日	第２次ブリューニング内閣
1932年４月10日	ヒンデンブルク大統領再選：対抗馬ヒトラーも善戦

5月29日・30日	ヒンデンブルク大統領のブリューニング宰相更迭：フランツ・フォン・パーペン（中央党：6月2日離党）のドイツ国宰相就任
7月20日	ドイツ国宰相パーペンによるプロイセン政府解体
7月31日	ドイツ国会総選挙でNSDAPが第1党に躍進
9月12日	ドイツ国会解散：パーペン内閣不信任決議を受けて
10月12日	バーデン政教条約調印
11月6日	ドイツ国会総選挙：NSDAPが得票減らすも第1党
11月17日	パーペン宰相辞任：クルト・フォン・シュライヒャーのドイツ国宰相就任（12月3日）
12月	**ラッツィンガー家がアシャウ・アム・インへ引越**
1933年1月30日	アドルフ・ヒトラー（NSDAP）のドイツ国宰相就任：NSDAP／DNVP連立政権
2月27日	ドイツ国会議事堂放火事件：オランダ人共産党員逮捕
3月24日	「全権委任法」可決：NSDAP・DNVP・中央党の支持
3月28日	ドイツの司教たちが国民社会主義批判を撤回
4月7日	「職業的官吏再建法」：ユダヤ人や反政府派の官職からの排除
4月12日	パチェッリがエディット・シュタインの書簡受領：迫害されたユダヤ人支援要請
4月24日	教皇庁国務省の決定：教皇が反ユダヤ主義を非難することに慎重姿勢
5月30日	フルダ司教会議：初めてフライジング司教会議の構成員も参加
7月5日	中央党の解散
7月11日	ミュンスター大学でミヒャエル・シュマウスの講義「カトリック系キリスト教と国民社会主義的世界観との出会い」
7月18日	クレメンス・アウグスト・フォン・ガーレン伯爵のミュンスター司教選出
7月20日	帝国政教条約調印
9月21日	「ドイツ的キリスト者」に対抗するマルティン・ニーメラー，ディートリヒ・ボーンヘッファーら組織化：「告白教会」
1934年4月30日	エステルライヒで「身分制国家憲法」制定
5月20日	コンラート・フォン・パルツハムの列聖式（於アルトエッティング）
6月30日	レームら突撃隊幹部，保守派政治家など一斉殺害
8月2日	ヒンデンブルク大統領死去：ヒトラーは「総統及びドイツ国宰相」自称
1935年4月5日	コンラート・フォン・プライジング伯爵のベルリン司教就任
9月15日	「ニュルンベルク法」制定
1936年3月7日	ドイツ国防軍のラインラント進駐
1937年3月14日	回勅「ミット・ブレンネンダー・ゾルゲ」発布：NSDAPを非難
3月19日	回勅「ディウィニ・レデンプトーリス」発布：共産主義批判
1937年	**ラッツィンガー家がトラウンシュタイン郊外フーフシュラークに引越** **トラウンシュタインの人文主義ギムナジウムに入学**
1938年3月12日・13日	エステルライヒ併合
11月9日	「帝国水晶の夜」
1939年2月10日	教皇ピウス11世薨去
3月2日	国務長官エウジェニオ・パチェッリ枢機卿の教皇選出（ピウス12世）
9月1日	ドイツ軍・ソヴィエト軍のポーランド侵攻
1939年	**大司教立聖ミヒャエル小神学校に入学**
1943年	**防空補助員として奉仕（同時にミュンヒェン・マクシミリアン・ギムナジウムへ通学）**
1944年9月	**帝国労働奉仕団での奉仕開始**
9月14日	助任司祭ヘルマン・ヨーゼフ・ヴェールレの処刑（ベルリン＝プレッツェンゼー）
12月	**国防軍兵士としての勤務開始**
1945年2月2日	イエズス会士アルフレート・デルプの処刑（ベルリン＝プレッツェンゼー）
5-6月	**バート・アイブリングの米軍俘虜収容所での収容生活**
1945年	**トラウンシュタインのキームガウ・ギムナジウムでアビトゥール（大学入学資格）**

	取得
12月	フライジング哲学神学大学へ入学（1947年夏まで）
1947年9月1日	ミュンヒェン大学神学部及び公爵立ゲオルギアヌム大神学校に入学（当初はフュルステンリート宮殿）
1950年8月12日	回勅『フマーニ・ゲネリス』
10月末	副助祭から助祭に昇任
晩秋-1951年6月21日	フライジングで司祭叙品の準備講座（アルムナート）を受講
1951年6月29日	フライジングでファウルハーバー大司教の按手による司祭叙品（兄ゲオルクと一緒）
7月8日	トラウンシュタインの聖オスヴァルト教会で「初ミサ」（兄ゲオルクと一緒）
7月28日	リムスティングで「再度の初ミサ」（兄ゲオルクと一緒）
7月	ミュンヒェン・モーザッハの聖マルティン教会で補助業務に従事
8月1日-1952年	ミュンヒェン・ボーゲンハウゼンの聖血教会で助任司祭として司牧活動に従事
1952年10月1日-1954年夏	フライジング大神学校講師
1953年7月11日	『アウグスティヌスの教会論に於ける神の民と神の家』で神学博士号を取得（公開口頭試問）
1954/55年冬学期	フライジング哲学神学大学講師（教義学・基礎神学）に就任
1954年11月17日	フライジングのレルヒェンフェルト・ホーフで両親と居住開始
1957年2月11日	『聖ボナヴェントゥーラの歴史神学』で教授資格を取得
1958年1月1日-1959年	フライジング哲学神学大学員外教授（基礎神学・教義学）
10月9日	教皇ピウス12世薨去
10月28日	ヴェネツィア総大司教アンジェロ・ジュゼッペ・ロンカッリ枢機卿の教皇選出（ヨアンネス23世）
1959年1月25日	教皇ヨアンネス23世が公会議開催を宣言
4月15日	ボン大学正教授（基礎神学）に就任
6月28日	ボン大学正教授就任講演「信仰の神と哲学者の神」
8月25日	父ヨーゼフ・ラッツィンガー死去
1961年2月25日・26日	ベンスベルク・カトリック・アカデミーの研究会「公会議と再統一」：フリングス枢機卿との出会い
1962年10月11日	第2ヴァティカン公会議開会式
1962年-1965年	ケルン大司教フリングス枢機卿の顧問として第2ヴァティカン公会議に参加
1963年6月3日	教皇ヨアンネス23世薨去
6月21日	ミラノ大司教ジョヴァンニ・バッティスタ・モンティーニ枢機卿の教皇選出（パウルス6世）
12月16日	母マリア・ラッツィンガー死去
1963年	ミュンスター大学正教授（教義学・教義史）に就任
1965年12月7日	ローマ教皇とコンスタンティノポリス総主教とが相互に破門（1054年）を撤回
1966年	テュービンゲン大学正教授（教義学・教義史）に就任
1967年6月2日	イラン皇帝パフラヴィー2世の西ベルリン訪問：左派学生の暴動とベンノ・オーネゾルクの射殺
4月11日	SDS西ベルリン議長ルディ・ドゥチュケの急進右派による襲撃
5月30日	キージンガー連邦政権（CDU／CSU・SPD）による「非常事態法」制定
10月19日	テュービンゲン大学でエルンスト・ブロッホ支持の松明行列
12月7日・8日	テュービンゲン大学カトリック神学部創立150周年記念式典（ハンス・キュング学部長）
1968年4月	テュービンゲン大学カトリック神学部長に就任
5月7日	テュービンゲン大学学長交代式の中止
5月25日	テュービンゲン大学の急進左派学生による市庁舎乱入
7月5日	「マールブルク宣言」：学生運動による学問への圧迫に抗議するドイツの教授たちの声明発表（署名は4月17日）

7月25日	回勅『フマーナエ・ウィータエ』
10月29日	テュービンゲン大学新講堂で神学討論会「義務的独身制と教会の未来」開催
11月28日	テュービンゲン大学でレイモン・アロンへの「モンテーニュ賞」授与式中止
12月13日	**フベルト・ハルプファス問題を巡る教授会：学部長として学部のハルプファスへの連帯を阻止**
12月17日	**キュング起草の宣言「神学の自由の為に」発表**
12月20日	ヨーゼフ・ヘフナーがケルン大司教フリングスの協働司教に就任
1969年1月13日	テュービンゲン大学学長室・政治学研究所の急進左派学生による占拠
3月	**テュービンゲン大学カトリック神学部長を退任**
6月26日	テュービンゲン大学でペーター・バイヤーハウスの自宅での演習に左派学生が乱入
8月6日	テオドル・アドルノの急死
冬学期	**レーゲンスブルク大学正教授（教義学・教義史）に就任**
1970年夏	ハンス・キュング『不可謬？』刊行：ラーナー，ラッツィンガーらのキュングへの批判
1971年1月3日-6日	ヴュルツブルクで「ドイツ連邦共和国共同教会評議会」第1回総会開催
1月9日	シュトゥットガルト討論：キュングとフォルク司教・ヴェッター司教・シュリール・ラッツィンガーとが対論
1972年	**バルタザール，リュバックらとカトリック神学雑誌『コンムニオ』を創刊**
1973年7月5日	教理省宣言「ミュステリウム・エックレシアエ」：キュングを言外に批判
1975年2月27日	極左団体「6月2日」によるCDU政治家ペーター・ロレンツの誘拐
1976年7月24日	ミュンヒェン＝フライジング大司教デプフナーが急死（7月29日葬儀）
1976/77年	**レーゲンスブルク大学副学長を兼務**
1977年3月24日	**教皇パウルス6世によるミュンヒェン＝フライジング大司教への任命**
5月26日	**カール王子宮殿で「ドイツ及びバイエルンに」忠誠宣誓**
5月28日	**ミュンヒェン聖母大聖堂で大司教叙階式（レーゲンスブルク大学嘱託教授を兼務）**
6月27日	**教皇パウルス6世により司祭枢機卿に任命**
7月15日	**バイエルン・ルーテル派教会領邦監督ヨハンネス・ハンゼルマンと会談**
9月5日	ドイツ工業家連盟会長ハンス・マルティン・シュライヤーの誘拐（後日遺体で発見される）
9月13日	ルフトハンザ機ハイジャック事件
10月13日	**バイエルン司教会議を率いてアド・リミナ訪問**
1978年8月6日	教皇パウルス6世薨去
8月26日	ヴェネツィア総大司教アルビーノ・ルチアーニ枢機卿の教皇選出（ヨアンネス・パウルス2世）
9月	**教皇使節としてエクアドル訪問**
9月29日	教皇ヨアンネス・パウルス1世薨去
10月16日	クラクフ大司教カロル・ユゼフ・ヴォイティワの教皇選出（ヨアンネス・パウルス2世）
10月30日	バイエルン州議会開会礼拝（テアティーナー教会）で説教
1979年5月12日	**ハプスブルク家長オットー大公の汎ヨーロッパ運動を擁護**
6月10日	**教皇ヨアンネス・パウルス2世の里帰りに同行しポーランド訪問**
10月16日	ハンス・キュングの記事「ヨアンネス・パウルス2世の一年間」
11月9日	**「帝国水晶の夜」40周年の説教**
11月11日	**フライジングの集会でキュングの見解はカトリック教会のものではないと発言**
12月18日	教理省宣言「ハンス・キュング教授の神学学説の幾つかの原則について」：キュングの教職辞令撤回
1980年5月18日	**オーバーアマーガウ「受難劇」開演礼拝**
6月10日	**ミュンヒェン大学での講演をマルクス主義学生グループが妨害**
9月11日-15日	**ドイツ司教会議の一員としてポーランド訪問**
9月16日	**ミュンヒェン聖母大聖堂の「ヴィッテルスバッハ家バイエルン支配800年祭」式典**

	でバイエルン王家を顕彰
9月26日	オクトーバーフェスト会場で急進右派による爆弾テロ事件
11月19日	教皇ヨアンネス・パウルス2世のミュンヒェン訪問に同行
1981年5月2日	アルメニア公主教ヴァスケン1世のミュンヒェン訪問を出迎え
9月11日	ロシヤ正教会ヴラディーミル・サボダン大主教と会談
11月25日	教皇ヨアンネス・パウルス2世により教理聖省長官に任命（教皇立聖書委員会・国際神学者委員会委員長を兼任）
1982年2月12日	バイエルン王宮でシュトラウス州首相主催の送別会
2月28日	ミュンヒェン聖母大聖堂で送別ミサ
1984年8月6日	教理省が「解放の神学の或る局面に関する教書」を発布
8月15日	ブリクセンでヴィットーリオ・メッソーリのインタヴュー：『信仰の状況について』として刊行
1984年	セント・トーマス大学（米セント・ポール）名誉博士号受領
1985年5月5日	ヘルムート・コール連邦宰相とロナルド・レーガン米大統領とビットブルクの武装親衛隊兵士墓地訪問
1986年4月26日	チェルノブイリ原子力発電所（ソヴィエト連邦）の事故発生
1986年	リマ・カトリック大学（ペルー）名誉博士号受領
1987年4月30日-5月4日	教皇ヨアンネス・パウルス2世の二度目の西ドイツ訪問
1987年	アイヒシュテット・カトリック大学（独）名誉博士号受領
1986年-1992年	教皇立『カトリック教会要理』作成委員会委員長を兼務
1988年6月30日	聖ピウス10世司祭修道会の破門
11月10日	連邦議会議長フィリップ・イェンニンガーの舌禍事件
1988年	ルブリン・カトリック大学（ポーランド）名誉博士号受領
1989年2月12日	ヨアヒム・マイスナーのケルン大司教就任
11月9日	「ベルリンの壁」崩壊
1990年10月3日	東西ドイツ統一：ドイツ連邦共和国によるドイツ民主共和国の併合
1991年11月2日	姉マリア・ラッツィンガーの急死
1991年	ヨーロッパ学術芸術アカデミー会員に選出
1992年11月7日	フランス倫理学政治学アカデミー外国人連携会員に選出
12月12日	『カトリック教会要理』発表
1993年	司教枢機卿へ昇進
1995年4月	ヴィーン大司教・エステルライヒ司教会議議長ヘルマン・グローエルの辞任：性的虐待時枠
5月16日	連邦憲法裁判所でバイエルン公立学校の全教室への十字架掲示義務規定の違憲判決
1996年年頭	ペーター・ゼーヴァルトとの対話『地の塩』
2月22日	バイエルン自由国首相エドムント・シュトイバーよりマクシミリアン勲章を授与される
1997年1月2日	スリランカのティッサ・バラスリヤ神父に破門宣告（1998年1月15日撤回）
1月	マルクトゥル名誉村民号を授与される
1月	ミュンヒェン市参事会（赤緑政権）が名誉市民号授与を否決
1998年4月19日-5月14日	アジア特別司教会議（於ヴァティカン）
8月	インドのアントニー・デ・メロ神父の著書に出版禁止処分
11月28日	教皇ヨアンネス・パウルス2世が大勅書「インカルナティオーニス・ミュステリウム」を発布
1998年	教理聖省文書館の開放：以前の異端審問の資料を公開
	枢機卿団副団長に選出
	仏大統領により「レジオン・ドヌール」（名誉軍団）のコマンドゥール（司令官）に任命
	ナバーラ大学（西ポンプローナ）名誉博士号受領
1999年	ルーテル教会世界連盟とカトリック教会との「信仰義認論に関する宣言」の執筆・

	署名
	マリア・サンティッシマ・アッスンタ自由大学（伊ローマ）名誉博士号受領
	ジョン・コーンウェル『ヒトラーの教皇』刊行
2000年2月21日	ローマ・クウィリノ劇場でパオロ・フローレス・ダルカイスと討論「神は存在するのか？」
7月21日	フルダ司教・連邦軍従軍司教ヨハンネス・デューバ大司教の急死
8月6日	教理聖省宣言「ドミヌス・イェスス」発布
11月13日	教皇立学術アカデミーの名誉会員に任命
2000年	ヴロツワフ大学（ポーランド）名誉博士号受領
	ペーター・ゼーヴァルトとの対話『神と世界』
	『典礼の精神』刊行
2001年2月26日	ジャック・デュピュイの著作『宗教多元主義のキリスト教神学に向けて』に出版禁止処分
9月11日	アメリカ同時多発テロ勃発
2001年	聖職者の児童性的虐待問題を教理省の管轄に移管
2002年	枢機卿団団長に選出
	ダニエル・ゴールドハーゲン『道義的清算』刊行
2004年1月19日	バイエルン・カトリック・アカデミーでユルゲン・ハーバーマスと対論
5月12日	教皇立ラテラーノ大学でイタリア元老院議長マルチェロ・ペーラの講演「相対主義——キリスト教と西欧」
5月13日	イタリア元老院で講演「ヨーロッパ・アイデンティティ」
11月18日	ヨーロッパ憲法条約案にキリスト教的起源への言及を要求（ラジオ・ヴァティカーノ）
2005年4月2日	教皇ヨアンネス・パウルス2世薨去
4月8日	枢機卿団長として前教皇ヨアンネス・パウルス2世の葬儀を司式
4月18日	システィーナ礼拝堂で教皇選挙（コンクラーヴェ）開始
4月19日	第265代教皇ベネディクトゥス16世として選出
4月21日	紋章学者に教皇紋についての指示：教皇三重冠除去
4月24日	教皇着座式（長いパリウムを着用）
4月27日	第1回一般謁見：教皇名「ベネディクトゥス」の解説
5月13日	教皇ヨアンネス・パウルス2世の列聖手続開始
5月29日	バリ司牧訪問（イタリア国民聖体大会）：「日曜日なしに我々は生きられない」
6月9日	国際ユダヤ人委員会の代表者と会談
6月16日	世界教会協議会サミュエル・コビア師と会談
6月24日	伊大統領カルロ＝アツェッリョ・チャンピをクィリナーレ宮殿に訪問：20年の対立を経て和解模索
6月28日	『カトリック教会教理問答集』（公教要理）概説書の認可・公表に関する自発教令発布
6月30日	コンスタンティノポリス全地総主教バルトロマイオス1世の使節団と会談
8月18日-21日	ドイツ司牧訪問（ケルン世界青年大会）
8月19日	ドイツ最古のケルン・シナゴーグ訪問
8月29日	聖ピウス10世司祭修道会総長ベルナール・フェレと会談
8月	トルコ政府が同年11月の教皇訪問を拒否・翌年招待
9月20日	教皇として初めてテレビ・インタヴューに出演（ポーランドTVP）
9月24日	ハンス・キュングとガンドルフォ城で会談
10月2日-23日	第11回世界代表司教会議通常大会
10月9日	ミュンスター司教・枢機卿クレメンス・アウグスト・フォン・ガーレン伯爵の列福
11月7日	ルーテル教会世界連盟総裁マーク・ハンソン監督と会談
11月17日	イスラエル大統領モシェ・カツァブと会談：大統領が教皇を聖地へ招待
12月3日	パレスティナ自治政府マフムード・アッバス大統領と会談：大統領が教皇をパレス

	ティナへ招待
12月21日	一般謁見に「カマウロ」を被って登場
12月25日	第1の回勅「デウス・カリタス・エスト」発布
2006年1月22日	シュヴァイツ人近衛兵創立500周年特別ミサ
2月5日	トルコ・トラブゾンでアンドレア・サントーロ神父がイスラム急進派の少年に暗殺される
2月18日	2006年版『教皇年鑑』刊行：「西洋の総大司教」の称号削除
3月11日	「宗教間対話評議会」を「文化評議会」に統合：前者のマイケル・フィッツジェラルド大司教は異動
5月20日	スモレンスク＝カリーニングラード府主教キリルと会談
5月25日-28日	ポーランド司牧訪問
5月26日	チェンストホヴァのヤスナ・グーラ修道院訪問
5月27日	ヴァドヴィツェのヨアンネス・パウルス2世の生家訪問
5月28日	クラクフで120万人のミサ挙行／予定になかったアウシュヴィッツ収容所訪問に固執
7月8日-9日	スペイン司牧訪問（バレンシアの第5回世界家族大会）
9月1日	伊アブルッツォ州マノペッロの「聖なる御顔巡礼聖堂」訪問
9月9日-14日	ドイツ司牧訪問（バイエルン）
9月12日	レーゲンスブルク講演「信仰・理性・大学」
9月15日	アンジェロ・ソダーノ国務長官退任：タルチジオ・ベルトーネ新長官就任
10月19日	ヴェローナ訪問：第4回イタリア教会国民会議
11月28日-12月1日	トルコ司牧訪問
11月29日	コンスタンティノポリス全地総主教バルトロマイオス1世と会見
11月30日	アンドレアス祭：バルトロマイオス1世と共同声明／アルメニア教会総主教メスロブ2世と会見／ブルーモスク訪問
12月13日	イスラエル首相エフード・オルメルトと会談：近東・レバノン情勢についての会話
12月15日	コプト教会アレクサンドリア総大司教アントニオス・ナグイブと会談
12月16日	ハイリゲンダム・サミットを前に独連邦宰相アンゲラ・メルケルへの書簡：最貧国の債務免除の要求
2007年1月25日	ヴェトナム首相グェン・タン・ズンと会談：1975年以来初のヴェトナム首脳との会談
2月22日	使徒的書簡「サクラメントゥム・カリターティス」：聖体拝領の意義強調
3月13日	露大統領ヴラディーミル・プーチンと会談：ロシア正教会との関係・近東情勢についての会談
3月20日	国際連合事務総長潘基文と会談
3月24日	「コムニオーネ・エ・リベラツィオーネ」の会員8万人とサン・ピエトロ広場で会談
4月16日	傘寿記念日に『ナザレのイエス』第1巻刊行
4月21日-22日	伊ヴィジェヴァーノ司牧訪問：パヴィアで聖アウグスティヌスの霊廟に参詣
5月4日	ドイツ福音教会評議会議長ヴォルフガング・フーバーと会談
5月9日-14日	ブラジル司牧訪問
5月9日	「ラテンアメリカは希望の大陸」発言
5月10日	ブラジル大統領ルイス・イナシオ・ルーラ・ダ・シルヴァとサンパウロで会談
5月13日	アパレシーダで第5回ラテンアメリカ・カリブ司教会議総会に参加
5月23日	一般謁見でラテンアメリカ訪問を振り返り植民化・キリスト教化の際の「正当化できない犯罪」に言及
5月27日	中華人民共和国の信徒への書簡：対立克服呼びかけ・政府に国交樹立促し
6月1日	ペトロ・カスイ岐部茂勝及び江戸時代初期の176人の列福裁可
6月6日	サン・ピエトロ広場でフロリアン・シュパーリングが教皇の自動車に乗り込もうとして逮捕される

6月9日	米大統領ジョージ・W・ブッシュと会談：中近東情勢についての会話
6月11日	自発教令「デ・アリクィブス・ムタティオーニブス・イン・ノルミス・デ・エレクティオーネ・ロマーニ・ポンティフィキス」従来と異なり34回目以降も当選に（過半数ではなく）3分の2を必要とする
6月17日	アッシジ司牧訪問：聖フランチェスコの回心800年記念
6月21日	アッシリア東方カトリック教会総大司教マル・ディンクハ4世と会談
6月25日	「宗教間対話評議会」を「文化評議会」から再び分離
6月30日	『中華人民共和国の司教，司祭，奉献生活者，信徒への手紙』：5月24日を「中国の教会の為に祈る日」に
7月7日	自発教令「スンモールム・ポンティフィクム」：トリエント・ミサを「ローマ典礼（特別形式）」として復権
9月6日	イスラエル首相シモン・ペレスと会談
9月7日-9日	エステルライヒ司牧訪問：巡礼地マリアツェル850周年記念
9月21日	『オッセルヴァトーレ・ロマーノ』が中華人民共和国の司教叙階を承認する旨掲載
10月8日	世界ユダヤ人会議ロナルド・ローダーと会談
10月9日	教皇として初めてのメノナイト代表者との会談
10月21日	ナポリ司牧訪問：第21回国際宗教間平和会議でコンスタンティノポリス全地総主教バルトロマイオス1世，カンタベリー大主教ローアン・ウィリアムズ，独福音主義教会評議会議長フーバー，ユダヤ教・イスラム教関係者らと同席
11月6日	サウディアラビア王アブドゥラと会談：教皇として初めてサウディアラビア王と会見
11月30日	第2の回勅「スペ・サルウィ」発布
12月6日	バプティスト世界連合の代表者と会合
12月7日	スモレンスク＝カリーニングラード府主教（モスクワ総主教外務長官）キリルと会談
12月10日-16日	日本司教団のアド・リミナ訪問（16日教皇謁見）
12月21日	イギリス元首相トニー・ブレア（労働党）のカトリシズム改宗
2008年2月5日	トリエント・ミサの「ユダヤ人の為の聖金曜日の代願」の変更
2月10日	ローマ・ラ・サピエンツァ大学での講演が左派学生・教官の抗議運動で中止
3月6日	コンスタンティノポリス全地総主教バルトロマイオス1世と会談
3月16日	モスル大司教パウロス・ファラージ・ラッホ誘拐・殺害に抗議
3月22日	復活祭徹夜ミサでイスラム教から改宗するエジプト人に自ら洗礼を授ける
4月15日-21日	アメリカ合衆国司牧訪問
4月16日	ホワイト・ハウスでブッシュ大統領と81歳の誕生日祝賀／ロシアのテレビ局への挨拶
4月17日	聖職者性的虐待の被害者と初対面／ユダヤ教徒の過越の祭（14日）への挨拶
4月18日	国際連合総会での演説／マンハッタンのパーク・イースト・シナゴーグ訪問
4月20日	グラウンド・ゼロで9.11同時多発テロ被害者の為の祈禱
5月2日	イランのシーア派イスラム教徒の代表者との会談：「キリスト教徒とイスラム教に於ける信仰と理性」共同宣言の為に
5月5日	カンタベリー大主教ローアン・ウィリアムズと会談
5月8日	ギリシア＝メルキト派アンティオキア総大司教グレゴリオス3世ラハムと会談
5月9日	全アルメニア人の最高総主教・公主教カレキン2世との宗派共同礼拝
5月17日-18日	サヴォナ・ジェノヴァ司牧訪問
6月13日	米大統領ジョージ・W・ブッシュと会談
6月14日-15日	サンタ・マリア・ディ・レウカ及びブリンディジ司牧訪問：ペテロのイタリア上陸地
6月21日	使徒的書簡「アンティークァ・オルディナティオーネ」
6月28日-29日	「パウロ年」開始：コンスタンティノポリス全地総主教と共同で
7月12日-21日	オーストラリア司牧訪問：第23回世界青年大会

7月17日　オーストラリア政府関係者と会談
7月19日　シドニーのセント・メアリー大聖堂でミサ：濠の性的虐待被害者への謝罪
7月20日　シドニーで約50万人を集めての締め括りのミサ
7月21日　オーストラリアの性的虐待被害者と対面
9月7日　カリアリ（サルデーニャ）司牧訪問：ボナリアの聖母がサルデーニャの庇護者になった100周年
9月12日-15日　フランス司牧訪問
9月12日　仏大統領ニコラ・サルコジと会談
9月14日　ルルドで10万人のミサ：聖母出現150周年記念
10月4日　伊大統領ジョルジオ・ナポリターノをクィリナーレ宮殿に訪問
10月5日-26日　世界代表司教会議第12回通常会議：教会の生命と宣教に於ける神の言葉
10月19日　ポンペイ司牧訪問：聖母巡礼聖堂の訪問
10月22日　レーゲンスブルク「教皇ベネディクトゥス16世研究所」から『ヨーゼフ・ラッツィンガー著作集』刊行開始
11月6日　カトリック・イスラム代表者対話会議：緊張緩和を目的として
11月9日　「帝国水晶の夜」70周年：ユダヤ人との連帯
11月13日　ブラジル大統領ルイス・イナシオ・ルーラ・ダ・シルヴァと会談
11月26日　パウルス6世大講堂の屋上に敷き詰めた太陽光パネルが稼働開始
12月5日　モスクワ及び全ルーシ総主教アレクシイ2世薨去
12月7日　アレクシイ2世の薨去に弔意表明
12月15日　聖ピウス10世司祭修道会総長ベルナール・フェレが教皇に恭順表明
2009年1月21日　聖ピウス10世司祭修道会の4司教の破門解除（24日発表）
1月21日　聖ピウス10世司祭修道会のリチャード・ウィリアムソン司教がガス室否定発言（スウェーデンでテレビ放送）
1月23日　教皇庁がYouTubeで発信開始
1月27日　救世主ハリストス大聖堂でスモレンスク＝カリーニングラード府主教キリルがモスクワ及び全ルーシ総主教に選出（キリル1世）
1月28日　一般謁見でウィリアムソン問題に言及・ユダヤ人との連帯表明
2月4日　連邦宰相メルケルが教皇批判
2月12日　米ユダヤ人団体代表と会談：反ユダヤ主義の非難とホロコースト否定論の拒否
3月10日　司教たちに書簡：聖ピウス10世司祭修道会問題で釈明
3月17日-23日　カメルーン・アンゴラ司牧訪問：「エイズ問題はコンドームだけでは解決できない」と発言
4月28日　アブルッツォ州の地震被災地区訪問
5月8日-15日　聖地司牧訪問
5月8日　アンマンでヨルダン国王アブドゥラと会談
5月9日　モーゼゆかりのネボ山訪問：イスラム教指導者と会談
5月10日　イエスの洗礼の場の訪問
5月11日　イェルサレムのホロコースト記念碑訪問：ペレス大統領と共に
5月12日　教皇として初めて「岩のドーム」訪問
5月13日　パレスティナ議長マフムード・アッバスとベツレヘムで会談
5月14日　イスラエル首相ベンヤミン・ネタニヤフとナザレで会談
5月15日　イェルサレムの聖墳墓教会を訪問
5月24日　カッシーノ・モンテカッシーノ司牧訪問：聖ベネディクトゥスの軌跡辿る
6月19日　司祭年開始
6月21日　サン・ジョヴァンニ・ロトンド司牧訪問：2002年に列聖されたピオ神父の巡礼地
6月29日　第3の回勅『カリタス・イン・ウェリターテ』発布
7月2日　自発教令「エクレシアエ・ウニターテム」：エクレシア・デイ委員会の教理省への統合
7月7日　日本国内閣総理大臣麻生太郎（カトリック教徒）が教皇と会談

7月9日	オーストラリア首相ケヴィン・ラッド，大韓民国大統領李明博と会談
7月10日	米大統領バラク・オバマと会談
7月17日	右手の手術：休暇中の骨折の為
9月6日	ヴィテルボ・バニョレギオ司牧訪問：バニョレギオは聖ボナヴェントゥーラの聖遺物所在地
9月26日-28日	チェヒア共和国司牧訪問：無神論国家の少数派キリスト教徒の保護
10月4日-25日	第2回アフリカ特別司教会議
10月26日	自発教令「オムニウム・イン・メンテム」：教会法の改正
11月3日	露メドヴェージェフ大統領と会談：ヴァティカン・ロシヤ連邦の国交樹立公表
11月4日	使徒憲章「アングリカノールム・コエティブス」：英国教会からの改宗者の為の属人裁治区の設置について
11月8日	コンチェジオ・ブレシア司牧訪問：パウルス6世の生地
11月14日	チェヒア共和国首相ヤン・フィシェルとの会談：EU リスボン条約
11月21日	カンタベリー大司教ローアン・ウィリアムズと会談：第三千年紀への挑戦について
11月24日	ヴァティカンのウェブサイトに漢語版を追加
12月3日	ロシヤ連邦大統領ドミトリイ・A・メドヴェージェフと会談
12月11日	ヴェトナム大統領グエン・ミン・チェットと会談
12月19日	教皇ヨアンネス・パウルス2世，教皇ピウス12世を尊者にすると宣言
12月24日	降誕祭ミサで入堂時に女性に飛び掛かられ転倒（ロジェ・エチェガレイ枢機卿が骨折）
2010年1月1日	エコロジー的転回の呼び掛け
1月15日	メルテス神父の性的虐待被害者への謝罪文発表：波紋広がる
1月17日	ローマのシナゴーグ訪問
2月15日·16日	アイルランドの24人の司教たちと会談：司教たちの過失に苦言
2月20日	ドイツ福音主義教会評議会議長マルゴット・ケースマンの飲酒運転による逮捕
3月12日	ドイツ司教会議議長ロベルト・ツォリチュと会談：ドイツの性的虐待事件について
3月14日	ローマのドイツ語系ルーテル派教会訪問：礼拝で説教
3月19日	アイルランドのカトリック教徒への司牧書簡：性的虐待問題の謝罪
3月	教皇実兄ゲオルク・ラッツィンガー卿のレーゲンスブルク楽長時代の暴力を巡る論争
3月	ミュンヒェン＝フライジング大司教ラッツィンガーの下での性的虐待的のある司祭の小教区配置疑惑
4月17日·18日	マルタ司牧訪問：性的虐待被害者との会見
4月·5月	アウクスブルク司教・連邦軍従軍司教ヴァルター・ミクサの辞任：性的虐待疑惑
5月1日	保守派修道会「キリスト軍団員」訪問し改革要求
5月2日	トリノ司牧訪問：聖骸布開帳を契機に
5月11日-14日	ポルトガル司牧訪問
5月13日	ファティマでミサ
5月20日	ベネディクトゥス16世教皇職5周年記念コンサート：ロシア国立交響楽団・モスクワ総主教キリル1世の贈物
5月31日	アイルランドの性的虐待問題対処に5人の特使派遣
6月4日-6日	キプロス司牧訪問
6月5日	正教会クリュソストモス2世と会談
6月24日	ベルギー警察がメヘレン＝ブリュッセル大司教館に家宅捜索：性的虐待問題との関連で
6月25日	教皇庁がベルギー警察に抗議
6月26日	退任するルーテル派世界連盟事務総長イシュマエル・ノコと会談
6月27日	ベルギー司教団に連帯の書簡
6月28日	ヴィーン大司教クリストフ・シェーンボルンの枢機卿団長（前国務長官）アンジェロ・ソダーノ批判に関して両者謁見

6月29日	「新福音化推進評議会」設立予告
7月4日	アブルッツォのスルモナ司牧訪問：自発的退位をした教皇カエレスティヌス5世の生誕800周年
9月2日	イスラエル大統領シモン・ペレスと会談：ペレス「ヴァティカンとイスラエルとの関係はイエスの時代以来最良」
9月5日	カルペティーノ・ロマーノ司牧訪問：教皇レオ13世の生誕地
9月16日-19日	イングランド・スコットランド司牧訪問：教皇による最初の英国訪問
9月16日	英国王エリザベス2世とエディンバラで会談
9月19日	ニューマン枢機卿をバーミンガムで列福：イギリスでの最初の列福式
10月3日	パレルモで家族・青年との集い
10月10日-24日	近東のキリスト教徒に関する司教緊急集会
11月6日・7日	スペイン司牧訪問
11月6日	サンティアゴ・デ・コンポステラ訪問
11月7日	バルセロナのサグラダ・ファミリア教会献堂式
11月8日	英国教会の主教5名のカトリシズム改宗
2010年	エッタールのベネディクトゥス会修道院附属寄宿学校での暴力・性的虐待疑惑
2011年1月15日	「ウォルシンガムの聖母属人裁治区」設立：英国教会からの改宗者の受け皿として
1月18日	教皇立学術アカデミー院長にシュヴァイツ人プロテスタント教徒のヴェルナー・アーバーを任命
3月10日	『ナザレのイエス』第2巻刊行
4月22日	イタリア放送協会のインタヴュー番組に出演
5月1日	教皇ヨアンネス・パウルス2世の列福式を自ら司式
5月21日	宇宙ステーションと衛星テレビ電話で対話
6月4日・5日	クロアティア司牧訪問
6月19日	サンマリノ司牧訪問
6月30日	第1回「ラッツィンガー賞」授与：「ヨーゼフ・ラッツィンガー／ベネディクトゥス16世ヴァティカン基金」
7月11日	マレーシア首相ナジブ・ラザクと会談（27日国交樹立）
9月22日-25日	ドイツ司牧訪問
9月22日	ドイツ連邦議会で演説
10月16日	教皇の入堂時の負担を軽減する為に前教皇の用いた台車を再導入
10月27日	アッシジで「世界平和と正義の為の考察・対話・祈禱の日」
11月18日-20日	ベナン司牧訪問
2012年3月22日-28日	メキシコ・キューバ司牧訪問
5月27日	ビンゲンの聖ヒルデガルトに「普遍教会博士」号授与
6月1日-3日	ミラノ司牧訪問（第7回世界家庭大会）
6月28日	ツイッターで一般人と交信開始
7月10日	教皇庁の許可なく「黒竜江」司教に叙階された岳福生神父に伴事的破門の処置
10月20日	第2回「ラッツィンガー賞」授与：「ヨーゼフ・ラッツィンガー／ベネディクトゥス16世ヴァティカン基金」
11月10日	自発教令「ラティナ・リングア」：教皇庁ラテン語アカデミーの設置
11月20日	『ナザレのイエス』第3巻刊行
12月20日	パウルス6世を尊者にすると宣言
12月22日	「ヴァティリークス」事件のパオーロ・ガブリエレ受刑者を訪問し自ら恩赦，釈放を伝達
2013年1月22日	ヴェトナム共産党書記長グエン・フー・チョンと会談
2月11日	枢機卿会議で退位表明
2月13日	「灰の水曜日」ミサ：一般人向けの最後の典礼
2月25日	自発教令「ノルマス・ノンヌラス」発布
2月27日	サン・ピエトロ広場で最後の一般謁見

2月28日	**教皇在位最後の日：ガンドルフォ城に退去**
3月13日	ブエノスアイレス大司教ホルヘ・マリオ・ベルゴグリオ枢機卿の教皇選出（フラキスクス）
9月13日	教皇フランキスクスがグスタボ・グティエレス神父と会談
12月25日	ケルン大聖堂での降誕祭ミサにジョゼフィーヌ・ヴィットが乱入し上半身裸で人民祭壇に登る
2014年2月22日	**教皇フランキスクスの新枢機卿親任式に参列**
2月28日	ケルン大司教ヨアヒム・マイスナー枢機卿が退任
4月27日	**教皇ヨアンネス23世，教皇ヨアンネス・パウルス2世の列聖式に参列**

＊ 以上の年表は次の文献などを基に作成された.
Papst Benedikt XVI., Licht der Welt, Zeittafel, S. 223-250.
Hubert Wolf, Papst & Teufel, Zeittafel, S. 313-322.
カトリック中央協議会「教皇ベネディクト十六世の教皇在位中の活動（年表）」